2010

珠海年鉴

ZHUHAI YEAR BOOK

珠 海 市 人 民 政 府 主 办
珠 海 年 鉴 编 纂 委 员 会 编 纂

珠海百年电子音像出版社

珠海市测绘院 供

珠海市地图
珠海市区位图
珠
江
口
万山群岛
九洲列岛
淇澳岛
香
洲
区
横琴新区
文杯岛
南
海
图例
万山群岛

珠海市测绘院 供

审图号：ISBN 978-7-80721-419-9K·1500

2009年12月20日，中共中央总书记、国家主席、中央军委主席胡锦涛在珠海横琴岛出席澳门大学横琴校区奠基仪式

马 刚 摄

2009 年 1 月 9 日，中共中央政治局常委、国家副主席习近平到珠海市横琴新区考察　　马 刚 摄

2009 年 12 月 21 日，中共中央总书记、国家主席、中央军委主席胡锦涛在珠海市考察，并与省、市领导合影留念　　马 刚 摄

2009年12月15日，中共中央政治局常委、国务院副总理李克强在参加了港珠澳大桥开工活动后，专门到珠海市拱北街道华平社区考察，详细了解社区服务、管理情况 马 刚 摄

2009年7月18日，中共中央政治局委员、国务委员刘延东到珠海市横琴新区考察 马 刚 摄

2009 年 12 月 16 日，中共中央政治局委员、广东省委书记汪洋，广东省省长黄华华为珠海市横琴新区管委会揭牌后到珠海十字门中央商务区展示厅参观 马 刚 摄

2009 年 4 月 8 日，全国人大常务委员会副委员长韩启德到珠海金山软件公司考察 马 刚 摄

2009 年 6 月 3 日，全国人大常委会委员李肇星一行到珠海市横琴新区调研 马 刚 摄

2009 年 7 月 2 日，广东省人民政府与中国航空工业集团公司战略合作协议签字暨中航通用珠海产业基地开工奠基

2009年6月15日，香港特别行政区财政司司长唐英年到珠海考察港珠澳大桥珠海落脚点

马 刚 摄

赵 梓 摄

2009 年 12 月 31 日，市委书记甘霖、市长钟世坚等领导带领珠海市万名群众参加迎春健身跑　　曹雁行 摄

2009 年 1 月 13 日，中国共产党珠海市第六届委员会第五次全体会议闭幕　　李建東 摄

2009 年 3 月 13 日，港珠澳大桥主体工程初步设计阶段勘察设计合同签约仪式暨勘察设计工作动员大会在珠海举行　李建东 摄

2009 年 12 月 15 日，世界最长跨海大桥——港珠澳大桥珠澳口岸人工岛填海工程正式动工　　赵 梓 摄

2009 年 12 月 16 日，珠海市横琴新区暨重点项目启动仪式在横琴岛举行　　吴长赋 摄

2009 年 12 月 18 日，总投资 22 亿元的高栏港区 15 万吨干散货码头和总投资 26.9 亿元的南水作业区弃土岸壁整治工程在高栏港开工　　李建东 摄

2009年5月22日，珠海格力电器股份有限公司和日本大金工业株式会社合资的变频压缩机和电控器项目，在珠海市斗门区富山工业园举行开工奠基仪式

赵 梓 摄

2009年12月17日，预计投资10亿人民币，总面积9.6万平方米的珠海金山软件园在珠海高新区举行动工仪式

吴长赋 摄

2009年7月18日，首届中国海洋博览会暨“海洋事业60年成就展”在珠海中国国际航天博览中心1号馆拉开帷幕　　李建束 摄

2009年10月14日，中国（珠海）国际打印耗材展览会在珠海航空航天展览馆举行　　吴长赋 摄

2009年11月11日，第二届中国（珠海）国际保税酒业交易会暨珠海首届红酒文化节在珠海保税区开幕　　吴长赋 摄

2009 年 2 月 8 日，珠海市第三届 “迎新春、闹元宵”民间艺术大巡游在景山路举行 李建东 摄

2009 年 11 月 30 日，斗门白蕉镇一对“80 后”新人采用传统的水上婚嫁仪式举行婚礼 赵 梓 摄

2009 年 11 月 10 日，全国健美操锦标赛在珠海市体育中心体育馆举行　　李建東 摄

2009 年 7 月 23 日，以“珍惜自然资源，争做环保先锋”为主题的“2009 年珠海 BP 环保先锋夏令营活动”在市青少年妇女儿童活动中心举行开营仪式　　吴长赋 摄

位于珠海情侣北路的别墅群　　李建东 摄

省道S366线（珠海大道）是珠海市唯一一条省道全线都在行政区内的省道，起点在九洲港，终点为高栏港，全长53.4千米　　赵梓 摄

情侣中路　　曹雁行 摄

珠海香洲渔港码头　　吴长赋 摄

《珠海年鉴》编纂委员会

主　　任　钟世坚（中共珠海市委副书记、珠海市人民政府市长）
副 主 任　黄晓东（中共珠海市委常委、宣传部部长）
　　　　　刘振新（中共珠海市委常委、市委秘书长）
　　　　　何宁卡（中共珠海市委常委、珠海市人民政府常务副市长）
　　　　　熊灿均（珠海市人民政府秘书长、办公室主任）
委　　员　徐惠萍（中共珠海市委宣传部副部长）
　　　　　邓卓贤（珠海特区报社社长）
　　　　　高德民（珠海特区报社总编辑）
　　　　　曾会康（珠海出版社社长）

《珠海年鉴》（2010）编审人员

主　　编　邓卓贤
副 主 编　高德民
编辑部主任　周蔚茹
责任编辑　潘自强　张中定　姜　蓓　靳　红　王姝瑶
美术编辑　冯建华

编辑说明

一、《珠海年鉴》是珠海人民政府主办、珠海年鉴编纂委员会编纂的大型综合性、资料性市情工具书。自1986年创刊以来，每年出版一卷，国内外公开发行。本卷为第22卷，主要反映珠海市2009年度各个领域发展的状况、重大事件。旨在为社会各界和海外人士了解、研究珠海提供基本资料。

二、本年卷共设36个篇目（1）特载，（2）珠海市大事记，（3）概貌，（4）党政机关，（5）民主党派·人民团体，（6）法制，（7）地方军事，（8）综合经济管理，（9）财政·税务，（10）区域合作与扶贫工作，（11）中小企业与民营经济，（12）农业，（13）工业，（14）建筑业·房地产，（15）城市建设与管理，（16）环境保护，（17）交通物流与口岸，（18）信息化建设和信息服务业，（19）对外经济贸易，（20）商贸流通服务业，（21）会展·广告，（22）金融业，（23）旅游业，（24）科学技术，（25）教育，（26）文化，（27）卫生，（28）体育，（29）侨务，（30）社会生活，（31）经济功能区，（32）行政区，（33）人物，（34）社会经济统计资料，（35）法规·文件，（36）附录。

三、《珠海年鉴》（2010年卷）为大16开本，采用分类编辑法，以“篇目”为单位，下设“分目”和“条目”，以不同字体、字号区分，条目标题加【 】表示。

四、本年鉴采用的文稿，均由珠海市各有关单位专人撰写或提供资料，并经主管领导审定。全市的经济和社会统计资料由珠海市统计局提供。

五、《珠海年鉴》（2010年卷）在编纂过程中，得到全市各级领导和各个部门、单位及各界人士的大力支持与热情帮助，在此，谨表谢忱。由于编辑水平有限，错漏难免，请读者批评指正。

目　录

特　载

珠海市政府工作报告 …… 3
珠海市2009年国民经济和社会发展计划执行情况及2010年计划 …… 14
珠海市2009年计划主要指标完成情况与2010年预期目标表 …… 22

珠海市大事记

概　貌

珠海概况

地理位置 …… 43
建置沿革 …… 43
历史文化 …… 44
面积人口 …… 45

侨乡侨情

概况 …… 45
侨捐、侨资企业 …… 45
侨乡社会文化建设 …… 45
行政区域 …… 46

国民经济和社会发展

综合经济实力 …… 48
固定资产投资 …… 49
基础设施项目投资 …… 49
加强区域经济合作 …… 49
重大项目建设 …… 50
横琴开发全面启动 …… 50
改善民生 …… 50
• 珠海航空产业园
概况 …… 50
园区规划建设 …… 51
招商引资工作 …… 51
入园项目服务 …… 51
申报国家基地成功 …… 52
珠海市2009年国民经济发展情况 …… 53
珠海市2008～2009年基本情况简表 …… 54

体制改革

概况 …… 55

政治文明建设

概况 …… 55
党的建设 …… 55
创新政府管理 …… 56
机关作风建设 …… 56
人大、政协依法履行职能 …… 57
创建法治城市 …… 57
• 依法治市工作
概况 …… 58
依法行政 …… 58
公正司法 …… 59
法制宣传 …… 59

创建法治城市…… 59

基层民主政治建设…… 59

• 法制工作

概况…… 60

地方立法…… 60

行政复议和行政应诉…… 60

规范性文件审查及备案…… 60

• 政务公开

概况…… 60

建立健全“四个机制”…… 60

创新政务公开形式…… 61

阳光行政…… 62

复议、诉讼和申诉…… 62

精神文明建设

概况…… 62

学习型城市建设成效显著…… 63

文明礼仪宣传教育活动…… 63

群众性创建活动…… 63

开展首届“珠海道德模范”评选活动…… 63

“珠海公益奖”评选活动…… 63

爱国主义教育实践活动…… 63

未成年人思想道德建设…… 64

开展“我们的节日”主题活动…… 64

志愿服务…… 64

社会文化环境整治…… 64

文化惠民…… 64

• 双拥共建

概况…… 65

支持部队全面建设…… 65

落实拥军优属政策…… 65

拥政爱民活动…… 65

生态文明建设

概况…… 66

生态环境…… 66

环境基础设施建设…… 66

节能减排…… 66

党政机关

中共珠海市委员会

2009年中共珠海市委书记、副书记、常委、秘书长名单…… 69

概况…… 69

市委六届五次全会…… 69

市委六届六次全会…… 70

传达学习贯彻中央和省重要精神…… 70

学习实践科学发展观活动…… 71

经济建设…… 71

体制改革…… 72

横琴开发和区域合作…… 72

和谐社会建设…… 72

组织工作…… 72

人大、政协工作…… 72

党风廉政建设…… 73

国防动员建设和武装工作…… 73

• 组织工作

概况…… 73

班子和队伍建设…… 73

干部人事制度改革…… 74

党管人才工作…… 74

• 信访工作

概况…… 74

“积案化解年”活动…… 74

领导包案工作机制…… 74

上访案件处理…… 75

镇街综治信访维稳中心建设…… 75

• 党校

概况…… 75

学习与合作…… 75

教学改革…… 75

科研成果………………………………………… 76
信息化建设……………………………………… 76

市直机关党的工作

概况……………………………………………… 76
思想建设………………………………………… 76
组织和制度建设………………………………… 76
机关作风建设…………………………………… 77
反腐倡廉………………………………………… 77
机关工委自身建设……………………………… 77
市直人民武装工作……………………………… 77

珠海市人民代表大会常务委员会

2009年珠海市人大常委会主任、副主任、
秘书长名单…………………………………… 78
概况……………………………………………… 78
立法……………………………………………… 78
监督……………………………………………… 78
人事任免工作…………………………………… 79
代表工作………………………………………… 79
自身建设………………………………………… 80
市七届人大四次会议…………………………… 80
市人大常委会会议……………………………… 80

珠海市人民政府

2009年珠海市人民政府市长、副市长、
秘书长名单…………………………………… 82
概况……………………………………………… 82
重大产业项目…………………………………… 83
交通建设………………………………………… 83
区域合作………………………………………… 83
人居环境………………………………………… 83
生态建设………………………………………… 83
新农村建设……………………………………… 84
民生改善………………………………………… 84
体制改革………………………………………… 85
• 港澳事务
概况……………………………………………… 85
珠澳合作机制…………………………………… 85
服务业对港澳扩大开放政策在珠先行先试 … 86
横琴新区开发…………………………………… 86
港澳重点调研…………………………………… 86
• 外事
概况……………………………………………… 86
因公出国管理…………………………………… 86
经济外事………………………………………… 86
友城开拓………………………………………… 86
领馆工作………………………………………… 87
• 人事编制
概况……………………………………………… 87
大部制改革……………………………………… 87
横琴新区体制建设……………………………… 87
事业单位改革…………………………………… 87
社会管理体制建设……………………………… 87
机构编制管理…………………………………… 88
人事管理………………………………………… 88
公务员管理……………………………………… 88
高层次人才引进………………………………… 88
就业服务………………………………………… 88
军转维稳………………………………………… 89

政协珠海市委员会

2009年政协珠海市委员会主席、副主席、
秘书长名单…………………………………… 89
概况……………………………………………… 89
专题调研………………………………………… 89
提案办理………………………………………… 89
民主监督………………………………………… 90
关注民生………………………………………… 90
拓展团结联谊…………………………………… 90

中共珠海市纪律检查委员会、珠海市监察局

2009年中共珠海市纪委书记、副书记、
常委名单……………………………………… 90

2009年珠海市监察局局长名单 …………………… 90
中共珠海市纪委六届四次全会…………………… 90
落实党风廉政建设责任制………………………… 90
专项监督检查……………………………………… 91
反腐倡廉教育与领导干部廉洁自律……………… 91
从源头上治理腐败………………………………… 91
查办违纪案件……………………………………… 92
专项治理损害群众利益问题……………………… 92
纪检监察干部队伍自身建设……………………… 92

民主党派·人民团体

民主党派

民革珠海市委员会………………………………… 95
民盟珠海市委员会………………………………… 95
民建珠海市委员会………………………………… 96
民进珠海市委员会………………………………… 97
中国农工民主党珠海市委员会…………………… 97
致公党珠海市委员会……………………………… 98
九三学社珠海市委员会…………………………… 99
台盟珠海市支部委员会………………………… 100
• 珠海市工商业联合会
概况……………………………………………… 100
科学发展观活动………………………………… 100
调研研究………………………………………… 101
联络工作………………………………………… 101
服务工作………………………………………… 101
公益事业………………………………………… 102
组织建设………………………………………… 102

人民团体

• 珠海市总工会
概况……………………………………………… 102
应对金融危机…………………………………… 102
基层组织建设…………………………………… 102
维权工作………………………………………… 103
创新帮扶服务…………………………………… 103
为职工办实事…………………………………… 103
群众性经济技术创新…………………………… 103
宣教工作………………………………………… 103
• 共青团珠海市委员会
概况……………………………………………… 104
团组织建设……………………………………… 104
青年就业创业…………………………………… 104
青年志愿服务工作……………………………… 104
服务青年工作…………………………………… 104
维护青少年权益………………………………… 104
团代会…………………………………………… 104
青年联合会……………………………………… 105
• 珠海市妇女联合会
概况……………………………………………… 105
应对金融危机…………………………………… 105
巾帼文明岗……………………………………… 105
创业就业………………………………………… 105
权益维护………………………………………… 106
关怀儿童………………………………………… 106
家庭文化节……………………………………… 106
妇儿规划………………………………………… 106
两癌普查………………………………………… 106
扶贫助困………………………………………… 106
社会管理………………………………………… 107
代表大会………………………………………… 107
理论研究………………………………………… 107
教育培训………………………………………… 107
组织建设………………………………………… 107
社团活动………………………………………… 108
对外交流………………………………………… 108
• 珠海市科学技术协会
概况……………………………………………… 108
加强学习………………………………………… 108
发挥人才优势…………………………………… 108
科技服务………………………………………… 108
农村党员科技示范户工程……………………… 109

开展科普活动…… 109
宣传科学知识…… 109
科技下乡…… 109
科普基础设施建设…… 110
科技交流…… 110
办好会刊…… 110
自身建设…… 110
• 珠海市社会科学界联合会
概况…… 110
社科规划…… 110
社科评奖…… 111
社科普及…… 111
社科理论…… 111
社团管理…… 111
社科会议…… 111
• 珠海市文学艺术界联合会
概况…… 112
机制与平台建设…… 112
“文化珠海”建设…… 112
文艺采风与文艺下基层…… 112
广场活动…… 112
新机制…… 112
文艺精品创作…… 112
• 珠海市作家协会
建设文化珠海…… 113
抓精品，促创作，出人才…… 113
协会活动…… 114
• 珠海市残疾人联合会
康复工作…… 114
帮扶工作…… 114
教育工作…… 115
就业工作…… 115
体育工作…… 115
文化活动…… 115
宣传工作…… 116
组织建设…… 116
• 珠海市华侨联合会
概况…… 116
侨心工程…… 116
基层组织建设…… 117
侨友会活动…… 117
海外交流与联谊…… 117
为侨服务…… 117
参政议政…… 117

统一战线

概况…… 118
民主党派…… 118
港澳及海外统战…… 118
民族宗教事务…… 118
新社会阶层人士统战…… 119
三促进一保持系列行动…… 120

应急管理

概况…… 121
“五个一”工程建设…… 121
机制建设…… 121
区域联动…… 122
宣教演练…… 122
预测预警…… 122
科技支撑…… 122

法　制

社会治安综合治理

概况…… 125
矛盾化解…… 125
基础建设…… 126
严打整治…… 126
平安建设…… 126

审　判

概况…… 127

刑事审判…… 127
民事审判…… 128
行政审判…… 128
执行工作…… 128
司法管理与运作…… 128
司法服务…… 128
司法为民…… 129
外部监督…… 129

检　察

概况…… 129
打击刑事犯罪…… 130
查处和预防职务犯罪…… 130
控申检察和诉讼监督…… 131
外部监督…… 131

公　安

概况…… 132
重大庆典安全保卫…… 132
警务工作创新…… 132
安全生产监管…… 133
为民服务…… 133
规范执法…… 134

司法行政

概况…… 134
人民调解…… 134
综治信访维稳中心建设…… 135
刑释解教人员安置帮教…… 135
社区矫正…… 135
基层社会稳定…… 135
基层司法所和基层法律服务所…… 135
法律援助…… 135
公证法律服务…… 135
律师管理…… 136
公职律师…… 136
国家司法考试…… 136
面向社会服务的司法鉴定管理…… 136
法制宣传…… 136
劳动教养管理和强制戒毒管理…… 137

仲　裁

概况…… 138
对外宣传平台…… 138
仲裁员队伍管理…… 138

地方军事

珠海警备区

概况…… 141
队伍建设…… 141
军事工作…… 141
部队安全管理…… 142
民兵预备役建设…… 142
综合保障…… 142

武警珠海市支队

概况…… 142
基层按纲抓建…… 142
正规部队管理…… 142
后勤综合保障…… 143
扑救“1·30”特大山火 …… 143
海上抗洪训练…… 143
警备纠察行动…… 143
重大活动保障…… 143

广东省公安边防总队第五支队

概况…… 143
班子建设…… 144
爱民固边…… 144

和谐警营…………………………………… 144
保障能力…………………………………… 144

珠海市公安边防支队

概况……………………………………………… 145
固边防控…………………………………… 145
基层建设…………………………………… 146
和谐建队…………………………………… 146
爱民护民…………………………………… 146

人民防空

概况……………………………………………… 147
人防组织指挥和通信警报建设……………… 147
人防工程建设……………………………… 147
人防法制建设和宣传教育………………… 147
人防机关“准军事化”建设………………… 148

综合经济管理

国有资产监督管理

概况……………………………………………… 151
国有经济布局结构调整…………………… 151
产权制度改革……………………………… 151
现代企业制度建设………………………… 152
国有资本营运……………………………… 152
重大项目建设……………………………… 152
国资监管基础工作………………………… 152
专项管理工作……………………………… 153
市场供应与公共服务……………………… 153

审　计

概况……………………………………………… 153
财政审计…………………………………… 153
行政事业审计……………………………… 153
固定资产投资审计………………………… 154
社会保障审计……………………………… 154
企业审计…………………………………… 154
经济责任审计……………………………… 154
专项资金审计与审计调查………………… 154

统计管理

概况……………………………………………… 154
统计预警和监测…………………………… 154
统计信息刊物与报告……………………… 155
市情市力普查……………………………… 155
统计改革…………………………………… 155
统计建设…………………………………… 155

国土资源管理

概况……………………………………………… 156
土地规划…………………………………… 156
基本农田保护……………………………… 156
地籍管理…………………………………… 157
土地利用…………………………………… 157
土地市场…………………………………… 157
矿产管理…………………………………… 157
地质灾害防治……………………………… 157
测绘管理…………………………………… 157
执法监察…………………………………… 158
农村土地管理……………………………… 158
基层基础建设……………………………… 158

工商行政管理

概况……………………………………………… 159
服务企业…………………………………… 159
分级登记与网上登记……………………… 159
企业信用认定评选………………………… 159
服务转型升级……………………………… 160

质量技术监督

概况……………………………………………… 160

质量监督管理………………………………… 160
食品安全监管………………………………… 160
特种设备安全监察…………………………… 161
标准化工作…………………………………… 161
计量工作……………………………………… 161
执法打假……………………………………… 161
技术机构建设………………………………… 161

食品药品监督管理

概况…………………………………………… 162
药品生产质量监督…………………………… 162
“四项监管制度”…………………………… 162
药品流通市场规范…………………………… 162
甲型H1N1流感防控 ………………………… 162
食品安全综合监管…………………………… 163

安全生产监督管理

概况…………………………………………… 163
事故指标控制………………………………… 163
安全生产标准化……………………………… 163
重大建设项目安全监管……………………… 164
隐患排查治理和专项整治…………………… 164
执法监察……………………………………… 164
安全生产应急管理…………………………… 164
安全宣传教育………………………………… 164

财政 ·税务

财　政

概况…………………………………………… 167
财政收入……………………………………… 167
财政支出……………………………………… 167
财政改革……………………………………… 168

国家税务

概况…………………………………………… 168
依法治税……………………………………… 168
税收征管……………………………………… 169
纳税服务……………………………………… 169
税收宣传……………………………………… 169

地方税务

概况…………………………………………… 170
组织收入……………………………………… 170
税收征管……………………………………… 170
科技兴税……………………………………… 171
税收执法……………………………………… 171
纳税服务……………………………………… 172
基础建设……………………………………… 172
教育培训……………………………………… 172

区域合作与扶贫工作

区域经济合作

概况…………………………………………… 175
珠江口西岸核心城市定位…………………… 175
实施《规划纲要》…………………………… 176
珠中江经济圈建设…………………………… 176
国家级新区横琴新区成立…………………… 176

扶贫工作

概况…………………………………………… 177
对口扶贫……………………………………… 177
社会帮扶……………………………………… 178
市内帮扶……………………………………… 178

中小企业与民营经济

综　述

概况…………………………………………… 181
中小企业与民营企业………………………… 181

国内市场开拓…………………………………… 181
助中小企业融资………………………………… 181
争取资金扶持…………………………………… 181
建立重点中小企业监测机制…………………… 182

个体私营经济

概况……………………………………………… 182
个体数量逆势增长……………………………… 182
民营经济投资…………………………………… 182
商标品牌战略…………………………………… 182

农 业

综 述

概况……………………………………………… 185

畜牧业

概况……………………………………………… 185
农村沼气建设…………………………………… 186
生鲜乳专项整治………………………………… 186
奶站许可证发放………………………………… 186

海洋产业

概况……………………………………………… 186
海岛经济建设…………………………………… 186
“以港立市”发展战略………………………… 187
特色滨海旅游…………………………………… 187
清理整治城区沿岸养殖………………………… 187
海域海岛管理和海监执法……………………… 187
海洋与渔业技术支撑体系建设………………… 187
全国首届海洋博览会…………………………… 187
海洋渔业环境监测……………………………… 188
增殖渔业资源…………………………………… 188
人工鱼礁建设…………………………………… 188

种植业

概况……………………………………………… 188
优化种植结构…………………………………… 188
支农惠农政策…………………………………… 189
农资打假………………………………………… 189
参加农产品交易会……………………………… 189

水利事业

水利基础设施建设……………………………… 189
标准农田建设…………………………………… 189

农业现代化建设

生态农业园区建设……………………………… 190
外向型渔业……………………………………… 190
渔业安全生产监管……………………………… 190
农产品质量安全整治…………………………… 190
大型水产种苗基地建设………………………… 190

农业产业化经营

龙头企业、农业品牌带动战略………………… 191
培育农民专业合作社…………………………… 191

农业机械化

提升农业机械化水平…………………………… 192
新型农机推广和操作培训……………………… 192
农机安全监理…………………………………… 192

农业科技

绿色证书和实用人才培训……………………… 192
金湾农业科技推广示范园……………………… 193

ZHUHAI YEARBOOK

农业农村信息网络服务 193
农业科技硕果累累 193

林　业

概况 194
“双十百绿”工程 194
全民义务植树活动 194
“万村绿大行动”示范点建设 194
中央追加投资沿海防护林建设项目 194
森林公园规划编制 194
“森林珠海”规划编制 195
林分林相改造工程项目绩效预算 195
森林资源保护和发展目标责任制省级考核 195
松材线虫病防治目标管理 195
湿地资源的保护与利用 195
石油价格补贴 195
林地征用 195
撤销荷包岛、大杧岛保护区及森林公园 195
保护野生动物执法 195
保护野生动物宣传 196
保护区宣传与交流 196
野生动物接收与救护 196
全国绿化先进集体复查 196

流动渔民

概况 196
宣传教育 196
休渔工作 197
服务管理 197
会务交流 197

气象事业

概况 198
汛期气象服务 198
公共气象服务体系 198
防雷减灾服务 199
共建共享气象现代化 199
气候变化课题研究 199
年度主要气候特点 200

防震减灾工作

概况 202

工　业

综　述

概况 205
增速触底回升 205
增长差异较大 205
利润总额和利税总额增长较快 205
各行政区工业发展不平衡 205

电子信息产业

概况 206
井岸电子产业专业镇 206
软件产业聚集效应 206
2家企业在创业板上市 206

电气机械及器材制造业

概况 207
获省市财政资金支持企业 207
国家高新技术企业认定 207
珠海企业年度动态 207
格力电器空调器生产 208

石油化工

概况 209
行业发展与投资状况 209

精密机械制造

概况…………………………………………… 210
行业发展与投资状况……………………… 210
游艇工业…………………………………… 211

医药工业

概况…………………………………………… 212
行业发展与投资状况……………………… 212

电力工业

概况…………………………………………… 213
网电、地方电供购………………………… 213
电网建设…………………………………… 213

烟草专卖

概况…………………………………………… 214
卷烟销售收入……………………………… 214
立案查处违法案件………………………… 214
党建工作导入ISO9000质量管理体系 ……… 214

盐　业

概况 ………………………………………… 214

建筑业・房地产业

建筑业

概况…………………………………………… 217
政府工程建设……………………………… 217
建筑市场监管……………………………… 217

房地产业

概况…………………………………………… 218
科学管理与服务效率……………………… 219

房地产权登记管理

概况…………………………………………… 220
政务公开…………………………………… 220
对外服务…………………………………… 220
业务建设…………………………………… 220
信息化建设………………………………… 220

城市建设与管理

城乡规划

概况…………………………………………… 223

重点工程规划

东部城区主轴概念性总体城市设计………… 223
中心城区控制性详细规划全覆盖工程……… 224
十字门商务区规划………………………… 224
西部中心城区规划………………………… 224
横琴新区总体规划和控制性详细规划……… 224

重大交通发展规划

珠海市轨道交通线网规划………………… 225
珠海市综合交通体系规划………………… 225

重大产业布局规划

高栏港经济区规划………………………… 225
航空产业园规划…………………………… 225
富山工业园发展规划……………………… 225
平沙游艇与休闲旅游区规划……………… 226
高新技术园区规划………………………… 226
城市专项规划……………………………… 226

推进重大项目建设……………………………… 226
政策法规体系建设……………………………… 226
城市规划信息化建设…………………………… 227
办理市人大建议、政协提案…………………… 227

市政设施建设

市政道路建设…………………………………… 228
管道燃气供气…………………………………… 228
港珠澳大桥正式开工配套……………………… 228
加快推进其他重大项目………………………… 228

城市供水

概况……………………………………………… 229
珠澳安全优质供水……………………………… 229
排水、固废、水利设施新业务………………… 229
水务重大项目建设……………………………… 229
企业科技进步…………………………………… 230
提升改善社会服务形象………………………… 230

城市监督管理行政执法

概况……………………………………………… 230
市容环境整治…………………………………… 230
户外广告设施整治……………………………… 231
依法清理“牛皮癣”…………………………… 231
遏制违法建设行为……………………………… 231
提高专业执法水平……………………………… 231
“数字城管”工程……………………………… 231
城市监督管理…………………………………… 232
城管执法机制改革……………………………… 232
依法行政水平提升……………………………… 232

环境保护

概况……………………………………………… 235
环境基础设施建设……………………………… 235
生态文明示范…………………………………… 236
体制机制建设…………………………………… 236
通过三项环保考核检查………………………… 236
城市空气………………………………………… 236
水环境…………………………………………… 236
城市噪声………………………………………… 236

交通物流与口岸

公　路

概况……………………………………………… 239
公路建设………………………………………… 239
公路执法………………………………………… 239
公路养护………………………………………… 240
公路征费………………………………………… 240
安全生产………………………………………… 240
制度建设………………………………………… 240
精神文明与廉政建设…………………………… 240
农村帮扶………………………………………… 241

港　口

概况……………………………………………… 241
港口生产能力…………………………………… 241
港口规划………………………………………… 241
港口基础设施建设……………………………… 241
港口经营管理…………………………………… 242
港口安全生产…………………………………… 242
港口管理体制改革……………………………… 242
港口集装箱运输………………………………… 242

交通运输业

概况……………………………………………… 242
交通法制建设…………………………………… 243
交通安全生产…………………………………… 243
交通管理体制…………………………………… 243

珠中江交通一体化……………………………… 243

交　通

水路………………………………………………… 244
公路………………………………………………… 244
铁路………………………………………………… 244
航空………………………………………………… 244

珠海机场

概况………………………………………………… 244
安全生产…………………………………………… 244
经营管理…………………………………………… 245

物　流

概况………………………………………………… 245

邮　政

概况………………………………………………… 245
项目营销…………………………………………… 245
县域邮政发展……………………………………… 246
企业创新…………………………………………… 246
“两网一体系”及基础建设……………………… 246
邮政体制改革……………………………………… 246
企业管理…………………………………………… 247
企业和谐文明建设………………………………… 247

口岸管理与服务

概况………………………………………………… 248
口岸通关…………………………………………… 248
口岸规划建设……………………………………… 248
扩大口岸对外开放………………………………… 248
通关便利化………………………………………… 248
珠港澳口岸合作…………………………………… 248
反走私工作………………………………………… 248
海防基础建设……………………………………… 248

拱北海关

概况………………………………………………… 249
优化监管服务……………………………………… 249
综合治税…………………………………………… 250
缉私工作…………………………………………… 250
完善风险管理机制………………………………… 250
法制建设…………………………………………… 250
统计工作…………………………………………… 250

出入境检验检疫

概况………………………………………………… 251
开展“质量和安全年”活动……………………… 251
服务珠海…………………………………………… 251
防控甲型H1N1流感疫情 ………………………… 252
监管工作…………………………………………… 252
把好供港澳食品农产品质量关…………………… 252
疫情疫病监测和信息工作………………………… 253
依法行政和法制建设……………………………… 253
科技和信息化建设………………………………… 253
安全保卫工作……………………………………… 253
政策研究…………………………………………… 254

航道管理

概况………………………………………………… 254
航道维护管理……………………………………… 254
航道专项工程……………………………………… 254
航道依法行政……………………………………… 254

海　事

概况………………………………………………… 255
推出“海十条” ………………………………… 255

支持重大项目建设…………………………… 255
开通重大项目"绿色通道"………………… 255
扶持船舶产业发展…………………………… 255
处置"圣狄"轮触礁污染事故……………… 255
举办第三届珠江口海事安全论坛………… 255
获全国海事系统首个"模范职工之家"
　　称号………………………………………… 255
大型溢油应急设备库落户珠海…………… 255
环澳门水域监管……………………………… 256
海事安全监管………………………………… 256
服务质量体系建设…………………………… 256
完善内部管理制度…………………………… 256
改善监管手段………………………………… 256
宣传教育工作………………………………… 256

出入境边防检查

概况…………………………………………… 257
边检服务……………………………………… 257
技术保障工作………………………………… 258
宣传工作……………………………………… 258
边检文化活动………………………………… 258
纪检监督……………………………………… 258

信息化建设和信息服务业

信息化建设

概况…………………………………………… 261

软件业

概况…………………………………………… 261
电力软件产业………………………………… 262
数码娱乐产业………………………………… 262
通信软件产业………………………………… 262
医疗软件产业………………………………… 262

电　信

概况…………………………………………… 262
实现全市3G网络全覆盖 ………………… 263
签署信息化推进合作框架协议…………… 263
城市信息化建设……………………………… 263
开启移动互联网新时代…………………… 263
营造健康网络环境………………………… 264
通信保障工作……………………………… 264

对外经济贸易

概况…………………………………………… 267
外贸出口……………………………………… 267
外贸进口……………………………………… 267
出口额5000万美元以上的商品情况表 …… 268
进口额在1亿美元以上的商品情况表 ……… 269
主要出口市场情况表……………………… 269
对外经济合作……………………………… 270
多措并举应对国际金融危机……………… 270

商贸流通服务业

概况…………………………………………… 273
批发零售业…………………………………… 273
住宿餐饮业…………………………………… 273
典当业………………………………………… 273
拍卖业………………………………………… 273
旧货业………………………………………… 273
家政服务业…………………………………… 273
生猪流通……………………………………… 274
酒类流通……………………………………… 274
家电下乡和以旧换新……………………… 274
二手车市场…………………………………… 274

农贸市场…………………………………………… 274
“万村千乡”市场工程 ………………………… 274

会展·广告

会展业

概况………………………………………………… 277
中国国际航空航天博览中心…………………… 277
华发十字门中央商务区会展商务组团……… 278
中国国际航空航天博览会……………………… 278
珠海打印耗材展览会…………………………… 278
珠海国际保税酒业交易会……………………… 278

广告业

概况………………………………………………… 278
顺利换届…………………………………………… 278
抓行业自律………………………………………… 279
举办优秀作品展…………………………………… 279
举办培训活动……………………………………… 280
发挥协会服务职能作用………………………… 280

金融业

概况………………………………………………… 283
金融机构及存贷款……………………………… 283
货币管理和发行………………………………… 284
金融机构改革…………………………………… 284
外汇管理………………………………………… 284
外汇收支………………………………………… 285
银行卡管理……………………………………… 285
人民币账户管理………………………………… 285
征信管理………………………………………… 285
反洗钱…………………………………………… 285
金融稳定………………………………………… 286
珠澳金融合作…………………………………… 286
货币信贷政策…………………………………… 286
征信系统管理…………………………………… 287
国库经营………………………………………… 287
举办银企交流会………………………………… 287
跨境贸易人民币结算试点……………………… 287
横琴新区金融产业发展及金融创新………… 288
树立“大金融”理念…………………………… 288

旅游业

概况………………………………………………… 291
旅游行业规模…………………………………… 291
重大旅游决策…………………………………… 291
重大旅游活动…………………………………… 291
国民旅游休闲计划……………………………… 291
旅游接待………………………………………… 292
旅游宣传促销…………………………………… 292
旅游节庆活动…………………………………… 293
广东国际旅游文化节…………………………… 293
信息化建设……………………………………… 293
旅游资源开发…………………………………… 293
旅游规划………………………………………… 293
红色旅游………………………………………… 293
乡村旅游………………………………………… 293
旅游扶贫………………………………………… 293
旅游行业监督管理……………………………… 294
旅游安全管理…………………………………… 294
旅行社管理……………………………………… 295
导游员管理……………………………………… 295
旅游饭店管理…………………………………… 295
旅游标准化建设………………………………… 295
旅游行业协会…………………………………… 295
旅游教育培训…………………………………… 296
旅游行业精神文明建设………………………… 296
旅游行风与机关作风建设……………………… 296
导游援藏工作…………………………………… 296

机构改革…… 296

科学技术

概况…… 299
科技政策环境…… 299
科技计划项目…… 299
产学研合作…… 300
科技创新公共平台…… 300
工程中心和企业技术中心…… 300
科技中介服务机构…… 300
技术创新专业镇…… 300
科技成果与奖励…… 301
知识产权工作…… 301
技术市场…… 301
科技交流与合作…… 302
科普工作…… 302
电子信息产业和企业信息化…… 302
无线电管理…… 302

教　育

概况…… 305
加强规划建设和检查考核…… 305
深化改革创新…… 306
实施素质教育…… 307
提高师资队伍建设水平…… 307
积极关注民生…… 309
加强党建工作…… 309
幼儿园…… 310
小学…… 310
普通中学…… 310
特殊教育学校…… 310
中等职业学校…… 310
普通高等院校…… 310
成人教育学校…… 310

文　化

社会文化活动…… 313
艺术创作…… 314
文化市场…… 314
珠海市图书馆…… 315
珠海市博物馆…… 316
珠海市古元美术馆…… 316
珠海市文化馆…… 317
珠海市粤剧团…… 317
珠海大会堂…… 317

新闻・出版

概况…… 318
电子音像…… 319
印刷企业…… 319
图书出版发行…… 319
版权法规…… 320
新华书店…… 320
珠海特区报社、珠江晚报社…… 321

广播电视

概况…… 322
珠海广播电视台…… 322

档案事业

科学发展观学习…… 324
机构改革档案处置…… 324
民生档案工作…… 324
重大项目档案工作…… 325
档案行政管理…… 325
档案资源建设…… 326

档案利用服务…… 327
档案信息化建设…… 327
档案教育与交流…… 328
“珠中江”档案合作…… 328
政府信息公开工作…… 328

史　志

概况…… 329
党史编研…… 329
推动地方志的发展…… 329

卫　生

概况…… 333
疾病控制…… 333
妇幼保健…… 333
爱国卫生…… 334
健康教育…… 334
卫生法制与监督…… 334
卫生应急…… 334
农村卫生…… 334
社区卫生…… 335
医政管理…… 335
卫生科教与人才…… 335
中医药工作…… 336
区域医疗卫生合作…… 336
医疗改革…… 336
卫生基础设施建设…… 336
行风建设…… 336

体　育

竞技体育…… 339
国家高水平体育后备人才基地建设…… 339
群众体育…… 340
体育节…… 340
加快全民健身体育场地设施的建设…… 340
社会体育指导员培训…… 340
体育社团…… 340
体育产业…… 341
市体育中心…… 342

侨　务

概况…… 345
侨务引智引资…… 345
侨资企业调研…… 346
海外侨社团交流…… 346
侨务联谊和文化品牌活动…… 346
《珠海侨务志》和《珠海乡音》…… 346
依法护侨，维护侨益…… 347
华侨农场改革…… 347
万侨助万村…… 348
汶川绵虒“珠海侨心村”…… 348
春蕾侨心育才助学…… 348
机构改革…… 348

社会生活

劳动就业·社会保障

概况…… 351
城乡统筹就业…… 351
人才队伍建设…… 352
人事制度建设…… 352
扶持企业发展…… 353
劳动关系调整…… 353
社会保险体系建设…… 353

民　政

社会救助…… 354
社会福利…… 354

慈善事业…… 355
福利彩票…… 355
社区建设…… 355
双拥工作…… 355
优抚安置…… 355
老龄工作…… 355
自然灾害和灾害救助…… 356
殡葬…… 356
社会工作…… 356
社会组织管理…… 356

关心下一代工作

概况…… 357
贯彻省“两办文件”…… 357
加强主题教育…… 357
帮教青少年…… 357
净化社会文化环境…… 358
推动各项活动…… 358
队伍建设…… 358

人口与计划生育

概况…… 359
人口计生挂钩帮扶工作…… 359
目标责任制考评…… 359
贯彻新《条例》…… 359
创新月例会…… 360
流动人口服务管理…… 360
计生宣传教育…… 361
计生优质服务…… 361
计生综合治理…… 361
依法行政…… 361
利益导向…… 362
行政效能问责体系建设…… 362

物价和人民生活

概况…… 362

经济功能区

珠海市横琴新区

概况…… 373
编报规划…… 373
项目推进…… 373
社会事业…… 374

珠海国家高新技术产业开发区

概况…… 374
机构改革…… 374
经济指标…… 374
招商引资…… 374
自主创新…… 375
宜业环境…… 375
社会事务…… 376
行政管理…… 376
党建工作…… 376

珠海保税区

概况…… 377
发展定位…… 377
招商引资…… 377
珠澳跨境工业区…… 377
配套设施建设…… 378
企业服务…… 378
安全生产…… 378
和谐园区…… 378

珠海万山海洋开发试验区

概况…… 379
经济发展…… 379
基础设施和生态环保…… 379

科技兴海…………………………………………… 380
民生建设…………………………………………… 380
党的建设…………………………………………… 381

珠海高栏港经济区

概况………………………………………………… 382
招商引资…………………………………………… 382
基础设施建设……………………………………… 382
安全生产…………………………………………… 383
社会各项事业……………………………………… 383

大学园区

概况………………………………………………… 383
加强党建工作……………………………………… 383
遗留问题摸底……………………………………… 384
毕业生就业指导…………………………………… 384
入学新生工作……………………………………… 384
协调服务…………………………………………… 384
中山大学珠海校区………………………………… 384
暨南大学珠海校区………………………………… 384
北京师范大学珠海分校…………………………… 385
北京理工大学珠海学院…………………………… 385
吉林大学珠海学院………………………………… 386
遵义医学院珠海校区……………………………… 387
广东科学技术职业学院…………………………… 387
北京师范大学-香港浸会大学
联合国际学院…………………………… 388
珠海艺术职业学院………………………………… 388

行政区

香洲区

概况………………………………………………… 407
第三产业…………………………………………… 407
工业………………………………………………… 408
外经外贸…………………………………………… 408
财政税收…………………………………………… 408
城市管理…………………………………………… 408
社区建设…………………………………………… 409
科技………………………………………………… 409
教育………………………………………………… 409
文化………………………………………………… 410
卫生………………………………………………… 410
体育………………………………………………… 410
民政………………………………………………… 410
统战侨务…………………………………………… 411
工青妇……………………………………………… 411
民心工程…………………………………………… 411
党建………………………………………………… 412

金湾区

概况………………………………………………… 412
经济发展…………………………………………… 413
服务企业…………………………………………… 413
教育卫生文化事业………………………………… 413
就业工作…………………………………………… 413
社会保障…………………………………………… 413
城镇和新农村建设………………………………… 414
和谐社会建设……………………………………… 414
体制改革工作……………………………………… 414
航空产业园建设…………………………………… 415

斗门区

概况………………………………………………… 415
工业园区建设……………………………………… 415
新农村建设………………………………………… 416
城镇建设…………………………………………… 416
党的建设…………………………………………… 416
政府自身建设……………………………………… 417
文化………………………………………………… 417
体育………………………………………………… 417
人口和计划生育…………………………………… 417
劳动就业…………………………………………… 418
平安和谐建设……………………………………… 418

教育…… 418
卫生…… 419
科技…… 419
统侨…… 419
工会…… 419
共青团…… 420
妇女…… 420

人　物

全国五一劳动奖章获得者…… 423
全国工人先锋号…… 424
广东省劳动模范先进工作者…… 424
获省级以上表彰的先进个人…… 427

社会经济统计资料

法规·文件

珠海市企业和企业经营者权益保护办法…… 465
珠海市建设工程招标投标管理办法…… 468
珠海市建筑节能办法…… 484
珠海市养犬人责任及监管暂行办法…… 488
珠海市烟花爆竹安全管理规定…… 493
珠海市最低生活保障实施办法…… 496
关于促进珠海市中小企业平稳健康发展的实施意见…… 504
深化珠海市农贸市场管理体制改革方案…… 509
2009年全市应急管理工作计划…… 512
关于贯彻落实珠海市企业和企业经营者权益保护办法的通知…… 515
珠海市解决中小学代课教师问题工作方案 517
珠海市解决中小学代课教师工资福利待遇问题暂行办法…… 518
关于促进珠海市服务外包产业发展的若干措施…… 520
珠海市人民政府关于颁布城镇土地使用税扶持行业（项目）目录的通告…… 522
珠海市社会基本医疗保险普通门诊统筹暂行办法…… 523
珠海市体育彩票公益金使用管理办法…… 526
珠海市户外广告设施设置管理条例实施细则…… 528
关于珠海市促进外商投资、加工贸易企业扩大内销工作的实施意见…… 532
珠海市市属国有企业负责人经营业绩考核暂行办法…… 535
珠海市城乡规划编制管理暂行规定…… 539
珠海市抢险和应急工程管理办法…… 542
珠海市建立土地执法共同责任制度的规定 543
珠海市政府融资资金管理办法…… 548
珠海市人民防空工程开发使用管理办法…… 549
珠海市福利彩票公益金使用管理办法…… 551

附　录

珠海市部分机构、企事业单位职能简介目录…… 557

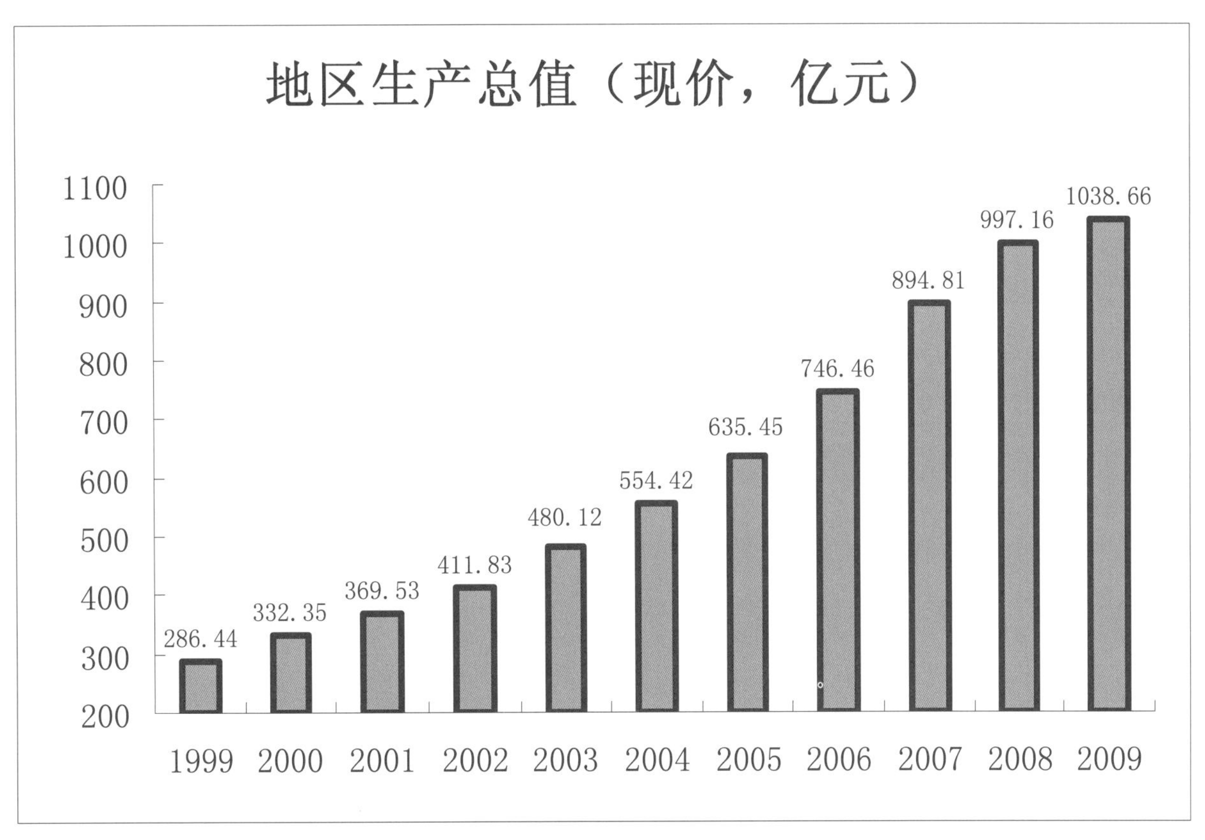
地区生产总值（现价，亿元）
1100
1000
900
800
700
600
500
400
300
200
286.44
332.35
369.53
411.83
480.12
554.42
635.45
746.46
894.81
997.16
1038.66
1999
2000
2001
2002
2003
2004
2005
2006
2007
2008
2009

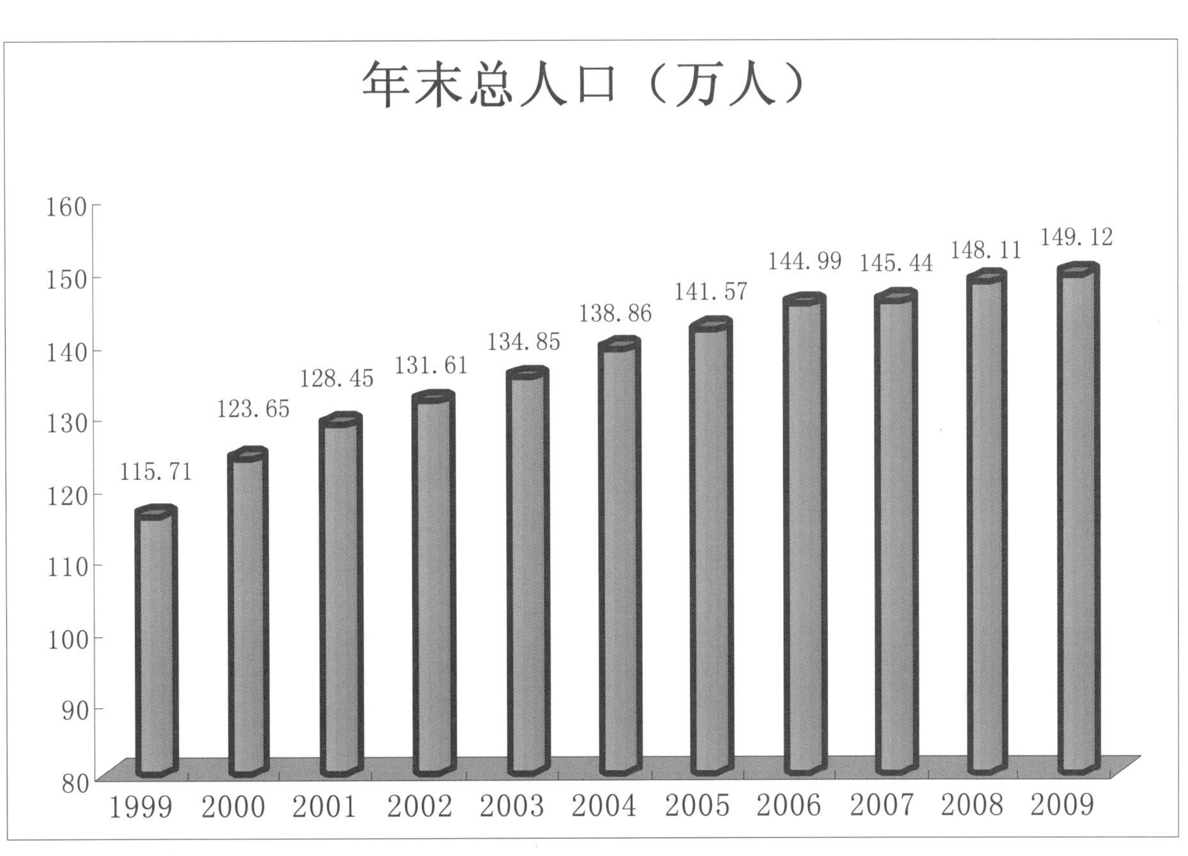
年末总人口（万人）
160
150
140
130
120
110
100
90
80
115.71
123.65
128.45
131.61
134.85
138.86
141.57
144.99
145.44
148.11
149.12
1999
2000
2001
2002
2003
2004
2005
2006
2007
2008
2009

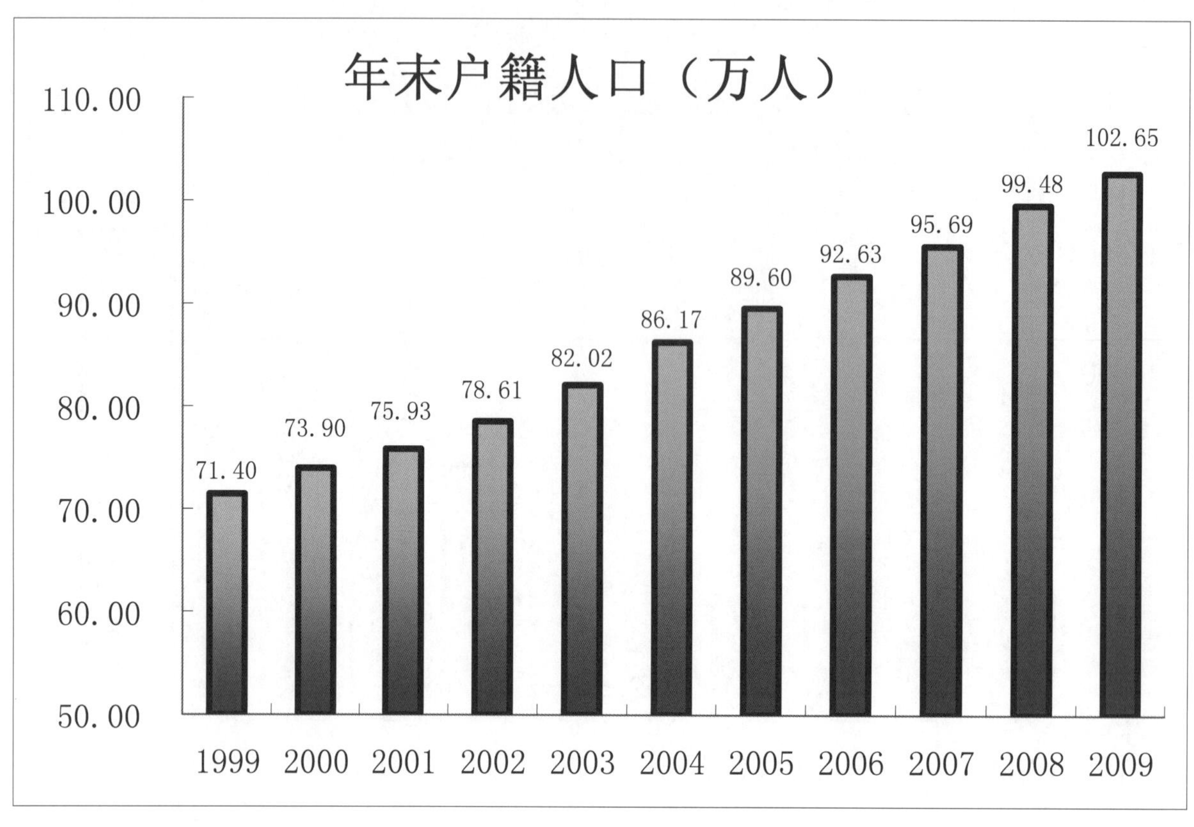
年末户籍人口（万人）
110.00
100.00
90.00
80.00
70.00
60.00
50.00
71.40
73.90
75.93
78.61
82.02
86.17
89.60
92.63
95.69
99.48
102.65
1999
2000
2001
2002
2003
2004
2005
2006
2007
2008
2009

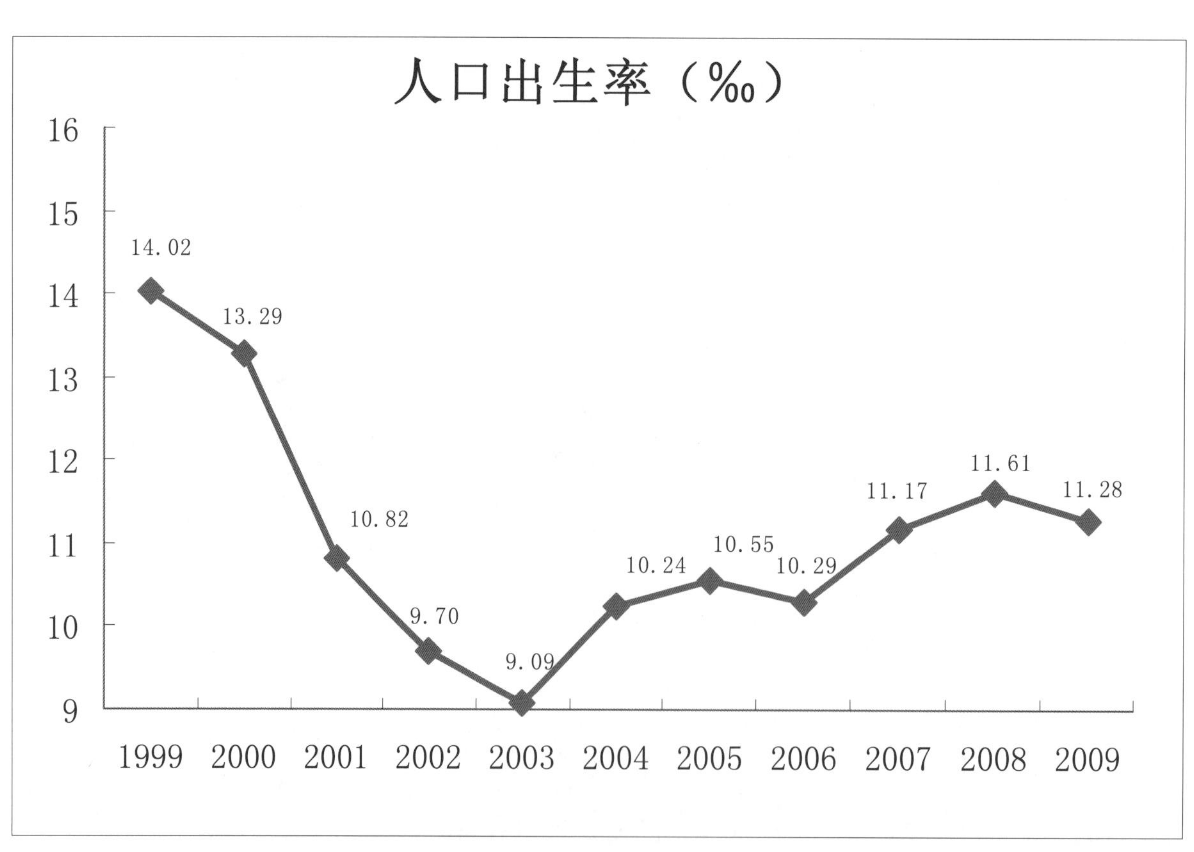
人口出生率（‰）
16
15
14
13
12
11
10
9
14.02
13.29
10.82
9.70
9.09
10.24
10.55
10.29
11.17
11.61
11.28
1999
2000
2001
2002
2003
2004
2005
2006
2007
2008
2009

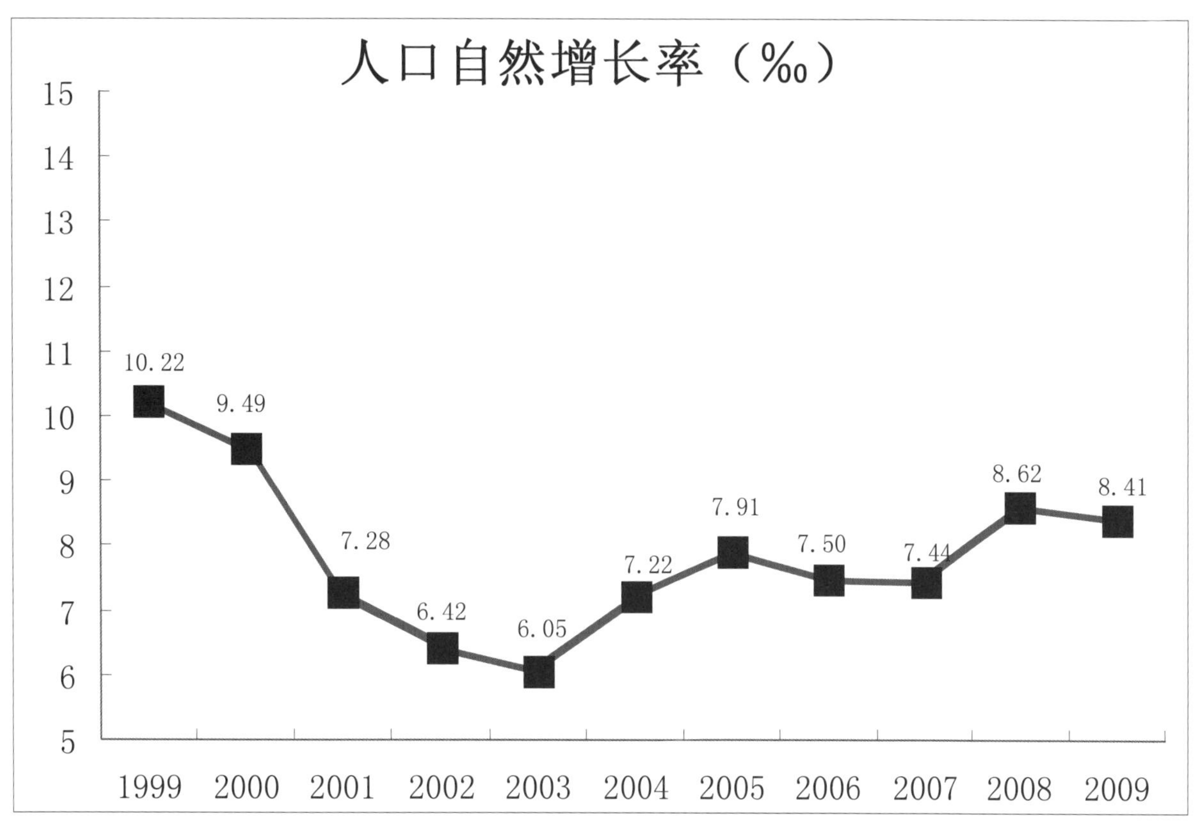
人口自然增长率（‰）
15
14
13
12
11
10
9
8
7
6
5
10.22
9.49
7.28
6.42
6.05
7.22
7.91
7.50
7.44
8.62
8.41
1999
2000
2001
2002
2003
2004
2005
2006
2007
2008
2009

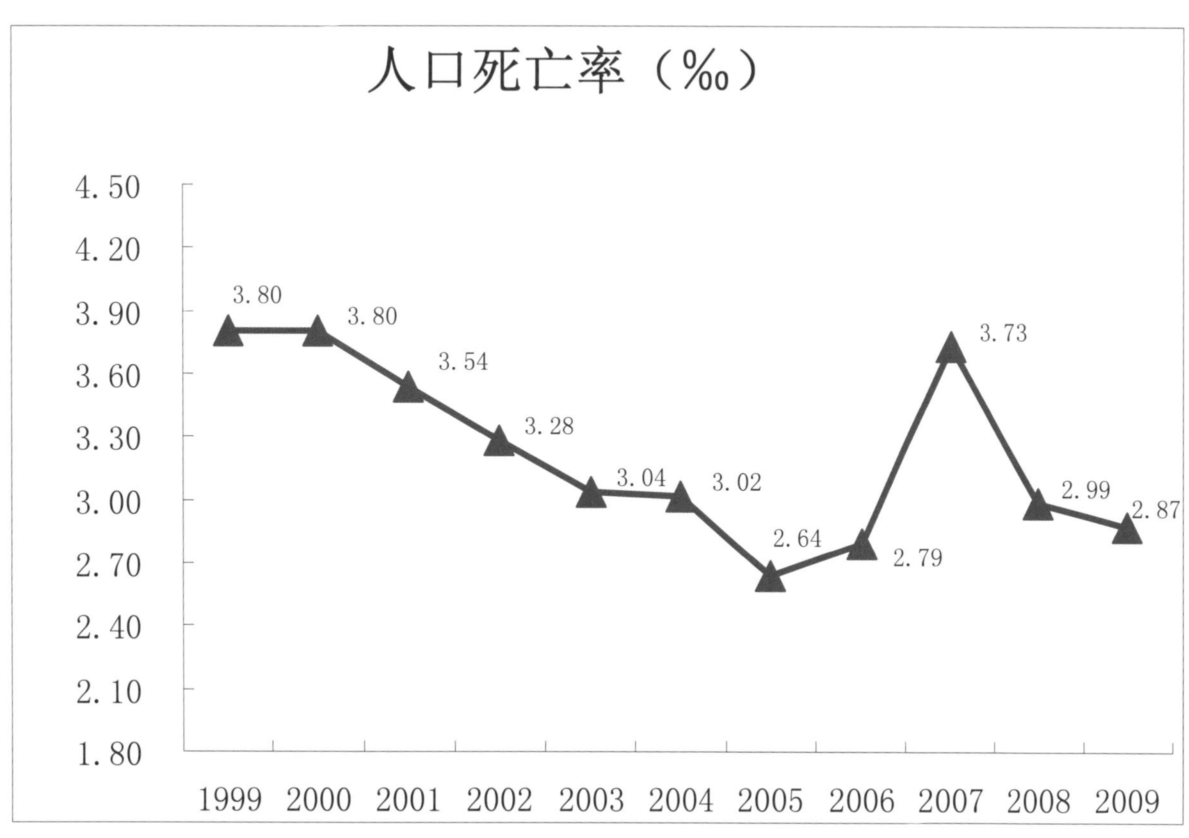
人口死亡率（‰）
4.50
4.20
3.90
3.60
3.30
3.00
2.70
2.40
2.10
1.80
3.80
3.80
3.54
3.28
3.04
3.02
2.64
2.79
3.73
2.99
2.87
1999
2000
2001
2002
2003
2004
2005
2006
2007
2008
2009

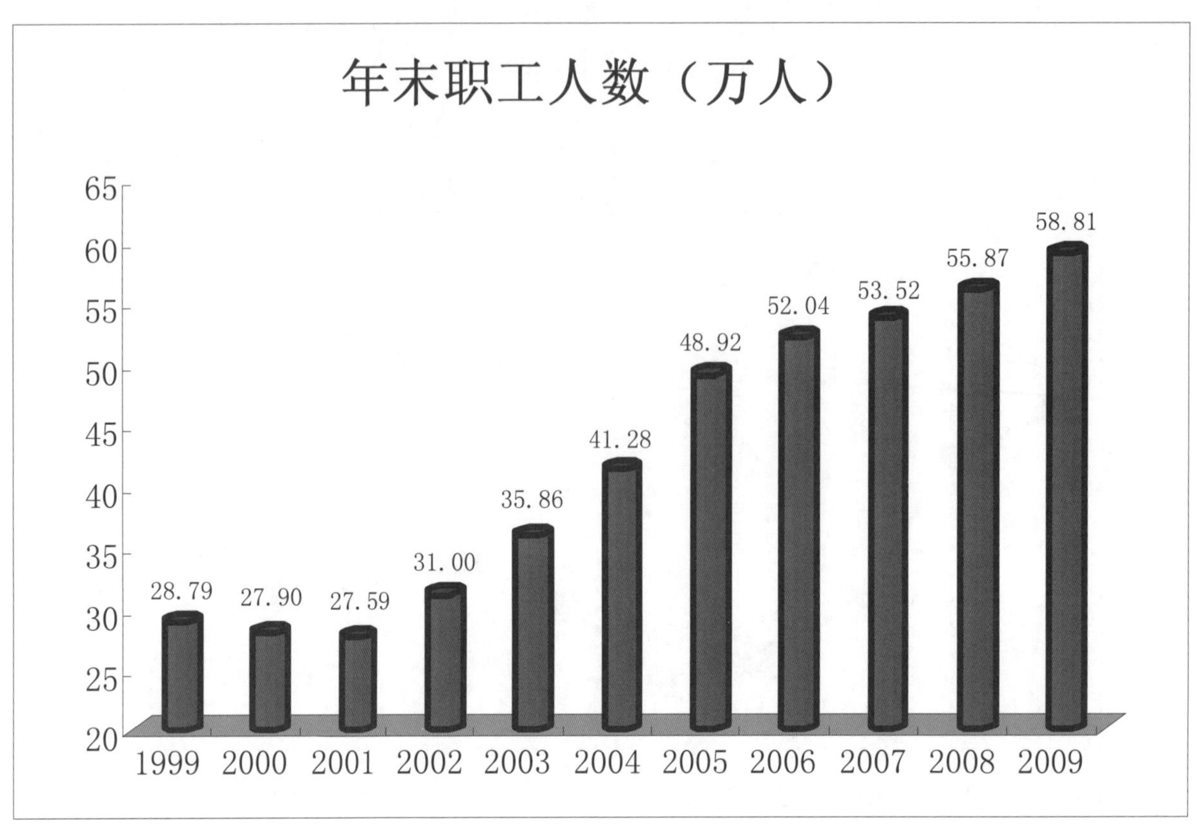
年末职工人数（万人）
65
60
55
50
45
40
35
30
25
20
28.79
27.90
27.59
31.00
35.86
41.28
48.92
52.04
53.52
55.87
58.81
1999
2000
2001
2002
2003
2004
2005
2006
2007
2008
2009

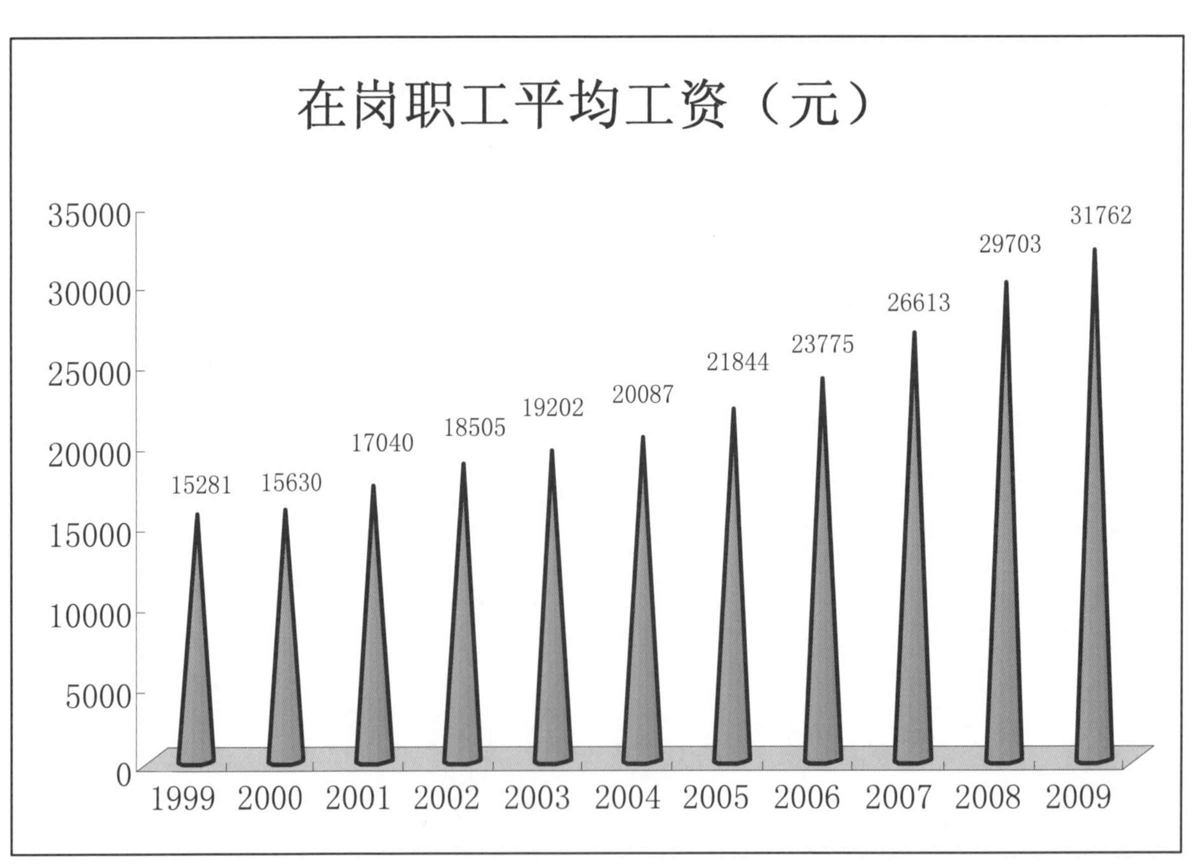
在岗职工平均工资（元）
35000
30000
25000
20000
15000
10000
5000
0
15281
15630
17040
18505
19202
20087
21844
23775
26613
29703
31762
1999
2000
2001
2002
2003
2004
2005
2006
2007
2008
2009

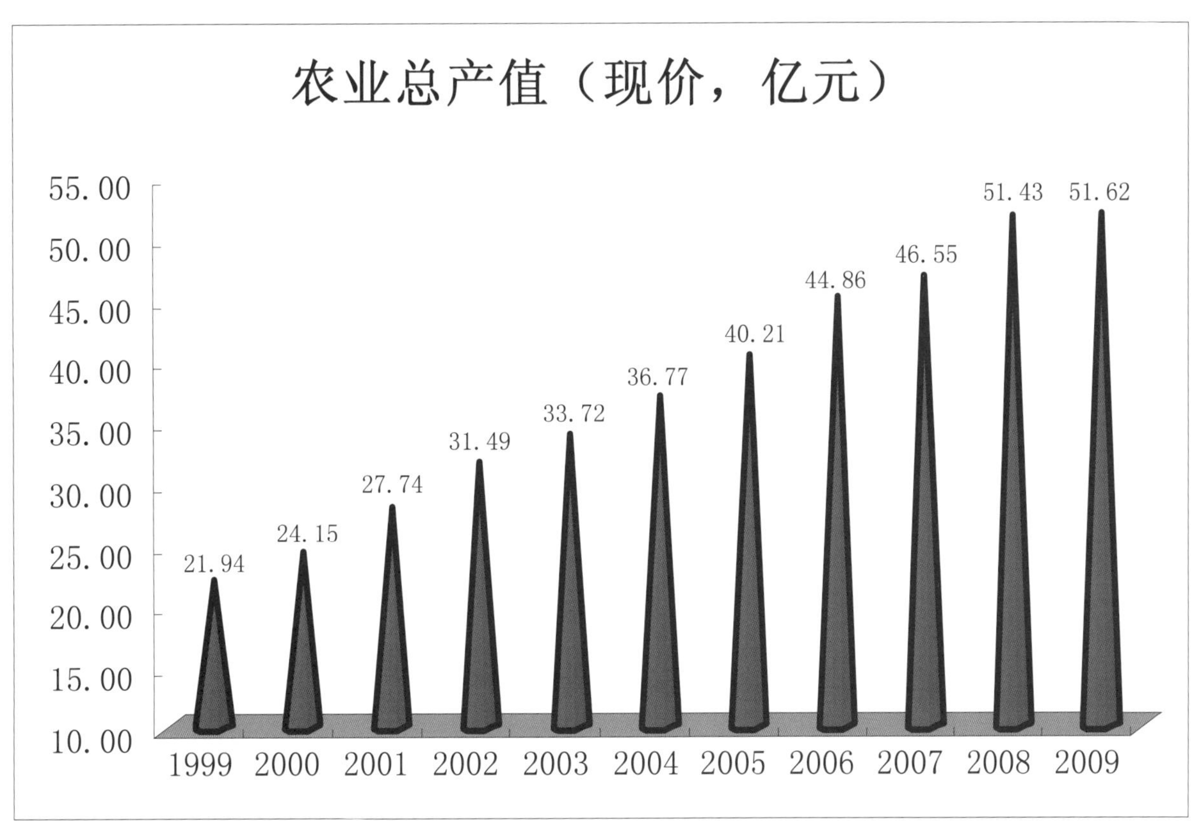
农业总产值（现价，亿元）
55.00
50.00
45.00
40.00
35.00
30.00
25.00
20.00
15.00
10.00
21.94
24.15
27.74
31.49
33.72
36.77
40.21
44.86
46.55
51.43
51.62
1999
2000
2001
2002
2003
2004
2005
2006
2007
2008
2009

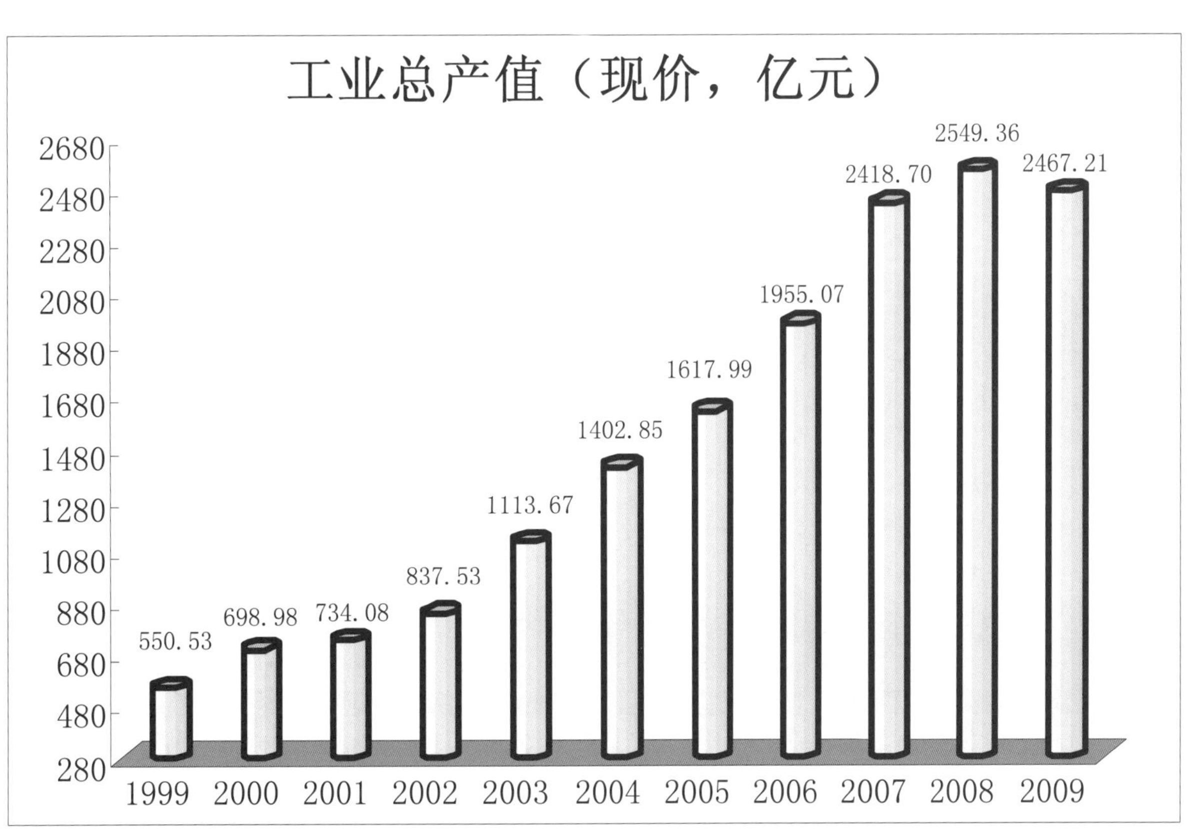
工业总产值（现价，亿元）
2680
2480
2280
2080
1880
1680
1480
1280
1080
880
680
480
280
550.53
698.98
734.08
837.53
1113.67
1402.85
1617.99
1955.07
2418.70
2549.36
2467.21
1999
2000
2001
2002
2003
2004
2005
2006
2007
2008
2009

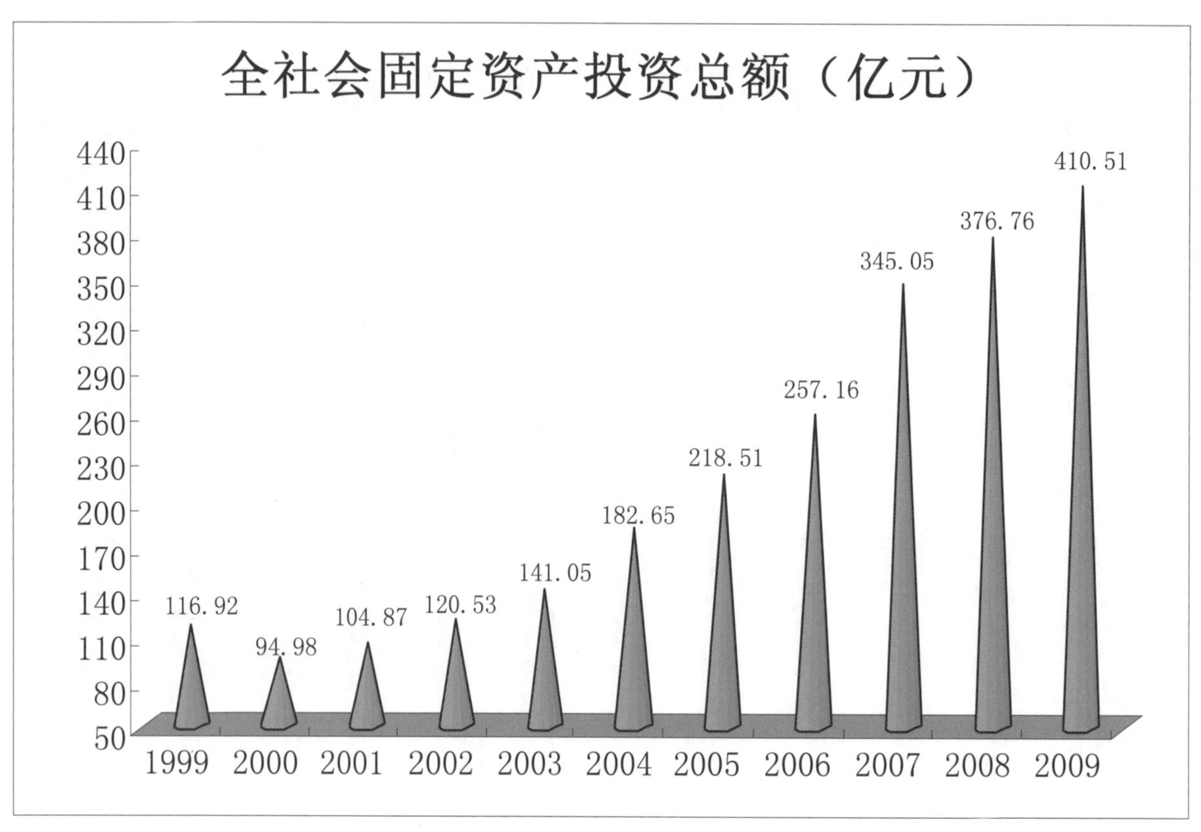
全社会固定资产投资总额（亿元）
440
410
380
350
320
290
260
230
200
170
140
110
80
50
116.92
94.98
104.87
120.53
141.05
182.65
218.51
257.16
345.05
376.76
410.51
1999
2000
2001
2002
2003
2004
2005
2006
2007
2008
2009

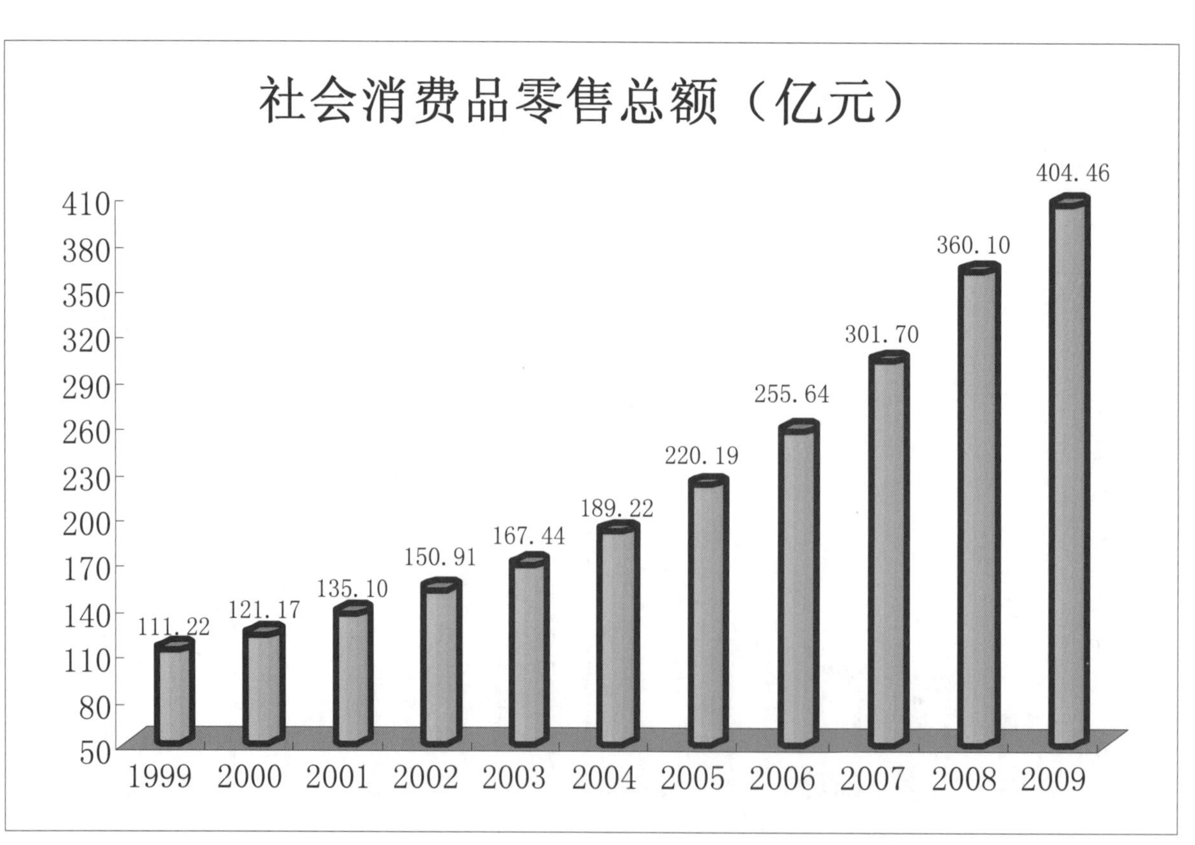
社会消费品零售总额（亿元）
410
380
350
320
290
260
230
200
170
140
110
80
50
111.22
121.17
135.10
150.91
167.44
189.22
220.19
255.64
301.70
360.10
404.46
1999
2000
2001
2002
2003
2004
2005
2006
2007
2008
2009

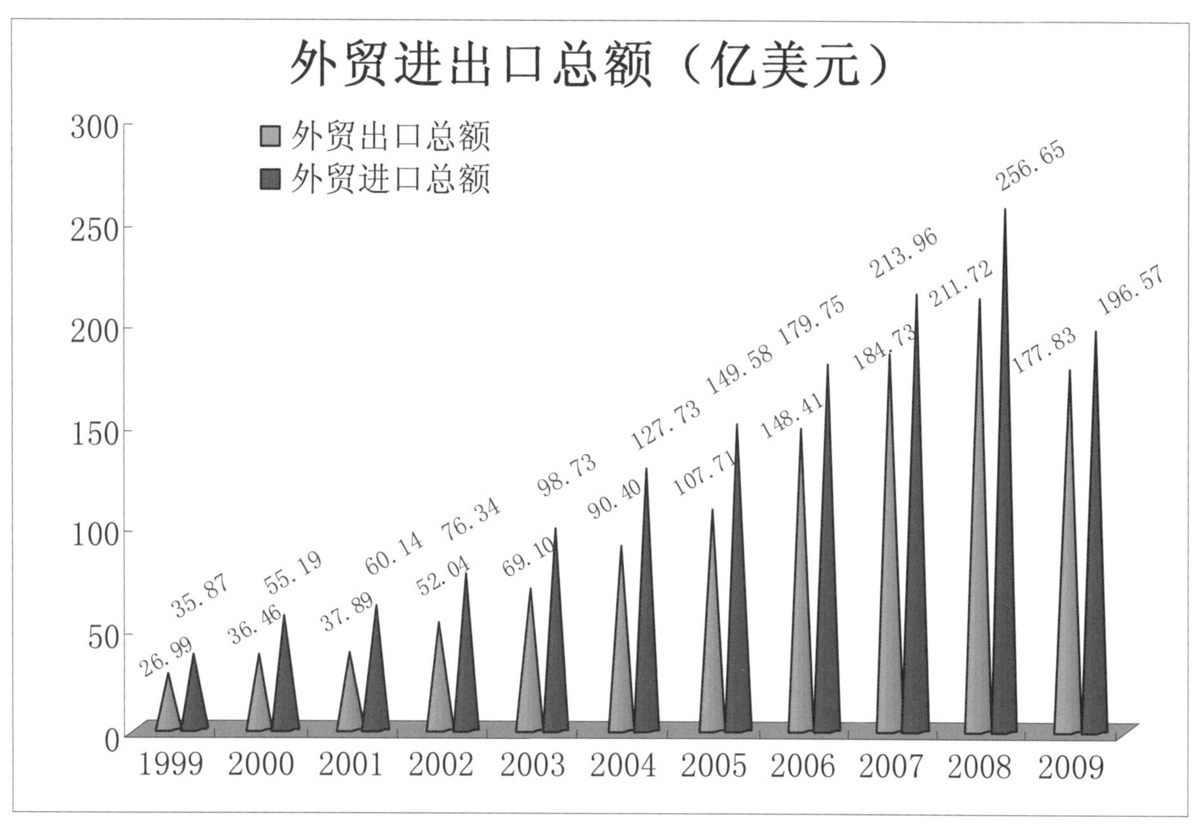

外贸进出口总额（亿美元）
外贸出口总额
外贸进口总额
300
250
200
150
100
50
0
26.99
35.87
36.46
55.19
37.89
60.14
52.04
76.34
69.10
98.73
90.40
127.73
107.71
149.58
148.41
179.75
184.73
213.96
211.72
256.65
177.83
196.57
1999
2000
2001
2002
2003
2004
2005
2006
2007
2008
2009

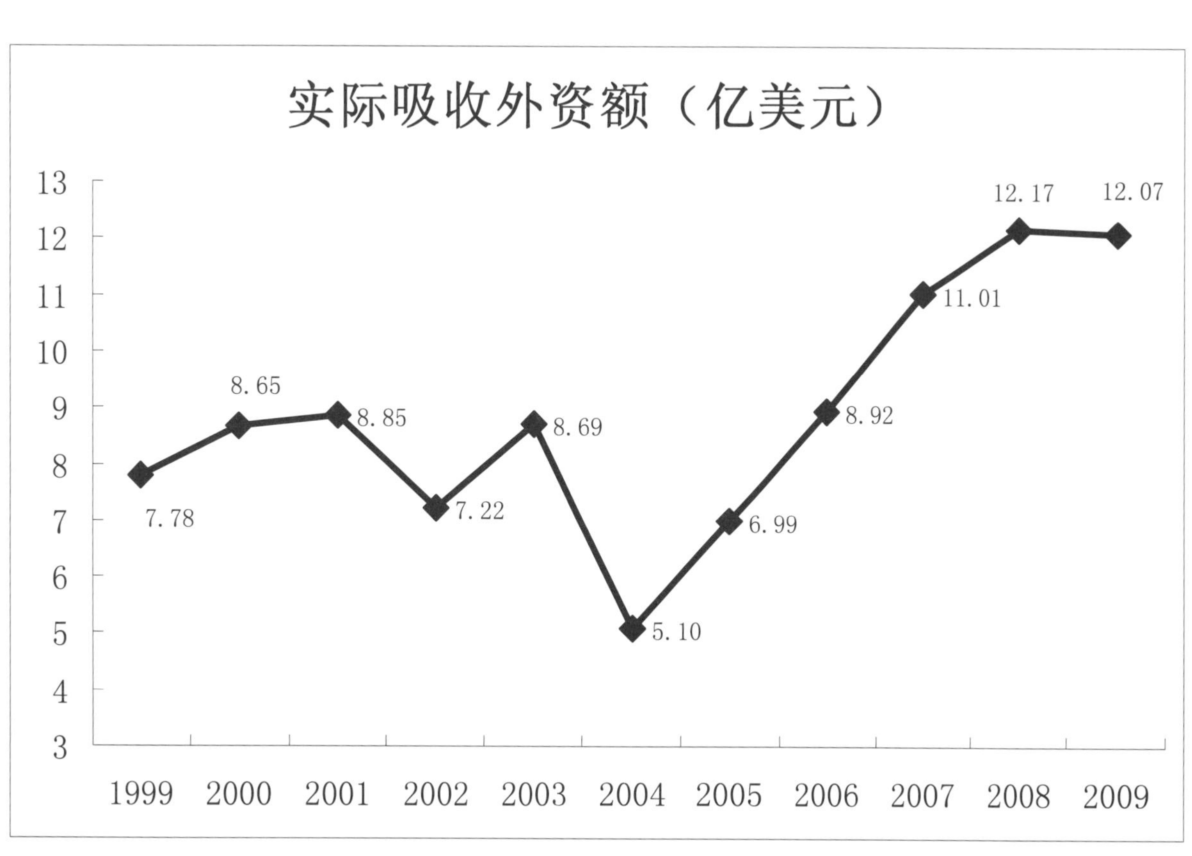

实际吸收外资额（亿美元）
13
12
11
10
9
8
7
6
5
4
3
7.78
8.65
8.85
7.22
8.69
5.10
6.99
8.92
11.01
12.17
12.07
1999
2000
2001
2002
2003
2004
2005
2006
2007
2008
2009

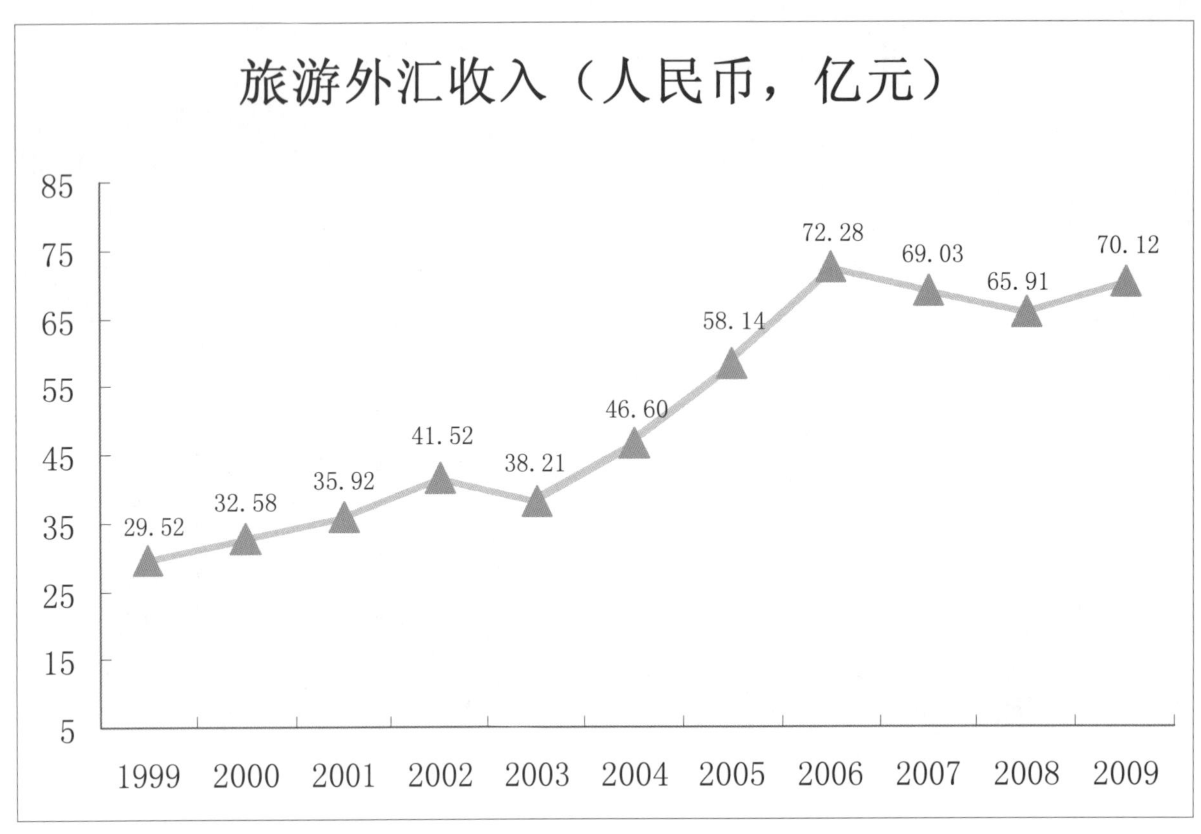
旅游外汇收入（人民币，亿元）
85
75
65
55
45
35
25
15
5
29.52
32.58
35.92
41.52
38.21
46.60
58.14
72.28
69.03
65.91
70.12
1999
2000
2001
2002
2003
2004
2005
2006
2007
2008
2009

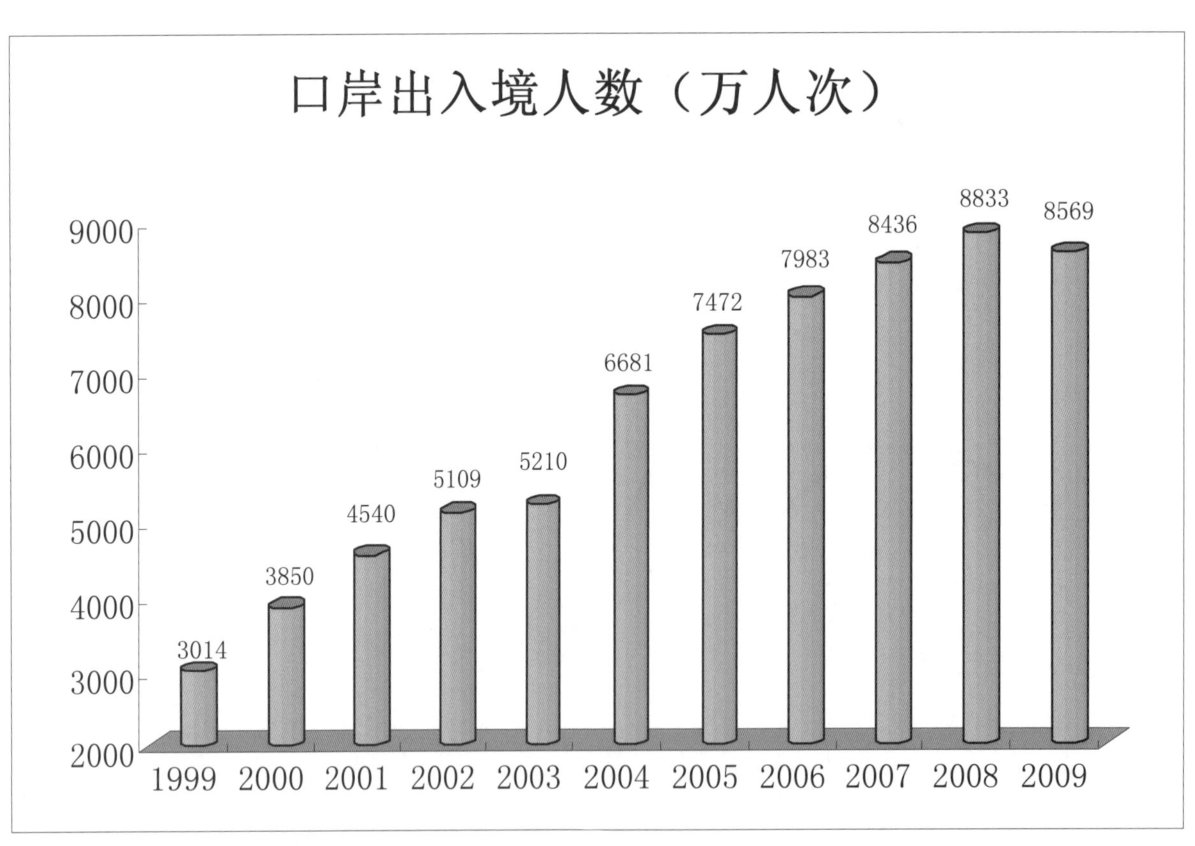
口岸出入境人数（万人次）
9000
8000
7000
6000
5000
4000
3000
2000
3014
3850
4540
5109
5210
6681
7472
7983
8436
8833
8569
1999
2000
2001
2002
2003
2004
2005
2006
2007
2008
2009

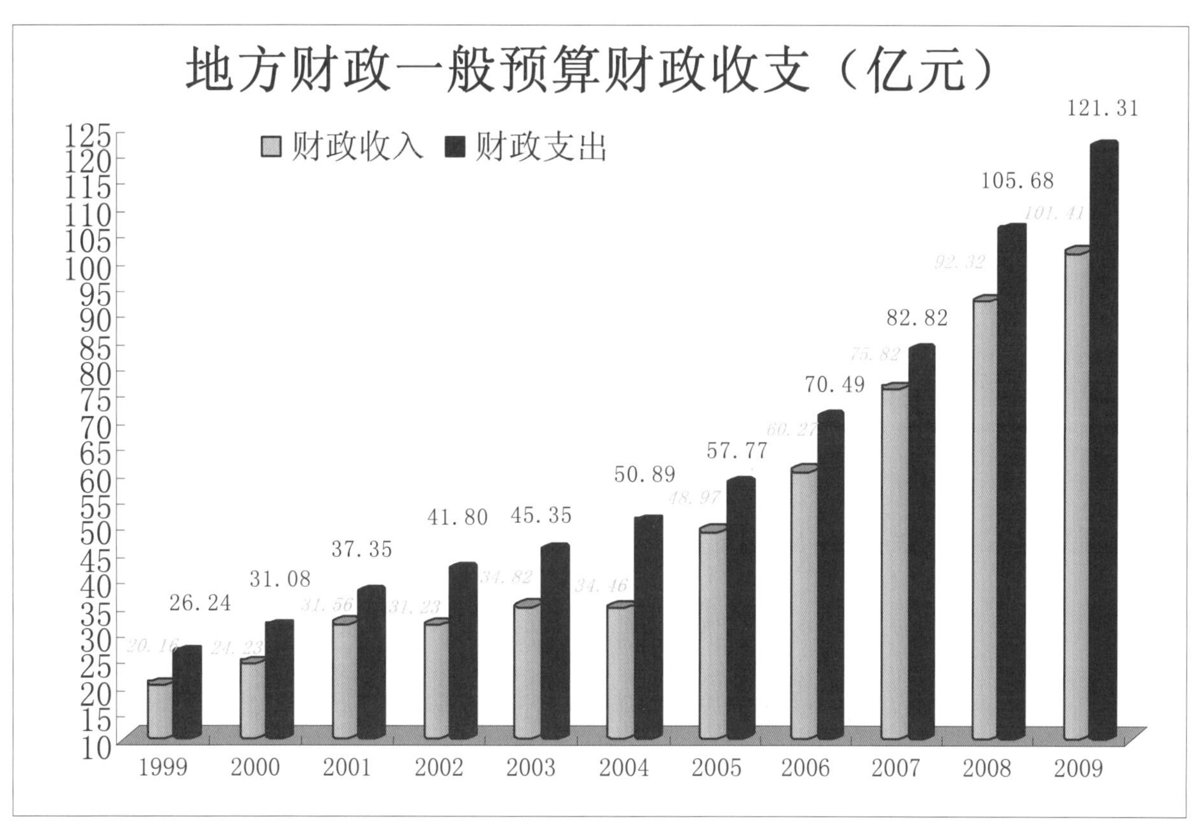
地方财政一般预算财政收支（亿元）
财政收入
财政支出
1999
2000
2001
2002
2003
2004
2005
2006
2007
2008
2009
20.16
26.24
24.23
31.08
31.56
37.35
31.23
41.80
34.82
45.35
34.46
50.89
48.97
57.77
60.27
70.49
75.82
82.82
92.32
105.68
101.41
121.31

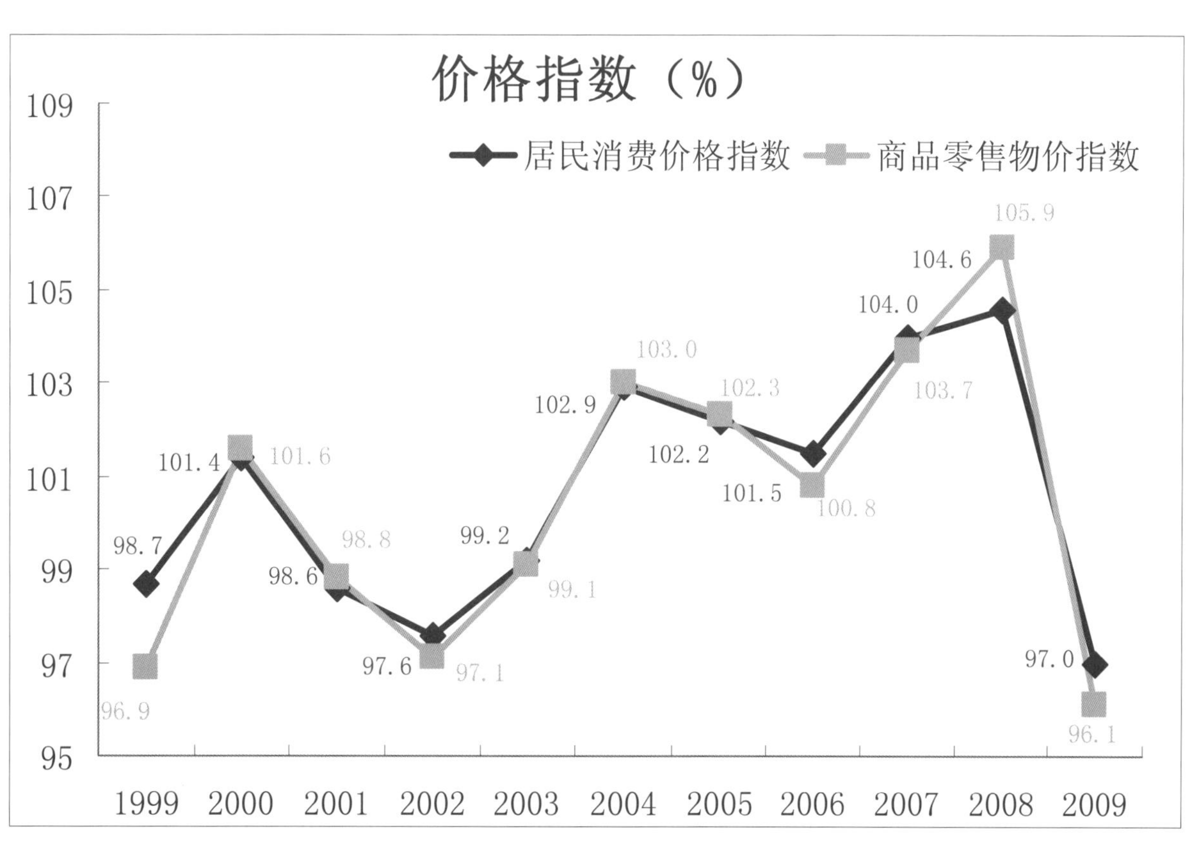
价格指数（%）
居民消费价格指数
商品零售物价指数
1999
2000
2001
2002
2003
2004
2005
2006
2007
2008
2009
98.7
96.9
101.4
101.6
98.6
98.8
97.6
97.1
99.2
99.1
102.9
103.0
102.2
102.3
101.5
100.8
104.0
103.7
104.6
105.9
97.0
96.1

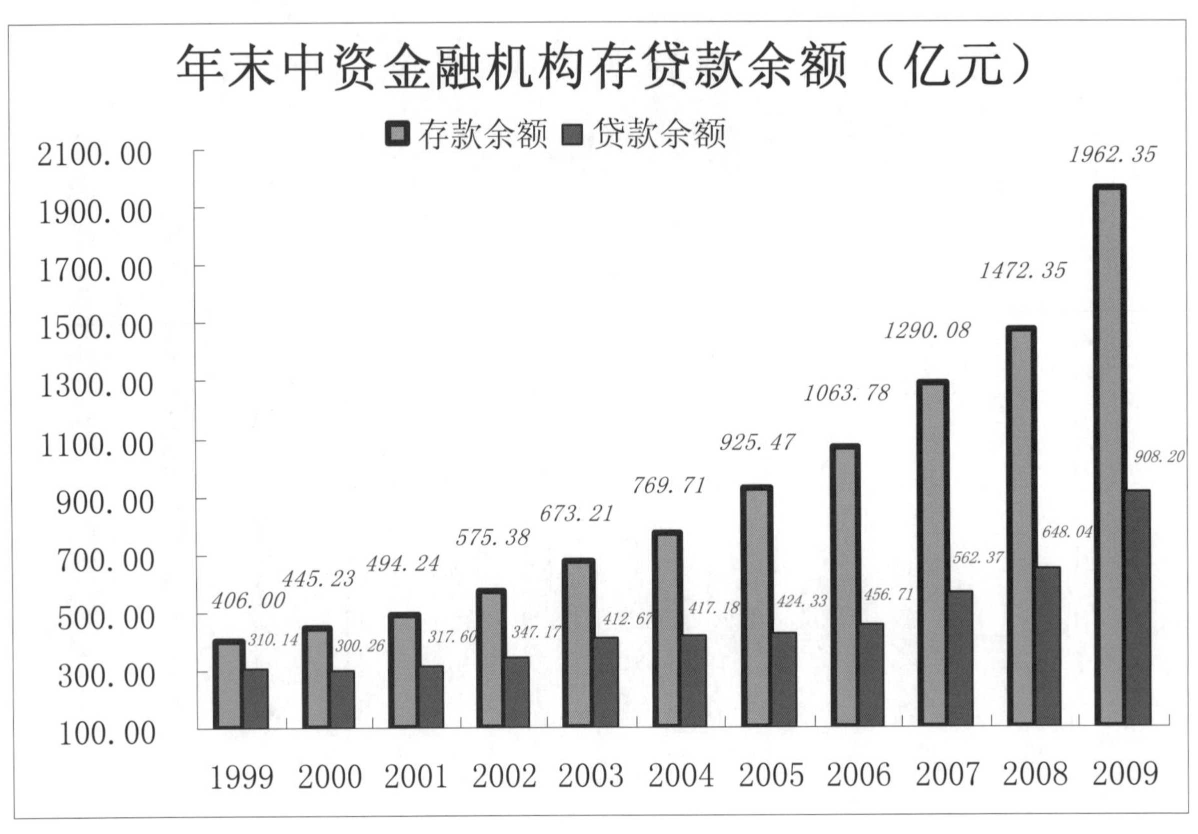

年末中资金融机构存贷款余额（亿元）
存款余额
贷款余额
2100.00
1900.00
1700.00
1500.00
1300.00
1100.00
900.00
700.00
500.00
300.00
100.00
406.00
310.14
445.23
300.26
494.24
317.60
575.38
347.17
673.21
412.67
769.71
417.18
925.47
424.33
1063.78
456.71
1290.08
562.37
1472.35
648.04
1962.35
908.20
1999
2000
2001
2002
2003
2004
2005
2006
2007
2008
2009

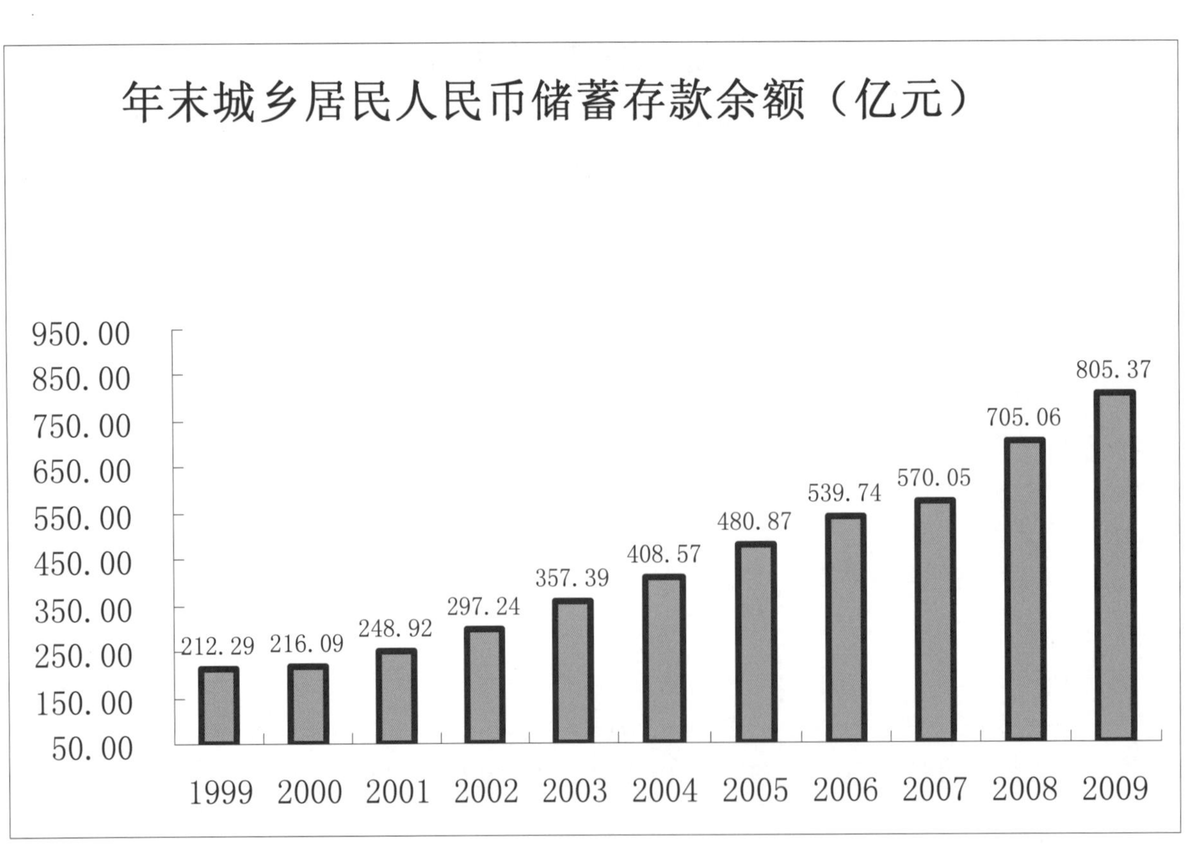

年末城乡居民人民币储蓄存款余额（亿元）
950.00
850.00
750.00
650.00
550.00
450.00
350.00
250.00
150.00
50.00
212.29
216.09
248.92
297.24
357.39
408.57
480.87
539.74
570.05
705.06
805.37
1999
2000
2001
2002
2003
2004
2005
2006
2007
2008
2009

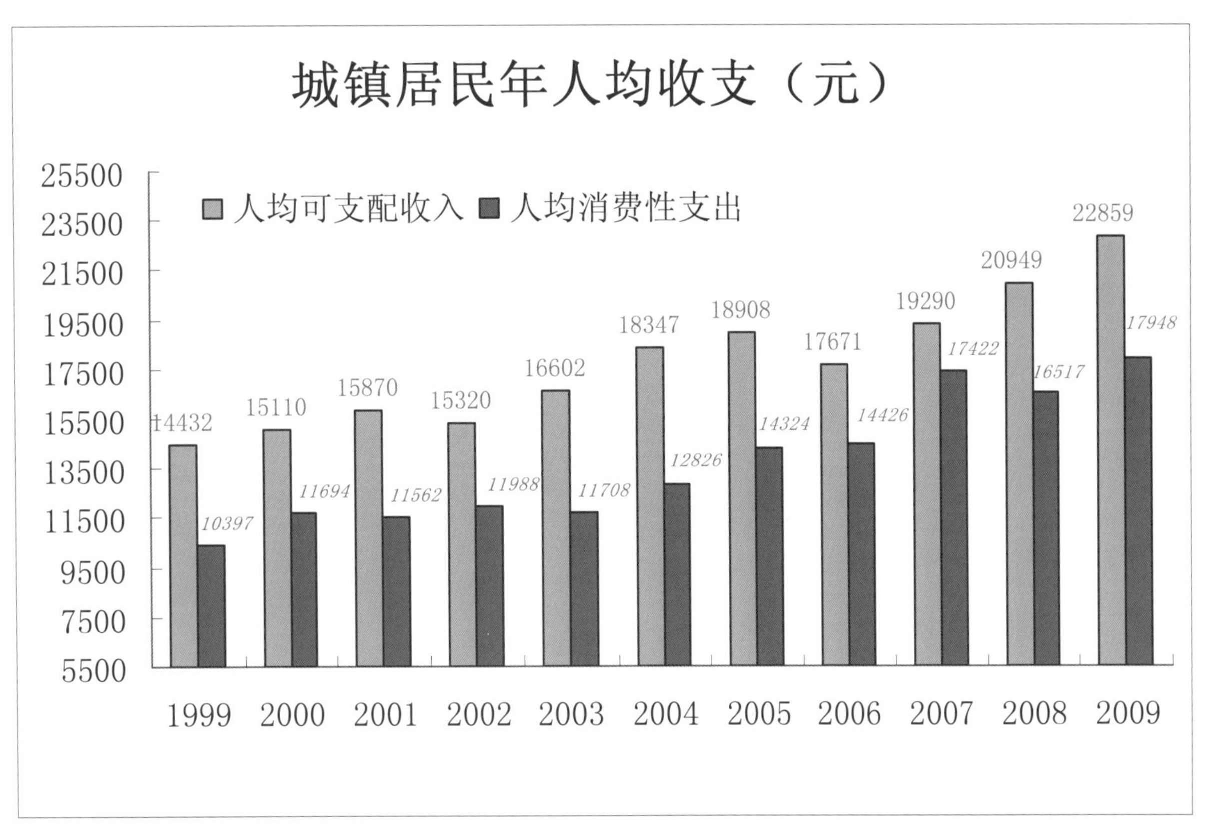

城镇居民年人均收支（元）
人均可支配收入
人均消费性支出
25500
23500
21500
19500
17500
15500
13500
11500
9500
7500
5500
14432
10397
15110
11694
15870
11562
15320
11988
16602
11708
18347
12826
18908
14324
17671
14426
19290
17422
20949
16517
22859
17948
1999
2000
2001
2002
2003
2004
2005
2006
2007
2008
2009

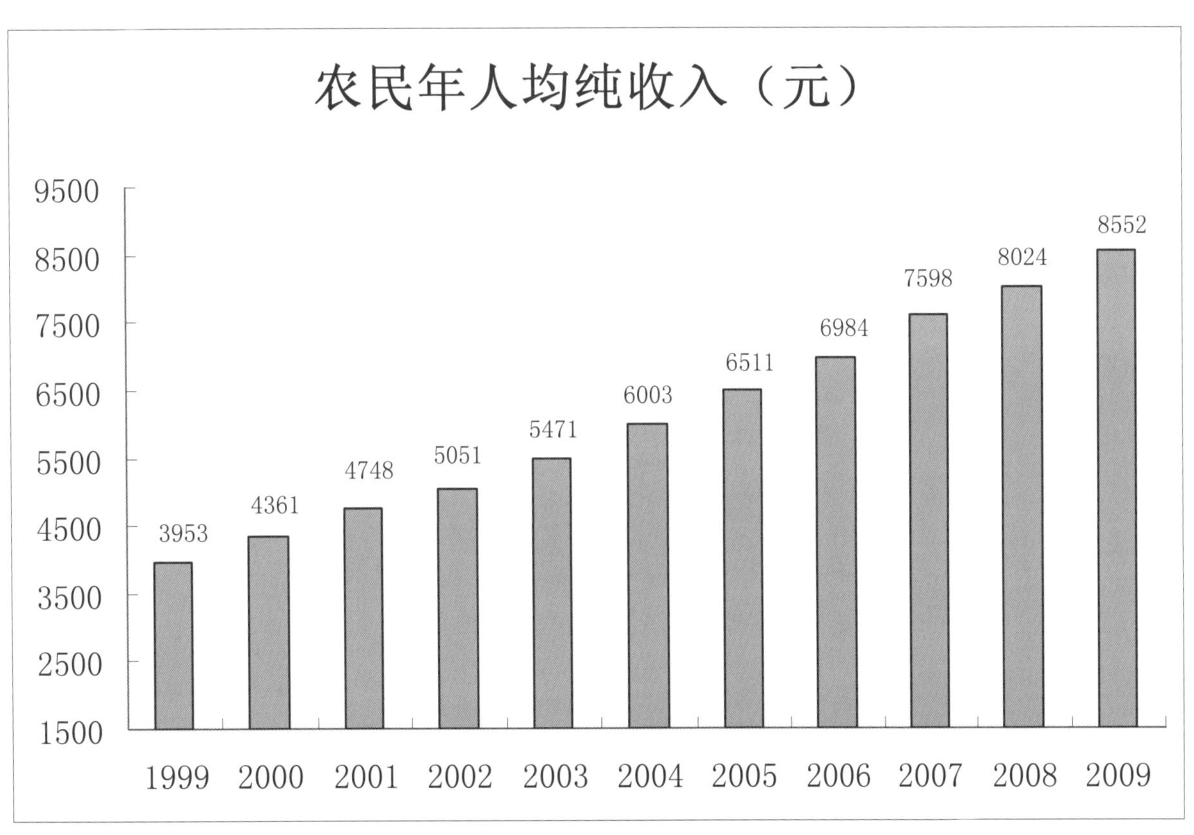

农民年人均纯收入（元）
9500
8500
7500
6500
5500
4500
3500
2500
1500
3953
4361
4748
5051
5471
6003
6511
6984
7598
8024
8552
1999
2000
2001
2002
2003
2004
2005
2006
2007
2008
2009

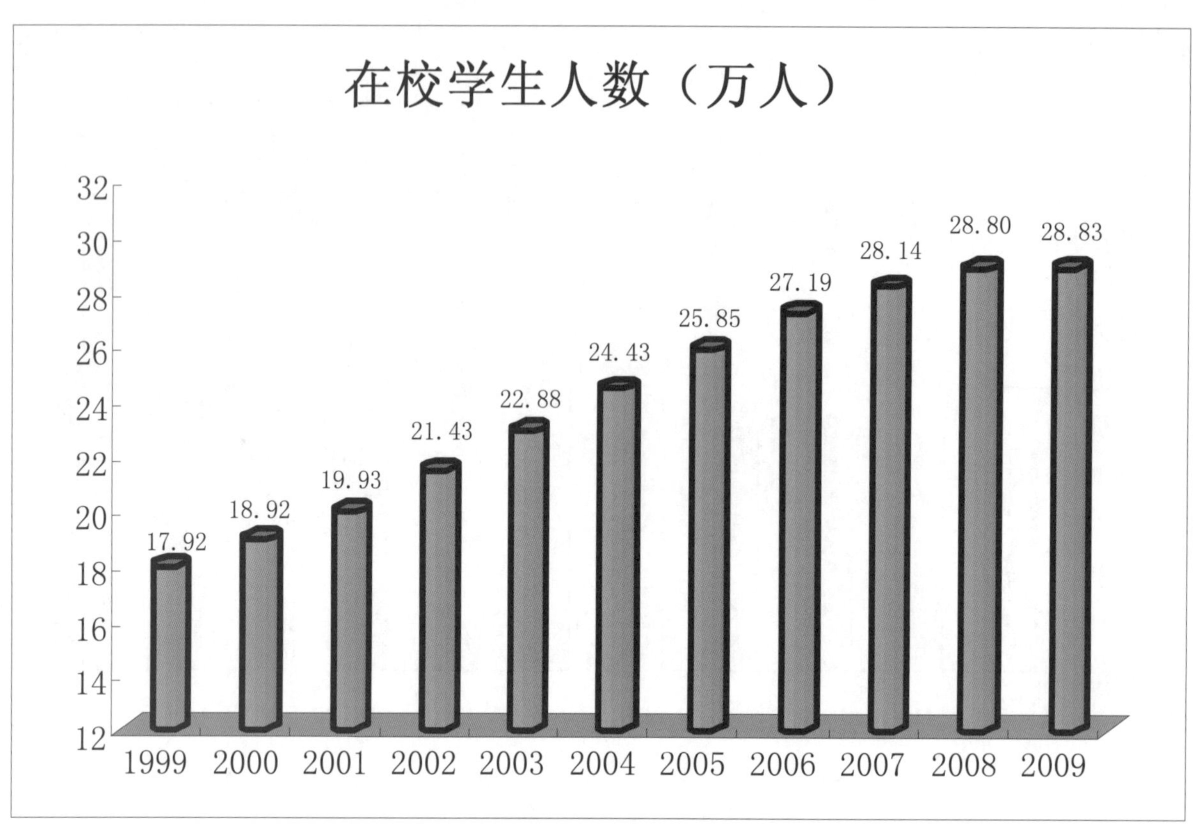
在校学生人数（万人）
32
30
28
26
24
22
20
18
16
14
12
17.92
18.92
19.93
21.43
22.88
24.43
25.85
27.19
28.14
28.80
28.83
1999
2000
2001
2002
2003
2004
2005
2006
2007
2008
2009

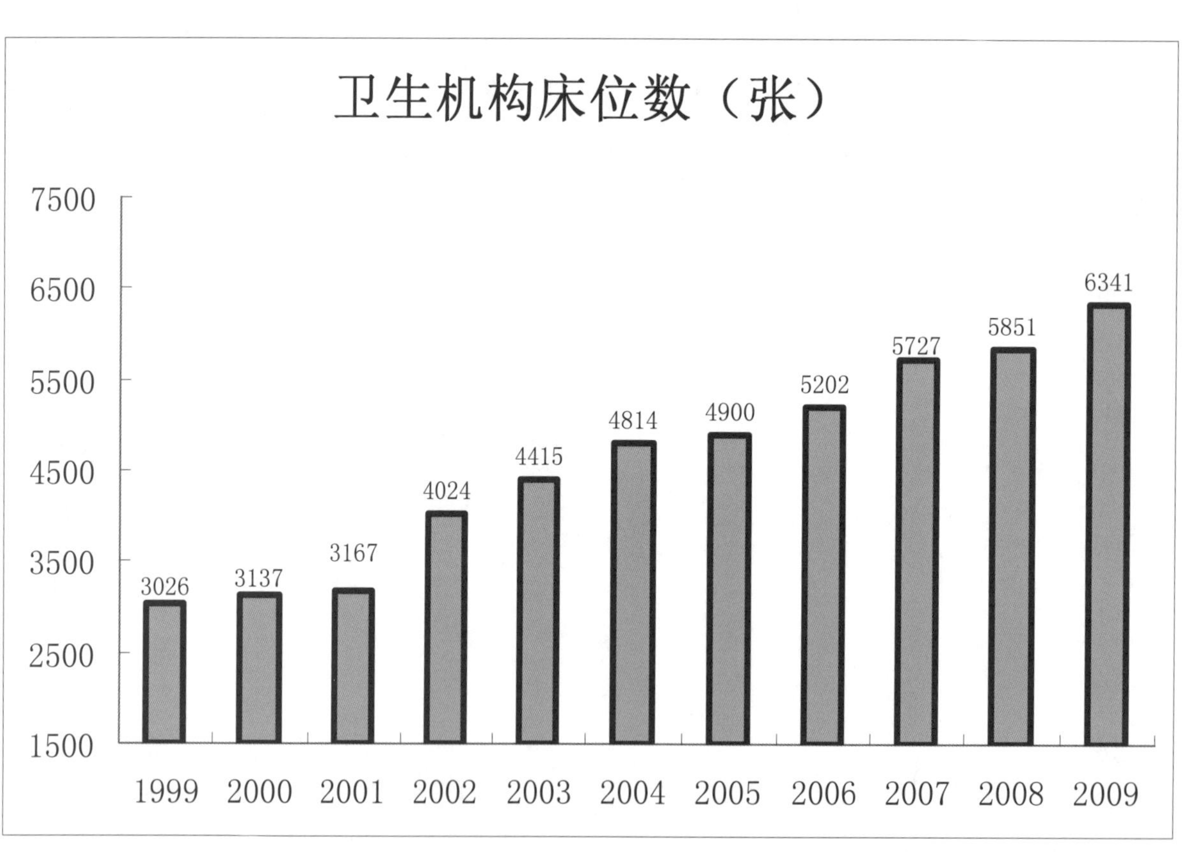
卫生机构床位数（张）
7500
6500
5500
4500
3500
2500
1500
3026
3137
3167
4024
4415
4814
4900
5202
5727
5851
6341
1999
2000
2001
2002
2003
2004
2005
2006
2007
2008
2009

特　　载

2009年12月20日，澳门大学新校区开工奠基仪式在珠海市横琴新区举行。　马　刚　摄

特 载

珠海市政府工作报告

——2010年1月24日在珠海市第七届人民代表大会第五次会议上

珠海市市长 钟世坚

各位代表：

我代表市人民政府向大会作政府工作报告，请予审议，并请政协委员和其他列席人员提出意见。

迎难而上、拼搏进取的2009年

2009年是改革开放以来珠海市经济发展最为困难、经济结构性矛盾暴露最为明显的一年，也是珠海市应对国际金融危机、经济社会发展取得显著成绩的一年。作为全省经济外向度最高的城市，珠海市受国际金融危机冲击尤为严重，企业订单大幅下降，出口明显下滑，企业生产经营异常艰难，经济工作面临空前的压力和挑战。我们在党中央国务院、省委、省政府和市委的正确领导下，在市人大及其常委会和市政协的监督支持下，以实施《珠江三角洲地区改革发展规划纲要》（以下简称《规划纲要》）为主线，坚定不移推进珠江口西岸核心城市建设，全面落实保增长保民生保稳定和“三促进一保持”的要求，化危为机求突破，攻坚克难破瓶颈，着眼未来促转型，夯实基础定格局，在科学发展的道路上迈出可喜步伐。

——经济发展取得新成绩。GDP突破千亿元大关达到1037.7亿元，在严峻的经济形势下，增长6.6%；预计人均GDP突破1万美元达到6.98万元，增长5.3%。固定资产投资额410.5亿元，增长10.3%。社会消费品零售总额413.8亿元，增长15%。城镇居民人均可支配收入2.29万元，增长9.1%，近十年来首次高于GDP增速；农渔民人均纯收入8575元，增长6.6%。接待游客2087.7万人次，增长9.1%。金融机构各项存款余额2105.2亿元，增长33.6%。来源于珠海的财税总收入305.4亿元；财政一般预算收入101.4亿元，增长9.9%。

——重大产业项目取得新突破。中船1100万吨级造船基地配套工程、中国海油深水工程基地、中航通用飞机产业基地和玉柴发动机等一批总投资1300多亿元的重大项目陆续动工，为抢占战略性新兴产业制高点、壮大产业规模奠定基础。招商引资成绩骄人，引进内资注册资本金总额56.9亿元，增长88.8%。实际利用外商直接投资11.8亿美元，增长3.3%，比全国、全省平均增幅分别高出5.9和1.4个百分点。中央和省属企业在珠海累计投资项目34个、总投资超过1300亿元。重大项目招商势头良好，协议总投资200亿元以上的项目2个、100亿元以上的6个、50亿元以上的7个。

——交通建设迈上新台阶。港珠澳大桥动工，进一步提升珠海的区位优势。广珠城际轨道和广珠铁路建设顺利推进，计划于今明两年先后竣工通车。高栏港高速、机场高速、井岸二桥以

及珠海大道、柠溪路改造、板樟山隧道大修工程等动工建设。省道S272白蕉高速公路出口至湖心路口段建成通车。5万吨级集装箱码头第二个泊位竣工，10万吨级煤码头和两个15万吨级矿石码头动工建设，10万吨级集装箱码头和10万吨级进港主航道项目获得国家批准，珠海港成为珠三角地区水深条件最好、功能最齐全的港口。

——区域合作结出新硕果。国务院批准实施《横琴总体发展规划》，使横琴开发上升为国家战略，将横琴纳入珠海经济特区范围，想方设法落实横琴在通关制度、金融创新、产业和信息化、土地管理等方面的特殊政策。横琴新区专项政策和规划编制报批等工作加紧推进，多联供燃气能源站、长隆国际海洋度假区等一批项目动工建设。出台推进珠港澳更紧密合作的实施意见，开展对港澳货物贸易人民币结算试点。珠澳合作开创新局面，与澳门特区政府达成珠澳同城化共识，建立官方正式联络机制，重点推进基建对接、通关便利、产业互补、服务一体等方面合作。千方百计应对咸潮，强化科学调度，加紧推进总库容4333万立方米的竹银水源工程，保障珠澳供水。召开首届珠中江区域合作联席会议，确定八大重点合作领域，20多项实质性合作项目加紧推进，实现公交互通、年票互认、媒体互动、环保联动，加快珠中江经济圈一体化进程。

一年来，我们主要抓以下工作：

一、积极应对危机，经济回升向好发展

遏制下滑促增长成效明显。面对国际金融危机冲击带来的压力和挑战，市政府见事早、谋划准、出手快、出拳重，沉着应对，积极化危为机、危中求进。坚持把扩内需与稳外贸结合起来，把保增长与调结构结合起来，把惠民生与保稳定结合起来，把优化政府服务与激发市场活力结合起来，使珠海市经济呈现“一季度罕见下行、二季度降幅收窄、三季度逐步回升、四季度企稳向好”的逐季好转态势。1月份GDP降幅高达20.2%，一季度降幅收窄至5.1%，上半年恢复正增长，三季度增长4.1%，全年增长6.6%，比年初回升26.8个百分点。及时出台《珠海市企业和企业经营者权益保护办法》等30多个政府规章和文件，着力优化应对金融危机的政策环境。投入资金5亿元支持企业开展科研、技改等活动，发放援企稳岗补贴8060万元，减轻企业负担近5亿元，着力扶持企业发展。财政安排“四位一体”政府风险准备金6000万元，撬动贷款10亿元，着力缓解中小企业融资困难。大力扩内需、促消费，服务业成为经济增长的首要推动力，贡献率达到80.4%；珠海机场年旅客吞吐量、货运量分别为138.6万人次和1.4万吨，两项指标都增长23.5%。积极扶持企业抢抓订单，促进加工贸易转型升级，全年进出口总额实现374.4亿美元，其中出口177.8亿美元，降幅分别由1月份的39.8%、26.8%收窄至20.1%、16%。由于个别大型出口工业企业产值锐减，实际降幅超过30%，全市规模以上工业增加值被拉低7.4个百分点，仅完成478.6亿元，增长1.2%，与上年基本持平。

经济结构调整和自主创新成效明显。三次产业增加值比重由上年的2.9：54.6：42.5调整为2.8：51.7：45.5，服务业占GDP的比重提高3个百分点。初步形成家电电气、电子信息、精密机械制造、生物医药、电力能源、石油化工、软件和集成电路设计、打印耗材等产业集群。高栏港经济区成为省重化产业集群升级示范区，高新区成为广东省现代信息服务业重点园区，航空产业园成为国家高技术产业基地和省市共建先进制造业基地。以装备制造业为代表的先进制造业发展势头良好，优特电力入选全省50家装备制造业骨干企业，华冠电子等3家企业入选全省100家重点培育装备制造业企业，格力电器等6家企业入选广东省工业企业100强，兴业太阳能等3家企业入选福布斯中国潜力企业200强。预计文化产业产值355亿元，增长22%。产业发展水平不断提高，财政一般预算收入占GDP比重达到10%左右，居于珠三角各市前列。高新技术产业蓬勃发展，预计全年高新技术产品产值950亿元；生物医药和一批民营高科技企业逆势增长，生物医药产业产值达到76亿元，增长12.2%；新认定国家高新技术企业59家。发明专利申请量、授权量达到2366件和1738件，分别增长18%和6.2%。新增2家省部产学研结合示范基地、1家国家级企业技术中心；21个产品被认定为广东省自主创新产品，省级创新型企业增至15家，知识产权优势企业增至36家。健帆生物科技荣获2009年国家科技进步二等奖。实施“以质取胜”“商标品牌”“名牌带动”和标准技术战略，珠海市企业参与制订和修订国际、国家标准151项，国家打印耗材质检中心建设稳步推进，“中富”被认定为“中国驰名商标”。

掀起新一轮发展热潮。高栏港经济区建设日新月异，港口建设和临港产业发展加快推进，地区生产总值、工业增加值、财政一般预算收入、固定资产投资、引进内资注册资本金、港口吞吐量等主要经济指标均实现高速增长。高新区坚持产业发展与新城建设并举，着力打造“创意唐家”品牌，滨海科技新城一期填海造地工程加紧建设，金山软件园动工，巨人网络南方总部暨研发基地奠基，高端产业聚集效应日渐明显。香洲区打造“香洲服务”品牌成绩可喜，服务业占GDP比重提高到56%。金湾区、斗门区以园区整合为契机，促进航空产业园和富山工业园产业发展初见成效。保税区、跨境工业区和万山区发展势头良好。

二、加快城乡建设，人居环境日益改善

城乡规划和基础设施建设加快推进。发挥规划在城市建设中的先导作用，已完成30多项规划编制工作。交通、能源、防灾减灾、环保和供水工程完成投资11.4亿元，增长25%。维修翻新30座桥梁，新建37座候车亭。拱北口岸客车通道“一站式”电子验放系统工程和横琴口岸扩建工程竣工使用。电网工程完成投资15.6亿元，500千伏国安输变电工程等15个电网项目竣工投运。

生态建设不断优化。在全省“环保目标责任考核”中荣获“优秀”称号，“城市环境综合整治定量考核”总分名列全省前茅，连续三年完成减排目标。开展生态城市建设规划研究，制定生态建设“四个百分百”行动方案，修订《珠海市环境保护条例》。加快推进全国生态文明建设试点工作，通过国家园林城市复查。积极推进36项国家环保模范城市“迎检重点工程”，拱北污水处理厂改扩建工程完工，南水、三灶水质净化厂建成启用。前山河综合治理工程顺利推进，相关配套工程如期完成。加快城区排洪渠截污分流改造，完成凤凰河综合整治。整合和盘活存量土地，清理处置闲置土地259宗、总面积18.1平方千米。超额完成年度节能任务，珠海市被省推荐为可再生能源建筑应用项目示范城市。实施“双十百绿”工程，新改建绿地53.3万平方米，种植树木约70万株，建成开放将军山公园，提升海天公园绿化美化水平。完成情侣路沿线海域清理工作，开展全民清洁和市容整治活动，清拆违规户外广告牌2452宗，改造柠溪、朝阳、三灶唐人街等3个农贸市场，市容市貌明显改观。

新农村建设成绩喜人。市财政投入“三农”资金23.9亿元，增长19.5%。出台《珠海市饮用水源保护区扶持激励办法》，对保护区实行财政补助。累计改造华侨农场危房3760户，改造农村公路12条、危桥14座。开发补充耕地3760.3亩，超额完成省下达的任务。农业产业化水平不断提高，新增两家省级农业龙头企业，国家和省级农业龙头企业达到9家。全市农业总产值52.8亿元，增长4.6%。农民专业合作社43家，辐射带动农户5700多户。“白蕉海鲈”成为珠海市首个国家地理标志产品。部分完成119个行政村新农村建设规划。加强海洋综合开发和保护，在全省率先完成海岸保护与利用总体规划。南海生物放流活动和首届海洋博览会在珠海市成功举办。

三、加快社会事业发展，改善民生成效显著

加大民生投入。全年完成政府投资72.3亿元，增长29.8%，完成投资计划的103.7%。市财政一般预算对教育、社保就业、医疗卫生、文化事业、环境保护、农林水事务等六项民生总投入50.5亿元，增长20%；民生支出占一般预算支出的41.6%，比上年提高1.8个百分点。统筹区域发展，加大对西部地区投入，全年对西部地区教育和医疗卫生、社保就业、环境保护、公共交通、防灾减灾、农林水利、供水设施改造等方面共投入21.8亿元。

就业和社会保障水平不断提高。城镇新增就业岗位40877个，城镇登记失业率为2.8%。推进

“百企扶百村就业工程”，本市农村劳动力转移就业6779人，吸纳粤东西北地区农村劳动力6506人。为大学生见习、就业和创业提供服务，本市生源高校毕业生就业率达91%。实施适龄青年百分百接受技工教育、百分百实现技能就业工程，5882名普通初高中毕业生免费入读市高级技工学校和中等职业学校，中职毕业生一次性就业率超过98%。社会保险参保人数达389.5万人次，新增17.7万人次。建立社会基本医疗保险普通门诊统筹制度，提高医疗保险待遇水平。出台《珠海市最低生活保障实施办法》，提高重点优抚对象补助标准。农民和被征地农民全部参加医保，12.4万人参加养老保险，参保覆盖率为85%，养老保险参保补贴比例由20%提高到35%。海岛居民乘船享受60岁以上老人免费、中小学生6折优惠。

文教卫体等社会事业实现新发展。教育发展取得新成绩，14.7万人享受免费义务教育和高中阶段免学费教育，普通高考总上线率为86%，高校全日制在校大学生超过10万人。实施中小学校舍安全工程，加固校舍65栋。积极解决中小学代课教师问题，已招录代课教师216人。学前教育加快发展，新增3所省一级幼儿园。成功举办珠澳青少年大联欢、第三届民间艺术大巡游等系列活动。重大文化工程项目加紧推进。出台关于镇卫生院改革与发展的意见，镇卫生院改造顺利推进，121个农村卫生服务中心竣工。有效防控甲流等重大疫情，最大限度地保障居民健康。连续21年完成人口计划控制任务。外经贸、经贸、港澳、外事、侨务、对台、旅游和口岸查验等工作在扩大开放、促进合作中发挥重要作用。新闻出版、民族宗教、体育、统计、国安、海防、打私、打假、人防、气象、科普、仲裁、档案、方志、港澳流动渔民等工作取得新进步，老龄、福利、红十字、慈善和残疾人事业健康发展。

社会保持和谐稳定。推进社会治安打防管控，全市社会治安持续平稳。建成镇街综治信访维稳中心23个，入选“2009年中国最安全城市”。圆满完成迎国庆、庆回归10周年等重大活动的安保工作。安全生产形势保持稳定，事故宗数、伤亡人数和直接经济损失同比分别下降20.8%、20.1%和24.1%，连续三年火灾事故零死亡。加强应急管理体系建设，应急管理水平得到进一步提升。食品药品、产品质量安全、打击假冒伪劣和传销违法活动等工作扎实推进，工商、质监、食品药品监督等部门有效维护市场经济秩序。香洲区成为“全国和谐社区建设示范城区”“全国平安建设先进区”，拱北街道成为“全国和谐社区建设示范街道”，三灶镇三灶社区成为“全国和谐社区建设示范社区”，吉大海大社区成为“全国综合减灾示范社区”。

对口援建帮扶和“双转移”工作扎实推进。珠海市已完成对口援建工程任务的80%，绵虒小学、汶川县福利院、羌峰（珠海）侨心村等一批援建工程建成启用。市财政预算安排对汶川援建和帮扶资金1亿元。全年对重庆巫山、巫溪、奉节三县和揭阳市揭西县投入帮扶资金1700多万元，并与普宁市、揭西县、惠来县85个村建立“规划到户、责任到人”的帮扶关系，全面开展对口扶贫开发工作。揭阳、茂名产业转移园被评为省示范性产业转移工业园，分别竞得省财政专项资金5亿元，市财政也按省的要求安排专项资金1亿元推进产业转移园基础设施建设，两园已竣工项目23个，意向入园项目100多个。

四、推动政府职能转变，体制改革迈出新步伐

政府机构和审批制度改革继续深化。完成政府机构改革工作，市政府工作部门精简至27个，精简幅度约为1/3，议事协调机构减少83.3%。简政放权，规范审批权限，明确规定除177项审批事项须上报市政府以外，其余事项由各部门依法办理。出台《珠海市建设工程项目行政审批管理办法》，优化审批流程，缩短审批时间，提高基建项目审批效率。

社会管理体制改革稳步推进。根据《规划纲要》和省委、省政府的明确要求，开展社会管理综合改革试点。率先启动政府购买服务、慈善救助、流动人口服务管理等改革试点，设立促进就业、医疗卫生、小区管理三个咨询委员会，在翠香街道和三灶镇等地推进社区民主自治试点，赋予部分行业协会和社会组织相应的管理职能。

金融和国企改革取得新成绩。全市上市公司总数达到20家。珠光集团完成债务重组，削债总额50亿港元。珠海商业银行引入央企战略投资25亿元成功重组。农村信用社改革取得阶段性成果，15亿元中央银行专项票据顺利兑付。推进国有企业改革，通过资源整合等方式组建交通、水务、城建、公交等14家市属国有企业集团。发挥市管国有企业投融资平台作用，得到金融机构大力支持，成功融资498.5亿元，为重大项目建设提供资金保障。

法治、效能和廉政建设得到加强。自觉接受市人大和市政协监督，认真听取各民主党派、工商联、各人民团体及无党派人士的意见建议。提请市人大常委会审议《珠海经济特区科技创新条例》等地方性法规草案8件，已颁布《珠海市经济特区政府投资项目管理条例》等3件。制定《珠海市建设工程招投标管理办法》等政府规章6件。提请市人大常委会审议各项议案和工作报告62项。市政府高度重视“两案一议”办理工作，6件市人大议案办理工作加紧推进，165件代表建议和336件政协提案全部办结，被省政协评为2009年度“承办提案先进单位”。强化审计监督、效能监察、廉政监察、执法监察和纠风工作，开展政风行风民主评议和创建群众满意基层站所活动，加大案件查处力度，反腐倡廉工作得到加强。完善公众咨询、窗口办事、部门责任白皮书等制度，加强监督考核和行政问责。切实做好政府重大决策及其落实情况等重点信息公开，政务公开工作在全省考核中获得良好成绩，珠海市荣获中国政府网站“优秀奖”和“信息公开领先奖”。政务环境不断优化，入选港澳台和大陆最具投资潜力十大城市，在广东省社科院全省地方政府公共服务公众评价调查中总体满意度名列第一。

回顾一年来所取得的成绩，让我们倍感自豪；党中央、国务院和省委、省政府对珠海的高度重视和支持，使我们备受鼓舞；全市各级、各部门和广大干部群众迎难而上、拼搏进取，让我们倍增动力。尤其是去年底胡锦涛总书记视察珠海，明确要求我们深入贯彻落实科学发展观，坚定不移调结构、脚踏实地促转变，全力打好转变经济发展方式这场硬仗，为珠海又好又快发展指明前进的方向；温家宝总理主持召开国务院常务会议，审议通过《横琴总体发展规划》，盼望已久的横琴岛开发已经启动，为珠海发展再添新亮点；李克强副总理出席港珠澳大桥动工仪式并视察珠海，汪洋、黄华华等领导多次到珠海指导工作，带来党中央国务院和省委、省政府对珠海的亲切关怀和巨大支持，进一步增强珠海人民锐意进取、开拓创新的信心和决心。在此，我代表市人民政府，向各级领导和部门，向各位人大代表、政协委员，向各民主党派、工商联、各人民团体及无党派人士，向奋斗在全市各条战线的广大干部群众，向中央和省驻珠单位、驻珠军警部队官兵，向各位老领导、老同志，向所有关心和支持珠海发展的港澳台同胞、海外侨胞、国际友人和社会各界人士，表示崇高的敬意和衷心的感谢！

在看到成绩的同时，我们也清醒地认识到发展中迫切需要解决的问题：珠海市经济总量偏小，交通等瓶颈制约仍未得到根本解决，核心城市辐射和带动功能有待增强；重大项目推进还不快，投资规模不大；自主知识产权、自主品牌的企业和产品不多，自主创新能力有待提高；市容市貌与广大市民要求仍有差距，城市规划建设管理面临新课题；政府执行力仍有待提高，行政效能建设任重道远。对这些问题，我们必须高度重视，有针对性地采取有效措施，切实加以解决。

前景美好、乘势而上的2010年

2010年，是珠海经济特区成立30周年，也是实施“十一五”规划的最后一年。做好全年的工作，意义十分重大。纵观国内外形势，虽然全球金融危机的影响仍未根本消除，经济复苏将是一个缓慢曲折的过程，外部发展仍有许多不确定因素；珠海市经济回升的基础仍不牢固，保持经济平稳较快发展面临较大困难，转变经济发展方式任务艰巨。但是，我们也面临难得的发展机遇、具备良好的发展基础、迎来强劲的发展势头，前景光明而美好。我们的重大机遇在于党中

央国务院和省委、省政府对珠海的高度重视和亲切关怀，在于《规划纲要》的全面实施和区域合作的深入推进，在于港珠澳大桥等重大交通项目的带动效应。我们的良好基础在于得天独厚的资源禀赋和日趋完善的基础设施，在于历届市委、市政府带领全市人民取得的辉煌成就，在于初具规模的产业条件和宜居宜业的城市环境。我们的强劲势头在于一批新的重大产业项目的相继落户和动工投产，在于重点区域开发建设的日新月异，在于城市发展新格局的初步形成。我们一定要抓住机遇、发挥优势、乘势而上，努力推动珠海新一轮大发展。

今年市政府工作的指导思想是：深入贯彻科学发展观，全面落实中央经济工作会议、胡锦涛总书记视察珠海重要讲话以及省委十届六次全会和市委六届七次全会精神，以贯彻实施《珠江三角洲地区改革发展规划纲要》和《横琴总体发展规划》为主线，以转变经济发展方式为核心，坚定不移调结构、脚踏实地促转变、扩大内需稳增长、自主创新强产业、改革开放添动力、统筹城乡惠民生，努力在重大项目、产业发展、宜居城市、改善民生、服务型政府建设等方面实现新突破，推动珠海市经济社会又好又快发展，努力建设珠江口西岸核心城市，争当实践科学发展观的排头兵。

今年珠海市经济社会发展的主要预期目标为：实现地区生产总值增长9%，人均生产总值增长7.9%；规模以上工业增加值增长11%；固定资产投资增长15%；社会消费品零售总额增长15%；外贸进出口总额增长5%；实际吸收外商直接投资额力争有所增长，引进内资注册资本金增长15%；财政一般预算收入增长8%；万元生产总值能耗完成“十一五”规划目标，控制在0.56吨标准煤以内；二氧化硫和化学需氧量排放量分别控制在3.3万吨和3万吨以内；服务业增加值占GDP比重达46.5%；全社会研发（R&D）投入占GDP比重达1.7%；城镇居民人均可支配收入和农渔民人均纯收入分别增长10%和8%；城镇登记失业率控制在3.5%以内；户籍人口自然增长率控制在8.8‰以内。

今年的政府工作要突出抓好六个方面：一是在交通等重大项目建设方面下工夫。着力抓投入、上规模，开展“建设大交通、狠抓大项目”活动，全力推进一批重大交通和产业项目建设，增强核心城市聚集带动能力，加快珠江口西岸交通枢纽城市建设。二是在“双提升”方面下工夫。加快现代产业体系建设，坚持先进制造业和现代服务业“双轮驱动”，积极培育战略性新兴产业，提升产业竞争力，提升自主创新能力。三是在统筹城乡发展方面下工夫。以科学的规划指导城乡建设和发展，推进生态示范区建设，加强生态环境保护。四是在深化改革开放方面下工夫。进一步巩固机构改革成果，加大社会管理体制改革步伐，以改革开放促发展。五是在保障和改善民生方面下工夫。坚持以人为本，把解决人民群众最关心、最直接、最现实的利益问题摆在更加突出位置，加快发展社会事业，推进基本公共服务均等化，让老百姓充分享受改革发展成果。六是在提高政府执行力上下工夫。加强学习，提高抓落实的能力和本领。明确职责、落实责任，构建有利于执行的体制机制，推动各项工作落实。

为此，今年要重点做好以下工作：

一、积极实施《规划纲要》，增强区域发展竞争力

加快横琴新区建设步伐。横琴新区开发建设是中央交给我们的一项重大任务，也是珠海市未来发展的新亮点。要落实横琴市级管理权限，加紧编制横琴新区基础设施、产业发展、城市建设、环境保护、横琴口岸分线管理等专项规划。加大横琴市政道路、桥梁、口岸出入境客货车通道“一站式”电子验放系统等基础设施投入和建设力度。加强协调沟通，争取上级支持，尽快落实相关配套政策。加大项目推进和土地整合力度，推动长隆国际海洋度假区、多联供燃气能源站等项目加快建设，大力发展商务服务、休闲旅游、科教研发和高新技术产业，努力推动“一国两制”下探索粤港澳合作新模式的示范区、深化改革开放和科技创新的先行区建设，逐步使横琴新区成为促进珠江口西岸地区产业升级的新平台。

加快西部地区开发步伐。西部地区是珠海市未来发展的希望所在，要以大投入带动大开发、以大项目推动大发展。今年市政府对西区投入基建资金22亿元，用于重大交通、环境保护、防灾减灾和农村设施等22个项目，占市政府年度基建投资总额的48.3%，剔除不可比因素，比上年增加6.7亿元。围绕建设“世界级船舶和海洋工程装备制造基地、国家级石油化工和清洁能源基地、区域性港口物流中心”的目标，推动高栏港经济区跨越发展。尽快完成中国海油陆上终端项目平基工程建设，加快建设中船相关配套工程，全面推进装备制造区和石化区配套基础设施建设。推进市政基础设施建设，积极推进西湖城区规划建设，加快平沙新城填土工程和斗门城区“一河两岸”建设，规划建设西部中心城区。以加快城镇化进程推动新农村建设，做大做强村集体经济，引导和扶持34个欠发达村发展，确保欠发达村集体经济年收入增长30%以上。

加快东部地区发展步伐。东部地区要继续在转型提升上下工夫，加快珠海市现代服务业发展。要按照“扩大总量、提升质量、发挥优势、突出重点”的要求，优先发展金融保险、现代物流、信息服务、会展、科技研发、工业设计、总部经济等生产性服务业，壮大发展旅游休闲、商贸餐饮、社区服务、家政养老服务等生活性服务业，培育发展数字出版、文化传媒、动漫创意等新兴潜力服务业，形成特色鲜明、布局合理、优势互补的现代服务业发展格局。稳妥推进服务业对外开放，承接国际软件和商务服务外包。加速推进国家打印耗材质检中心、联想纳思达打印机研发制造基地、格力大金模具研发中心、高新区互联网产业园等项目规划建设。积极引进一批总部基地项目，争取一批国家级和省级现代服务业重点项目落户香洲，加快香洲转型步伐。有序推进裕华聚酯等企业向西部园区转移。加快建设保税物流平台，促进展览、展销功能集聚，推动跨境工业区向珠澳跨境经济合作区转型。加大海洋综合开发力度，加快推进海岛客运站场、桂山油库二期扩建、东澳岛旅游等项目建设，力争在海岛旅游业、海洋渔业、仓储物流、海洋科技产业发展和新能源项目引进方面实现新突破。

加快区域一体化步伐。推进区域一体化是落实《规划纲要》的基本要求，我们要努力完成省下达的年度目标任务。加快与珠三角其他城市基础设施、产业布局、城乡规划、公共服务和环境保护一体化步伐，积极推进珠中江通信同城化等各领域合作。加大CEPA实施力度，落实服务业扩大开放政策在珠海先行先试，扩大珠港澳在文教卫、环保、社会服务等领域的合作，积极推进珠澳同城化。年内建成竹银水源工程，启动第二条珠澳供水管道规划建设，保障珠澳供水安全。加强珠澳口岸合作，积极探索口岸便捷通关模式，加快推进拱北口岸扩建工程。

二、大力抓好重大项目，增强内需对经济增长的拉动力

着力突破项目瓶颈制约。项目瓶颈制约是去年项目建设的主要问题之一。要主动查找制约项目建设存在的问题，突出针对性，推动重大项目建设。加快项目前期工作，力争项目早申报、早立项，保证重大工程项目如期动工建设。资金是项目建设的保障，要通过市财政预算安排、多渠道筹资、融资以及争取上级支持等方式，千方百计落实重大项目建设资金。严格落实土地利用总体规划，建立用地报批协同审批长效机制，着力解决项目用地制约。编制完善珠海市海洋功能区规划和区域性用海规划，着力破解项目用海难题。健全项目协调机制，建立项目专家咨询制度，加强项目建设相关政策法规研究，优化基建项目审批程序，提高项目决策的规范性、科学性、前瞻性。进一步明确审批部门、项目主管单位与建设单位之间的职责，落实重大项目责任制，加强项目督查督办，形成加快推进项目的强大合力。

着力抓好项目引进。投资是推动发展的重要动力。要坚持招商选资，采取产业招商和专业队伍上门招商等多种方式，进一步创新招商手段，拓宽招商领域，优化招商环境，加快引进一批优质项目。继续瞄准世界500强、大型央企和民营科技企业，实现引进内资与外资并举，引进

项目与增资扩产并举。开展对重点区域、重点行业、重点企业和战略性新兴产业的招商活动。强力推进中国海油深水工程基地、南海天然气陆上终端、LNG接收站、天然气发电、玉柴机器等重大项目建设，力争宝塔石化首期、成城沥青、中石油物流中心、汉胜科技二期等一批项目尽快投产，力争港口工程装备、丽珠制药二期、银通新能源、方正科技二期、数控机床等一批项目动工建设。总投资3130亿元的“十大重点建设工程”年内计划投资260.2亿元，增长88.7%。市政府投资项目102项，计划投资规模为80.2亿元，增长15%。其中，新开工项目45项，续建项目57项。优化投资结构，积极激活民间投资，引导资金投向基础设施、自主创新、环境保护和改善民生等重点领域，全力推动一批项目动工和投产。

有效扩大消费需求。扩大内需是推动经济增长的内生动力。抢抓重大项目全面开工建设的大好机遇，鼓励重大项目建设在珠海采购。积极开展珠海名优特产品外省行活动，深度开拓国内市场。多渠道增加居民收入，增强居民消费能力。全面推进汽车、家电、农机“三下乡”和汽车、家电以旧换新活动，完善农村流通网络、扩大城乡消费规模。加强商业网点规划建设，加强消费信贷服务，扩大文化娱乐、信息服务、住房家政、教育培训、旅游休闲和健康产业等领域的消费，增强消费对经济增长的拉动作用。保持房价基本稳定，支持居民自住和改善性购房需求，推动房地产业健康有序发展。

三、强力推进交通先行，打造交通枢纽城市

加大交通建设力度。举全市之力，加快推进快速路网、片区路网等交通基础设施建设，逐步实现市内任何一个地方都可以在30分钟内上高速。完成已开工的珠海大道一期、柠溪路、紫荆路、翠香路等道路改造和板樟山隧道大修工程，打通凤凰山公路隧道。推进港珠澳大桥珠澳口岸人工岛、广珠铁路、广珠城际轨道、高栏港高速、机场高速、井岸二桥等一批项目加快建设。动工改造珠海大道二期、港湾大道、港昌路、明珠路等市政道路。力争年内动工建设连接东西部的金海大桥，完成金港、香海高速公路申报立项，开展机场北路北段工程前期工作。推进港珠澳大桥珠海连接线、广珠城际轨道延长线、广珠西线珠海段等的规划建设。

提升双港集疏运能力。双港是珠海市发展的强劲引擎。大力推进高栏港区10万吨级进港主航道疏浚、铁炉湾防波堤等项目，加快10万吨级煤码头、15万吨级矿石码头、10万吨级集装箱码头和南水作业区弃土岸壁整治工程建设，完善港口基础设施。积极引进大型航运企业，加快开通国际集装箱班轮航线。加紧万山港区功能定位研究和规划编制。完善珠海机场配套路网，引入大中型民用客机运营，增强珠海机场吸引力和区域竞争力。大力发展航空货运，培育和壮大空港物流产业。鼓励航空公司在珠海设立基地，有效发挥空港作用。

加强城市交通管理。完善交通规划体系，抓紧编制城市综合交通运输体系规划和城区轨道交通规划，修订完善现有交通专项规划，科学规划建设好与港珠澳大桥相匹配的交通路网。以缓解交通拥堵、预防重特大交通事故为目标，着力改善交通状况。加大出租车、中小学校巴、危险品运输及其他运营车辆的监管，开展交通秩序综合整治，净化路面交通环境。完善交通信号智能控制系统，科学规划城市主干道交叉口，加快规划建设人行过道，提高路网总体通行能力。实施公交优先战略，建设绿色公交。提高城市交通科学管理能力，构建科学、畅通、有序、安全的城市交通格局。

四、加快建设现代产业体系，增强产业竞争力和自主创新能力

抓园区强载体优存量。园区是构建现代产业体系的主战场。加大工业园区基础设施配套力度，进一步完善项目发展环境。制定分类指导的园区产业政策，推动产业集群化、特色化、生态化发展，促进产业一体化布局。加快推进中航通用飞机产业基地建设，加强以通用飞机制造、总装、维修、运营等为主的通用航空产业发展。加大航空产业招商力度，千方百计引进相关项目落户航空产业园。大力引进和培育游艇及其配件制造业，发展游艇服务业，增强平沙游艇产业基地

聚集能力。围绕培育战略性新兴产业，加快富山工业园装备制造、临港加工产业发展。落实加快珠海高新技术产业开发区发展的意见，高新区要“增速进位”，全力引进一批、建设一批、升级一批高新技术产业项目，新增一批国家级高新技术企业，努力实现高新技术产业发展的新突破。

聚人才促创新强后劲。推动自主创新，企业为主体，人才是关键。完善人才引进政策，大力吸引海内外高层次人才，引进科研创新团队。加强人才教育培训体系建设，不断提高专业人员的创新能力。落实人才落户、就医、子女入学、住房等方面的优惠政策，搭建高层次人才创业平台，优化人才发展环境。依托高新区科技企业和高校，积极创建国家级创新型科技园区。支持优势企业申报工程技术中心、企业技术中心、博士后流动站，支持企业开展技术改造和创新。鼓励中小企业参与省部企业科技特派员行动计划，促进产学研合作。加强知识产权保护，继续实施“技术标准”、“名牌带动”和“以质取胜”战略，培育名牌名标产品，推动“珠海制造”向“珠海创造”转变。

调结构促转型助升级。坚持“好”字当头，壮大优势产业，大力发展高端制造业、高端服务业、高新技术产业，改造提升传统产业，培育发展战略性新兴产业，推动产业结构调整。实施“7·50工程”，重点培育50个战略性新兴产业项目，50个先进制造业项目、50个现代服务业项目、50个优势传统产业项目、50个现代农业项目、50个自主创新项目、50个名牌名标项目，引领珠海市现代产业体系建设。

大力推进新材料、生物医药、研发服务、海洋资源开发和综合利用等新兴产业发展。加快海洋工程装备制造、造船、游艇等产业及其配套产业基地建设。办好第八届中国航展，努力在办展模式、航展规模、装备展览等方面取得新突破。强化国有资产运营监管，发挥国有资本在基础设施、公用事业和关键行业的主导作用。完善中小企业服务体系，加大民营企业扶持力度，发展壮大民营经济。促进加工贸易转型升级，扶持一批有规模、有优势的加工贸易企业向自主设计、自主品牌转型。完善扩大内销政策措施，着力扩大企业内销规模。抓住中国—东盟自由贸易区正式建立等机遇，积极打造珠海产品展示平台，拓展东盟等国内外新兴市场。加大产业和劳动力“双转移”工作力度，努力完成省交给珠海市的“双转移”任务。

五、统筹城乡区域发展，增强宜居城乡魅力

强化规划龙头导向作用。做好“十二五”规划编制工作，深入开展重大课题研究，加紧编制专项规划、区域规划等各类规划。按照主体功能区规划的要求，明确优化开发、重点开发、限制开发和禁止开发区域，引导经济布局、人口分布与资源环境承载能力相适应。加快推进第五轮城市总体规划修编，制定宜居城乡建设行动纲要。科学统筹各类规划，确保经济社会发展规划、土地利用总体规划和城市建设规划“三位一体”、有机衔接。严格执行《珠海市城市规划条例》，坚持“先规划后建设”，依法查处违法建设行为，维护城乡规划的严肃性和权威性。提高珠海市城乡规划透明度，鼓励市民参与城乡规划。

着力保环境、优生态。生态环境是珠海市重要的城市品牌，要继续落实四个百分百行动方案，积极开展生态文明示范市创建活动。加大节能减排力度，确保完成“十一五”节能减排目标任务。做好能源发展规划，加大重点能耗企业能源计量监管力度。开展低碳经济试点，鼓励清洁生产、资源综合利用，发展绿色环保产业和循环经济。做好迎接环保模范城复查工作，确保完成各项迎检工程。建设茶冷迳固体废物处理等项目，完成医疗垃圾集中处置设施的建设，完成黄杨山、平沙简易垃圾填埋场的封场工作，加快推进万山海岛垃圾处理项目建设。借鉴先进地区经验，积极推进垃圾分类和资源化处理。建立健全环境污染突发事件应急体系，强化危险废物污染防治、污染事故控制和监测预警工作。完善城市污水管网，加大西部地区污水处理设施建设力度，完成新青、富山、白蕉、平沙水质净化厂工程建设。加快推进前山河综合整治工程，完成前山北部排污排洪主体管网工程。大力推进“双十百绿”工程，加快山体整治复绿工作，开展全

民清洁行动，提升城市绿化、净化、亮化和美化水平。按照“一年基本建成，两年全部到位，三年成熟完善”的要求，遵循“统一规划、以人为本、因地制宜、市区联动”的原则，大力推进珠海市绿道网规划建设，打造路景结合、特色鲜明、功能明显的区域绿道网，提高城市生态建设水平。

着力推进“三旧”改造。认真贯彻落实省政府《关于推进“三旧”改造促进节约集约用地的若干意见》，按照“政府引导、市场运作、节约集约、统筹规划、明晰产权、尊重历史”的原则，采取改建、拆建、收购和收回等方式，逐步铺开旧城镇、旧厂房、旧村庄改造工作。出台政策措施，抓紧编制规划，明确改造规模、地块和时序，注重严格管理和规范实施，确保改造工作依法依规、平稳有序推进。在“三旧”改造中，首先要落实“退二进三补公”措施，促进“三旧”改造与宜居城乡建设的有机结合。

加快新农村建设步伐。新农村的建设是珠海市现代化建设的重点，也是难点。要加大财政投入，整合涉农资金，集中财力，加快推进新农村建设。市财政投入8亿元用于海堤达标加固、乾务水库排洪渠整治、天生河水闸和西安泵站重建、省道S365线中心涌至井岸二桥段等工程建设。大力推进农村水改、厕改和污水处理达标工程。落实强农惠农政策，今年市财政投入农林水事务3.6亿元，增长27.4%。调整农村经济结构，积极发展现代农业，加快建设生态农业园区，办好台湾农民创业园。推进农业标准化、产业化、集约化发展，实行农产品标识管理和市场准入制度，发展无公害农产品、绿色食品和有机食品。加强农业科技推广和培训，逐步完善农业信息服务体系。扶持农业龙头企业，优化农产品流通环境，多渠道增加农民收入。着力深化农村综合改革，深入推进集体林权制度改革。加强农村社区建设，丰富农村文化生活。深化平沙、红旗、白藤华侨农场改革，加快危房改造步伐，进一步改善困难群众生产生活条件。认真落实推动海洋经济科学发展、建设海洋经济强市的实施意见，实施科技兴海战略，推进海洋综合开发。

做好对口援建帮扶和“规划到户、责任到人”扶贫开发工作。今年市财政安排汶川援建资金1.1亿元，切实落实重庆三县和揭阳市对口扶贫资金。采取产业扶贫、智力扶贫、劳务扶贫、旅游扶贫等综合扶贫措施，继续做好汶川绵虒镇和重庆三县对口帮扶工作，派驻三个工作组进驻揭阳协调推进扶贫开发工作，全面落实“规划到户、责任到人”扶贫开发措施。

六、继续深化体制改革，增强经济发展动力和活力

巩固政府机构改革成果。按照“权责一致、重心下移、减少层次”的原则，大力简政放权，扩大区政府（管委会）和镇政府管理权限。巩固大部门体制改革成果，缩短磨合期，切实转变职能，形成科学、高效、协调的政府运行机制。深化行政审批制度改革，清理审批事项，力争非行政许可审批事项减半。简化审批程序，积极推行网上审批。加大行政服务中心建设力度，实现行政审批事项百分百进驻窗口。全面推进事业单位岗位设置和人员聘用工作，深化人事制度改革。加快社会管理体制改革步伐。通过财政扶持、特许经营、政府购买服务等形式，培育发展社会组织。推进社会工作人才队伍建设试点工作，探索“社工＋义工”联动服务模式。加快社区社会组织建设，完善市、区、镇（街）三级社会管理服务体系。加大对城市社区服务设施的投入力度，不断改善服务条件。健全农村社区基本公共服务体系，建立政府行政管理与基层群众自治互动衔接机制。全面推行“一证通”制度，提高对流动人口的服务水平。

深化城管和土地管理体制改革。按照责权利相结合的原则，探索更加有效的城市管理体制。实行网格化、精细化、规范化管理，坚决查处各种违法违章行为，提升城市管理水平。实施《珠海市建立土地执法共同责任制度的规定》，依法使用土地，推动节约集约用地。积极盘活土地资源，加强耕地保护。继续做好利用园地、山坡地开发补充耕地工作，继续开展围海造地先行试点。完善农村征地补偿制度，健全被征地农民的社会保障和就业安置机制。

稳妥推进其他各项改革。加强国有企业监管，完善国有企业投资管理制度。加强金融监管，积极防范和化解金融风险，优化金融生态环境。继续推进跨境贸易人民币结算试点工作，大力建设金融创新服务区。搞好村镇银行、小额贷款公司等新型农村金融机构试点。创新中小企业融资模式，推进产权交易中心建设，实现信贷市场与产权市场互动发展。注重培植财源，完善社会综合治税体系，营造公平的税收环境。健全公共财政体系，优化财政支出结构，推进财政预算和资金绩效管理改革，完善激励型财政机制。按照事权、财权相匹配的原则，深化财政管理体制改革。

七、着力惠民生、强保障，努力构建和谐社会

加大就业和社会保障力度。今年社保和就业投入11.5亿元，增长13.1%。实施积极的就业政策，鼓励有实力的大企业创造更多的就业机会。加强对困难人员的就业援助，大力促进高校毕业生就业。实施创业带动就业工程，鼓励和支持劳动者自主创业。继续实施“双百工程”，深入开展创建“充分就业村”活动，加强人力资源社会保障服务平台建设。加大劳动保障监察执法力度，切实维护劳动者的合法权益。健全社会保障制度，进一步扩大社会保险覆盖面。优化整合社会基本医疗保险制度，扩大城乡医疗救助范围，增加救助病种。落实最低生活保障制度，实行分层分类施保，切实做到应保尽保。完善农民和被征地农民养老保险制度。加快廉租住房等保障性住房建设。

加快发展文化教育卫生体育事业。今年市财政对文化传媒、教育、医疗卫生投入为1.8亿元、24.2亿元和5.3亿元，分别增长15.1%、8.3%和9.9%。全面开展创建全国文明城市活动，开展国家历史文化名城申报工作。大力开展文体旅游活动，壮大文化、旅游和体育产业规模。开展全民健身活动，加大体育设施建设力度。加强公共文化设施和重大文化项目建设，加强历史人文资源保护与开发，进一步增强市民认同感和归属感，提升城市文化软实力。研究制定中长期教育发展规划，推进各类教育协调发展。继续实施中小学校舍安全工程，加快建设职业教育基地，启动金湾一中规划建设，继续推进市一中、市实验中学、斗门一中、斗门和风中学等扩建工程。继续办好大学园区，推进高校与企业紧密合作。深化医药卫生体制改革，完善覆盖城乡的基本医疗卫生制度，稳妥推进公立医院改革试点。加强重大疾病防控工作，提高医疗服务和管理水平。继续推进市人民医院北区、市第二人民医院二期、市疾控中心和市传染病专区建设，开展市第二中医院规划建设的前期研究，完成镇卫生院改造任务。

切实维护社会安全稳定。强化食品药品安全、产品质量和安全生产监管，遏制重特大公共安全事故发生。妥善处理城市发展中遇到的各种问题，重视人民调解工作，加强法制宣传教育，引导群众依法、理性表达诉求，及时化解社会矛盾。加强法律援助，加快建设公益性法律服务体系。集中力量解决影响社会和谐稳定的源头性、根本性、基础性问题，严厉打击各种违法犯罪活动。健全信访维稳工作责任制，加强镇街综治信访维稳中心建设，加大社会矛盾纠纷排查调处力度。加强应急管理体系和保障能力建设，完善海上救助协调等应急机制。

推动各项社会事业全面发展。加强人口计生服务和管理，稳定低生育水平，做好第六次人口普查工作。继续做好民族宗教、档案、人防、仲裁、打私、海防、气象、地震、地质、方志、港澳流动渔民和科普工作。加快发展妇女儿童、红十字、慈善和残疾人事业。增强市民国家安全意识和国防意识，加强双拥共建和民兵预备役工作。支持中央和省驻珠单位依法履行职责。

八、加强政府自身建设，增强政府执行力

推进学习型政府建设。珠海新一轮发展对政府建设提出新的更高的要求。倡导终身学习理念，深化对科学发展的认识，提高科学发展的坚定性和自觉性。加强职业能力培训，注重学习哲学、历史、法律、科技、管理和信息网络等各方面知识，尤其要结合推进珠海大发展的需要，加强对深水海洋工程装备、通用航空、生物医药、

新材料、新能源以及软件等新兴产业知识的学习，不断优化干部队伍知识结构，提高抢抓新机遇、干成大事业的能力和本领，提高推动科学发展的能力和本领，提高推动经济发展方式转变、实现又好又快发展的能力和本领。营造良好的学习风气，大兴调查研究之风，以学习成果指导工作实践，推动珠海新一轮大发展。

提高依法行政能力。严格按照法定权限和程序行使权力、履行职责，推进法治政府建设。完善行政执法程序，规范行政执法行为，提高依法行政水平。加强行政复议和行政应诉工作。认真做好人大议案、代表建议和政协提案的办理工作，充分尊重各民主党派、工商联、各人民团体及无党派人士的意见和建议，进一步提高科学、民主、依法决策水平。

加强行政效能建设。以“政治坚定、业务精通、清正廉洁、作风优良”为目标，加强公务员队伍建设。加强行政问责和行政监察，健全执法过错、违纪违法责任追究等制度，做到有责必问、有错必究。建立健全政府绩效评估制度，加强电子监察对重点项目审批和行政执法的全方位监督，提高办事效率。坚持说实话、出实招、办实事，在狠抓落实上下工夫，以只争朝夕的紧迫感和责任感，推动珠海升温发展。

扎实推进廉政建设。认真落实党风廉政建设责任制，注重加强教育、注重制度建设、注重强化监督、注重案件查处，加大专项治理和纠风工作力度，着力从源头上预防腐败。加大工程建设领域反腐败力度，进一步规范政府采购和工程建设行为。坚持艰苦奋斗，厉行节约。健全政府信息公开制度，构筑信息公开平台，切实保障人民群众的知情权、参与权、表达权和监督权，建设“阳光政府”。

各位代表，今年是珠海经济特区成立30周年。30年来，历届市委、市政府带领珠海人民走过不平凡的历程。认真回顾和总结30周年经济特区建设的辉煌成就和宝贵经验，对于我们抢抓新机遇、迎接新挑战、实现新跨越，具有十分重要的意义。我们要隆重纪念经济特区成立30周年，精心策划多种形式的纪念活动，大力弘扬特区精神，激励全市人民开拓进取、奋发有为，增创特区新优势，履行特区新使命，争当推动科学发展、促进社会和谐的排头兵！

新的一年，各项工作任务十分繁重，责任重大而光荣。让我们紧密团结在以胡锦涛同志为总书记的党中央周围，在省委、省政府和市委的坚强领导下，团结带领全市人民，开拓创新，奋发进取，加快珠江口西岸核心城市建设步伐，以优异的成绩向珠海经济特区成立30周年献礼！

珠海市2009年国民经济和社会发展计划执行情况及2010年计划

2009年是珠海建市以来经济发展最为困难的一年，也是迎来重大历史性发展机遇的一年。在市委、市政府的正确领导下，全市上下团结一心，认真贯彻落实中央和省“扩内需、促增长”一系列政策措施，全面推进《珠江三角洲地区改革发展规划纲要》（以下简称《规划纲要》）的实施，积极应对国际金融危机带来的冲击，努力化危为机，各项工作迎难而上，经济运行逐步摆脱下滑颓势、企稳向好，市场物价保持稳定，社会事业协调发展，民生状况进一步改善。

一、2009年国民经济与社会发展计划执行情况

据初步统计，全年实现本地生产总值（GDP）突破千亿元，达1037.69亿元，同比增长6.6%，低于年度预期目标1.9个百分点。人均GDP突破1万美元，同比增长5.3%，继续位居全省前列。工业经济触底回升，规模以上工业增加值完成478.55亿元，同比增长1.2%，扭转了前三季度以来同比下降的不利局面，实现正增长。全社会固定资产投资突破400亿元，达410.51亿元，同比增长10.3%。社会消费品零售总额413.82亿元，同比增长15.0%。外贸进出口总额374.40亿美元，同比下降20.1%。其中，外贸出口177.83亿美元，同比下降16.0%，降幅比上半年收窄10个百分点。实际吸收外商直接投资11.80亿美元，同比增长3.3%。财政一般预算收入突破百亿元，达101.41亿元，同比增长9.9%。金融机构本外币存款突破两千亿元，余额达2105.20亿元，比年初增长33.6%。

（一）主动应对国际金融危机，适时推出经济刺激计划

按照“三促进一保持”的要求，珠海市把贯彻落实《规划纲要》的长期性任务与应对危机保增长的短期目标结合起来，千方百计服务企业、刺激经济、扩大需求，化传统发展模式之危为科学发展之机。一是及时出台政策。国际金融危机爆发以来，珠海市迅速出台稳定企业生产、保持外贸稳定发展、加强招商引资、促进中小企业和民营经济发展、鼓励企业自主创新、改善企业融资环境、减轻企业负担等一系列政策措施，与国家、省出台的扶持政策一起形成了强有力的政策保障体系。二是加快重大项目建设。实施总额达69.7亿元的政府投资计划，确定总投资超过3000亿元的“十大重点建设工程”67个项目。建立重大项目领导分工负责制，修订政府投资项目管理条例和工程招投标管理办法，向各区（经济功能区）下放市级审批权限，着力突破资金、审批和效率瓶颈。三是加快建设现代产业体系。启动服务业发展规划、产业布局一体化规划编制，修订产业发展导向目录，制订旧工业厂房改造升级政策。推动十字门中央商务区规划建设，积极申报国家现代服务业综合改革试点。着力加强对重点央企招商引资，加快园区资源整合与园区配套基础设施建设。制定和完善科技政策法规，优化自主创新环境。四是积极帮扶企业。开展治理整顿乱收费工作，企业减负取得预期效果。着力解决金融危机冲击下企业融资难问题，成功举办第二届政银企交流会，现场签订授信协议220亿元。

（二）加快推进重大项目，港珠澳大桥正式开工

围绕“简政提效”，各有关部门与单位切实抓好落实，政府投资项目和重大项目建设取得突破。全年完成政府投资72.3亿元,超额完成年度计划目标。一号工程广珠铁路施工全面铺开，进展迅速，资本金筹措及时到位，累计完成投资57亿元，占总工程的41.9%。港珠澳大桥于12月15日正式宣布开工，珠澳口岸人工岛填海工程开始建设，拉开珠海市交通建设大发展的序幕。中航通用飞机项目、高栏港海洋工程装备制造基础设施配套工程、中石油物流中心、城镇污水处理厂配套管网工程、高栏港区十万吨级煤炭码头等一批重点项目陆续动工。城乡防灾减灾工程、竹银水库因征地拆迁受到一定影响，目前正在加快推进。省道S272线白蕉高速路口至机场段改造、金凤路凤凰山隧道按计划实施。前山河整治项目进展顺利，前山河清淤保洁一期工程基本完工，前山河道路一期、二期已复工，三期已开工建设。垃圾发电厂技术改造、香洲凤凰河综合整治等环保迎检项目进展理想。横琴口岸出入境客货通道建设、情侣路海堤修复工程顺利完工，高栏港高速、机场高速正式开工建设。重大项目建设方面，全年十大重点建设工程完成投资137.88亿元，占年度投资计划176.61亿元的78.1%。其中，港口枢纽工程、机场枢纽工程、口岸枢纽工程、石化及海洋装备制造工程、航空及高新技术产业工程、商务休闲旅游工程、生态环保工程、市政基础设施工程、公共服务工程、能源保障工程分别完成投资49.73亿元、2.11亿元、31.2亿元、19.68亿元、3.88亿元、4.93亿元、8.13亿元、6.36亿元、0.37亿元和11.5亿元。

（三）加强区域经济合作，横琴开发全面启动

着力打造珠中江经济圈，成功举办第一、第二次珠中江党政联席会议，共同签署《推进珠中江区域紧密合作框架协议》，成立推进珠中江区域紧密合作党政领导小组及其办公室，建立起党政领导小组会议、政府联席会议、专责小组工作会议、党政领导小组办公室碰头会四个层面的会议制度。目前，珠中江三市已在城市规划、旅游、环境保护、医疗卫生、科技、劳动保障、教育、物价等领域签订了20多项合作协议，形成全方位的紧密合作格局。“通信同城化”和“饮用水同网”专项工作方案正在加紧制订中，三市目前已实现电视主频道相互落地、交通年票互认、互通公交，推动三市惠民合作项目迈出实质性步伐。横琴新区开发建设正式启动，珠澳同城化步伐加快。《横琴总体发展规划》获得国务院正式批复，横琴城市、产业、基础设施、土地利用等专项规划加紧编制，横琴口岸改扩建工程顺利完工，澳门大学横琴新校区、横琴市政基础设施、长隆国际海洋度假区、十字门中央商务区等项目开始动工，横琴新区开发建设拉开帷幕。在“一国两制”方针下，珠澳合作进一步深化，建立起珠澳官方正式沟通机制，达成珠澳同城化共识，积极构建两地城市规划协调、基础设施对接、产业合作发展、通关便利高效、公共服务一体的新格局。

（四）完善投资融资平台，大力筹措建设资金

积极推动投融资体制改革，先后组建成立港口、交通、水务、城建、横琴等多个投融资平台，国有资本进一步向城市基础设施建设、公用事业和战略产业发展。通过银团贷款、BT融资等方式，多渠道筹措建设资金。积极争取国家和省资金对珠海项目建设的支持，拱北口岸项目获国家2亿元补助资金，竹银水库项目获省支持2.9亿元，其中1.5亿元资金已经到位，新青污水处理厂及配套管网工程获800万元中央补助。积极为企业发展做好金融服务，加强推广“四位一体”融资模式，全市中小企业通过该平台融资超过10亿元。深化农信社改革，市农信社成功申请到15.45亿元央行票据兑付资金，将全部用于支持“三农”和中小企业发展。积极协助企业向国家和省争取专项扶持资金，和平物流、盛通达公司、优特电力、和佳医疗等成功获得国家专项资金补助1410万元，远光软件、东信和平等5个项目获得国家补助资金3100万元、省配套补助200万元，乐通化工获得省级专项资金补助80万元。支持企业改制上市、做大做强，中珠房产并购潜江制药并更名为中珠控股，兴业太阳能股份公司在香港上市，格力地产完成与海星科技的资产置换成功上市，华发股份发行公司债顺利融资18亿元，等等。

（五）机构改革顺利完成，体制创新扎实推进

按照国家和省的统一部署，珠海市顺利完成新一轮政府机构改革。改革后，市政府工作部门精简至27个，精简幅度约1/3。涉及调整、撤并、职责整合的政府机构共26个，调整比例超过70%。涉及调整、撤并、职责整合的党委机构共8个，调整比例达1/2。大力推进简政放权，出台《建设工程项目行政审批管理办法》，优化审批流程。积极推进社会管理体制改革先行先试，转变政府职能、社会管理体制改革试点工作全面铺开。印发了《关于推进社会管理体制改革先行先试的意见》和《2009年珠海市社会管理体制改革先行先试实施计划》，明确改革的重点内容，积极推进社区民主自治、社会组织规范发展和设立政府咨询委员会三大试点。目前，促进就业咨询委员会、医疗卫生咨询委员会、小区管理咨询委员会的试点工作已进入具体实施操作阶段，社区民主自治、社会组织规范发展方面的试点实施细则也将陆续推行。

（六）环境保护成效显著，民生状况稳步改善

节能减排工作力度加大，全面完成年度节能减排目标，每万元GDP能耗下降3.2%，二氧化硫排放量和化学需氧量（COD）分别控制在3.58万吨和2.76万吨以内。实施生态建设“四个百分百”行动，推进“双十百绿”工程建设，积

极开展生态示范创建活动，环保模范城复查36项迎检重点工程初见成效。“城市环境综合整治定量考核”总分在全省名列前茅，成功摘掉“重酸雨区”帽子。市场物价保持稳定，人民生活水平进一步提高。在粮食市场不稳定因素增加的形势下，加强对粮食市场的监管和调控，保障市场粮食有效供给和价格基本稳定。认真落实春运客运票价、成品油销售、药品零售价格以及中央和省有关减负的各项价格政策。取消公路养路费等五项收费，落实行政事业性收费项目减负政策，分别减收43793万元和2984万元。全年居民消费价格指数（CPI）为97.0%，同比下降3个百分点。城镇居民人均可支配收入2.29万元，同比增长9.1%。农渔民人均纯收入8575元，同比增长6.5%。率先在省内出台《珠海市饮用水源保护区扶持激励办法（试行）》，明确对一、二级水源保护区内符合规定的居民予以社保扶持。加快推进农场改革与发展，至2009年底累计完成华侨农场危房改造3912户。援川建设工作加快推进，完成对口援建工程任务的80%，绵虒小学、汶川县福利院等一大批援建工程建成使用。

二、2010年经济社会发展的总体思路和预期目标

（一）发展环境

从国际形势来看，金融危机引发世界范围新一轮产业布局大调整和资本大转移，为我们承接国际先进产业和高端科技人才、促进本土产业转移升级创造了条件。经历了严重的金融危机后，近期各种经济信号明确显示世界经济开始逐步走出衰退，世界经济格局正在朝着多极化以及有利于新兴市场和发展中经济体的方向发展。但同时，世界经济面临的不利因素依然很多，金融市场仍存隐患，失业率居高不下，消费和投资需求不足，国际贸易保护升级、摩擦增多，预期通胀压力进一步加大。

从国内环境来看，国家和省先后出台了一系列“扩内需、促增长”政策措施，有利于我们保持经济平稳较快发展。中央经济工作会议也确定了2010年经济发展的政策基调：“保持宏观经济政策的连续性和稳定性，继续实施积极的财政政策和适度宽松的货币政策，根据新形势新情况着力提高政策的针对性和灵活性”，在经济企稳向好之际，重点在“促进发展方式转变上下工夫”。从2009年“保增长”为首要任务，到2010年“促转变”为发展重点，政策思路的调整凸显我国在应对危机中力求经济可持续发展的决心。总的来说，目前经济全面复苏的基础仍不牢固，我国正处于工业化中期阶段，重化工业时期尚未结束，对资源、能源的需求巨大，全球资产价格不断膨胀，会通过贸易或资本交易渠道传递到我国，从而推高我国初级产品和资产价格，对我国经济发展造成不利影响。

从珠海自身发展实际来看，珠海市综合经济实力持续提高，经济结构不断优化，基础设施日臻完善，创新能力显著增强，机构改革、国企改革取得积极进展，社会发展更加和谐。但同时也面临一些不可忽视的问题和困难，如外需市场疲软对珠海市的外向型经济影响依然很大，近年来制造业投资不足影响经济增长后劲，内部交通网络和对外交通动脉建设亟须加快突破瓶颈，劳动力供应出现短缺对市场用工也造成一定影响等等。总的来说，经过30年发展，珠海已具备较为坚实的物质基础，具有市场机制和体制创新的先发优势，企业应对市场变化的能力不断提高，特别是随着横琴开发、港珠澳大桥动工、广珠铁路和城际轨道加快建设，珠海的比较优势更加凸显，珠海经济和城市建设必将迎来新一轮大发展。

（二）总体思路

认真学习胡锦涛总书记视察珠海重要讲话精神，深入贯彻落实科学发展观，紧紧围绕市委六届七次全会确定的目标任务，抢抓港珠澳大桥动工和横琴新区开发建设的历史性机遇，坚定不移地实施“东部大转型、西部大开发”战略，以大转型促进大调整，以大开发谋求大突破，切实转变经济发展方式，加快构筑交通、产业和城市三大格局，全力打造城市核心功能，推动经济社会实现“又好又快”发展，努力完成“十一五”规划各项目标任务。

（三）主要预期目标

根据珠海市经济发展趋势，2010年珠海市经济社会发展主要预期目标是：

——本地生产总值（GDP）增长9%，总量达1142.4亿元，人均GDP达到7.6万元，增长7.9%；

——服务业增加值占GDP比重达46.5%；

——规模以上工业增加值增长11%；

——财政一般预算收入增长8%；

——全社会固定资产投资增长15%；

——社会消费品零售总额增长15%；

——外贸进出口增长5%，外贸出口增长5%；

——实际利用外商直接投资额力争有所增长，引进内资注册资本增长15%；

——R&D经费支出占GDP比重达1.7%；

——每万元GDP能耗完成“十一五”规划目标，控制在0.56吨标准煤以内；

——二氧化硫排放量、化学需氧量分别控制在3.3万吨和3.0万吨以内；

——城镇登记失业率控制在3.5%以内。

三、2010年国民经济和社会发展主要任务及措施

2010年宏观经济运行的各种不确定因素依然突出，全面完成“十一五”规划各项目标的任务很重、难度很大。我们要切实增强政治意识、大局意识、使命意识和机遇意识，充分利用一切有利条件，全力推动珠海市交通格局、产业格局和城市格局实现重大突破，力争完成各项预期目标。

（一）突出抓结构调整。统筹产业区域布局，坚定不移地实施“东部大转型、西部大开发”战略。东部地区进一步强化城市核心功能，重点发展现代服务业，全方位打造优质服务品牌，实现从生产型经济向服务型经济的战略性转变。西部的高栏港经济区和金湾区是珠海市工业发展的重点区域，要以“双港”为引擎、大项目为龙头，大力发展以石化、装备制造、能源为主导的临港重化工业和现代港口物流业，积极推动发展飞机制造业，重点发展航空物流、飞机总装和维修、航空材料、航空零部件和加工制造、航空电子及数控加工等项目，全力打造“西部制造”品牌。斗门区是西部大开发与“珠中江”一体化建设的重要区域，要统筹工业发展和城乡一体化建设。斗门南部区域要依托临港、临江地理区位和电子信息制造业产业基础，大力发展临港先进制造业和电子信息产业。斗门北部基本农田保护区要利用生态环境优势，大力发展现代农业和生态旅游业，积极推进生态保护区建设，严格禁止新上高耗能高污染工业项目。高新区要大力发展计算机软件、集成电路设计等高新技术产业，以及文化创意产业和高端服务业，严格限制新上一般加工制造项目。进一步优化产业结构，大力发展现代服务业、先进制造业和高新技术产业，积极推动自主创新。充分利用省发改委《关于加快发展我省现代服务业集聚区的工作意见》有关政策，立足当地资源，大力发展商务服务集聚区、创意产业园、软件与服务外包基地、科技创业园、现代物流园、大型专业市场、文化休闲旅游区、外向型合作服务集聚区等八大类型现代服务业集聚区。充分利用现有的产业基础和海港、空港条件，重点发展石油化工、家用电器、电子信息、重型装备制造业、游艇、生物医药及医疗器械制造、软件与集成电路、印刷及办公自动化耗材等一批优势和特色产业集群。

（二）突出抓重大项目。一是狠抓在建项目，加快建设进度。建立进度倒排工作制度，把全年投资任务落实到月度节点上。督促各项目牵头单位切实发挥作用，定期召开联席会议，协调各配合部门和建设单位，集中研究项目推进中的难点、重点和时间节点、报批的关键环节，逐项解决项目建设中存在的突出问题，切切实实提高项目协调的针对性和有效性，有效解决影响项目加快建设的各种制约因素。二是狠抓前期工作，推动新项目开工。对计划年内开工、但还未动工的项目，督促责任单位认真梳理、加紧解决影响项目开工的关键环节和问题，制定详细的开工倒排计划表。要求牵头单位主动参与项目的前期工作，各职能部门提前介入项目的报批程序，及时指导项目单位根据审批要求开展前期工作，帮助项目单位加快工作进度，确保项目及时报批，尽

快完成开工准备工作。三是狠抓难点突破，保障项目用地及资金。加强与省有关部门沟通，争取将珠海市重点建设项目纳入省项目范畴，享受省政府在项目立项、用地审批等方面的政策待遇。简化用地审批手续，调整完善用地审查程序，落实土地管理共同责任。做好征地拆迁思想工作，引导群众支持项目建设。科学制定征地补偿和拆迁安置方案，切实维护被征用土地者的合法权益。在依法依规的前期下，排除一切干扰和阻碍，加快解决项目用地用海问题，促进项目尽快开工。做好融资方案制定、政府信用担保、国有资产注入、提款手续办理等具体工作，落实银行贷款资金。加快资金拨付时间，在保证资金安全的前提下，简化资金拨付环节，授予建设单位更多的自主权。四是狠抓项目服务，凝聚项目推进力量。加强分工协作，密切配合，为项目建设提供快速、便捷、到位的服务。加强与上级审批部门的沟通协调，争取在项目审批、资金投入、政策优惠等方面获得更多的支持。加大检查督办力度，密切跟踪项目进度，对推进缓慢的项目开展专项督查。制定科学、有效的激励机制，对完成进度突出的单位和个人予以表彰和奖励，对重视不够、进度迟缓的要进行问责。

（三）突出抓扩大内需。一是加快推进流通现代化建设。大力引进国际品牌连锁企业投资，积极培育大型流通企业，推进大型购物中心、商贸物流中心等项目建设，鼓励发展标准超市、便利店、仓储式商场、专业店、专卖店等新兴业态商贸品牌，构建大贸易网络，推动商贸流通业加快发展。二是积极培育消费热点。落实“国民休闲旅游计划”，全力办好第八届中国航展，办好各种体育赛事、车展、购物节、音乐节等活动。积极拓展电子信息、通信产品、教育培训、家政服务、文化娱乐、体育健身、休闲旅游等服务消费，培育和发展定制类消费。推动农村消费升级，促进“家电下乡”，鼓励企业在农村地区建立连锁超市，完善农副产品流通网络。做好做活“农家乐”和万山海岛休闲旅游业。配合房地产开发和保障性住房建设，扩大和带动家具、家电、家纺、家饰等消费。三是大力改善城区消费环境。认真落实省政府《关于推进“三旧”改造促进节约集约用地的若干意见》，扎实推进旧城镇、旧厂房和旧村庄“三旧”改造。加大城区“退二进三”力度，提升商业步行街区建设水平和吸引力，逐步推进城区旧工业厂区改造，拓展文化创意、商务服务、商贸中心等服务业发展空间，打造“香洲服务”品牌。加快海泉湾二期、海岛和游艇公用码头、游艇俱乐部、野狸岛文化休闲中心、湾仔十字门中央商务区、“拱前吉”商贸中心区、城际轨道沿线站点商贸功能区等项目的规划建设，完善消费环境，提升城区商业消费氛围。四是全力打造放心消费工程。继续加强流通领域食品安全监管，完善流通环节食品检测体系与无害化处理制度。加大对假冒伪劣商品的打击力度，加强“放心肉”监管体系建设，开展药品和打击商业欺诈专项整治活动。积极推动市场诚信体系建设，维护良好的市场秩序和交易环境，提振消费信心，促进安全消费。

（四）突出抓自主创新。依托高新区、航空产业园和大学园区资源，重点开展电子信息、生物与新医药、先进制造、新材料、节能与新能源、环保与资源综合利用、现代农业等关键领域的自主创新，积极创建国家级创新型科技园区和特色鲜明的自主创新基地。研究制定高新技术产业发展政策和规划，推进数码娱乐产业技术中心及数码娱乐产业基地的建设，并以此为基础开展产业专项招商，进一步完善和建设产业公共服务体系。支持优势企业申报国家级和省级工程技术中心、企业技术中心以及产学研结合项目和省部产学研结合示范基地，引导和鼓励企业开展技术改造和创新。进一步加快科技项目的调研、申报、受理、评审、审批和项目下达的速度，完善项目的跟踪管理，提高财政科技投入效益，推动自主创新。继续实施“名牌带动”和“质量兴市”战略，鼓励企业参与制订和修订国际、国家、行业和地方标准，培育名牌名标产品，加强知识产权保护。大力培育和引进创新型、技能型人才，倡导“自我创业、自主创新、自有品牌”，推动“珠海制造”向“珠海创造”转变。

（五）突出抓体制改革。着力转变政府职

能和深化经济体制改革，积极推进公共服务和社会管理体制改革。进一步减少和规范政府审批，健全政府职责体系，加快形成权责一致、分工合理、决策科学、执行畅顺、监督有力的行政管理体制。进一步优化调整国有经济战略布局，完善国有产权制度，创新国有资产运营和管理模式。继续推进投融资体制改革，建立完善社会投资项目核准备案制度，鼓励社会资本进入金融服务、公用事业和基础设施等领域，形成有序竞争的格局。积极探索环境权益交易，加快建立生态环境补偿机制。加快公共服务市场化、社会化，大力发展社会组织，支持社会组织拓宽发展空间，加快建立和完善政府向社会组织购买服务的制度。继续深化事业单位管理体制和运行机制改革，创新公用事业监管模式，推动公用事业监管体制改革。深化财政体制改革，建立与推进基本公共服务均等化相适应、财权与事权相匹配的财政体制。创新人口管理方式和手段，全面推行居住证制度，推动户籍制度和流动人口管理改革。加快推进医疗卫生体制改革，实行政事分开、管办分开、医药分开、营利性和非营利性分开。开展公立医疗机构、医疗保险和药品流通体制改革试点，有效增加基本医疗服务供给，逐步形成由政府提供公益性基本医疗服务、市场提供个性化和高端医疗服务的格局。全面推进农村综合配套改革，积极完善村级组织管理体制，建立责权利相统一的镇街村管理新体制，进一步推进农场体制改革，加快农场危房改造。

（六）突出抓区域合作。一是推进珠澳同城化发展。加强交通基础设施建设的合作，加强相关口岸节点的建设和改造，积极推进两地在观光旅游等方面的产业合作，积极推动珠澳跨境工业区的转型升级，推进社会公共服务对接。二是推进珠中江一体化发展。加强珠中江三市相关规划的衔接，推进区域基础设施一体化。主动承接港澳现代服务业的扩张与城市功能的辐射，服务带动粤西地区经济社会发展。加强产业协作，提高区域产业发展水平。以水环境污染和空气污染联防联治为突破口，加强资源节约和环境保护。促进科技要素高效配置和合理流动，切实加强社会公共事务管理协作，加强防灾减灾等方面的应急协作共管。三是做好港珠澳大桥建设工作。尽快启动拱北湾填海工程的规划研究工作，承接通过港珠澳大桥所带来的人流、资金流、信息流的辐射。积极开展规划和政策研究，充分发挥大桥带来的效益。此外，还要加强宣传，营造支持大桥建设、发展大桥经济的良好氛围。四是加快横琴新区开发。按照《横琴总体发展规划》的要求，加快制定横琴开发方案，抓紧整合土地、资金筹措，启动基础设施、中央商务区（CBD）和已落户项目建设，开展政策研究和体制创新，确保各项工作力度落到实处。

（七）突出抓节能减排。用好国家和省的优惠政策，加快实施节能减排重点工程，统筹安排好市政府节能减排专项资金，抓好珠海市重点节能工程和重点减排工程，推进西部地区镇（园区）污水处理设施建设。完善节能减排指标体系、监测体系和考核体系，强化节能减排管理，加强监督检查，健全政府节能减排工作问责制。认真落实《珠海市节能减排工作实施方案》，严格控制高耗能、高污染项目，完善珠海市固定资产投资项目节能评估和审查制度。加快淘汰落后生产能力，建立健全落后产能退出机制，严格按照国家产业政策，对水泥、电力等高耗能高污染行业要加大淘汰落后产能的力度。扶持引导试点单位进一步建立健全工作机制，加大投入力度，推进技术革新和技术进步深入开展。开展低碳经济试点，控制温室气体排放。发挥政府的示范和表率作用，全面落实《珠海市节能减排全民行动实施方案》，提高全民节约资源和环境保护意识。

（八）突出抓民生工程。继续加大民生投入力度。扩大财政支出向民生的倾斜力度，提高教育、医疗、文化、社会保障投入占全部支出的比例。教育项目重点建设北师大附属高中二期、珠海市高级中学，加快城市职业技术学院、市高级技工学校、斗门和风中学、体育学校二期、情侣路海滨浴场等项目前期工作；文化建设项目重点开工建设市歌剧院，开展市文化馆、市博物馆、城市规划展览馆项目前期工作；卫生项目继续建设市第二人民医院扩建二期，开工建设市人民医院北区扩建，开展市疾病控制中心、传染病医院、市第二中医院、口腔医院等项目前期工作；其他项目续建市档案馆新馆二期工程、城管委数字系统建设等，开展体育中心大型场馆维护维修工程、社会视频二期、市无线数字集群指挥调度系统、洪湾消防站等前期工作。广泛开展“南粤春暖行动”，着力实施创业带动就业工程。大力实施全民技能提升和储备计划，加大农村劳动力技能培训力度。加大劳动保障监察执法力度，切实维护劳动者的合法权益。健全社会保障制度，扩大社会保险覆盖面，重点解决好非就业群体社会保障问题。深入开展安全生产隐患排查和专项整治，强化食品安全和药品监管，加强社会治安综合治理，努力促进社会和谐稳定，建设和谐珠海。

（九）突出抓统筹发展。认真做好“十二五”规划编制、城市总体规划修编、土地利用总体规划修编、综合交通体系规划、珠中江区域紧密合作规划编制等重大专项工作。认真落实省下达的实施《规划纲要》年度分解目标，加快基础设施、产业布局、公共服务、城乡规划和环境保护一体化步伐。着力加强经济社会运行态势的跟踪监测和深度分析，针对苗头性、趋势性的主要矛盾和问题，进一步加大政府对经济运行调控的主动性、针对性和有效性。建立健全珠海市经济社会安全监测预警系统，注重分析商品房价格和供求变化关系，避免其大起大落对经济发展产生不良影响。准确把握和积极落实国家宏观调控政策，在有关政策实施、项目安排、体制创新等方面积极争取国家和省支持。继续加强政府投资工作，以政府投资带动固定资产增长，以固定资产投入增强经济发展后劲。认真抓好人大和政协各种议案、提案的办理工作，切实提高办理质量，确保事事有回应、件件有落实。进一步加强产业、人口、投资、规划、土地、财税等各项政策的统筹协调，形成政策合力。

珠海市2009年计划主要指标完成情况与2010年预期目标表

项目 \ 数据 \ 年份	2008年实际数	2009年		2010年	
		预计数	增长（%）	预期目标	增长（%）
1．本地生产总值（GDP）（亿元）	992.06	1037.69	6.6[②]	1142.4	9[②]
2．人均GDP（万元）	6.76	6.98	5.3[②]	7.6	7.9[②]
3．服务业增加值占GDP比重（%）	42.4	45.5	—	46.5	—
4．规模以上工业增加值（亿元）	490.30	478.55	1.2[②]	536.5	11[②]
5．财政一般预算收入（亿元）	92.32	101.41	9.9	109.5	8
6．每万元GDP能耗（吨标准煤）	0.603	0.584	-3.2[③]	0.56＜	-4.0[③]
7．居民消费价格总指数（上年100）	104.6	97.0	-3.0	102.0	2.0
8．社会消费品零售总额（亿元）	359.74	413.82	15.0	475.9	15
9．全社会固定资产投资总额（亿元）	372.32	410.51	10.3	472.1	15
10．外贸进出口总额（亿美元）	468.36	374.40	-20.1	393.1	5
其中：外贸出口总额（亿美元）	211.72	177.83	-16	186.7	5
11．实际利用外商直接投资（亿美元）	11.42	11.80	3.3	力争有所增长	—
12．引进内资注册资本（亿元）	30.11	56.86	88.8	65.4	15
13．R&D经费支出占GDP比重（%）	1.3	1.5	—	1.7	—
14．城镇居民年人均可支配收入（元）	20949	22859	9.1	25145	10
15．农渔民年人均纯收入（元）	8048	8575	6.5	9261	8
16．年末总人口（万人）	148.11	149	0.6	152	2
17．户籍人口自然增长率（‰）	8.6	7.8	—	8.8＜	—
18．年末城镇登记失业率（%）	2.8	2.8	—	3.5＜	—
19．二氧化硫排放量（万吨）	3.68	3.58	-2.7	3.3＜	—
20．化学需氧量（COD）（万吨）	2.76	2.76	持平	3＜	—
21．城镇生活污水处理率（%）	80.2	80.2	—	81	—
22．城镇人均公园绿地面积（平方米）	12.9	12.8	—	12	—

注：1．2008年的数据均来源于《2009珠海统计年鉴》。

2．2009年的数据中，每万元GDP能耗、二氧化硫排放量和化学需氧量为预计数，其余均为初步统计数，最终数据以市统计部门正式公布的统计年报为准，2010年的预期目标为指导性目标。

3．本地生产总值、人均GDP、规模以上工业增加值增长速度按不变价计算，其余指标增长速度均按现价计算。

4．每万元GDP能耗增长速度是按等价值指数法计算。

珠海市大事记

2009年12月15日，港珠澳大桥正式动工。图为珠澳口岸人工岛填海工程开工。　　赵　梓　摄

珠海市大事记

1　月

5日　珠澳跨境工业区2009年首个项目奠基——南光物流综合服务中心开工奠基仪式隆重举行。澳门特区政府行政长官何厚铧、澳门特区政府财政司司长陈博文、中央人民政府驻澳门特别行政区联络办公室副主任高燕及珠海市委副书记钱芳莉、副市长陈洪辉等相关单位负责人出席奠基仪式。

10日　珠海市农业局和市委农办、市台湾事务局会同金湾区人民政府、斗门区人民政府分别在金湾、斗门举行市农业园区建设项目签约、动工、投产仪式，共有5个项目签约落户金湾、斗门，总投资额8000万元。

▲　华南师范大学生命科学学院和珠海淇澳、担杆岛省级自然保护区双方代表签订建立区产学研合作基地的相关协议。珠海市市委副书记钱芳莉和市委常委、常务副市长霍荣荫出席签约活动，并为“华南师大淇澳红树林产学研基地”和“珠海淇澳湿地生态园”揭牌。

11日　中共中央政治局常委、国家副主席习近平考察珠澳跨境工业区。

12日　以香港中联办港岛工作部部长陈帜彬为高级顾问，以香港东区区议会主席丁毓珠为团长的香港东区参观访问团莅临珠海，开展为期3天的参观访问。市委副书记钱芳莉、市人大常委会副主任高存亮、副市长陈洪辉等市领导会见访问团。

13日　珠海市2008年污染减排工作通过国家核查组的考核。市委常委、常务副市长霍荣荫陪同检查。

14日　珠海市市委副书记、市长钟世坚会见伟创力珠海工业园负责人傅军一行。

15日　珠海市中小企业工作会议暨促进民营经济发展联席会召开。会议传达温家宝总理视察广东重要讲话和全省中小企业工作会议精神，为珠海市第二批“十强”民营企业授牌。

18日　珠海交通集团揭牌成立仪式举行，市委副书记、市长钟世坚，市委副书记钱芳莉，市委常委、常务副市长何宁卡、刘小龙等市领导参加揭牌仪式。上海浦东发展银行广东省分行与新成立的交通集团签订全面合作协议。

20日　在中央文明委召开的全国精神文明建设工作表彰大会上，珠海通过检查测评，荣获“全国创建文明城市工作先进城市”称号。

▲　广州军区司令员章沁生、政委张阳等到珠海警备区某海防连慰问。广东省军区政委蔡多文、珠海警备区司令员张鲁江、政委马必强等陪同。

▲　广东省副省长万庆良和省政府副秘书长

ZHUHAI YEARBOOK

刘晓捷等一行12人在副市长陈洪辉陪同下对拱北口岸多家单位和格力电器股份公司、伟创力（珠海）公司等大型外经贸企业进行慰问。

21日 珠海市万山管理区担杆镇外伶仃岛荣膺国家3A旅游景区，成为珠海首个国家级海岛景区。

23日 珠海市委书记、市人大常委会主任甘霖，市委副书记、市长钟世坚会见驻澳门部队司令员王玉仁少将、政治委员许进林大校一行。

29日 全国人大常委会原副委员长顾秀莲莅临珠海，考察古元美术馆和梅溪牌坊等文化设施。市委书记、市人大常委会主任甘霖，市委副书记、市长钟世坚，市委副书记钱芳莉等拜会顾秀莲一行。

2 月

4日 全国知识产权局长会议在珠海召开。会议由国家知识产权局副局长张勤主持，局长田力普作报告。中纪委派驻国家知识产权局纪检组组长肖兴威、广东省副省长宋海，市委副书记、市长钟世坚等出席会议。

6日 珠海市委副书记、市长钟世坚主持召开七届93次市政府常务会议，研究并原则通过贯彻落实《珠江三角洲地区改革发展规划纲要》工作方案。

▲ 四川省汶川县赴广东汇报灾后重建工作团到访珠海。市委书记、市人大常委会主任甘霖，市委副书记、市长钟世坚会见汇报团一行，并就灾后恢复重建工作进行深入交流。

▲ 日本热海市副市长樱井优率代表团抵珠海市参观访问。副市长陈洪辉会见樱井优一行。

8日～9日 国土资源部副部长鹿心社在广东省国土资源厅厅长招玉芳的陪同下，到珠海市考察调研国土资源管理工作。珠海市委书记、市人大常委会主任甘霖拜会鹿心社一行。

▲ 珠海市第三届民间艺术大巡游在九洲城至景山路隆重举行。广东省副省长雷于蓝，市领导甘霖、钟世坚等出席大巡游活动。

9日 珠海市委副书记、市长钟世坚会见马来西亚驻华大使拿督赛义德诺鲁尔扎曼以及驻广州总领事乐施仁阿都拉曼等一行。

10日 在香港联交所主板成功挂牌上市的中国兴业太阳能技术控股有限公司举行答谢晚宴。中国建筑金属结构协会会长、原国家建设部副部长姚兵，珠海市领导钟世坚、霍荣荫、周本辉等出席晚宴。这是珠海市在港成功上市的第二家企业。

11日 珠海市委召开全市宣传工作会议。会议隆重表彰2008年度珠海市宣传文化战线先进单位和个人，包括18个“珠海市纪念改革开放30周年系列活动”先进单位和17名“2008年度驻珠海记者站优秀新闻工作者”，48部珠海市第三届文学艺术“渔女奖”获奖作品、4名“渔女奖”特别贡献奖和贡献奖。

16日 中国船舶工业集团公司常务副总经理路小彦率队到珠海，就中船珠海项目与珠海市政府交换意见。市委副书记、市长钟世坚，市委常委、常务副市长何宁卡，副市长赵建国等与路小彦一行进行座谈。

▲ 法国诺曼底大区投资发展顾问团访问珠海。副市长陈洪辉在珠海度假村会见顾问团领队诺曼底大区发展局局长Jean Jacques Foignet和ODIN投资公司总裁Patrick Jeannenez一行。

18日 珠海市委书记、市人大常委会主任甘霖，市委副书记、市长钟世坚在格力电器股份有限公司会见日本大金工业株式会社会长井上礼之和日本驻广州总领事吉田雅治一行。

▲ 珠海格力电器股份有限公司与大金工业株式会社在珠海举行全球战略合作发布会。

20日 珠海市首次重奖技能人才，来自珠海各个平凡工作岗位的15名优秀技能人才和200名优秀外来工受到市委、市政府的隆重表彰。

21日 珠海市委书记、市人大常委会主任甘霖在珠海度假村酒店会见美国花旗集团执行董事、美国著名作家罗伯特·劳伦斯库恩。市委常委、宣传部长黄晓东参加会见。

▲ 位于珠海市斗门黄杨山的珠海首个500千伏国安变电站正式开工。

22日 珠海举办首届半程马拉松邀请赛。17岁的珠海小将杨丽文以1小时23分58秒的成绩获得女子总冠军。来自香港的陈洁仪以1小时26分44秒夺得女子组中年冠军，老年组冠军得主徐健微跑了1小时39分30秒。

24日～27日 珠海市第七届人民代表大会第四次会议在珠海大会堂隆重举行。市委书记、市人大常委会主任甘霖主持大会。

27日 珠海市召开海洋工作会议。广东省海洋与渔业局局长李珠江，市委书记、市人大常委会主任甘霖，市委副书记、市长钟世坚出席会议。

28日 珠海市委书记、市人大常委会主任甘霖在度假村酒店会见来珠访问的来自23家总领事馆的外国驻穗领事团一行48人。

▲ 国家园林城市复查专家组抵达珠海，对珠海市的园林绿化工作进行复查。

3 月

2日 珠海市委书记、市人大常委会主任甘霖出席富山工业园挂牌仪式，并深入考察园区整合工作。

3日 壳牌全球润滑油供应链新任总裁Jonh Bullock先生一行5人到访珠海。副市长邓群芳会见客人。

6日 珠海市委召开全市开展深入学习实践科学发展观活动动员大会。市委书记、市人大常委会主任甘霖出席会议并作重要讲话。

7日 珠海副市长金展扬陪同国家海洋局、国家海洋局南海分局、广东省海洋与渔业局的专家实地考察珠海海洋渔业工作。

10日 珠海市金湾区顺利通过广东省“平安畅通县区”考评组验收，成为珠海市第一个“平安畅通县区”部级管理水平的县区单位。

13日 港珠澳大桥主体工程初步设计阶段勘察设计合同签约仪式暨勘察设计工作启动仪式在珠海举行。港珠澳大桥前期工作协调小组三方代表出席仪式。

20日 珠海—首尔客运包机首航仪式于是日零时在珠海机场举行。

▲ 全国人大常委会大气污染防治工作调研组莅临珠海。全国人大常委会副委员长陈至立，全国人大常委会委员、环资委主任委员汪光焘，全国人大常委会环资委委员张洪飙，全国妇联副主席洪天慧等一行前往珠海发电厂调研、考察珠海大气污染防治工作情况。广东省人大常委会副主任陈小川、副省长林木声陪同调研。珠海市市委书记、市人大常委会主任甘霖，市领导刘振新、霍荣荫、罗春柏、邓群芳等会见调研组一行。

25日 珠海市重大项目中化格力石化公用码头通过广东省政府对外开放验收组的验收。待报请省政府批准后即可正式对外开放，成为华南地区对外开放的最大燃料油、成品油石化公用码头。

2009年3月2日，珠海市委书记、市人大常委会主任甘霖为中共珠海市富山工业园委员会揭牌。 斗门区供稿

▲ 科技部公布2008年国家工程技术研究中心组建名单，“国家节能环保制冷设备工程技术研究中心”正式落户珠海格力。这是中国制冷业第一个国家级工程技术研究中心。

26日 广东省安全生产责任制考核汇报会在珠海度假村酒店举行。

▲ 珠海市召开科学技术暨推进“创业、创新、创造”大会。市委书记、市人大常委会主任甘霖出席会议并为获奖者颁奖，市委副书记、市长钟世坚讲话，市委常委、常务副市长何宁卡主持会议，副市长王庆利宣读珠海市人民政府《关于颁发2007年度珠海市科学技术奖的决定》。

31日 珠海市科技金融结合试点工作方案通过广东省科技厅组织的专家论证。

4 月

1日 珠海横琴口岸出入境客货车通道改建工程正式开工。

2日 珠三角各市现场会在珠海市召开。广东省委书记汪洋主持会议，省长黄华华代表省委、省政府讲话。省领导刘玉浦、黄龙云、朱小丹、徐少华、王宁生、佟星、万庆良、陈蔚文以及珠三角9市市委书记、市长，省直有关部门、部分中央驻粤单位主要负责人参加现场会。

8日 珠海市委副书记、市长钟世坚会见日本三菱制纸株式会社专务井口政明、开发事业部部长原田及珠海清菱纸业公司董事长须琦活光一行。2007年在金湾平沙投资的珠海清菱纸业公司是日本三菱制纸在中国的首个投资项目。

▲ 国务院常务会议决定在上海市和广东省内四城市开展跨境贸易人民币结算试点，珠海被列为试点城市之一。

8日～9日 由全国人大常委会副委员长、九三学社中央主席韩启德带队赴粤的九三学社中央考察团莅临珠海市，调研考察珠海市发展低碳经济可行性和有关情况。全国政协常委、九三学社中央常务副主席陈抗甫，九三学社中央副主席谢小军、赖明，国家有关部门和专家26人参加考察调研。

9日 国家档案局副局长李明华在广东省档案局局长徐大章、珠海市档案局局长许文生陪同下考察珠海市档案工作。

10日 珠海市委、市政府开展“公开大接访”活动。

14日～15日 以市委书记、市人大常委会主任甘霖为团长，市委副书记、市长钟世坚为副团长的珠海代表团访问澳门。

15日 中华全国总工会副主席、书记处书记陈荣书一行到珠海就基层工会组织建设情况进行调研。

16日 珠海航空产业园管理委员会在北京JW万豪酒店与北京航空航天大学就微小发动机珠海孵化基地项目签订意向书。

16日～17日 由民革广东省委主委、民革中央常委，全国政协委员、广东省政协副主席周天鸿率领的广东省各民主党派联合调研组对珠海市促增长重点项目建设情况进行调研。

16日～19日 在江苏无锡召开的2009年全国残联康复工作会议上，珠海市香洲区被授予全国残疾人社区康复示范区称号。

17日 首届珠中江区域紧密合作工作会议在珠海举行，珠海、中山、江门三市签订《推进珠中江紧密合作框架协议》，标志着珠中江经济圈建设取得重大突破，标志着珠中江区域紧密合作取得里程碑式的突破。三地的市委书记在大会上作主题发言。

23日 珠海市委、市政府举行东部片区现场会，市委书记、市人大常委会主任甘霖主持现场会。

▲ 珠海市委副书记、市长钟世坚在珠海度假村会见用友软件股份有限公司董事长兼总裁王文京一行。

▲ 由中央八部委组织的院士专家咨询服务团珠海分组一行四人抵达珠海。在市人大副主任李建平的陪同下，院士专家团先后考察市容市貌，并前往横琴经济开发区、莲花大桥等地，实地考察横琴经济开发区的建设发展情况，把脉珠澳两地的合作前景。

24日 珠海市委、市政府举行西部片区现场会，市委书记、市人大常委会主任甘霖主持现场会，市委副书记、市长钟世坚作重要讲话。

▲ 广东省教育强镇复评督导验收组在珠海市金湾区平沙镇申报“广东省教育强镇”复评督导验收总结大会上同意保留平沙镇“广东省教育强镇”称号。

27日 广东省政协副主席、省妇联主席温兰子一行在市委副书记钱芳莉的陪同下，对珠海市2009年启动的“巾帼创业”农村免息贷款项目的实施情况及使用情况进行考察。

▲ 河北省沧州市党政考察团莅临珠海市参观考察珠海市城市规划建设。

28日 珠澳合作专责小组成立以来首次会议在珠海度假村举行。澳门特别行政区政府运输工务司司长刘仕尧、珠海副市长陈洪辉共同主持会议，两地城市规划、交通、建设、经济、海关、治安、检验检疫、卫生、文化、教育、旅游等相关部门的代表参加。

29日 海南省副省长林方略莅珠考察市城乡居民医疗保险实施情况，珠海市委副书记、市长钟世坚会见考察团。

30日 珠海市委书记、市人大常委会主任甘霖率队到珠海伟创力集团考察。

5 月

1日 为期两天的首届珠海淇澳红树林风筝节开幕。

2日 国家质检总局党组成员、国家认监委主任孙大伟等在珠海督查防控甲型H1N1流感疫情工作。

6日 珠海市市委副书记、市长钟世坚在珠海度假村酒店会见BP集团化工总裁、集团副总裁苏瑞婷女士。

▲ 佛山、中山、江门、阳江、湛江、茂名、肇庆、云浮、珠海9市的人口计生部门领导在珠海共同签署《珠江西岸九市流动人口计划生育服务管理区域合作协议书》。

▲ 珠澳气象资源共享合作协议签署仪式在珠海市举行。

8日 珠海市人民政府与中国海洋石油总公司在珠海度假村酒店签署全面合作框架协议，双方将在天然气能源、深水海洋工程装备制造等方面建立全面合作关系。广东省委常委、常务副省长黄龙云，中国海油党组成员、副总经理周守为，广东省发展和改革委员会主任李妙娟，珠海市委书记、市人大常委会主任甘霖，市委副书记、市长钟世坚等出席签约仪式。

14日 珠海市召开全市社区建设工作暨农村社区建设实验工作启动会议。

16日 广东省最大的渔政船“中国渔政44183号”从香洲渔业码头鸣笛起航，开赴西沙群岛，执行为时15天的巡航任务。

18日～19日 以广东省委统战部常务副部长蒋乐仪为组长的广东省委统战工作专项检查组莅临珠海，检查贯彻落实中央、省委有关统一战线文件精神的情况。

22日 珠海国家高新技术产业开发区和中国移动广东公司珠海分公司签署“无线城市”示范区建设战略合作协议。

23日 中国国民党中央组发委副主委、嘉义市委主委陈政宽为团长的嘉义市青少年棒球体育交流访问团一行20人莅珠访问，展开为期3天的交流。

▲ 珠海市遭遇暴雨袭击，市区多处道路严重水浸，全市各个检测站的降雨量均在148毫米以上，气象部门在下午2点10分改挂橙色暴雨预警信号。

24日 2009年珠海首届国际龙舟邀请赛在前山河水道举行，来自6个国家和地区的23支龙舟队参加比赛。

26日 珠海市进出口商会与阿里巴巴（中国）网络技术有限公司“共同推动珠海市外向型民营企业应用电子商务开拓国际市场合作备忘录”签字仪式在德翰大酒店举行。

▲ 由珠海市人民政府主办，珠海、中山、江门三市环保局承办的主题为“区域携手合作，共建生态家园”纪念“六五”世界环境日种植活动在淇澳岛红树林自然保护区隆重举行，珠海、中山、江门三地环保局负责人现场签订《珠中江环境保护区域合作协议》，正式启动珠江口西岸三城市的环保战略合作。

27日 珠海历史名人雕塑园正式开园。雕塑园占地1.8万多平方米，历时一年，耗资800多万元。园中竖立21位名人的青铜雕像。

▲ 珠海市人民政府和广东省粤电集团有限公司在珠海签署全面合作框架协议。

28日 国家质检总局副局长刘平均考察珠海市甲型H1N1流感防控措施执行情况。

6　月

1日　珠海市委副书记、市长钟世坚在珠海度假村酒店会见印尼知名侨商、印尼力宝集团董事长李文正博士一行。

▲　珠海市卫生局紧急召开新闻发布会，称珠海市出现首例输入性甲型H1N1流感疑似病例。

4日　“金嗓子”杯全国山歌邀请赛在广西柳州市落幕，珠海民歌王陈社金、民歌手梁六妹荣获最高奖金嗓奖。

5日　珠海市人民政府、中国移动广东公司在珠海全球通大厦动力100体验馆签署战略合作协议。

▲　《珠海中山江门三市警务合作协议》在中山市公安局签署。

5日～6日　澳门特区政府运输工务司司长刘仕尧率有关官员一行16人访问珠海。

8日　珠海市委副书记、市长钟世坚在市政府会见莫桑比克驻华大使安东尼奥伊纳西奥。

▲　由刚果劳动党政治局委员埃诺克恩格马率领的刚果劳动党中高级干部考察研修班一行8人访问珠海。

▲　金湾区联港工业区18个项目动工、竣工、投产庆典仪式在得理乐器珠海有限公司举行。

9日　珠海市市委副书记、市长钟世坚会见中国建设银行广东省分行行长曾俭华一行，双方就进一步在金融领域加强合作、实现共赢进行深入交谈。

▲　珠海召开社会管理体制改革先行先试试点工作会议。

▲　广东省第一次污染源普查验收会在珠海召开。作为全国首批试点城市之一，珠海市顺利完成对全市18039家污染源的普查工作，并经过广东省验收。

▲　珠海市三防办先后启动防暴雨三级响应和防暴雨二级响应。

10日　广东省委常委、宣传部长林雄深入珠海市斗门区就进一步深入学习实践科学发展观活动开展调查研究。省委宣传部副部长、省委学习实践办副主任蒋斌，珠海市委副书记钱芳莉陪同调研。

▲　珠海市实验中学首届新疆班举行毕业典礼。市领导钱芳莉、张萍、陈英、罗碧坚及来自新疆维吾尔自治区教育厅、乌鲁木齐66中的有关领导亲临现场表示祝贺。市政府向实验中学赠送“少数民族人才培养资助款”。

10日～11日　广东省省委常委、副省长肖志恒到珠海市调研农村养老保险、城乡一体化社保体系、大学生和农民工就业形势。

12日　珠海市首个国家级重点实验室“无机合成与制备化学重点实验室珠海分实验室”在吉林大学珠海学院正式落成并投入使用。

13日　中秋对歌会、装泥鱼、前山凤鸡舞、白蕉客家竹板山歌等4项市级非物质文化遗产列入第二批珠海市市级非物质文化遗产代表作名录。

15日　珠海、中山和江门三市在珠海签署《“珠中江”气象服务应急联动工作方案》。

▲　珠江三角洲地区文化部门贯彻落实《珠江三角洲地区改革发展规划纲要（2008～2020年）》研讨班在珠海开班。

▲　香港特别行政区政务司司长唐英年率香港政府及工商界代表团访问珠海，并实地考察港珠澳大桥珠海口岸人工岛规划点。

16日　珠海市人民政府与中国电信广东公司信息化推进合作框架协议签约仪式在珠海度假村举行。

▲　珠海市城市总体规划(2010～2030)编制工作领导小组召开第一次会议，研究部署珠海市新一轮城市总体规划修编工作。

18日～19日　珠海市委书记、市人大常委会主任甘霖，市政协主席余炳林等领导到隘洲

岛、担杆岛、庙湾岛、东澳岛、白沥岛、大万山岛、竹洲岛进行实地考察。

21日～22日 美国华人生物医药科技协会（CBA）考察团一行18人在广东省侨办副主任林琳的陪同下到珠海市进行科技交流合作和考察活动。

22日 珠海保税区西域码头正式开港。

23日 珠海市组建成立城市建设集团有限公司。

▲ 珠海市人民政府与中国联合网络通信有限公司广东省分公司签署战略合作框架协议。

▲ 广东省委常委、政法委书记、省公安厅厅长梁伟发莅临珠海考察。

24日 2009年“全国海洋宣传日”工作协调会在珠海召开。

▲ 国务院总理温家宝主持召开国务院常务会议，讨论并原则通过《横琴总体发展规划》。会议决定将横琴岛纳入珠海经济特区范围，对口岸设置和通关制度实行分线管理。

26日 珠海市委副书记、市长钟世坚到珠海唐家湾镇会同村调研古村落保护与开发。

27日 珠海市“新经济组织和新社会组织”党员服务中心揭幕暨全市党员教育基地授牌仪式在市人力资源中心大厦举行。

▲ 第二届广东省岭南舞蹈大赛在珠海海泉湾度假区梦幻剧场落下帷幕。

29日 珠海市香洲区正式举行“全国平安建设先进区”挂牌仪式。

30日 珠海市首个建筑垃圾受纳场在沥溪垃圾填埋场内正式启用，标志着建筑垃圾开始纳入规范化管理。

7 月

1日 珠海市委召开常委会议，学习国务院常务会议关于推进横琴开发决定的精神，研究《横琴总体发展规划》的组织实施工作。市委书记甘霖主持会议并讲话。

2日 广东省政府与中国航空工业集团公司全面战略合作协议签约暨中航通用珠海产业基地开工奠基仪式在珠海市举行。中共中央政治局委员、省委书记汪洋宣布中航通用飞机有限责任公司珠海产业基地开工。

6日 珠海市维护稳定工作培训班在珠海市委党校开班。这是珠海市首次举办此类培训班。

7日 珠海首个省级湿地公园“黄杨河华发水郡省级湿地公园”建设签约仪式暨新闻发布会在华发水郡销售中心举行。

8日 珠海高新区科技创新海岸南北围西片市政配套项目开工仪式隆重举行。

9日 农业部部长孙政才，副部长牛盾，总经济师、办公厅主任陈萌山一行到珠海考察斗门区现代农业建设，广东省副省长李容根、省农业厅厅长谢悦新、省海洋渔业局局长李珠江等陪同考察。

10日 广东省政府与农业部共建珠江三角洲地区农业现代化示范区战略合作框架协议签字仪式在珠海举行。农业部部长孙政才和广东省长黄华华出席框架协议签字仪式。农业部、省有关部门负责人以及珠海市委书记甘霖、市长钟世坚出席签约活动。

▲ 珠海市召开高中阶段教育工作座谈会，市委书记、市人大常委会主任甘霖出席会议并讲话。

▲ 珠海市召开创建全国文明城市指挥部联席会议。

17日 由新加坡新闻、通讯及艺术部代部长吕德耀少将率领的、参加“新加坡——广东合作

2009年7月8日，珠海高新区科技创新海岸南北围西片市政配套项目开工仪式隆重举行。该项目三项工程总投资约1.77亿元，是高新区是年“保增长、重民生、促发展”十大重点建设工程之一。项目的开工建设将大大改善高新区的投资环境，对唐家湾新城建设和高科技产业链的形成起到积极的推动作用。 高新区供稿

理事会会议”的新加坡代表团一行到珠海进行参观访问。

▲ 珠海首个城市综合功能建筑群仁恒滨海中心在拱北项目现场举行奠基仪式，新加坡新闻、通讯和艺术部代部长吕德耀，新加坡驻广州总领事洪齐全，新加坡国际企业发展局局长张力昌，新加坡中华总商会会长张松声，副会长李国基、陈精毅，项目投资方新加坡仁恒置地集团董事局主席钟声坚出席奠基仪式。

18日 首届中国海洋博览会暨“海洋事业60年成就展”在珠海开幕。中共中央政治局委员、广东省委书记汪洋，全国人大常委会副委员长周铁农，全国政协副主席罗富和以及广东省省长黄华华、国家海洋局局长孙志辉等出席活动。珠海市委书记、市人大常委会主任甘霖在开幕仪式上致辞。

▲ 珠海市人民政府与海洋石油工程股份有限公司在珠海度假村酒店签订深水海洋工程装备制造基地项目合作协议。

19日 珠海名人容国团、杨匏安、苏兆征入选“100位为新中国成立作出突出贡献的英雄模范人物和100位新中国成立以来感动中国人物”候选人。

20日 珠海市公共交通运输集团有限公司成立仪式在香洲长途车站隆重举行。

21日 珠海、中山、江门三市在珠海签署海洋与农渔业合作协议。

22日 珠海市出台《珠海市专利奖励办法》以及实施细则，首次设立珠海市专利奖，最高奖金为10万元。这是广东省首个以政府名义设立的专利奖项。

23日 珠海市召开重大项目建设推进工作会

议。市委副书记、市长钟世坚出席会议并作重要讲话。

24日 珠海召开全市土地管理工作会议，市委副书记、市长钟世坚与各区（经济功能区）签订《2009年度耕地保护目标和土地管理共同责任书》。

27日 珠海市劳动和社会保障局召开新闻发布会，对现行基本医疗保险政策进行调整和完善，门诊病种目录扩大到32种，住院最高支付额度提高到30万元

▲ 珠海市七届人大第二十三次会议审议《珠海经济特区高新技术产业开发区管理条例（草案）》。

28日 珠海市委书记、市人大常委会主任甘霖，市委副书记、市长钟世坚到高栏港经济区考察港口和港区的建设情况。

▲ 珠海市七届人大二十三次会议分组审议《珠海市城市规划条例修正案（草案）》。

29日 珠海水务集团有限公司举行揭牌成立仪式。

8 月

3日 珠海市委副书记、市长钟世坚主持召开市政府常务会议，审议并原则通过《珠海市饮用水源保护区扶持激励办法（试行）》。

▲ 港珠澳大桥勘探报告正式通过专家评审。

4日 广西壮族自治区区政府副主席陈章良一行20多人莅临珠海考察农业生产。广东省政府副秘书长颜学亮、省农业厅厅长谢悦新等随同考察。珠海市委书记、市人大常委会主任甘霖，市委副书记、市长钟世坚，市委副书记钱芳莉会见考察团，副市长金展扬陪同考察。

5日 在珠海市委副书记、市长钟世坚，市委常委、常务副市长刘小龙的陪同下，广东副省长佟星率省直有关部门负责人到珠海航空产业园建设调研考察。

6日 《珠海市游艇产业规划》通过专家组评审。

▲ 珠海保税区进出口装卸点加华码头对外开放验收会议召开。珠海保税区进出口装卸点加华码头顺利通过广东省口岸验收组验收，待获省政府批准后将正式启用对外开放。

7日 珠海市委副书记、市长钟世坚在珠海度假村酒店会见越南煤炭—矿产集团董事长段文謇一行。双方就珠海企业与越南煤矸石发电项目合作事宜进行交流。

▲ 珠海市西部地区第一个无害化生活垃圾处置场——茶冷泾生活垃圾处置场正式进入启动阶段。

11日 珠海市第一家巾帼现代农业示范基地在金湾红旗湖东社区揭牌。

▲ 珠海市斗门乾务镇被正式授予“广东省民间文化艺术之乡”称号。

12日 全国人大常委会委员、全国人大内务司法委员会副主任委员汪毅夫带领全国人大常委会工会法执法检查组一行莅临珠海检查《中华人民共和国工会法》贯彻实施情况。

13日 香港民主建港联盟副主席刘江华率领访问团到珠海实地考察港珠澳大桥珠海口岸人工岛规划点、高栏港经济区及珠港重点合作项目海泉湾旅游度假城。

14日 珠海、中山、江门三市森林防火指挥部的负责人在珠海旅游中心签署《珠海市、中山市、江门市森林火灾扑救应急联动合作协议书》。

15日 珠海富山工业园引进广西玉柴机器集团有限公司低速大功率船用（柴油）发动机制造项目在珠海度假村酒店举行签约仪式。

17日　珠海市市委副书记、市长钟世坚主持召开市政府常务会议，审议并原则通过《珠海市实施珠三角规划纲要主要目标分解方案》。

▲　珠海城市建设集团有限公司正式挂牌运营。

18日　珠海市委副书记、市长钟世坚会见荷兰喜威（SHV）集团董事局主席肯尼迪先生、集团副总裁泽会思、喜威中国投资公司总裁方瑞成等一行。

▲　珠海出入境检验检疫局与澳门特别行政区政府民政总署举行《澳门进口国外水果有害生物调查研究合作协议》签署仪式。

21日　珠海市召开全市自主创新工作现场会议。

25日　珠海市公布第一批珠海市历史文化遗存保护名录。这是珠海市首次公布此类保护名录，首批包括五大类、总共68项历史文化遗存。

26日　珠海市委书记、市人大常委会主任甘霖到市社会管理体制改革先行先试试点单位调研。

27日　珠海、中山、江门三市签订劳动保障工作紧密合作框架协议。

▲　总投资2000万美元的日资企业亚德利玻璃（珠海）有限公司在珠海高栏港举行奠基仪式。

30日　珠江三角洲西岸地区第一条直接通往长江流域的省际内贸集装箱班轮航线——珠海高栏港至长江航线正式开通。

9　月

1日　珠海市委、市政府召开全市项目推进工作现场会。市委书记、市人大常委会主任甘霖，市委副书记、市长钟世坚一行实地考察南水污水处理厂、五万吨级集装箱码头、LNG接收站、中石油物流中心、壳牌润滑油等高栏港经济区重点项目。

2日　广东省保密局副局长梁伟培率领的省政务公开考核组结束对珠海市政务公开工作的检查后召开情况反馈会。

3日　珠海航空城集团挂牌成立。

▲　珠海市副市长王庆利率领珠海国家高新技术产业开发区代表团回访澳门，并与澳门贸易投资促进局合作举办“珠海高新区（澳门）交流推介会”。

▲　珠海市委书记、市人大常委会主任甘霖到市公共交通运输集团调研。

4日～5日　由甘肃省委书记、省人大常委会主任陆浩，省委副书记、省长徐守盛率领的甘肃省党政代表团在珠海市考察。广东省人大常委会主任欧广源，省委常委、副省长肖志恒，副省长宋海，珠海市委书记、市人大常委会主任甘霖，市委副书记、市长钟世坚陪同考察。

7日　广东省促进产业集群发展联席会议审定确认第四批省产业集群升级示范区名单，珠海高栏港经济区化工产业集群顺利入选。

8日　珠海、中山、江门三地规划部门签署《珠中江城市规划合作框架协议》；《珠中江城市空间协调发展规划》编制同步启动。

9日　珠海市妇女第七次代表大会在珠海大会堂胜利开幕，广东省政协副主席、省妇联主席温兰子莅临指导，珠海市委书记、市人大常委会主任甘霖出席并致辞。

▲　广东省委常委、省委统战部部长周镇宏率省委统战部、省民宗委负责人在珠海考察调研民族工作。

▲　9日～10日　德国不伦瑞克市市长霍夫曼一行6人抵达珠海市参观访问。珠海市委书记、市人大常委会主任甘霖，市委副书记、市长

钟世坚分别会见霍夫曼一行。

11日 珠海市妇女第七次代表大会圆满闭幕。

18日 珠海市召开综治信访维稳中心建设现场会，全市综治信访维稳中心建设工作全面推开。

22日 由广东省海洋与渔业局副局长屈家树带队的省海洋工作领导小组督查组莅临珠海市现场调研。

▲ 由珠海市委宣传部、市委党校、市社科联主办的“中国特色社会主义理论体系与珠海经济特区科学发展”理论研讨会在市委党校举行。

23日 以色列驻广州总领事馆首任总领事倪亚伯拉罕访问珠海。

24日 国家质检总局发布2009年第89号公告，正式批准对珠海“白蕉海鲈”实施地理标志产品保护。

26日 首届珠澳文化论坛暨珠海、澳门与近代中西文化交流学术研讨会在石景山酒店开幕，珠海市委书记、市人大常委会主任甘霖出席开幕式并致辞。

27日 珠海市委副书记、市长钟世坚主持召开七届120次市政府常务会议，审议并原则通过《珠海市建设工程项目行政审批管理办法》。

28日 珠海高栏港10万吨级煤炭码头工程举行开工仪式。

10 月

4日～5日 “爱与分享”2009动感地带第七届珠海沙滩音乐派对举行。

9日 美国新任驻穗总领事高来恩访问珠海。

10日 广东省环保厅厅长李清一行莅珠考察生态文明和环境保护建设情况。

14日 广东省水利厅厅长黄柏青率队到珠海市检查竹银水源工程建设进展情况。

▲ 珠海玉柴船舶动力股份有限公司与瑞士瓦锡兰公司在海泉湾温泉度假村举行二冲程船用低速柴油发动机生产许可证签约仪式。

▲ 2009中国(珠海)国际打印耗材展览会在珠海航展馆隆重开幕。

15日 珠海市委书记、市人大常委会主任甘霖和市委常委、常务副市长刘小龙，市政协副主席吕明智，先后到凤凰山城轨隧道、凤凰山公路隧道、广珠铁路虎跳门特大桥、高栏港高速公路、珠海大道改造工地和中海广东天然气南屏分输站考察重大交通基础设施建设。

16日 珠海万山海洋开发试验区机关正式迁址桂山岛办公并举行项目签约仪式。

18日 珠海市召开金湾区、高栏港经济区、航空产业园管理体制调整会议。

19日 珠海市委副书记、市长钟世坚主持召开市政府常务会议，审议并原则通过《珠海市妇女权益保障条例（草案）》。

▲ 珠海市委书记、市人大常委会主任甘霖，常务副市长霍荣荫在市水务管理局局长郭仲秋、市水务集团董事长李东义的陪同下，到珠澳供水设施点南屏水库和平岗泵站检查早期供水工作。

▲ 由越南国家监察总署副总监察长梅国平率领的访问代表团一行5人访问珠海，珠海市委常委、市纪委书记王广泉在珠海度假村酒店会见代表团一行。中纪委、监察部信访室副局级监察专员韦传江，省监察厅副厅长张渝陪同访问。

20日～23日 由国家环保部华南督查中心和省环保局监察分局组成的核查小组，对珠海2009年三季度污染减排项目进行核查。

21日～22日 由省建设厅、省环保厅、省卫生厅组成的“广东省环保专项行动联合检查组”一行，在珠海市委常委、常务副市长霍荣荫，市政协副主席熊豪品的陪同下，对珠海市2009年“整治违法排污企业，保障群众健康环保专项行动”开展情况和督察督办案件进行检查。

22日 广东省委常委、政法委书记、公安厅厅长梁伟发到珠海市检查综治维稳工作。

23日 珠海金湾区与高栏港经济区签订《珠海市金湾区与高栏港经济区关于平沙镇工作移交协议书》，金湾区、高栏港经济区体制调整工作全面展开，金湾区所辖平沙镇、台湾农民创业园、平沙游艇与休闲游艇区人财物和债权债务全部划入高栏港经济区管理。

24日 唐国安纪念学校暨唐国安纪念馆奠基开工典礼在珠海唐家湾鸡山村隆重举行。

24～25日 国家发改委副主任徐宪平在广东省委常委、常务副省长黄龙云陪同下，莅临珠海考察。

26日 中国南海陆岛空中救援网暨桂山岛起降点启动仪式在桂山岛上隆重举行。

26日～30日 由广东省人大常委会主任欧广源任组长、省纪委副书记丘海任副组长的省第三检查考核组，对珠海市党政领导班子及成员落实党风廉政建设责任制情况进行考核。

27日 珠海市委副书记、市长钟世坚会见日本三菱制纸株式会社社长铃木邦夫。

▲ 珠海市委书记、市人大常委会主任甘霖到横琴新区，检查横琴前期开发工作。

28日 国务院总理温家宝主持召开国务院常务会议，批准港珠澳大桥工程可行性研究报告。

29日 广东省文化厅厅长方健宏莅临珠海市考察文化产业。

30日 珠海市委副书记、市长钟世坚主持召开市政府常务会议，讨论并原则通过《横琴新区城市总体规划（2009～2020年）》。

▲ 珠海市委副书记、市长钟世坚主持召开七届123次市政府常务会议，审议并原则通过《珠海市烟花爆竹安全管理规定（修订）》。

11　月

2日 第三批“珠海市爱国主义教育基地”授牌仪式在珠海市古元美术馆举行。

▲ 珠海市委副书记、市长钟世坚主持召开市政府常务会议，讨论并原则通过《珠海市加快发展游艇产业的政策措施（草案）》。

▲ 珠海市召开政府机构改革动员大会，公布实施经广东省委、省政府批准的《珠海市人民政府机构改革方案》，新一轮政府机构改革正式全面启动。市委书记、市人大常委会主任甘霖主持会议并作重要讲话。

▲ 珠海市委副书记、市长钟世坚主持召开七届124次市政府常务会议，审议并原则通过《珠海市水上交通安全条例（草案）》。

3日 金港高速公路预可研报告评审会在珠海召开。

4日 珠海市委书记、市人大常委会主任甘霖会见德国MTU航空发动机公司首席执行官艾根贝勒一行。

5日 珠海市委书记、市人大常委会主任甘霖检查市环境整治工作。

6日 全市抗旱节水工作会议召开。

8日 珠海市委书记、市人大常委会主任甘霖，市委副书记、市长钟世坚会见联想控股有限公司董事长、总裁柳传志一行。

9日 珠海市委副书记、市长钟世坚主持召开七届125次市政府常务会议，审议并原则通过

《珠海经济特区科技创新条例（草案）》。

10日 珠海市举行市政府组成人员任命书颁发暨政府工作部门挂牌仪式，市委书记、市人大常委会主任甘霖出席并作讲话。甘霖向被任命的11名市政府组成人员颁发任命书，与市委副书记、市长钟世坚一起为市政府工作部门揭牌。

▲ 珠海、中山、江门三市党政主要领导出席在中山举行的珠中江区域紧密合作第二次联席会议，签署年票互认、教育、物价、质监等四个领域的合作协议。广东省政府副秘书长、省珠中江一体化专责领导组副组长李春洪出席会议并讲话，省发改委等有关部门负责人到会指导。三市市委书记甘霖、陈根楷、陈继兴出席会议。三市市长分别发言。

11日 “珠海市政府公开信息查阅中心”在市文件管理中心正式挂牌。

11日～13日 由市档案局承办的全国沿海开放城市暨经济特区第二十四次档案工作协作会议在石景山酒店召开，副市长邓群芳出席会议。

12日 日本热海市市长齐藤荣率领热海市代表团一行6人访问珠海市。

▲ 广东省编制委员会办公室批复，同意设立珠海横琴新区管理委员会，为广东省人民政府派出机构并委托珠海市人民政府管理，规格为副厅级。

15日 珠海市委副书记、市长钟世坚在市政府会见新加坡金鹰国际集团董事局主席陈江和先生一行。副市长陈洪辉参加会见。

▲ 印尼泗水市市长班庞杜依哈多诺率领政府代表团一行8人到珠海市访问，珠海副市长陈洪辉会见班庞一行。

18日 珠海市委副书记、市长钟世坚在珠海度假村酒店会见由英国贸易投资总署署长安德鲁·康恩爵士和英国驻广州总领事戴伟绅率领的英国贸易代表团一行。

▲ 珠海市委副书记、市长钟世坚在珠海度假村会见壳牌全球润滑油业务执行副总裁大卫皮瑞特一行。珠海市副市长陈洪辉、赵建国参加会见。

▲ 珠海市十大重点建设项目横琴首座220千伏琴韵变电站正式开工。

20日 澳门中联办协调部部长许爽、澳门仁协之友联谊会会长吴福一行莅临珠海参观访问，珠海市委副书记钱芳莉、市政协副主席罗碧坚会见联谊会访问团成员。

23日 瑞士驻穗总领事聂伟及瑞士投资促进署中国区负责人托马斯·霍伦斯坦到珠海访问，副市长陈洪辉会见托马斯·霍伦斯坦一行。

24日 珠海市委副书记、市长钟世坚在市社会管理体制改革先行先试试点单位白蕉镇赖家村、市耗材行业协会调研。

25日 珠海市市委书记、市人大常委会主任甘霖在珠海度假村酒店会见到珠海访问的壳牌润滑油全球供应链副总裁尤里塞·布里茨一行。

▲ 珠海市委举办全市副处级以上干部党纪政纪法纪培训班。

26日 中国冶金科工股份有限公司总裁沈鹤庭和中国人寿保险（集团）公司总裁杨超一行到珠海实地考察横琴开发建设情况。珠海市委书记、市人大常委会主任甘霖在珠海度假村酒店会见沈鹤庭、杨超一行。

▲ 日本白井电子工业株式会社原社长、名誉顾问白井治夫访问珠海。

27日 珠海摩天宇航空发动机维修有限公司与全日本空输株式会社正式签署维修框架协议。国内民用航空发动机维修业首次成功踏足日本市场。

30日 珠海市委副书记、市长钟世坚率市有关部门负责同志，深入高栏港经济区平沙镇，检查华侨农场归难侨危房改造工作。

▲ 珠海市委副书记、市长钟世坚到高栏港经济区中船基地陆岛连接线工程、宝塔石化烯烃项目和装备制造区填土工程施工现场，检查部分重点工程项目推进情况。

12 月

1日 中共中央政治局委员、广东省委书记汪洋在汶川县绵虒镇考察珠海援建项目大禹广场、珠海大道和镇文化活动中心以及汶川县社会福利中心等工程。珠海市委书记、市人大常委会主任甘霖陪同考察。

▲ 珠海市人民政府与中海石油（中国）有限公司签署《深水天然气珠海高栏终端项目建设一揽子协议》，推动荔湾3—1深水气田陆上终端项目的建设。

▲ 挪威船级社（DNV）大中国区海洋工程委员会年会暨海洋工程高峰论坛在珠海德翰大酒店举行。

7日 珠海市市委副书记、市长钟世坚主持召开七届129次市政府常务会议，讨论并原则通过《珠海市最低生活保障实施办法》。

8日 珠海市委副书记、市长钟世坚与市委常委、常务副市长何宁卡到横琴新区调研，先后到横琴规划展示厅、横琴口岸和长隆国际海洋度假区建设工地考察。

▲ 珠海市副市长邓群芳会见到访的日本知名教育团体日本京进株式会社会长立木贞昭一行，商讨合作办学事宜。

9日 珠海市委书记、市人大常委会主任甘霖和市政协主席余炳林率慰问团到中国人民解放军驻澳门部队珠海基地慰问，与驻澳门部队政委许进林等部队首长座谈。

10日 珠海首个500千伏国安输变电工程正式投运。

▲ 韩国水原市金容西市长夫人柳庆子女士率领妇女代表团一行到珠海市参观访问。

12日 珠海原创电影《澳门一九四九》在澳门举行首映礼。澳门特别行政区行政长官何厚铧，外交部驻澳门特派员卢树民，驻澳门部队司令员王玉仁、政委许进林，澳门立法会副主席贺一诚，中联办文教部部长刘晓航，澳门基金会主席吴荣恪，珠海市委常委、宣传部长黄晓东等为电影首映剪彩。

▲ 珠海横琴口岸改扩建工程顺利竣工。

15日 港珠澳大桥在珠海正式开工，珠澳口岸人工岛率先动工。中共中央政治局常委、国务院副总理李克强宣布开工，中共中央政治局委员、广东省委书记汪洋出席开工仪式。国家发展和改革委副主任张晓强、广东省省长黄华华、中国交通建设集团总裁孟凤朝、香港特别行政区行政长官曾荫权、澳门特别行政区行政长官何厚铧先后在开工仪式上致辞。广东省委常委、常务副省长黄龙云主持开工仪式。候任澳门特别行政区行政长官崔世安、国家住房城乡建设部部长姜伟新、交通运输部部长李盛霖、国务院副秘书长尤权、澳门中联办主任白志健、国务院港澳办副主任周波、香港中联办副主任郭莉，广东省领导欧广源、徐少华、佟星、万庆良、梁国聚及珠海市主要领导甘霖、钟世坚等出席开工仪式。

16日 珠海市横琴新区挂牌暨重点项目启动仪式在横琴岛举行。中共中央政治局委员、广东省委书记汪洋，省长黄华华为横琴新区挂牌并启动重点项目。国家海洋局局长孙志辉等出席仪式。副省长万庆良代表省委、省政府致辞。市委书记甘霖代表珠海市委、市人大常委会、市政府、市政协致辞。海关总署副署长吕滨，国家质量检验检疫总局副局长蒲长城，国家林业局党组副书记、副局长李育材，住房和城乡建设部总经济师李秉仁，澳门中联办副主任高燕，广东省领导佟星、梁国聚，珠海市领导钟世坚、余炳林以及各界人士共600多人出席仪式。

17日 珠海市委书记、市人大常委会主任甘霖邀请巨人集团CEO、董事会主席史玉柱，阿里巴巴总裁马云，蒙牛乳业集团股份有限公司董事长牛根生，上海复星高科技集团有限公司董事长郭广昌，分众传媒董事局联席主席虞峰，红太阳

集团董事长冯玉良，银泰控股股份有限公司董事长沈国军，上海佘山国际高尔夫俱乐部董事长张幼才，深圳迈瑞生物医疗电子股份有限公司董事长徐航，均瑶集团董事长王均金等10位国内知名企业家考察横琴新区。

▲ 珠海高新区隆重举行金山、巨人等重点项目签约奠基动工投产仪式。

18日 珠海高栏港与天津、海口集装箱班轮航线正式开通。

▲ 珠海市高栏港两个15万吨干散货码头和南水作业区弃土岸壁整治工程开工。

20日～21日 中共中央总书记、国家主席、中央军委主席胡锦涛在出席庆祝澳门回归祖国10周年活动后，到珠海市考察工作。胡锦涛总书记在中共中央政治局委员、广东省委书记汪洋，广东省委副书记、省长黄华华等陪同下，到金山软件股份有限公司、珠海格力电器股份有限公司、市高级技工学校和设在该校实习工作的摩天宇中德职业培训中心。中共中央书记处书记、中央办公厅主任令计划，中共中央书记处书记、中央政策研究室主任王沪宁一同考察。珠海市委书记、市人大常委会主任甘霖，市委副书记、市长钟世坚陪同考察。

▲ 横琴岛澳门大学新校区奠基。国家主席胡锦涛出席奠基仪式。中共中央政治局委员、广东省委书记汪洋，中央书记处书记、中央办公厅主任令计划，中央书记处书记、中央政策研究室主任王沪宁，全国人大常委会副委员长兼秘书长李建国，全国政协副主席、国务院港澳事务办公室主任廖晖，中央军委委员、总参谋长陈炳德、澳门特别行政区前任行政长官何厚铧、珠海市领导甘霖、钟世坚等出席奠基仪式。

22日 珠海市委召开常委扩大会议，认真传达学习胡锦涛总书记视察珠海重要讲话精神，研究部署贯彻落实工作。市委书记甘霖主持会议并讲话。

▲ 珠海市长钟世坚主持召开市政府常务会议，审议并原则通过《珠海航空产业园发展规划（2009～2025年）》。

▲ 珠海市七届人大常委会第二十六次会议审议市政府《关于提请审议珠海市与巴西维多利亚市缔结国际友好城市关系的议案》。

26日 珠海市委召开全市学习贯彻胡锦涛总书记视察珠海重要讲话精神大会，市委书记甘霖出席会议并作重要讲话。

27日 珠海市委书记、市人大常委会主任甘霖，市委副书记、市长钟世坚会见中国海洋石油总公司总经理傅成玉、副总经理周守为一行。

28日 中国海洋石油总公司珠海深水工程基地在高栏港经济区隆重奠基，中共中央政治局委员、广东省委书记汪洋出席仪式并宣布项目开工。广东省委副书记、省长黄华华，中国海洋石油总公司总经理傅成玉，珠海市委书记、市人大常委会主任甘霖分别在仪式上致辞。

29日 珠海市召开科学技术工作会议暨科学技术和专利奖励大会，表彰和奖励2008年度珠海市科学技术奖和第一届珠海市专利奖获奖者。

▲ 共青团珠海市第六次代表大会在珠海大会堂隆重开幕。市委书记甘霖出席并作重要讲话。

30日 广州汽车工业集团有限公司董事长张房有率旗下主要企业高层领导考察珠海。

▲ 总投资8亿元的高栏港商业中心项目、富华复合材料搬迁技术改造项目和高栏风电场项目同时在高栏港举行开工奠基仪式。

31日 板樟山隧道、柠溪路、紫荆路、翠香路改造工程正式开工。

概　　貌

野狸岛位于珠海市香洲东部，市区的西北部，是离珠海市区最近的海岛，西距大陆仅400米，南距菱角咀1.5千米，面积：0.291平方千米。长达2.6千米的环岛路及岛上的绿化美化工程，使野狸岛成为市民休闲锻炼的好去处。

钟　凡　摄

概　貌

珠海概况

【地理位置】　珠海市位于广东省南部，珠江出海口西岸，“五门”（金星门、磨刀门、鸡啼门、虎跳门、崖门）之水汇流入海处。地处北纬21°48′至22°27′与东经113°03′至114°19′。珠海市区东与深圳、香港隔海相望，距香港36海里，南与澳门陆地相连，西临新会市、台山市，北与中山市接壤，距广州市140千米。珠海市海陆域总面积7653平方千米，面积占广东省面积的3.4%，其中陆地总面积1687.8平方千米。珠海市南北长77.3千米（从平洲岛到淇澳岛两岛末端止），东西宽123.4千米（从担杆岛到荷包岛两岛末端止）。珠海市是珠三角中海洋面积最大、岛屿最多、海岸线最长的城市。珠海市的海岸线长达691千米，有大小岛屿146个，其中，面积大于500平方米的有128个，岛上有常住居民的有11个，素有“百岛之市”之称。

珠海是中国最早设立的经济特区之一，享有全国人大赋予的地方立法权。珠海市下辖香洲区(中心城区)、金湾区、斗门区3个行政区，并设立珠海横琴新区、珠海国家高新技术产业开发区、珠海保税区、珠海高栏港经济区、珠海万山海洋开发试验区五个经济功能区。

珠海市是中国重要的口岸城市，口岸资源十分丰富。设有拱北、九洲、珠海港、万山、横琴、斗门、湾仔、跨境工业区等国家一类口岸8个，有6个国家二类口岸。其中高栏港是中国沿海主枢纽港，可建1万吨至25万吨的泊位100多个，是珠江三角西岸唯一的深水港。九洲港、香洲港、斗门港每天有30多班快船直达香港、深圳。珠海市拱北口岸是中国第二大陆地进出境口岸，珠海九洲口岸是中国第一大海港进出境口岸。

【建置沿革】　从珠海市发掘的文物证明，上溯至四五千年前的新石器时代，就有先民在这块土地上繁衍生息。唐代至德二年（公元757年）设立香山镇，属东莞县管辖。北宋设香山镇产盐，是个盐场，故又名香山场。南宋绍兴二十二年（公元1152年）划南海、番禺、新会、东莞四县濒海之地为一体，设香山县。隶属广州府，沿至元、明、清三代。明末在前山筑城池，称“前山寨”，既是军事要塞，又兼管澳门和前山行政、外交事务。辛亥革命以后，香山县隶属广东省。1925年4月15日为纪念孙中山，香山县易名中山县，隶属第一行政督察专员公署。1930年5月至1934年10月，中山县政府设在唐家。

1949年10月30日，珠海内陆地区解放，1950年8月3日万山群岛海岛地区解放。1951年1

月，从中山县划出鸡头角、涌口山、万山群岛、淇澳岛，从东莞县划出万顷沙、五涌、一涌、龙穴岛，从宝安县划出内伶仃、固戌、蛇口、盐田、外伶仃岛、佳蓬列岛等组成广东省人民政府海岛管理局珠江分区，后改为珠江专区海岛管理处，隶属珠江专署。1952年7月，海岛管理处移交给中山县，同年10月，在唐家镇设立渔民区人民政府，管理48个大小岛屿和海湾。为加强海边防管理，发展渔农业生产，经中华人民共和国政务院批准，于1953年4月7日成立珠海县，将中山县属的中山港乡、东莞县属的万顷沙及珠江口外附近的三灶、大横琴、小横琴、南水、北水、高栏、荷包、淇澳、龙穴、内伶仃、外伶仃、三门列岛、万山群岛、担杆列岛、佳蓬列岛等全部100多个海岛划归珠海县，县政府设在唐家，隶属粤中行政区管辖。下设一区（唐家）、二区（前山）、三区（三灶）、四区（万顷沙）。1955年珠海划为边防区，设立上涌、下栅边防检查站和发边防居民证。1956年底，撤区并大乡，并将中山县的翠微、康济、造贝、下栅、官塘、东岸六个小乡划入珠海县。1958年10月各乡成立人民公社，不久全县成为一个大公社。1959年3月22日，珠海县撤销并入中山县。1961年4月17日恢复珠海县建制，县政府设在香洲。1979年3月5日，珠海县改为珠海市，市革命委员会（1980年改为市人民政府）设在香洲；同年11月定为省辖市。1980年8月26日，中华人民共和国第五届全国人民代表大会常务委员会第十五次会议批准，在珠海市内设立经济特区，面积为6.81平方千米。1983年6月29日，国务院批准调整珠海经济特区范围面积为15.16平方千米。1983年5月，斗门县划归珠海市管辖。1984年6月，在原珠海县范围管辖区域设立香洲区，为县一级建制。以后珠海境内由广东省管辖的红旗、平沙农场划归珠海市。1989年4月5日，经国务院批准，珠海经济特区面积扩大到121平方千米。2001年4月国务院批准，成立金湾区（含原三灶管理区、平沙管理区和红旗管理区），斗门改区。2009年6月24日国务院常务会议审议和原则通过《横琴总体发展规划》，8月14日正式批复；11月25日经中央编委同意，省编委批复设立珠海横琴新区管理委员会，属省政府派出机构并委托珠海市政府管理，为副厅级建制。横琴纳入珠海经济特区范围后，珠海经济特区总面积扩大为227.46平方千米。

【历史文化】 珠海人杰地灵，古往今来，涌现出众多闻名中外的历史名人，有“中华民国”第一任内阁总理唐绍仪，兴中会第一批会员郑仲；有中共五届中央委员杨匏安，中华全国总工会第一任委员长林伟民，中共中央五届政治局委员苏兆征；还有清华学校(清华大学前身)第一任校长唐国安，中国第一位在美国取得博士学位的留学生、担任过中国第一任驻美副公使的容闳，中国第一批赴日留学生、创办中国第一家水泥厂(唐山士敏土厂)的唐宝锷，以及中国近代著名实业家唐廷枢、徐润、蔡昌等人；中国第一位世界冠军——第25届乒乓球锦标赛男子单打冠军容国团；中国近代集画家、诗人、和尚、文学家、革命家于一身的苏曼殊。

珠海市是一个现代化花园式的海滨旅游城市，于1998年在全国率先获联合国人居中心颁发“国际改善居住环境最佳范例奖”。珠海市山水相间、陆岛相望，是全国唯一以整体城市景观作为景区入选“中国旅游胜地四十佳”的城市。珠海市还先后获得“全国科技进步先进市”“国家园林绿化城市”“国家环境保护模范城市”“国家卫生城市”“国家级生态示范区”“全国双拥模范城”和“全国精神文明十佳城市”等光荣称号。2007年，珠海市又先后荣膺“中国最具幸福感城市”和“中国和谐名城”称号。

珠海历史古迹丰富，拥有距今3000年左右新石器至青铜器时代的高栏岛宝镜湾摩崖石刻画、光绪皇帝赐首任清朝政府驻檀香山总领事陈芳的古建筑物梅溪牌坊以及“中华民国”第一位内阁总理唐绍仪在清宣统一年至民国四年建造的唐家共乐园。“宝镜湾摩崖石刻”和“陈芳家宅”早在1989年就成为广东省级文物保护单位，在国务院2006年公布的第六批全国重点文物保护单位名单中，珠海“宝镜湾遗址”和“陈芳家宅”名列其中。

【面积人口】 2009年，珠海全域陆地面积1701平方千米，海域面积6135平方千米。2009年末，全市常住人口149.12万人，其中户籍人口102.65万人，增加3.17万人；总户数28.74万户，比上年增加1.03万户；户籍人口中，男性52.30万人、女性50.35万人；年内出生人数1.14万人，出生率11.28‰；年内死亡人数0.29万人，死亡率2.87‰；年内迁入人数3.43万人，其中省外迁入2.41万人，省内迁入1.02万人；迁出人数0.91万人，其中迁往省外5844人，迁往省内3222人。是广东省21个地级市中人口规模最小、土地面积最少的城市。

侨乡侨情

【概况】 珠海是广东省的重点侨乡，有旅外华侨华人和港澳同胞约35万人，分布在世界五大洲近50个国家和地区，旅外乡亲社团23个。重点侨乡有唐家湾（含原金鼎镇）、南屏、前山、斗门、乾务、三灶等镇，侨胞大多旅居美国、加拿大、澳大利亚、马来西亚等国家和地区；因地理和历史原因，前山、湾仔、唐家、南屏、三灶、白蕉、乾务等镇村旅居港澳的乡亲较多。全市有归侨近1万人，侨眷30万人；平沙、红旗两个华侨农场共安置归难侨9400多人，是珠海市归侨侨眷较集中的地区。

【侨捐、侨资企业】 2009年，海外华侨和港澳同胞在珠海市经济社会各领域继续发挥重要作用。一是把握新的发展机遇，实现与珠海市经济同步壮大。天威打印耗材、汉胜工业、蓉胜超微线材、纳思达电子、方正科技等10家侨资企业荣获广东省明星侨资企业称号；德豪润达、威尔科技（国际）等数家侨资企业成功在国内或香港创业板上市；全市2700多家侨资企业成功战胜国际金融危机，步入创新发展的道路；二是一批新侨民、归国留学生、海外高科技人才到珠海创业，为珠海经济发展注入新的动力。如新西兰留学博士朱劲松回国创立珠海银邮光电技术有限公司，经过10多年的发展，已经成为珠海市知名的高科技企业，成为海外留学生归国创业的典范，受到国侨办、省侨办的表彰。天翼航空模型有限公司、晋平科技有限公司等10家留学生创业企业落户珠海，涵盖节能减排、信息技术、医疗器械、生物制药、有机农业和教育培训等领域。在珠海创业就业的海外归国留学生有1300多人，留学生创办企业成为珠海市高科技产业发展的重要新生力量；三是慷慨捐资，推动社会公益和慈善事业发展。旅外乡亲近年在家乡捐建香洲区南屏新医院、金湾区三灶镇医院住院大楼等侨捐项目一批，积极支持国内冰雪救灾和抗震救灾工作，受到市委、市政府和省侨务部门的肯定和表彰；四是积极开展各项友好交流及公益活动，促进和谐社会建设。旅港南屏同乡会、澳门前山联谊会、港澳唐家湾同乡联谊会等坚持每年组织旅外乡亲在春节、中秋节、重阳节期间回家乡开展敬老活动，为老人派发慰问金，举办“千叟宴”；组织足球、乒乓球、门球、粤曲戏剧表演等文体活动等。

【侨乡社会文化建设】 珠海市各级政府近年来加大对侨乡社会文化建设的投入，打造侨乡新品牌。唐家湾镇加强对各种历史文化资源的保护和规划，2007年荣获“中国历史文化名镇”称号；三灶镇两个文明建设取得双丰收，荣获“全国文

明村镇”称号；乾务镇借乾务飘色、佛家拳、锣鼓柜等独具特色的传统民间艺术，获得“广东省民间文化艺术之乡”称号。侨乡风土人情和华侨文化的共同濡染，孕育了珠海独特的侨乡文化，并形成独具魅力的侨乡品牌优势，推动珠海经济、文化、旅游等各方面迈上新的台阶。

（黄远鸿）

【行政区域】 珠海是中国最早设立的经济特区之一，享有全国人大赋予的地方立法权。珠海市下辖香洲区(中心城区)、金湾区、斗门区3个行政区，并设立珠海横琴新区、珠海国家高新技术产业开发区、珠海保税区、高栏港经济区、万山海洋开发试验区五个经济功能区。

香洲区成立于1984年，是珠海市政治、文化和商贸中心。行政区域面积519平方千米，2009年末，全区常住人口86.8万人，其中户籍人口55.61万人。下辖南屏镇和狮山、湾仔、拱北、吉大、香湾、梅华、前山、翠香8个街道办事处，共105个社区居委会。香洲区位于广东省南部，珠江口西岸，毗邻港澳，东与香港隔海相望，南与澳门陆路相连，距广州140千米。辖区内有5个国家一类口岸，年出入境人数超过8000万人次，其中拱北口岸是全国第二大陆路口岸。

金湾区是2001年4月4日经国务院正式批准设立的行政区，位于珠海市西南部，地处珠江出海口磨刀门与崖门之间的南海之滨，下辖三灶、南水、平沙、红旗4镇。2006年7月1日，珠海市委、市政府对高栏港经济区和南水镇实施“区镇合一”体制改革，南水镇由金湾区管理调整为高栏港经济区管理。2009年10月18日，珠海市委、市政府对金湾区、高栏港经济区管理体制进行调整，平沙镇由金湾区管理调整为高栏港经济区管理。区本部直接管辖三灶、红旗2镇。2009年末，全区常住人口24.07万人，其中户籍人口13.48万人。全区面积447.6平方千米，海域面积1000多平方千米，有18个岛屿，拥有丰富的土地、海洋、水产、旅游、电力、港口等资源。东临香港、澳门，南临著名的大西国际水道，西与江门隔江相望，珠海高栏深水港、珠海机场，江珠高速公路、粤西沿海高速公路以及建设中的广珠铁路等均在区内汇集，海陆空立体交通优势明显。区内有海泉湾度假城、金湾高尔夫球场、金海滩、飞沙滩、荷包岛、武林源等休闲旅游度假资源，三灶鹤歌鹤舞入选省级非物质文化遗产名录。金湾区是珠海大学园区的重要组成部分，广东省科技职业技术学院、遵义医学院、吉林大学珠海学院、珠海城市职业技术学院和珠海艺术职业学院等5所高校落户金湾区。

斗门区地处珠江三角洲西南端，位于珠海市西部，东连中山，西接江门。1965年由中山、新会划出部分镇村建县，1983年7月归属珠海市管辖，2001年4月撤县设区。全区面积674.8平方千米，辖井岸、白蕉、斗门、乾务、莲洲等5个镇，100个行政村、23个社区居委会。2009年末，全区常住人口37.34万人，其中户籍人口33.56万人。斗门区是著名的侨乡，有海外侨胞、港澳台同胞16.6万人，涌现了美国历史上首位华裔参议员邝友良先生等一批知名华侨。斗门历史悠久，人杰地灵。宋太祖赵匡胤之弟赵匡美等南宋皇族后裔子孙聚居于斗门镇，并留下明清古院建筑代表作“菉猗堂”。珠海第一个中国共产党基层党支部——小濠冲党支部1937年9月诞生在斗门。被国家体育总局命名为“国家高水平体育后备人才基地”的区体校，培养了“亚洲蛙王”曾启亮、雅典奥运会乒乓球银牌得主李静等一批本土优秀体育人才。斗门被评为“南粤锦绣工程”文化先进区，“斗门水上婚嫁”“装泥鱼”入选国家级非物质文化遗产名录，“乾务飘色”入选广东省级非物质文化遗产名录。斗门荣获国家食品安全示范区、国家都市型现代农业示范区、全国计划生育优质服务先进单位、广东省教育强区等称号。

横琴新区位于珠海市南部，珠江口西岸，是珠海市146个海岛中最大的一个，距离香港34千米，与澳门隔河相望，一桥相连，最近处相距不足200米。横琴岛土地总面积106.46平方千米。环岛岸线长50千米。

1989年，横琴岛撤乡建镇，但长期处于海陆分隔的封闭状态。1992年，邓小平同志到南方视察，广东地区掀起特区建设新高潮，横琴岛凭借毗连澳门的独特优势被广东省委、省政府确定为90年代四大重点开发区之一。1993年进一步被落实为珠海市五大经济功能区之一。2005年粤澳合作联席会议确定，以“泛珠合作，粤澳为主力”方针开发横琴。2005年9月10日，中共中央政治局常委、国务院总理温家宝莅临横琴实地考察，提出要“谋而后动”的要求。2008年《珠江三角洲地区改革发展规划纲要(2008～2020年)》提出要将横琴规划建设成为推进粤港澳更加紧密合作的新平台和新载体。2009年8月，国务院正式批准实施《横琴总体发展规划》，标志着横琴新区的开发建设上升为国家战略。2009年12月16日，横琴新区正式挂牌成立。

珠海高新区主园区唐家湾位于珠海市北部，由唐家、金鼎、淇澳片区组成，占地面积139平方千米。西部、北部与中山市接壤，南部、西南部与珠海前山东坑和珠海香洲神前相邻。京珠高速、粤西沿海高速、广珠城际轻轨等主要交通设施贯穿其中，是出入珠海的主要门户，与香港、深圳隔海相望。唐家湾镇下辖唐家等16个社区，2009年末，高新区主园区（唐家湾地区）常住人口10.51万人，其中户籍人口5.28万人。

1992年12月，经国务院批准成立珠海国家高新技术产业开发区，总面积9.8平方千米。1993年3月，该高新区正式挂牌运作，与三灶管理区合署办公。1999年12月，科技部对高新区区域范围作出由南屏、三灶、白蕉、新青科技工业园及广东珠海高科技成果产业化示范基地组成的调整。2000年8月，为提高高新区的科技创新能力和水平，珠海市政府与科技部火炬中心签署共建珠海科技创新海岸框架协议，地域设置在珠海唐家、金鼎一带，面积1.4平方千米，形成“四园一海岸”的发展格局。2006年7月，珠海市委、市政府对高新区作出“区镇合一”的体制调整，高新区主园区设在唐家湾地区。

唐家湾镇是中国历史文化名镇，历史名人辈出，民国首任内阁总理唐绍仪、工运领袖苏兆征、曾任清华校长唐国安、著名板画家古元等名人均出自唐家湾镇；历史文化遗产丰富，有唐家古镇、会同古村等古建筑群、唐绍仪私家园林共乐园、中西合璧的栖霞仙馆、承载着中国人民抗英胜利历史的淇澳白石街及众多珍贵的名人故居，被誉为“中国近代名人故里”“岭南百年文化古镇”；生态资源丰富，有生态岛和旅游度假胜地之称的淇澳岛及目前国内人工种植连片面积最大的淇澳红树林，素有“山海园林栖居美镇”之美称。

珠海保税区于1996年11月3日经国务院批准设立，面积3平方千米。保税区位于珠海经济特区南部紧靠湾仔口岸，与澳门隔水相望，通过横琴大桥和莲花大桥与澳门陆路连通。

1988年，珠海市委、市政府为实施“东西两翼发展战略”设立万山管理区。1998年，广东省政府为实施全省“海洋综合开发战略”，在万山管理区基础上批准设立珠海万山海洋开发试验区。该试验区是全省第一个地方性海洋综合开发试验区，下辖桂山镇、担杆镇、万山镇3个建制镇7个行政村。

该区地处珠江入海口，东邻香港，西接澳门，所辖海域面积3200平方千米，中心区域为珠江口国际锚地，有大西、大濠等6条国际著名水道纵横期间，是珠江三角洲乃至华南腹地出入南海，通向世界的咽喉要道，自古以来是军事战略要地，海岛驻有部队以及海关、边检、检验检疫和海事等口岸联检单位。2003年开通的万山港口岸是国家一类客货运口岸。全区拥有大小岛屿106个，主要岛屿有桂山岛、东澳岛、大万山岛、小万山岛、白沥岛、黄茅岛、外伶仃岛、担杆岛等，海岛陆地总面积80多平方千米，岛岸线总长289千米，优良港湾众多，水域宽阔，自然水深在10～30米之间；拥有地文景观、水域风光、遗址遗迹、海洋生物等海洋海岛旅游资源。“桂山舰登陆点”是珠海市爱国主义教育基地。万山镇、庙湾村、桂海村分别被评为“广东省旅游特色镇”和“广东省旅游特色村”，外伶仃岛

ZHUHAI YEARBOOK

被评为“我最喜爱的滨海旅游景区”和“3A国家级旅游景区”，东澳岛“丽岛银滩”被评为珠海十景之一；区域内的万山渔场是全国著名渔场之一，有经济价值的鱼类200多种、贝类68种、虾蟹61种、海藻18种，区内设有国家级中华白海豚保护区、省级猕猴保护区、市级珊瑚保护区和国际游艇垂钓区。

万山群岛早在新石器时代就有人类活动足迹。区内现存有3000多年前的沙丘遗址，东晋时期的棋盘，清朝初年的铳城、烽火台、海关遗址及摩崖石刻等市级重点保护文物；南宋末年著名抗元英雄文天祥就在万山区这片海域吟出“人生自古谁无死，留取丹心照汗青”的千古绝唱；解放初期，中国人民解放军在桂山岛附近海面进行著名的“万山海战”，得到共和国领袖毛泽东的表彰。邓小平同志两次南下视察都乘船通过万山海域，许多著名的论断都在万山海域提出。

珠海高栏港经济区是国家发改委核准的省级经济开发区，是珠海市政府的派出机构，依托华南沿海主枢纽港高栏港而设立，位于珠海市西南端、珠江鸡啼门至虎跳门出海口之间，开发总面积380平方千米。该经济区辖南水、平沙两个镇区；南水镇下辖5个村委会、3个社区居委会；平沙镇下辖11个社区居委会。

2006年7月3日，珠海临港工业区和南水镇实施“区镇合一”体制改革新模式，正式成立珠海高栏港经济区。8月18日，该经济区正式挂牌运作。2009年10月19日，金湾区所辖平沙镇、台湾农民创业园、平沙游艇与休闲旅游区划入高栏港经济管理区。

广珠铁路和高栏港高速通车后，高栏港可与珠三角地区形成2小时经济圈，辐射珠江口西岸城市群和华南、西南、中南地区,是西江及南中国海走向世界的门户，广东海洋经济最具活力和潜力的地区之一。

在位于南水镇高栏岛西南部的宝镜湾发现的古遗址和岩画，填补广东岩画研究的空白。宝镜湾摩崖石刻画与中国北方、西南岩画风格迥异，具有极为重要的历史、艺术、科研、旅游价值，被誉为“广东第一画”“中国沿海地区史前岩画最杰出的代表作”和“史前珠海清明上河图”，自1989年被发现后列为珠海市重点文物保护单位，2006年被列为第六批国家级文物保护单位，故有高栏“国宝”之称。驰名中外的调味大王——香港“李锦记”发源于南水镇。

国民经济和社会发展

【综合经济实力】 2009年，珠海市以实施《珠江三角洲地区改革发展规划纲要（2008～2020年）》为主线，积极应对国际金融危机的严重冲击和经济工作面临的空前压力和挑战，坚定不移推进珠江口西岸核心城市建设，经济发展实现三大突破（地区生产总值GDP突破1000亿元，财政一般预算收入突破100亿元，人均GDP突破1万美元），综合经济实力迈上新的台阶。其中：全市实现地区生产总值（GDP）1037.69亿元，同比增长6.6%。三次产业比重为2.8：51.7：45.5，对经济增长的贡献率分别为1.4%、18.2%和80.4%。现代服务业增加值278.43亿元，增长17.3%，占地区生产总值的26.8%。人均GDP6.98万元，按平均汇率折算约合1.02万美元。财政一般预算收入101.41亿元，同比增长9.9%。居民消费价格总水平下跌3.0%。完成农林牧渔业总产值51.62亿元，同比增长4.1%。工业完成增加值499.47亿元，同比增长1.2%。完成全社会固定资产投资410.51亿元，同比增长10.3%。实现社会消费品零售总额413.82亿元，同比增长15.0%。完成进出口总额374.40亿美元，同比下降20.1%。接待入境旅游人数413.57万人次，增长6.6%。实现旅游总收入168.83亿元，同比增长8.9%。年末全市中外资金融机构本外币各项存款余额2105.20亿元，比年初增长33.6%。年末全市共有20家企业上市。珠海市2009年有3个项目获国家科技进步二等奖，13个项目获广东省科学技术奖，并通过省级科技成果鉴定。全年申请专利2778件，同比增长23.9%。城镇居民人均可支配收入22859元，同比增长9.1%，近十年来首次高于GDP增速。

【固定资产投资】 2009年完成全社会固定资产投资410.51亿元，同比增长10.3%。其中，基本建设投资200.16亿元，同比增长2.7%；更新改造投资30.79亿元，同比增长9.3%；房地产开发投资168.44亿元，同比增长14.1%。分城乡看，城镇投资407.56亿元，同比增长10.1%；农村投资2.95亿元，同比增长36.4%。分投资主体看，国有经济投资140.01亿元，同比增长95.9%；非国有经济投资270.51亿元，同比下降10.1%；其中民营经济投资96.3亿元，同比下降21.7%。分产业看，第二产业投资102.53亿元，同比下降21%，其中制造业投资82.39亿元，同比下降28.0%；第三产业306.46亿元，同比增长26.3%。全年在建项目843个，新开工项目537个，同比分别增长10.3%和18.3%。在房地产开发投资中，商品房住宅投资102.22亿元，同比增长10.1%。全年商品房施工面积1132.31万平方米，下降1%，其中商品住宅890.61万平方米，同比下降6.9%。商品房竣工面积366.77万平方米，同比下降9.5%，其中住宅310.37万平方米，同比下降8.8%。商品房销售面积280.44万平方米，同比增长60.9%，其中住宅271.9万平方米，同比增长70%。年末商品房空置面积71.19万平方米，同比增长39%，其中住宅40.28万平方米，同比增长118.6%。商品房销售额209.91亿元，同比增长72.4%。2009年市政府投资项目计划全年完成投资72.3亿元，超计划完成3.73%。

【基础设施项目投资】 2009年，珠海市全力突破交通瓶颈，重大交通基础设施建设推进顺利，全年投入24.7亿元。省道S272线白蕉高速路口至机场段建成通车，广珠铁路资本金按计划到位，珠海大道辅道、高栏港高速、机场高速加快建设，金港路凤凰山隧道即将打通，省道S365井岸二桥段如期动工。环境保护投资力度加大，环保迎检项目积极推进，已完成投资2.32亿元。人大前山河整治议案中前山河清淤保洁一期工程、前山拱北片区污水管网建设一期工程已基本完工，前山河一期、二期道路进展顺利，香洲凤凰河综合整治工程、垃圾发电厂技改项目等一批环保项目按计划实施，西坑尾垃圾填埋场B区、沥溪垃圾填埋场封场一期工程施工队已进场。和谐发展公益性项目稳步推进。农村基础设施、文教卫体及党政群等公共服务基建项目完成投资9.40亿元，人大议案华侨农场项目市补助资金全部到位，城乡防灾减灾项目、竹银水源工程、农村公路及危桥改造、北师大附属高中二期、市高级中学等按进度实施，横琴口岸出入境客货通道完工。其他基础设施项目建设，完成投资6.35亿元。情侣路海堤修复工程完工，屏西路复工。

（张志芳）

【加强区域经济合作】 2009年，珠海市着力打造珠中江经济圈，成功举办第一、第二次珠中江党政联席会议，共同签署《推进珠中江区域紧密合作框架协议》，成立推进珠中江区域紧密合作党政领导小组及其办公室，建立起党政领导小组会议、政府联席会议、专责小组工作会议、党政领导小组办公室碰头会四个层面的会议制度。珠中江三市已在城市规划、旅游、环境保护、医疗卫生、科技、劳动保障、教育、物价等领域签订20多项合作协议，形成全方位的紧密合作格局。“通信同城化”和“饮用水同网”专项工作方案

正在加紧制订中，三市已实现电视主频道相互落地、交通年票互认、互通公交，推动三市惠民合作项目迈出实质性步伐。

【重大项目建设】 2009年，珠海市围绕“简政提效”，各有关部门与单位切实抓好落实，政府投资项目和重大项目建设取得突破。全年完成政府投资72.3亿元,超额完成年度计划目标。一号工程广珠铁路施工全面铺开，进展迅速，资本金筹措及时到位，累计完成投资57亿元，占总工程的41.9%。港珠澳大桥于12月15日正式宣布开工，珠澳口岸人工岛填海工程开始建设，拉开珠海市交通建设大发展的序幕。中航通用飞机项目、高栏港海洋工程装备制造基础设施配套工程、中石油物流中心、城镇污水处理厂配套管网工程、高栏港区十万吨级煤炭码头等一批重点项目陆续动工。城乡防灾减灾工程、竹银水库因征地拆迁受到一定影响，目前正在加快推进。省道S272线白蕉高速路口至机场段改造、金凤路凤凰山隧道按计划实施。前山河整治项目进展顺利，前山河清淤保洁一期工程基本完工，前山河道路一期、二期已复工，三期已开工建设。垃圾发电厂技术改造、香洲凤凰河综合整治等环保迎检项目进展理想。横琴口岸出入境客货通道建设、情侣路海堤修复工程顺利完工，高栏港高速、机场高速正式开工建设。重大项目建设方面，全年十大重点建设工程完成投资137.88亿元，占年度投资计划176.61亿元的78.1%。其中，港口枢纽工程、机场枢纽工程、口岸枢纽工程、石化及海洋装备制造工程、航空及高新技术产业工程、商务休闲旅游工程、生态环保工程、市政基础设施工程、公共服务工程、能源保障工程分别完成投资49.73亿元、2.11亿元、31.2亿元、19.68亿元、3.88亿元、4.93亿元、8.13亿元、6.36亿元、0.37亿元和11.5亿元。

【横琴开发全面启动】 2009年，珠海市横琴新区开发建设正式启动，珠澳同城化步伐加快。《横琴总体发展规划》获得国务院正式批复，横琴城市、产业、基础设施、土地利用等专项规划加紧编制，横琴口岸改扩建工程顺利完工，澳门大学横琴新校区、横琴市政基础设施、长隆国际海洋度假区、十字门中央商务区等项目开始动工，横琴新区开发建设拉开帷幕。在“一国两制”方针下，珠澳合作进一步深化，建立起珠澳官方正式沟通机制，达成珠澳同城化共识，积极构建两地城市规划协调、基础设施对接、产业合作发展、通关便利高效、公共服务一体的新格局。

【改善民生】 2009年，珠海市市场物价保持稳定，人民生活水平进一步提高。市场粮食有效供给和价格基本稳定。春运客运票价、成品油销售、药品零售价格以及中央和省有关减负的各项价格政策得到有效落实。取消公路养路费等五项收费，落实行政事业性收费项目减负政策，分别减收43793万元和2984万元。全年居民消费价格指数（CPI）为97%，同比下降3个百分点。城镇居民人均可支配收入2.29万元，同比增长9.1%。农渔民人均纯收入8575元，同比增长6.5%。率先在省内出台《珠海市饮用水源保护区扶持激励办法（试行）》，明确对一、二级水源保护区内符合规定的居民予以社保扶持。加快推进农场改革与发展，至2009年底累计完成华侨农场危房改造3912户。援川建设工作加快推进，完成对口援建工程任务的80%，绵虒小学、汶川县福利院等一大批援建工程建成使用。 （张志芳）

珠海航空产业园

【概况】 2009年3月，珠海市委、市政府批准设立航空产业园管委会和党委。5月，市委、市政府批准组建珠海航空城发展集团。7月，珠海航空产业园聘请航空业界专业人士担任招商顾问，推动航空产业园的招商引资及项目引进工作。10月，市委、市政府调整航空产业园管理体制，将航空产业园整体划入金湾区。根据《珠海市航空产业园开发管理体制方案》和《珠海市金湾区、高栏港经济区、航空产业园管理体制调整方案》，航空产业园实行“政府主导、企业化运作、专业化管理”的开发管理模式，市政府设立产业园管委会，金湾区人民政府加挂管委会牌子，在市授权范围内行使市一级行政管理和经济管理权限，全面负责园区规划、管理和发展工作。属地政府履行社会管理事务；组建珠海航空城发展集团有限公司，按“市属区用”模式运作，负责园区开发建设所涉及的投资融资、工程建设事务。航空产业园初步形成经济发展、社会管理和投资建设“三位一体”架构。2009年，珠海市政府第七届82次常务会议审议通过并颁布实施《关于促进珠海航空产业发展的意见》，进一步加大对航空企业投资项目的优惠力度。产业园配合市交通局、市财政局，出台《促进珠海民用航空运输发展资金补贴办法》，对通用航空运输及企业给予专项资金扶持。

2009年3月，中航通飞公司完成注册，6月完成首期20亿元资本金到位，7月，中航通用飞机珠海产业基地动工建设。作为产业园的龙头项目（也是珠海建市以来注册资本最大的项目），中航通飞公司建设工作全面展开，205总装厂房基础工程已全部完工，上部结构工程正在施工；市政设施和生活配套区建设、水上跑道建设等也在加快推进中。

【园区规划建设】 2009年，该园聘请北京航空航天大学对珠海发展航空产业进行论证，形成《珠海航空产业深化论证》报告。委托香港大学完成珠海发展航空物流研究及论证，委托中国航空工业规划设计研究院开展《珠海航空产业园发展规划》编制。委托国家环保部华南环境科学研究所开展《珠海航空产业园发展规划环境评价报告》编制。完成核心区项目用地控规方案，市政府已同意实施。产业园区域性控制性详细规划加快推进：定家湾控制性详细规划已经市政府批复同意；白龙河尾控制性详细规划采购文件已编制完毕，计划通过招标确定编制单位；产业园核心区控制性详细规划已完成初稿，在征求各方面的修改建议；珠海机场总体规划处于收集资料阶段，将启动规划编制程序。

为配合签约项目的入园建设，产业园管委会进一步加快有关配套设施基础建设：编发航空产业园2009～2010年基本建设计划，明确涵盖产业园核心区、填海区和定家湾三大块的基础设施建设的“十大项目”。根据计划，“十大项目”将在2011年4月份前陆续完成前期工作，全面进入施工阶段。为中航通飞配套服务的核心区基础设施建设：货邮用地土地和轻型飞机总装区2号地平整工程已开始施工，预计2010年4月可完成27万平方米的土地平整工作；中航通飞总装基地供水供电、排污管网等市政配套工程近期要开始施工，中航通飞的试飞跑道、水上码头、拖机道、下滑道等设计已完成。

【招商引资工作】 2009年，该园举行大型招商推介活动，吸引关联企业入园。已达成落户意向的项目10多个。其中，中国航空油料有限责任公司正式收购珠海机场集团公司油料公司，并更名为“中国航空油料有限责任公司珠海公司”。先后在北京、美国、香港等地举办多场投资环境推介和商机研讨会，参加天津、上海、南宁、广州、西安、澳门、深圳和莫斯科、香港（航展）等地10多场大型的经贸会展活动。邀请航空业界领导、专家和企业人士来园考察洽谈，平均每周接待来访客商1-2批次，引进珠海雁洲轻型飞机有限公司、北航大微小发动机产学研孵化基地、中国民航飞行校验中心南方基地、北京空际通用飞机公司通用飞机运营等项目的入园落户。

【入园项目服务】 2009年，广东省经贸委批准珠海航空产业园为省、市共建的重大项目，并安排省、市共建专项政策与资金对入园项目进行扶

持。由产业园管委会牵头成立中航通飞基地项目报批协调小组，和有关部门通力合作，协助中航通飞公司加快基地项目规划方案审批及有关报建审批工作进度。及时落实用地，创造施工条件。协助中航通飞公司按法定程序取得项目用地；开展用地清场、施工的水电供应保障工作，确保其顺利进场并动工。完善中航通飞珠海产业基地（机场区）的基础设施配套，提前启动土地平整、水电供应、园区道路、排洪管渠建设和中航通飞水上码头、拖机道等规划设计，为其通用飞机系列产品制造试飞创造良好硬件环境。推动中航通飞一期所有项目全面开工。2009年7月2日，在汪洋书记、黄华华省长、国务院国资委副主任金阳等领导以及国内外航空界人士的共同见证下，广东省政府与中国航空工业集团公司全面战略合作协议签约暨中航通用珠海产业基地开工奠基仪式在珠海航空产业园隆重举行，位于产业园核心区的中航通飞珠海总装基地正式动工。

【申报国家基地成功】 2009年12月，国家发改委正式批复同意建设“珠海航空产业国家高技术产业基地”。根据航空产业园总体规划，产业园管委会和珠海航空城集团拟定产业园区基础设施配套建设的整体融资方案体系。方案已得到中国银行的认可并为产业园提供70亿元的授信。2009年1月，广东省人民政府成立航空产业发展领导小组，由佟星副省长亲自担任组长。2月9日，广东省人民政府航空产业发展领导小组召开第一次工作会议。佟星副省长做重要讲话。会议明确要把珠海航空产业园的建设上升到广东省贯彻落实《珠江三角洲地区改革发展规划纲要》的工作高度，列入“构建现代产业体系”工作的省市共建的重大项目，并大力支持其申报国家高新技术产业基地。从政策、资金各方面对于珠海基地项目给予支持。2009年3月、4月和7月，中央政治局委员、广东省委书记汪洋、省长黄华华在北京、珠海公务期间，对于珠海航空产业园的开发建设和中航珠海通用飞机产业基地的工作给予充分肯定，并表示将在政策、资金等各方面给予该项目扶持。2009年5月，广东省政府同意设立航空产业扶持资金20亿元，用于扶持发展省内航空产业的发展。同月，委托省属国有企业恒健集团代表省政府投资10亿元入股中航通用飞机公司，首笔注资8亿元已到位。 （李智伟）

珠海市2009年国民经济发展情况

项目	户籍人口(万人)	国土面积（平方千米）	本地生产总值		人均本地生产总值		规模以上工业总产值		农业总产值		全社会固定资产投资额	
			绝对数(亿元)	比上年增长（%）	平均数(万元)	比上年增长（%）	绝对数(亿元)	比上年增长（%）	绝对数(亿元)	比上年增长（%）	绝对数(亿元)	比上年增长（%）
全市	102.65	1701.04	1038.66	6.6	6.99	5.2	2405.04	-1.6	51.62	4.1	410.51	9.0
香洲区	55.61	535.82	663.90	11.7	7.71	9.4	1191.15	1.7	5.04	22.5	213.20	22.9
金湾区	13.48	534.89	236.50	9.7	9.83	9.4	645.53	5.5	10.94	5.0	110.01	9.9
斗门区	33.56	625.3	138.26	-15.2	3.60	-15.1	568.36	-17.6	35.64	2.0	70.77	8.0

项目	外贸出口总额		实际吸收外商直接投资额		地方财政一般预算收入		社会消费品零售总额		中资机构城乡居民储蓄存款余额	
	绝对值(亿元)	比上年增长（%）	绝对值(亿元)	比上年增长（%）	绝对值(亿元)	比上年增长（%）	绝对值(亿元)	比上年增长（%）	绝对值(亿元)	比上年增长（%）
全市	177.83	-16.0	11.80	3.3	101.41	9.9	404.46	12.3	823.11	13.9
香洲区	81.43	-7.0	6.21	7.7	14.59	11.7	327.47	12.7	666.39	14.3
金湾区	35.34	-9.0	2.98	-17.6	9.61	17.1	22.71	7.5	51.89	13.5
斗门区	58.14	-30.4	2.61	27.8	10.70	17.7	54.28	12.8	104.83	11.2

注：本表数据为初步统计数，最终数据以年报数为准。

ZHUHAI YEARBOOK

珠海市2008～2009年基本情况简表

基本建设				教育				医疗文化体育			
项目	单位	2008年	2009年	项目	单位	2008年	2009年	项目	单位	2008年	2009年
机场	个	1	1	普通大专院校数	所	10	10	医院（含卫生院）	个	46	48
铁路	营业里程：千米	0	0	在校学生数	万人	8.99	10.16	区级医院数	个		
高速公路	营业里程：千米	70.59	70.83	成人教育院校数	所	1	1	等级医院数	个		
公路	通车里程：千米	1361	1368	高等教育人数	万人	9.82	11.01	医院总床位	张	5851	6341
港口	生产泊位个数	120	123	中等教育人数	万人	11.19	11.67	平均每千人口拥有医院床位	张	3.99	4.27
	其中：万吨级泊位	14	15	普通中学学校数	所	58	58				
航运	通航里程：千米			在校学生数	万人	9.09	9.39	影剧院（含电影放映单位）	个	9	9
发电装机容量	万千瓦	315	304	小学学校数	所	132	130				
电话用户（含小灵通）	万户	91.78	79.9	在校学生数	万人	13.15	12.56	体育场馆数	个	7	8
				学龄儿童总数	万人	6.95	6.16				
				学龄儿童入学率	%	100	100				

注：“平均每千人口拥有医院床位”调整为按年平均常住人口计算，以前年度此表按年平均户籍人口计算。

体制改革

【概况】 2009年，按照国家和广东省的统一部署，珠海市顺利完成新一轮政府机构改革。改革后，市政府工作部门精简至27个，精简幅度约1/3。涉及调整、撤并、职责整合的政府机构26个，调整比例超过70%。涉及调整、撤并、职责整合的党委机构8个，调整比例1/2。大力推进简政放权，出台《建设工程项目行政审批管理办法》，优化审批流程。积极推进社会管理体制改革先行先试，转变政府职能、社会管理体制改革试点工作全面铺开。印发《关于推进社会管理体制改革先行先试的意见》和《2009年珠海市社会管理体制改革先行先试实施计划》，明确改革的重点内容，积极推进社区民主自治、社会组织规范发展和设立政府咨询委员会三大试点。促进就业咨询委员会、医疗卫生咨询委员会、小区管理咨询委员会的试点工作已进入具体实施操作阶段，社区民主自治、社会组织规范发展方面的试点实施细则也将陆续推行。

社会管理体制改革稳步推进。2009年，珠海市根据《规划纲要》和省委、省政府的明确要求，开展社会管理综合改革试点。率先启动政府购买服务、慈善救助、流动人口服务管理等改革试点，设立促进就业、医疗卫生、小区管理三个咨询委员会，在翠香街道和三灶镇等地推进社区民主自治试点，赋予部分行业协会和社会组织相应的管理职能。

金融和国企改革取得新成绩。2009年，珠海市上市公司总数达到20家。珠光集团完成债务重组，削债总额50亿港元。珠海商业银行引入央企战略投资25亿元成功重组。农村信用社改革取得阶段性成果，15亿元中央银行专项票据顺利兑付。推进国有企业改革，通过资源整合等方式组建交通、水务、城建、公交等14家市属国有企业集团。发挥市管国有企业投融资平台作用，得到金融机构大力支持，成功融资498.5亿元，为重大项目建设提供资金保障。

政治文明建设

【概况】 2009年，珠海市全面贯彻中共十七大精神和党中央、国务院及省委、省政府一系列决策部署，以邓小平理论和“三个代表”重要思想为指导，全面贯彻落实科学发展观，继续解放思想，坚持改革开放，推动科学发展，促进社会和谐，加强和改善党的领导，坚持科学执政、民主执政、依法执政，确保人民当家做主，加强和改进人大工作，大力支持人民政协依照章程独立负责、协调一致地开展工作，稳步推进民主政治建设，努力为珠海建设现代化区域中心城市和生态文明新特区、科学发展示范市提供良好的民主环境和法治保障。

【党的建设】 2009年，中共珠海市委以学习实践科学发展观活动为载体，不断加强党的组织建设，深入开展党风廉政建设，为科学发展提供可靠的政治保证和组织保证，把党的政治优势和组织优势真正转化为推动科学发展的强大动力。

深入开展学习实践科学发展观活动，全市各级党组织和广大党员干部认真按照中央和省委的部署，紧紧围绕党员干部受教育、科学发展上水平、人民群众得实惠的总体要求，学习调研坚持“三学三落实”，分析检查做到“四查找四明确”，整改落实推进“四个争先行动”，努力把科学发展观转化为推动科学发展的坚强意志、谋划科学发展的正确思路、领导科学发展的实际能力、促进科学发展的政策措施，取得明显成效，实现了观念上有新变化，作风上有新转变，工作上有新招数，实践上有新成果。

加强领导班子和干部队伍建设，坚持把学习实践科学发展观的过程作为一次普遍的党性党风党纪教育的过程，认真执行党委（党组）中心组理论学习制度，各级党委中心组开展专题学习900多次，学习型党组织建设取得实效。坚持抓好党员干部学习培训，全年共培训领导干部8100多人次，党员干部的党性党纪观念进一步增强。深化干部人事制度改革，加大干部选拔力度。党的先进性和执政能力得到加强，各级领导班子和各级党组织的创造力、凝聚力、战斗力进一步提高，推动干事创业的发展环境和风清气正的廉政环境加快形成。

加强基层党建工作，积极探索务实管用、灵活便捷的党组织设置形式和工作方式，基层党组织设置不断优化，组织覆盖面不断扩大。全面加强以农村和城市社区为重点的基层党组织建设，探索“村企”党组织联建，实现城市社区党组织全覆盖，全市非公有制经济组织、新社会组织党组织做到了应建必建，基层党组织设置不断优化。加强对镇村领导干部的培训，积极从非公有制经济组织和社会组织、农村致富能手、大学生村官中培养发展党员、选拔基层干部，基层党员干部队伍更加坚强。结合“规划到户、责任到人”扶贫开发工作，扎实开展“城乡党员互帮互助”活动，初步建立了城乡统筹基层党建新格局。

加强党风廉政建设，全面落实党风廉政建设责任制。加强廉政文化建设，健全权力制约和监督机制。继续大力整治干部群众反映强烈的吃喝风、推拖风、空谈风、浮躁风四股不良风气，突出整治党员干部酒后驾车问题。坚决治理滥用职权、行贿受贿、失职渎职、腐化堕落四种腐败现象，重点加大案件查处力度，严厉查处一批违法违纪案件，全市风清气正的廉政环境和干事创业的发展环境进一步形成。

【创新政府管理】 2009年，珠海市结合构建大部门体制，大力推进政府管理创新，着力转变职能、理顺关系、优化结构、提高效能，形成权责一致、分工合理、决策科学、执行畅顺、监督有力的行政管理体制。市政府工作部门精简至27个，精简幅度约为1/3，议事协调机构减少83.3%。建立完善政府内部分工负责、合理推进的工作机制，注重加强部门之间的沟通、协调和配合，提升行政执行力和公信力。简政放权，规范审批权限，出台《珠海市建设工程项目行政审批管理办法》，优化审批流程，缩减审批时间。加强行政监察、政务督查和限时督办，确保令行禁止。加快电子政务建设，实现市级机关单位之间和内部公文100%通过电子公文平台传输、100%通过电子公文平台处理，应公开的政府信息100%在网上公开。

【机关作风建设】 2009年，珠海市以开展深入学习实践科学发展观活动为切入点，以效能建设为突破口，以改革创新为动力，进一步提升机关服务质量和工作效能，优化科学发展软环境。牢固树立“信心强、活力足、效率高、底气厚、形象好”的精神状态和“大干不小干、快干不慢干、真干不假干、实干不蛮干、巧干不死干”的干事创业作风，狠抓工作落实。加快建立权责一致、分工合理、决策科学、执行顺畅、监督有力的行政管理体制和运转协调、公开透明、规范高效的机关管理运行机制。坚决纠正吃喝风、推拖风、空谈风、浮躁风四股不良风气，努力解决企业、基层和群众反映的影响科学发展和行政效能的突出问题。坚持把抓落实见成效作为机关作风建设活动的出发点和落脚点，通过转变工作作风抓落实，使机关行政效能明显增强，群众满意度明显提高，在2009年全省21个地市“地方政府公共服务公众评价”中名列总体满意度第一。

【人大、政协依法履行职能】 2009年，珠海市人大常委会围绕大局，依法履职，以提高立法质量为核心，站在实施珠三角规划纲要、探索建设生态文明发展道路的战略高度，围绕重点开展立法工作；以增强监督实效为要求，按照“围绕中心、突出重点、讲求实效”的工作思路，推动监督工作深入开展，保障人民群众的合法权益；以充分发挥代表作用为重点，扩大代表对常委会工作的参与，发挥人大代表作用，进一步提高人大代表履职能力，加强议案以及代表批评意见和建议督办工作；以学习实践科学发展观为主题，积极探索做好新形势下人大工作的有效途径，充分发挥专门委员会在闭会期间的作用，建立和完善专门委员会之间的沟通配合机制，健全工作制度，细化专门委员会提前介入法规草案审议工作和监督工作程序，加强立法和执法检查的调研工作，加强常委会及其机关的组织建设和干部队伍建设，健全和完善市人大常委会咨询委员会制度。市政协围绕团结民主两大主题，切实履行三项职能，把促进珠海科学发展、推动《珠江三角洲地区改革发展规划纲要》贯彻落实作为履行职能的首要任务。开展老旧小区改造、城乡统筹发展、珠港澳合作、文化建设等十多项事关珠海发展的重大课题调研，组织重大项目建设专题视察，为促进珠海科学发展建言献策；通过委员提案、专题视察、提案督办等活动，有组织、有重点、有计划地开展民主监督，积极探索民主监督新方式、新渠道；坚持把履职为民作为开展政协工作的根本出发点和落脚点，充分发挥政协联系面广、包容性强的优势，深入关注民生问题，进一步拓展团结联谊工作，组织开展各类社会公益活动，不断促进社会和谐；把提高机关自身建设、增强履职能力作为改进政协工作的关键来抓，不断加强委员履职的制度性建设，进一步加强专委会基础性作用。

【创建法治城市】 2009年，珠海市以开展法治城市创建试点为契机，紧紧围绕《珠江三角洲地区改革发展规划纲要》，创新机制，狠抓落实，做到“立法要良、执法要严、司法要公、违法要究、普法要广”，率先创建法治城市。坚持党的领导、人民当家做主和依法治国的有机统一，不断提高依法执政的能力，充分发挥对人大、政府、政协等国家机关和组织的领导核心作用，支持他们依法履行职责。完善依法治市领导体制与机制，党委充分发挥领导核心作用，人大常委会党组充分发挥主导作用，“一府两院”充分发挥主体作用，政协积极探索民主监督与政治协商、参政议政活动相结合的有效形式，支持各民主党派、工商联和无党派人士更好履行参政议政、民主监督职能。创新立法机制，深入推进科学立法、民主立法，完善公开立法工作机制，积极探索立法中听取和采纳意见情况反馈制度，建立公开征询制度，健全立法听证制度，提高立法活动的公众参与度和透明度，努力扩大公众参与立法的范围。深化行政管理体制改革，率先建立权责一致、分工合理、决策科学、执行顺畅、监督有力、依法运行的行政管理新体制，在纵向实行“扁平化”管理、横向构建“紧凑型”大部制方面取得新突破；加快建设法治政府，积极探索建立科学、严谨的法治评价体系，促进法治建设任务的落实；继续完善综合型行政电子监察系统，推行行政问责制，加大行政执法力度，强化行政执法责任制和执法过错责任追究制，建立行政执法绩效评估、奖惩制度和行政赔偿制度；加强行政执法队伍建设，提高行政执法队伍业务素质。深化司法体制和工作机制改革，逐步探索建立健全权责明确、相互配合、相互制约、公正高效运行的司法体制，保证审判机关、检察机关依法独立公正地行使审判权、检察权。积极推进社会管理体制改革先行先试，完善社区治理模式，加快社会工作者队伍建设。营造公平竞争、统一开放的市场环境，进一步加强市场主体监管，规范市场经济秩序，维护企业稳定发展。依法做好

社会矛盾排查调处工作，三大调解衔接机制不断完善，积极探索下访基层走访群众的新机制，突发事件应急管理体制机制建设逐步加强。依法严厉打击严重暴力犯罪、有组织犯罪、黑恶势力犯罪和多发性犯罪，推进社会治安防控体系建设。深入推进法制宣传教育，把普法工作融入到社会建设、社会管理、社会生活的总体格局之中。加强农村法治建设，完善农村基层大调解格局。健全农村基层民主管理制度，加强村务公开和理财小组制度建设。进一步理顺社区管理体制，促进基层社会和谐稳定。建立健全决策权、执行权、监督权既相互制约又相互协调的权力结构和运行机制。强化市人大常委会的监督，完善政府层级监督和审计、监察等监督，发挥政协民主监督作用，强化检察机关履行法律监督的职能，发挥好舆论监督作用，拓展群众监督渠道，增强监督合力和实效。（市府办）

依法治市工作

【概况】 2009年，珠海市地方立法工作有新进展。一是抓好服务工作。当好参谋助手，为依法治市工作领导小组提供服务，起草《珠海市2009年依法治市工作要点》《珠海市关于开展法治城市创建活动的意见》，经市委、市政府同意后印发实施；二是抓好贯彻落实工作。认真传达贯彻全省各市依法治市办公室主任会议精神，全力协助依法治省办拍摄纪录片《法治之路》，积极参加依法治省办主办的法治广东论坛，组织全市党政机关主要负责人参加法治城市、法治县（市、区）创建动员电视电话会议；三是抓好调研工作。参加市人大常委会组织的《珠海市排水条例》《珠海经济特区高新技术开发区条例》的立法调研；与市人大常委会办公室就当前实施《珠江三角洲地区发展规划纲要》在法治方面需要解决的问题开展联合调研；对农村法治环境存在的问题如妇女权益保障问题，农村基层群众自治制度实施中的问题，农村基层和谐稳定、农村法治宣传等方面进行调研，向市委、市人大提交书面调研报告。年内完成地方性法规2件，分别为《珠海市排水条例》《珠海经济特区政府投资项目管理条例》；审议3件法规草案，分别是《珠海市城市规划条例修正案》《珠海经济特区高新技术开发区条例》《珠海经济特区科技创新条例》；开展《珠海市农村股份合作企业条例》的立法调研工作。在立法过程中，所有法规草案，均采取书面征求意见、网上征求意见以及召开座谈会、论证会等方式广泛听取有关机关、组织和公民的意见和建议。2009年的立法坚持立改并举，把制定新法规与修改旧法规放在同等重要的位置。在新制定条例的同时，对不适应现实情况和改革发展要求的法规及时进行修改或者重新制定，较好地处理了法律规范的稳定性与变动性、前瞻性与可操作性的关系。

【依法行政】 2009年，珠海市积极推进行政管理体制改革。加快转变政府职能，努力构建服务型政府。强化部门责任，做到权责一致、分工合理。开展第四轮行政审批制度改革，健全行政许可听证、行政公示、否定事项报备等制度；切实加强制度建设工作。全年制定《珠海市建设工程招投标管理办法》《珠海市企业和企业经营者权益保护办法》等市政府规章6件。制定《珠海市建设工程项目行政审批管理办法（试行）》《珠海市抢险和应急工程管理办法》等涉及经济、社会、民生各方面工作的市政府规范性文件30件。在全市范围内开展对现有规范性文件的清理工作，清理文件1280件，保留783件，分不同情况处理493件；着力提高行政效能。开展“落实年”活动，进一步明确职责、优化流程。制订方案进行2008年度政府部门责任白皮书落实情况的考核评估工作，有效推进法治政府、责任政府建设，行政效能得到提高。全面推广“一站式”服务和“网上审批”，建立和完善跨部门统一互联的电子政务平台，政府服务社会能力有效提高；规范行政机关行政应诉工作。制定《珠海市行政机关应诉规则》，明确要求各级行政机关做好行政应诉工作，促进行政机关依法行政。

【公正司法】 2009年，全市法院在刑事审判中，坚持打击和保护并重的方针，坚持宽严相济的刑事政策。在民事审判中，注重调解，妥善处理和化解各种法律纠纷，开展清理执行积案专项行动。率先设立知识产权法庭，推进知识产权保护，促进科技创新。在全市法院范围内开展“审判管理年”“执行治理年”“司法能力建设年”“廉政警示教育年”活动。全市检察机关依法履行法律监督职能。加强控告申诉检察工作，妥善解决群众的利益诉求，化解矛盾纠纷。强化对立案、侦查、审判、刑罚执行和监管活动的法律监督，维护公平正义，切实保障诉讼各方当事人以及被监管人的合法权益。健全和完善队伍管理机制，以推进“阳光检务”为载体，自觉接受监督，规范执法行为。全市各级公安机关扎实推进各项业务工作和队伍建设，确保全市社会秩序持续平稳。一年来，出色完成国庆60周年、澳门回归10周年等重大安全保卫工作任务，受到公安部嘉奖。全市破获刑事案件宗数和查处各类治安案件起数与上年同比都有所上升，影响群众安全感的命案、绑架、抢劫、入室盗窃、盗窃机动车案件与上年同比都有所下降。加强公安信息化建设、执法规范化建设与和谐警民关系建设，进一步提升工作效能。深化民警教育训练改革，警队战斗力进一步提高。各级综治维稳部门积极开展平安建设。健全社会治安防控体系和群防群治网络，打造维稳综合治理中心全力调处社会矛盾纠纷，市民安全感进一步增强。

【法制宣传】 2009年是“五五”普法的第四年，珠海市坚持以法律文化建设为抓手，把传统的条文式普法提升为注重公民法律意识和法律行为的培养，注重增强普法工作的维稳功能和预防作用，法制宣传工作有创新。一是树立先进的法律文化理念，不断开拓创新普法内容和形式。市政府相关部门针对珠海市人大新颁布的条例制定专门的宣传学习计划，结合“局长讲法”活动，市司法局、环保局、水务局的局领导带头讲法，有效促进新条例的宣传与实施；二是积极应对金融危机，开展前瞻性、预防性普法。推进“法律六进”，重点加大“送法进企业”的工作力度。在全市100多个企业、社区启动百场巡回普法宣传活动。将普法工作的重心向劳动密集型企业、生产经营困难企业和加工贴牌企业倾斜，主动提供专项普法服务；三是开展法治广东宣传教育周活动。省委决定将每年12月的第一周定为法治广东宣传教育周，2009年12月4日，市依法治市办、市司法局联合举办法治广东宣传教育周的启动仪式，活动内容包括开展法制作品征集、举办“法治广东宣传教育周”主题文艺晚会、开展青少年“司法零距离”和“关爱明天普法先行”系列活动、组织全市公务员队伍收看法治纪录片《法治之路》。

【创建法治城市】 2009年，珠海市明确香洲区作为全市创建法治城市的试点单位，探索法治城市创建经验。各区分别结合本区实际制定法治区创建活动方案或意见，并确定本区试点单位；加强对创建工作的检查指导，市依法治市办到各区检查法治区创建工作进展情况，并形成书面调研报告通报全市。香洲区对全区9个镇、街道和区城管局、教育局、民政局、检察院等区直属单位的创建工作进行检查，了解各单位创建工作的开展情况；召开法治城市创建活动阶段总结会议，香洲区介绍创建活动试点经验，各区交流创建工作情况。

【基层民主政治建设】 2009年，珠海市城市社区民主自治建设、农村社区民主自治建设和社会组织建设三大试点工作顺利推进。构建“议事—决策—执行—协助—监督”的社区民主自治体系，试行“十户联保”制度，从建立健全“户户联保、小组联防、村村联动”的“三联”机制入手，构建平安和谐新农村，全市基层民主政治建设有新进展。香洲区全力推进社区建设，当选为“全国社区建设示范城区”；全区积极开展示范

街道和特色、品牌社区创建活动，有85个社区达到全省“六好”平安和谐社区标准，达标率超过80%。斗门区乾务镇推行“村企互挂兴村富企”“阳光村务民主管理”的新举措；湾口村创新村务公开载体，采用电子屏向村民公布村务信息；荔山村通过不断加强民主法治建设，由“问题村”转变为全省的“民主法治示范村”。

法制工作

【概况】 2009年，珠海市坚持依法治市，完成并报送市人大常委会审议通过的地方性法规3件，审查、修改的法规草案3件，完成政府规章6件，审查、修改政府规章草案4件，办理行政复议案件123件，办理各类法律事务210余件，培训各类行政执法人员480名，受理各类行政执法投诉40余件。同时，首次开展政府规章的清理、汇编成册及公开工作，对从1997年珠海市有立法权以来制定的市政府规章进行大规模清理。在依法行政、合理行政方面发挥促进作用，为珠海的政治生活和社会环境提供法律法规服务。

【地方立法】 2009年，珠海市法制局完成并报送市人大常委会审议通过的地方性法规3件，分别为《珠海市排水条例》《珠海经济特区投资项目管理条例》《珠海市地下管线管理条例》。正在审查、修改的法规草案3件，分别为《珠海市妇女权益保障条例(草案)》《珠海经济特区高新技术开发区条例(草案)》《珠海市养犬人责任及监管条例(草案)》。完成政府规章6件，为《珠海市企业和企业经营者权益保护办法》《珠海市建设工程招标投标管理办法》《珠海市建筑节能办法》《珠海市养犬人责任及监管暂行办法》《珠海市烟花爆竹安全管理规定》《珠海市最低生活保障实施办法》，正在审查、修改的政府规章草案4件，包括《珠海市港口管理办法》等。

【行政复议和行政应诉】 2009年，该局办理行政复议案件123件。案件数量与上年同比又有增长，体现出种类多、涉及面广的特点。案件涉及大部分行政部门，疑难案件所占比例有所增加。制定《珠海市行政机关行政应诉工作规则》，规范市属行政机关应诉工作，进一步发挥行政诉讼对依法行政、合理行政的促进作用。

【规范性文件审查及备案】 2009年，该局审查各类规范性文件290余件，所有以市人民政府名义发文的规范性文件都经过政府法制部门审查。部门规范性文件的备案工作继续得到有效开展，在向上级部门备案的过程中，没有出现违法情形。开展全市各级政府及部门规范性文件的清理工作。经市政府批准，向全市公布清理后的政府规范性文件目录，并公布部门规范性文件目录。

（余学旺）

政务公开

【概况】 2009年，珠海市认真落实中央和省关于政务公开工作的各项部署，把推进政务公开作为转变政府职能、促进依法行政的重要途径，切实加强领导，完善机制，强化措施，取得明显成效。政府信息网、政府部门责任白皮书、政府公报、政务公开栏、办事指南、电子信息屏和新闻媒体等已成为珠海市政府信息公开的主要载体和形式。珠海市全年公开政府信息12988条（机构职能类信息37条，占0.29%；政策法规类信息1350条，占10. 47%；规划计划类信息153条，占 1.19%；统计数据类信息88条，占0.68%；各单位业务类信息6930条，占53.77%；其他信息4430条，占33.6%），其中全文电子化72.77%。接受市民咨询185.46万人次。

【建立健全“四个机制”】 2009年，珠海市建立健全“四个机制”。一是进一步完善“党委统一领导、政府主抓、政府办公室组织协调、人大和纪检监察机关监督检查”的领导体制和工作机制。市政府召开全体会议以及政府系统机关作风建设暨电子监察、政务公开工作会议，进一步强调政务公开的重要性和紧迫性，对深化政务公开工作进行全面部署。2009年4月，在全省政务公开电视电话会议之后，全市迅速召开会议，进一步贯彻全省会议的部署；二是市直各部门、各区镇(街)结合实际，及时调整和完善政务公开工作机构，强化各级推进政务公开工作的责任，健全各级联动机制。如香洲区建立完善政务公开的责任追究机制，制定《香洲区工作作风问责暂行办法》，把政务公开情况列入问责内容；市环保局以信息化为手段、以服务公众为重点、以交流互动为载体，实现环保审批、核准、备案业务全程网上动态公开，办理情况通过手机短信发送，推进“四走进、四公开”（走进农村向农渔民公开，走进社区向市民公开，走进监管企业向媒体公开，走进学校向学生公开）；市外经贸部门每月18日定期召开外经贸信息发布会，宣讲最新的外经贸政策，并将视频信息放在网站上；市公安局推行警务公开，做到电台有声、电视有影、报纸有文，促进政务公开；三是健全咨询监督机制。通过设立网上咨询和投诉系统(www.zhuhai.gov.cn/hdfw/zxpt/wsts)、网络论坛、留言板、领导信箱、投诉电话等形式，接受市民的咨询和投诉。加强行政效能电子监察系统建设，对各窗口单位的政务公开、服务态度等内容进行严格监察。每月汇总市民投诉，并编发简报印发市有关领导和相关部门。采取设立投诉信箱、公布监督投诉电话、听证会等形式接受监督，并邀请市人大代表、市政协委员、市特邀纪检监察员参与政务公开考核工作。对各单位网上信息公开情况进行检查和督办，通报检查结果，对工作力度不大、网上信息更新不及时单位进行上门督办。组织开展全市政务公开工作考核和抽查，通报考核结果，明确改进措施，进一步推进全市政务公开工作；四是健全保密审查机制。严格执行《保密法》《广东省政府信息公开保密审查办法》的规定，制定《“两系统”(电子公文协同处理系统、投资项目网上协同审批系统)保密管理暂行规定》和《珠海市政府门户网站政务信息维护管理办法》，按照“谁公开、谁审查、谁负责”的原则，明确“上网需审批”和“谁上网、谁负责”，对未经保密审查的政府信息不予公开。组织开展信息安全保密检查，保障政府信息安全。

【创新政务公开形式】 2009年，珠海市40多个政府部门通过全市政府信息公开统一平台发布本单位的信息公开指南、目录和年报，公众可通过该平台申请公开政府信息和监督投诉。政府信息公开专栏访问量5万次/月，已累计发布信息1.2万多条。通过珠海政务服务网将648项行政事项办理信息、公共资源交易信息和投诉处理信息向社会全面公开，办事群众还可以通过网站查询市行政服务中心各窗口审批事项办理情况。完善公共资源交易系统，实现建设工程网上招投标、政府采购网上询价、协议采购、产权交易网上竞价、人力资源网上招聘等功能。启用建设项目协同审批系统，提升审批效率。通过数字电视政务平台，让市民通过数字电视了解市行政服务中心各窗口的办事程序。将部门职责、重大公共政策、重要事项和重大问题、目标任务及完成情况，以白皮书形式，通过网络和报纸向社会公开，方便公众对政府部门履行职责情况进行有效监督。组织开展责任白皮书落实情况考核评估工作，并公布考核结果。及时公布政府规章和规范性文件，已发布《政府公报》156期，公众可以通过市政府门户网站、市图书馆、市档案局、市行政服务中心办事大厅、出入境办事大厅、工商注册大厅、市政府收发室等方式免费查阅和取阅。完善政府新闻发布制度，每月定期召开新闻通气会，由各职能部门一把手向媒体及时通报社会关注的重点和热点问题，保障公众知情权。全年举办25场新闻发布活动。举办3期新闻发言人培训班，有300人参加培训。利用新闻媒体开展专题报道，推广工作经验，使政务公开宣传有行动、有声色。全年受理信息公开申请623件，其中通过政府门户网站(www.zhuhai.gov.cn)“政府信息公开”栏目提交的网上申请有37件，通过电子邮件提交的申请有10件，通过公开受理窗口当面提交的申请有549件，通过传真申请的有11件，其他方式申请16件。同意公开519件，同意

部分公开22件，不予公开”27件，信息不存在18件，非本机关政府信息”91件，申请内容不明确”4件。市政府网站获得2009年度中国政府网站优秀奖和中国政府网站“信息公开领先奖”。

【阳光行政】 2009年，珠海市按国办和省府办要求，印发政府信息公开相关文件和参考文本，要求各单位、各部门抓紧做好政府信息公开各项工作，并于2009年3月组织发布2008年度政府信息公开年度报告。已有50个政府部门在网上发布信息公开指南、目录、年报和依申请公开流程。市政府将重大决策和重大事项通过公开征求意见、听证会和专题报告等渠道和方式进行公开。举办污水处理费调价听证会，对《规范珠海市农民(被征地农民)建房管理的若干意见》等政策措施实行预公开制度。坚持定期通报工作制度，市政府向市人大和市政协通报经济社会发展、重大项目建设和横琴开发等重要情况接受监督。编印《2008年市政府各部门重点工作落实情况和2009年工作重点汇编》，作为当年市人代会参阅材料，向市人大代表公开。

在2009年的《政府工作报告》中，对政务公开工作作出专门部署，组织制订《珠海市政府重点信息公开实施方案》，进一步明确政府信息公开的指导思想和基本原则、主要任务和责任分工、领导机构和推进机制，指导和推进全市政务公开工作。开展以“行政效能问责年”为主题的机关作风建设活动，印发《关于加强机关效能建设，提高行政执行力的工作方案》。修订《政府投资项目管理条例》，制订《珠海市公共资源市场化配置管理暂行办法》《珠海市公共资源市场化配置暂行规则》等文件，规范政府投资项目管理和公共资源市场化配置行为及操作程序，确保公开、公平、公正交易。加大窗口建设力度，制订《窗口管理办法》《窗口服务指南》《窗口服务手册》《珠海市建设工程协同审批》等小册子和单张等，对各办事窗口的审批(服务)事项、审批依据、办事程序、需提供的申报材料、办理时限和收费标准等进行公开。推进透明行政与廉洁从政相结合。加大公开力度，重要决策扩大参与范围，重要政务扩大公开范围，重要信息通过多种渠道及时公开，把推行政务公开与加强廉政建设紧密结合，发挥政务公开对行政权力运行的约束、监督作用，着力从源头上预防和治理腐败，进一步扩大政府工作透明度。

【复议、诉讼和申诉】 2009年，珠海市发生针对各有关单位政府信息公开事务的行政复议案11件；发生针对各有关单位政府信息公开事务的行政诉讼案6件。未收到各类针对政府信息公开事务有关的申诉案。 （市府办）

精神文明建设

【概况】 2009年，珠海市精神文明建设始终坚持以人为本，致力构建和谐社会，以创建全国文明城市为主线，以提升市民文明素质和城市文明程度为目标，不断创新工作方式。结合珠海市实际，制订《珠海市2009-2011年创建全国文明城市工作规划》，并以市委、市政府的名义印发给各单位贯彻执行。根据中央文明办新修订的《全国文明城市测评体系》要求，制订《珠海市创建全国文明城市责任分解表（2009年版）》，把测评项目分解到各相关责任部门。市委、市政府高度重视创建工作，把创建文明城市纳入城市发展总体规划和党委、政府的重要议事日程。成立创建全国文明城市工作指挥部，由市委书记担任总指挥，市长担任执行总指挥，市委常委、副市长担任副总指挥，相关责任单位一把手为成员，牵头协调开展各项工作。召开全市创建全国文明城市联市会议，通报珠海市2008年荣获“全国创建文明城市工作先进城市”情况，全面部署创建工作。建设和更新创建文明城市公益广告，印制“全民动员，共创全国文明城市”的动员信和张贴海报。媒体加大宣传报道力度，使创建全国文明城市成为全市人民共同的理想目标。

【学习型城市建设成效显著】 2009年，珠海市坚持举办珠海文化大讲堂。突出公益性宗旨，每周一期，开设中国传统文化、当代中国国情、外国文化风情、珠海历史文化、科技教育、养生保健、艺术鉴赏、城市人文精神八大系列，关注社会热点，邀请徐冠华、陆天明、于丹、何亮亮、胡润等知名专家学者登台开讲，已举办100讲，直接间接受众80多万人次，成为珠海新的文化名片。举办珠海读书节，评选表彰一批“书香家庭”和“优秀学习型家庭”，在全社会掀起爱读书、读好书的热潮，有5所学校被评为广东省“书香校园”称号。继续办好全球通VIP讲堂、社区论坛等多层次、宽领域的教育平台，为建设学习型社会起到积极的推动作用。

【文明礼仪宣传教育活动】 2009年，珠海市编印《珠海市文明礼仪手册》2万多册，免费发放给各中小学校和市民，组建“珠海市文明礼仪宣讲团”，深入社区、企业、学校宣讲，普及文明礼仪知识。各区以“阅读获得知识，礼仪传承文明”为主题，举办礼仪知识竞赛活动，营造文明礼貌的社会风尚。在全市学校开展青少年文明礼仪活动，三灶鱼林小学、红旗实验小学被评为全国文明礼仪普及活动示范基地。

【群众性创建活动】 2009年，珠海市文明办举办第八届珠海“家庭文化节”，评选表彰一批文明家庭。开展“广东创业之星”、“十杰百优”进城务工青年、第一届“珠海市十佳卫士”、巾帼文明岗、文明诚信工商企业、文明交通、文明诚信广告、文明出租车司机等评优表彰活动，培育树立一大批先进典型。珠海历史名人林伟民、苏兆征、容国团获得全国“双百”人物称号。推荐省级文明单位8个、文明村镇5个、文明社区3个、文明窗口2个和先进个人1个。拟于2011年初召开全市精神文明建设表彰大会，表彰一批市级文明单位和先进个人。

【开展首届“珠海道德模范”评选活动】 2009年，在隆重庆祝新中国成立60周年之际，珠海市开展首届“道德模范”评选活动。经过广泛推荐，评选出“助人为乐模范”、“见义勇为模范”、“诚实守信模范”、“敬业奉献模范”和“孝老爱亲模范”共10名道德模范。举办“爱在珠海——珠海市道德模范暨珠海公益奖”电视直播颁奖晚会。

【“珠海公益奖”评选活动】 “珠海公益奖”是珠海市精神文明建设领域的一个品牌活动，已连续举办三届，活动得到社会各界广泛支持，每年评选出一批在扶危济困、助医助学、见义勇为、帮助残疾等公益事业方面做出突出贡献的集体和个人。通过评选活动，在全市掀起弘扬正气、歌颂真情、热心公益、倡导真善美的热潮，形成全社会寻找爱心、发现温暖、创造感动、弘扬公益精神的良好氛围。

【爱国主义教育实践活动】 2009年，珠海市开展“回顾党的光辉历程、坚定中国特色社会主义理想信念”宣讲活动100多场次，激发全市广大干部职工保持昂扬向上的精神状态，同心同德推动珠海市经济社会又好又快发展。命名第三批市级爱国主义教育基地8家，举行授牌和挂牌仪式,制订爱国主义教育基地管理办法，加强管理和协调，爱国主义教育基地对未成年人全部免费开放。组织做好珠海市国庆期间的环境氛围营造工作，国庆期间全市制作以“迎国庆、讲文明、树新风”为主要内容的大型户外公益广告8幅，宣传横幅1400多条，展示珠海改革开放以来的发展成就，增强珠海市民对城市的成就感和归属感。举办“歌唱祖国”群众性歌咏活动暨“第二届珠海合唱节”系列活动，有来自全市各行各业合唱爱好者组成的42支合唱团队约2000多人参加，优胜团体香洲区合唱团、金湾区教师合唱团、珠海港合唱团在广东省第九届百歌颂中华歌咏活动总决赛中分获合唱A、B、C级组金奖。

【未成年人思想道德建设】 2009年，珠海市开展“做一个有道德的人”主题活动，组织“向国旗敬礼，做一个有道德的人”红色夏令营活动、庆“五四”暨成人宣誓仪式，开展“飞扬的红领巾”少先队队日竞赛活动、“珠港澳青年创业大赛”，评选“十佳文明少年”“十佳文明少先队大队”等活动，不断提高珠海市未成年人的思想道德素质，引导广大青少年践行道德规范、增强道德意识，养成良好习惯、培养高尚品质。

【开展“我们的节日”主题活动】 2009年，珠海市以传统节日和革命纪念日为文明创建的新载体，组织开展节庆文化活动。举办第三届珠海民间艺术大巡游，吸引10多万市民观看，一些濒临失传的珠海民间艺术以及具有浓郁地方特色的外来文化纷纷登上舞台，充分体现珠海包容进取的移民城市特征，对挖掘、保护、传承珠海民间艺术产生重要作用。组织社会各界代表，开展“清明祭英烈、共铸中华魂”祭奠革命先烈活动，缅怀革命先烈，弘扬民族精神。举办2009年珠海首届国际龙舟邀请赛，有来自英国、澳大利亚、加拿大、香港等地的23支队伍参加比赛，吸引众多群众观看。举办持续1个多月，2100多名珠海文艺工作者倾情演出的首届珠海金秋艺术节，这是珠海市建市以来演出规模最大、持续时间最长的文艺活动，集中展现珠海市建市30年来文艺事业建设的成就和本土艺术家、艺术团体的动人风采。举办以“爱与分享”为主题的第七届“沙滩音乐派对”，展示珠海浪漫之城的魅力。七年来，该项活动仅主会场累计接待游客超过40万人次，成为一项市场化运作强、参与市民广、传播力度大的精品活动，被广东省旅游局选定为“广东十大旅游品牌”。

【志愿服务】 2009年，珠海市成立由团市委、市文明办牵头的珠海市志愿者联合会，实现管理服务“四统一”（统一的组织架构、统一的标识与视觉识别系统、统一的志愿服务时数认证平台、统一的志愿者晋级制度与奖励机制）。成立总额100万的“珠海青年志愿基金”，对珠海市志愿服务事业进行全面支持，推动志愿服务事业社会化、公益化、规范化。在全社会大力培育和倡导志愿文化，弘扬“奉献、友爱、互助、进步”的志愿精神，开展援助孤残、义务家教、知识培训、普及文明风尚等志愿服务行动。珠海市注册志愿者人数已达11.6万人。创建“香洲义工”品牌，香洲区拥有专业义工服务队100多支，义工28000名，累计组织各类主题公益活动和经常性活动近1100场次，参加义工约19万人次，已打造“松柏之爱”“生命之泉”“漫步心林”“与你同行”“环保卫士”等多个活动品牌。

【社会文化环境整治】 2009年，珠海市把开展净化文化环境工作作为精神文明创建的主要任务，重点做好“四净化一繁荣”工作。在全省率先部署“IDC哨兵系统”，网络、网吧、荧屏声频、出版物市场及校园周边环境进一步优化，未成年人精神文化产品更加繁荣。全年收缴非法音像制品76万张，非法书报刊1.3万册，非法电子出版物62万张，依法关闭淫秽色情网站和栏目14家，删除网上各类低俗及有害信息11265条，图片5000张，清理无ICP（互联网信息服务单位）证的网站2796个，取缔“黑网吧”114家，暂扣电脑1012台，为未成年人健康成长创造良好的社会环境。

【文化惠民】 2009年，珠海市出版《珠海历史文化书系》《简明珠海历史读本》《画说珠海历史名人》（少儿读本）系列丛书，公布首批68项历史文化遗存保护名录、第二批市级非遗保护名录和传承人名单。加强"陈芳家宅"与"宝镜湾遗址"全国重点文物保护单位、唐家湾全国历史文化名镇、斗门"水上婚嫁"国家级非物质文化遗产等文化遗产的保护与开发，修复一批历史名人故居和文物古迹。加强文艺精品创作，从是年起每年拿出300万元设立文艺精品创作基金，开展珠海历史普及年活动，拍摄创作《容闳》《唐国安》《陈芳》等电视剧。珠海市政府被评为"2009年度支持中国动漫游戏产业发展模范政府"，金山软件公司、巨人网络公司被评为"中国游戏行业2009年度优秀企业"，多个自主研发产品荣获多项国家级特荣。加强文化基础设施建设。总投资15亿元的珠海歌剧院、博物馆新馆、文化馆新馆三个文化建设项目正在紧张的施工过程中，其中珠海歌剧院项目是珠海建市以来投资最大的标志性文化基础设施。开展广场文化活动，举办活动1500多场次。加快"农家漂流书屋"建设。自2007年推出"农家漂流书屋"文化惠民工程以来，为农民群众建立"永在村里的图书室"1个，全市已建成农家书屋132个。

（周声芳）

双拥共建

【概况】 2009年，珠海市军民结合"建国60周年""澳门回归10周年"等社会重大活动开展拥军优属教育，市双拥办联合各区、人武部、征兵办、文明办等单位开展"万册图书进军营""爱心献功臣""给最可爱的人送温暖"等拥军优属活动。充分发挥爱国主义教育基地、国防教育展厅、革命史料馆、部队荣誉室等场所的作用，有计划地组织机关、企事业单位的干部职工和学校师生接受国防教育，全市受教育的干部群众逾20万人。通过各种形式的国防和双拥宣传教育，使广大军民的国防观念和双拥意识不断增强，全市参军热情、学军热情和拥军热情高涨，珠海市已连续29年被省评为"征兵工作全优单位"。

【支持部队全面建设】 2009年，珠海市科技局与警备区等驻军制定了科技拥军计划，落实科研项目资金25万元支持部队科技攻关项目；珠海各大院校积极开展智力拥军和知识拥军活动，中山大学珠海校区与珠海警备区结成帮学共建对子，派出教授为官兵作教育辅导授课；珠海广播电视大学与海岛某部长期结对共建，帮助海岛战士进行高中文化补习，并实施考试发证工作；香洲区组织2万余册的图书，开展"漂流书屋"进军营活动，受到官兵的欢迎。6月底至7月初，举办军地共同参与的首届珠海市"双拥杯"篮球邀请赛，极大地促进了军民体育文化交流。

2009年，市、各区财政为珠海驻军用于补贴、慰问、建设等投入的总资金达1.92亿元。有效地改善了部队官兵的工作和生活环境。3月中旬，万山区为海岛的基层连队配备文体器材，维修和保养电视接收系统，丰富海岛官兵的文化生活；5月中旬，省、市两级双拥办向海岛基层连队赠送34个品种900多包价值近万元的高科技优良菜子，解决海岛基层连队种菜育苗成活率不高的难题；6月，市双拥办协调相关单位为武警某部一名身患癌症的军属申请医疗救助金4.3万元。"八·一"节期间，为驻海岛部队官兵和珠海舰上官兵赠送50台抽湿机，帮助改善驻岛及舰上官兵的工作和生活环境。

【落实拥军优属政策】 2009年，珠海市接收安置军转干部130名，安置率达100%；接收退役兵323人，其中311名自谋职业，发放自谋职业补助金925.49万元，安置率达100%，有54名退役兵参加免费职业技能培训，落实职业技能培训经费71.26万元；接收安置军队离退休干部12人；安排随军家属就业127人（干部身份48人、职工身份79人）。

【拥政爱民活动】 2009年，驻珠军警部队出动兵力1.26万余人次，车辆357台次参与地方公益事业建设；组织官兵扑灭山火4次，支持重大经

济建设项目4个；抢救因台风暴雨遇险群众345人，挽回经济损失600万元。在扑救南屏将军山火灾，驻珠军警部队派出1000多名官兵奋战4天3夜，终于将山火扑灭。3月，驻珠军警部队派出官兵1200多人次，积极参加“军民携手共创绿色家园”大型义务植树活动，并种植象征军民团结的“双拥林”。（杜　为）

生态文明建设

【概况】　2009年，珠海市在全省“环保目标责任考核”中荣获“优秀”称号，“城市环境综合整治定量考核”总分名列全省前茅，连续三年完成减排目标。开展生态城市建设规划研究，制定生态建设四个百分百行动方案，修订《珠海市环境保护条例》。加快推进全国生态文明建设试点工作，通过国家园林城市复查。推进36项国家环保模范城市“迎检重点工程”，拱北污水处理厂改扩建工程完工，南水、三灶水质净化厂建成启用。前山河综合治理工程顺利推进，相关配套工程如期完成。加快城区排洪渠截污分流改造，完成凤凰河综合整治。实施“双十百绿”工程，新改建绿地53.3万平方米，种植树木70万株，建成开放将军山公园，提升海天公园绿化美化水平。完成情侣路沿线海域清理工作，开展全民清洁和市容整治。整合和盘活存量土地，清理处置闲置土地259宗、总面积18.1平方千米。超额完成年度节能任务，开展绿色创建、生态创建活动，创建第四批市级“绿色学校”21所、第二批市级“绿色社区”11家、环境教育基地7个、各级生态示范区93个，生态示范区覆盖率达35%，逐步形成生产发展、生活富裕、生态良好的区域发展格局。2009年，珠海市被广东省推荐为可再生能源建筑应用项目示范城市。

【生态环境】　2009年，珠海市大气环境优良水平保持在100%，区域环境噪声、道路交通噪声达到国家标准，建有自然保护区10个，建成区绿化覆盖率45.03%，绿地率达39.89%，人均绿地面积12.84平方米，城市生活污水处理率80.15%，生活垃圾无害化处理率86.71%，成功摘掉“重酸雨区”帽子，环境质量总体保持较好水平。

【环境基础设施建设】　2009年，珠海市生态建设“四个百分百”32项重点工程和环保模范城迎检36个重点工程顺利推进，南水污水处理厂、拱北污水处理厂一、二期改造扩建工程已完成，三灶污水处理厂、新青污水处理厂土建工程完工；西坑尾垃圾渗滤处理等工程建设进一步加快，海岛环保基础设施建设不断加快，桂山岛已完成污水管网建设，产业政策制定、小火电关停、锅炉脱硫、环保能力建设等工程均取得实质性进展。重视水源地保护工程建设，研究编制《珠海市饮用水水源地环境保护规划》和制定《珠海市饮用水源保护区扶持激励办法（试行）》，做好竹银水源工程建设。

通过大力开展污水垃圾处理工程建设、绿化美化工程建设、水源地保护工程建设、自然景观保护工程建设、开展环境综合整治工程建设，查处遮山挡海、严重影响市容的各类违法建筑，创造最佳的人居环境和创业环境。（傅红红）

【节能减排】　2009年，珠海市全面完成年度节能减排目标，每万元GDP能耗下降3.2%，二氧化硫排放量和化学需氧量（COD）分别控制在3.58万吨和2.76万吨以内。实施生态建设“四个百分百”行动，推进“双十百绿”工程建设，积极开展生态示范创建活动，环保模范城复查36项迎检重点工程初见成效。“城市环境综合整治定量考核”总分在全省名列前茅，成功摘掉“重酸雨区”帽子。

党政机关

2009年2月23日，政协珠海市第七届三次会议在市新闻发布厅举行记者招待会。　李建東　摄

党政机关

中共珠海市委员会

【2009年中共珠海市委书记、副书记、常委、秘书长名单】

书　记：甘　霖

副书记：钟世坚　钱芳莉

常　委：甘　霖　钟世坚　钱芳莉　王广泉
杨金华　黄晓东　刘振新　何宁卡
霍荣荫　刘小龙　刘　毅
马必强（至2009年4月）
张鲁江（自2009年4月）

秘书长：刘振新

【概况】　2009年，中共珠海市委团结带领全市干部群众，抓紧实施《珠江三角洲地区改革发展规划纲要》和《横琴总体发展规划》，顺应规律保增长、逆势而上搞建设、共克时艰促民生，经济增长克服严重困难，企稳回升；重大交通基础设施建设打破瓶颈，先进制造业和现代服务业重大项目取得突破，城市规划建设开创新局面，“三大格局”建设呈现崭新面貌，改革开放和区域合作迈出新步伐，区域发展活力迸发，环境保护和生态建设进一步加强，社会建设和管理取得新成效，民主法制建设稳步推进，党的建设全面加强和改进，珠海在科学发展的道路上迈出了坚实的步伐。全市生产总值突破1000亿元，达1037.69亿元，由一季度负增长5.1%回升至同比增长6.6%；人均GDP突破1万美元，达6.98万元，居全省前列；财政一般预算收入突破百亿元，达101.41亿元，同比增长9.9%；全社会固定资产投资410.51亿元，同比增长10.3%；城镇居民人均可支配收入22859元，同比增长9.1%；农渔民人均纯收入8575元，同比增长6.6%。

【市委六届五次全会】　2009年1月12日～13日，中国共产党珠海市第六届委员会第五次全体会议在香洲召开。会议认真传达学习中共十七届三中全会、中央经济工作会议和省委十届四次全会、全省经济特区工作会议、全省第六次海洋工作会议、全省维稳工作会议精神，总结2008年工作，部署2009年工作，并审议《中共珠海市委、珠海市人民政府关于统筹城乡发展加快推进城乡一体化的实施意见》，审议通过《中国共产党珠海市第六届委员会第五次全体会议决议》。会议强调，要坚持以邓小平理论和“三个代表”重要思想为指导，全面贯彻落实科学发展观，深入学习贯彻党的十七届三中全会、中央经济工作会议和省委十届四次全会精神，围绕建设生态文明新特区、争当科学发展示范市的奋斗目标，抢抓建设珠江口西岸核心城市的战略机遇，紧紧扭

ZHUHAI YEARBOOK

住经济建设这个中心，切实抓好“保增长、调结构、抓改革、促民生、定格局”五大任务，坚毅自信，奋发进取，在应对挑战中开创珠海科学发展新局面。要全力推动重大基础设施建设，进一步创造有利于发展的基础条件；加快构建现代产业体系，推动产业发展实现新突破；统筹城乡发展，推动城乡一体化进程；以规划为龙头，推动城市建设上新水平；大胆改革创新，为经济社会发展提供强大动力；深化对外开放，不断提高经济国际化水平；加快发展社会事业，进一步提高人民生活水平；切实维护社会稳定，建设平安珠海；加强和改善党的领导，稳步推进民主法治建设；加强党的自身建设，为科学发展提供强有力的政治保障。

【市委六届六次全会】 中国共产党珠海市第六届委员会第六次全体会议于2009年7月31日在香洲召开。会议传达学习省委十届五次全会精神，总结上半年珠海市经济社会发展的基本情况，强调做好下半年工作必须认真贯彻落实省委十届五次全会精神，继续抓好实施《规划纲要》和“三促进一保持”各项工作，坚定不移地保增长、保民生、保稳定，努力完成好2009年的各项任务，积极推进珠江口西岸核心城市建设。广泛发动群众，做好迎接新中国成立60周年和澳门回归10周年等工作。

【传达学习贯彻中央和省重要精神】 2009年1月9日，市委常委会议传达学习贯彻省委十届四次全会精神，强调要认真学习、深刻领会、坚决贯彻省委全会精神，把全会中的重要观点、重要判断、重大举措落实到具体工作中去，全力以赴抓落实，全力突破发展瓶颈。1月22日，市委常委会议传达学习第十七届中央纪委第三次全会精神和省纪委十届三次全会精神，要求全市各级党组织和广大党员干部认真学习、深刻领会、坚决贯彻胡锦涛总书记和汪洋书记重要讲话精神；会议传达学习全省农村工作会议精神，对市委六届五次全会原则审议通过的《中共珠海市委、珠海市人民政府关于统筹城乡发展加快推进城乡一体化的实施意见》作进一步修改完善，尽快报市委、市政府审发。2月10日，市委常委会议传达学习贯彻省委理论学习中心组《珠江三角洲地区改革发展规划纲要》专题研讨班和汪洋书记、黄华华省长在专题研讨班上的重要讲话精神，会议对珠海市贯彻落实工作作出部署。2月21日，市委常委会议传达贯彻汪洋书记视察珠海重要指示精神和省十一届人大二次会议、省政协十届二次会议精神，强调要认真学习、深刻领会汪洋书记重要指示精神，围绕市委六届五次会议确定的目标任务，推进各项工作。3月19日，市委常委会议传达学习贯彻第十一届全国人民代表大会第二次会议、政协第十一届全国委员会第二次会议和胡锦涛总书记在全国人大广东代表团重要讲话精神。3月28日，市委常委会议传达贯彻《中共广东省委办公厅、广东省人民政府办公厅关于党政机关厉行节约的通知》精神。4月17日，市委常委会议传达学习珠江三角洲各市现场会和全省贯彻实施《珠江三角洲地区改革发展规划纲要》动员会及粤委办发电〔2009〕57、58号文件精神。5月8日，市委常委会议传达学习贯彻全省组织部长会议精神。6月5日，市委常委会议传达学习贯彻全省党校工作会议精神，强调要结合珠海实际认真贯彻落实全省党校工作会议精神和《中国共产党党校工作条例》。6月9日，市委常委会议传达学习贯彻温家宝总理视察广东重要讲话精神，强调要认真做好贯彻落实温家宝总理重要讲话精神各项工作，以保增长为首要任务，积极推进“三促进一保持”和“双转移”工作。7月24日，市委常委会议传达贯彻省委十届五次全会精神。9月4日，市委常委会议学习贯彻省委常委会议专题听取珠海市工作情况汇报的精神；传达学习《国家发展和改革委员会关于上半年经济形势和做好下半年经济工作的建议》（中发〔2009〕8号）精神。9月29日，市委常委会议传达学习贯彻全省有线广电网络和新华书店改革重组工作领导小组成员（扩大）会议和全省加快公共文化服务体系建设工作会议精神。10月16日，市委常委会议研究贯彻落实中共十七届四中全会精神有关工作，原则通过《关于贯彻落实党的十七届四中全会精神开展党建专题调研的工作方案》。12月10日，市委常委会议通报中央党的建设工作领导小组秘书组联系点工作暨课题研究成果交流座谈会情况，要求把贯彻落实座谈会精神与深入学习贯彻中共十七届四中全会精神及起草市委六届七次全会报告结合起来，深化珠海市“两新”组织党建各项工作。12月22日，市委常委（扩大）会议，传达学习贯彻胡锦涛总书记、李克强副总理视察珠海重要讲话精神。

【学习实践科学发展观活动】 2009年3月3日，市委常委会议研究部署深入学习实践科学发展观活动有关工作，强调全市各级党组织和广大党员干部要自觉按照中央、省委和市委的要求，切实增强紧迫感、责任感和使命感，扎实开展深入学习实践科学发展观活动，着力解决不适应、不符合科学发展观要求的实际问题，把贯彻落实科学发展观提高到新水平。要突出实践特色，注重实践检验，着眼于解决领导班子和干部队伍建设中存在的突出问题，着力提高广大党员干部特别是领导干部的理论思维能力、推动科学发展能力、促进社会和谐能力、统筹兼顾能力和抓班子带队伍能力。要与珠海市2008年开展的解放思想学习讨论活动紧密衔接，注重连续性和创新性，进一步巩固和完善解放思想学习讨论活动成果。6月5日，市委常委会议审议并原则通过《珠海市党政领导班子贯彻落实科学发展观情况的分析检查报告》。6月17日，市委常委会议传达全省深入学习实践科学发展观活动转入整改落实阶段会议精神，总结珠海市分析检查阶段情况并对整改落实阶段工作提出要求。会议要求全市各级党组织和广大党员干部切实增强紧迫感和责任感，切实加强组织领导，把阻碍科学发展、群众反映强烈的问题解决好，以整改落实的实际成效，推动珠海市经济社会发展。

【经济建设】 2009年1月9日，市委常委会议审议《珠海市2008年国民经济和社会发展计划执行情况与2009年计划草案的报告（送审稿）》。1月12日，市委常委会议审议《中共珠海市委、珠海市人民政府关于统筹城乡发展加快推进城乡一体化的实施意见》。1月22日，市委常委会议审议《中共珠海市委、珠海市人民政府关于加快建设现代产业体系的实施意见（送审稿）》，要求紧密结合《珠江三角洲地区改革发展规划纲要》精神和国家关于横琴岛开发的重大部署，充分认识珠海市产业发展的规律，准确定位珠海市产业发展的重点、布局和组织结构等，对文件作进一步修改完善。2月21日，市委常委会议审议《政府工作报告》。2月28日，市委常委会议研究珠海市2009～2010年“保增长、定格局”十大重点建设工程，部署重大项目推进工作。3月19日，市委常委会议研究《市委、市政府领导同志2009年抓落实的重点工作安排》和《关于深入贯彻省委十届四次全会、市委六届五次全会精神全面抓好重要决策部署落实的工作安排》，要求市委、市政府领导切实强化责任意识，带头抓落实，带头接受督促检查。4月17日，市委常委会议听取珠海市东、西部片区现场会筹备情况汇报。6月5日，市委常委会议审议《中共珠海市委、珠海市人民政府关于贯彻落实〈珠江三角洲地区改革发展规划纲要（2008～2020年）〉的实施意见》。7月24日，市委常委会议专题听取关于抓落实重点工作进展情况的汇报。会议要求市委常委和副市长继续狠抓落实，努力完成全年目标任务。7月30日，市委常委会议审议市委六届六次全会有关材料。12月10日，市委常委会议审议通过《中共珠海市委、珠海市人民政府关于推动海洋经济科学发展建设海洋经济强市的实施意见（送审稿）》，指出珠海发展海洋经济大有潜力可挖，要突出重点，不断推进改革创新，提高开放开发水平。12月22日，市委常委会议审议通过《中共

珠海市委、珠海市人民政府关于加快珠海高新技术产业开发区发展的意见（送审稿）》，强调各园区发展主导产业要有清晰的思路，以发展“两有两少两高”产业为主，围绕主导产业加大招商引资力度，扩大生产规模，做长产业链。会议审议《珠海市2009年国民经济和社会发展计划执行情况及2010年计划草案的报告（送审稿）》《珠海市2009年政府投资项目计划执行情况与2010年市政府投资项目计划草案的报告（送审稿）》和《珠海市2009年财政收支预算执行情况与2010年预算草案的报告（送审稿）》。12月31日，市委常委会议听取中共珠海市委六届七次全体会议筹备工作汇报。

【体制改革】 2月28日，市委常委会议研究《珠海航空产业园开发管理体制方案》《珠海航空城发展集团有限公司组建方案》、市市政园林局筹建工作。3月28日，市委常委会议原则通过《珠海市关于深化行政管理体制改革工作方案》。5月8日，市委常委会议原则通过《中共珠海市委、珠海市人民政府关于增创科学发展新优势继续当好改革开放排头兵的行动方案（送审稿）》。6月5日，市委常委会议研究《珠海水务集团有限公司组建方案》《珠海城市建设集团有限公司组建方案》《珠海公共交通运输集团有限公司组建方案》。9月4日，市委常委会原则通过《珠海市投资促进局组建方案》。10月16日，市委常委会议研究金湾区、高栏港经济区和航空产业园管理体制调整问题。11月1日，市委常委会议研究珠海市政府机构改革工作。

【横琴开发和区域合作】 2009年1月22日，市委常委会议通报国家相关部委研究横琴发展规划的有关情况，听取市发展和改革局对《关于横琴开发定位和政策等问题的意见》的汇报。4月17日，市委常委会议通报珠海代表团访问澳门及首届珠中江区域紧密合作工作会议情况。7月1日，市委常委会议研究横琴开发有关工作，对12月20日澳门回归10周年之前横琴开发各项工作作出部署；会议还研究了珠澳合作、港珠澳大桥开工对接、市容市貌整治等工作。10月16日，市委常委会研究《澳门回归10周年庆典珠海重大活动筹备工作方案》（送审稿）。12月10日，市委常委会议审议《中共珠海市委、珠海市人民政府关于推进与港澳更紧密合作的实施意见（送审稿）》、研究庆祝澳门回归10周年重大活动和横琴新区挂牌暨重点项目启动仪式筹备工作以及近期供水形势，要求确保各项重大活动顺利推进和安全举办，千方百计保障珠澳供水安全。12月31日，市委常委会议听取庆祝澳门回归10周年重大活动总结汇报，要求以此为契机进一步开创各项工作新局面。

【和谐社会建设】 2009年1月9日，市委常委会议原则通过《深入学习实践科学发展观，全力维护社会和谐稳定——在中共珠海市委六届五次全会上关于维护社会稳定的工作报告（送审稿）》。1月12日，市委常委会议决定成立珠海市解决重大历史遗留问题领导小组，要求按照“根据历史情况，依据法律法规，结合珠海实际，积极稳妥解决”的方针，有方案、分步骤地解决珠海市重大历史遗留问题。8月20日，市委常委会议研究珠海市信访维稳工作。9月29日，市委常委会议部署国庆期间信访维稳综治和安全生产工作。12月10日，市委常委会议通报化解不稳定因素有关情况。

【组织工作】 2009年1月9日，市委常委会议审议《中共珠海市委2008年度干部选拔任用工作专题报告（送审稿）》。5月8日，市委常委会议通报珠海市干部选拔任用工作“一报告两评议”结果。12月31日，市委常委会议审议《2009年市党政领导班子和领导干部年度考核工作、“一报告两评议”工作方案》。

【人大、政协工作】 2009年1月9日，市委常委会议听取市政协七届三次全体会议筹备工作汇报，明确政协珠海市第七届委员会第三次全体会议召开时间。2月21日，市委常委会议听取市人大常委会党组、市政协党组工作汇报，审议市人大常委会工作报告、市政协工作报告，要求全市各级党委不断加强和改进对人大、政协工作的领导，坚决支持和保障人大、政协依法按章行使各自职权。3月19日，市委常委会议审议《珠海市人大常委会2009年工作要点》《珠海市人大常委会2009年监督工作计划》《珠海市人大常委会2009年立法计划》。12月22日，市委常委（扩大）会议听取珠海市七届人大五次会议、政协珠海市七届四次全体会议筹备工作汇报，明确珠海市第七届人民代表大会第五次会议和市政协第七届委员会第四次会议召开时间。

【党风廉政建设】 2009年5月8日，市委常委会议研究《2008年珠海市机关、事业单位年终考评办法》《珠海市2009年机关作风建设工作意见（送审稿）》，要求进一步完善考评方式方法，坚持日常考评与集中评议相结合、组织考核与社会评议相结合，统筹安排部门责任白皮书考核与机关、事业单位年终考评等工作，确保考核工作更科学、更公平、更公正，更具时效性。6月9日，市委常委会议观看《广东省机关作风建设暗访专题片（二）》，指出珠海市机关作风建设工作取得了明显成效，但仍存在“吃喝风、推拖风、空谈风、浮躁风”等四种不良风气和其他一些问题。广东省的这次暗访曝光了珠海市个别单位在机关作风方面存在的“懒、散、拖”问题，必须高度重视，决不能忽视问题的严重性和机关作风建设的重要性，迅速整改，加大责任追究。7月30日，市委常委会议观看反腐倡廉专题片，要求市委常委和副市长严格执行领导干部廉洁从政各项规定，从我做起、严格自律，抓好队伍、严格要求，支持查办、抓好警示，为全市广大干部群众带好头，努力营造风清气正的氛围。9月29日，市委常委会议传达中纪委《关于陈绍基、王华元、黄松有严重违纪违法案件的通报》文件精神。10月16日，市委常委会议研究有关干部处分问题，强调要举一反三、加强警示，健全制度、堵塞漏洞，防止类似事件发生。

【国防动员建设和武装工作】 2009年7月30日，市委常委会召开议军会议，研究解决当前珠海市国防动员建设和武装工作的有关问题。会议强调要继续关心和支持国防和军队建设，进一步加强和巩固军地合作与团结，继续发扬双拥优良传统，不断增创军地合作新优势。

组织工作

【概况】 2009年，珠海市有党委176个，党总支290个，党支部4267个。在全国率先成立非公有制经济组织党工委，创造“党群工作一体化”、社区党组织代表会议制度和“四沟通工作法”“三感教育工作法”等经验，扩大基层党组织的覆盖面。党员队伍结构不断改善、素质不断提高，珠海市7.91万名党员中，35岁以下的党员占33.5%，大专以上文化程度的党员占56.2%，女党员占29.8%。党员教育管理工作也由着眼于管住转向管好、管活，初步建立适应形势发展需要的党员教育管理机制，党员干部现代远程教育工作一直位居全省前列。

【班子和队伍建设】 2009年，珠海市坚持选准配强各级领导班子，把政治上靠得住、工作上有本事、作风上过得硬、人民群众信得过的干部充实进领导班子，干部队伍整体素质明显提高，全市处级干部具有大专以上学历占99%，大学本科以上学历占78.1%；大力选拔年轻干部、女干部和党外干部，全市处级干部平均年龄48.8岁，其中40岁以下50名，占7.3%，在35个党政工作部门中，配有40岁以下领导干部的部门有18个，配有女干部的有24个，配有党外副职的有5个，干

部队伍结构趋于合理。积极探索新形势下对领导干部进行监督管理的有效途径，将监督贯穿于干部的教育和日常管理之中。初步形成全方位、立体式、宽领域、开放型的干部教育培训体系。

【干部人事制度改革】 2009年，珠海市不断扩大干部工作中的民主，认真落实群众的“四权”。选拔任用干部实行票决制和征求全委会的意见，出台《市委关于进一步扩大干部选拔任用工作中的民主，提高选人用人公信度的意见》，在市管重要职位的选任方面，实行政策法规公开、配备要求公开、选拔过程公开、选拔结果公开，推行任职标准互动、选拔方案互动、推荐考察互动、酝酿决策互动。公开选拔和竞争上岗成为选拔任用党政领导干部的重要手段，竞争性选拔干部力度不断加大，2009年上半年，开展横琴新区、援疆、援藏、援川、揭阳扶贫、产业转移园等六批25名干部的竞争性选拔工作。干部考核制度进一步完善，干部考察工作质量逐步提高，初步建立和完善体现科学发展观要求的干部考核评价体系。人事制度改革全面推进，在全国率先取消教育、医疗等所有事业单位的行政级别，实现后勤管理社会化。

【党管人才工作】 2009年，珠海市始终把人才工作摆到战略位置，提到重要议程，出台《关于建设科技强市、教育强市和人才强市的决定》等一系列有利于人才发挥作用的政策措施，着力营造“人才洼地”效应，吸引一大批国内人才到珠海工作。实行对市级有关部门、县（市）区党政领导班子科技进步和人才工作目标责任制量化考核，使“科技、人才是第一生产力和第一资源，是第一把手第一位的工作”的观念深入人心。成立市人才工作协调小组，加强对人才工作的统筹协调和督促指导；编制《珠海人才发展规划》《珠海市人才开发目录》等一系列重要文件，强化人才工作的研究和规划。重奖有突出贡献的优秀人才并将其制度化、规范化；设立境外人才工作站，公开招考一批博士和留学人员，加大高层次人才的引进力度；在全市上下宣传倡导人才产权和“以人为本”新理念，形成“尊重知识、尊重人才、尊重创造、尊重劳动”的良好风尚，人才社会环境进一步优化。

信访工作

【概况】 2009年，珠海市对接访、信息研判、目标管理、考评、责任追究、调解、解困救助等工作机制进行分析、归纳、总结，细化、强化信访工作制度和工作规范，提高信访工作效率，切实维护和保障人民群众的信访权利。全年全市各级党政信访部门共受理群众来信来访12303件次，同比下降19.8%。其中，受理来信2447件次，同比下降18%；接待来访1668批次9856人次，同比分别下降8%和20.2%。珠海市把大量信访问题和不稳定因素解决在基层，稳定在当地。确保全国、全省“两会”、国庆60周年、澳门回归10周年、港珠澳大桥动工等各种重大活动顺利举行，维护珠海的社会稳定。

【“积案化解年”活动】 2009年，根据中央、省和市关于开展“信访积案化解年”活动的安排，珠海市委、市政府围绕重大项目建设和重大历史遗留问题，深入研究制定解决方案，创造条件推动信访积案的有效解决。在全市范围内进行信访积案排查，排查出市、区两级信访积案196宗。将信访积案分为近期集中力量可以解决的案件、创造条件可以解决的案件、近期无政策法律支持难以解决的案件三类。集中精力化解部分相对较易解决的积案，为化解相对较难解决的信访积案积累经验。办结省交办的三批积案14宗。化解市、区两级信访积案169宗，占全市信访积案的86%。

【领导包案工作机制】 2009年，珠海市制定《珠海市党政领导包案处理信访案件工作方案》，对包案的意义和目标、党政领导包案的具体方式、做法等作具体规定。包案领导亲自挂帅、亲自研究、亲自部署、亲自指导、亲自检查，按照“一个问题、一个包案领导、一个工作班子、一套调处方案、一个办结期限”的“五个一”矛盾纠纷调处工作机制，切实做好矛盾的疏导化解和群众的思想稳定工作，限期解决所包案件。

【上访案件处理】 2009年，珠海市制定《珠海市预防和处置群体性和突发公共事件责任追究办法》《珠海市集体上访处置办法》，明确规定在处置群体性、突发公共事件、集体上访案件时各部门的责任、处置原则、程序、方式方法。加大督办重访、群体访和集体访案件的力度，对排查出来的涉及面广、影响大、有可能引发非正常上访的案件进行协调，并督促相关部门及时处理。

【镇街综治信访维稳中心建设】 2009年，珠海市整合基层综治信访维稳工作资源，落实各项工作措施，打造具有珠海特色的镇街综治信访维稳中心，加快形成“小事不出村、大事不出镇、矛盾不上交、社会要和谐”的综治信访维稳工作新格局。

党　校

【概况】 2009年，珠海市委党校学习贯彻《条例》和全国、全省党校工作会议精神，确定以“推动党校科学发展，提高党校工作水平”为主题，体现党校特点、突出实践特色，进一步深化教学改革，圆满完成全年干部培训任务，全年培训轮训干部9116人次(其中常规班次14类23期1316人次)。为“校内视频点播”系统采集视频教学资料271个（其中干部教育网课程224个）。全年教职工公开发表论文39篇，入选理论研讨会论文18篇，科研成果获奖12项，出版专著1部。参与市委有关部门组织的课题编写组10项19人次。

【学习与合作】 2009年，该党校贯彻《条例》和全国、全省党校工作会议精神，开展深入学习实践科学发展观活动，进一步理清党校科学发展的思路。

2月25日～26日，全省党校工作会议召开。3月上旬，党校深入学习实践科学发展观活动全面启动，确定以“推动党校科学发展，提高党校工作水平”为主题，体现党校特点、突出实践特色。6月5日，市委常委会议专题研究党校工作，破解多年来困扰党校发展的一系列重大问题，为党校发展注入新的活力，扫除前进的障碍。为贯彻《规划纲要》，促进珠海、中山、江门三市党校共同发展，在党校积极倡导下，7月8日，《珠中江三市党校紧密合作框架协议》签署，为三市党校合作奠定基础。

【教学改革】 2009年，该党校全年共培训轮训干部9116人次(其中常规班次14类23期1316人次)。

一是更新教学内容，突出“三个贴近”，增强培训针对性。贴近时代发展。各主体班开设了专题课，及时了解和把握最新的理论成果、最新的方针政策，及时接受马克思主义中国化最新成果的教育。贴近珠海实际。深入学习《规划纲要》，邀请政府相关部门负责同志、省内专家学者和党校教师从不同层面、不同角度对《纲要规划》进行解读和研讨。贴近学员需求。从珠海市干部队伍实际和岗位需求出发，按照干部的不同层次、不同类别、联系实际合理安排教学内容。

二是理论联系实际，创新教学方法，增强培训实效性。2009年的教学方式方法总的是体现了一个“活”字。积极探索网络自主选学；探索开展“驻点调研”和“无领导小组讨论”研究式教学；首次开展珠中江三地现场教学。为更好地了

解市情，有针对性地在全市探索建立了数个相对固定的现场教学基地，以开展功能多样的现场体验教学。

【科研成果】 2009年，该党校突出市情研究，坚持科研为教学和市委、市政府决策服务。全年教职工公开发表论文39篇，入选理论研讨会论文18篇，科研成果获奖12项，出版专著1部，参与市委有关部门组织的课题编写组10项19人次。会同市相关部门及时编写《珠海市学习贯彻〈纲要〉辅导材料》；编写《珠三角改革开放新起点丛书·珠海卷》，为全省贯彻落实《规划纲要》及时交上满意的科研答卷；加强市情研究，设立《珠澳更紧密合作关系研究》校级课题，形成7万字的研究报告，实现多年来独立地为市委、市政府决策提供课题研究服务的突破；协助中央党校完成“横琴新区社会管理体制创新”课题研究。《学报》全年如期完成编辑出版工作（出版发行6期，刊载文章81篇计50余万字）。

【信息化建设】 2009年，该党校全年为“校内视频点播”系统采集视频教学资料271个（其中干部教育网课程224个），为珠海市干部培训，尤其为2009年全市开始试行的全省干部培训网上自主选学提供丰富的网上教学资源。协助教学部门完善学员网上报名系统，基本实现主体班学员“网上报名”。 （张　文）

市直机关党的工作

【概况】 2009年，珠海市直机关工委以“服务中心、建设队伍”为己任，以“走前头、做表率”为目标，打造“特色党建、质量党建、活力党建”三大品牌，为珠海市建设生态文明新特区，争当科学发展示范市、建设珠江口西岸核心城市提供坚强的政治组织保证。

【思想建设】 2009年，珠海市直机关工委通过领导领学、组织督学、专家讲学、个人自学，以及开展“学经验、创特色、促发展”工作交流会、在珠海机关党建网站建立“科学发展，党建先行”栏目等形式，掀起“大学习”热潮，针对工作热点、重点和难点，开展机关党建“大调研”。在开展“机关党建要走在党的基层组织建设的前头”主题征文和论文评选活动，收到论文98篇，其中35篇获奖，《以改革创新精神，推进机关党建工作走前头》等四篇调研报告在市党建研究会上进行了交流。按照《2009～2013年全国党员教育培训工作规划》要求，针对不同层次党员干部需求，结合贯彻科学发展观和《珠江三角洲地区改革发展纲要》的工作热点，开展全方位的“大培训”，近3000人受训并通过网络进行了在线考试。

【组织和制度建设】 2009年，机关基层党组织坚持抓基础促规范、抓重点促特色，抓创新促活力，努力打造“质量党建、特色党建、活力党建”三大品牌。通过在基层党组织开展党建工作ISO9000质量认证工作，实行党员服务承诺制，开展党务公开和党费收缴情况的检查，统一印发《党务公开工作记录本》等规范性手册，推动基层组织建设迈上规范化、科学化轨道，打造“质量党建”品牌。通过建设14个各具特色、各显亮点的党建典型，培育8个制度健全、功能完善的“党员之家”，在市国税局、拱北海关等单位开展了“电子党务”试点，在党总支部层面上扩大“公推直选”试点工作，推动基层党组织展现特色，打造“特色党建”品牌。通过推广“最佳党日活动”，开展市直机关党组织与区直机关党组织、机关党支部与农村党支部、机关党员与困难党员“结对共建”活动，为党务干部提供日常工作短信“点对点”提醒服务、生日慰问、家庭重大变故慰问真情服务，开展上门任前谈话、党建工作指导、送党课下基层等上门服务，引导基层党组织创新组织生活内容、形式和载体，打造“活力党建”品牌。

【机关作风建设】 2009年，珠海市直机关工委针对全市重大项目建设的重点工作和机关“办事难”的顽疾，深入市直26个职能部门走访，以听取汇报、实地查看等方式检查、督促各部门推出切实有效的“提效能、促发展”措施。大力宣传推广市规划局转变作风、优化服务的经验做法、在全市机关开展“转变作风、从我做起”大讨论活动，营造出“抓落实、转作风”的浓厚氛围。编发工作简报通报各单位机关作风建设情况、在珠海电视台“阳光政务”栏目开展“作风建设在一线——珠海市机关作风建设主题宣传季”活动，集中报道机关广大党员干部在重大项目建设中“五加二”“白加黑”的拼搏精神和干劲。将“政府部门责任白皮书”考评与“万人评政府”活动相结合，引入中山大学专家参与方案设计、社会中介机构参与组织评估，以及重新对考评对象进行合理分类等措施，科学修订年终考评办法，有力推动机关作风建设。

【反腐倡廉】 2009年，珠海市直机关工委认真坚持事前、事中与事后监督相结合，预防性监督和遏止性监督相结合，认真履行纪检监察机关的职责。通过加强对市直机关单位人、财、事、物等权力运行的监督，特别是加强对市直机关单位招收公务员的过程监督和各党委班子换届选举的监督，严格执行领导干部重大事项报告制度、廉洁自律情况登记检查和核实制度，落实党风廉政责任制的监督。加大对机关党员干部特别是党员领导干部赌博和出国出境的监督，并协助市纪委开展对机关单位小金库清理检查工作，及时发现苗头，严防违纪违规现象的发生。开展“进家门、问民生、解难题”探访重复上访户活动和对受处分党员干部的回访工作，保障党员权益。开展廉政文化建设，营造勤政、廉政的浓厚氛围，筑起拒腐防变的思想堤坝。

【机关工委自身建设】 2009年，珠海市直机关工委大力加强自身建设，通过开展机关文化建设，深化、细化“组织的桥梁纽带，党员的知心朋友”的工委文化理念，确立敢为人先的排头兵精神和“走前头、做表率”的机关党建工作目标。开展“科学发展、党建先行”研讨会、每月推荐读书和撰写读书心得，以及组织赴江门、阳江、中山和东莞等市直机关工委学习考察等活动，引导大家在“服务中心，建设队伍”中主动作为和善于作为。定期派员参与全市各类培训班、启用现代远程办公系统、丰富“珠海机关党建之窗”机关文化专栏、开展“廉政警句”征集活动和心理健康讲座。

【市直人民武装工作】 2009年，珠海市直机关工委及各基层单位牢固树立战备观念，坚持以民兵整组强化武装力量，做好部队转业干部和预备役的登记、统计工作。坚持以军事训练提高武装技能，做好民兵连的军事培训、武器装备管理等工作。全年民兵武器装备安全无事故，完好率达95%以上，圆满完成上级军事部门交办的各项工作任务。

（朱自琴）

珠海市人民代表大会常务委员会

【2009年珠海市人大常委会主任、副主任、秘书长名单】

主　　任：甘　霖

常务副主任：罗春柏　冼　文

副 主 任：余荣霭　高存亮　张　萍　李汉章　李建平

秘 书 长：王道远

【概况】 2009年，是珠海改革开放历史进程中经济形势极为严峻的一年，也是珠海人民坚定信心、迎难而上、共克时艰，开创经济社会发展新局面的一年。珠海市人大常委会坚持党的领导、人民当家做主和依法治国有机统一，依法履行职责，扎实开展工作，圆满完成市七届人大四次会议确定的各项任务，为推动珠海科学发展、促进社会和谐作出了重要贡献。

【立法】 2009年，常委会把立法作为保障经济社会科学发展的重要工作来抓，全年共审议法规草案5件，通过2件。立法工作体现"四围绕四突出"：一是围绕提高行政效率，突出行政管理立法。制定了《珠海经济特区政府投资项目管理条例》，推进重大项目建设。条例根据上位法精神，结合实际大胆改革，进行项目储备库、分级管理、并联审批等多项创新，优化管理流程，缩短运作周期，加快建设速度，为珠海抢抓发展机遇提供了制度保障。二是围绕增强自主创新能力，突出了经济管理立法。审议《珠海经济特区高新技术产业开发区管理条例（草案）》和市七届人大四次会议议案《珠海经济特区科技创新促进条例（草案）》，为发挥高新区的引领和示范作用、推动科技创新奠定基础。三是围绕生态文明建设，突出城市管理立法。制定《珠海市排水条例》，规范排水规划、建设、运营和管养工作，加强城市环保基础设施建设，擦亮生态环境品牌；审议《珠海市城市规划条例》修正案草案，以加强对岸线、山体和海岛的保护。四是围绕发展大局，突出立法对策研究。开展珠三角规划纲要配套法规立法规划、横琴开发建设立法保障、海岛立法、农村股份合作企业条例立法必要性和可行性等调研工作，及时提出对策建议，为市委和常委会立法提供决策依据。

在立法工作中，坚持科学立法、民主立法，创新立法机制，改进立法工作，提高立法质量。一是实行法规立项论证制度。对立法建议项目的必要性、可行性、出台时机及立法思路、预期效果等内容进行评估论证，确保法规立项的科学性。二是充分发挥人大在立法中的主导作用。常委会组织起草了规划条例修正案，拓宽法规起草渠道；制定政府投资项目管理条例时，通过提前介入起草工作、专门召开常委会会议等举措，及时审议通过条例；主任会议积极协调重点立法项目，解决立法中遇到的问题。三是加大开门立法工作力度。所有法规草案均采取书面征求意见、登报上网征求意见以及召开座谈会、论证会等方式广泛听取意见，提高立法民主化和公开化程度。四是加强立法协调工作。常委会有关工委在立法调研、起草、修改各环节加强与省人大立法部门、市委和市政府相关部门的沟通协调，争取各方支持，保障立法工作顺利进行。

常委会还配合全国人大、省人大开展了国家赔偿法（修订）、广东省燃气管理条例等33件法律法规的立法调研，为国家和省立法提供意见和建议。

【监督】 创新议案督办方法。前山河综合整治、三个农场改革与发展等未办结议案均为代表和群众倍加关注的民生议案。针对议案办理工作难度较大、进度不够理想等问题，主任会议做专门研究，决定召开议案办理工作会议，由主任会议成员与市政府常务会议成员交换意见，会前还组织代表开展实地调研，拍摄议案办理情况专题片，召开市人大与政府秘书长协调会，使农场危房改造速度加快，前山河治污保洁、环境整治等工作有进展，议案办理取得了明显成效。

加大建议督办力度。常委会选取扶持企业发展等10件关系民生和发展的代表建议进行重点督办。相关工委加强与承办单位和代表的沟通，跟踪办理情况。对办理滞后的建议，由主任会议成员分工负责推进，如对整治出租车交通违章行为的建议，市政府成立工作领导小组，开展专项整治，使涉及出租车的交通事故明显下降。2009年送交市政府办理的165件建议中，已经解决或正在解决的建议占总数的92.7%，与上年同比上升5个百分点。

强化执法行为监督。常委会检查《珠海市户外广告设施设置管理条例》和《广东省人口与计划生育条例》的实施情况；配合全国人大和省人大检查大气污染防治法、工会法的实施情况；听取和审议社会治安管理、社保基金管理等专项工作报告；听取市中级法院工作汇报。这些监督工作保障了法律法规的正确实施，促进“一府两院”不断提高执法水平。

开展民生问题调研。2009年，以专委会、代表专业小组活动等组织形式开展调研33次，形成调研报告19份，内容涉及农村土地流转、残疾人就业保障、医疗纠纷处置、民用燃气使用、民族宗教管理等诸多民生问题。调研报告转市政府研究处理，调研成果正逐步在实践中得到运用。如对农业增效、农民增收问题，向市政府提出加快水利设施建设，扶持低产鱼塘改造，打造效益农业的建议；对水利堤围设施建设问题，向市政府提出要将“四小联围”海堤建设纳入政府年度投资计划。这些建议已纳入市政府及相关部门的工作日程。

加强立法监督工作。常委会依法对5件政府规章进行备案审查。为加强政府规范性文件备案审查工作，主任会议通过《珠海市人民代表大会常务委员会规范性文件备案审查工作办法》，明确规范性文件备案工作职责和程序，使规范性文件备案审查工作进一步制度化、规范化。

【人事任免工作】 2009年，常委会依法任命国家机关工作人员30人，免职18人，为国家机关的正常运作提供组织保障。

【代表工作】 2009年，常委会加强代表学习培训。举办全市人大系统学习讲座，邀请专家作“三促进一保持”的报告；举办选区人大代表培训班，常委会组成人员分别到各基层选区作“金融危机与科学发展观”“规划纲要与珠海发展机遇”等专题辅导，提高代表参政议政能力；举办代表小组组长学习座谈会，总结推广代表活动的成功经验；组织常委会组成人员和代表小组组长赴浙江大学进行专题培训，优化了知识结构，拓宽视野；继续组织代表见证法院执行、旁听法院庭审和检察院公诉活动，使代表了解司法工作，进一步增强依法履职能力。

优化代表服务保障。健全基层人大工作机构，形成市、区、镇（街）、村（居）均有人大机构的工作格局，常委会鼓励和指导设立“代表联络室”，总结推广其成功经验，支持基层人大机构开展工作。增进与代表的联系和沟通，主任会议成员带队走访香洲、金湾、斗门三个区，认真听取代表对常委会工作的意见建议；走访港澳流动渔民、军警等代表，帮助解决在履职中遇到的困难。畅通代表知情知政渠道，定期寄发文件、政情资料等，及时通报工作情况；协助有关部门深入基层向代表通报经济社会发展情况，保障代表知情知政权。在代表履职活动中，做好后勤服务工作，提供必要的物质保障。

创新代表闭会期间活动方式。一是加强代表活动的统筹协调。制定代表活动计划并下发各选区，协同相关部门推动落实；改进代表视察工作，以“小型、深入、专题、实效”为要求，组织专题视察，为代表出席大会做好情况收集工作；组织代表就农村土地流转、工业园区发展、红树林保护、古镇古村文物保护等问题进行专题调研，推进关系经济和社会发展热点难点问题的有效解决；安排常委会组成人员参加各类代表活动，了解基层情况，收集群众意见，提高代表活动的实效。二是组织代表参与常委会工作。坚持

邀请代表列席常委会会议制度，听取代表对审议事项的意见和建议；积极组织代表参与立法、监督等工作，高度重视并采纳代表的合理意见，发挥代表主体作用。全年组织代表列席常委会和专委会会议、参加视察及执法检查等活动748人次；开展代表专业小组活动199人次，形成书面报告70份，较好地发挥代表的作用。三是组织珠海市的全国和省人大代表的活动。就横琴开发、河道治理、华侨农场发展等问题进行调研和视察，以“代表直通车”形式，分别向全国和省反映情况，争取上级支持。

【自身建设】 常委会主动开展学习活动，提高综合素质。常委会通过专题讲座、集中培训、实地考察、中心组学习等形式，组织常委会成员和机关干部深入学习党的理论和人大知识。组织干部撰写学习和读书心得，编排学习墙报，召开读书交流会，形成浓厚的学习氛围。在学好理论的基础上，联系实际，认真分析，查找存在问题，确定12项整改措施，把活动成果转化为推进各项工作的新举措。加强廉政建设，以常委会主要领导授课、观看廉政教育片等形式开展纪律教育活动，增强全体人员廉洁自律意识。

改进工作方式，增强工作实效。一是完善工作制度，进一步规范常委会、主任会议的组织服务工作和办文流程，制定《关于进一步改进常委会会风要求》等3项工作规定，提高工作质量和效率。二是抓好“会前准备、会后落实”，会前围绕审议议题深入调研和论证，会后把督促“一府两院”落实常委会审议意见作为重要环节来抓，对重点难点问题连续跟踪督办，务求实效。三是密切与人民群众的联系，将常委会主要工作向社会公开，自觉接受代表和群众监督；继续实施代表大会和常委会会议旁听制度，邀请65位市民旁听会议。四是进一步构建民主法制建设的舆论环境，继续办好常委会公报、人大工作简报以及珠海人大网站，在国家、省、市级媒体发表人大专题文章7篇，各级媒体刊发有关常委会工作的新闻报道700多篇。

加强机关建设，完善服务保障。一是加强对专委会发挥职能作用的指导，围绕做好常委会议题的服务和保障，各专门委员会共召开38次会议。二是强化机关干部的政治、业务学习和技能培训，认真做好干部挂职锻炼、交流、轮岗以及教育培训工作，为常委会及机关工作顺利开展提供组织保障。三是创建健康向上的机关文化，举办文艺联欢晚会，开展“共克时艰党旗红”演讲比赛、“读好书写心得谈体会”等系列文化活动，调动和激发机关干部的积极性和创造力。四是认真履行信访工作职责，全年共接待群众来访1025批1848人次，处理来信926件。

【市七届人大四次会议】 2009年2月23日～27日，在香洲召开珠海市第七届人民代表大会第四次会议。大会听取、审议和通过珠海市人民政府工作报告、珠海市人民代表大会常务委员会工作报告、珠海市中级人民法院工作报告、珠海市人民检察院工作报告；审查珠海市2008年国民经济和社会发展计划执行情况及2009年计划草案的报告，批准珠海市2009年国民经济和社会发展计划；审查珠海市2008年预算执行情况和2009年预算草案的报告，批准珠海市2009年市本级预算；审查珠海市2008年政府投资项目计划执行情况和2009年政府投资项目计划草案的报告，批准珠海市2009年政府投资项目计划。大会依法补选高平为珠海市第七届人民代表大会常务委员会委员，依法选举万国营为珠海市中级人民法院院长。大会依法通过：高平为珠海市第七届人民代表大会教育科学文化卫生外事华侨宗教委员会主任委员；黄茜平为珠海市第七届人民代表大会城市建设与环境资源委员会主任委员。

【市人大常委会会议】 珠海市第七届人大常委会第十八次会议2009年1月14日～16日召开。会议听取市政府关于去年工作情况和今年工作设想的报告；审议通过珠海市人民代表大会常务委员会关于召开市七届人大四次会议的决定；审议通过珠海市人民代表大会常务委员会关于列席和邀请列席市七届人大四次会议人员的决定；听取市人大法制委员会关于2008年度珠海市人民政府规章备案情况的审查报告；审议通过《珠海市地下管线管理条例》；听取和审议市政府关于珠海市2008年国民经济和社会发展计划执行情况与2009年计划草案的报告；听取和审议市政府关于珠海市2008年财政收支预算执行情况与2009年预算草案的报告；听取和审议市政府关于珠海市2008年政府投资项目计划执行情况与2009年政府投资项目计划草案的报告；审议并原则通过市人大常委会工作报告（审议稿）；审议决定接受市七届人大个别专门委员会主任委员辞职事项；审议珠海市七届人大四次会议主席团、秘书长名单（草案）；听取和审议珠海市七届人大常委会代表资格审查委员会关于市七届人大代表资格的审查报告；审议决定相关人事任命事项。

珠海市第七届人大常委会第十九次会议2009年2月4日下午召开。会议依法补选甘霖为广东省第十一届人民代表大会代表；审议决定相关人事任免事项。

珠海市第七届人大常委会第二十次会议2009年3月24日～25日召开。会议审议《珠海市排水条例（草案）》；听取关于市人大常委会2009年立法计划的报告；听取关于市人大常委会2009年监督工作计划的报告；听取和审议市人大常委会2009年工作要点；听取关于市七届人大四次会议议案建议交办情况的报告；审议决定相关人事任免事项。

珠海市第七届人大常委会第二十一次会议2009年5月12日～13日召开。会议审议关于市政府提请审议交通集团等项目融资议案；听取和审议市政府关于2008年度社保基金管理使用情况的工作报告及审计工作报告；听取和审议市政府关于加强社会治安管理的工作报告；审议《珠海经济特区政府投资项目管理条例（草案）》和《珠海市排水条例（草案修改稿）》；审议决定相关人事任免事项。

珠海市第七届人大常委会第二十二次会议2009年6月24日召开。会议审议通过《珠海经济特区政府投资项目管理条例》。

珠海市第七届人大常委会第二十三次会议2009年7月27日～29日召开。会议审议《珠海市排水条例（草案修改稿）》《珠海经济特区高新技术产业开发区管理条例（草案）》《珠海市城市规划条例（修正案草案）》等法规草案；听取和审议2008年市本级财政决算的报告，关于珠海市2008年度市本级预算执行和其他财政收支情况的审计工作报告，审查和批准2008年市本级财政决算；听取和审议2009年上半年国民经济和社会发展计划、政府投资项目计划、预算执行情况的报告；听取和审议市政府关于提请审议通用飞机基地建设等四个项目融资的议案；听取市政府关于横琴经济开发区规划发展情况的报告；听取和审议市政府关于研究制定珠海经济特区科技创新条例议案办理方案的报告；听取和审议市人大常委会执法检查组关于《珠海市户外广告设施设置条例》实施情况的执法检查报告；审议决定有关人事任免事项。

珠海市第七届人大常委会第二十四次会议2009年9月22日～23日召开。会议听取和审议市政府关于珠海市十大重点建设工程推进情况的报告；听取市政府关于港珠澳大桥工程进展情况的报告；审议《珠海市城市规划条例修正案（草案修改稿）》；听取和审议市政府关于2009年市政府投资项目计划调整方案的报告；听取和审议市政府关于2009年市本级财政收支预算调整方案的报告；听取和审议市政府关于市七届人大四次会议代表建议办理情况的报告；听取和审议市人大常委会执法检查组关于《广东省人口与计划生育条例》实施情况的执法检查报告；听取和审议市政府关于提请审议珠海交通集团向中共银行股份有限公司珠海分行贷款的议案；审议决定接受市七届人大常委会个别组成人员辞职事项；审议决定有关人事任免事项；书面审议关于常委会确定的七届人大四次会议重点督办建议案办理情况报告。

珠海市第七届人大常委会第二十五次会议2009年11月10日召开。会议审议决定有关人事任免事项；听取和审议市政府关于竹银水源工程贷款的议案。

珠海市第七届人大常委会第二十六次会议2009年12月22日～24日召开。会议审议关于召

开市七届人大五次会议有关事项；审议决定接受市人大常委会个别组成人员辞职事项；听取和审议市政府关于柠溪路（紫荆路、翠香路）改造工程、中航通飞产业基地园区基础设施配套等项目融资的议案；审议通过市政府关于提请审议珠海市与巴西维多利亚市缔结国际友好城市关系的议案；听取市人大法制委员会关于2009年度珠海市政府规章备案情况的审查报告；审议市人大常委会工作报告（稿）；审议《珠海经济特区科技创新条例（草案）》；听取市政府关于今年工作情况和明年工作设想的报告；听取和审议市政府关于珠海市2009年国民经济和社会发展执行情况、政府投资项目计划执行情况与2010年计划草案的报告；听取和审议市政府关于珠海市2009年财政收支预算执行情况与2010年预算草案的报告；听取和审议市政府关于人大议案办理情况的报告；审议决定有关人事任免事项；书面审议市政府关于珠海市新制定法规培训宣传工作情况的报告和市政府关于我市城市规划实施和修编情况的报告。

（邹　辉）

珠海市人民政府

【2009年珠海市人民政府市长、副市长、秘书长名单】

市　长：钟世坚

副市长：何宁卡　霍荣荫　刘小龙　陈洪辉　邓群芳　金展扬　陈　英　赵建国　王庆利

秘书长：熊灿均

【概况】　2009年，珠海市GDP达到1037.7亿元，同比增长6.6%。固定资产投资额410.5亿元，同比增长10.3%。社会消费品零售总额413.8亿元，同比增长15%。城镇居民人均可支配收入2.29万元，同比增长9.1%。农渔民人均纯收入8575元，同比增长6.6%。接待游客2087.7万人次，同比增长9.1%。金融机构各项存款余额2105.2亿元，同比增长33.6%。来源于珠海的财税总收入305.4亿元；财政一般预算收入101.4亿元，同比增长9.9%。服务业成为经济增长的首要推动力，贡献率达到80.4%。珠海机场年旅客吞吐量、货运量分别为138.6万人次和1.4万吨，两项指标都增长23.5%。全年进出口总额实现374.4亿美元，其中出口177.8亿美元，同比降幅分别由1月份的39.8%、26.8%收窄至20.1%、16%。由于个别大型出口工业企业产值锐减，实际降幅超过30%，全市规模以上工业增加值被拉低7.4个百分点，仅完成478.6亿元，同比增长1.2%，与上年基本持平。

经济结构调整和自主创新成效明显。三次产业增加值比重由上年的2.9∶54.6∶42.5调整为2.8∶51.7∶45.5，服务业占GDP的比重提高3个百分点。初步形成家电电气、电子信息、精密机械制造、生物医药、电力能源、石油化工、软件和集成电路设计、打印耗材等产业集群。高栏港经济区成为省重化产业集群升级示范区，高新区成为广东省现代信息服务业重点园区，航空产业园成为国家高技术产业基地和省市共建先进制造业基地。以装备制造业为代表的先进制造业发展势头良好，优特电力入选全省50家装备制造业骨干企业，华冠电子等3家企业入选全省100家重点培育装备制造业企业，格力电器等6家企业入选广东省工业企业100强，兴业太阳能等3家企业入选福布斯中国潜力企业200强。预计文化产业产值355亿元，同比增长22%。产业发展水平不断提高，财政一般预算收入占GDP比重达到10%左右，居于珠三角各市前列。高新技术产业蓬勃发展，全年高新技术产品产值950亿元；生物医药和一批民营高科技企业逆势增长，生物医药产业产值76亿元，同比增长12.2%；新认定国家高新技术企业59家。发明专利申请量、授权量2366件和1738件，同比分别增长18%和6.2%。新增2家省部产学研结合示范基地、1家国家级企业技术中心；21个产品被认定为广东省自主创新产品，省级创新型企业增至15家，知识产权优势企业增至36家。健帆生物科技荣获2009年国家科技进步二等奖。实施“以质取胜”“商标品牌”“名牌带动”和标准技术战略，珠海市企业参与制订和修订国际、国家标准151项，国家打印耗材质检中心建设稳步推进，“中富”被认定为“中国驰名商标”。

高栏港经济区建设日新月异，港口建设和临港产业发展加快推进，地区生产总值、工业增加值、财政一般预算收入、固定资产投资、引进内资注册资本金、港口吞吐量等主要经济指标均实现高速增长。高新区坚持产业发展与新城建设并举，着力打造“创意唐家”品牌，滨海科技新城一期填海造地工程加紧建设，金山软件园动工，巨人网络南方总部暨研发基地奠基，高端产业聚集效应日渐明显。香洲区打造“香洲服务”品牌成绩可喜，服务业占GDP比重提高到56%。金湾区、斗门区以园区整合为契机，促进航空产业园和富山工业园产业发展初见成效。保税区、跨境工业区和万山区发展势头良好。

【重大产业项目】 2009年，中船1100万吨级造船基地配套工程、中国海油深水工程基地、中航通用飞机产业基地和玉柴发动机等一批总投资1300多亿元的重大项目陆续动工。引进内资注册资本金总额56.9亿元，同比增长88.8%。实际利用外商直接投资11.8亿美元，同比增长3.3%。中央和省属企业在珠海累计投资项目34个、总投资超过1300亿元。重大项目招商势头良好，协议总投资200亿元以上的项目2个、100亿元以上的6个、50亿元以上的7个。

【交通建设】 2009年，港珠澳大桥动工。广珠城际轨道和广珠铁路建设顺利推进。高栏港高速、机场高速、井岸二桥以及珠海大道、柠溪路改造、板樟山隧道大修工程等动工建设。省道S272白蕉高速公路出口至湖心路口段建成通车。5万吨级集装箱码头第二个泊位竣工，10万吨级煤码头和两个15万吨级矿石码头动工建设，10万吨级集装箱码头和10万吨级进港主航道项目获得国家批准，珠海港成为珠三角地区水深条件最好、功能最齐全的港口。

【区域合作】 2009年，国务院批准实施《横琴总体发展规划》。横琴新区专项政策和规划编制报批等工作加紧推进，多联供燃气能源站、长隆国际海洋度假区等一批项目动工建设。出台推进珠港澳更紧密合作的实施意见，开展对港澳货物贸易人民币结算试点。与澳门特区政府达成珠澳同城化共识，建立官方正式联络机制，重点推进基建对接、通关便利、产业互补、服务一体等方面合作。千方百计应对咸潮，强化科学调度，加紧推进总库容4333万立方米的竹银水源工程，保障珠澳供水。召开首届珠中江区域合作联席会议，确定八大重点合作领域，20多项实质性合作项目加紧推进，实现公交互通、年票互认、媒体互动、环保联动，加快珠中江经济圈一体化进程。

【人居环境】 2009年，珠海市发挥规划在城市建设中的先导作用，已完成30多项规划编制工作。交通、能源、防灾减灾、环保和供水工程完成投资11.4亿元，同比增长25%。维修翻新30座桥梁，新建37座候车亭。拱北口岸客车通道“一站式”电子验放系统工程和横琴口岸扩建工程竣工使用。电网工程完成投资15.6亿元，500千伏国安输变电工程等15个电网项目竣工投运。

【生态建设】 2009年，珠海市在全省“环保目标责任考核”中荣获“优秀”称号，“城市环境综合整治定量考核”总分名列全省前茅，连续三年完成减排目标。开展生态城市建设规划研究，制定生态建设四个百分百行动方案，修订《珠海市环境保护条例》。加快推进全国生态文明建设试点工作，通过国家园林城市复查。积极推进36项国家环保模范城市“迎检重点工程”，拱北污水处理厂改扩建工程完工，南水、三灶水质净化厂建成启用。前山河综合治理工程顺利推进，相关配套工程如期完成。加快城区排洪渠截污分流改造，完成凤凰河综合整治。整合和盘活存量土地，清理处置闲置土地259宗、总面积18.1平方千米。超额完成年度节能任务，珠海市被省推荐为可再生能源建筑应用项目示范城市。实施“双十百绿”工程，新改建绿地53.3万平方米，种植树木70万株，建成开放将军山公园，提升海天公园绿化美化水平。完成情侣路沿线海域清理工作，开展全民清洁和市容整治活动，清拆违规户外广告牌2452宗，改造柠溪、朝阳、三灶唐人街等3个农贸市场，市容市貌明显改观。

【新农村建设】 2009年，珠海市财政投入“三农”资金23.9亿元，同比增长19.5%。出台《珠海市饮用水源保护区扶持激励办法》，对保护区实行财政补助。累计改造华侨农场危房3760户，改造农村公路12条、危桥14座。开发补充耕地3760.3亩，超额完成省下达的任务。农业产业化水平不断提高，新增两家省级农业龙头企业，国家和省级农业龙头企业达到9家。全市农业总产值52.8亿元，同比增长4.6%。农民专业合作社43家，辐射带动农户5700多户。“白蕉海鲈”成为珠海市首个国家地理标志产品。完成119条行政村新农村建设规划初步成果。加强海洋综合开发和保护，在全省率先完成海岸保护与利用总体规划。南海生物放流活动和首届海洋博览会在珠海市成功举办。

【民生改善】 2009年，珠海市加大民生投入。完成政府投资72.3亿元，同比增长29.8%，完成投资计划的103.7%。市财政一般预算对教育、社保就业、医疗卫生、文化事业、环境保护、农林水事务等六项民生总投入50.5亿元，同比增长20%；民生支出占一般预算支出的41.6%，同比提高1.8个百分点。统筹区域发展，加大对西部地区投入，全年对西部地区教育和医疗卫生、社保就业、环境保护、公共交通、防灾减灾、农林水利、供水设施改造等方面投入21.8亿元。

就业和社会保障水平不断提高。城镇新增就业岗位40877个，城镇登记失业率为2.8%。推进“百企扶百村就业工程”，珠海市农村劳动力转移就业6779人，吸纳粤东西北地区农村劳动力6506人。为大学生见习、就业和创业提供服务，珠海市生源高校毕业生就业率达91%。实施适龄青年百分百接受技工教育、百分百实现技能就业工程，5882名普通初高中毕业生免费入读市高级技工学校和中等职业学校，中职毕业生一次性就业率超过98%。社会保险参保人数达389.5万人次，新增17.7万人次。建立社会基本医疗保险普通门诊统筹制度，提高医疗保险待遇水平。出台《珠海市最低生活保障实施办法》，提高重点优抚对象补助标准。农民和被征地农民全部参加医保，12.4万人参加养老保险，参保覆盖率为85%，养老保险参保补贴比例由20%提高到35%。海岛居民乘船享受60岁以上老人免费、中小学生6折优惠。

文教卫体等社会事业实现新发展。14.7万人享受免费义务教育和高中阶段免学费教育，普通高考总上线率为86%，高校全日制在校大学生超过10万人。实施中小学校舍安全工程，加固校舍65栋。积极解决中小学代课教师问题，已招录代课教师216人。学前教育加快发展，新增3所省一级幼儿园。成功举办珠澳青少年大联欢、第三届民间艺术大巡游等系列活动。重大文化工程项目加紧推进。出台关于镇卫生院改革与发展的意见，镇卫生院改造顺利推进，121个农村卫生服务中心竣工。连续21年完成人口计划控制任务。

社会保持和谐稳定。建成镇街综治信访维稳中心23个，入选“2009年中国最安全城市”。圆满完成迎国庆、庆回归10周年等重大活动的安保工作。事故宗数、伤亡人数和直接经济损失同比分别下降20.8%、20.1%和24.1%，连续三年火灾事故零死亡。食品药品、产品质量安全、打击假冒伪劣和传销违法活动等工作扎实推进，工商、质监、食品药品监督等部门有效维护市场经济秩序。香洲区成为“全国和谐社区建设示范城区”“全国平安建设先进区”，拱北街道成为“全国和谐社区建设示范街道”，三灶镇三灶社区成为“全国和谐社区建设示范社区”，吉大海大社区成为“全国综合减灾示范社区”。

对口援建帮扶和“双转移”工作扎实推进。珠海市已完成对口援建工程任务的80%，绵虒小学、汶川县福利院、羌峰（珠海）侨心村等一批援建工程建成启用。市财政预算安排对汶川援建和帮扶资金1亿元。全年对重庆巫山、巫溪、奉节三县和揭阳市揭西县投入帮扶资金1700多万元，并与普宁市、揭西县、惠来县85个村建立“规划到户、责任到人”的帮扶关系，全面开展对口扶贫开发工作。揭阳、茂名产业转移园被评为省示范性产业转移工业园，分别竞得省财政专项资金5亿元，市财政也按省的要求安排专项资金1亿元推进产业转移园基础设施建设，两园已竣工项目23个，意向入园项目100多个。

【体制改革】 2009年，珠海市政府工作部门精简至27个，精简幅度约为1/3，议事协调机构减少83.3%。简政放权，规范审批权限，明确规定除177项审批事项须上报市政府以外，其余事项由各部门依法办理。出台《珠海市建设工程项目行政审批管理办法》，优化审批流程，缩短审批时间，提高基建项目审批效率。

社会管理体制改革稳步推进。率先启动政府购买服务、慈善救助、流动人口服务管理等改革试点，设立促进就业、医疗卫生、小区管理三个咨询委员会，在翠香街道和三灶镇等地推进社区民主自治试点，赋予部分行业协会和社会组织相应的管理职能。

金融和国企改革取得新成绩。全市上市公司总数达到20家。珠光集团完成债务重组，削债总额50亿港元。珠海商业银行引入央企战略投资25亿元成功重组。农村信用社改革取得阶段性成果，15亿元中央银行专项票据顺利兑付。推进国有企业改革，通过资源整合等方式组建交通、水务、城建、公交等14家市属国有企业集团。发挥市管国有企业投融资平台作用，得到金融机构大力支持，成功融资498.5亿元为重大项目建设提供资金保障。

法治、效能和廉政建设得到加强。自觉接受市人大和市政协监督，认真听取各民主党派、工商联、各人民团体及无党派人士的意见建议。提请市人大常委会审议《珠海经济特区科技创新条例》等地方性法规草案8件，已颁布《珠海市经济特区政府投资项目管理条例》等3件。制定《珠海市建设工程招投标管理办法》等政府规章6件。提请市人大常委会审议各项议案和工作报告62项。市政府高度重视“两案一议”办理工作，6件市人大议案办理工作加紧推进，165件代表建议和336件政协提案全部办结，被省政协评为2009年度“承办提案先进单位”。切实做好政府重大决策及其落实情况等重点信息公开，政务公开工作在全省考核中获得良好成绩，珠海市荣获中国政府网站“优秀奖”和“信息公开领先奖”。政务环境不断优化，入选港澳台和大陆最具投资潜力十大城市，在广东省社科院全省地方政府公共服务公众评价调查中总体满意度名列第一。 （市府办）

港澳事务

【概况】 2009年，珠海市港澳事务局制定《珠海市迎接澳门回归10周年，全面推进珠澳合作若干事项工作方案》，确定拱北口岸改扩建、竹银水源工程、澳门大学迁建奠基、珠澳跨境工业区转型升级等十项迎接澳门回归重大项目。7月，在全市范围内召开推进珠澳合作若干事项工作动员会。12月20日，顺利完成澳门回归祖国10周年各类庆祝活动。

【珠澳合作机制】 2009年4月28日，珠澳合作专责小组在珠海市召开第一次会议，会议总结近年来珠澳合作成果，明确合作目标，并决定设珠澳跨境工业区转型升级工作小组、珠澳城市规划

与跨境交通研究工作小组、珠澳口岸通关合作工作小组，推进珠澳合作项目。4月，甘霖书记率团访问澳门特别行政区，与澳门特区政府就推进珠澳同城化达成“基建对接、通关便利、产业合作、服务一体”四点共识。5月，香港立法会主席曾钰成率香港立法会议员访问珠海市，就城市发展规划、港珠澳大桥建设情况以及环境保护等交换意见。

【服务业对港澳扩大开放政策在珠先行先试】 2009年，按照“重点突破、务实求效、放大效应、探索创新”的原则，珠海市积极推动科技、教育、医疗、旅游等重点领域与港澳开展合作。9月，市港澳事务局协调组织全市各区及相关单位参加在香港举办“CEPA及服务业先行先试宣讲会”。市委常委、常务副市长何宁卡出席会议并做演讲，受到香港专业界人士的广泛关注。10月，应香港民建联邀请，市港澳事务局组织市有关部门赴港与民建联进行座谈，介绍横琴总体发展规划及开发现状，为推动横琴新区对接港澳服务业起到先期宣传作用。

【横琴新区开发】 2009年，珠海市港澳事务局就横琴新区开发所需要创新和配套的政策措施积极争取上级部门的支持，努力把横琴建设成为带动珠三角、服务港澳、率先发展的粤港澳紧密合作示范区。在港澳举办“《横琴新区总体发展规划》说明会”。积极推进澳大横琴新校区项目建设，做好项目选址、收地、供地、项目动工奠基等各项工作。

【港澳重点调研】 2009年，珠海市港澳事务局积极就珠澳同城化四点共识的落实以及构建珠港紧密合作伙伴关系开展调研，完成《加快珠澳同城化的进程》和《构建珠港紧密合作伙伴关系》等调研课题，同时草拟《关于推进珠港澳更紧密合作的实施意见》，并以市委、市政府名义印发。

（于　威）

外　事

【概况】 2009年，珠海市外事局接待外宾团组102批，936人次，其中副部级以上团组6批，163人次；审批因公出国团组511批，1406人次；办理护照、签证629批，1434人次；办理外国人入境签证通知1248人次；代办领事认证350份。

【因公出国管理】 2009年，珠海市外事局出台《珠海市民营企业人员申请APEC商务旅行卡实施细则》，为珠海市民营企业人员因公出国开拓新的便利渠道。为强化政策效果，市外事局加强宣传推介，送政策下基层。分别赴香洲、金湾、斗门、高新区及市进出口商会为200多家各类外向型企业开展业务宣讲推介活动，帮助企业用好、用活、用足各项外事便利措施。

【经济外事】 2009年，珠海市外事局重点突出以接待促合作的工作思路，为珠海市开展对外交流与合作抢占先机。接待“新加坡—广东合作理事会第一次代表大会”新方代表团、英国贸易代表团等多个重要商务团组，并促成多个合作项目，包括瑞典耶夫勒市FPX协会代表团与高新区签署合作设立“联合孵化器中心”；新西兰博导医疗器械公司落户高新区；加拿大尼亚拉加学院与珠海市高级技工学校签订师资交流、学术培训合作协议等。

【友城开拓】 2009年，珠海市与澳大利亚黄金海岸市签署友好交流合作备忘录，双方达成在旅游、体育、教育、信息技术等多个领域开展交流与合作的共识。与巴西维多利亚市的正式结好工作已得到上级部门批准，力争尽快正式签订缔结友好城市协议书。9月，成功邀请德国不伦瑞克市市长率团访问珠海市，该市市长表示希望尽早促成两市签署缔结友好城市协议。同时，市外事局积极与美国大西洋城、俄罗斯诺沃罗西斯克、西班牙巴利阿里群岛、印度巴厘岛等城市建立初步联系。

【领馆工作】 2009年，珠海市外事局加大领馆工作力度，主动与驻穗总领馆联系，邀请其参加市外事局组织的相关外事活动。如2月份，以“领事林”启动为契机，组织22个国家的外国驻穗领团出席珠海市全民义务绿化运动并参加领事林揭幕仪式。主动拜访驻穗领馆，加大对外宣传力度。9月底，在广州举办珠海最新情况介绍会，邀请20多家领馆总领事及商务官员出席。

（于 威）

人事编制

【概况】 2009年，珠海市人事编制工作紧紧围绕“保增长、调结构、抓改革、促民生、定格局”部署要求，努力克服严峻的经济形势带来的巨大压力，顺利实现了人力资源社会保障工作各项指标的全面增长。2009年是珠海的“改革年”，行政管理体制改革作为“一体两翼”中的体中之体、重中之重，以大部制改革为主攻点和重戏，顺利推进了行政管理体制改革的进行。

【大部制改革】 2009年，珠海市出台《珠海市人民政府机构改革方案》《珠海市部分市直机构调整方案》《珠海市人民政府机构改革方案实施意见》《珠海市精简规范市直议事协调机构的规定》（以下统称“方案”）。市政府工作部门精简幅度约1/3，市直议事协调机构和临时机构精简幅度超过80%。涉及新建、撤并、职责调整的政府机构27个、党委机构8个，调整比例超过市政府工作部门总数的70%，达党委工作机构总数的一半。本次改革以转变政府职能为核心，以大部制为主攻点，优化政府组织结构，在宏观调控、人力资源、产业发展、城市建设、城市管理、交通运输、文体旅游、海洋渔业、水务管理等领域探索推行大部门体制；以先行先试为动力，紧密结合政府机构改革和管理职能转变，加快推进社会管理体制改革，探索社会管理和公共服务新模式。根据“方案”精神，市编办重新制订了29个政府工作部门三定方案，确保改革的目标落到实处。珠海市组建市人力资源和社会保障局，将市人事局、市劳动和社会保障局的职责整合划入市人力资源和社会保障局。不再保留市人事局、市劳动和社会保障局。原与市人事局合署办公的市机构编制委员会办公室单独设置，列市委机构序列。

【横琴新区体制建设】 2009年，珠海市编办参照借鉴上海浦东新区和天津滨海新区的成熟经验，充分考虑横琴实际，在新区的管理模式、体制规格、机构设置上进行更多的尝试和创新。横琴新区管委会为省政府派出机构并委托珠海市政府管理，规格为副厅级。新区设置办公室、党群工作部、统筹发展委员会、产业发展局、财金事务局、公共建设局、社会事业局、交流合作局、行政服务促进局、警务和综合管理局十个内设机构，承担管委会的各项具体职责，并在业务上与上级职能部门有效对接。横琴新区管委会的机构建设，为构建管理层级扁平、管理模式优化、管理效率高效、管理成本节约的政府层级新架构迈出了坚实的步伐。

【事业单位改革】 2009年，珠海市对所有事业单位按行政、公益和经营三种标准进行模拟分类，认真匡算，为下一步转为实际分类，全面开展事业单位改革打下良好基础。开展事业单位人事制度改革调查研究工作，研究起草事业单位岗位设置及人员聘用制度等相关政策。完成国土与规划测绘工作机构事业单位改革试点工作。不断深化职称制度改革，完善专业技术资格评委库，有序推进专业技术职务评聘分开和结构比例管理，51个市属事业单位实行专业技术职务聘任制管理，专业技术队伍结构不断优化。

【社会管理体制建设】 2009年，珠海市专门设立市社会工作促进局，在市民政局挂牌，并成立

市委社会工作委员会与其合署办公，以进一步加强党委、政府对社会工作的领导，更加有序高效地推进社会管理体制改革工作。

【机构编制管理】 2009年，在机构改革期间，暂停珠海市单位机构设置、人员调动、职务调整，个别特殊情况需要调整的，需按程序报市编委批准，严明机构编制纪律。核定8所市直属学校以及高新区和高栏港辖区学校教职员编制。制定《在全市机关事业单位实行机构编制实名制管理的实施意见》，推行机构编制实名制管理，把编制落实到人头，按编定员、定编到人，运转协调、互联互通、相互约束、信息共享的实名制管理平台初步建立。按时完成全市一千多个机关事业单位上年度的机构编制统计工作。认真办理人大议案8份，政协提案7份，办结率100%，满意率100%。做好对外机构编制业务办理工作，办理787件机构编制来（发）文、完成入编和减员、购房补贴核编、幼儿入学家长核编手续3004人次。严格把关，办理事业单位登记业务139件，224家事业单位年审工作全部完成，合格率100%。

【人事管理】 2009年，编制珠海市人事编制政策问答，进一步加强仲裁机构建设，进一步推进政务公开工作，在法律规定范围内及时公开人事编制各项信息。研究建立人才服务业从业人员资格制度，更新修订《珠海市人才开发目录》，完善高校毕业生就业政策，实施一村一名大学生计划，修订珠海市事业单位公开招聘办法，规范事业单位人员招录。精心组织各类考试，加大执行人事部《专业技术人员资格考试违纪违规行为处理规定》《关于实施〈专业技术人员资格考试违纪违规行为处理规定〉有关问题的通知》的力度，依法从严治考。加强专业技术资格考试工作，涉及各类考生2.72万人次。建立公务员培训网络平台，以高研班为抓手做好高层次专业技术人员继续教育工作，全市19个高研班项目列入省计划。全年培训各类专业技术人员2.33万人，完成各类职称评定4522人，人才招录、培训、评定体系逐步完善。

【公务员管理】 2009年，珠海市组织有关单位开展公务员考核专题研究，制定有珠海特色的考核办法。完善珠海市考试录用公务员有关制度和工作程序，制定出台《珠海市公务员录用实施办法》和《珠海市公务员录用面试实施细则》。引入异地考官交流、“两代表一委员”监督新机制，完善公务员考录工作模式。成立公务员绩效分类考核办法课题组，积极研究探索加强公务员考核工作。稳步实施公务员职务任免和职务升降、调任、奖励和新录用公务员实习锻炼等规章细则，草拟完成相关配套制度，全年录取公务员161人，公务员录用过程和结果“零差错”“零投诉”。

【高层次人才引进】 2009年，珠海市引进留学人员155名，留学人员新创办科技型企业16家。做好拔尖人才推荐选拔工作，1名留学人员入选首批国家引进海外高层次人才“千人计划”，1名企业科技人员当选为国务院特殊津贴专家。引进312名外国专家从事教学和技术管理类工作，2名博士到珠海市企业开展博士后科研工作。研究起草《珠海市引进高层次人才办法》《留学人员创业园管理办法》等系列政策，着手修订《珠海市人才开发目录》。开辟高层次人才引进、实用型人才引进、紧缺人才引进和流动人才职称评定四条人才服务绿色通道，不断完善高技能人才培养、引进、评价、使用和激励机制，着力创新人才服务工作机制，人才发展环境更加优化。

【就业服务】 2009年，珠海市出台促进普通高等学校毕业生就业等新政策，积极的就业政策制度体系进一步完善。深入开展企业招聘周、高校毕业生招聘周等活动。珠海市生源高校毕业生就业率达91%。不断完善人力资源市场供求状况分析报告等制度，通过举办招聘会、大力引进外地职高校毕业生、建立实习基地等措施，人力资源市场实现总体供需平衡和经营秩序良好。

【军转维稳】 2009年，珠海市接收并妥善安置军转干部124名。深入推进军转干部自主择业工作，举办军转干部岗前培训班。调解仲裁人事争议案件5宗，较好发挥人事争议调解在维护社会和谐稳定方面的积极作用。落实信访工作责任制，组织开展重信重访问题集中排查调处和领导开门接访、带案下访专项行动，及时妥善处置5人以上群体性事件93宗，圆满完成庆国庆、迎回归和胡锦涛总书记视察珠海期间的人事维稳任务。

（宋新玲）

政协珠海市委员会

【2009年政协珠海市委员会主席、副主席、秘书长名单】

主　席：余炳林

副主席：周本辉　严锦华　钱文炉　吕明智

　　　　熊豪品　刘青华　刘　佳　罗碧坚

秘书长：潘　京

【概况】 2009年，珠海市政协研究出台《关于建立健全市政协委员、顾问与人民群众直接联系相关制度的意见》，对委员、顾问与人民群众的直接联系提出履职要求。启动广东省首个“政协委员社区工作室”的试点工作。全会期间，市政协组织15篇大会发言，积极参政议政，这些意见建议得到市领导的充分肯定和积极评价。

邀请市政府主要领导与委员、顾问以“应对挑战促发展”为题进行专题议政。市领导认真听取了委员、顾问提出的扶持外向型企业转型发展、提高存贷率、打通拱北交通节点等意见建议，并就一些群众普遍关心的经济社会发展热点、难点问题，与委员、顾问进行了深入讨论。

【专题调研】 2009年，市政协围绕老旧小区改造、万山港区建设、工业园区建设、当前经济问题分析、城乡统筹发展、珠港澳合作、商业网点布局、城市社区管理、烂尾楼整治、文化建设等十多项事关珠海发展的重要课题进行专题调研，并向市委、市政府报送《关于加强珠海市内城老旧小区改造和管理的建议》《国际金融危机对珠海经济的影响及对策研究》等多份建议案。此外，市政协还组织委员、顾问到高栏港区、航空产业园、横琴新区视察中船集团珠海船舶和海洋工程装备基地、壳牌润滑油项目、通飞生产基地等8个在建重大项目进行专题视察，并向市委、市政府提交《政协委员对重大项目建设的几点建议》。针对珠海市看守所硬件条件较差的情况，市政协向市委、市政府提交《关于加快公安监管场所建设，切实保障被监管人员人权的建议案》。

【提案办理】 2009年，市政协认真做好提案办理工作，一是联合督办。市政协会同市人大、市政府开展提案议案联合督办，先后到市建设局、市城管局、香洲区政府等14家办理单位进行督办，大大提高了提案的办复效率和质量。二是市长领衔现场督办。市政府主要领导分别率相关职能部门对政协提案进行督办，有力地推动全市的提案办复工作。如“关于加大力度推进华侨农场归难侨危房改造的建议”等提案，就是在市长领衔督办的情况下办理落实的。三是实行主席领衔督办重点提案制度。市政协围绕老旧小区改造、建立新的投融资体系、加快重大项目建设、落实国家医改方案、加强城市节能减排工作、加强减灾、防灾、应急工作等6个专题26件重点提案，由主席、副主席领衔督办，使相关提案办理落到

了实处。

【民主监督】 2009年，市政协在两会期间向社会公开80位委员、顾问的联系方式，这一举措在广大市民中引起强烈反响，产生良好的社会效应。国内许多新闻媒体也对珠海市政协委员、顾问公开联系方式的做法进行专题采访和跟踪报道。同时，为进一步拓宽民主监督渠道，与珠海广播电台合作推出“政协委员会客室”节目，与珠海电视台共同举办“政协之声”老旧小区升级与管理电视论坛等，这些节目推出得到广大市民较高关注和积极参与。

【关注民生】 2009年，香洲区老旧住宅小区的改造与管理问题一直是珠海市城市建设管理中的老大难问题，也是事关百姓切身利益的重要问题，市政协将这方面的提案列为一号提案，成立市、区两级政协联合调研组，会同城管、国土、建设等部门进行长达半年的调查研究，并向市委、市政府报送有关建议案。此外，委员们围绕扶持弱势群体，推进文化医疗教育事业发展，加快社会保障体系建设，强化食品卫生监督等问题，提出许多惠民利民、造福社会的具体意见建议，通过提案办理使这些问题得到重视和落实。

【拓展团结联谊】 2009年，市政协通过组织大会发言、专题议政、视察、联谊、座谈等活动，为各民主党派、工商联、各人民团体及无党派人士搭建协商议政平台。开展联合调研，一些重要调研都邀请民主党派、工商联参与。通过节庆团拜、定期走访、“委员风采”专访、参加港澳社团活动等方式，进一步增进与港澳台同胞友谊。开展各种文体联谊活动。市政协与市委统战部、市侨联、澳门俊和协会共同举办美术、书法、摄影大赛；成功举办珠海市第四届青少年书法大赛、高尔夫邀请赛、海钓邀请赛等活动；组织参与全省“政协杯”乒乓球赛、“四洲杯”曲艺大赛等。 （李文泛）

中共珠海市纪律检查委员会、珠海市监察局

【2009年中共珠海市纪委书记、副书记、常委名单】

书　记：王广泉

副书记：吴汝干　朱权伟　姜建平

常　委：吴　挺　吴丹坚　谢文欣

侯广军（任期至2009年3月）

陈善雄

【2009年珠海市监察局局长名单】

局　长：朱权伟

【中共珠海市纪委六届四次全会】 中共珠海市纪律检查委员会第六届四次全体会议于2009年2月5日举行。全会传达学习十七届中央纪委三次全会精神、省纪委十届三次全会精神，听取市委书记甘霖的重要讲话，听取并审议通过王广泉同志代表市纪委常委会所作的《深入贯彻落实科学发展观，努力开创反腐倡廉建设新局面》的工作报告。

【落实党风廉政建设责任制】 2009年，珠海市委、市政府高度重视反腐倡廉建设，多次召开专题会议，深入分析反腐倡廉形势，研究部署反腐倡廉工作任务，坚决支持纪检监察机关严肃查处领导干部腐败案件。强化责任分解、责任考核、责任追究，严格落实党风廉政建设责任制。根据市党政领导的分工及时调整珠海市党政领导班子成员党风廉政建设岗位职责，把2009年反腐倡廉工作分解为61个项目，责任分工到46个部门。市纪委、监察局主动积极配合市委、市政府做好省考核组考核珠海市党政领导班子及成员落实党风

廉政建设责任制工作的各项准备工作，认真抓好省考核组反馈意见和建议的贯彻落实。各区、各部门认真落实中央《建立健全惩治和预防腐败体系2008～2012年工作规划》、省委《实施办法》和市委关于构建具有珠海特色惩防体系的具体分工，以改革的思路、创新的办法，狠抓关键环节突破，扎实推进惩防体系建设。

【专项监督检查】 2009年，珠海市加强对中央、省、市扩内需促增长决策部署落实情况的监督检查，围绕《珠江三角洲地区改革发展规划纲要》和市委“三促进一保持”工作目标落实情况进行重点监督检查，对全市8个总投资12.04亿元的新增中央投资项目实行动态监控。会同有关部门开展对耕地保护和节约用地、资源节约和环境保护等政策措施落实情况的监督检查，查处土地违法违规案件112件、环保违法违规案件200件。组织开展工程建设领域突出问题专项治理工作，会同有关部门对全市2008年以来立项、在建和竣工的政府投资和使用国有资金的建设项目进行排查，重点治理改变土地用途、调整土地容积率等突出问题，加大对建设工程招投标领域违法违规行为的查处力度，严肃查办了珠海利德安工程造价咨询事务所等一批利用招标代理参与围标串标的中介公司。会同有关部门对各项强农惠农资金发放情况进行专项检查，确保足额及时兑付到位。组织协同有关部门加强对支援汶川绵虒镇恢复重建救灾款物管理使用情况的监督检查，确保援建工作健康顺利进行。

【反腐倡廉教育与领导干部廉洁自律】 2009年，珠海市深入开展党性党风党纪教育，开展以“加强作风建设，保障科学发展”为主题的纪律教育学习月活动，举办全市副处级以上干部党纪政纪法纪教育培训班，制作《蒋建成的两面人生》《腐败三人行》等警示教育片，办好《廉政纵横》《廉政之声》广播电视栏目，制作、播出、张贴廉政公益广告，促使广大党员干部增强廉洁从政意识。督促检查全市各单位节日期间廉洁自律情况，全市各单位借节日之机公款吃喝、滥发钱物的问题得到有效治理。开展“2009行政经费节约年”活动，加大对全市党政机关因公出国（境）组团和新增购公务用车的监督力度，严格控制楼堂馆所建设，对举办评比达标表彰和晚会展览庆典论坛活动从严审核把关。全市党政机关因公出国（境）支出与上年同比下降55.02%，全市市级财政车辆购置及运行费用支出与近三年平均数相比下降14.16%，市级财政单位办公费支出与上年同比下降29.68%、会议费支出同比下降41%、接待费用支出同比下降10.42%，晚会、展览、庆典、论坛活动同比减少51.09%。认真落实领导干部配偶和子女从业、投资入股、到国（境）外定居等有关事项报告制度，领导干部向组织报告个人有关事项930人次。认真执行诫勉谈话、述职述廉、询问和质询等党内监督制度，促进权力正确行使。全市各级纪委负责人同下级党政主要负责人谈话591人次，领导干部任前谈话1193人次，诫勉谈话153人次，领导干部述职述廉1007人次，函询51人次。深入推行政府部门责任白皮书制度，对政府各部门的责任白皮书落实情况进行考评。严格执行党政领导干部问责有关规定，对14名领导干部进行了问责。专项整治公职人员酒后驾车问题，对8名酒后驾车的党员干部进行严肃处理。加强农村基层党风廉政建设，积极推进珠海特色的“村务公开民主管理系统”建设。

【从源头上治理腐败】 2009年，珠海市坚持改革创新，不断加强从源头上治理腐败工作。出台《珠海市建设工程项目审批管理办法（试行）》，进一步优化建设工程协同审批流程，政府投资建设工程项目审批时限从138天压缩至57天。全市445项行政审批事项全部纳入电子监察，实现了行政审批电子监察全覆盖，电子监察共监督行政审批事项471093项，提前办结率为99.7%。继续配合有关部门推进财政管理制度改革，实行市级财务核算集中监管改革，市本级所有纳入集中核算的220个部门和单位全面上线运行，将人大“财政实时在线预算监督系统”与审计部门联网，进一步强化了外部监督机制。修订

完善《珠海市建设工程招标投标管理办法》等法规，推动工程建设项目招投标和国土使用权招标拍卖挂牌出让等制度创新，进一步完善政府采购制度，深入推进公共资源公开交易制度，最大限度地减少行政权力对微观经济的干预。全市工程招投标684项，成交金额151.83亿元，节约15.37亿元；政府采购金额3.45亿元，节约资金0.23亿元；公共资源市场化配置102项，成交金额1.46亿元。

【查办违纪案件】 2009年，珠海市纪检监察机关受理群众来信来访和电话举报999件，初核案件线索106件；立案86件，其中大要案38件（县处级8件8人）；结案70件，给予党纪政纪处分60人，组织处理10人，移送司法机关10人；协查案件91批252人（次）；通过办案，挽回经济损失1292万元，收缴违纪款900万元。深入开展治理商业贿赂工作，查处商业贿赂案件61件，涉案金额820万元。坚持严格依纪依法办案和按照“事实清楚、证据确凿、定性准确、处理恰当、手续完备、程序合法”的要求审理案件，保证办案质量。加强对典型案件剖析，向全市通报8个典型案件，充分发挥办案的警示功能和治本功能。完善办案经费保障机制，加强办案基础设施建设，推进办案装备的规范化、标准化建设。狠抓信访举报工作，积极开展网上举报和网络舆情搜索工作，健全领导接访日和领导包案工作制度，加大信访监督工作力度，对14名群众反映有轻微违纪问题的处级干部实施了信访监督。切实履行保护职能，共为46名受到诬告、错告的党员干部澄清了是非。

【专项治理损害群众利益问题】 2009年，珠海市在安监、工商、国土、建设四个系统进行政风行风评议，对文化新闻出版系统进行政风行风评议“回头查”，继续开展创建“群众满意基层站所（窗口单位）”活动，“政风行风热线”作用进一步发挥。会同有关部门检查全市中小学校收费、资金管理和落实免费教育政策情况，配合推进全市教育资源的均衡配置，从源头上治理教育收费中的突出问题。督促有关部门加强对医药购销和医疗服务情况的监督检查，扩大药品网上“阳光采购”规模，采购金额达3.87亿元。在党委、人大、政协系统开展清理评比表彰奖励活动专项行动，全市清理规范评比达标表彰工作成效明显。深入开展企业治乱减负工作，取消、停征交通规费及100多项行政事业性收费项目，全市共免收4.68亿元。深入治理整顿社团组织和中介机构的涉企收费。配合有关部门深入开展产品质量和食品安全专项整治工作。会同有关部门检查社会保障资金、住房公积金、扶贫资金和救灾资金管理运行情况。认真做好行政效能投诉处理工作，建设行政投诉管理电子监察系统，督促有关单位切实解决群众投诉所暴露的管理问题，提高行政效能，共处理群众投诉、咨询7410件，其中受理行政类及行政效能有效投诉898件，与上年同比下降45%，已办结895件，办结率99.7%，督促有关职能部门解决拱北口岸广场地下通道路面破损、南屏杨氏宗祠旁违章抢建等一批群众反映强烈的问题。

【纪检监察干部队伍自身建设】 2009年，珠海市各级纪检监察机关组织开展向王瑛同志等优秀纪检监察干部学习活动，全面加强领导班子和干部队伍建设，纪检监察干部的思想政治素质进一步提高，服务保障促进科学发展的能力明显增强。健全内部监督制约机制，加强对干部的管理和监督。认真贯彻中央纪委和省纪委有关文件精神，稳步推进市级纪检监察派驻（出）机构统一管理，进一步加强区、镇（街）基层纪检监察机关建设，积极开展区级纪检监察派驻（出）机构统一管理工作。加大对纪检监察干部培训力度，根据计划组织全市专兼职纪检监察干部参加中央纪委和省纪委举办的专业培训班，举办全市纪检监察干部培训班2期，培训80多人次。积极开展对口支援西藏米林县、党支部“惠民直通车”、党员“一帮一”结对帮扶、“规划到户、责任到人”扶贫开发等扶贫帮困工作。（刘铁兵）

民主党派·人民团体

2009年5月13日，珠江口西岸城市社科联联席会议暨西岸发展研讨会在珠海举行，会议签署《珠江口西岸城市社科联落实〈规划纲要〉合作协议书》，并就珠江口西岸区域一体化进行深入研讨，为各市合作发展出谋划策。

危 燕 摄

民主党派·人民团体

民主党派

【民革珠海市委员会】 截至2009年，民革共有党员229人，平均年龄44.6岁，97%有大专以上学历，95%有中高级以上职称。其中，全国政协委员1人，市人大代表5人，市政协委员7人，各类特约监督员19人次。5月成立行业支部——城市建设支部后，共有基层支部11个。

2009年，在两会期间，市委会作《大力发展现代服务业提升珠海城市竞争力》政协大会发言，并且提交集体提案建议11件；《关于推进我市林业生态建设的建议》的集体提案被评为市政协上年度优秀提案。在珠海各民主党派、工商联暑期座谈会上，市委会的《横琴发展正当时以科学发展观引领横琴大开发》专题发言，从科学发展、以人为本、统筹兼顾三方面，对横琴可持续和谐发展进行可行性研究并提出了意见和建议。

以孙中山思想引领，使民革社会服务工作独具特色：3月，在海天公园认种“博爱林”，树立社会服务的新品牌，提升社会影响，增强了组织凝聚力；教育、医卫、法制支部和市社工协会联合，于重阳节在市前山街道办福利院举办关爱活动，以“专家义诊、社工陪聊、现场调研”的创新模式，为福利院内100多名老人免费提供义诊和法律援助服务；市委会在斗门区小赤坎村举办惠农行动现场会，向村民们提供总价约6万元农资免费发放及农业技术咨询服务；在珠海民革召开2009年总结暨表彰大会之际，参会民革党员为白蕉八围小学困难学生捐款献物，善款集中用于采购衣服、鞋子等物资。

城建支部邀请综合一、二支部的退休人员参观建设中的高栏港区和红树林自然保护区，使这批最早的特区建设者、技术人员深有感触，提交了许多高质量的提案和建议。教育支部接待到访的上海普陀区教育支部代表团，交流两地在义务教育和职业教育方面的经验。教育一支部、医卫、社会与法制支部联合在重阳节赴前山养老院提供义诊、法律咨询的同时，对养老、社工工作现状、制度建设等进行调研。斗门支部积极筹措资金，以支部名义向关心下一代工作委员会捐赠了一套1万多元的复印设备，受到区委的赞赏，也扩大了民革在斗门区的影响。

【民盟珠海市委员会】 2009年，民盟珠海市委会发展盟员5人，平均年龄42岁，全部具有中高级职称，现有盟员总数380人，其中大专以上学历376人，占全部盟员总数的99%，高级职称163人，占全部盟员总数的43%，基层支部15个。盟员中有4人担任市人大代表，张萍任市人大副主任，9人担任市政协委员（其中常委2人），区人

大常委1人，区政协常委3人，有9名盟员分别担任特约检察员、特约监察员、特约审计员、特约教育督导员、国土监督员、税务监督员、警务廉政监督员、市政府机关作风督导员。民盟市委班子由13人组成，张萍为民盟珠海市委员会主委、何绍军、曹乃斌为副主委，原和平为专职副主委兼秘书长。

民盟珠海市委员会认真履行参政党职能，积极参政议政。围绕市委、市政府的中心工作和社会难点、热点问题，深入社会调查研究，积极建言献策。在市政协七届三次会议上，共向市政协提交了38件提案，龙珊婗代表民盟市委作《建立社会工作机制，推动社会管理体制改革》的大会发言。民盟2008年度提案《关于加快唐家湾历史文化名镇建设步伐的建议》获市政协优秀提案奖。在市政协七届三次会议上，民盟有关尽快在南水高栏地区建设污水处理厂、完善海滨泳场设施及相关治理整顿建议的提案，受到市领导的高度重视和群众的欢迎。

2009年，在中共珠海市委召开的暑期座谈会上，原和平副主委代表民盟市委作《关于我市城乡协调发展的几点建议》的发言，对农村生活和基础设施建设严重不足、农民收入偏低、社会保障及文化事业发展水平有待提高提出了意见和看法。盟市委领导还参加“加强园区建设与管理——金湾区游艇于休闲旅游产业区发展状况”的课题调研会，就各职能部门的调研结果提出建设性意见。

民盟市委重视社会服务工作，围绕市委、市政府的工作中心和全社会所关心的热点问题，发挥民盟的专长。2009年，市委委员刘泉在斗门法院挂职一年；珠海中华职教社第三届社员代表会召开，选举产生以原和平为主任第三届社委会，民盟市委委员黄黔丰当选为副主任，民盟盟员珠海城职院周德红当选为社委会委员；民盟市委向市政协主办的罗掌权杯美术、书法、摄影大赛提交参赛作品38件，其中多件作品获奖。

【民建珠海市委员会】 2009年，民建珠海市委会发展会员12人，平均年龄37岁，中高级职称5人。转入会员2人。现有会员总数226人，基层支部7个，大专以上学历206人，其中研究生以上28人，经济界人士占会员总数71.2%。会员中担任市人大代表2人，市政协委员7人（其中常委1人），区人大代表4人，区政协委员9人，有7名会员分别担任国土局特约监督员、教育局特约督导员、审计局特约审计员、国税局特约监督员、地税局特约监督员、检察院特约检查员、监察局特约监察员。金展扬为民建市委会主委、黄文忠为副主委，秦树钰为市委会兼职秘书长。

民建珠海市委员会认真履行参政党职能，积极参政议政。在市政协七届三次会议上，向市政协提交47份提案，麦彩虹委员代表民建市委会作《发展珠海高端旅游业的建议》的大会发言。在七届三次会议上，民建市委会提案《关于大力发展太阳能光伏发电产业的建议》得到了市委书记甘霖的重视并作相关批示，《关于加快制定完善我市有关物业管理服务配套法规和政策的建议》和《改革港口管理体制设立珠海市港务管理局的建议》两份提案荣获优秀提案奖。《关于让青少年形体教育成为中学必修课的建议》还被省委会采纳提交省政协，《关于解决非公有制中小企业融资问题的几点建议》被市政协确定为重点提案。

2009年，民建珠海市委会进一步弘扬民主党派优良传统，不断巩固全体会员的思想政治基础。一是深入学习贯彻科学发展观。举办深入学习贯彻科学发展观活动培训班，对科学发展观、民建会章会史、多党合作暨统一战线理论进行系统的专题讲座。二是组织多种形式的座谈会、报告会学习中共十七届四中全会精神和胡锦涛总书记视察珠海重要讲话精神。三是开展纪念新中国成立60周年暨中国多党合作制度确立60周年活动。举办庆祝建国60周年、人民政协成立60周年大型文艺晚会。

2009年，市委会在斗门横山村举办“情满雷锋月爱在三·八节”送医送药下乡义诊活动，向斗门横山村妇女赠送价值1万余元的药品；还举办了“危机下的企业应对策略”讲座，为珠海市企业家提供应对危机的咨询和帮助；继续联合珠海市关爱协会在珠海市部分中学开展“第二届专家送法进校园”系列公益活动，有5000多名师生参加。同时为贯彻落实珠海市扶贫开发“规划到户、责任到人”工作会议精神，民建珠海市企工委为斗门区斗门镇19户困难家庭捐资10万元，帮助他们进行危房改造，产生良好的社会影响。

【民进珠海市委员会】 2009年，民进珠海市委会发展会员12人。现有会员215人，会员中担任各级人大代表7人（全国人大代表1人，市人大常委1人，区人大副主任1人，区人大常委1人）；政协常委、委员17人（市政协常委2人，区政协常委4人），担任副处级以上领导职务的5人（副厅1人），担任市级特约人员7人。

民进珠海市委会以深入开展政治交接学习教育活动为依托，把学习教育与基层组织建设、爱国主义教育有机结合起来。3月，民进广东省委启动“最具特色支部活动”的评选工作，市委会迅速动员各总支、支部积极参与网上评选“最具特色的支部活动”。通过评选，金湾总支荣获民进广东省“最具特色的支部活动”先进基层组织荣誉称号。上半年，市委会出台《民进珠海市委会各基层组织发展的指导意见》。

在建国60周年和人民政协成立60周年之际，市委会按照民进广东省委和中共珠海市委统战部的有关要求和部署，组织会员参加政协举办的纪念“新中国成立60周年”“庆祝人民政协成立60周年”“珠海建市30周年”和“澳门回归10周年”美术、书法、摄影作品展。市政协七届三次会议召开之前，教育专委会、经济专委会分别召开了座谈会，就2009年两会上的发言——社区教育问题和世界经济危机下珠海经济发展问题展开专题讨论。最终形成两份大会发言：《关于打造社区教育平台，推进社会和谐发展的建议》和《关于落实珠三角发展规划纲要，建设珠江口西岸核心城市的建议》。

2009年两会期间，市委会向市政协提交集体提案10份，以委员名义提交的提案8份。有6份提案获市政协优秀提案奖，占全市优秀提案率的24%。其中《珠三角地区生产性服务业现状及发展策略研究》《关于建设珠—中—江跨市低碳经济示范区的建议》两个课题，入围参加省民进课题论证会。市委会的《珠三角地区生产性服务业现状及发展策略研究》课题获得立项，被确定为民进广东省委在2010年省政协会上的大会口头发言。

市委会积极开展“三促进一保持”和“自主创新企业行”活动。3月底，由市委会与市台盟和珠海市知识分子联谊会共同组成的“台湾农民创业园”助力行动小组，先后举行座谈会、到台湾农民创业园进行考察等活动，并对活动进行了系列报道。

在汶川发生重大地震灾害一周年之际，市委会积极响应会中央和省委会发出的倡议，于5月22日，向各总支、支部发出为汶川灾区儿童捐赠优秀少儿读物的通知。各总支、支部积极参与，共收到各总支、支部捐赠图书990册，人民币2000元（购置了一批图书），由市委会通过物流公司寄往四川民进组织。

【中国农工民主党珠海市委员会】 2009年，农工党珠海市委会积极履行参政党职能，以建设适应新世纪要求的参政党为目标，将政治理论学习作为思想建设的重中之重，着力建设党派文化，学习并践行核心价值观。组织全体党员、骨干成员、市委委员等不同群体多层次的学习教育活动，通过学习，党员们进一步坚定信念，统一认识，履职方向更为明确。

2009年，市委会发展新党员7名，平均年龄40岁。市委会现有正式党员199名，其中医卫界120人，占党员总人数的60.3%，中高级职称182人，占党员总人数的91.5%。其中省政协委员（第十届）1名，市人大代表3名(其中常委1名)，市政协委员4名（其中常委2名），区人大代表1人，区政协委员7名（其中政协副主席1名，常委1名）。

2009年，市委会提交集体提案9件，《关于加强我市实施城市管理网络化、数字化的建议》荣获优秀提案奖。在政协会议上，刘芳委员代表市委会在大会作题为《关于建立科学的投融资体制，推动我市重大基建项目建设的建议》发言，市委会与政协港澳台侨委员会联名作题为《关于加强职业病防治能力建设，切实保障劳动者身体健康的建议》的发言，并提交书面大会发言《关于加强我市慢性病防治体系建设，保障人民群众身体健康的建议》。

2009年8月，市委会在暑期座谈会提交针对珠澳跨境工业区珠海园区的现状及问题形成的专题调研报告《关于珠澳跨境工业区发展的调研报告》。

珠海市委会斗门支部、金湾支部及各区人大代表、政协委员提交区人大议案2篇，区政协提案8篇，其中金湾支部的集体提案《关于对重大危险源安全管理的建议》获评金湾区政协优秀提案奖；香洲区政协委员卓俏珊提交的个人提案《关于进一步实行专业化保洁落实背街小巷管理责任的建议》获评区政协2009年优秀提案。

市委会认真履行参政党政治协商、民主监督职能，积极参加各种民主协商会、座谈会、视察活动等40多次，提出大量具有全局性、前瞻性、实效性的建议意见，为和谐珠海建设作出积极的贡献。

2009年，市委会不断拓宽社会服务内容，党员们在本职工作繁忙情况下，积极参加市委会组织的各种社会服务活动，参加植树造林、义诊送药、帮助患病少年、举办健康知识讲座等，展现出农工党员良好的社会形象。

据不完全统计，2009年，市委会党员组织并完成2项国家科研课题，获得3项省级课题、4项珠海市科委的科研立项。全年在权威杂志发表学术论文40篇，多人被评为优秀工作者。

【致公党珠海市委员会】 2009年，致公党珠海市委员会共发展党员9名，平均年龄34岁，其中博士1人，硕士研究生2人。现致公党珠海市委员会下属区委会1个，支部12个，党员230人，平均年龄49岁，大专以上文化程度184人，占80%；中、高级职称155人，占67%，归侨、侨眷、港澳台属及其他有海外关系人士138人，占60%。党员中有市人大代表5人，区人大代表2人；市政协委员5人（其中副主席1人，常委1人，委员3人），区政协委员9人（其中副主席1人，常委2人，委员6人）；市级“特约人员”6人，区级“特约人员”3人。本届市委会主委为刘青华，副主委罗浩昌、梁福群，现有市委委员9人。

致公党珠海市委员会认真履行参政党参政议政、民主监督的职能。在珠海市两会期间，共提交提案38件，其中集体提案16件，提案内容涉及经济、城建交通、科教文卫、社会法制等方面，其中《关于公交、的士“油改气”》《板樟山隧道暴雨漏水亟待维修的建议》《关于禁用一次性筷子的建议》等提案得到新闻媒体的广泛关注和政府相关部门的重视，在社会上产生了较大的影响。市委会在市七届二次政协会议上提交的《关于进一步扩大工业园区面积建立产业集群园区的建议》荣获优秀提案奖。

2009年，在珠海市各民主党派、工商联负责人和无党派人士暑期座谈会上，市委会提交的《关于香洲——坦洲同城化的建议》的调研报告得到市有关部门和中山市有关部门的关注。在广东省八个民主党派共同举办的第一期“同心献策论坛”的活动中，提交关于《珠江三角洲地区教育改革先行先试初探》的论文；还向致公党广东省委会提交关于《民主党派的代表性及发展趋势研究》等统战理论的论文，所提交的调研报告数量和质量都有很大的提高。

发挥本党“侨海”优势和特色，积极开展海外联谊和为侨服务工作。市委会党员陈关宁参加珠海市侨联新春艺术团赴印尼开展“亲情中华”新春慰问演出，访问印尼三个城市，拜会印尼多个华人侨团和泗水市市长，达到宣传珠海、凝聚侨心、促进合作的目的。市委会副主委罗浩昌和部分成员参加珠海市印尼归侨侨友会成立20周年庆典活动。陈关宁带领印尼侨友会艺术团赴澳门参加由澳门归侨总会举办的珠港澳三地侨友文化交流活动，庆祝建国60周年和澳门回归10周年。一年来，党员接待境外亲友52人次，出国、赴港澳地区探亲访友、旅游、参观、洽谈贸易的人数超过10人次。引进技术5项，资金250万元。

致力为公，服务社会。市委会慰问在珠海北大附属实验中学就读的38名来自四川省青川县地震灾区的学生，给他们送上工具书、计算机等学习用品。并协助这38名学生结束在珠海的学习，顺利返乡。党员吴少伟向香洲区法院捐赠4万元用于救助特困家庭法律援助。党员徐运祥收购了一家企业，发放了原企业拖欠员工的工资，解决了近百人的就业问题。党员陈文田在新疆成立了新兴农业有限公司，主要经营农产品的加工和销售，解决了近百人的就业问题，当地上千户农民增加了收入。

立足本职，为促进和谐社会建设作出贡献。市委会广大党员在本职岗位上取得可喜的成绩，涌现出一批先进工作者。据不完全统计，一年来，市委会党员有20多人次荣获各种级别的荣誉称号。刘青华主委荣获“国家科技计划(火炬计划)实施20周年先进个人”荣誉称号。党员邝艳姬荣获中华人民共和国人力资源社会保障部和教育部联合授予的“全国模范教师”荣誉称号、全国妇联和中华人民共和国教育部联合授予的“全国教育系统巾帼建功标兵”荣誉称号以及广东省教育厅授予“广东省基础教育系统名教师”荣誉称号。党员童超荣获第五届“中国品牌建设优秀企业家”称号，其公司研发的“有线电视综合业务运营支撑平台V1.0”，在2009年第五届中国品牌影响力高峰论坛年会上荣获第五届中国数字电视产业十大自主创新品牌。党员曹芳荣获全国蒲公英第九届青少年优秀新人选拔活动金奖、优秀辅导教师奖等。

【九三学社珠海市委员会】 2009年，九三学社珠海市委会发展社员25人，平均年龄31岁，女社员13人，其中硕士研究生学历8人，高级职称6人。截至2009年底，社市委有社员245人，高级职称137人，占55.9%。

2009年，社市委相继召开以“金融危机与珠海经济”“倡导企业科学纳税，实践科学发展观”“珠海的下一个30年”“庆祝建国60周年暨九三学社成立64周年”等为主题的文化沙龙活动。

2009年4月8日～12日，全国人大常委会副委员长、九三学社中央主席韩启德率领社中央低碳经济考察团抵粤考察，与珠海市政府进行座谈，并考察了两家社员企业：远光软件股份有限公司与金山软件股份有限公司。韩主席还应邀为社市委题词“爱国民主科学”。2009年12月，胡锦涛总书记视察珠海，实地考察社员企业——金山软件股份公司，高度赞扬其自主创新精神，鼓励企业继续走自主创新与科学发展之路。

2009年，社市委推荐社员李道蓉挂职金湾区教育局副局长。社员贺军、邹帅洲、陈滨、乔渭柏参加市委统战部举办的2009年珠海市党外后备干部培训班。

在2009年的市政协大会上，陈利浩代表社市委作《修改完善地方法规，落实农村土地政策》的发言。两会期间，社市委共提交议案提案53份，其中社市委的《关于促进农村土地合理流转，实现城乡发展一体化的建议》、熊豪品的《关于率先开展我市生态文明指标体系研究的建议》、陈利浩的《积极申办，将珠海建设成为我国首个低碳经济示范区》三份提案被评为2008年度珠海市政协优秀提案。香洲支社、金湾支社、斗门支社向三个区两会提交议案提案共15篇。斗门支社的提案荣获区政协优秀提案奖。斗门区政协常委汪永华被斗门区政协评为2008年度先进提案者、斗门区优秀政协委员。陈利浩因热心参政议政工作并具有较强的参政议政能力，经社中央第十七次主席办公会议研究决定，增补为社中央人口资源委员会副主任。

广大社员在本职岗位上充分发挥专长，为九三学社增添光彩。求伯君被社中央评为“为北京奥运会残奥会作出突出贡献先进个人”、被中国知识产权风云榜评为“中国知识产权最有影响

力人物”、被中国游戏行业年会评为“2009年度中国游戏行业优秀企业家”。曹晖荣获科技部中药现代化产业基地建设十周年先进个人荣誉称号。黄凌宇任总监的拓普智能工程获省双优样板工程。多名社员获市级征文论文一、二等奖项及其他优秀设计奖。

【台盟珠海市支部委员会】 2009年，台盟珠海支部发展盟员2人，现有盟员23人，平均年龄42岁，均为大专以上文化水平。盟员中1人任市政协常委、1人任市人大代表、2人任区政协委员，7人分别担任：市监察院、市检察院、市国土局、市国税局、市地税局、市审计局、市教育局等部门的特约人员。

2009年，支部领导班子成员积极参加珠海市委、市政府、市人大、市政协、市统战部等组织的各种协商会、座谈会、情况通报会等27次，为推动珠海经济、政治、文化、社会建设建言献策。

2009年，向省盟报送7份有关教育方面的提案。两会期间分别向市人大提交议案2份、向市政协提交提案10份。主委林良倩在市政协七届三次会议期间参加由市政协组办的记者招待会，并在会上代表珠海台盟作《关于发展珠海市职业教育，补齐职业教育这块短板的建议》的发言。《关于建设节约型政府的建议》荣获市政协优秀提案奖。

为进一步拓宽合作领域，在珠海台盟的邀请下，台湾嘉义大学考察团对市台湾农民创业园进行考察，并对园区发展方面提出了一些好的建议。受台盟中央委托，珠海台盟协助台盟省委，联系市湾仔小学，接待桃园县圆原文教福利基金会大陆东莞文教参访团15人，参观访问市湾仔小学，并与该校部分教师座谈交流。支部以纪念《告台湾同胞书》发表30周年和庆祝新中国成立60周年等为主题，除了以召开座谈会的形式学习，还带领盟员走出去，接受爱国主义教育及现阶段国情教育，增加盟员们与盟内各兄弟党派的学习交流机会，使盟员们的学习变得生动而活泼。

盟员邹丽参加“台盟中央纪念改革开放30周年书画作品展”中，获优秀作品奖；民革中央、团结报、中国台湾网合办的“台湾记忆——宝旺杯海峡两岸交流图片故事征集活动”，林良倩、郑海蓉荣获二等奖，谭志良、邹佳平分别荣获三等奖。

支部除坚持编印内部刊物《珠海台盟通讯》《学习园地》《海峡两岸扫描》供盟员学习外，还积极向上级主管部门呈送情况报告、图片等。其中向台盟中央报送新闻14条，被采用11条。

2009年台湾南部地区遭受百年不遇的台风灾害，损失惨重，支部及时号召盟员向台湾的同胞们捐款。

珠海市工商业联合会

【概况】 2009年，珠海市工商联以深入学习实践科学发展观为契机，紧扣科学发展主题，从工商联职能出发，加强机关各项建设，积极为会员服务，努力探索促进民营经济科学发展的新思路、新举措，促进民营经济平稳健康发展。

【科学发展观活动】 珠海市工商联成立活动领导机构并制订实施方案，扎实有序地开展深入学习实践科学发展观活动。

一是扎实开展学习调研。党员干部人均集中学习15学时，深入30多家企业调研，召开座谈会3场50多人次，收集意见和建议20多条。二是深入剖析存在问题。通过传真、个别谈话、座谈会、调查问卷等方式，广泛征求“两代表一委员”、服务对象、区工商联、下属各商会协会、班子成员和干部群众的意见和建议，查找党组在工作中存在的一些与科学发展不相适应的问题，逐条过滤分析，查找原因，进一步明确市工商联推动科学发展的思路。三是根据检查报告和群众意见，认真查摆问题，把检查报告提出的整改思路和措施进一步具体化、目标化、责任化，形成切实可行的“四明确一承诺”整改落实方案。

【调研研究】 2009年，市工商联开展了四次调研活动。

一是围绕贯彻科学发展观、贯彻落实《规划纲要》，三四月份对民营企业的融贷款问题进行调研，并联合工商银行珠海分行帮助企业解决贷款难问题，深入会员企业调研18次，并与工商银行珠海分行联合举办2009年（珠海）银企座谈会暨战略合作协议签约仪式，签订30亿元授信战略合作协议，现场企业签约贷款4.2亿元，缓解小企业解决融资难问题。

二是七八月份开展企业应对面临的困难和问题进行调研。结合做好市民营企业座谈会的准备工作，走访企业30多个，召开座谈会3场50多人次，发放调查问卷80多份，收集企业意见和建议20多条，并撰写调研报告。

三是结合暑期座谈会，9月份开展“关于我市发展航空产业的现状和前景”调研活动，相关报告在暑期座谈会上发表后，引起与会人员和有关领导的高度重视。

四是10月～11月底，联合《光明日报》《珠海特区报》开展“群团组织推动相关社会组织发展问题及中小企业发展状况”专题调研。重点走访企业10多家，组织了14场不同行业、企业的调研座谈会120多人次，发放调查问卷120多份，收集企业意见和建议30多条，还专程赴浙江温州、台州、宁波等地进行调研，形成了2份质量较高的中小企业和行业协会（商会）发展状况的调研报告并上报市委、市政府。

【联络工作】 2009年，市工商联重点围绕建国60周年和澳门回归10周年开展形式多样的联络工作。

市工商联参加香港公民协会、香港新界工商业总会、澳门工商联会等近10个港澳社团庆祝活动，增进友谊和联系。

市工商联接待香港杰出华人会、澳门工商联会、西藏自治区工商联、北京市工商联等10多个境内外商会和社团。

市工商联还组织会员企业参加云南昆明农博会、珠三角九市统一战线贯彻实施《规划纲要》暨民营企业协作机制启动仪式、广东企业家吉林行、中国—东盟博览会、珠海名特优产品郑州展销会等活动，并拜会当地工商联，增进友谊，促进了经贸、文化等方面的合作与交流。与河南郑州市、濮阳市工商联分别缔结为友好商会。年内共组团出访12批，61人次，接待国内外来访社团、客商15批，160多人次。

【服务工作】 2009年，市工商联注意创新服务手段，扎实做好服务工作。

一是充分发挥工商联的桥梁纽带作用，传递帮助中小企业渡过国际金融危机的政策信息3000多条；组织发动企业参加“帮扶中小企业政策宣讲活动”4场次300多家；积极协助会员企业向政府部门申请中小企业补贴。

二是组织参加《国际金融危机与中国企业的机遇》《珠江三角洲地区改革发展规划纲要》报告会及香港贸发局举办的“香港、创意、品牌”珠三角研讨会及珠海电视讲坛、珠海文化大讲堂等学习讲座，复制DVD光碟300多张，提供给企业家自学。

三是积极组织企业家参加湘桂考察活动、“粤商吉林行”“珠海（揭阳）产业转移工业园招商推介会”“第六届中博会”等等。11月6日至8日，市工商联与市经贸局、市投资促进局联合承办的珠海名特优产品（郑州）展销会暨投资环境推介会在郑州成功举行。组织了15家会员企业参展，并在当地邀请了200多名采购商和经销商参会。展会成交总额114亿元人民币，达到了宣传推介、购销产品、加强交流、促进合作的目的。

四是帮助企业解决实际困难。先后20多次与企业一起到相关职能部门了解帮扶政策，积极向上级和有关部门反映企业困难和生产经营情况。6月举办珠海市民营企业助大学毕业生就业专场招聘会。入场招聘民营企业130多家，现场提供

岗位2500个，进场大学毕业生5000多人，达成就业意向的毕业生2000多人，也对民营企业招收高素质的人才提供了机会。

五是积极组织会员企业参加全国“优秀中国特色社会主义建设者”、省、市的“精神文明先进单位”、市“道德模范先进个人”“珠海市公益奖”、全国“优秀职业经理人”“2009ZHTV观众最喜爱珠海品牌”等评先选优活动。

【公益事业】 2009年，广大民营企业家参与扶贫赈灾、敬老助学等社会公益事业活动，企业家捐款超过530万元。会员黄英明、熊勇当选广东省劳模，会员纪少雄当选全国“非公经济人士优秀中国特色社会主义建设者”，充分体现了社会各界对工商联企业家的认同。

【组织建设】 2009年，市工商联团体会员组建工作取得突破进展。内蒙古商会、甘肃商会、赣州商会、潮州商会、酒店行业协会等团体会员都在年内成立，江门商会、通讯行业协会等在紧张筹备组建中。目前已有团体会员21家，准备成立的团体会员6家。12月3日，市工商联召开直属团体会员经验交流会，各直属团体会员会长、秘书长共52人参加了交流会，创历年新高。

（谢　枫）

人民团体

珠海市总工会

【概况】 2009年，珠海市总工会以机制建设和创新载体为抓手，以保增长，保稳定，促发展为首要任务，以应对金融危机，真诚服务职工为出发点，着力维护职工合法权益，着力帮扶困难职工，着力解决职工特别是农民工在就业、培训、子女上学、生病就医等方面的实际问题，突出抓好固本强基、维护权益和帮扶服务等重点工作，开拓创新，扎实工作，有力推动全市工会工作全面进步。被省总工会评为广东省工会工作优秀单位；被市政府授予促进再就业优秀单位等荣誉称号。

【应对金融危机】 2009年，为积极应对金融危机，市总工会拨出专款200多万元，组织实施了“五大行动”（即“3131”就业帮扶行动、素质提升行动、法律援助行动、困难帮扶行动、信心提振行动），取得了明显成效。全年共举办招聘会39场，服务农民工12.4万多人，提供岗位4.1万个，帮助1.28万人达成就业意向或实现就业。开展职工技能培训1270人，举办劳动安全、法律法规和城市文明等方面的专题讲座近300场，培训职工包括农民工5万人。在全市企业和职工中广泛开展“同舟共济保增长、建功立业促发展”共同约定公开承诺活动，倡议企业不裁员、不减薪、不欠薪，积极履行社会责任，实现和谐发展。

【基层组织建设】 2009年，市总工会组建了楼宇、电脑城、饮食街、酒吧街等一批区域性、行业性工会联合会，确保珠海市的工会组织数和会员人数实现净增长。在抓好组建工作的同时，进一步深化基层组织规范化建设。通过开展典型培育和规范化建设，把各级工会打造成组织健全，维权到位，工作活跃，作用明显，职工信赖的职工之家。全年有89家基层工会申报按规范化标准打造全市先进工会，其中镇、街道工会11家，社区、行业、工业园区工会14家，行政企事业单位64家。

【维权工作】 2009年，市总工会一是加强“两个中心”窗口服务，认真做好职工来电、来信、来访的接待工作。二是充分利用工会法律顾问团的作用，为职工提供专业的法律服务。全年办理法律援助案件161件，为职工追讨欠薪、落实工伤等待遇金额241万多元。三是创新劳动争议案件调处机制，在全省率先建立起法院委托工会组织调解劳动争议案件制度，并挂牌成立工会法律调解室，帮助职工解决“打官司难”的问题。四是积极主动参与调处重大劳资纠纷。坚持第一时间赶赴现场，引导职工依法维护自身权益。五是积极推行工资集体协商制度，以世界500强驻珠企业建制工作为重点，有针对性地培育和树立一批示范点。全市有5659家企业建立平等协商签订集体合同制度，4070家企业签订工资协议，有力地推动企业职工工资共决机制和正常增长机制的建立。六是充分发挥劳动关系三方协商机制的作用，坚持定期召开会议，商讨有关热点和难点问题，合力推动我市和谐劳动关系建设。七是加强源头参与，推动《珠海市工会工作条例》立法进程。

【创新帮扶服务】 2009年，市总工会召开“珠海市困难职工帮扶中心规范化建设现场会”。经过各级工会的努力，规范化建设工作取得明显实效，全市有3个区级和5个镇（街）级工会帮扶中心，于2009年底通过规范化建设的达标验收。通过加强规范化建设，各级帮扶中心的作用已初步显现，市困难职工帮扶中心共帮扶困难职工1.36万人次，涉及金额4614.4万元。其中信访2263件，涉及职工1.25万人次，涉及金额3821.69万元；工伤探视服务999人次，涉及金额753万元；对困难职工开展大病、临时困难、工伤、助学等资金帮扶救助119人次，金额39.71万元。

【为职工办实事】 2009年，市总工会一是大力开展送温暖活动。全市共筹集送温暖专项资金393万元，走访慰问困难企业33家，困难职工2120人，劳动模范32人次，农民工5万余人。二是大力开展助学活动，切实让困难职工（包括农民工）家庭子女上学得到帮助。全市帮扶69名困难职工子女上学，帮扶金额10.5万元。三是开展以“美满人生，牵手珠海”为主题的联谊活动。先后在香洲、斗门、金湾、高新区等举办多场活动，参加单位50多家，人数600多人，深受企业和单身职工的欢迎。四是向4000名优秀农民工每人赠送一份广东省职工互助保障（女职工安康互助保障或职工医疗互助保障），向部分农民工代表赠送亲情电话卡。五是进一步做好职工心理健康疏导工作，与中山大学第五附属医院联合举办免费职工心理健康知识讲座，举办讲座10场，听众人数2000多人。六是坚持送文化下基层，全年开展慰问演出50余场，免费放映电影100余场，深受到广大职工特别是农民工的欢迎。

【群众性经济技术创新】 2009年，市总工会积极开展各项劳动竞赛活动，形成重点工程、企业、行业性组织“三个层面”的劳动竞赛。下发《关于深入开展劳动竞赛的指导意见》，组织引导更多企业、更多职工投入到竞赛中来，进一步提高竞赛活动的覆盖面和参与率，使竞赛活动富有时代特色，更具吸引力和活力。创建“工人先锋号”活动蓬勃开展，涌现出一大批先进典型。

【宣教工作】 2009年，市总工会继续深入开展“创建学习型组织，争做知识型职工”活动，认真做好珠海市十佳“职工书屋”和60个“职工书屋”示范点建设，一批“职工书屋”获得省级“职工书屋”称号。充分利用各种媒体，加大工会宣传工作力度，举办“珠海市五一新闻奖”评选活动。精心组织，全力做好珠海合唱节工会专场比赛。由于组织到位，工作到位，获得“优秀组织奖”“优秀表演奖”“优秀节目奖”“优秀观众组织奖”，是全市唯一一个囊括四类奖项的单位。

（黄集区）

共青团珠海市委员会

【概况】 2009年，全市有35岁以下青年60万人，其中，团员为8.68万人。团组织846个，其中市直属团组织103个。2009～2010年度珠海市基层团组织中被评出广东省五四红旗团委6个、广东省五四红旗团支部2个。共青团珠海市委员会大力开展青年就业创业工作，积极扶持青年就业创业，被授予珠海市2009年促进就业工作先进集体。团市委积极开展志愿服务工作，并取得较大成效，获得2009年度广东省青联优秀项目奖。

【团组织建设】 2009年，团市委在全市团组织开展"眼睛向下，重心下移"活动，切实加强基层组织建设和基层工作。以点带面，探索团建创新的分类试点，推进"校企社区"（非公企业-社区-高校）党团联建模式、城市社区团建、镇村青年团建等试点工作。成立珠海市首支团建指导队。加强团工作队伍的思想素质培训、工作技能培训、学习能力培训，推进包括团干部、自组织青年领袖、志愿者和少先队辅导员培训在内的一揽子培训计划，培训范围覆盖到社区、村居一级团组织，以队伍素质的整体提高推动珠海市共青团工作实现新发展。2009年，成立市教育团工委，全面加强珠海教育系统团组织建设。大力开展"活力在基层"主题团日活动。

【青年就业创业】 2009年，团市委成功举办2009珠港澳青年创业大赛，并以创业大赛为龙头，打造珠海青年创业基地，以基地为依托，形成创业培训、创业指导、创业基金、创业孵化、创业实践等五个环节构成的创业服务链。开展"展翅计划"大学生社会实践、青年创业小额贷款等活动，推进青年就业创业见习基地建设，建立92家见习基地，为1447名学生提供了256个见习岗位。

【青年志愿服务工作】 2009年，团市委成立"珠海市志愿者联合会"，完善管理架构，整合各领域资源，实现志愿者组织和志愿者的社会化大联合。成功组织志愿者服务中国海洋博览会、珠海国际龙舟邀请赛、珠海国际半程马拉松邀请赛等盛会。不断完善集热线电话、网站、信箱和志愿者"四位一体"的12355青少年综合服务平台。巩固已有项目，开拓新思路，打造一系列品牌化的志愿服务项目。

【服务青年工作】 2009年，团市委继续加强12355热线电话、网站、信箱和志愿者"四位一体"的12355青少年综合服务平台建设，为青少年成长、成才、成家提供全方位服务。多举措促进青年就业创业，打造"青年创业基地"，开展"展翅计划"大学生社会实践、青年创业小额贷款等活动，推进青年就业创业见习基地建设，建立108家见习基地，为1600多名学生提供了256类见习岗位。成功举办2009珠港澳青年创业大赛，得到了大学生、投资人和社会各界的热烈欢迎和高度肯定。推进"青春有约"品牌建设，举办15场交友活动，近2000人次参加活动，举办"2009情系祖国•爱在珠海"青年集体婚礼，以60对新人的幸福庆典共贺祖国60华诞。

【维护青少年权益】 2009年，团市委推进"禁毒宣传周""共青团绿色上网示范点"等工作，切实预防青少年违法犯罪。深化"圆梦行动""珠海会亲"等希望工程、扶贫助困活动，资助珠海贫困学子175名，捐助金额高达50多万元。深入开展大调研活动，完成一批重要调研课题，形成《珠海市"两新"组织团建及青年发展需求调研报告》《珠海市青年创业情况调研报告》《珠海市青年发展报告》《珠海市青年自组织发展状况调研报告》等，为青少年工作提供科学依据和理论支持。

【团代会】 2009年12月29日～30日，共青团珠海市第六次代表大会隆重召开。市委书记甘霖出席开幕式并作重要讲话。大会选举产生第六届团市委委员和候补委员，认真审议通过共青团珠海市第五届委员会的工作报告。经共青团珠海市第六届一次全委会选举，赵伟媛担任新一届团市委书记，侯军玺、纪锐担任副书记。

【青年联合会】 2009年，珠海市青年联合会为表达澳门、珠海和内地人民对澳门回归祖国10周年的喜悦心情，促进两地青少年的交流和联谊，通过举办论坛、联谊活动和中央电视台现场直播的盛大的文艺晚会，珠海、澳门两地青年汇聚珠海，回顾澳门回归10年历程，喜贺祖国60华诞，共同展望美好未来。

珠海市妇女联合会

【概况】 2009年，珠海市妇联坚持围绕中心、服务大局、服务妇女的工作立足点，坚持在妇女所需、妇联所能上找准的工作切入点，创新思路，积极探索，团结带领全市广大妇女立足本职，坚毅自信，奋发有为作贡献。积极组织引导城乡妇女参与经济建设，全力以赴保增长；大力构建妇女儿童权益维护体系，参与保稳定；主动发挥优势整合资源，为民办实事保民生；夯实基层加强自身建设，提高能力促发展；在“保增长、保稳定、保民生”大局中发挥“半边天”作用，各项工作取得良好成效。

【应对金融危机】 2009年，市妇联对金融危机作出快速反应：抓时机树典型，联合珠海主流媒体推出《金融风暴中的铿锵玫瑰》系列报道13期，播出时间共300多分钟，树立女性典型20多人。先后召开女企业家、社区各界妇女代表、珠港澳台妇女代表等座谈会多场，从经济、心理、健康等方面交流应对金融危机的心得和方法，收到良好效果。依托外来女工流动学校等举办“经济危机下的绩效管理”“人际关系处理”“心理危机干预”等专题讲座60场次，配合做好维护企业稳定、家庭稳定和社会稳定的工作。

【巾帼文明岗】 2009年，市妇联在全市巾帼文明岗开展“我为保增长献一计”竞赛活动，有123个岗位提交竞赛方案，通过竞赛活动激发广大巾帼文明岗成员为经济发展作贡献的积极性和主动性，提高效率，创造效益。深入到各文明岗进行现场指导，对78个新申报岗位和历届全国文明岗进行实地走访，在手足口病疫情最严重的时候，市妇联领导来到省级巾帼文明岗市妇幼保健院门急诊护理组，慰问奋战在一线的文明岗成员，鼓励她们克服困难，顽强作战。

【创业就业】 2009年，珠海市妇联新创立“巾帼创业”小额免息贷款帮扶项目，制定《珠海市妇联农村妇女“巾帼创业”免息贷款项目暂行办法》，争取女企业家捐款10万元作为贴息，与市农信联社合作为女农户提供200万元的授信额度，已向女种养能手发放免息创业贷款70多万，解了燃眉之急。建设“珠海市金湾巾帼现代农业示范基地”，支持农村妇女户组成经济组织，采用现代种植技术，带领周边富余女劳动力就业。新建鹤洲北“珠海市巾帼现代农业示范基地”，发展“三高”示范农业，开发农业生态旅游项目，拓展农村妇女增收致富的新路子。积极培养现代农业示范带头人，牵头组织农业技术人员与100户生产规模较大的女种养能手结成帮扶对子，举办种养殖技术培训班，组织70多名种养女能手赴阳江、云浮学习考察农业产业化经营和农村妇女创业典型，提高她们的致富能力。举办“三八”妇女就业专场招聘会4场次，为200多家企业和6300多名妇女提供用工就业中介服务，有637人被现场录用。大力宣传表彰妇女先进典型，用榜样激励广大妇女创业的热情。利用三八妇女节、珠海市第七次妇女代表大会等契机，隆重宣传表彰的64先进妇女集体（个人），利用《珠海特区报》等媒体报道13期、在珠海广播电视台报道119分钟、在珠海妇女网上长期宣传，

ZHUHAI YEARBOOK

全方位、多角度的宣扬妇女典型先进事迹和妇女事业发展成果，积极营造良好的社会环境。

【权益维护】 2009年，市妇联一是大力开展普法宣传教育，推动提高广大妇女的法律素养。市、区妇联上下联动，举办“珠海妇女懂法律、家庭平安促和谐”为主题的“三八”妇女维权周，组织安排60所外来女工流动学校的授课活动，全年深入社区、农村举办法律和心理健康知识咨询、心理剧场、专题讲座等70场次，送法到社区、送法到企业、送法入家庭。市妇联创建外来女工流动学校的实践经验，得到全国妇联的肯定和推广。积极配合香洲区法院开展“人身安全保护裁定制度”试点工作，为全省妇联系统预防和制止家庭暴力工作提供经验。二是完善24小时妇女维权和心理咨询免费服务热线。2008年年底市妇联在原有妇女维权服务基础上，在全省率先开通24小时妇女维权和心理咨询免费服务热线，为妇女群众提供全天候、无障碍的服务。热线开通至今受到广大妇女群众的欢迎，共接待来电来访来信5607宗，及时、有效疏导妇情民意，推进社会稳定。

【关怀儿童】 2009年，市妇联积极协调市委、市政府组成“六一”慰问团，在市委副书记、市长钟世坚，市委副书记钱芳莉及副市长邓群芳的带领下，慰问启雅幼儿园和前山幼儿园，给孩子送去节日的礼物，送去党和政府的关怀。参与净化社会文化环境，为未成年人提供健康文明的网络环境。市、区妇联上下联动，开展“净化网络护卫孩子——万名母亲网络护卫行动”，印发倡议书、书签、扇子等宣传品25万多份，结合“妈妈——我想对您说”母亲节感恩情怀传递活动，进一步扩大影响覆盖面，教育孩子自觉远离有害信息，营造有利于未成年人健康成长的良好网络环境。全市共有17万多户家庭的孩子和母亲参与签名承诺活动，其中网上签名数居全省第三名。

【家庭文化节】 2009年，市妇联举办“唱响生态文明、共建和谐家园”为主题的第八届珠海家庭文化节，与市文明办共同评选表彰100户珠海市文明家庭；与市环保局联合举办“生态环保知识竞赛”，在全社会营造人人学习生态知识、家家参与生态环保建设的浓厚氛围，共收到省内外的答题卡4万多份，激发广大家庭成员参与全国文明城市建设的热情。全力打造每月一期的“与孩子同成长”家庭教育公益讲座，探索创新小型话剧、问答试教学等形式多样、生动活泼的授课方式，提高吸引力。组织大学生志愿者走进社区为儿童提供心理咨询、课程辅导等服务，共举办各类家庭教育宣传教育活动140多场，受益家庭2万多户，促进广大家长树立正确的亲子观，成才观，以家庭和谐促进社会和谐。

【妇儿规划】 2009年，市妇联加强协调督导，成员单位通力合作攻难关。建立了珠海市妇女儿童发展监测数据库，提高了统计监测工作的科学化、信息化水平。完成2008年妇女儿童发展规划评估报告，编制《珠海市妇女儿童发展规划主要定量目标达标进展和预警信号图》，有效激发成员单位的责任感和紧迫感。推动市卫生局、民政局、教育局、残联等单位相应出台攻克重点难点指标的方案和措施。

【两癌普查】 2009年，市妇联通过专题调研、政协提案等形式提高有关部门对妇检的重视，推动市政府在全省率先以政府名义实施“康乃馨”妇女“两癌”免费检查项目，首期为2000名单亲特困母亲和贫困妇女提供检查。邀请政协委员做客“市民热线”向社会宣传，广大妇女踊跃参与。组织市卫生、民政、妇联等部门到香洲区、金湾区调研督导免费婚检孕检工作，总结推广经验。

【扶贫助困】 2009年，市妇联积极帮扶单亲特困母亲和困境儿童，组织开展全市单亲特困母亲和困境儿童生存现状摸底调查，较为全面地了解珠海市年人均收入低于1500元和低保户的单亲特困母亲、困境儿童的现状及需求，建立全市4000多名困难妇女儿童信息系统，实现动态管理，为市政府决策及各级妇联组织开展针对性的帮扶打下良好基础。推进“和谐珠海•关爱儿童——千名‘爱心父母’牵手困境儿童志愿行动”，在珠海电视台制作播出主题公益广告和专题节目，召开动员会和爱心父母与受助儿童见面会，组织志愿者街头募捐等形式，共筹集善款近85万元，有3429名困境儿童得到学、助教帮扶。筹集资金10万元，为单亲特困母亲购买安康保险。开展“妇女卫生健康行”活动4场次，组织医疗专家深入农村（社区）为当地的村（居）民进行健康咨询、义诊活动，免费派发药品，吸引了1800多妇女群众参加。

【社会管理】 2009年，市妇联积极参与珠海市社会管理体制改革先行先试工作。市妇联主管的社团，市服务妇女儿童志愿者协会被确定为社会组织规范发展试点，作为指导单位，市妇联积极指导，对调整协会组织架构，壮大志愿服务力量，结合妇联工作下移服务重心。在康宁等社区创建“晴朗天空”社区妇女儿童服务站，由市服务妇女儿童志愿者协会的律师、心理咨询师等专业人才提供智力指导和支援，积极协助社区群众解决家庭暴力、婚姻家庭关系、亲子关系、邻里关系等问题，组织开展小组活动、社区活动。筹款20多万逐步建设44个社区“阳光少年书角”，可覆盖村（居）儿童近4万名，组织协会志愿者协助社区儿童对书角进行自主管理，培养儿童公益意识和领导才能。

【代表大会】 2009年，市妇联召开珠海市妇女第七次代表大会，明确新一轮目标任务。380名各界妇女代表和港澳特邀代表共聚一堂，全面总结过去五年珠海市妇女儿童事业发展成就和经验，对妇女工作中存在的问题和困难进行深入了解分析，科学制定今后五年珠海市妇女事业发展的主要目标和妇女工作的主要任务，为进一步促进珠海市妇女事业又好又快发展奠定坚实基础。

【理论研究】 2009年，市妇联充分利用珠海高校云集的资源优势，与妇女问题研究会、暨南大学、吉林大学等高校合作，成立课题研究小组，完成《珠海市妇女生存发展状况调研——从权利的视角》《珠港澳妇女组织比较研究》《广东省珠海市免费婚前与孕期医学保健服务效果调查报告》《珠海市西部地区富余妇女劳动力的基本状况和就业需求》《珠海市基层妇女组织建设情况调查报告》《珠海市单亲特困母亲儿童状况调研》等调研报告，为未来珠海市妇女事业和妇女工作发展提供理论指导。

【教育培训】 2009年，市妇联联合市委组织部在上海复旦大学举办珠海市女干部公共管理研修班，学习《长三角和珠三角发展比较》《积极应对国际金融危机影响》《建设生态文明城市》等理论课程，增强女干部的整体竞争力。举办市直单位妇委会主任培训班，组织区、镇（街）、村（社区）妇联干部300多人参观考察珠海、横琴新区、中山等，增强妇女干部对《珠江三角洲地区改革发展规划纲要》《横琴总体发展规划》的理解认识，启发思维。积极参与农村远程教育网络建设，开通妇女教育专栏，制作64期妇女卫生保健、种养技能等专题节目，推动实现妇女教育的网络化。举办家教骨干培训班，市妇儿工委成员单位赴外地学习。金湾区、斗门区和高栏港区分别举办了妇干培训班，邀请本区党政领导讲课，增强信心，鼓舞干劲。

【组织建设】 2009年，市妇联开展市基层妇女组织建设情况调研，查找珠海市基层组织建设存在的问题与困难，提出具有可操作性和建设性的建议，加强妇联基层组织建设“示范”创建工作，增强妇女组织的凝聚力和战斗力。加强妇联机关队伍建设，深入开展学习实践科学发展观活动。认真完成学习调研、分析检查、整改落实

等规定动作，结合实际创新举办市区妇联组织学习研讨会、珠江口西岸城市妇联工作比一比座谈会，做到组织指导到位、宣传发动到位、学习培训到位、深入调研到位、分析检查到位、整改落实到位。

【社团活动】 2009年，市女企业家协会、市儿童福利会、市女知识分子联谊会顺利换届，市精神文明义工队举办20周年会庆活动，市海外妇女联谊会、市妇女发展研究会、市服务妇女儿童志愿者协会召开年会或理事会。各妇女社团全年开展各类活动30多场次，参加会员600多人次。各社团充分发挥优势，为妇女群众做实事、办好事，如女企业家协会全年为妇女工作和困境妇女儿童捐款近27万元，女知联组织会员深入农村开展送医送药活动，市服务妇女儿童志愿者协会承担市社会组织管理体制改革试点工作。许多优秀的会员在协会的大力推荐下，当选为省、市妇代会代表，走上参政议政的舞台。

【对外交流】 2009年，市妇联积极推动制定《珠中江区域妇女儿童发展紧密合作框架协议》，加强与港澳友好妇女社团的交流联谊，全年珠港澳妇女互访17批，960多人次。共同举办“亲亲父母亲，感恩显爱心”珠港共庆双亲节联欢活动，参加澳门妇联总会体育嘉年华等大型活动，增进珠港澳三地姐妹情谊，增强凝聚力。

（李　丽）

珠海市科学技术协会

【概况】 2009年，珠海市科协以科学发展观为指导，围绕中心，服务大局，认真履行职责，扎实工作、锐意进取，切实加强自身建设，努力为经济社会发展服务，为广大科学技术工作者服务，为提高公众科学文化素质服务，各项工作取得新进展。

【加强学习】 2009年，市科协一是召开五届六次全委会，重点传达学习胡锦涛总书记在纪念中国科协成立50周年大会上的重要讲话精神，制定了贯彻落实《讲话》的任务分解表，及时向基层科协转发上级的学习贯彻要求，向市委报告学习贯彻情况。通过学习，统一思想认识，振奋精神，为推动科协工作又好又快发展提供强大的精神动力。

二是市科协围绕“党员干部受教育、科学发展上水平、人民群众得实惠”的总体要求，积极组织开展学习实践活动，认真完成学习调研、分析检查、整改落实三个阶段的各项工作，取得了思想成果、实践成果、惠民成果。

三是通过召开常委会议、学会负责人会议和培训班等形式及时组织和引导广大科技工作者深刻领会、全面把握《规划纲要》的编制背景、重要意义、总体要求、发展目标和具体内容，团结广大科技工作者围绕目标定位，努力实践探索，为实现目标提供科技支撑和智力支持。

【发挥人才优势】 2009年，市科协所属科技团体、科技工作者围绕珠海市经济社会发展中的重大问题、改革发展稳定中的热点问题、关系人民群众切身利益的突出问题，开展专题调查研究和决策咨询，提出解决问题的合理化建议56条，为党委、政府决策提供科学依据。如市科协组织省、市学会专家为珠海发展游艇产业出谋献策。香洲区科协、珠海博士协会组织30多名博士到外伶仃岛开展为海洋经济发展献计策活动。市电机工程学会围绕节能减排，开展调研，提交《客户节能建议书及节能诊断报告》《城市变电站用地面积差异研究报告》等。

【科技服务】 2009年，市科协积极组织和引导所属团体开展各项科学研究、技术服务、科技咨询、技能培训、厂会协作、送医药下乡及科普、文化宣传等活动，为经济社会发展提供科技服务。据不完全统计，2009年，珠海市各级科协及所属团体共开展科技服务66项（次），举办各类培训班182期，培训人员3万多人次，为促进经济社会的发展起到了积极的作用。如市农学会根据珠海市农业生产的特点和要求，以适用技术培训为抓手，组织农业企业和农民开展形式多样的培训78期，培训4000人（次）；市电机工程学会接受委托开展电工继续教育及培训，举办培训及安规考试74个班次，培训人数7000多人次；市药学会承担从业人员上岗、驻店药师考前、GSP四大员培训班等教育培训工作30多个班次，培训人员6000多人次；市医学会接受市级继续医学教育项目50项，市预防医学会接受继续医学教育项目22项等。市空调制冷协会积极推广新技术，积极开展辐射空调新技术，组织专家为北京师范大学珠海分校图书馆中央空调节能改造提供咨询服务。

【农村党员科技示范户工程】 2009年，市科协积极推动农村党员科技示范户工程，新增农村党员科技示范户16户，现有农村党员科技示范户达到118户，基本实现了村村都有一户农村党员科技示范户的目标。继续帮助示范户提供技术、信息、资金等支持，开展培训，组织赴江苏、浙江等地参观学习考察，让他们开阔眼界，提高种养水平。据初步统计，斗门区共有88户，年总产值4171.92万元，年总纯收入1100.11万元，平均每户年总纯收入12.5万元全；区有被带动户1197户，年总纯收入4193.44万元，平均每户年总纯收入3.5万元。为进一步推进该工程开展，向市委组织部提交“设立我市农村党员科技示范户先行先试补助资金”等建议。

【开展科普活动】 2009年，珠海市各级科协组织开展全国科技活动周、全国科普日、全省科技进步活动月等活动。市科协邀请30多名专家开展药品鉴别、环境保护、空调制冷、电机工程、土木建筑、计量测试、知识产权保护等方面的科技咨询和有关肿瘤、心脑血管、呼吸道疾病、内科、护理等义诊活动，租用其他地市科协的科普大篷车助兴，举办科普知识有奖问答、大型科普图片展览和天文科普活动。安排“节能、环保、健康”大型科普图片展览、智力七巧板速度大比拼、科普知识问答和航空科普知识展等活动。

珠海市各级科协通过开展科普讲座、科技竞赛、科普展览、科普体验活动等方式，提高青少年的科学素质。由珠海市科协承办的“大手拉小手——科普报告希望行”活动于4月6～7日在香洲区、斗门区、金湾区的12所中小学校举行，受邀的中科院老科学家科普演讲团10位专家开展14场科普报告，受众1.2万多人。在24届广东省青少年科技创新大赛中，珠海市参赛队员成绩喜人，获得一等奖4项，二等奖4项，三等奖20项，专利申请奖2项，优秀组织奖2项。在第24届全国青少年科技创新大赛上，也获得佳绩，珠海市金海岸中学华跃进、叶丽香、刘昌言老师辅导的科技实践活动《珠海食虫植物猪笼草考察》被评为“十佳优秀科技实践活动”，市二中钟育锋老师的科教制作项目“摩擦力探究实验器”获得科技辅导员科教制作二等奖。

【宣传科学知识】 2009年，全市各级科协共举办各类科普图片展览125次（期），购买科普挂图1万张，举办科普讲座65次，发放科普资料10万份。如市科协与展览馆联合举办《气象与生活》和《中国探月：嫦娥工程》大型科普图片巡展；斗门区科协与区电视台开办科普宣传专栏；市气象学会组织学生和市民参观天气预报室和地面观测场，观看世界气象日宣传片和科普片，举办气象科普知识有奖竞答，在珠海电台《新闻聊吧》直播气象节目等，活动吸引了200多个家庭、800多市民参加；市计算机学会与有关单位在广东科技干部学院举办“第二届大学生ACM程序设计比赛珠海区域赛暨‘金山杯’大学生程序设计挑战赛”；市心理学会面向社会举办“家长与子女相处的艺术”讲座；市标准化协会举办“珠海市标准化科普知识系列展”。

【科技下乡】 2009年，珠海市各级科协开展

多种形式的送科技下乡活动，举办各类农村实用技术培训班，提高农民科学素质。市科协与市农业局、市花卉技术推广站在斗门区莲洲镇莲溪中心小学举办园林花木种植实用技术讲座，邀请了华南农业大学黄永芳教授讲授《珍稀树木繁育技术》和《华南乡土树种育苗技术》。为农村党员科技示范户免费订阅《珠海特区报》，为各区、镇、村全年免费订送《广东农村实用技术》等有关资料。斗门区、金湾区科协聘请省、市专家及区专业技术人员到各镇、村进行海鲈无公害、笋壳鱼、南美白对虾和水质调控等养殖技术以及有机稻栽培、无公害蔬菜及病虫防治用药、香蕉及病害防治和控释肥使用等种植技术的培训。

【科普基础设施建设】 2009年，市科协和市园林管理处依托海滨公园的基础设施建设和植被，共建海滨公园植物科普园，让公众更好地认识和了解植物科普知识。根据《珠海市科普教育基地管理办法》，通过组织专家评审，认定青少年妇女儿童活动中心、珠海供电局吉大营业所科普展示厅、淇澳红树林湿地公园为“珠海市科普教育基地”。在斗门、金湾、万山以及亚洲最大的红树林湿地公园等新建科普画廊7处。珠海市农科中心被评选为“十佳广东省科普教育基地”。

【科技交流】 2009年，市科协开展各类学术交流活动。举办以“创新与发展”为主题的第七届学术活动周活动，共设立一个主会场、50个分会场，举办各类专题学术报告70多个。举办“珠澳科技合作与创新发展”论坛；协办“21届国际肺癌普查大会”；与高新区、市计算机学会、市软件行业协会共同主办“2009珠海市校企合作暨技术交流论坛”；市药学会举办学术大会，邀请中山大学肿瘤防治中心及南方医科大学教授作报告等。加强与港澳及国内外科技团体的交流。联合举办珠三角9市科协及港澳台科技团体自主创新论坛，论坛邀请了钟南山等6位院士、专家、学者分别做了主题报告。

【办好会刊】 2009年，市科协所属团体把办好刊物作为服务会员，促进科技人才成长的重要工作。市土木建筑学会的《珠海城建》、市电机工程学会《特区电力》，已办成符合职称评定条件的专业学术刊物；市医学会的《珠海医学》、市药学会的《珠海医药信息》《珠海药学》，市标准化协会的《协会会刊》、市气象学会出版《珠海市气象论文集》等刊物成为行业内比较有影响的刊物。

【自身建设】 2009年，市科协重新修订《珠海市科协市级学会管理办法》，出台《关于进一步加强学会工作的若干意见》《珠海市科协市级学会分支机构、代表机构管理办法》等一系列学会工作指导性文件，加强学会工作的指导，进一步规范和促进学会健康快速发展。召开全市学会工作会议。积极推进学会改革，主动承接政府职能转移试点。指导市土木建筑学会、地理学会等完成了换届。批准筹备成立市营养学会、表面工程协会等两个学会。（卓颖强）

珠海市社会科学界联合会

【概况】 2009年，珠海市社科联以学习实践科学发展观活动和贯彻落实《珠江三角洲地区改革发展规划纲要》为契机，以年初制定的《珠海市社科联2009年工作要点一览表》为抓手，稳步推进本单位各项工作，团结和发挥全市社科界力量，为把珠海市建成珠江口西岸核心城市和生态文明新特区、科学发展示范市，作出了力所能及的贡献。

【社科规划】 2009年，珠海市第二届哲学社会科学规划课题征集工作完成，共征集选题122项，经组织有关专家严格评审，并报请珠海市社科规划领导小组核准后最终立项58项，其中涉及珠海经济社会发展研究的12项、涉及珠海产业布局的12项、涉及珠海社会管理体制创新研究的10

项、涉及珠海民生问题研究的5项、涉及珠港澳合作研究的5项、涉及珠海文化软实力研究的14项。立项课题内容紧贴珠海实际，强调对策性和应用性研究，以便使研究成果更有实用性和针对性。

【社科评奖】 2009年3月18日，珠海市社科联召开珠海市第二届市社科优秀成果表彰大会，为2008年年底评出的28项社科优秀成果的作者颁发奖项。珠海市社科联还对第一、第二届社科优秀成果进行了摘要结集印刷和发行。由珠海市社科联从荣获珠海市第二届市社科优秀成果表彰的社科优秀成果中推荐的《禅史钩沉——以问题为中心的思想史论述》和《迈出案例通向判例的困惑之门——我国实现法律统一适用合法有效之路径》两项社科成果，分获2009年6月份举办的广东省第三届哲学社会科学优秀成果政府奖表彰大会著作类一等奖和论文类三等奖，这是珠海市连续第二次获得广东省社科理论界最高奖项的殊荣。

【社科普及】 2009年8月到10月，珠海市社科联开展以“弘扬爱国主义精神，推动珠海科学发展”为主题的珠海市第五届社会科学普及周活动。本届社科普及周分社科知识竞赛、社科知识专题讲座、社科知识咨询活动、征文活动、社科学术研讨会、历史人文图片展、社科知识进基层、广场文艺演出八大板块，给广大市民带来丰富多彩的社会科学知识盛筵。另外，珠海市社科联还派专人继续积极配合《珠海文化大讲堂》完成具体事务性工作，现已累计举办百期，与一年一度定期举办的社科普及周形成了互补态势，既陶冶市民情操，又提高市民素质，为提高珠海市文化软实力作出贡献。

【社科理论】 2009年，由珠海市委宣传部主管、市社科联主办的《珠海潮》，变被动接稿、被动编辑为主动约稿、创新编辑，继续登载了大批对珠海市经济社会发展具有较高理论价值和实践指导意义的社科理论文章，影响越来越广泛，稿源越来越丰富，对珠海市中心工作的决策咨询作用越来越明显；由珠海市社科联办公室编辑的《珠海社科动态》，及时刊登珠海市社科界发生的重要信息，已成为上级部门、领导了解珠海市社科工作的理想“窗口”。

【社团管理】 2009年4月10日，珠海市社科联2009年度社团工作会议在本单位帮扶对象斗门区莲洲镇横山村召开，属下社团主要负责人参加此次会议。会议传达2009年珠海市宣传工作会议精神，总结2008年珠海市社科类社团主要工作，部署2009年珠海市社科类社团主要工作，还考察了该村村容村貌，部分社团还向该村捐款捐物，奉献爱心。最后全体社团负责人又集体参观省社科普及示范基地南门村等地。2009年，珠海市社科联还发展珠海市老子道学文化研究会、珠海市产业战略研究会两个新社团，社团力量进一步壮大。珠海市杨匏安研究会还于11月初在上海与上海市委党史办、上海龙华烈士陵园联合举办“杨匏安研讨会”，使杨匏安事迹得到更为广泛的传播。

【社科会议】 2009年，珠海市社科联组织全市社科界学习《规划纲要》座谈会，请与会社科专家围绕《规划纲要》为珠海市经济社会发展建言献策。2月19日，珠海市社科联召开本年度市社科联常委扩大会议，汇报珠海市社科联2008年的主要工作，并将2009年珠海市社科联拟完成的主要工作提供给会议讨论并征求意见和建议，形成了可供实施的《珠海市社科联2009年工作要点一览表》。5月13日，珠海市社科联发起并举办“珠江口西岸城市社科联联席会议及西岸发展研讨会”，还与其他四市共同签署《珠江口西岸城市社科联落实〈纲要〉合作协议书》，对合作原则、合作方式、合作内容、工作机构等方面均给予具体细化。

（李　曼）

珠海市文学艺术界联合会

【概况】 2009年，珠海市文联扎实开展深入学习实践科学发展观活动，通过机关全体人员和广大文艺工作者共同努力，较好地完成了各项工作；在改进完善工作机制、促进文艺出精品、出人才等方面取得了一定成果。

【机制与平台建设】 2009年，市文联不断强化理论学习、认真查摆存在问题、积极探求发展对策，扎实推进深入学习实践科学发展观活动。

通过学习实践活动，市文联进一步强化完善文联领导联系沟通协会的分工责任制度，制定一套长效的加强联络、协调、服务新机制和收集、整理文艺家意见建议并及时处理反馈的工作制度，使文联服务工作得到全面推进。

积极探索将文联打造成珠海最大的文化创意联合体的发展道路，树立大文联观念，将文联的服务对象拓展到为各艺术门类的文艺相关人士、从业者、爱好者乃至文化创意企业和机构等服务。

【“文化珠海”建设】 2009年，市文联积极举办演出、采风、交流等各类文艺活动，为推进“文化珠海”建设添砖加瓦，使文艺家、文艺家协会和广大市民切实得到好处。

举办第三届民间艺术大巡游活动。与往届相比，第三届大巡游活动规模更大、看点更多。珠海市文联在认真总结前两届大巡游的经验后，不断改进各项工作，巡演方阵和彩车均有所增加，澳门土风舞、香港轮滑队等港澳方阵也一一被请进表演队伍，演出人员增加到1400余人。精彩的第三届大巡游表演受到出席活动省、市领导的一致赞扬，并吸引近16万市民和游客前来观看，让珠海度过一个喜庆祥和的元宵节。

举办第二届广东省岭南舞蹈大赛。该项赛事由广东省文联、广东省舞蹈家协会主办，珠海市文联、港中旅(珠海)海泉湾度假区、珠海市舞蹈家协会协办，是广东最高水准的舞蹈赛事，也是近年来广东舞蹈界规模和影响最大的赛事。在此次大赛中，珠海有《月亮代表谁的心》《藤之恋》等5个舞蹈作品入选，并取得专业组银奖、业余组银奖等五个奖项。广东省委常委、省委宣传部长林雄、珠海市委书记甘霖、广东省文联党组书记白洁等省市领导和贾作光、白淑湘、冯双白等舞蹈界泰斗出席大赛闭幕式并为获奖代表颁奖。

【文艺采风与文艺下基层】 2009年，市文联组织珠海市文艺家200余人次赴各地开展文艺采风活动，为文艺创作积累素材；并组织协会和文艺家深入农村、海岛、社区、工业园区举办各类展演活动二十余场，深受广大群众欢迎；广泛开展与珠三角地区的文化交流，使珠海的文化地位与建设珠江口西岸核心城市要求相匹配。尤其是在加强与澳门的文化交流方面，实现两地资源共享、优势互补，共同发展。

【广场活动】 2009年，市文联举办“庆祝建国60周年”“庆祝澳门回归10周年”等系列美术、书法、摄影展和文艺演出活动。其中市文联和市戏剧曲艺家协会在12月29～30日，连续三晚在澳门举办“庆回归·迎新年”粤曲晚会；市文联、市音协于12月29日举办大型广场新年音乐会。

此外，市文联还举办“国画十二人作品展”“油画十八人作品展”，中韩美术、书法作品交流展等多个展演活动。

【新机制】 2009年，通过深入学习调研，市文联结合文艺创作的特点和规律，制定文艺精品创作扶持配套办法，为文艺创作和优秀文艺人才做好沟通、扶持、宣传推介工作。该办法制定关于优秀文艺作品从创作到成品产业的一系列打造措施；同时，注重人才的培养和使用，发挥各类人才优势，激发其工作积极性和艺术创造力，进一步促进珠海市文化大发展大繁荣。

【文艺精品创作】 2009年，为发掘、保护珠海历史人文资源，文联通过讨论调研，选定粤剧剧本《唐涤生》、话剧剧本《大国商魂》、舞剧剧本《苏曼殊》、舞剧剧本《陈芳故事》等重点珠海历史人文题材进行精品创作。为保证创作质量，市文联组织邀请知名艺术家开展研讨会，其中粤剧《唐涤生》、话剧《大国商魂》剧本创作已完成。

市影视艺术家协会围绕建国60周年、澳门回归10周年拍摄完成电影《澳门一九四九》、电视纪录片《潮起十字门——联荣舰澳门起义追溯》、电视剧《瑞莲》等多部影视剧作品。其中，电影《澳门一九四九》、电视剧《瑞莲》将于近期陆续播映；电视纪录片《潮起十字门——联荣舰澳门起义追溯》获《解放中国》大型采访活动优秀节目评选特等奖。

第三届珠海市文学艺术“渔女奖”评奖取得圆满成功。此次评奖共收到珠海市文学、戏剧、曲艺、美术、书法等九大艺术门类近千件文艺作品参加评选。曾维浩的长篇小说《离骚》等48部（篇、件、首）文艺作品获奖，这些作品，基本囊括了珠海市在2007～2008年的文艺创作精品，其中大部分作品更是已获国际、国家和省级奖项，较为全面地反映了珠海市文艺创作在近两年来取得的骄人成绩。

2009年，珠海市文艺家艺术成就斐然，获省级以上文艺奖项100余项。其中，青年女作家裴蓓的中篇小说《我们都是“天上人”》获《小说月报》第十三届百花奖优秀中篇小说奖；肖时照、李需民创作的歌曲《欢乐山寨》获广东省鲁迅文艺奖；吴志伟的牙雕作品《皆大欢喜（百子图）》获广东省鲁迅文艺奖、第三届广东省民间工艺精品展金奖。此外广东省作家协会的《作品》杂志还出版了珠海作家专号，这是珠海首次在重要的文学刊物上推出本土作家专号，是珠海文学创作力量的一次大展示、大检阅。

（邓　乐）

珠海市作家协会

【建设文化珠海】 1．《珠海历史名人丛书》组稿和编辑出版工作。该丛书已组稿，其中有3本正在出版中。

2．完成珠海建经济特区30周年文学作品精品集征文前期工作。

3．协助珠海市文化大讲堂工作，联络邀请著名作家陈建功、蒋子龙、王跃文等到珠海讲课。

4．继续与省作家协会和澳门基金会合作编辑出版中国最有影响的诗歌民刊《中西诗歌》。

5．珠海诗歌学会自筹资金编辑出版《诗海》两期，为珠海诗歌作者提供交流和展示自己作品的平台。

【抓精品，促创作，出人才】 2009年，珠海作家在省级以上刊物发表长、中、短篇小说及诗歌、散文、报告文学等各类文艺作品300多篇，继续保持很好的创作势头。裴蓓中篇小说《我们都是“天上人”》获《小说月报》百花奖（同名电影正在拍摄中）。卢卫平组诗《随想与感动》获2008年《诗刊》年度优秀诗人奖。珠海作家协会签约作家辛磊、祝春亭长篇小说《大国商魂》入选中国作家协会重点扶持作品项目，这是全国唯一一部由地级市作家协会推荐的入选项目（目前40万字的初稿已完成，并成为珠海市文艺精品扶持项目）。曾维浩长篇小说《离骚》在《中华文学选刊》2009年第一期头条转载。广东省作家协会《作品》杂志2009年5月编辑出版珠海作家专号。胡的清、卢卫平、唐不遇等诗歌作品入选《建国60周年青春诗歌选》《建国60周年诗歌精品》《2009中国年度最佳诗歌》等诗歌选本。裴蓓、韦弛为广东省作家协会文学院2009年签约作家。张超山、文武参加省作家协会高级研讨班学习。李更主编的“珠江青年文丛”出版珠海青年作家个人著作10本。2009年省作协青创会珠海有7位青年作家出席。申请专项经费出版邝金鼻作品集两本。2009年，有1人加入中国作家协会，

使珠海的中国作协会员达到20人，有5人加入广东省作家协会，珠海的广东省作协会员达110多人。

【协会活动】 1．2009年11月20日～23日，在珠海成功主办《人民文学》第八届中国青年作家批评家论坛，论坛主题为：文学回到思想的前沿。是该论坛自2002年举办以来，规模最大、规格最高的一次论坛活动。麦家、毕飞宇、李洱、龙一、蒋方舟等著名青年作家和张清华、施占军、谢有顺等著名青年评论家60多人出席论坛。《文艺报》《文学报》《南方日报》《南方都市报》等近二十家媒体对论坛活动进行了专题报道。该论坛的所有经费全部来源于社会资助。

2．组织珠海作家参加省委宣传部和省作家协会主办的“岁月如歌——庆祝新中国成立60周年大型报告文学征文活动”，并获组织奖。

3．2009年1月，与省作家协会联合举办迎春文学座谈会，20多位珠海作家参加座谈会。

4．组织珠海诗人参加珠三角诗歌发展圆桌论坛中山会议。

5．2009年9月，组织珠海作家30人到淇澳岛红树林采风，并进行红树林同题诗歌、小说、散文征文和评奖活动。主办珠海、中山两地诗人中秋诗歌交流活动。

6．2009年10月，和香洲区有关部门合作举办“秋天的果实”大型诗歌朗诵会。2009年，主办20多人规模的珠海本土诗人交流朗诵会3次。

7．2009年5月，组织珠海作家代表到湖南采风。

8．组织5名珠海作家申报专业职称，邝金鼻获一级作家职称，其他的作家申报的职称都获通过。

（卢卫平）

珠海市残疾人联合会

【康复工作】 2009年，市侨联积极开展创建全国白内障无障碍示范区工作，按照六个无障碍的工作标准，高质量开展创建工作。认真开展西部农村地区残疾人社区康复工作。完成金湾、斗门区100个社区残疾人康复站的康复器材安装。以“四位一体”农村卫生服务中心为平台，大力丰富农村残疾人服务内容，开展家庭病床，上门送医、送家政等服务试点工作，深受广大残疾人好评。组织市、区五类残疾人康复技术指导中心专家定期到社区康复室和康复服务站开展康复技术知识咨询、培训达120小时。市残联在2009年4月在无锡召开的全国残疾人康复工作会议上介绍了珠海市开展农村残疾人社区康复工作的经验。全市共有7600名残疾人得到不同程度的康复。完成白内障复明手术630例；聋儿康复训练85人，聋儿家长培训85人；肢体残疾儿童康复训练105人，肢体残疾康复训练有效率达85%；为残疾人提供特殊用品用具123种536件，为贫困残疾人赠送轮椅205张；智力残疾儿童参加康复训练102人；对全市确诊的精神病患者3380人进行社会化、综合性、开放式的管理，其中为贫困精神病患者免费送药1200人，药品费用达56万元。

【帮扶工作】 2009年，市残联促成市政府出台残疾人免费乘坐市内公共汽车的优惠政策，切实解决本市残疾人“出行难”的问题。积极协调民政等部门，对无生活能力、由父母及兄弟姐妹抚养（扶养）照料的成年单身重度残疾人员单独实施最低生活保障。继续贯彻落实《珠海市扶助贫困残疾人实施办法》。积极发放贫困重、中度残疾人困难补助、专职委员工作补贴、康复补助、创业补贴、培训补贴、新招用岗位补贴、介绍残疾人就业补贴等各项残疾人特惠补贴。全年共发放各项残疾人扶助金448.05万元，受益残疾人2855人。从2009年7月1日起将贫困重度残疾人困难补贴提高到120元，中度残疾人补贴提高到80元，使残疾人得到了更大实惠。利用春节和全国助残日的契机，广泛开展为残疾人送温暖活动，全市共慰问残疾人1556人次，送物资、现金共33.16万元。扎实开展残疾人辅助用品赠送活动。在第十八次国际残疾人日期间，利用财政预算及社会捐赠资金为全市广大残疾人朋友免费赠送助听器、轮椅、拐杖等扶助用品有500多件。

【教育工作】 2009年，市侨联召开全市“关爱残疾儿童，发展特殊教育”专题座谈会，就残疾儿童幼教和康复、义务教育、残疾学生高中教育和职业教育、毕业后的就业去向、义工组织“送教上门”的实践等议题进行深入交流与探讨，形成做强做大市特殊教育学校的共识。利用本次助残日募捐活动募得的善款作为30名特困残疾儿童每人每年2000元的学习生活补贴。精心组织对全市残疾儿童少年入学情况进行了调查和统计分析，作为下一步推进残疾人义务教育工作的依据。认真做好普通高考残疾考生申报登记和考前指导工作。采取发动各区残联调查摸底、与教育局招生办联系等双管齐下的工作方式，汇集了7名残疾考生的资料上报省残联，并及时做好录取工作的动态跟踪。同时，在暑假期间利用社会资源，组织陈炜骐等3名应届高中毕业生参加广州英语残培中心举办的“拓展自我”残疾人青年夏令营活动，提高他们对大学新生活的适应能力。

【就业工作】 2009年，市侨联加强与市劳动就业服务中心和市人力资源中心的联系，在“助残日”期间与其联合举办残疾人专场招聘会，共有35家企业参加，200多名残疾人到场求职，现场达成用工意向75人，实现就业20人。全年共安置52名残疾人上岗就业，其中4名残疾应届毕业生。深化残疾人职业培训。要求企业延长残疾人试用期时间，将上班前第一个月定为上岗培训期，对残疾人进行集中的岗前职业道德及有关法律法规的培训，然后再根据企业不同的要求进行集中与分散相结合的方式进行技能培训。与香洲区人力资源中心合作举办珠海市第二期残疾人SYB创业培训班，开办盲人电脑提高班，全年共培训198名残疾人。拓宽残疾人就业服务领域。积极开展残疾人失业登记工作新业务，并对在岗残疾人就业追踪调查服务，了解残疾员工及用人单位在工作中存在的困难，发现问题及时解决。

【体育工作】 2009年，珠海市残疾人体育运动会比赛成绩喜人，残疾人运动员杜军参加在英国举办田径锦标赛和全国运动会赛事，取得好成绩。残疾人运动员在全省第六届残疾人运动会上的羽毛球、乒乓球两项目比赛中，获金牌1枚、铜牌2枚、两个第五名、两个第六名的优异成绩。9月21～26日，珠海市代表广东省参加在青海省西宁市举行的全国特奥乒乓球比赛，共获得金牌4枚，银牌3枚，铜牌3枚，3名运动员获得体育道德风尚奖。积极开展全市残疾人运动员普查选拔训练工作。举办全市残疾人运动员普查选拔工作培训班。市残疾人运动员在市体育训练基地专业训练运动员5人，半专业集训30人。

【文化活动】 2009年，市残联组织残疾人文艺人才“海选”活动，近70名残疾人，50个节目参加，筛选出的优秀者进入珠海市残疾人文艺表演人才库，并逐步建立残疾人文艺人才培养机制。在市图书馆举办“蓝天•和谐”残疾人美术书法展，汇集珠海市残疾人书画作者黄思颖、徐传新、胡惠明的作品47幅，市特殊学校、斗门康复中心特教班残疾儿童作品68幅，为残疾人搭建了一个展示自我的舞台，黄思颖等三位残疾人书画作者破格被吸纳为市美术家协会会员。在全省残疾人艺术汇演等比赛中获佳绩，珠海市选送7个节目参加四个类别的比赛，其中小品《舞蹈》获得戏剧小品类一等奖和创作奖，电子琴弹唱《我和草原有个约定》获得声乐类二等奖，笛子独奏《小放牛》获得器乐类三等奖；在“迎国庆”省残联系统书画摄影文艺比赛中，珠海市推荐的书法作品、文艺节目获1个二等奖，2个三等奖。大力组织残疾人广场文化活动。9月26日在柠溪文化广场举办庆祝建国60周年暨第52届国际聋人节广场文艺晚会，12月13日举办庆祝澳门回归10周年广场文艺晚会；在珠海大会堂举行的全市金秋艺术节开幕式上，市残联参演的残疾人小品节目《舞蹈》成为该晚会的一个亮点。残疾人节目走出残联活动的圈子，在更广阔的舞台上得到了更广泛的认可。积极举办各残疾类别的活动。举办

聋人摄影爱好者海岛采风交流活动、百名聋哑孩子番禺野生动物园游览活动、聋哑儿童游览市农科中心活动、与渣打银行（中国）有限公司珠海分行共同举办盲人“触摸”珠海历史文化及抽奖联欢活动，活动中盲人用手“触摸”淇澳村当年抗英大炮的摄影被采用为《珠江晚报》的封面图片，产生较大范围的社会影响。

【宣传工作】 2009年，市残联加强新闻媒体宣传。一年来共刊发残疾人事业电视、报刊、广播类新闻共132篇（条），形成了一定的宣传声势和规模效应。尤其是“助残日”期间，在《珠海特区报》刊发了邓群芳副市长题为《残疾人事业要全面创新》的署名文章，协调“两报”分别推出了近一个版面的“助残日”专题；引导媒体关注残疾儿童和特殊教育，联系市广播电台推出一期“助残日”主题的《市民热线》节目，邀请市残联李敏理事长及市特校校长、残疾儿童家长代表作为嘉宾，与市民对话；《珠江晚报》推出了关注西区残疾儿童教育的专题通讯。分别在《珠海特区报》和《珠江晚报》推出了反映残疾人艺术表演及一名残疾人义工《助人与自救》的摄影专版；珠海电视台《城市搜寻》栏目深度采访报道残疾人专场招聘会、残疾人文艺队排练现场等。市直两报两台及南方都市报先后推出了残疾大学生陈绮如、创业成功的盲人刘志恒、笛子能手张中实等一批自强与助残的人物特写。加强市残联网站建设。全年共在网站发布消息200余条，市残联网站逐步成为残疾人了解残疾人工作的重要渠道和获取帮扶的互动平台。积极开展政府部门及残联系统内部宣传。积极向市委《每日工作信息》、省残联《广东残疾人》和中残联《残疾人工作通讯》等刊物投稿，特别是邓群芳副市长在《广东残疾人》发表署名文章《让农村残疾人人人享有康复服务》，在《残疾人工作通讯》发表署名文章《广东省珠海市大胆探索农村残疾人康复服务新模式》，产生较大反响。积极组织新闻作品参加省各类新闻评选活动，珠海市选送的广播节目《爱的阳光》获第五届各市人民广播电台节目展评一等奖，《残疾人街头卖艺，该鼓励还是该取缔》获三等奖；1个作品获2008年省残疾人事业好新闻评选三等奖。

【组织建设】 2009年，市残联根据中国残联、省市残联《关于制发第二代〈残疾人证〉的通知》要求，成立换发《二代残疾人证》工作领导小组；从市、区级医疗机构组织经验丰富，能力强的技术骨干组成市残疾评定专家组，专门负责六类残疾等级评定工作；举办全市第二代残疾人证管理系统软件培训暨第二代残疾人证核发工作会议和等级评定专家培训班；与各区理事长签署了“二代残疾人证管理系统使用人员保密协议”。二代证换发工作全部完成。举办两期全市各级残联理事长、专职委员、康复协调员培训班，举办“消除偏见，减少歧视”主题精神疾病康复知识讲座活动，举办全市听障、脑瘫、智障、自闭症儿童康复技术人员培训班和人工耳蜗技术培训班，全年共有基础残疾人工作者400人次接受专业培训，切实提高基础残疾人工作者队伍为残疾人服务的技能和水平。 （刘　煜）

珠海市华侨联合会

【概况】 2009年，在最新一轮的大部制改革中，市侨联从市外事局划分出来，合并到市委统战部，内设为侨联工作科，市委统战部副部长兼任侨联主席，市侨联秘书长兼任侨联科科长。

市侨联属下的侨社团有拱北中旅归国华侨联合会、珠海市印尼侨友会、珠海市新马泰侨友会、珠海市潮人海外联谊会、珠海市越柬老归侨侨眷联谊会。

珠海市各区的镇街大部分成立侨联，香洲、斗门、金湾三个行政区的镇街成立侨联；高栏港和高新区辖下3个镇也成立侨联。

【侨心工程】 2009年，“侨心工程”共资助大、中、小学生201名，发放助学金251500元；

资助斗门区侨联“侨心工程”助学金5万元。

【基层组织建设】 2009年，香洲区前山街道办和南屏镇分别召开第一次和第三次归侨侨眷代表大会；斗门区莲洲镇召开第一次归侨侨眷代表大会成立侨联，乾务镇侨联于12月顺利完成换届工作。两年间，市侨联先后组织召开五届三次、四次全委会、委员参政议政考察及联谊活动，推动侨联工作的扎实开展。在2009年12月初举行的广东省第九次侨代会上，珠海市侨联名誉主席刘艺良、纪少雄成功当选省侨联副主席，李清、纪苏科、罗掌权当选为省侨联常委。

【侨友会活动】 *潮人海外联谊会* 2009年，为建设地震灾区“珠海村”等公益事业捐款90万；组团参加第15届世界潮团联谊年会、香港潮州商会第46届会董就职典礼等多项活动；举办“庆祝中华人民共和国建国60周年、珠海建市30周年、潮人海外联谊会建会13周年潮剧晚会”。

新马泰侨友会 组团参加第2届全球华人华商联合总会亚太区珠三角、港澳台会员联谊年会等活动；接待马来西亚新山市艺术团詹尊让考察访问团等。2009年举行换届选举，张举生当选为会长。

印尼侨友会 组织参与“珠中江”三地印尼侨友经验交流会；参与接待印尼泗水市长班邦访问珠海活动；2009年举行换届选举，陈关宁再次当选为会长。

越柬老联谊会 举行捐资助学活动，为贫困侨生发放助学金；举办“庆祝中华人民共和国成立60周年”暨越柬老联谊会成立5周年会庆；组团参加在柬埔寨金边举行的世界越棉寮华人团体联合会第4届会员大会和福建、香港等地国际性侨团活动。

【海外交流与联谊】 2009年，市侨联接待海外华侨华人70批，1083人。通过组织多种形式的活动，与美国、澳大利亚、东南亚等国家和地区的50多个侨团建立起密切的联系，力求以民间交往增进海内外之间的联系，增进亲情乡情。2009年1月，组织“亲情中华”新春慰问团前往印尼泗水等4个城市，为2万多名华侨华人进行新春慰问演出。2009年9月，与珠海市政协、市委统战部、澳门俊和协会共同举办“罗掌权杯”美术、书法、摄影展。由市侨联选送的稿件530多件，张英龙秘书长荣获书法一等奖、美术三等奖，容楠委员荣获摄影三等奖，侨联干部唐观挺荣获书法优秀奖。2009年11月，承办了中国侨联在珠海举行的“2009年中国海外青年委员年会”，来自世界各地40个国家的200余名中国侨联海外青年委员出席会议，中国侨联主席林军出席市政府欢迎宴会并讲话，市侨联努力做好海外重点侨团、侨领接待工作，以侨为桥，积极促进珠海的对外友好交流合作。高质量、高标准地接待了法国鲁瓦扬城市联合体副主席、埃豆勒市市长文森•巴厚先生率领的鲁瓦扬市长代表团、美国新泽西州中华公所主席冯淦华等重要客人。

【为侨服务】 2009年，市侨联随同市领导和省侨联领导在春节前夕分别到平沙、红旗农场慰问特困归侨，为贫困归侨送温暖。在平沙农场举行的“情暖侨心”义诊活动，嘉宝华连锁药堂董事长、侨联副主席苏攒淘副主席捐赠6500多元的药品，澳门中医药学会捐赠了价值数千元的药品一批，为近500人次归侨侨眷和当地村民进行了体检和诊疗，送医送药折合人民币1.7万元。

【参政议政】 2009年，市侨联在全市两会召开期间，侨界人大代表、政协委员及港澳代表提交议案10件。侨界人大代表、侨联阎武副主席向市人大提交的关于研究制定《珠海经济特区科技创新促进条例》的议案成为当年一号议案。市侨联还举办侨界人大代表、政协委员座谈会，认真听取侨界代表、委员的意见和建议。 （黄远鸿）

统一战线

【概况】 2009年，珠海市委统战部以在全市统一战线实施“三促进一保持”系列行动为头号任务，紧紧围绕市委、市政府中心工作，全力服务促进和谐社会建设大局，进一步开创了珠海市统一战线服务科学发展和实现自身科学发展的新局面。

【民主党派】 2009年，统战部加强政治协商，推进政党关系和谐，在发展社会主义民主政治上有新突破。

一是进一步发挥参政党作用，努力提高民主党派履行参政议政、民主监督职责的能力和水平。协助市委召开以“为深入贯彻落实《珠江三角洲地区改革发展规划纲要》建言献策”为主题的暑期座谈会和“珠海统一战线庆祝建国60周年暨多党合作制度确立60周年座谈会”。出席暑期座谈会的各民主党派、工商联负责人和无党派代表人士畅所欲言，献计献策。一年来，全市各级统战部门召开各种形式的协调会、通报会、座谈会近30次，党外人士表达意见和建议渠道进一步拓宽，如香洲区政协2009年收到党外政协委员的提案就达55件。

二是认真做好向省委统战工作专项检查组汇报的相关工作。省委统战工作专项检查组通过检查对珠海市统战工作给予充分肯定。市委统战部以此为契机和动力，有针对性提出对策性意见和切实有效改进措施。

三是协助做好民盟市委会、民进市委会领导班子换届工作。扎实稳步推进民盟、民进市委会换届工作。协助民革市委会等六个民主党派做好领导班子后备干部选择工作。通过民主推荐、广泛听取意见、充分协商等方式，产生民主党派领导班子后备干部人选。

四是加强和规范特约人员工作。特约人员聘请单位由4个增至7个，63人担任特约人员。聘任工作凸显五个“更加”：推动更加深入，范围更加广泛，队伍更加精干，结构更加合理，程序更加规范。各区统战部门也注意协调各有关单位做好特约人员聘任工作，香洲区目前已有15个政府职能部门聘请各类特约监督员35人。

五是进一步做好无党派人士工作。协助市知联会完善内部架构，建立规章制度，规范会务运作。鼓励成员积极参与公选活动，市知联会1名副会长和1名常务理事通过公选获任横琴新区两个正处级领导职位。

【港澳及海外统战】 2009年，统战部进一步加强与港澳各界人士和社团的联系与沟通，努力延伸海外统战工作触角，在开展港澳和海外统战工作上有新拓展。

一是围绕市委中心工作，做好招商引资牵线搭桥工作。通过多种形式扎实有效宣传《规划纲要》，推介珠海投资环境。先后邀请港澳10多家工商社团来珠海参观考察，已有5个重大项目在市委统战部组织协调下展开洽谈。

二是以世界眼光来谋划港澳和海外统战工作，为维护港澳长期稳定繁荣和促进祖国统一大业服务。围绕建国60周年和澳门回归10周年举办系列庆祝活动。不定期组织海联会会员参观考察、学习交流和扶贫慰问。

三是通过整合各方资源和优势，填补珠海市海外统战工作的空白。按照地区分门别类建立72个海外乡亲社团领军人物和重点乡亲资料库，准备发展20至30人加入珠海海外联谊会，实现海外联谊工作向海外延伸的发展方向。

【民族宗教事务】 2009年，统战部巩固和发展平等、团结、互助、和谐的社会主义民族关系，充分发挥宗教在促进社会和谐方面的积极作用，在民族宗教事务管理上有新作为。

一是加强民族宗教政策宣传和民族宗教工作队伍建设。在珠海市委党校主体班增设民族宗教政策法规课程。在报纸上大力宣传民族宗教政策，《珠海特区报》编辑出版《民族团结》专版，介绍、宣传珠海市民族工作概况、少数民族优秀代表先进事迹等，提高全市干部、群众对民族工作的认识。编印《民族工作知识读本》，派发到有关单位供广大干部、群众阅读，加强对民族工作常识的了解。同时，组织全市民族宗教工作专兼职干部60多人参加学习培训。首次举办单一宗教的骨干人员培训班——基督教骨干培训班。举办全市宗教干部学习培训班和全市宗教活动场所负责人学习培训班。金湾区委统战部与该区委组织部共同举办“宗教知识系列讲座”。

二是加强贯彻落实民族政策工作，维护民族团结。8月7日，组织珠海市部分少数民族代表前往高栏港区等地参观学习，进一步增强珠海市少数民族建设珠海的决心和信心，使少数民族同胞感受到珠海市经济发展的前景和热情，加强各民族之间的凝聚力和向心力。9月28日，市民族宗教事务局及市民族团结进步促进会在圆明新园共同举办珠海市少数民族庆祝建国60周年游园晚会。珠海市全年为近100人办理更改民族成分工作。配合协助做好新疆班学生民族政策宣传和各项教育工作。在春节、中秋节、开斋节、古尔邦节等传统节日、民族节日，市民族宗教局领导带队组织慰问市实验中学新疆班师生和珠海市少数民族同胞，促进民族团结和谐。

三是加强宗教事务管理，切实维护社会稳定。积极开展基督教两会换届筹备工作。妥善处理穆斯林殡葬事宜和新疆班学生跳楼死亡善后工作。认真做好新疆“7•5”事件后维稳工作。在经济上支持、协助清真寺购置有关办公用品，妥善解决清真寺活动场所问题。根据国家相关民族宗教政策和法律法规，全年全市依法取缔非法聚会点9处，劝止非法宗教活动16起，规范信教群众在营业场所违规摆放功德箱事宜2宗。

四是积极引导宗教界参与社会公益活动。落实“百寺扶千户”帮扶资金20万元，及时将资金送到连山的农户。市宗教界投入30万元开展“宗教界万人植树护林活动”，约600人次参加植树活动，植树3000棵，植树面积约16700平方米。金台寺捐款12.5万元认保20亩红树林，向广东省受灾地区捐款50万元；金台寺和普陀寺出资15万元帮扶清远市连山县小三镇30户贫困户。

五是珠海市民族工作喜结硕果。珠海城市职业技术学院副院长霍晓光荣获国务院第五次全国民族团结进步表彰大会模范个人。珠海市实验中学以及珠海九州旅游集团有限公司监事会副主席蓝忠党、珠海市香洲区香洲医院副主任医师鲍海兰、珠海市实验中学新疆部副主任李薇分别荣获广东省第五次民族团结进步表彰大会模范集体和模范个人。2009年高考，首届新疆班高考上线率100%，本科上线率99%，重点本科率87%，被全国五十多所著名高等学府录取，其中新疆班石雷同学以总分687分列全国新疆内高班最高分，成为理科状元，并且以150分满分获理科基础全省状元，被北京大学录取。

【新社会阶层人士统战】 2009年，统战部进一步拓宽新的社会阶层人士统战工作渠道，在促进新的社会阶层人士统战工作上有新举措。

一是针对全球金融危机，进一步加强与市工商联、市民营企业商会及有关行业协会商会、社会中介组织的联系，做好相关工作。组织市、区工商联负责人、有关行业协会代表学习、解读《规划纲要》，切实做好服务企业工作。

二是深入开展调查研究，积极为民营企业排忧解难，为社会困难人群送温暖。号召、发起“千家民营企业助千名大学毕业生就业”行动。集中开展民营企业及行业协会、商会经营现状调研并形成报告上报市委。各区委统战部积极协调解决园区和企业在生产和生活中遇到的实际困难。金湾区组建“三灶镇工商业促进会”，99家会员企业涵盖了生物制药、电子电器等行业。斗门区委统战部提出“服务企业年”工作部署，全年走访100多家企业，协助工商联五家会员企业

解决融资贷款3000万元。

三是开展新的社会阶层人士统战工作机制体制调研活动。深入10多家市、区工商联和行业商会协会，探究做好新的社会阶层人士统战工作的机制方法途径。

【三促进一保持系列行动】 2009年，统战部提出“围绕一个中心”（以充分发挥统一战线优势和作用，努力在建设珠江口西岸核心城市和建设生态文明新特区、争当科学发展示范市进程中体现统一战线价值为中心），抓好“四个落实”（组织领导落实，成立系列行动领导小组和工作机构；工作方案落实，研究制定包括15方面的内容共50项具体工作措施；行动措施落实，建立领导责任制度、检查督办制度和情况通报等相关制度；行动保障落实，实施领导分工负责制，明确责任科室、责任人及完成时限），“着力助推十二项行动”工作思路，发挥优势，突出特点，“三促进一保持”系列行动取得明显成效。

一是着力助推深化珠港澳交流的凝聚力行动。充分发挥珠海海外联谊会的平台作用，36名市海联会会员当选选举委员会成员，他们将在今后澳门政治生活中发挥着越来越突出的重要作用。同时，以澳门回归10周年为契机，组织开展系列纪念活动。如与市政协、市外事侨务局共同举办全市统一战线庆祝建国60周年暨澳门回归10周年大型书画展，组织协调市教育局安排300名珠海中学生赴澳门开展交流体验回归10年之旅活动。全年赴港澳参加乡亲社团、工商社团组织活动36次，走访港澳知名人士623人，通过“走出去，请进来”，安排接待港澳社团组织和客人35批次960多人。

二是着力助推加快珠海市经济发展的“送暖”行动。市统战部分别举办了14场专场讲座或座谈会，就形成扶持企业的优惠政策广泛听取各界意见建议，促成市政府及市相关职能部门出台了《关于促进珠海市中小企业平稳健康发展的实施意见》等文件，并将政策汇编等资料寄发珠海市380多家民营企业。

三是着力助推解决民营企业融资难的行动。力促市信用担保协会加入由政府、银行、信用担保机构和企业四方合作的“四位一体”融资模式；促成市进出口商会与中国出口信用保险公司珠海办事处共建“珠海进出口企业集约信保金融服务平台”，首批已有12家企业加入；促成珠海市进出口商会为市民企开拓国内外市场，拓展电子商务网上贸易；促成市工商银行与18家企业签订4.1亿元授信协议。

四是着力助推宣传《规划纲要》的招商引资行动。利用举办春茗之机，分别在港澳举办介绍会，介绍《规划纲要》和珠海作为新交通枢纽城市的交通规划及城市发展规划，发放近400份《珠海投资指南》。2009年以来，已有香港中华总商会等4个港澳工商社团和客商到珠海考察。

五是着力助推对台交流的创抓商机行动。投资500万美元的康堡科技公司已在高新区落户，投资20多亿元人民币的淇澳生态旅游项目已在报批中，投资超过2亿美元的锡球项目、无纺布项目等将落户斗门区龙山工业区。

六是着力助推以“应对危机、科学发展”为重点的建言献策行动。市各民主党派、无党派人士分别抽调专家学者组成调研组，就台湾农民创业园等专题开展调研，对珠海市经济社会发展提出意见建议，并在暑期座谈会上与市委主要领导进行沟通交流。

七是着力助推各民主党派开展“支持农村改革发展”的惠农行动。积极动员珠海市广大民主党派成员通过开展科技下乡、医疗下乡等活动为珠海市西部农村地区农民群众送医送药送温暖。仅2009年上半年，市各民主党派就筹集10万多元的钱物捐赠本市农村。

八是着力助推建设珠海“低碳经济示范区”的关爱家园行动。高度关注市九三学社社员陈利浩提出珠海市申办建设中国首个“低碳经济示范区”的建议，协助做好相关专题调研，为珠海申办“低碳经济示范区”出谋划策。

九是着力助推以扶贫济困、关注民生为切入点的爱心行动。筹措25万元帮助揭西县上山村修建水泥公路，并为该村香山小学更换教室门窗和桌椅；筹措6万元扶助斗门区委统战部开展“九百”系列工程；市宗教界投入30万元开展植树造林，金台寺捐款12.5万元认保20亩红树林及向我省受灾地区捐款50万元。

十是着力助推关注支持大学毕业生就业的引才尽责行动。号召市民营企业商会向珠海市3万多家民营企业及会员发出“千家民营企业助千名大学毕业生就业”倡议，举行市民营企业助大学毕业生就业专场招聘会，130余家民营企业提供就业岗位近2500个，现场达成就业意向2000余人。

十一是着力助推民族宗教领域的维稳行动。2009年7月，妥善处置市实验中学新疆班女学生因情感纠纷自杀事宜，由于市委和相关部门高度重视，通力协助，及时处置，措施得当，没有引起负面影响，为敏感时期的维稳工作作出努力和贡献；新疆“7·5”事件发生后进一步加强与珠海市新疆籍维吾尔族人员的联系；切实打击非法传教活动。全年全市依法取缔非法聚会点9处，劝止非法宗教活动16起，规范信教群众在营业场所违规摆放功德箱事宜2宗。

十二是着力助推为西部地区种养农民扩大销售渠道的排忧解难行动。通过斗门农产品流通协会积极主动与外地客商联系沟通，扩大农产品销售渠道，提高广大农民收入。积极争取减免水产运输车的路桥隧道费；组织会员企业参加国家级和省级农产品博览会；建立服务农业的“珠海市农信服务网”。（市委统战部）

应急管理

【概况】 2009年，珠海市按照“围绕大局、突出重点、聚集合力、创出特色”总体要求，紧紧围绕“无急可应，有急能应”和“争当全省应急管理工作排头兵”的目标，全面开展应急管理工作，取得了明显成效。各类安全生产事故起数、死亡人数和直接经济损失明显减少，分别与上年同比下降20．97％、4．59％和35．14％。有效控制了各类突发公共卫生事件。甲型H1N1流感未出现死亡病例。积极化解社会矛盾和信访突出问题。各种自然灾害应对有效，受灾人口与上年同比下降67．9％，农作物直接经济损失与上年同比下降51．2％。

【“五个一”工程建设】 2009年，珠海市确定了高栏港经济区、珠海国家高新技术开发区、香洲区前山街道办、香洲区海湾社区、香洲区十一小、珠海市公交集团公司作为市“五个一”工程建设试点单位，并以试点单位建设为重点，以点带面，整体推进。市、区、镇(街)共成立基层应急管理工作“五个一”试点工程建设领导机构32个，制订工作方案32个，先后召开各类试点单位现场会16次，组建完成镇(街)、企业综合应急救援队伍、市红十字专业应急救援志愿服务队伍和各单位应急救援专业队伍39支共1456人。通过“五个一”试点工程建设，全市形成了“齐心合力抓应急、平安和谐促发展”的良好格局。11月3日，省政府在珠海市召开全省基层应急管理工作“五个一”试点工程建设现场会，全面总结和推广了珠海市基层应急管理工作“五个一”试点经验。

【机制建设】 2009年，珠海市率先在全省建立了应急救援队伍建设社会服务机制；按照“藏兵于民、资源共享”的原则，指导珠海高新区以政

府购买服务的方式，选定海怡湾畔物业管理处作为协作单位，组建了1支30人的区综合应急救援队伍。率先在全省建立了与市检察院反渎职侵权局应急合作机制，从源头上预防和减少渎职行为的发生，保障人民群众的生命和财产安全，促进经济平稳运行和社会和谐稳定；率先在全省建立基层单位应急管理工作承诺机制，确保应急管理工作任务得到落实。

【区域联动】 2009年，珠海市与珠三角地区(广州、深圳、佛山、惠州、东莞、中山、江门、肇庆)8个城市签订《珠江三角洲地区应急管理合作协议》。市安监局、市环保局、市公安局、市气象局、市森林防火办也分别与中山、江门的相关部门共同签署珠中江相关应急联动合作协议。珠海市西部地区金湾区、斗门区和高栏港经济区联合签署《珠海西部地区应急管理合作协议》，西部地区应急管理合作机制正扎实推进。市应急办主动与交通部南海第一救助飞行队联系，在有关区和海岛建立了直升机升降点和物资储备库；协调和指导万山区与交通部南海第一救助飞行队签订应急联动协议，共同建立陆岛救援网。倡议和指导斗门区、金湾区、高栏港经济区与交通部南海第一救助飞行队和广东海事局巡查执法支队签署应急联动合作协议，使珠海市西部地区构建起由国际先进直升机和性能良好的海事船只组成的立体“海空防护网”。

【宣教演练】 2009年，珠海市率先在全省开展基层综合应急救援队伍技能竞赛。在全市23个镇(街)综合应急救援队伍中开展了以消防、院前救治、擒敌技术、防汛和应急器材操作等为主要内容的训练活动。全市各级各有关单位共举办各类应急常识和技能培训105期260多场次，受训人数2.5万多人次。全市各级各有关部门先后组织开展各类应急演练350次，参加演练人员11.8万人次。通过形式多样的应急演练，达到检验预案、锻炼队伍、磨合机制、教育公众、交流学习的目的，使各级领导干部和应急管理人员的能力素质进一步提高。

【预测预警】 2009年，珠海市各区(经济功能区)、各有关单位信息员队伍不断发展壮大，信息报送更加及时畅通。市民政局聘请200多名自然灾害报警员，市国土局聘请314名地质灾害巡查员，市公安消防局在全市每个村成立村民兼职消防队，市环保局成立环境突发事件应急救援监控员队伍。市应急办加强信息研判，加强突发公共事件趋势分析，做好各种突发事件的预测预警工作，有效预防和减少突发公共事件及其造成的损失，应急决策实现科学高效。气象、卫生、三防、消防、出入境、检验检疫、口岸、森林防火、渔政等单位充分利用广播电视和短信平台加强预警信息发布，各种突发事件得到有效防控。市公安局、安监局不断加强对公共场所的安全检查，及时发现并整改安全隐患。

【科技支撑】 2009年，珠海市为提高灾害预报预警能力，市气象局今年投入资金115万元，完成“珠海市灾害性天气决策预警信息发布平台”“大气电场强度探测网”“雷电灾害预报预警信息发布平台”等的开发，提高了珠海雷电灾害的监测预报预警能力。市公安局投入经费8786万元，建成了1个市级监控中心，4个分局、支队级监控中心，23个所队监控室，共建设安装了3099个监控摄像机，重点覆盖车站码头、口岸、学校、公园绿地、繁华街区、交通要道、治安黑点和城中村等治安复杂场所和路段。市地震局在市人防办的大力协助下，在市人防指挥中心的地震专用机房安装“珠海市地震应急信息处理系统”，实现珠海市地震应急指挥中心与广东省地震局应急指挥中心的互联互通，初步实现实时地震监测图像和地震应急指挥信息同步传输，该系统的进一步完善大大提升珠海市防震应急能力。

（张晓君）

法　制

2009年12月8日，全国首家知识产权法庭——珠海市中级人民法院高新区知识产权法庭挂牌成立。　高新区供稿

法　制

社会治安综合治理

【概况】 2009年，珠海市没有发生危害国家安全的政治性闹事事件，没有发生严重影响社会稳定的群体性事件，没有发生群死群伤的交通、火灾及其他安全事故，没有发生影响恶劣、危害特别严重的重大刑事案件。2009年，珠海市群众集体到省上访26批323人次，进京上访5批18人次，是各重要节假日全省各地级市中群众集体到省进京上访较少的城市之一。据统计，全市排查调处各类社会矛盾纠纷337起，与上年基本持平，依法妥善处置群体性事件29起，同比下降12%。年内，市、区两级信访部门受理群众来信 2447件，接待群众来访1668批9950人次，其中集体访353批7435人次。全市各调解组织受理各类社会矛盾纠纷7870件，同比上升17.7%，成功调解7267件，成功率为92.3%。全市公安机关破刑事案件9665宗，同比上升17.7%；抓获犯罪嫌疑人6694人，同比上升4.8%，其中刑拘5572人、逮捕4022人、移送起诉3958人、强制戒毒1775人，同比分别上升0.5%、7.7%、5.9%和21.2%；全市检察院批准逮捕各类刑事犯罪嫌疑人4360人，提起公诉4721人，同比分别上升12%、16%。市两级法院审结一审刑事案件2918件，同比上升1.8%。珠海市继续保持为珠三角地区最安全城市之一，是广东省唯一入选“2009中国最安全城市排行榜”前30名的城市，澳门回归10周年庆典安保工作受到胡锦涛等中央领导同志的高度肯定。

【矛盾化解】 2009年，珠海市群众集体到省上访26批323人次，进京上访5批18人次，是重要节假日全省各地级市中群众集体到省进京上访较少的城市之一。特别是在国庆60周年庆典期间实现“三个确保”和“双零”（到省进京非正常上访）目标，在澳门回归10周年期间实现市委提出的“七个坚决防止”的目标，圆满完成国家领导人在珠海市考察期间的安全保卫工作，各项维稳安保工作得到中央、省、市领导的高度肯定。随着各级、各部门矛盾纠纷排查调处工作纵向、横向的深入进行，大量不稳定因素被化解在基层，化解在萌芽状态。是年，全市排查调处各类社会矛盾纠纷337起，与上年基本持平，依法妥善处置群体性事件29起，同比下降12%。年内，市、区两级信访部门受理群众来信 2447件，接待群众来访1668批9950人次，其中集体访353批7435人次。全市各调解组织受理各类社会矛盾纠纷7870件，同比上升17.7%，成功调解7267件，成功率为92.3%。

【基础建设】 2009年，珠海市根据中央、省委的统一部署，认真组织开展镇街综治信访维稳中心建设工作，全市23个镇街除海岛3个镇外20个镇街的综治信访维稳中心建成并投入运作。从实际运作情况来看，镇街综治维稳信访中心发挥突出作用，自2009年7月份以来，已建成的19个综治信访维稳中心，受理各类信访及矛盾纠纷2542起，成功调处化解2422宗，调处化解率为95.3%。在完成中央、省要求的同时，珠海市勇于创新，积极探索立体化的运作模式，努力打造市、区、镇街、社区（村）、村（居）民小组五级综治信访维稳工作体系。斗门区在成立区人民接访中心的基础上，进一步创建区级综治信访维稳中心，从宏观上、根本上化解各类大规模、普遍性的矛盾纠纷和信访问题。同时，各镇街积极推进社区（村）综治信访维稳工作站建设和村（居）民“十户联保”，把工作向下延伸到社区（村）一级。目前珠海市现有专职人民调解员193人，全部大专以上学历，其中本科以上学历42人，占21.8%。这些专职调解员主要分布在各镇街综治信访维稳中心和驻基层公安派出所、法庭的调解室，在实际工作中发挥主力军作用，承担全市近75%的人民调解案件。

【严打整治】 2009年，珠海市政法综治部门以重大庆典安全保卫工作为着力点，深入推进“严打”斗争，及时解决社会治安突出问题，全力维护社会大局稳定。

圆满完成国庆60周年及澳门回归10周年庆典期间维稳安保工作任务。全市各级、各部门强化协作、有机联动、合力攻坚，形成“多兵种”、全方位集团军作战的效应，确保维稳安保各项工作做到万无一失。圆满完成国家领导人在珠海市考察期间的安全保卫工作，实现“三个确保”和“七个坚决防止”的目标，为国庆60周年和澳门回归10周年庆典的成功举办作出贡献。全市先后组织开展打击“粤安09”“创平安、迎国庆”、行业场所“三严”整治等一系列专项行动，持续保持严打高压态势。公检法三机关加强配合，在增强严打质量上下工夫。通过严打，珠海市破案、追逃、批捕、起诉、审判等五项硬指标均有所提高。据统计，2009年，全市公安机关破刑事案件9665宗，同比上升17.7%；抓获犯罪嫌疑人6694人，同比上升4.8%，其中刑拘5572人、逮捕4022人、移送起诉3958人、强制戒毒1775人，同比分别上升0.5%、7.7%、5.9%和21.2%；全市检察院批准逮捕各类刑事犯罪嫌疑人4360人，提起公诉4721人，同比分别上升12%、16%。市两级法院审结一审刑事案件2918件，同比上升1.8%。

全市排查整治拱北口岸、平沙、前山、南屏、井岸西埔地区（新青工业园）等5个重点地区和14个重点部位。通过集中力量，集中时间，采取各种切实有效的措施，有针对性进行专项治理，重点地区治安整治工作取得明显成效。两年来这些地区存在的农民征地补偿、土地所属权争议、鱼塘承包纠纷、下岗职工社会保障等矛盾纠纷得到有效化解，各类不稳定因素明显减少，刑事发案上升势头得到有效控制，这些地区人民群众的安全感和满意度明显提高。

公安、卫生、工商等部门配合各区综治委，对全市桑拿按摩场所进行一次全面的清理整顿，进一步规范全市桑拿按摩场所的经营秩序，有效解决此类场所的涉黄问题。同时，进一步加大对“黄赌毒”丑恶现象的打击力度，全市查处各类“黄赌毒”治安案件1.03万起1.82万人，同比分别上184.9%、68%。其中，查处涉黄案件777起1187人；查获赌博案件7307起1.37万人，同比分别上升496.7%、138.3%。年内，全市破获贩毒案件975宗，抓获犯罪嫌疑人940人，同比分别上升144.4%、41.1%；查处毒品违法案件2316起3281人，同比分别上升4.7%、10.9%；缴获海洛因、冰毒、摇头丸等各类毒品594.69千克。

【平安建设】 2009年，珠海市香洲区被中央综治委评为全国平安建设先进区。香洲区进一步加大创安工作力度，158个老旧小区创安工作任务已全部完成并交付使用。金湾区、斗门区也加快安全小区建设步伐，并在新建的居民住宅区建成一批安全小区。全市已创建安全小区980个，其中新建60个。全市群防群治队伍总人数已达1.9万多人，其中专职保安队伍4200多人，专职治安巡防队伍1750人，企事业单位内部保安组织2100多人，物业小区保安队伍5200多人，其他保安组织5700多人，并形成网络，在打击与防范违法犯罪中起到很好作用。据公安部门统计，全市社会治安辅助力量提供各类违法犯罪线索3009条，扭送违法犯罪嫌疑人员1.22万人，协破各类刑事案件1959宗，协查各类治安案件5973起；参与抢险救灾621次，消除各种事故隐患2139起，挽回经济损失348.6万元，做各种好人好事1894件。全市采取政府投入、企业参与等多种方式，在全市主要路段、治安卡口、公共复杂场所建立一大批治安视频监控系统，安装电子眼1390个。在政府投资建设方面，全市骨干网络视频工程已建成并投入使用，已完成投资1.1亿，公安局已建1个市级监控中心，分局（香洲、拱北、斗门）、支队（交警）级监控中心，23个所队监控室，安装3099个监控摄像机。在社会各界投资建设方面，目前全市安装摄像机4.2万台，其中企业1.8万台，银行1.1万台，住宅小区400台，酒店2500台，其他如娱乐、商场、学校、餐饮、公园等计800台。同时，全市大力推进以政法信息网为主体的基础信息平台建设，深入开展“技防一条街”“技防厂区”“智能化居民小区”等创建活动，大力推广运用视频监控、电脑报警等技防措施。全市治安视频监控系统提供有价值线索363条，协助破案176宗，协助抓获犯罪嫌疑人736人。

（叶振平）

审 判

【概况】 2009年，珠海市法院系统深入推进社会矛盾化解、社会管理创新和公正廉洁司法三项重点工作。全市法院受理案件2.21万件，结案2.56万件，结案率为94.2%。截至11月，全市法院审结刑事案件2717件，判处罪犯3728人，其中判处5年以上有期徒刑的509人，占16.3%；全市法院审结民商事案件1.51万件，调解撤诉率达61.5%；审结行政案件290件；执结案件7734件，执结标的金额21.44亿元。珠海市法院系统在司法服务等方面进行探索，以强化服务为主线，以人民群众满意为标准，在审判、执行、信访各个环节，向人民群众提供热情、规范的服务。知识产权法庭成立1年来，知识产权案件数量迅速增长，截至11月，收案368件，是上年全年收案数的2.5倍。聘请人大代表担任执法监督员，通过手机为市人大代表发送开庭信息，方便人大代表旁听、监督。对于人大关注的案件或事项，进行全程跟踪督办。广东省法院在全省法院范围内部署开展“加速推进排头兵达标”竞赛活动，对12项体现审判工作质量与效率的主要指标进行比赛。珠海市法院与广州、深圳、佛山、东莞、中山法院被分为第一竞赛组。前三个季度，珠海市法院在竞赛当中连续获得优胜单位称号，在珠三角法院中位居第一。

【刑事审判】 2009年，1～11月全市法院审结刑事案件2717件，判处罪犯3728人，其中判处5年以上有期徒刑的509人，占16.3%。依法从重从快惩处故意杀人、故意伤害、抢劫等暴力犯罪以及贩毒等严重危害社会秩序的犯罪。抓好大案要

案审理，妥善审理案值数十亿元的全国最大手机走私案，积极协调涉及医疗系统的受贿系列案的审判。全面推进刑事案件量刑规范化工作，将量刑纳入法庭审理程序，规范量刑的自由裁量权。加强刑事司法领域教育改造工作，对罪行较轻的被告人依法判处缓刑、管制；对认罪伏法、改造表现良好的罪犯依法予以减刑、假释。积极参与平安创建、职务犯罪预防、社会治安综合治理和社区矫正工作。积极与未成年人被告人所在的学校、社区等单位相互配合，帮助其重返校园和社会。

【民事审判】 2009年，珠海市法院系统认真落实“调解优先、调判结合”原则。努力从根本上平息纠纷。特别是对宏观经济影响下发生的劳资、债务、合同等纠纷，更加注重平衡双方当事人的利益，尽量运用调解手段化解矛盾，实现互利共赢，案结事了。对不能调解、不宜调解或调解不成的，及时依法作出判决。截至11月，全市法院审结民商事案件1.51万件，调解撤诉率61.5%。

【行政审判】 2009年，珠海市法院系统注重促进依法行政。截至11月，审结行政案件290件。通过撤销、变更行政行为或确认行政行为违法、无效，规范行政行为；对行政机关失职、违反法定程序的行政行为，通过维持行政行为，支持行政执法；对交通局打击违法营运等类型行政行为，通过维持行政行为，支持行政执法；对规划许可、强制拆迁等涉及民生的案件，通过强化协调化解矛盾，实现官民和谐。

【执行工作】 2009年，珠海市法院系统切实保障当事人合法权益。建立主动执行机制，在立案和审理阶段提前做好执行保障；全市法院成立执行指挥中心，制订24小时值班方案，提高执行快速反应能力。通过努力，全市法院执行力度明显加大，执行难有所缓解。全市法院1～11月执结案件7734件，执结标的金额21.44亿元。

【司法管理与运作】 2009年，广东省法院在全省法院范围内部署开展“加速推进排头兵达标”竞赛活动，对12项体现审判工作质量与效率的主要指标进行比赛。珠海市法院与广州、深圳、佛山、东莞、中山法院被分为第一竞赛组。前三个季度，珠海市法院在竞赛当中连续获得优胜单位称号，在珠三角法院中位居第一。珠海市法院的工作思路是以达标竞赛活动为契机，全面提高司法管理和运作水平。

开展创建“学习型法院”“学习型部门”，争当“学习型标兵”活动。该院党组中心组以及各部门每个月集中开展一次以上学习；以部门为单位成立读书小组，积极开展读书月活动；坚持抓好业务培训，全年组织业务培训30多次，培训干警1000多人次；承办第十四届全国二十城市刑事审判研讨会，展示特区法院良好的理论水平。

制定《关于非案件承办人过问案件登记管理暂行规定》，杜绝非正常过问案件；不定期进行考勤纪律、庭审规范和庭审纪律检查，强化对涉诉信访情况的分析，并予以通报。通过这些举措，全市法院队伍的作风进一步得到改善，信访投诉率明显下降。

大力开展法院规范化建设，在业务工作、办案程序、执行程序、行政管理、队伍管理、干警行为规范和监督制约等方面制定或修订一系列规章制度，形成一套较为完善的制度系统。成立专门的审判管理机构——审判委员会办公室，推行精细化审判管理。制定完善《案件质量评查办法》、《案件质量常规评查标准》和《审判流程管理规程》等多项审判管理规章制度。

【司法服务】 2009年，珠海市法院系统力求在服务大局的过程中实现自身的发展和跨越。认真贯彻市委实施的“十大重点建设工程”拉动经济升温的战略布局，多次组织干警到高栏港新区、南屏工业园等地进行调研，与重大工程项目负责人进行座谈。制定《关于珠海市法院为促进“十大重点建设工程”顺利推进提供强有力司法保障的指导意见》，提出30条指导意见，45项具体措施；为贯彻落实《横琴总体发展规划》，充分了解和准确把握横琴新区开发面临的法律难题和司法需求，珠海中院组织法官两次深入横琴新区进行调研，制定《珠海市法院关于贯彻落实〈横琴总体发展规划〉，积极服务横琴新区建设的指导意见》，提出22条指导意见，48项具体措施；为更好地发挥法庭的独特作用，珠海中院制定《关于发挥知识产权法庭独特作用，促进我市自主创新的若干意见》，并先后联合珠海市知识产权局举办高新区知识产权保护论坛，在珠海清华科技园举办知识产权保护专题辅导会，赴丽珠医药、南方软件园等企业进行调研，提供司法服务。知识产权法庭成立一年来，知识产权案件数量迅速增长，截至11月，收案368件，是上年全年收案数的2.5倍。

【司法为民】 2009年，珠海市法院系统以强化服务为主线，以人民群众满意为标准。在立案大厅安装宣传橱窗，向涉诉群众公开立案条件、诉讼流程、收费标准、举证须知，方便当事人诉讼。进行诉讼风险提示，最大限度降低群众不必要的诉讼成本。开辟诉讼“绿色通道”，对涉及弱势群体案件，优先立案、及时保全；加大司法救助力度，减轻困难群众诉讼负担，确保经济困难的群众打得起官司，对农村特困户以及享受最低生活保障的城市居民等弱势群体，尽力实行诉讼费缓、减、免；推出司法服务到农村、到社区、到企业等七大主题、53项具体内容的“百名法官下基层”活动；坚持院长接待日制度，积极引导群众行使好诉讼权利。推行申诉首访接待制，认真做好涉诉上访当事人的息诉、息访工作。大力开展涉诉信访积案清理活动，排查出属于珠海市法院负责清理的信访积案线索173件，件件落实领导包案。已化解166件，化解率达93.6%。积极支持珠海镇街综治信访维稳中心建设，向每个中心派出一名法官作为联络员。

【外部监督】 2009年，珠海市法院系统不断强化自觉接受监督的意识，不断加强与人大及其常委会的联系，做到重大工作部署、重要活动开展及时向人大报告。积极邀请人大代表视察法院和观摩庭审、见证执行，院领导亲自带队，实地征求人大代表对法院的工作意见。聘请人大代表担任执法监督员，通过手机为市人大代表发送开庭信息，方便人大代表旁听、监督。对于人大关注的案件或事项，进行全程跟踪督办。 (谭炜杰)

检　察

【概况】 2009年，珠海市检察机关围绕中央“保增长、保民生、保稳定”的要求，依法打击刑事犯罪，全年批准逮捕犯罪嫌疑人4360人，提起公诉4644人，比上年分别上升12%和15%。查处和预防职务犯罪，全年立案侦查贪污贿赂、渎职侵权犯罪案件90件90人，其中贪污案10件，受贿案32件，行贿案28件，单位行贿案6件，挪用公款案2件，滥用职权案8件，徇私舞弊抵扣税款案3件，放纵走私案1件。通过办案挽回直接经济损失2000多万元。

控申检察和诉讼监督，全年受理举报线索和控告申诉材料890件，接待来访群众1002批1823人次，其中两级检察院领导亲自接待来访群众86批212人次。

是年，珠海市检察院获广东省检察机关基层检察院建设组织奖，在全省检察机关第七次“双先”表彰会议上，市检察院反贪局被省院评为先进集体；市检察院反贪局党总支被省委组织部评为城乡基层党组织互帮互助活动先进党支部；市检察院研究室被省检察院评为全省检察理论研究工作先进单位等。

【打击刑事犯罪】 2009年，该检察机关始终把维护社会稳定摆在突出位置，保持严打高压态势，认真做好批准逮捕、提起公诉工作，大力促进社会治安综合治理。全年批准逮捕犯罪嫌疑人4360人，提起公诉4644人，比上年分别上升12%和15%。

按照案件管辖分工，珠海市检察院负责办理可能判处无期徒刑、死刑的重大刑事案件。全年对136名涉嫌故意杀人、故意伤害、绑架、强奸、抢劫等严重暴力犯罪的被告人提起公诉。积极参与“打黑除恶”专项斗争，严厉打击黑恶势力犯罪。坚决纠正有案不立、有罪不究、以罚代刑等突出问题，防止打击不力、放纵犯罪。依法行使立案监督权，及时受理不服侦查机关不立案决定的申诉，要求侦查机关立案侦查9件。严格细致审查案件，对罪行严重应当逮捕、起诉的犯罪嫌疑人，决定追加逮捕19人、追加起诉22人、追加起诉遗漏罪行32件。自觉增强维稳责任意识，结合办案提出检察建议48份，帮助相关单位及时完善防控措施。进一步发挥检察机关在综治维稳工作中的作用，珠海市检察院反渎职侵权局与市应急办联合制定《关于建立应急管理工作联动机制的意见》，推动珠海市应急委成员单位依法正确履行应急管理职责，努力预防和积极应对影响社会稳定的突发公共事件。

【查处和预防职务犯罪】 2009年，该检察机关认真贯彻中央、省委和市委反腐败工作的总体部署，严肃查办和积极预防破坏市场经济秩序、影响经济健康发展的职务犯罪案件。全年立案侦查

位于珠海情侣北路的唐家环大浪湾岸边，有两块奇异的巨石互相重叠着。石壁上刻有中国著名书画大师刘海粟所题“海天砥柱”四个大字。 钟 凡 摄

贪污贿赂、渎职侵权犯罪案件90件90人，其中贪污案10件，受贿案32件，行贿案28件，单位行贿案6件，挪用公款案2件，滥用职权案8件，徇私舞弊抵扣税款案3件，放纵走私案1件。通过办案挽回直接经济损失2000多万元。

该检察机关在查处和预防职务犯罪方面，突出查办和预防工程建设领域的职务犯罪。针对办案中发现的工程建设领域中介机构违法违规问题，提出依法加强监管的建议。有关部门高度重视并迅速采取措施，有效维护工程建设市场秩序。市检察院及时出台服务重大项目建设的具体措施，充分运用打击、预防、监督、保护等手段，切实保障政府投资安全，为建设优质廉洁工程发挥积极作用。全市检察机关还通过举办廉政书画作品展、建立廉政教育基地、与市纪委联合摄制廉政教育片等方式，积极开展廉政宣传教育工作，取得良好的效果。认真查处和预防危害生态文明建设的职务犯罪。把保持蓝天白云、青山绿水作为一条不可突破的“底线”，深入开展惩治危害生态资源环境职务犯罪专项行动。珠海市检察院主动派员走访规划、国土、农业、环保、城管等部门，就城市规划管理、自然资源利用、生态环境保护以及刑事司法与行政执法相衔接等方面的问题开展调研，形成比较清晰的工作思路，为检察机关更好地服务生态文明建设打下基础。

【控申检察和诉讼监督】 2009年，该检察机关认真落实执法为民的要求，坚持把化解社会矛盾贯穿于执法办案全过程。全年受理举报线索和控告申诉材料890件，接待来访群众1002批1823人次，其中两级检察院领导亲自接待来访群众86批212人次。

该检察机关在控申检察和诉讼监督方面，积极发挥检察机关作为司法机关解决社会矛盾纠纷的优势，主动配合信访部门，及时有效地处置多起有较大社会影响的集体上访事件。积极发挥检察机关作为法律监督机关规范权力运行的作用，认真监督纠正损害群众利益的违法失职行为，促进严格执法和依法行政，从源头上防止和减少信访案件的发生。加强与侦查机关、审判机关的相互配合和相互制约，确保公正司法，促进社会和谐。坚持打击犯罪与保护人权相结合、实体公正与程序公正相结合，保障诉讼活动严格依法进行。全年对证据不足或情节轻微的案件，决定不批准逮捕297人，不起诉154人，帮助侦查机关严把案件质量关。审查处理当事人不服生效裁判的民事行政申诉案件209件，建议审判机关再审5件，同时做好服判息诉工作，维护司法权威。

【外部监督】 2009年，该检察机关在主动接受监督方面，自觉接受人大监督。主动汇报检察工作情况，坚决执行人大及其常委会的决议。全年办理市人大交办案件5件，均在规定期限内办结。加强与人大代表的沟通联系，定期走访人大代表，建立与人大代表的网络交流平台，坚持人大代表直接约见检察长制度，认真办理人大代表提出的议案，虚心听取对检察工作的批评、意见和建议。在本届人大四次会议上，13名代表提交《关于加强农村职务犯罪预防的议案》，对检察机关开展预防工作提出许多建设性意见。市检察院高度重视，积极落实，出台《关于在镇村开展农村职务犯罪预防试点工作的意见》，协助试点镇村成立预防农村职务犯罪工作领导小组，选任预防联络员，设置“检察官信箱”，帮助完善各项村务管理制度，受到代表们的肯定。扎实开展“阳光检务”工作。设立检务公开大厅，接受群众法律咨询，帮助群众依法维护自身权益。在“珠海检察网”开设“阳光检务”专栏，介绍检察机关职能，通报检察工作情况，开展与群众的互动交流。举办“检察开放日”活动，进一步提高检察工作的透明度，让人民群众更加了解、关注和支持检察工作。此外，两级检察院还统一开发使用案件查询服务系统。案件当事人及其家属可以就近到全市任何一个检察院的检务公开大厅，或者随时登录“珠海检察网”，查询相关案件的办理情况，反映自己的看法和意见。

（关夏莲）

公　安

【概况】　2009年，珠海市公安机关面对国际金融危机持续蔓延、重大节庆安保工作接踵而至的严峻挑战，为珠海新一轮大发展创造平安、稳定、和谐的社会环境。全市未发生政治性事件和大规模群体性事件;打击和防范犯罪工作成效明显，破获刑事案件、抓获犯罪嫌疑人员、刑拘、逮捕、移送起诉、强制戒毒人数比上年分别上升17.7%、4.8%、0.5%、7.7%、5.9%和5.3%，命案破案率达95.6%，创历史新高；严重影响群众安全感的命案、绑架、抢劫、入室盗窃、盗窃机动车案同比分别下降26.7%、55.6%、8.5%、3.7%和8.5%；查处各类治安案件数比上年上升25.7%；全市社会公共安全形势持续稳定，道路交通事故宗数、死亡人数、受伤人数和直接经济损失连续第4年下降，同比分别下降21.1%、4.9%、22.2%和1.5%；火灾宗数、受伤人数和经济损失比上年分别下降27.4%、50%和20.3%，火灾事故连续3年实现零死亡。

2009年，该公安机关推进政治建警、从严治警、从优待警，加强教育培训，以珠海市委党校专题讲座和“珠海公安学习讲坛”为平台，深入开展纪律教育学习月活动，许多工作走在全省乃至全国前列：珠海市公安局被授予全国科技强警示范市建设工作先进集体、全国公安机关排查化解矛盾纠纷先进集体、全国“五五”普法中期先进集体、广东省禁毒人民战争“五大战役”组织协调先进单位、“粤安09”专项行动二等奖；出入境管理处被评为全国公安机关出入境管理暨外国人管理工作先进集体，唐家、井岸和三灶边防派出所被公安部命名为“全国一级派出所”，行政处装备财务资产管理科被授予“全国三八红旗集体”荣誉称号，斗门分局井岸派出所户籍台被授予“全国巾帼文明岗”荣誉称号，交警支队获全省公安交管部门预防道路交通事故先进单位，珠海市公安局110报警服务台接警组和斗门分局治安大队出入境办证窗口被授予“广东省巾帼文明岗”荣誉称号，斗门分局治安大队出入境办证窗口被评为出入境管理“省级文明窗口”单位，拱北口岸分局团委被评为“广东省五四红旗团委”。

【重大庆典安全保卫】　2009年，该公安机关以国庆60周年和澳门回归10周年庆典安全保卫为主线，以超常规的精神状态和工作措施，组织开展“粤安09”“创平安、迎国庆”、行业场所专项整治等一系列专项行动，紧紧围绕市民百姓的居住、出行和消费娱乐安全，全面推进严打、严防、严管、严治，增强驾驭复杂治安局面的能力，有效确保全市社会治安的持续稳定。在全省公安机关“创平安、迎国庆”重点打击专项行动中，珠海市综合成绩排名全省第三，其中打击电信诈骗、禁毒得分位列全省第一，打击制贩假币假发票和打击拐卖儿童妇女得分位列全省第二，打击“两抢一盗”和打黑除恶得分位列全省第三，成功侦破公安部督办的“5·18”特大伪造、变造出入境证件专案。圆满完成胡锦涛总书记视察珠海和国庆60周年、澳门回归10周年等重大活动的安保警卫工作，受到胡锦涛总书记等中央领导和上级机关的高度肯定。公安部专门颁发嘉奖令，对广东省公安机关特别是珠海市公安局等参战单位及全体参战民警、官兵予以通令嘉奖。

【警务工作创新】　2009年，该公安机关以公安“三项建设”为核心，全面推进现代警务机制建设，公安整体工作效能显著提升。成功举办首届珠海警务论坛，进一步明确以“三项建设”深化和发展“三基建设”成果、构建特区现代警务机制的工作思路。联合中山大学专家开展现代警力资源管理机制建设调研试点工作，整合优化全局警力资源，构建完善现代警力资源管理机制。以镇（街）综治服务中心建设为平台，探索推进行业协会自治、治安防范承包和企业法人治安责任制等符合市场经济规律的综合治理新举措。积极参与全市社会管理体制改革“先行先试”，探索构建“网络警务室”工作机制，将网络安全管理纳入珠海市社会治安综合治理，牵头组织开展流动人口服务管理改革试点工作。牵头签署《珠海中山江门三市警务合作协议》，全力推动珠江口西岸地区警务联动，有效提升珠江口西岸地区协同作战效能。积极推进“金盾工程”二期建设，进一步完善警务信息化的软硬件基础。深入推进“五个一网”（视频监管一网控、办案办公一网通、信息情报一网综、服务措施一网办、工作执法一网考）工程建设，通过网上绩效考核平台对民警进行实时、公平考核，有效促进警务效能的提升。坚持情报信息主导警务战略，创新推进情报信息系统的智能检索、可视化分析以及旅馆业管理网上巡查等实战功能，提高网上查证、摸排、缉控、预警等网上实战应用水平。

【安全生产监管】 2009年，该公安机关扎实推进“安全生产年”和安全生产“三项行动”（执法、治理和宣传教育行动），落实安全生产责任制，强化安全监管。治安部门进一步完善危爆物品审批模式，持续不断地开展危爆物品安全检查，组织开展打击非法制贩爆炸物品、打击涉枪违法犯罪等专项整治行动，全市没有发生危爆物品流失案件，没有发生涉及危爆物品的重大事故。消防部门以贯彻落实新《消防法》为契机，不断拓展宣传渠道，扩大消防宣传教育的覆盖面和群众的受教育率，并先后组织开展“三小”“三合一”场所消防安全攻坚战、公众聚集场所专项检查整治行动和节前消防监督检查攻坚战，有效消除各类火灾隐患，被省政府列为火灾隐患重点地区的白蕉镇火灾隐患整治工作顺利通过验收、摘牌。交警部门以“畅通工程”“平安畅通县”创建活动为载体，积极推动完善预防道路交通事故联席会议制度，强化危险路段、运输企业安全隐患排查治理，持续开展摩托车、校车、出租车和酒后驾驶等专项整治，广泛开展交通安全宣传，有效压减各类道路交通事故。年内，全市没有发生危险品运输车、校车交通死亡事故，涉及摩托车的交通事故宗数、死亡人数比上年分别下降14.7%、7.3%。金湾区被全国道路交通安全工作部际联席会议评为部级“平安畅通县区”。机场、高栏港分局认真做好各项安检、巡防工作，确保空港和海港安全。森林分局及时消除森林火险隐患，有效遏制森林火灾的发生。

【为民服务】 2009年，该公安机关不断强化服务意识，按照“保增长、保民生、保稳定”的总要求，进一步推进“非窗口服务”，把公安服务从窗口延伸到各个执法岗位，有效提升服务、保障和改善民生的能力。制定出台《珠海市公安局实践科学发展观利民惠民措施》，开通市民出入境网上受理审批平台和企业绿色通道，推出全市户籍管理“一网办”模式，推行“流动车管业务”进社区，完善交通事故快速理赔工作机制，推出重点项目消防建审绿色通道，搭建公安局互联网服务平台，开通政务公开、网上办事等栏目，细化完善相关业务的网上咨询、申请、受理、办理和审批的制度及流程，进一步提高为民服务的质量。建立完善一对一联系服务群众、一对一个案反馈、一对一投申诉反馈和一对一办事反馈“四个一对一”阳光公安服务机制，深入推进解决涉及民生的小案件、小申诉、小举报、小投诉和小求助等“五小”问题。积极应对国际金融危机的冲击，进一步完善打击防范经济犯罪的联席会议制度和协作配合机制，与新闻媒体、电信公司、知识产权等部门联手建立舆情互动、警企联络和知识产权保护、侵害重点企业权益案件督办督破等机制，及时发布经济犯罪预警信息。强力推进打击假币犯罪“09行动”、打击整治发票犯罪专项行动、保护知识产权行动等专项打击行动，严厉打击传销、票据诈骗、假币、假发票等严重影响民生和经济安全的犯罪，有效维护珠海市市场经济秩序。积极推进警察公共关系建

设，探索建立常态化的警察公共关系新模式，出台《珠海市公安局关于加强警察公共关系促进和谐警民关系建设的意见》，深入组织开展基层派出所警察公共关系建设试点工作，聘请24名澳门籍全国人大代表、政协委员担任市局警察公共关系专家组专家。加强舆情知识培训，提高各级公安机关和领导舆情应对能力和水平。开展“大走访”“警民心连心•民警在你身边”等一系列爱民实践活动，相关做法和经验得到公安部、省厅的高度肯定，被《人民公安报》多次采用刊发。

【规范执法】 2009年，珠海市公安局制定出台《关于进一步加强执法工作促进和谐警民关系建设的若干意见》《关于大力加强执法规范化建设工作方案》《珠海市公安局公务用枪管理工作规范》和《110常见警情处置指引（试行）》等一系列规范性文件，以大力解决人民群众最关心、反映最强烈的执法突出问题为突破口，不断完善执法制度建设，提升公安执法工作的社会认同感。积极探索推进执法资格考试认证制度，认真抓好执法教育培训，切实提高广大民警的执法能力和执法艺术。推进行政案件审批制度改革试点，努力提高基层执法的效率和质量。进一步健全执法监督管理体系，建立起权责清晰的执法过错问责制度，加大执法过错问责力度；改进执法质量考评工作，加强日常考评力度和频率，不断强化对理性、公正、文明、规范执法的考评深度和广度，民警理性、平和、文明、规范执法的自觉性显著提升。 （韩 锋）

司法行政

【概况】 2009年，珠海市司法局以维护社会和谐稳定为主线，在广东省司法厅组织的三年一次的地级以上城市司法行政工作考核中，珠海市司法局被评为优秀。2009年，珠海市各调解组织办理各类社会矛盾纠纷7870件，同比上升17.7%；调解成功7267件，同比增长19.5%；成功率92.3%，同比上升1.4%。珠海市司法行政机关实行专职人民调解员包村、包片制，深入基层开展各类社会矛盾纠纷的排查、研判、化解工作，参与综治信访维稳中心建设，与市人力资源和社会保障局共同建立刑释解教人员再就业信息共享平台。珠海市法律援助处被全国妇联评为全国巾帼文明岗，珠海市普法办荣获第六届全国法制动漫作品征集活动组织奖和三等奖，珠海市司法局、香洲区局、金湾区普法办被评为全省“五五”普法中期先进集体，珠海市司法局调解科、斗门司法所荣立集体二等功；1人被评为全国“五五”普法中期先进工作者；1人荣立个人二等功一次。全年有21个集体和82人次受到上级领导机关表彰。

【人民调解】 2009年，珠海市各调解组织办理各类社会矛盾纠纷7870件，同比上升17.7%；调解成功7267件，同比增长19.5%；成功率92.3%，同比上升1.4%。组织开展《珠海经济特区人民调解条例》宣传活动，人民调解的社会认知度进一步提高；实行专职人民调解员包村、包片制，深入基层开展各类社会矛盾纠纷的排查、研判、化解工作，进一步畅通民间纠纷的预防、分流、解决渠道；积极探索多元化解决矛盾纠纷的途径，尝试采用“听证会”、协调会、律师参与人民调解、心理疏导等多种方式化解矛盾；采取专题讲座、交流讨论、案例分析等形式，对全市村（居）调委会主任、专职人民调解员分三期进行轮训2052人次，提高调解队伍的业务素质；积极与卫生行政部门和基层交警部门沟通，探索建立医疗纠纷、交通事故纠纷调委会，调解机构和网络不断向基层延伸。

【综治信访维稳中心建设】 2009年，该局高度重视，积极参与中心建设，成立6个督导组，由局领导带队分片包干，对中心建设实行现场检查指导。全市有18个司法所已进驻镇街综治信访维稳中心。2009年10月，省委常委、政法委书记梁伟发对香洲区吉大司法所参与中心建设的工作给予高度评价。

【刑释解教人员安置帮教】 2009年，该局以“三无”“流动刑释解教”人员为重点，全面开展排查摸底，加强对刑释解教人员的教育、走访和管控；与市人力资源和社会保障局共同建立刑释解教人员再就业信息共享平台，依托劳动保障就业指导系统，为刑释解教人员提供就业信息。

【社区矫正】 2009年，该局各区局、司法所认真摸底排查，掌握实情，积极做好全面试行社区矫正的各项准备工作。珠海市司法局与珠海市财政局形成“工作经费按矫正对象每人每月100元、管理经费按矫正对象每人每年2500元的标准列入市、区财政安排”的意见并上报市政府审批。

【基层社会稳定】 2009年，该局全年排查社会矛盾308次，参与开展各类专项治理264次，防止群体性上访152件。针对国庆60周年、澳门回归10周年等敏感时期和涉疆维稳工作，针对重大疑难纠纷和突发性、群体性事件，该局通过定期分析维稳形势、开展社会矛盾排查、完善工作预案、加强应急演练等措施，及时维护社会和谐稳定。在“白藤湖事件”发生后，斗门区局高度重视，深入一线，走街串户，夜以继日地向群众宣传党的方针政策、法律法规，为有效解决“白藤湖事件”发挥积极的作用。金湾区局在处理一起群众恶性信访案件中，主要领导亲临一线，临危不惧、处置果敢及时，有效防止事态的扩大。

【基层司法所和基层法律服务所】 2009年，该局各司法所和基层法律服务所积极开展公益性法律服务活动，为基层群众提供各类低收费的法律服务项目，全年854件次。司法所积极参加基层镇街党政联席会议，提供法律意见和建议340件，被采纳286件。市司法局制定下发《关于认真做好司法所规范化建设的通知》，加强司法所基础设施建设，规范司法所的管理标准；采取选调、轮岗的办法，让年富力强、经验丰富的骨干担任司法所长，强化司法所的组织领导；通过加强业务学习、组织培训等形式，提高司法所人员的综合素质。

【法律援助】 2009年，该局全年办理各类法援案件1600件，受援人数2004人，其中农民工1420人。扩大法律援助网络建设，在横琴新区设立法律援助联络站，在暨南大学、北理工珠海学院、北师大珠海学院等高校建立基层法援工作站；降低法律援助门槛，采取现场审批等一系列便民利民措施，建立农民工法律援助“绿色通道”。通过建立《珠海市法律援助案件质量监督评估管理办法》《珠海市法律援助处窗口接访值班规则》等措施，进一步完善管理制度，统一业务标准。

【公证法律服务】 2009年，该局深入一线，为企业重组、并购等办理公证84宗，为股份合作公司换届选举办理现场监督公证55宗。采取上门服务、减免收费等措施，全年为近2000名困难群众和家庭低收入者减免公证收费40余万元，为外来工结转社保办理94宗涉及135人。组织公证人员先后深入到广珠铁路、广珠轻轨、横琴新区、高栏港快速干线、高新区围海造田等施工现场，160个工作日，办理证据保全106宗。组织公证员到司法部、省厅以及兄弟单位学习交流，开拓公证员视野；建立公证处主任定期联席会议及定期组织公证员对典型案例剖析制度，提高全体公证员的业务技能；开展公证案件质量交叉大检查，提高管理水平。与珠三角9个兄弟单位签订《珠江三角洲地区公证行业合作框架协议》。

【律师管理】 2009年，该局强化“两结合”的管理和指导，组织全市担任企业法律顾问的律师对顾问企业开展“法律体检”活动，帮助企业经营管理者增强风险意识，提高企业防范风险的能力；健全司法行政机关与律协的“例会”制度和新增合伙人谈话等制度；珠海市律协及律协党委于2009年3月通过选举，顺利完成换届工作；通过狠抓律师党建，实现“三个全部”，即党员律师组织关系全部接转、党的组织全部建立、党的工作全部覆盖，珠海市律协党委还被市委组织部列为“两新”组织党建工作的试点单位；通过积极推进律师事务所的规范化建设，2009年有23个所创建达标，全市律师事务所达标率已达到73.9%；珠海市律师的参政议政意识也显著增强，现有人大代表政协委员11人，其中，省人大代表、市政协委员各1人，市、区人大代表和区政协委员各3人。有16名律师被市政府和市人大常委会聘请为法律顾问。

【公职律师】 2009年，珠海市公职律师认真履行职责，提高服务质量，积极为各级政府和中央、省驻珠直属单位办理法律事务，全年代理诉讼123件，起草规范性文件312份，办理行政处罚、行政复议案件2209件。全市公职所通过定期组织执业经验交流和典型案例分析研讨，加强沟通，促进管理，提高执业技能。与珠三角9个兄弟单位签订《珠江三角洲地区公职律师合作协议》。

【国家司法考试】 2009年，珠海市国家司法考试组织严密、规范，未发生考生违反考场纪律现象。全市有1259人报名，实际参加考试1097人。

【面向社会服务的司法鉴定管理】 2009年，珠海全面加强面向社会服务的司法鉴定管理，全市设立各类司法鉴定机构6个，有司法鉴定人41名。

【法制宣传】 2009年，该局努力营造有利于经济平稳较快发展的法制环境。针对横琴新区、高新区开发中遇到的法律问题和法律需求，根据实际制定专项普法方案，重点抓基层干部的普法；针对长隆度假村等重大项目的拆迁村民，加大对《城市房屋拆迁管理条例》《物权法》及《房屋拆迁补偿安置办法》的宣传力度；为积极应对金融危机，开展“学法用法，共克时艰”前瞻性、预防性专题普法宣传活动；通过与市人力资源和社会保障局建立健全企业欠薪预警制度，为防御外向型企业“过冬”带来的劳资纠纷问题，开展维护劳动者合法权益的法律宣传；珠海市司法局还将普法工作与人民调解相结合，及时有效地处置各类矛盾纠纷和突发性事件，充分发挥普法的预防性功能。借助分众传媒等商业广告平台开展普法，创新普法形式；与珠海电视台联合制作播放50集法制情景剧，扩大法律宣传的覆盖面；面向青少年学生征集、评选、展览优秀法制动漫作品，深化法律教育效果；发挥普法宣传车的特点和作用，组织开展法律巡回宣传103场，受教育群众达30万人次。与市依法治市办联合召开“法治城市创建活动”工作会议，起草《珠海市开展法治城市创建活动的意见》，指导香洲区制定创建“法治区”工作评估体系和考评办法。为提高农村“两委”干部依法管理农村事务的能力，市司法局通过开展“法律进乡村”、农村“两委”干部法律知识培训、建设农村法制宣传教育阵地等形式，深化农村基层法治建设。重点加强对全市相关职能部门和企事业单位普法工作的指导，制定《关于加强我市地方性法规培训与宣传工作的意见（征求意见稿）》，积极协调开展地方性法规培训及宣传工作，组织、指导、开展“3•8”“3•15”“6•26”“12•4”等法制宣传日活动，提高广大市民学法、用法的自觉性，增强普法工作的维稳功能。

【劳动教养管理和强制戒毒管理】 2009年，珠海市劳教所连续6年实现安全防范“四无”目标。针对强戒工作的要求，通过采取集中培训、参观学习、绩效考核等措施，全体干警的执法管理、教育方式、业务水平、作风纪律有明显的进步。通过引进中华传统文化教育和公民社会道德教育内容，充分发挥传统文化在塑造人、教育人的积极作用；通过引进现代心理咨询，建立“心理干预”机制，形成以心理健康教育为基础的教育矫治模式；通过与市人力资源和社会保障局紧密协作，建立珠海市综合性职业技能培训中心，设置摩托车维修、电器维修、电工、农业种植等培训项目，市财政按年度投入专项经费45万元。2009年组织各类技能培训766人次，提高劳教学员和强戒人员重返社会后的重新生活的能力。珠海市司法局与珠海市人力资源和社会保障局在劳教所建立职业培训基地在全省尚属首例，受到省司法厅、劳教局的充分肯定。2009年5月，珠海市劳教所通过省司法厅、省劳教局验收，被命名为省级文明劳教所。（武　林）

为纪念宁死不屈的民族英雄文天祥，在其被元军押解过伶仃洋710周年之际，珠海人民在桂山岛桂山村十五湾岸边，立起一座高5.5米的塑像。文天祥的爱国主义精神，曾经激励过不少文人志士，现在，他依然是最佳的爱国主义教育范本。

钟　凡　摄

仲 裁

【概况】 2009年，珠海仲裁委员会全体干部职工逐步加大仲裁法律制度的推广力度，不断提高仲裁案件质量。2009年，珠海仲裁委员会受理各类案件211件，同比增加56件，增长率为32.46%，案件标的为3.3亿元人民币。其中调解结案35件，标的为2亿元人民币。案件涉及房地产买卖、建设工程纠纷、借款、开发合作、知识产权等领域，在解决经济纠纷、减少社会矛盾方面作出努力。珠海仲裁委员会还加强对企业，特别是民营企业的仲裁法律制度的宣传力度，初步完成对办公楼的改造与维修，通过对仲裁员沟通、协调和考察，加强管理与监督工作，逐步建立一支骨干仲裁员队伍。

【对外宣传平台】 2009年，该委在对外联络方面通过走访珠海市大部分律师事务所，各商业银行、保险公司以及台资企业协会、市中小企业投资协会，加强对企业，特别是民营企业的仲裁法律制度的宣传力度，收到较好的经济和社会效果。在对外宣传方面，及时更新珠海仲裁委员会网站（www.zhac.net.cn），全年各类栏目点击率为8000人次，方便当事人查询，提高珠海仲裁委员会的声誉。此外，与珠海电视台、《珠海特区报》《珠江晚报》、珠海市委政研室的《特区探索》、民营企业协会杂志等单位合作，撰写有关文章，大力宣传珠海仲裁委员会的职能作用和服务社会取得的业绩。

【仲裁员队伍管理】 2009年，该委进一步完善案件受理和审理逐级负责的制度，严把质量关。每宗仲裁案件开庭之前，本会主任和科室负责人都要与办案仲裁员一起进行事前谈话，除了强调仲裁员要遵守起码的思想品德之外，还告知和提醒仲裁员一定要公平、公正审理案件。进一步规范办案工作，严格案件延期审批制度，建立案件审理工作的量化制度，完善案件流程管理制度，案件进度报告制度，案件督办制度，办案工作标准化，管理工作科学化，以制度杜绝办案粗糙、效率低下的现象。通过收集仲裁员办案信息、量化管理目标，科学评价仲裁员。对仲裁员所办案实行个案追踪，对不称职仲裁员坚决解聘。倡导办优质案件，创优质服务，努力做到廉洁自律、礼貌热情、服务周到。通过对仲裁员沟通、协调和考察，加强管理与监督工作，逐步建立一支骨干仲裁员队伍，担当本案首席仲裁员和独任仲裁员，确保仲裁案件质量。 （周盛盈）

地方军事

2009年9月8日，珠海市公安边防支队与澳门海关联合演练抓捕偷渡分子。 市公安边防支队供稿

地方军事

珠海警备区

【概况】 2009年，珠海警备区部队和民兵预备役克服困难，认真开展深入学习实践科学发展观活动，扎实抓了经常性思想教育12讲，该警备区认真开展两个批次深入学习实践科学发展观活动，有3篇经验做法被上级转发，“钢八连”试点先行的经验在军区第三批学习实践部署会上作交流，新闻工作成绩突出，被评为省军区先进单位、省军区标兵单位。编印下发《政治理论常识210题》，狠抓队伍建设，珠海警备区被省军区评为“文化工作先进单位”，“钢八连”被评为全国群众体育先进单位，全年有2人被军区评为“优秀军事教练员”，5人被省军区评为“优秀军事教练员”，首长机关和人武部顺利通过省军区组织的军事训练考核，并取得优异成绩。该警备区狠抓廉洁征兵，珠海市连续29年被广东省评为“征兵工作全优单位”。珠海警备区还在民兵预备役建设、部队安全管理、综合保障等方面取得突出成绩。广泛开展岗位练兵活动，培训各类后勤保障人员273人（次），后勤专业兵称职率90%以上。业务管理规范有序，全年压减预算经费520万元，区机关年度各项事业费预算节余10%，该警备区年度预算被省军区评为“优秀预算”。

【队伍建设】 2009年，该警备区认真学习贯彻新《纲要》，对基层党支部进行重点帮建，组织基层党委（支部）书记集训，机关按纲指导、基层按纲建设的能力明显增强。注重加强经常性基础性教育，认真抓年底“三项”评比性考核，“两个经常”得到有效落实。某海防连全面建设的先进事迹在省军区巡回报告，评为全军“基层建设先进单位”、军区“先进党支部”。

【军事工作】 2009年，该警备区战备教育、战备执勤等经常性战备制度得到落实；制订完善各种方案计划，落实指挥编组；组织现场勘察、室内推演，展开应急训练；完善基本设施建设，加大设防工程维护的力度，加紧战场建设。着眼信息化作战要求，加强信息战知识、一体化训练理论的学习和研究，有3篇论文被全军军事刊物刊用。建成指挥网、机关办公局域网和互联互通交班系统，优化指挥程序，提高机关办公效率。新建教学网和网络教室，为领导机关网上指挥办公和部队官兵网上学习、网上训练、网上考核提供平台，提升部队训练层次。首长机关和人武部顺利通过省军区组织的军事训练考核，并取得优异成绩。

ZHUHAI YEARBOOK

【部队安全管理】 2009年，该警备区大抓安全稳定和正规化管理，部队安全发展的基础不断牢固。加强条令法规的学习贯彻，组织全区部队开展“安全条例宣传月”活动，举办一期《安全条例》集训暨正规化管理现场观摩会，官兵安全意识得到增强。狠抓“五类部（分）队综合整治”和“重大安全隐患排查”等5次集中教育整顿，制定完善“十六条规定”“八项措施”等管理规定，确保部队安全稳定。

【民兵预备役建设】 2009年，该警备区坚持落实党管武装制度，召开中共珠海市委常委议军会议和市武委会议，国防动员办公室的编制、人员得到较好落实。组织市五套班子领导过“军事日”活动和3个区人武部党委第一书记集体谈话，强化地方领导党管武装和人防建设的意识。扎实开展后备力量组织整顿工作，加强海上勤务保障、应急维稳、应急救援等力量建设，民兵组织结构不断优化。组织全市90名人武干部、专武干部和民兵营（连）长集训，组训任教能力明显增强，圆满完成上级赋予的各项任务。

【综合保障】 2009年，该警备区深化以“七化一改”为主要内容的后勤保障社会化改革，警备区被总部列为“整体推进后勤保障社会化”试点单位，在全军交流经验。军需、油料和卫生防控工作成效明显，全区未发生甲流等疫情。珠海警备区机关干部宿舍、生活服务中心、区机关大门改造等项目建成并投入使用，机关营区被总部评为“全军生态营区”。巩固深化装备“两成两力”建设成果，狠抓按《标准》建设和装备技术整治，开展装备清查摸底，接领上缴装备和弹药器材，加强装备人才队伍培养，有2人被军区、11人被省军区评为“两成两力”建设先进个人，有3个单位被省军区评为“两成两力”建设先进单位。

（谭昌训　李　凡）

武警珠海市支队

【概况】 2009年，武警珠海市支队党委按照总部、总队党委部署要求，依法从严治警，狠抓工作落实，支队全面建设有新的进步和发展。严格以总队“四按”标准抓落实， 大搞基层按纲抓建，连续16年未发生警政警民纠纷，狠抓部队的管理，开展抗洪抢险水上训练，开展“严纠察，树形象，迎国庆”警备纠察活动，展开国庆安保巡逻勤务，开展“纪念澳门回归10周年”系列活动等。2009年，武警珠海市支队被总队评为“先进支队”“连续7年预防事故案件工作先进单位”“安全工作先进单位”“风气与廉政建设先进单位”等。

【基层按纲抓建】 2009年，该支队严格以总队“四按”标准抓落实，按纲抓建意识更加牢固。扎实开展党支部考察帮建活动，基层党支部功能作用明显增强。认真抓好两个群众组织建设。扎实抓好主题教育和实践活动，官兵政治意识、军人意识、艰苦奋斗意识进一步强化。广泛开展“深知兵、真爱兵”活动。深入开展学习成才和文化工作，支队俱乐部被总部评为“影视发行放映工作先进单位”，连续16年未发生警政警民纠纷。

【正规部队管理】 2009年，该支队认真学习贯彻《安全工作条例》，扎实开展安全教育训练，官兵安全意识和自我防护能力明显增强，部队安全基础更加稳固。扎实开展“迎大庆、树形象、保安全”作风纪律教育整顿，该支队被总部评为“连续7年预防事故案件工作先进单位”，被总队评为“安全工作先进单位”。

【后勤综合保障】 2009年，该支队坚持党委集体理财，完善了“全流程计划、全过程核算、全封闭控制、全方位监督”的目标管理体制，提高经费管理使用效益。积极做好卫生防病和计生工作，严格落实甲流防控措施，实现“零疾情”目标。

【扑救“1•30”特大山火】 2009年1月30日（大年初五）18时20分，珠海市南屏水库将军山至湾仔蛇底坑水库突发特大山火，火线绵延4000米，火舌高达20米。支队接珠海市委、市政府命令后，紧急出动350余人次，历时近3天3夜，奋战近72个小时，终将山火成功扑灭，保护人民群众生命财产安全。

【海上抗洪训练】 2009年7月6日，该支队组织机关和基层官兵在市海滨泳场海域开展为期2天的抗洪抢险水上训练，以认真贯彻总队关于扎实做好防汛防风工作的指示精神，提高官兵抗洪抢险救灾能力。

【警备纠察行动】 2009年，该支队警备司令部从9月1日开始，开展“严纠察，树形象，迎国庆”警备纠察活动。实施过程中依法文明执法，实现内部关系和谐、外部环境良好、部队安全稳定的目标。

【重大活动保障】 2009年，该支队根据珠海市公安局统一部署，于9月15日至10月10日，配合珠海市公安局展开国庆安保巡逻勤务。该支队扎实开展“纪念澳门回归10周年”系列活动，增强官兵爱国主义信念。 （张洪全）

广东省公安边防总队第五支队

【概况】 2009年，广东省公安边防总队第五支队紧紧围绕“保增长、保民生、保稳定”总要求，抓好班子建设，班子优秀率达90%。支队党委被省边防总队评为先进党委，2个党支部被省边防总队评为先进党支部，一中队被评为广东省“青年文明号”和“五四红旗团支部”，荣立集体二等功。该支队在爱民固边方面重点维护辖区稳定，查获非法偷越国（边）境案件83宗186人，根据情报线索破获4宗组织运送他人偷渡案，摧毁偷渡团伙1个，侦破“10•23”特大制毒案。抽调67名警力配合公安机关进行治安巡控及“粤安09”专项行动，协助抓获犯罪嫌疑人151人，打掉“两抢一盗”团伙37个83人，查处涉“黄、赌、毒”案件58宗18人，缴获赃款赃物价值30余万元，参与破获刑事案件6宗，帮助群众寻找失散亲人11名。该支队被评为“珠海市反恐工作优秀组织单位”。 该支队加强和谐警营建设，选送30名干部参加公安部边防局参谋培训和省边防总队初级晋升培训，13名战士考上部队院校，117名官兵参加大专和本科函授学习。举办8期技能培训班，坚持计算机应用测试和军事体能考核，28人通过省公安边防总队执法资格考试，转业干部考公务员通过率100%。1人被评为“全省优秀人民警察”，4人被省边防总队评为优秀党员和优秀党务工作者，2个团支部、7名优秀团干（团员）获珠海团市委表彰，2个干部家庭获评“珠海市文明家庭”。 该支队努力在建国60周年和澳门回归10周年安保等工作中践行革命军人核心价值观，圆满完成各项任务，确保辖区、内部“双稳定”。

ZHUHAI YEARBOOK

【班子建设】 2009年，该支队在班子建设方面，抓学习，提升综合素质。深入开展学习实践科学发展观活动，扎实做好“规定动作”，创新开展“自选动作”，保质保量完成“学习培训、深入调研、大讨论”等工作任务。抓帮带，工作能力有增强。坚持“三个第一”，落实领导干部基层联系点、下基层调研、督导工作制度。配齐配强各级班子，坚持基层建设和领导班子考评制度，班子优秀率达90%。该支队党委被省边防总队评为先进党委，2个党支部被省边防总队评为先进党支部，一中队被评为广东省“青年文明号”和“五四红旗团支部”，荣立集体二等功。抓作风，提升班子形象。坚持民主集中制，贯彻公安部、公安部边防局禁令和省边防总队“十条规定”。落实省边防总队纪委巡视员列席支队党委会制度，定期公布大项经费使用情况，对干部调配、士兵考学和士官选改等敏感问题做到名额、条件、程序、结果“四公开”，自觉接受监督。

【爱民固边】 2009年，该支队在爱民固边方面，维护辖区稳定凸显主业。查获非法偷越国（边）境案件83宗186人，根据情报线索破获4宗组织运送他人偷渡案，摧毁偷渡团伙1个，侦破“10•23”特大制毒案，查获毒品和制毒工具一批。完成重大任务拓展职能。圆满完成建国60周年、澳门回归10周年庆典安保工作；出色完成打击“假币09行动”、扑救南屏特大山火、抗击台风“莫拉菲”、组训援滇应急分队等急难险重任务；抽调67名警力配合公安机关进行治安巡控及“粤安09”专项行动，协助抓获犯罪嫌疑人151人，打掉“两抢一盗”团伙37个83人，查处涉“黄、赌、毒”案件58宗18人，缴获赃款赃物价值30余万元，参与破获刑事案件6宗，帮助群众寻找失散亲人11名。该支队被评为“珠海市反恐工作优秀组织单位”。延伸服务领域赢取支持。积极服务港珠澳大桥等大型项目建设。主动承担地方抢险救灾任务，积极参加义务种植和爱卫防疫等公益活动。为粤东粤西困难儿童捐款4万余元。深入驻地走访、慰问，争取地方赠送执勤车辆、免费安装自助取款机，出资维修3号哨地段铁丝网、赠医送药、无偿技能培训等。

【和谐警营】 2009年，该支队在和谐警营建设方面，选送30名干部参加公安部边防局参谋培训和省边防总队初级晋升培训，13名战士考上部队院校，117名官兵参加大专和本科函授学习。举办8期技能培训班，坚持计算机应用测试和军事体能考核，28名同志通过省公安边防总队执法资格考试，转业干部考公务员通过率100%。参加省公安边防总队政工干部比武竞赛获团体第三名、四个单项前三名。舞蹈《盛世龙腾》获省边防总队国庆文艺汇演一等奖。该支队被珠海市委宣传部评为“纪念改革开放30周年系列活动”先进单位。1人被评为“全省优秀人民警察”，4人被省边防总队评为优秀党员和优秀党务工作者，2个团支部、7名优秀团干（团员）获珠海团市委表彰，2个干部家庭获评“珠海市文明家庭”。落实安全工作制度，开展警示教育、“忠诚教育”。坚持法制巡回讲座，增强官兵法纪观念。举办纪检保卫委员、思想骨干、心理疏导员培训班。创办《心语》刊物，组织心理咨询、健康辅导和专题讲座。支队被省边防总队评为安全工作、心理工作先进单位，机要科被公安部边防局评为一级机要室。

【保障能力】 2009年，该支队在提升保障能力方面，全力做好随军家属安置、小孩入托入学和8名转业干部安置工作，组织未就业家属参加珠海市专场招聘会，组织官兵为困难家属捐款4万余元。为新训单位配发一批给养器材，维修更换一批炉灶、冷柜。更换基层执勤车辆4台。改造机关饭堂、卫生队和勤务中队营房，建设支队审讯室，修建二大队边防巡逻路和14号执勤工作室。完善支队篮球场设施，为基层配发一批训练器材、文体器材、办公设施及执勤自行车。成功将二沙头1500平方米执勤用地置换调整到湾仔二大队营区北侧，将广珠城轨占用叠石酒家物业1500平方米用地置换拱北同等地段5600平方米，并争取拆迁赔偿经费3360万元；争取横琴管委会建设资金50多万元；炮台山南侧接待中心、干部经济适用房建设、茂盛围土地合作开发、湾仔营地盘活、轮训队营房及综合射击场立项等工作顺利推进。圆满完成国庆安保、援滇、防甲流等重大任务保障。盘活嘉丽万豪酒店物业，新开发7号哨停车场出租项目。争取地方财政补助1018万元，实现物业收入740万元。争取实物油料50吨，公务用车2台，筹措资金购置工作用车2辆。

（阮传孟）

珠海市公安边防支队

【概况】 2009年，珠海市公安边防支队以爱民固边、“三兵”活动为主线，确保部队内部与边防辖区“双稳定”。该支队的固边职能作为大，全年查获偷渡案件63宗262人，捣毁偷渡团伙7个，查获案件数同比上升14.5%；破获走私案件537宗1950万元，破获案件数同比上升51.3 %；查获“网上追逃”人员11名；独立侦破特大毒品案件3宗10人，缴获各类毒品约69.9千克；澳门回归庆典安保期间，出动官兵6124人次，船艇268艘次，对粤澳边界一线开展“拉网式”清查，确保粤澳边界一线和边防辖区稳定。该支队狠抓基层建设。加强基层党、团建设，对69名基层党组织正副书记集中培训，规范党建。2个党支部、5名个人受总队表彰，2个集体被评为“珠海市先进基层团组织”，10名个人受珠海团市委表彰。在公安部边防局2009年度舰艇技术状况检验中，该支队获评先进支队，被国家边海防委员会评为“全国海防工作先进单位”。三灶边防派出所被评定为一级公安派出所，海上边防派出所被评定为二级公安派出所。该支队强化和谐建队，1个单位、1名个人分别被总队评为群众工作先进集体和先进个人，1人被总队评为优秀带兵人，3个单位被评为“珠海市青年文明号”，2人被评为珠海市青年岗位能手，1人荣立二等功，28人荣立三等功。支队被国家边海防委员会评为“全国海防工作先进单位”。该支队十分注重爱民护民群众工作，走访群众7.38万户次、渔船9.72万艘次，建立帮扶对子56对，排忧解难142项，抢险救助41次160人，官兵连续奋战40多小时扑灭南屏将军山特大山火，支队连续三年被评为省“两防一救”工作先进单位。16名警官进入辖区村党支部班子，占责任区警官总数的90%。

【固边防控】 2009年，该支队在固边防控方面做得深入。以创建“平安海区、和谐港湾（码头）”为平台，深入开展“创平安、迎国庆”“粤安09”、打击假币犯罪“09行动”等专项行动，持续推进大排查、大清查，辖区保持平安稳定态势。查获偷渡案件63宗262人，捣毁偷渡团伙7个，查获案件数同比上升14.5%；破获走私案件537宗1950万元，破获案件数同比上升51.3 %；查获“网上追逃”人员11名；独立侦破特大毒品案件3宗10人，缴获各类毒品约69.9千克，《新华每日电讯》、新华网等主流新闻网络竞相报道。推行全线设防警务战略，采取定点执勤与机动巡逻相结合、定点与不定时检查相结合的方式，严密管控。破获“0103”偷渡团伙专案，抓获“蛇头”3名，偷渡人员4名；查获外籍人员偷渡案件2宗13人。侦破“2•09”特大贩毒案，抓获犯罪嫌疑人5名，缴获海洛因、冰毒、大麻等

毒品34.9千克，毒资60.75万元及手枪、子弹、轿车等物品一批。国庆安保期间，先后召开专题部署会8次，拉动演练29次，与澳门海关联合演练2次，官兵连续奋战2个月，全力确保辖区安全稳定。澳门回归庆典安保期间，出动官兵6124人次，船艇268艘次，对粤澳边界一线开展“拉网式”清查，确保粤澳边界一线和边防辖区稳定。期间，该支队参战船艇接受李克强副总理、孟建柱部长检阅；公安部边防局郭铁男局长等领导先后视察该支队安保工作，并给予充分肯定。

【基层建设】 2009年，该支队狠抓基层建设。投入200万元对卫生队等基层营房装修、维护，投入160万元改善营房基础设施建设，投入10万元提高驻海岛部队饮用水质量，投入180万元装备基层车辆5台及医疗和警用装备一批，投入250万元对车辆、船艇进行维护保养。加强建章立制，修订6个规章制度，规范部队建设。率先应用“港口、船舶和渔船民管理系统”，整合市局视频监控、海防监控和总队视频点名等系统，实现信息化应用效能最大化。深入贯彻安全条例和内务规定，围绕4个方面24个问题集中开展安全教育整顿，排查整改安全隐患56个；深入开展“零投诉”活动，全年无信访、无投诉。

【和谐建队】 2009年，该支队在和谐建队方面一是夯实了思想阵地。深入开展军人核心价值观等8个主（专）题教育活动，部署开展“职责、荣誉”教育，坚定官兵理想信念。狠抓典型宣传，刊发稿件256篇，中央级媒体36篇。该支队被总队评为新闻宣传工作先进单位，1人获全国法制好新闻图片类二等奖，3人受总队表彰。积极开展各类培训班18期，受训官兵800多人次；大力开展岗位练兵活动，在总队司令部岗位技能竞赛中斩获1个团体第1，2个团体第2，1个团体第3及1项个人第1名的佳绩；在总队政工干部岗位练兵比武竞赛中支队获第3名；3个单位被市公安局评为基层所队执法示范单位； 6名战士考上军校。关心官兵生活，把从优待警落到实处。安排21万元慰问46名困难官兵，补助随军未就业家属和干部子女生活、交通费106万元；投入22万元对干部生日、结婚、生育慰问；安排11万元为288名干部和162名干部、士官配偶体检；为6名干部家属申请补贴32万元，协调解决19名干部子女入学入托事宜。

【爱民护民】 2009年，该支队十分注重爱民护民。紧紧围绕“进渔村、下大海、上渔船、暖心窝、筑和谐”主线，做好群众工作。及时出台支队“五化”标准，深化推进“爱民固边模范海区、海岛和渔港”创建工作，完善船舶出海预警登记制度等8项工作机制，健全“平安海区、和谐港湾（码头）”创建工作。部署开展“四个一”活动，排查安全隐患68个、新建群防组织21个、发放《法制安全手册》6000份、调处群体纠纷11起，深化和谐港湾创建成果。积极应对金融危机影响，促成5家水产品销售点联系外省商家收购产品，帮助渔民增收100万元。积极响应市政府号召，与斗门区莲洲镇三家村结对实施扶贫，新结帮扶贫困户24户69人。建立“四个群体、一批儿童”档案91份，协调渔政、妇联、关工委等有关部门，联合推动弱势群体帮扶关爱工作；设立5万元“南粤爱民基金”，帮扶辖区75名孤寡老人和23名困难儿童；更新建立20名困难儿童帮扶对子，发放困难补助金1.4万元。

（陈　刚）

人民防空

【概况】 2009年，珠海市人民防空以军事斗争准备为牵引，积极推进组织指挥体系、通信警报体系、防护工程体系、政策法规体系、防空专业队体系建设，初步具备信息化条件下遂行人民防空任务的能力。珠海市人民防空在人防组织指挥和通信警报建设方面，完成市级基本指挥所（市101工程），信息化条件下珠海市防空袭方案的修订工作，珠海市人防应急指挥中心建设，与电视、电信、因特网及军网的联通工作，珠海市1：10000电子地图和指挥挂图的建设，建立和完善单边电台、数传网、视频会议系统等，启动应急机动指挥中心建设等重大工作，进一步完善全市防空警报网的建设，使全市防空警报器达到172台，并对珠海市重要位置的30台防空警报器加装有线控制系统，主城区警报音响覆盖率达到国家规定要求。

珠海市人防组织指挥和通信警报建设跨越发展，奠定“战时应战、急时应急、平时服务”的基础；人防工程建设快速增长，创造“平战结合、服务经济社会”的条件；人防法制建设和宣传教育不断加强，优化人防依法行政的环境；人防机关“准军事化”建设水平稳步提高，增强人防科学发展的动力。珠海市人防办与市法制局共同努力，于2009年12月经市政府颁布实施《珠海市人民防空工程开发使用管理办法》。该《办法》规定人防工程的处分权、小区业主的优先租用权，设立人防工程开发使用的优惠政策和有偿使用、挂牌标示、使用登记等制度。这是广东省首个有关人防工程开发使用管理的政府规范性文件。

【人防组织指挥和通信警报建设】 2009年，珠海市101工程为坑道式二等指挥工程，是珠海市委、市政府和警备区领导战时组织防空袭、平时组织防灾救灾的指挥平台。每年组织全市防空警报试鸣活动。制订重要经济目标防护方案，并组织开展防护试点演练。

【人防工程建设】 2009年，珠海市人民防空在人防工程建设方面，坚持“以建为主，以收促建”的原则，认真抓好结合民用建筑修建防空地下室的工作，大力建设防空地下室。组织编制《珠海市地下空间开发利用规划》，得到珠海市政府的批准，纳入城市总体规划实施。加强与规划建设、珠海市政等相关部门的沟通联系，建立地下空间开发项目提前介入公共市政设施建设的协调机制。落实香洲区紫荆路改造修建地下人防工程用作停车场的项目；落实与珠海华发股份合作集中建设6.5万平方米人防窗口工程项目；落实珠海市人民医院北区工程结建战时地下中心医院项目。

【人防法制建设和宣传教育】 2009年，珠海市人民防空解决历史遗留问题。由于上位法的缺失，人防工程产权不明，相关管理和维护难于落实，致使人防工程“重建设、轻管理”的局面一直存在。为此，珠海市人防办与市法制局共同努力，于12月经市政府颁布实施《珠海市人民防空工程开发使用管理办法》。该《办法》规定人防工程的处分权、小区业主的优先租用权，设立人防工程开发使用的优惠政策和有偿使用、挂牌标示、使用登记等制度。这是广东省首个有关人防工程开发使用管理的政府规范性文件。该《办法》的颁布实施，基本解决长期困扰的人防工程产权不明问题，明确结建人防工程由人防主管部门处分；明确人防工程的有偿使用原则，维护人防工程权益；明确人防工程的挂牌标示为竣工验收条件，使人防工程的挂牌标示有章可循，让市民了解身边的人防工程。加强人防宣传教育，优化人防工作环境，是人防工作的一项长期战略任

务。珠海市人防办以服务“平安珠海”为切入点，在人防宣传教育中采取贴近市民生活、突出防灾救助等防护知识技能的措施。组织编印《珠海市人民防空防灾救助知识手册》，并通过人防宣传教育“进社区、进学校、进家庭”活动大力宣传和派发。在全市学生集中进行开学军训和国防教育的珠海市农科中心建设人防教育基地，展示人防工程及设备设施、防灾救助演示及相关模具、知识图片等。充分利用媒体报道、户外广告等进行广泛宣传；分别呈送《珠海市人民防空法规汇编》《人民防空知识读本》《人民防空》杂志等，对各级领导、各有关部门进行重点宣传；结合《人民防空法》颁布实施纪念日、防空警报试鸣、组织市民开展紧急疏散掩蔽演练等有利时机，组织专题宣传等。

【人防机关“准军事化”建设】 2009年，珠海市人防机关实施“准军事化”建设，是贯彻落实军委新时期军事战略方针的具体步骤，是加强人防机关革命化、正规化、现代化建设的重要举措。先后组织编制人防工程报建信息处理电子系统和办公自动化系统（OA），建立和完善珠海市人防门户网站，在珠海市信息公开网上建立人防平台。开展岗位培训和岗位练兵活动，全面提高队伍行政能力和业务素养。加强作风建设，狠抓工作落实。形成各项工作件件有着落、件件有回音的良好办公秩序。窗口服务常抓不懈，让人民群众满意。人防行政服务窗口进驻市行政服务中心以来，每年受理人防行政服务事项400项左右，服务的提高率保持在80%以上，在珠海全市行政效能电子监察考核中，基本保持前4名位置。

（李元胜）

综合经济管理

2009年6月11日，珠海市食品药品监督局深入药品市场开展专项检查活动。 林显武 摄

综合经济管理

国有资产监督管理

【概况】 2009年，珠海市国资委积极推进新一轮国企改革，进一步健全国资监管体制，进一步转变国资监管方式，市管企业成为政府调控经济社会发展的主要手段、承担社会责任的中坚力量，企业效益企稳回升。1～12月，经营性市管企业实现销售454.09亿元，同比下降12.8%，经营性净利润15.34亿元，同比上升32.3%。资产规模较快增长。截至12月31日，市管企业14户，资产总额1,339.18亿元，同比增长47.9%；负债总额905.04亿元，同比增长65.9%；归属市国有权益289.20亿元，同比增长16.7%，资产质量保持稳定。

2009年，该委整合国有资源，调整划入横琴区政府、建设局、水务局、市政园林局所属11家事业单位资源，搭建成立城建集团、水务集团、公交集团、航空城发展集团、大横琴公司5家投融资平台和产业集团，整合完善九洲旅游集团、免税集团、华发集团、格力集团4家产业集团。形成14家主业清晰、关联密切、势头良好、具有较强核心竞争力的国有企业集团。该委推进产权制度改革，促成珠海燃气集团整体产权公开挂牌。珠光债务重组工作历时9年成功完成。该委利用资本市场取得新突破。格力集团成功向海星科技定向增发2.4亿股，已首期发行8亿元，华发集团以持有华发股份股权收益权为质押发行理财产品，成功融资5.82亿元，华发股份成功发行18亿元公司债。

【国有经济布局结构调整】 2009年，该委积极推进新一轮国企改革，为构筑“一体两翼”体制创新格局实现率先突破。在2008年组建交通集团和珠海港集团两家投融资平台的基础上，加大力度在全市范围进一步整合国有资源。按照“突出主业、分类配置”的原则，整合国有资源，通过靠大联强、同业整合的形式，推动国有经济重大战略转型，初步实现企业资产调优、规模调大、主业调专、整体调强，努力打造一批资产实力雄厚的大集团大公司目标。

【产权制度改革】 2009年，珠海燃气集团整体产权公开挂牌，以2.83亿元转让，成功引入世界500强荷兰喜威投资有限公司。珠光债务重组工作历时9年成功完成，削债总额50亿元，削债率为63%。珠海机场油料公司整体产权转让给中国航空油料有限公司，战略引入央企工作顺利完成。积极推进供水、城市污水处理和公交特许经营改革，转变经营机制，进一步提高公共产品和公共服务的效率。

【现代企业制度建设】 2009年，该委积极完善企业法人治理结构。按照建立现代企业制度的要求，加快推进公司制改革，积极完善法人治理结构，建立健全规范有效的市管企业董事会和监事会。在新组建的各大集团建立规范的董事会和监事会，华发集团、公交集团、珠光控股实行董事长与总经理分设。在新组建市管企业建立起内部董事和外部董事相结合的新格局，初步实现决策层、监督层与执行层相对分离。

【国有资本营运】 2009年，该委利用资本市场取得新突破。格力集团成功向海星科技定向增发2.4亿股，成为海星科技绝对控股股东，实现格力房地产板块借壳上市；格力集团成功获准发行15亿元短期融资券，已首期发行8亿元，成为珠海第一家在银行间债券市场发行短期融资券的企业。华发集团在资本市场保持强劲发展势头，以持有华发股份股权收益权为质押发行理财产品，成功融资5.82亿元，华发股份成功发行18亿元公司债。

【重大项目建设】 2009年，该委按照珠海市2009～2010年“保增长、定格局”十大重点建设工程的工作部署，市管企业围绕企业主业和国有经济发展方向，集中资源投入重点项目和关键领域，积极承担起事关珠海长远发展的重任，成为推动珠海交通、港口、市政基础设施建设和公用事业发展的骨干力量。交通集团S272线改建工程建成通车，凤凰山隧道年底全线贯通，S366珠海大道辅道、中船路岛连接线、高栏港高速公路全面开工建设，金港路、香海路前期工作顺利开展；珠海港集团高栏2个5万吨级集装箱码头基本建成，广珠铁路高栏站填土工程完工，4个10万吨集装箱码头、2个15万吨级矿石码头获国家发改委核准；格力集团积极配合完成通飞公司的验资和注册工作；华发集团十字门商务区、广珠轻轨珠海站地下交通换乘中心、拱北口岸改扩建、海滨泳场改造、情侣路改造项目有序推进；水务集团南水污水处理厂、拱北污水处理厂扩建工程、三灶水质净化厂顺利完工并试运行，新青水质净化厂正加紧建设；城建集团情侣路北段（南段）市政主干道路工程、前山河一期道路等19个项目全部完工，后环土地平整工程、前山河二期道路、金唐西路市政道路、拱北口岸广场地下通道大修工程等正加快建设；九洲旅游集团一院两馆野狸岛区域文化建设项目、航空城集团航空产业园基础设施建设项目、大横琴公司横琴市政基础设施建设BT项目建设工作积极推进。

【国资监管基础工作】 2009年，该委在国资监管基础工作方面，建立和完善企业评价体系和全面风险管理体系。集中力量开展对6家市管企业投融资能力评价工作和14家市管企业的综合评价工作。初步建立出资人报表体系，为切实解决监管信息不对称的主要矛盾找到突破口。制定了《珠海市国有企业财务总监联签制度实施细则》《珠海市市管企业会议制度指引》等制度，加强企业的全面风险管理培训，完成6家市管企业的全面风险管理审计。1～12月，追回产权收益约1000多万元，确保国有资产安全和保值增值。修改完善企业负责人考核与薪酬体系。修订企业负责人经营业绩考核办法，印发《珠海市市属企业负责人经营业绩考核暂行办法》，制定《珠海市市属企业负责人经营业绩考核暂行办法实施细则（试行）》，不断提高考核指标的导向性、针对性和可操作性，实现企业经营者业绩考核与薪酬充分挂钩。进一步加强国有资本经营预算管理。进一步规范国有经营预算的编制工作，积极配合财政局财政收入入库工作，上缴国有资本经营收益1.97亿元。进一步完善企业重大事项监管的有效机制。修改完善市管企业产权代表请示报告制度，修订九洲旅游集团等9家企业章程，明确出资人、董事会、监事会、经理层的权利和义务，规范企业行为，发挥章程作为企业宪法的作用。重新拟订市管企业的主业方案，引导国有资本重点向基础设施、公用事业和战略产业发展。规范国企职工持股行为，完成公交集团和水务集团下属4家职工持股企业的整改工作。加大国有资产评估工作的监管力度，强化重大资产评估项目专家评审制度，组织完成江海电子股权转让、江珠高速珠海段股权质押等8宗重大资产评估项目的专家评审、核准和备案工作。出资人履职方式进一步转变。牢固树立寓监管于服务的理念，深入企业调研，先后组织开展对市管企业的投融资能力和综合评价、国有出资企业证券投资、国有企业经营者和中层管理人员薪酬、国有企业物业经营管理、国有境外企业资产以及国企产权制度改革历史遗留问题调研。

【专项管理工作】 2009年，该委在专项管理工作方面，解决改制企业历史遗留问题有新突破。着力解决原珠宾职工腾房纠纷，盛唐公司、燃气工程公司、乳胶制品厂等改制企业遗留问题。妥善处理改制企业退休职工补充养老保险待遇、特困人员医疗保障、离岗退养人员退养待遇审核等工作。市联晟托管公司、航空城集团珠江磨刀门公司在处理历史问题工作中积极创新，筹集资金解决农业集团债务、特区玻纤集资、职工集资等历史遗留问题。信访、综治、应急管理等专项工作成绩突出。开展“查安全、查队伍、查责任”的专项督查活动，建立应急救援保障体系。有效化解格力电器工程纠纷、江海电子改制补偿、机场集团与改制员工加班争议、洪湾电厂改制安置补偿、竹仙洞高尔夫俱乐部股东纠纷等群体上访事件；处理群众来信56件，接待群众来访258人次，召集信访协调会14次；整改23项安全隐患，督促企业完善应急预案42份，国资系统保持和谐发展的稳定局面。

【市场供应与公共服务】 2009年，珠海的市管企业积极承担社会责任，在落实市委、市政府决策部署，保证市场供应、提供公共服务等方面发挥重要作用。1～12月，市管企业上缴税金19.76亿元。水务集团积极应对下半年珠江流域史无前例的严重干旱，全力避咸抢淡，圆满完成珠澳两地供水任务。公交集团积极整合海洲长途与信禾长途，有效配置站场资源，解决南坑地区脏乱差及交通堵塞问题。免税集团下属公司市场集团回购为农市场、升级改造柠溪市场，保障珠海市城乡居民的“菜篮子”。 （许凡庆）

审　计

【概况】 2009年，珠海市审计局认真完成审计项目119个，查出违规金额14615万元，其中应上缴财政13180万元；应减少财政拨款或补贴547万元，应归还原渠道资金321万元，应调账处理金额3万元；已上缴财政3403万元，已减少财政拨款或补贴441万元，已归还原渠道资金1万元。移送司法机关、纪检监察部门处理事项7件，建议有关部门处理事项1件。提交审计工作报告、信息通报142篇，被采用稿件54篇。

【财政审计】 2009年，该局预算执行和其他财政收支审计重点是市本级预算执行情况、市地方税务局收征管情况等，通过审计强化财政监督，促进珠海市财政财务管理和提高资金使用效益。

【行政事业审计】 2009年，该局审计行政事业单位63个，查出应上缴财政4591万元，已上缴财政1410万元，应缴未缴预算收入13989万元，少计少缴税费2976万元，未落实收支两条线和专户

ZHUHAI YEARBOOK

管理规定678万元，账外资产275万元，其他问题62797万元。

【固定资产投资审计】 2009年，该局对全市工程总投资3000万元以上的政府投资项目纳入审计全过程监督，重点跟踪审计总投资9.56亿元的市重点建设项目竹银水源建设工程，对强台风“黑格比”水毁应急抢险工程进行审计，涉及政府投资6530.25万元，水毁工程108宗。

【社会保障审计】 2009年，该局对珠海市上年度社会保险基金预算执行和决算情况进行审计，审计未发现有违规挤占挪用社保基金或用基金平衡财政预算问题。

【企业审计】 2009年，该局对11个单位开展审计，应上缴财政852万元，已上缴财政96万元，审计查出违规经营1500万元，虚报、隐瞒或转移收入2543万元，少计少缴税费764万元，其他问题资金34001万元。

【经济责任审计】 2009年，该局完成党政部门和国有及国有控股企业领导干部经济责任审计项目60个，审计查出违规金额6217万元，管理不规范金额17.31亿元，损失浪费金额3516万元；移送司法机关1人。

【专项资金审计与审计调查】 2009年，该局重点开展政府投资保障性住房情况、社会保险基金等专项审计和审计调查；对珠海市中小学代课教师和中小学教师待遇“两相当”问题专项经费使用情况实行实时跟踪审计；认真开展对汶川地震捐赠救灾资金物资审计调查、汶川灾后恢复重建跟踪审计、汶川援建工程预算执行审计和汶川重建项目专项审计调查。 (孙安宇)

统计管理

【概况】 2009年，珠海市统计局创优统计服务和统计方法，不断提高统计数据质量，对珠海市基层统计基础建设情况进行调研，全面了解和掌握基层统计工作状况，每季度召开一次由16个相关职能部门参加的经济运行分析联席会议，充分听取相关部门的意见，将经济运行情况与要素保证情况相衔接，对相关数据进行逻辑评估。该局不断完善《珠海统计（季刊）》《珠海概览》《珠海统计快报》《珠三角横向对比统计月报》《珠海统计信息》《珠海统计年鉴》《全国重点城市经济指标摘编》等统计信息刊物内容，及时、准确、全面、有效地为市领导和有关部门决策提供参考依据，该局获得省级评比一等奖2个、二等奖6个、三等奖8个。

该局在严格执行国家和省核算方法制度的基础上，注重对各区统计数据质量进行指导和监控，对各行政区GDP实行下算一级，各经济功能区的统计行为得到规范。同时，联合发改、财政、经贸、外经贸、税务、人民银行等相关职能部门，对GDP等主要经济指标进行评估，提高统计数据质量。为珠海市顺利完成全市经济普查的登记填报及数据审核汇总工作，成功发布经济普查公报。

【统计预警和监测】 2009年，该局积极应对国际金融危机，建立部门联席会议制度。从不同层面、多个角度了解全市经济运行情况。建立各区（经济功能区）主要经济指标定期公布制度和重点行业、重点企业的月度数据监测制度。对生产总值、固定资产投资、房地产和珠三角地区的主要指标进行重点监测，并对工业、商贸、住宿餐饮、交通、港口、旅游、出口等行业产值或营业收入居前20的重点企业的生产变动情况，以及劳动就业岗位变动情况、规划报建和施工报建项目的变动情况进行跟踪监测。

【统计信息刊物与报告】 2009年，该局针对社会关注的热点、难点和民生问题，积极开展社情民意调查，开发出系列深度调查报告。尤其是在应对国际金融危机的过程中，各级统计部门加强统计分析和监测预警，全力提升统计服务的针对性、时效性和前瞻性，为各级党委政府实施宏观调控和科学决策、确保经济平稳发展作出了积极贡献。

【市情市力普查】 2009年，该局为珠海市顺利完成全市经济普查的登记填报及数据审核汇总工作。成功发布经济普查公报：以2008年12月31日为普查的标准时点，全市有从事第二、三产业的法人单位22464个，产业活动单位26725个，有证照的个体经营户52747户。普查数据质量已通过省经普办抽查组的检查验收，普查数据全市企业法人单位数比“一普”增长25.9%。此次经济普查中，珠海市经普办被评为国家级先进集体，获得省统计局和广东调查总队的肯定和表彰。

R&D（即研究与试验发展）活动经费支出及其占GDP的比重是衡量一个国家科技活动规模和科技投入水平的重要指标。该局顺利开展珠海市第二次全国R&D资源清查工作，通过十年一次的资源清查摸清珠海科技研发的现状、趋势，反映珠海自主创新能力和创新型建设进程，更好地为政府部门制定政策、实施管理提供可靠的数据依据。

【统计改革】 2009年，该局加大执法宣传力度，严肃查处统计违法行为。配合第二次全国经济普查，制作统计法动漫宣传片，在珠海电视台黄金时段播放，增强市民的统计法制意识；将新修订的《中华人民共和国统计法》《统计违法违纪行为处分规定》汇编成册，印刷5000余份发往各镇、街和重点企业；精心组织第二次全国经济普查执法专项检查，对4家企业进行立案查处、17家企业发责令整改通知书。能源统计工作得到不断完善。制定区一级单位GDP能耗公布制度，建立经济功能区能耗考核体系，实行区一级GDP能耗考核。健全经济功能区规上工业增加值能耗统计和核算的考核方案。建立万吨耗能工业企业能耗月报、规上工业企业能耗季报制度，加强对全市“双千”能耗企业监测，建立和整理全市能耗5000吨以上企业的台账。加大对能源统计数据的审核力度，督促国家能耗千家企业按时网上直报。

【统计建设】 2009年，该局加强统计建设，强化经济功能区GDP核算。各经济功能区成立专门的统计机构，对各项主要经济指标实行单独统计。制定《珠海市经济功能区生产总值核算办法》，强化经济功能区GDP核算。注重统计数据联网直报，初步形成市、区、镇、村（居、社区）、企业五级统计网络，实现统计范围全覆盖，统计网络无缝对接，确保统计渠道快速高效，统计数据真实可靠、准确及时。加强基层统计基础建设。在认真开展镇（街）统计基础建设调研的基础上，下发《珠海市镇（街）统计基础工作规范化建设实施方案》。明确要求各镇（街）、独立管理的工业园区有专门机构和人员负责统计调查工作，努力推进基层统计规范化建设并取得初步成效。完善统计信息化系统。利用网上直报系统平台，提高收表和数据处理的效率。对该系统进行修改和完善，着重对系统的性能、报表采集内容和管理员管理功能等方面进行改进，满足基层数据采集工作的实际需要，提高联网直报效率。 （穆艳霞）

国土资源管理

【概况】 2009年，珠海市国土资源局加强耕地特别是基本农田保护，积极推进利用园地、山坡地补充开发耕地3760.28亩并通过省级验收，实现补充开发耕地零的突破。探索耕地补充新途径，市政府向异地购买了5000亩补充耕地指标，为珠海市用地报批和重大建设项目占用耕地占补平衡提供保障。加强基本农田保护宣传工作，安排100万元专项资金，进行基本农田保护区新标志牌设立和旧标志牌更新工作。已设立86块全国统一标识的基本农田保护区标志牌。

2009年，该局大力开展围海造地工作，全市实施围填海429.8公顷。全市清理出闲置土地410宗，土地面积23.27平方千米，完成处置累计275宗，土地面积18.79平方千米。全力以赴推进重大项目的用地预审、用地报批工作。完成各类项目部、省、市三级用地预审22项；广珠铁路、江珠高速公路、竹银水源工程、广珠城际轻轨、高栏港高速公路、机场高速公路控制性工程、凤凰山隧道项目、红旗危房改造等22宗已建、在建、续建的重点项目用地报批材料已上报，总用地面积1173公顷，占用农用地706.2公顷，珠海市因各种原因长期积压的重点项目用地未批先用问题（合计面积740公顷）得到有效解决。珠海市国有土地使用权出让金收入缴入市国库18亿元（其中提高容积率和历史地价4.4亿元）。出让经营性用地9宗，面积156.77万平方米；出让工业用地6宗，面积56.47万平方米。配合珠海市发改等部门利用储备土地融资贷款42亿元，其中已提款29亿元，为珠海市经济社会发展提供强有力的资金保障。为格力集团公司、华发集团公司及航空产业园等3个单位的融资贷款工作提供土地抵押物143.8万平方米，融资16.4亿元；为政府储备平台提供储备土地8.96平方千米。该局印发《关于严格执行土地动态巡查报告制度的通知》，动态巡查实行每日一报零报告制度，开通12336国土资源违法案件举报电话，切实加大国土资源动态巡查力度，发现违法行为443宗，涉及面积31.72公顷，有效制止334宗，涉及面积17.7公顷。立案调查土地违法案件112宗，涉及面积14.07公顷；已拆除93935平方米，已结案35宗，涉及面积7.72公顷，全市发现的非法开采矿产资源案件48宗。该局狠抓机构改革和基础建设，专门设立1个派驻珠海市行政服务中心的窗口；市纪委监察局在国土资源局设立派驻机构。该局下设横琴分局、香洲分局、金湾分局、斗门分局、高新区分局、高栏港分局、万山分局7个分局，香洲国土所等12个国土所，市国土资源执法监察大队以及市政基础设施土地开发管理中心、市土地储备发展中心、市征地和城市房屋拆迁管理办公室、市国土资源信息中心、市测绘院等5个事业单位。该局设立局领导挂帅各分局科室共同负责的接访制度。

【土地规划】 2009年，该局按照国土资源部、省国土资源厅要求，加快新一轮土地利用总体规划修编工作。《珠海市土地利用总体规划大纲（2006～2020年）》已原则通过国土资源部审查；香洲区、金湾区、斗门区土地利用总体规划大纲获得省国土资源厅批复；镇级土地利用总体规划成果编制工作全面完成，其中横琴镇、南水镇、乾务镇和斗门镇规划成果已经市政府批复，已报省国土资源厅备案。

【基本农田保护】 2009年，落实基本农田保护各项措施，确保基本农田数量不减少、质量不下降、用途不改变。珠海市政府与各区（功能区）签订耕地保护目标责任书，层层落实耕地保护责任，实现经济建设和耕地保护工作双赢。建立耕地保护动态巡查机制，及时掌握耕地和基本农田的变化情况，杜绝违法占用耕地和基本农田现象的发生。已设立86块全国统一标识的基本农田保护区标志牌，主体工程已完工；还有32块待镇级土地利用总体规划修编及全国第二次土地调查完成后，根据成果确定位置再进行施工，基本农田保护区标志牌的设立，有利于提高全社会积极参与保护基本农田的意识，规范耕地保护行为。

【地籍管理】 2009年，该局开展并基本完成第二次全国土地调查各项任务，完成2009年土地变更调查和标准时点统一更新工作及“一张图”工程，摸清全市土地利用状况，掌握真实的土地基础数据，建立土地调查数据库及管理信息系统。推动地籍管理日常业务工作流程化，制定标准的工作程序；实现国有农场国有农用地土地使用权登记发证率100%，继续完善农村集体土地所有权登记发证工作，配合推进落实宅基地登记发证工作。

【土地利用】 2009年，该局结合海岸线长、沿海滩涂多的特点，进一步拓展用地空间，抢抓围填海造地试点机遇，大力开展围（填）海造地工作，配合珠海市海洋部门开展海洋功能规划修编和项目用海报批工作，组织各区、经济功能区实事求是制定围海造地计划，报请市政府出台围海造地实施意见，大力开展围海造地工作，全市实施围填海429.8公顷。同时，为提高土地利用效率，发挥土地最大效用，对全市工业园区（片区）实行并、转、撤，逐步形成“4+4+1”园区发展新格局的要求，加大园区土地清理整合特别是闲置土地处置力度，全市清理出闲置土地共410宗。积极研究制定闲置土地和空置厂房盘活政策，发挥闲置土地的最大效用。

积极加快“三旧”改造工作，按照珠海市委、市政府关于主城区“退二补公进三”、实现从生产型经济向服务型经济战略性转变的部署，结合产业结构调整和优化升级，认真开展“三旧”改造各项前期准备工作。根据省政府出台的《关于推进“三旧”改造促进节约集约用地的若干意见》及其实施意见，市政府常务会议研究通过珠海市“三旧”改造方案，制定《关于香洲区主城区旧工业厂房用地改造的意见》上报市政府，为珠海市“三旧”改造的全面铺开奠定基础。

【土地市场】 2009年，该局积极做好重大项目征地拆迁工作。涉及征地拆迁的项目45项，有国家和省重点工程17项。其中，高栏港高速公路、澳门大学横琴新校区用地、竹银水源、横琴长隆项目一期、唐家后环围清场、广珠城际轻轨埔仔村、中航通飞等重大项目用地征地拆迁和横琴新区的土地清理工作已顺利完成。机场高速公路全线、广珠城际轻轨珠海站、省道S366珠海大道南屏段、航空产业园核心区二期、十字门中央商务区等重大项目征（收）地拆迁也正在全力推进。

【矿产管理】 2009年，该局加强矿产资源管理，组织珠海市第二轮矿产资源规划（2007～2020年）修编和取土点调整及旧石场、取土点整治复绿规划并通过专家评审，按市委、市政府“四个百分百”和“环保模范城”复查迎检工作要求，指导督促各区（经济功能区）大力推进对全市所有已关闭石场、取土点整治复绿工作，26个整治复绿点中13个点已完成整治，另外13个点在逐步施工整治之中。

【地质灾害防治】 2009年，该局加强地质灾害防治工作，建立健全地质灾害防治群测群防体系和预警预报系统，组织对全市314名地质灾害巡查员培训，建立汛期值班制度，对192处地质灾害危险点、隐患点进行全面检查，发放明白卡392份，竖立警示牌240个，加强地质灾害防治改造宣传教育，提高全民防治地质灾害意识。

【测绘管理】 2009年，该局抓好基础测绘和测绘基础设施建设，大力推进数字城市地理空间框架试点工作，建立统一权威的基础地理信息公共服务平台，促进地理信息资源的共建共享，向市政府各职能部门和社会各界提供1200幅基础地

形图库的数据服务以及制图输出的服务，确保项目建设的顺利进行。结合当前形势发展的需要，针对日常工作中遇到的困难和问题，充分利用好地方立法权，起草《珠海市测绘成果管理规定》《珠海市测绘项目登记备案管理规定》（初稿）等切合实际的地方性法规、规章和配套政策制度报市政府及有关部门，做到有法可依、有章可循。

【执法监察】 2009年，该局积极推动土地执法共同责任制的建立，颁布实施《珠海市建立土地执法共同责任制度的规定》《关于国土资源和监察部门在查处土地违法案件中加强协作配合的若干意见》，政府领导下的土地违法违规案件查处协调机制和部门协作配合机制逐步建立完善。完成省第三次、第四次和部第九次卫片的图斑核查和违法用地整治工作，四项刚性指标均通过省的检查验收。

【农村土地管理】 2009年，该局贯彻中央十七届三中全会精神，按照珠海市委、市政府《关于统筹城乡发展加快推进城乡一体化的实施意见》的要求，积极推进农村土地管理制度改革。启动《珠海市土地管理条例》的修订工作，修改有关禁止农村集体建设用地流转的内容，为农村集体建设用地合理流转提供法律和政策保障，逐步实现“同地同权同价”，促进农村经济发展和农民增收。

按照市政府《关于规范农民（被征地农民）建房管理的若干意见》，认真解决多年来农民住宅报建历史遗留问题，遏制当前部分地区农民违法抢建住宅的严峻局面。制定已建成但未报建确权的农民住宅登记表和登记造册通告范本，并派发至各区、镇。配合市城管委指导各区成立领导小组，积极开展农民住宅登记造册工作。同时，按照《意见》要求，进一步规范农村宅基地报建管理，引导和推进社会主义新农村建设。

【基层基础建设】 2009年，该局狠抓基层基础建设，开展“国土资源信访积案化解年”“进家门、问民生、解难题”探访重复上访户和大接访等一系列活动，建立局领导挂帅各分局科室共同负责的接访制度。接待群众来访97批375人，受理群众来信214件，一批历史遗留问题得到妥善解决，有效化解信访隐患和苗头，全年没有因国土资源工作失误导致的大规模到省进京上访事件，切实维护社会和谐稳定。特别是对横琴中心沟顺德垦区土地权属问题和涉及珠海市很多区域的预统征地折地问题，想方设法，多次主动向省国土资源厅等上级部门汇报，努力争取尽快解决。部署开展国土资源系统档案大清理工作。初步统计有28万件业务档案需要整理归档，其中局机关约有4.8万宗180万页档案需整理。已完成20万件档案整理归档工作，争取国土资源管理档案早日实现规范化管理。积极探索行政审批制度改革、征地拆迁体制改革。完善征地程序和补偿标准，充分保障被征地农民的合法权益，逐步探索建立以辖区政府领导、部门参与、企业为主的征地拆迁体制。为解决测绘行业重复测绘和收费不合理问题，组建珠海市测绘院，积极推进测绘业务和收费项目的整合。委托下放职权，实现工作的全面提速，特别是为支持和推进横琴新区发展，探索横琴国土分局在国土资源管理方面行使市一级审批权限。 （邓小惠）

工商行政管理

【概况】 2009年，珠海市工商行政管理局突出抓好学习实践科学发展观、民主评议政风行风、纪律作风建设年、机关作风建设、创建群众满意工商所、基层执法人员向监管服务对象述职述廉和廉政风险点防范管理等7项专题活动，收集意见和建议287条，落实各项整改措施84项，解决“热点难点”问题67个，完善各项规章制度77个，建立廉政风险点数据库136个。珠海市工商局被国家工商总局定为党风廉政建设联系点和廉政风险点防范管理工作试点单位。珠海市工商局在全市政风行风评议活动中获得综合成绩第一名，参加行评的7个分局全部被评为满意单位，其中斗门、金湾、万山分局在区行评工作中名列第一；市局登记注册大厅获得广东省工商系统“政风行风建设先锋”荣誉称号，并被评为珠海市2008年度“就业再就业先进单位”；全市32个工商所在创建“群众满意基层站所”活动中全部获得“满意”等次；全系统收到感谢信28封，锦旗、牌匾45面。进一步加大教育培训力度，全年举办各类业务培训班31期，3600多人次参加培训。2009年，长期困扰珠海市工商局的办管脱钩历史遗留问题得到解决。

珠海市工商系统开展流通环节食品安全监管，查办食品安全监管相关案件332宗，开展肉类市场专项整治53次，依法查扣并销毁违规肉品6900多千克。开展“红盾护农”，抽查全市20个农资经销点80个批次的农资商品质量，查处农资违法案件7宗，查获假冒伪劣农资2287.5千克。加强重点市场监管，立案查处无照经营案件1294宗，查处“黑网吧”121户，查办旅游购物欺诈案件24宗，处理旅游消费申诉40宗，为消费者挽回经济损失17万元。开展安全生产监管，配合有关部门开展专项整治。加强打击传销工作，全年清查传销人员聚居点26个，教育遣散传销人员160人次，解救受骗群众4人。加强商标广告监管，查处商标违法案件265宗，没收、销毁侵权商品和标识3.2万件；监测广告21275条次，查处广告违法案件159宗。开展消费维权工作，查办侵害消费者权益案件790宗，受理申诉3210宗，调解成功率93%，为消费者挽回经济损失131万元。全力以赴做好迎接澳门回归各项市场监管工作，全面加强庆典活动期间的市场监管，检查各类经营户3000多户次，查办违法案件23宗。

【服务企业】 2009年，该局围绕保增长、保民生、保稳定的大局，加强政策扶持力度，出台《珠海市工商局发挥职能服务大局促发展的若干措施》（简称26条），实施宽松的市场主体准入政策。核准“零首期”出资企业13户，涉及注册资本84万元；“零收费”注册个体工商户20户，免予收费0.46万元；核准“住改商”企业166户，延长出资期限企业16户，涉及金额720万元。实行重大项目跟踪服务，先后为投资25亿元的玉柴船舶动力股份有限公司、投资100亿元的中航通用飞机有限公司和投资总额500亿元的中海油珠海深水基地等重大项目提供“特事特办、急事急办”服务。

【分级登记与网上登记】 2009年，该局全面实行“一局多点”企业分级登记制度，将500万元以下的内资企业法人登记核准权下放分局，在高新区行政服务中心设立企业登记注册窗口。开通“网上登记注册大厅”，办理网上注册业务55宗。积极促进粤港澳紧密合作，服务横琴、十字门商务区大开发，做好CEPA框架下港澳个体工商户经营先行先试工作。率全省之先，办理登记台湾个体工商户2户。扩大股权出资和动产抵押登记范围，办理股权出资企业2户，股权出质企业114户；办理动产抵押登记324宗，被担保借贷合同金额48.6亿元。截至年底，全市登记的各类市场主体12.38万户，同比增长6.5%。

【企业信用认定评选】 2009年，该局开展“守合同重信用”企业认定评选工作，425家企业被

命名为珠海市2008年度“守合同重信用企业”，34家企业被命名为广东省2008年度“守合同重信用企业”。筛选推荐15件商标申报广东省著名商标，12件延续申报广东省著名商标。截至年底，全市商标总量1.5万件，其中，中国驰名商标增加1件，共6件，省著名商标56件。珠海丽珠医药集团有限公司被评为2009年“最具市场竞争力商品商标”称号。

【服务转型升级】 2009年，该局积极实行“一个窗口许可”。将分散于不同业务科室的所有工商许可业务统筹整合，实现“一个窗口办理”；完善登记注册窗口《程序流程》和《内部管理规范》等制度，使服务更规范、更标准、更高效；实行分级授权核准制，“一人核准”与“一审一核”相结合，减少审批环节。大力推进“一支队伍办案”。合理分配事权。原则上机关科、股不再办理案件，行政处罚权限交经检部门；重新修订出台《珠海市工商行政管理局行政处罚规范》，规范执法行为；建立部门联动机制、应急处置机制和绩效考评体系。（张迎春）

质量技术监督

【概况】 2009年，珠海市质量技术监督局实施以质取胜、名牌带动和技术标准三大战略取得突出成效。加强宣传引导，加强质量监督管理，全年进企业785家、进社区40家、进学校7所、进乡村3个，现场派发各类宣传资料2万余份，接受咨询6273人次。开展专项整治，对严重违规企业进行曝光。全年检查重点产品生产企业210家，责令整改企业51家，立案查处10家。巡查3C产品生产企业243家，抽检产品85批次，批次合格率95.29%。该局实施以质取胜战略，全面开展质量兴区、质量兴企活动，探索建立质量振兴长效机制。广泛发动全市1500余家企业参与开展“质量和安全年”活动，培育优势企业拳头产品争创名牌，全市有17个产品获广东省名牌产品称号。该局特别探索建立安全监管新模式，实现珠海市全年生产加工环节食品、产品质量和特种设备安全零事故，完善珠海市食品生产企业数据库，按照食品质量安全保障能力，将全市526家食品生产单位分为A、B、C、D四个类别，实施分类监管。建立食品安全风险预警机制，全年收集、分析、评估、处理食品风险信息18条。该局开展食品安全接待日活动8次，畅通食品风险信息交流渠道，现场接受群众有关食品投诉45宗。部署食品专项整治，消灭安全隐患于萌芽状态。全年开展专项整治16项，立案184宗；取缔无证无照食品小作坊88家，整顿48家；食品监督抽检1404批次，批次合格率为80.87%。

该局强化服务意识，提高工作效能。出台23条服务承诺和多项便民措施，制定办事大厅管理制度，该局办事大厅获“群众满意基层站所”活动先进单位，三个技术机构办事窗口分别获省级或市级“巾帼文明岗”荣誉称号，特检所还荣获市“青年文明号”“广东省青年安全生产示范岗”等称号。全年全局系统共收到企业群众感谢信50封、锦旗19面。

【质量监督管理】 2009年，该局加强宣传引导和监督帮扶，推动企业落实产品质量安全主体责任，提高全社会质量安全意识。开展质量安全“进企业、进社区、进学校、进乡村”大型宣传活动。完善全市监管产品企业数据库，实行对企业的动态监管。改革监督抽查办法，重点检查企业产品质量安全保证体系。完善后期处理工作，通过召开质量分析会、约谈企业负责人、上门现场指导等多种形式，督促企业落实整改。开展专项整治，对严重违规企业进行曝光。

【食品安全监管】 2009年，该局就食品安全监管着重实现从事后应对向事前预防转变，加强风险预警，实施分级分类监管。开展饼干、食醋、调味料三类食品生产加工环节危害因素调查，分析危害因素16条，提出解决对策16条。严把食品生产企业市场准入关，严格食品生产企业申证检查和现场核查，对达不到条件的，一律不予发证。开展《食品安全法》宣传班4期，培训企业人员360多人。部署食品专项整治，消灭安全隐患于萌芽状态。

【特种设备安全监察】 2009年，该局扎实开展特种设备“三项行动”（执法行动、治理行动、宣传教育行动），突出对重点监控设备、在建重点工程项目特种设备、隐患易发特种设备的监管。提前介入、严格监检，杜绝未经检验合格的特种设备投入使用，全年特种设备实时“定检率”达到97.08%。开展气瓶、小型锅炉、起重机械专项整治，消除安全隐患100多处。开展特种设备安全监察。全年现场监察特种设备使用单位1539家/次，发出特种设备监察指令631份，立案查处特种设备案件119宗。

【标准化工作】 2009年，该局实施技术标准战略取得重大成果。采购服务TC、温泉服务SC、耗材WG先后落户珠海，为珠海相关产业的发展取得了话语权。温泉服务联盟标准出台和温泉旅游服务国家级标准化试点落户御温泉，确立珠海温泉服务在全国的领先地位。珠海市技术标准战略专项资金500万元资助41家单位95个项目，为企业开展标准化工作提供了政策和资金支持。首批科技成果标准化项目帮助19家企业将19项科技成果转化为标准，提升企业产品市场竞争力。全市34家企业的45个产品获采标认可，新增4A级标准化良好行为企业1家。珠海市TBT研究室出版4部重点产品技术性贸易措施研究报告供企业免费查阅，全年向珠海企业发出预警信息1770条、通报62份，发布TBT新闻资讯90条，帮助出口企业应对国际贸易技术壁垒。农业标准化示范区建设稳步推进，白蕉海鲈地理标志保护产品获国家质检总局批准，实现珠海地理标志保护产品零的突破。

【计量工作】 2009年，该局做好计量认证、严格计量监管。完成1家C标志、6家二级计量保证体系确认、6家三级计量保证体系确认的现场考评和发证工作。开展对社会公正计量行（站）、电子计价秤、加油机、定量包装食品企业的专项检查，立案32宗。全市瓶装液化石油气企业计量合格率由2007年不足40%提高至2009年的85%。能源计量工作取得重大进展，成立珠海市能源计量数据监测中心，全市45家重点能耗企业（年耗5000吨标准煤）能源计量器具配备率和受检率达100%，旭日陶瓷等三家企业开展节能降耗试点取得良好成效。扎实开展“民生计量”工作，免费检定全市44家集贸市场4526台市场衡器；配合珠海市甲型H1N1流感防控，免费校准全市8个重点出入境口岸的红外体温检测仪350台件。

【执法打假】 2009年，该局依法行政，执法与宣法相结合。全年开展《食品安全法》和《特种设备安全监察条例》等普法培训班38期，免费培训企业人员3824名。加强科所联动，探索技术执法新路子，提高执法打假工作的有效性。组织开展食品、重点产品和计量等专项执法检查26项，出动执法人员4296人次，立案查处案件565宗，涉案货值2.39亿元，捣毁各类制假窝点33个，查办大要案8宗，移送公安机关追究刑事责任案件2宗。12365举报投诉中心全年接受市民咨询455宗,受理群众举报投诉199宗。珠海市打假办组织联合执法行动4次，有力整治建材、农资等生产经营市场。

【技术机构建设】 2009年，该局配合国家印刷及办公自动化消耗材料质量监督检验中心实验室通过“三合一”现场评审和省局预验收，检测基地建设用地和建设资金得到有效解决。三个技术机构投入1278万元购置先进检测仪器设备，获批科研项目9项，增加检验资质245项，大大提升检验检测能力。

（刘尚林）

食品药品监督管理

【概况】 2009年，珠海市食品药品监督管理局着力解决好“怎样监管、为谁监管”的问题，切实转变作风，大力推进产业发展，狠抓工作落实，抓住源头，药品生产质量得到有效监督；加大力度，药品流通市场秩序进一步规范，药品评价性抽样检验合格率99.45%，人民群众饮食用药安全得到有力保障，珠海全市医药产业继续保持快速增长的良好势头。

该局巩固和完善“驻厂监督员制度”，制定并实施“四项监管制度”。实施“企业负责人劝勉谈话制度”，对9家发现问题的企业进行劝勉谈话，严正指出企业违规事实和存在问题，督促企业整改。该局坚持日常监管与专项整治相结合，组织开展了防治甲型H1N1流感药械、打击假冒“降糖胶囊”、打击以“免费体检”为名销售假劣产品等8次专项行动，取缔无证经营窝点6个，没收假劣药、械及保化产品7600余瓶（台、支），处理群众投诉、举报案件85宗，为群众挽回经济损失4.3万元。根据举报线索取缔无证经营单位5家，捣毁销售假冒“人血白蛋白”窝点1个。该局扎实开展打击违法添加非食用物质和滥用食品添加剂专项整治工作，累计出动执法人员5589人次，检查各类食品生产、经营企业、个体户及食品添加剂生产企业12128家次，查处案件25宗，罚没12.2万元。

【药品生产质量监督】 2009年，该局积极推行“分类监管”模式，抓住四个环节，即“抓关键环节，抓重点内容，抓重点品种，抓重点地区”，药品生产质量得到有效监督，全年未发生重大药品安全事故。全面开展生产质量专项检查。着重组织开展药品、医疗器械、保健食品及化妆品生产专项检查，把好原材料（零配件）关、生产关、验收关、储存关、流向关，运用信息化手段，对特殊药品的每针每片流向进行实时的监控。

【“四项监管制度”】 2009年，该局制定并实施的“四项监管制度”，一是加强“药品生产质量受权人制度”的学习、培训、宣传和推广，全面督导企业推进制度落实，促进企业完善生产质量管理。二是巩固和完善“驻厂监督员制度”，全年对珠海市7家药品生产企业实施80余次驻厂监督，发出《责令改正通知书》5份。三是实施“医疗器械生产管理者代表制度”，所有二、三类医疗器械生产企业都指定对企业质量管理行使否决权的生产管理者代表，形成了内外监管合力。四是实施“企业负责人劝勉谈话制度”。全年对9家发现问题的企业进行劝勉谈话，严正指出企业违规事实和存在问题，督促企业整改，防止重大质量安全事件的发生。

【药品流通市场规范】 2009年，该局坚持日常监管与专项整治相结合。巩固和加强农村“两网建设”。抓住农村药品监管的重点和难点，深入实施并完善农村药品“两网”建设，全市已有114个村的卫生服务中心开展服务，农村药店187个，121个行政村全部有药品供应网点，监管网、供应网覆盖率均达到100%，使农村药品流通市场经营更加规范有序。

【甲型H1N1流感防控】 2009年，该局全面部署开展辖区内防控药物应急储备工作，组织开展抗流感、抗病毒药品专项检查，对248家药品批发企业、基层医疗机构、卫生防疫站、城乡结合部药品零售企业储备、购进、使用各个环节抗流感药品、防护医疗器械的情况进行重点检查；对20多个品种的抗病毒和流感药品进行抽验，检验合格率100%。此外，为确保珠海市在发生灾情、疫情及突发事故时，能及时、有效地保证药品的供应，保障社会稳定和人民群众生命安全，该局专门向市政府提出建立珠海市应急药品专项储备机制的建议，引起有关市领导的重视。按照有关市领导的批示，牵头完成《珠海市医药储备制度》（送审稿）的起草工作，并报市法制局审查。

【食品安全综合监管】 推出食品安全示范区企业冠名“授权制”，巩固和扩大斗门“国家食品安全示范区”效应。首批“斗门国家食品安全示范区”授权使用企业名单已向社会公布，广达水产有限公司等12家行业龙头企业成为首批授权企业，经授权的企业产品附加值大大增加，创造更大的效益，“授权制”效果明显，带动斗门食品行业的快速发展。扎实开展打击违法添加非食用物质和滥用食品添加剂专项整治工作。全面整顿食品添加剂生产、销售和使用各环节，有效遏制违法添加非食用物质和滥用食品添加剂的突出问题。积极宣传《食品安全法》。多渠道、多形式开展宣传活动。通过给市民一封信的形式，向全市市民派发《食品安全法》宣传单张约4万份，把宣传工作深入到点。发动讲诚信、重质量的食品企业积极参与《食品安全法》宣传活动，利用食品行业生产经营广泛性的特点，把宣传工作深入到面。多载体开展宣传活动。利用电台“市民热线”节目向市民解读法规，利用“3·15消费者权益日”“安全生产月”等活动派发宣传单张、现场释疑等。通过深入宣传，提高市民的法规意识和维权意识，为贯彻落实《食品安全法》营造浓厚的社会氛围。妥善处置食品安全公共事件。针对广州突发“瘦肉精”事件，该局迅速部署防控工作，组织协调相关部门开展生猪宰前检测执法，堵住含“瘦肉精”生猪三批次33头，同时做好应急技术储备和物资准备，保证珠海市民肉品消费安全。

（占明辉）

安全生产监督管理

【概况】 2009年，珠海全市安全生产形势继续稳定好转，全市发生各类生产安全事故966宗，死亡135人，受伤1032人，直接经济损失1066.39万元。事故宗数、受伤人数和直接经济损失同比分别下降20.82%、22.23%和24.12%、死亡人数同比上升1.5%。其中，道路交通事故死亡116人，占全年各类生产安全事故死亡人数的85.93%；工矿商贸企业事故死亡18人，占全年各类生产安全事故死亡人数的13.33%；渔业船舶事故死亡1人，占全年各类生产安全事故死亡人数的0.74%。全市发生较大事故2宗（1月5日和4月12日各1宗，均为道路交通事故），火灾事故继续保持零死亡，珠海市安全生产监督管理局圆满完成省下达珠海市的各项事故控制指标。工矿商贸领域没有发生死亡3人以上的较大事故，圆满完成节假日和重大活动期间的各项安全生产工作任务，确保国庆60周年和澳门回归祖国10周年庆典期间全市安全生产形势稳定。

【事故指标控制】 2009年，该局做好工矿商贸、道路交通、火灾等生产安全事故统计工作，定期对全市安全生产形势进行分析。加强对珠海市安全生产控制指标完成情况的监控，对事故超标的地区和部门及时发出黄牌警告或预警通知。牵头组织检查组对各有关单位安全生产工作情况进行抽查，督促各单位落实安全监管责任，强化政府监管责任的落实。

【安全生产标准化】 2009年，该局通过调查摸底，掌握珠海市生产经营单位的底数，目前有生

产经营单位5万多家，个体工商户7万多家。按照六大类、四个等级纳入监管系统，通过实行分类分级监管，提高珠海市安全监管水平。

【重大建设项目安全监管】 2009年，该局出台《关于进一步加强珠海市重点建设项目安全生产监管工作的意见》，明确重点建设项目安全监管部门，落实监管责任。建立重大建设项目安全监管联席会议制度、报告制度、联合检查制度，逐步完善重大建设项目安全监管台账。全市67个重点建设项目安全监管工作实现分工明确、责任到人。

【隐患排查治理和专项整治】 2009年，该局重点组织开展危险化学品、烟花爆竹和非煤矿山等专项整治工作，检查危险化学品和烟花爆竹从业单位1036家次，排查整治各种安全生产隐患634处。综合整治非煤矿山安全生产秩序，加强对已发证非煤矿山的安全监管，建立完善非煤矿山安全状况资料档案，做到一矿一档。加大隐患排查治理力度，出台《关于进一步加强安全生产事故隐患排查治理工作的意见》，进一步明确各级、各部门安全生产事故隐患排查治理责任，建立完善重大隐患排查治理机制、事故责任倒查制度。全市排查治理隐患的企业和单位有2521家工矿商贸企业和11363家重点行业领域企业单位，排查出隐患29159条，完成整改28238条，整改率96.84%；其中，2条重大隐患已整改。

【执法监察】 2009年，该局积极组织开展执法监察行动，对辖区内的生产经营单位定期进行执法检查和各项专项检查，及时查处举报和投诉案件。通过开展案卷评查，执法责任制考核等形式，加强执法行为的规范化建设，确保执法质量。对检查中发现的违法行为，及时予以纠正或责令整改。全市各级安全监管部门实施行政处罚231次，同比增长450%；实施经济处罚50次，同比增长19%；经济处罚238.2万元，同比增长11.4%。积极开展“打非治违”专项行动，全市各级安监部门主动联合各有关部门，积极行动起来，深入开展打击以非煤矿山、危险化学品、烟花爆竹、工矿商贸事故多发行业和安全生产中介机构为重点的严重违反安全生产法律法规行为的“打非治违”专项行动。全市责令停产停业整顿10家，提请关闭1家，立案77件，经济罚款375.1万元，发布新闻报道219条，“打非治违”工作取得明显成效。

【安全生产应急管理】 2009年，该局大力推进安全生产应急救援指挥机构建设，市和3个行政区、2个经济功能区（高新区和高栏港区）均成立安全生产应急救援管理机构，配备人员编制19人，强化安全生产应急救援力量。推进安全生产应急预案规范化管理工作，对《珠海市安全生产事故灾难应急预案》和《珠海市危险化学品（烟花爆竹）事故灾难应急预案》进行修订和完善。高栏港经济区开展应急预案规范化管理试点工作，辖区内60家高危行业企业开展规范应急预案管理工作。积极组织开展安全生产应急演练，各级安全监管部门和生产经营单位积极开展多种形式的应急演练。通过演练，大大提高有关部门和生产经营单位应急实战能力。

【安全宣传教育】 2009年，该局组织开展“安全生产月”系列活动，举办全市性安全知识竞赛、安全生产咨询、安全知识短信有奖问答等活动，通过新闻媒体集中开展连续一周的安全生产宣传报道，进一步拓宽了宣传面，取得良好的宣传效果。加大培训力度，培训1.68万人，进一步提高企业安全管理水平和从业人员的安全意识。

（陈香娥）

财政·税务

外伶仃岛位于珠海市东区，地处珠江入海口，西距市中心27海里，北距香港长洲6海里，面积4.23平方千米，是珠三角地区进出南太平洋国际航线的必经之地，具有重要的战略地位。图为美丽的外伶仃岛港湾。　　钟　凡　摄

财政·税务

财　政

【概况】 2009年，珠海市地方财政一般预算收入首次突破百亿元大关，累计完成101.4亿元，珠海市财政局超额完成预算任务，同比增长9.9%。积极做好融资服务，有效缓解“十大重点建设工程”政府性资金瓶颈。财政部门全年累计征收契税7.8亿元，同比增长11.3%。全年全市非税收入完成18.4亿元，同比增长21.6%，非税收入为全年实现财政收入平稳增长发挥重要作用。珠海全市财政一般预算累计支出121.3亿元，同比增长14.8%。珠海市直财政预算单位六项费用总支出均有不同程度的下降：办公费支出同比下降30.16%、会议费支出同比下降40.86%、交通费支出同比下降9.16%、因公出国（出境）支出同比下降54.72%、培训费同比下降24.57%、招待费同比下降10.5%。全市财政一般预算安排5亿元用于扶持企业发展，比上年增长39%，占全市一般预算支出的4%，全年全市用于教育、文化体育和传媒、社会保障和就业、医疗卫生、环境保护和农林水事务等六项民生方面的一般预算支出50.5亿元，占全市一般预算支出的41.6%。

【财政收入】 2009年，财政收入结构良好，财政部门采取的主要措施有：依托财税联席工作会议平台，部门协作抓收入。每季度召开一次财税联席工作会议，加强财政与国税、地税、国资委、国土等收入组织部门的信息沟通，加大对经济财政运行态势的分析研究，集思广益，齐抓收入。进一步理顺市财政与保税区财政体制，香洲区与高新区的财政体制，做好金湾区和高栏港区财政体制调整工作，通过理顺收入分配体制，有效调动各区（功能区）抓收入的积极性。强化财政自身组织收入力度。同时，充分挖掘非税收入潜力，加强对土地出让金、国有资本收益、国有资源有偿使用收入等非税收入征缴，努力实现非税收入应收尽收。

【财政支出】 2009年，财政支出体现出精打细算，严控一般性行政经费支出。财政部门牢固树立“过紧日子”思想，按照“五个零增长”要求，严格控制行政经费支出，降低行政成本。按照集中财力保障重点项目的原则，收回各部门历年专项结余资金，作为预算统筹资金用于市委、市政府重大项目，应对突发公共卫生事件及自然灾害救急等重大事件。同时，根据中央和省政府的决策部署，珠海市积极推进揭阳、茂名产业转移园建设和支持汶川地震灾后重建；妥善处理政

府债务，及时安排政府还贷资金，维护政府良好信用；积极做好融资工作，大力支持重大项目建设，长期困扰全市项目建设的政府性资金瓶颈问题在较大程度上得到缓解。大力帮扶中小企业发展。加大对“四位一体”融资模式、企业自主创新能力建设、总部经济建设等方面的支持力度。

【财政改革】 2009年，该局主要推进五方面改革：一是推行项目绩效预算改革。对市城职院等单位的10个预算项目进行现场评审，在10个评审项目中，上报的预算资金为2.54亿元，专家建议确定资金2.38亿元，节约率为6.2%。二是推进国库支付改革。市本级搭建财政支出管理电子平台，有机衔接国库集中支付与财务核算信息集中监管两大系统，实现信息“同源采集”，加强预算执行监控，在实行国库集中支付和会计集中核算的基础上，推进财务核算信息集中监管改革。三是推进“收支两条线”改革。全面实现罚缴分离和票款分离，开展收费项目和银行账户清理，加强票据源头管理。完善财政专户管理制度。制定《珠海市直行政事业单位经营服务性收入收支管理办法》，进一步规范经营服务性收益管理。四是推进政府采购制度改革。修订《珠海市政府集中采购目录及限额标准》，加强监管与提高效率两不误；实行政府采购预算编制、协议供货等制度；启用全市政府采购电子化监管平台，实现全市政府采购活动统一监管和数据大集中。五是推进预算公开。2009年4月，将市人大、财政实时在线预算监督系统延伸至审计部门，并于2009年5月1日正式上线运行，实现审计部门对财政预算执行的实时在线监督。认真编写预算报告解读材料，让社会各界更好地“看明白”预算报告。加强财政部门门户网站建设，充分运用广播、电视、报刊等媒体，及时公开有关财政信息。

（彭高旺）

国家税务

【概况】 2009年，珠海市国家税务局实现税收总收入156.34亿元，同比下降5.03%，减收8.28亿元。其中，中央级收入127.29亿元，减收3.61亿元，同比下降2.76%；省级收入3.66亿元，减收8.02亿元，同比下降68.66%；市县级收入25.39亿元，同比增长15.16%，增收3.34亿元。剔除海关代征后，珠海市全年组织国内税收收入112.7亿元，同比下降5.19%，减收6.17亿元。全年举办扶持企业应对金融危机、所得税筹划等专题免费讲座67场，印发手册7万册，送法上门132次。全市18个办税服务厅配齐窗口服务质量评价系统，使用评价器206个。该局还被评为全省国税系统税收宣传优秀组织单位。

该局建立规范统一的交流轮岗制度，进一步完善公开选拔和竞争上岗公信机制，公开选拔提任7名正科级领导干部、15名副科级领导干部，对39名中层领导干部调整任职，对195名干部交流轮换，其中市区与西区交流轮换50人。斗门、珠海港、保税、跨境等多个基层局主动结合实际建立考核方案，取得初步效果。完善协管员管理办法和用工指标核定办法，落实“以人为本”提高协管员薪酬标准。全年组织完成副科级以上干部任职培训、公务员初任培训及各类业务培训159期，受训人员8032人次，创办学术季刊《珠海国税视窗》。

【依法治税】 2009年，该局制定《重大税务案件审理办法》《税务检查职责划分办法（试行）》《征收管理部门与稽查部门工作联系办法（试行）》等一系列制度。组织完成税收征管检查、出口退税专项检查、执法检查、巡视检查和财务内审。完成对5个征收单位和3个稽查局执行各项税收政策以及稽查执法情况的重点检查。严厉打击涉税违法犯罪，狠抓大案要案查处，开展打击发票违法犯罪专项行动，以及对大型企业集团、大型连锁超市、建筑安装企业、出口CPU及办理出口退税企业的专项检查，完成“5·27”“3·18”“海泉湾”等3个大要案的结案、入库。查处1030户企业，查补罚滞总额2.33亿元，入库总额2.12亿元，入库率91%。

【税收征管】 2009年，该局推进税务登记权和出口退税审批权试点下放，理顺属地征管遗留问题，重点把握新企业所得税法实施、增值税转型和出口退税模式改革，推进征退税合一的科学管理，完善软件行业和总分机构税收管理，建立各税种数据月度分析、综合评估、预警监控机制。日常征管115项业务操作指引已实现全市统一，“四位一体”总体格局初步构建。规范农贸市场和专业市场发票供应及代开，完成发票改版前期准备。对335户企业实施纳税评估，借助第三方数据查出漏征漏管信息800多条，有效促进陈欠清理、堵漏增收。财税库银横向联网系统顺利上线，成功开发“数据应用平台”，开通出口退税网上预申报系统，车购税电子申报实现全覆盖，深化税收征管辅助软件应用，推广普通发票开具软件，强化内外网络监控管理、推进全市机房改造进程均获得省局高度评价。

【纳税服务】 2009年，该局全力落实增值税转型、车辆购置税减征、出口退税率上调等优惠政策，积极参与横琴新区开发、港珠澳大桥建设等重大项目的政策调研，协调各方关系解决出口企业收汇核销、格力电器出口退税等困难，成功解决“公司＋农户＋基地”农业生产模式、天然砂出口、优特电力发票开具、金山软件销售行为定性等问题。各区分局也结合实际创新服务，金湾、跨境、保税、高新区局的个性化服务得到纳税人肯定并获赠锦旗和牌匾。具有珠海市特色的“办税快捷卡”系统在全市运用，网上办税、电话报税进一步普及。各区（分）局还结合实际增开服务窗口、完善自助服务、增配免费U盘、开设服务QQ群，获纳税人好评。在“服务行不行，纳税人来评”和“群众满意基层站所”创建活动中，10个办税服务厅满意率100%，其余8个办税服务厅均在93%以上。

【税收宣传】 2009年，该局有效落实“五五”普法计划，多方联动、多渠道开展“招商引资与税收”座谈会、“用好国税新优惠，助推企业渡时艰”税收政策讲座、“税法进校园”等系列活动。联合财政、地税部门开展15周年“财税•发展•民生”系列报道，与珠海市地税局合办全市“税收贡献百强”及“纳税十佳”新闻发布会，获评全省优秀税宣项目。直属分局组织中学生税收知识竞赛，香洲区局开展税宣主题风筝竞放，金湾区局发挥高校力量联合组建税收志愿者服务队，万山区局推动税宣上岛，高新区局组织“税宣进校园”系列活动等均取得良好社会效应。该局被评为全省国税系统税收宣传优秀组织单位。

（王瑞华）

地方税务

【概况】 2009年，珠海市地方税务局面对各种前所未有的困难和挑战，紧紧抓住年初提出的“管理年”“落实年”工作主线，改革创新，攻坚克难，主要突出体现在以下七大方面：一是迎难而上，奋力拼搏，努力实现全年税收收入目标。二是全面实施专业化税源管理新模式，税源管理长效机制取得跨越性推进。三是深入推进依法治税，进一步营造了良好的税收法治环境。四是充分发挥信息技术对税收工作的强力支撑作用，信息化运维管理之路迈出坚实步伐。五是以纳税人需求为导向，迈出探索“客户化”服务理念步伐，初步建立起纳税服务长效工作机制。六是深入开展学习实践科学发展观活动，积极探索建立干部队伍建设新机制。七是实施“制度反腐、机制防腐、文化倡廉”战略，以风险为导向强化部门内控机制建设，建立起全方位、立体化的廉政建设安全“防护网”。

2009年，该局组织各项税费收入155.77亿元，其中组织地方税收入库108.46亿元，同比减收7.2亿元，下降6.2%。组织市县级收入49.78亿元，同比增收1.69亿元，增长3.5%，完成财政预算案目标，超收1.69亿元。社保费收入43.46亿元，同比增收0.77亿元，增长1.8%，实现98.83%的高到账率。该系统基层局22个基层单位被评为“群众满意基层站所”。

【组织收入】 2009年，该局组织税收收入工作遭遇成立以来前所未有的困难和挑战。由于连续几年的税收收入高速增长、企业所得税税率调整造成税收收入基数异常抬高，以及国际金融危机对外贸依存度高达327%的珠海市经济造成严重冲击带来的各种压力。2月份、3月份降幅高达38%。面对异常严峻的收入形势，该局迎难而上，积极促收挖潜，800多名干部职工群策群力，全力以赴做好组织收入工作，全年税收呈典型的“V”字走势。

【税收征管】 2009年，该局在全市地税系统全面推广香洲区局“以信息共享为基础，以分类管理为核心，以征管流程为导向，优化服务，强化评估”的专业化税源管理新模式，得到总局和省局的高度重视和肯定。全面深入推进纳税评估专业化，在全省地税系统率先构建起三位一体的纳税评估工作组织体系。加强涉税信息采集，全年采集建安类7个部门信息8668条数据、房产类4个部门信息11.69万条数据，极大丰富纳税评估数据；强化数据信息应用分析，开展房地产、建安、饮食等主要税源行业评估；强化对评估工作的考核，将人均评估约谈户数、人均评估税款入库数等纳税评估绩效考核指标列入对各基层局的收入考核项目，产生巨大的促收效应，累计实现评估收入10.55亿元，占该局全年税收收入比重的近10%。推进发票管理综合改革，加快发票应用网络化。作为省局推广发票在线应用系统最早的试点单位之一，该局自2009年7月1日起上线省局“发票在线应用系统”，并在建筑业、房地产业、广告业、代理业和其他服务业等行业顺利运行，实现纳税户实时在线开票。珠海市网上开票试点用户数为3714户，是全省20个地市中上线用户最多的地市，占全省网上开票试点用户数的22%，累计开票11.5万份，金额合计148亿元；全面启用新版地方税收发票，并妥善处理好税控机、旧版发票的后续管理工作。社会综合治税长效工作机制取得突破性进展。该局代拟的《珠海市社会综合治税工作管理办法》于2009年9月23日顺利通过市政府常务会议审议，并发文颁布实施，成为珠海市开展社会综合治税工作的重要行动纲领，初步构建起以“政府牵头、财税主管、部门配合、信息共享”为主要特征和基本内涵的社会综合治税新机制，逐步形成政府依法管税、财税部门依法征税、纳税人依法纳税、社会各界协税护税的综合治税新格局。初步构建全市征管数据交换共享机制，启动建安房地产业税源控管系统。6月1日起委托“交强险”保险机构代征车船税。探索私房装修、私铺出租等零散税源协同控管。推进征管信息化建设、强化税收征管质量监控。积极做好推广建安房地产业税源控管系统的前期工作，用信息化征管手段规范个体税源管理。全面推行“个体双定户智能核定系统”，全年有190户双定户107万元的营业定额通过系统流程作出核定。落实推行大型商场的委托代征系统，实现对大型商场代征税款和税票的信息化管理。

【科技兴税】 2009年，该局大力推进税收电子化，进一步拓宽信息技术应用广度和深度，信息化建设运维管理之路迈出坚实步伐，逐步实现从软件开发型向运维服务型转型，充分发挥信息技术对税收工作的强力支撑作用。全力做好社会保险费地税全责征收上线技术支持工作。在全省地税系统率先开发“网上办税服务平台”，实现网报业务拓宽至涉税服务领域，建立一种新型的、可跟踪管理的纳税人与税收管理员沟通渠道。对零散税收实施智能化管理。推广应用“个体双定户智能核定系统”和“大型商场委托代征系统”。自主研发的“手机办公系统”正式上线使用，进一步提高行政决策与执行效率，同时强化内网日常运行与维护，保障内网各项工作顺利运转，全年运维办受理电话咨询16801宗。自行研发设计出“二手房过户转让税费自动计算辅助软件”，实现一表多能，提高了房产过户税费的审核效率和计税准确性，降低了人为出错率和税收执法风险。

【税收执法】 2009年，该局在税收执法方面，扎实开展税收专项检查和打击假发票工作。查处

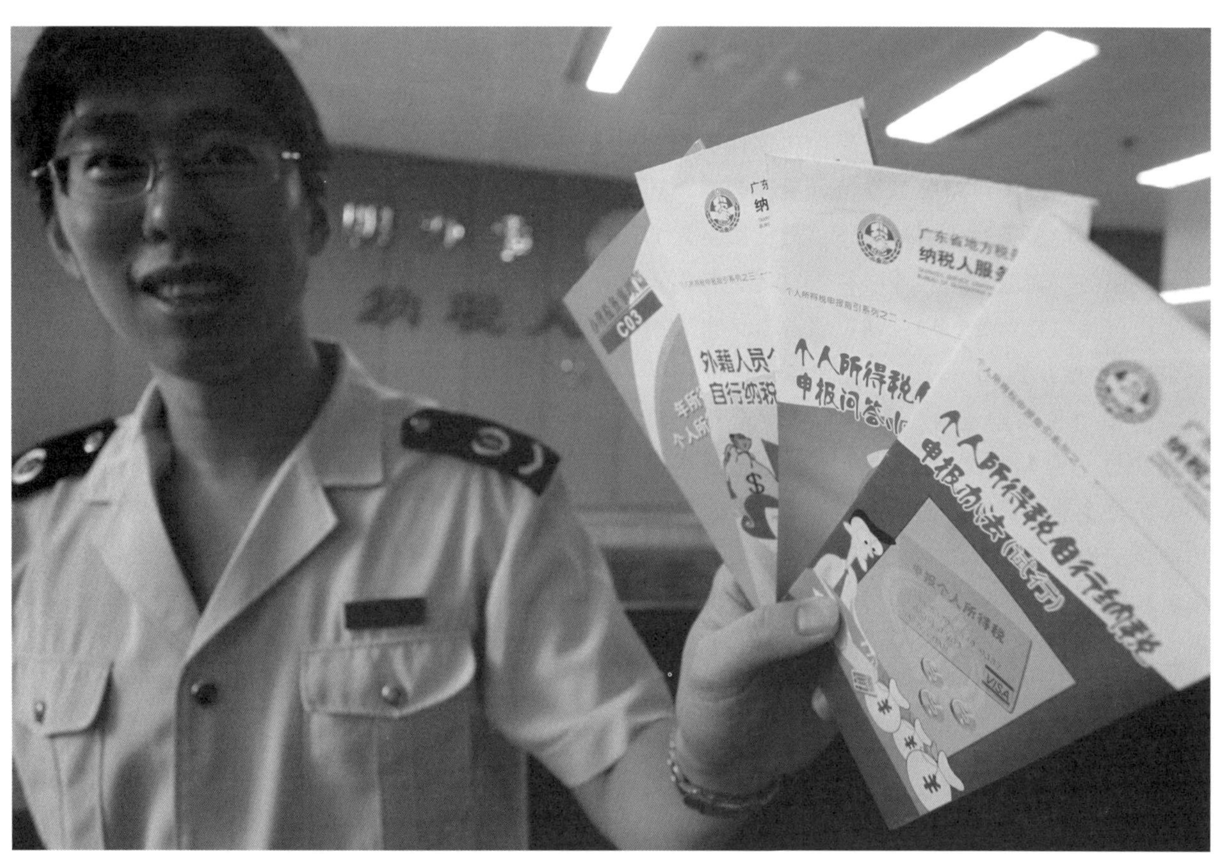

2009年，珠海市地方税务部门树立以纳税人为本的服务理念，创新税收宣传方法，探索群众喜闻乐见、寓教于乐的税收宣传新路子，做好涉税事项跟踪回访工作，努力实现纳税服务事前、事中、事后全覆盖。 朱 习 摄

ZHUHAI YEARBOOK

案件86宗，查补税款1.29亿元;组织企业自查621户，补缴税款2.07亿元。与市国税局、公安经侦部门联手开展打击假发票专项行动，查获各类假发票1104份，票面金额9.20万元。加大反避税工作力度。完成某跨国公司采取转让定价避税案件，成功办结当年首宗预约定价案件，合计追缴入库税款3100万元。加强税务执法监督检查。完善执法过错考核机制，重新明确重大税务案件审理标准，务实开展税收执法检查，实现执法监督关口前移。认真贯彻落实税收政策。扎实抓好新企业所得税法实施后的首次汇缴工作，入库税款5.9亿元；认真贯彻新营业税暂行条例和实施细则，落实扶持促进中小企业发展和应对金融危机各项优惠政策；规范车船税、房产税以及房地产行业土地增值税和企业所得税管理。

【纳税服务】 2009年，该局以“客户化”理念积极探索以纳税人需求为依归设置程序、制度、规范的服务新方式，不断提升纳税服务的层次和效率，努力打造“不见面的高效服务”体系，建立起一套覆盖税前、税中、税后的纳税服务长效工作机制。完善办税服务厅硬件和软件设施，优化业务流程，构建起服务规范、流程明晰、环境舒适的办税服务厅体系，实现“微笑服务”向“有效服务”转变。扎实开展税收宣传、指引、提醒、咨询工作，将1.32万纳税服务电话坐席由原来的9个增加到20个，全年受理各类咨询13万宗；打造“税法进企业”服务品牌，全年举办“税法进企业”25场。深入开展税务直通车服务、新办企业培训辅导工作；推出市区个人转让房产减免税即日审批服务；开通节假日发票领购服务和投诉举报热线。对涉税事项和稽查案件全面实行跟踪回访，促进全程全员服务建设，营造和谐征纳氛围。该局开展9期回访，有效回访纳税人859户。

【基础建设】 2009年，该局在干部队伍建设方面，珠海市地税局始终坚持“德才兼备、以德为先、注重实绩”的用人标准。全面实施能级管理，形成了“职务晋升”与“能级提升”并行的双梯制干部人事管理制度；推行新入职人员“职业导师制”，拓宽队伍职业生涯上升通道。全系统连续第5年没有发生任何严重违法违纪案件。全系统基层局22个基层单位被评为“群众满意基层站所”。全面实施公务车辆改革，严格控制经费开支，推进节约型机关建设，全系统实现全年行政经费开支“五个零增长”。

【教育培训】 2009年，该局创新教育培训方式方法，不断推进教育培训的科学化、制度化和规范化。在全省地税系统率先推行学分制管理。出台教育培训学分制管理办法，依托广东地税网络培训系统记录，量化计分并与年度考核挂钩，要求每名干部职工年内必须修满60学分，激励干部不断提高理论素养、知识水平和业务能力。举办正科级领导干部读书研讨班。通过5天封闭式的读书研讨，积累知识，拓展视野，有效引导中层干部养成良好的生活、学习习惯，在全系统起到良好示范作用。启动“天天做习题，轻松拿积分”活动。利用网上培训系统推出“每日开心问答”活动，鼓励大家每天花10分钟做税收知识习题，在全系统逐渐形成探讨钻研业务知识的良好氛围。坚持运用省局网上业务考试子系统举行季度全员考试。组织4次季度全员网上业务知识考试，参考人员累计3000多人次。（苏振钿）

区域合作与扶贫工作

2009年7月21日，珠中江三市农渔业合作签约仪式在珠海举行。 市海洋和农渔局供稿

区域合作与扶贫工作

区域经济合作

【概况】 2009年，珠海与中山、江门的区域合作迈出关键性的步伐，珠中江经济圈建设取得可喜成绩。《珠江三角洲地区改革发展规划纲要（2008～2020年）》，明确珠海为珠江口西岸核心城市，《横琴总体发展规划》要求把横琴建设成为带动珠三角、服务港澳、率先发展的粤港澳紧密合作示范区，珠海面临历史性的发展机遇。珠海积极实施《规划纲要》，加快交通基础设施建设，加快高栏港工业区、海洋工程装备制造基地、航空产业园区和国际商务休闲旅游度假区的建设，尽快形成珠江口西岸交通枢纽，建成现代化区域中心城市和生态文明的新特区，争创科学发展示范市。省委、省政府提出“打造珠中江经济圈，推进珠江口西岸一体化”的要求，珠海、中山、江门三市高度重视、积极响应、迅速行动，在短短一年多的时间里取得丰硕的合作成果，实现了珠中江三地更紧密合作的良好开局。根据省推进珠中江一体化专责小组的决策，珠海、中山、江门三市分别牵头制订“通信同城化”“年票互认”和“饮用水同网”三个专项工作方案，推动三市惠民合作项目迈出实质性步伐。《珠中江区域年票互认紧密合作协议》已实施，从2010年1月1日开始，凡车辆号牌以“粤C”“粤T”“粤J”开头的车辆(摩托车除外)，凭所购本市年票或年票标识即可免费通行珠海、中山、江门三市任何普通公路收费站。通过代收路桥通行费的高速公路收费站时免缴地方公路通行费次票。

2009年12月16日，我国第三个国家级新区横琴新区挂牌，作为加强与港澳服务业、高新技术产业等方面合作的载体，开辟珠海区域合作的新篇章。累计投资超过726亿元的横琴新区市政基础设施建设、横琴多联供燃气能源站、珠海长隆国际海洋度假区、珠海十字门中央商务区4个重点项目与横琴新区挂牌仪式同时宣布启动。

【珠江口西岸核心城市定位】 2009年12月，胡锦涛总书记视察珠海，李克强副总理亲临港珠澳大桥开工仪式并宣布港珠澳大桥正式动工兴建。这些重大决策和活动，极大地提升珠海的战略地位和城市价值。随着横琴岛开发正式启动和港珠澳大桥动工建设，交通、产业、城市三大格局的建设取得实质性进展，长期制约珠海发展的因素取得重大突破，珠海的发展迎来难得的历史性机遇。按市委、市政府的部署，珠海坚定不移地走建设生态文明的发展道路，守住蓝天白云青山绿

水的底线，实现经济发展与环境保护双赢，立足当前保增长，着眼长远促发展，按照“08年谋篇、09年启动、10年升温、11年加速、12年跨越”的部署，以经济建设为中心，抓好保增长、调结构、抓改革、促民生、定格局五大任务，加快建设珠江口西岸核心城市，努力开创珠海科学发展新局面。

【实施《规划纲要》】 2009年，珠海市深刻把握《规划纲要》为珠海带来的历史性机遇，力争做到模式引领，坚持走建设生态文明的发展道路；力争做到实力带动，切实把经济实力和城市综合竞争力搞上去；力争做到功能辐射，加快建设区域性交通枢纽、产业基地和服务中心。在国际金融危机的严重冲击下，珠海以贯彻实施《规划纲要》为主线，坚持经济发展与环境保护双赢、经济发展与改善民生共进，坚定不移推进珠江口西岸核心城市建设，全面落实保增长保民生保稳定和“三促进一保持”的要求，化危为机求突破，攻坚克难破瓶颈，着眼未来促转型，推动《规划纲要》的实施和全市经济社会发展取得新成绩，开创交通、产业、城市发展新局面。省下达珠海市的实施《规划纲要》年度分解目标任务基本完成，通过国家和省对珠海市贯彻实施《规划纲要》工作的检查评估。

【珠中江经济圈建设】 2009年，推动珠三角一体化新一轮大发展是贯彻落实《规划纲要》、推动珠三角地区新一轮大发展的关键的重要举措。建立党政领导小组会议、政府联席会议、专责小组工作会议、党政领导小组办公室碰头会四个层面的高规格、多层次沟通合作协调机制。成功召开了两次珠中江三市联席会议，共同签署《推进珠中江区域紧密合作框架协议》，分别成立发展规划、城市规划、交通运输、旅游合作、经贸合作、环境共治、界河及跨界河综合治理、科技与信息、社会应急协作等九个专责小组，负责具体协商和落实合作事宜。先后签订《珠中江城市规划合作框架协议》《珠中江区域车辆通行费年票互认框架协议》《珠中江旅游合作协议书》《珠中江环境保护区域合作协议》等二十多项专项协议，形成全方位的紧密合作格局。

【国家级新区横琴新区成立】 2009年12月16日，珠海横琴新区管理委员会正式挂牌运作，作为广东省人民政府派出机构，委托珠海市人民政府管理，规格为副厅级。这是继国家成立上海浦东新区、天津滨海新区后的又一个国家级新区。珠海横琴新区主要包括面积106.46平方千米的横琴岛，位于珠海市南部，珠江口西侧，毗邻港澳。横琴新区的面积是澳门现有面积的3倍多，与澳门三岛隔河相望。岛内人口约7600人，其中常住人口4203人。2008年12月，国务院批准《珠江三角洲地区改革发展规划纲要（2008～2020年）》，提出规划建设横琴新区。2009年6月27日第十一届全国人民代表大会常务委员会第九次会议通过澳门特别行政区政府以租赁方式取得横琴岛澳门大学新校区的土地使用权，授权澳门特别行政区自横琴岛澳门大学新校区启用之日起，在租赁期限内对该校区依照澳门特别行政区法律实施管辖。2009年8月14日，国务院正式批复《横琴总体发展规划》。8月17日，珠海市召开横琴新区干部任职宣布大会，横琴新区组织架构基本建立，岛内设一区（镇），三个社区居委会，下辖12个自然村。累计投资超过726亿元的横琴新区市政基础设施建设、横琴多联供燃气能源站、珠海长隆国际海洋度假区、珠海十字门中央商务区4个重点项目与横琴新区挂牌仪式同时宣布启动。 （刘卫东）

扶贫工作

【概况】 2009年，是珠海全面开展扶贫工作的重要一年。珠海市财政拨出对口帮扶重庆资金1100万元，建设项目15个，新建或改建学校1所，解决600余学生上学难问题。安排840万元，实施整村推进，高山移民安置点建设，易地移民147户、910人，改善移民安置点生产生活基础设施建设，受益人口近1万人。在社会帮扶方面，经珠海市牵线搭桥，香港道德会向重庆市捐赠港币300万元，援建10所希望学校，并向10所学校学生捐赠一大批校服。动员珠海社会热心人士捐赠50万元在重庆建一所希望小学。在“5•12汶川地震”周年纪念和“六一”儿童节之际，组织参与“爱心包裹”活动，让灾区的孩子们收到一份特殊的礼物。

【对口扶贫】 2009年，珠海市实施“一体两翼”扶贫战略，提高帮扶地区自我发展能力。进一步整合力量，科学合理规划，加大实施“整村推进”步伐，改善贫困地区生产生活条件。加大对扶贫系统干部培训和农村劳动力的培训转移力度，提高农村劳动力自我致富能力，促进贫困地区富余劳动力向二、三产业转移，增加农民的非农收入。安排60万专项培训资金，对巫山、巫溪、奉节三县有一定种养殖技术的农民工进行15天的实用技术及转移就业培训，每县50名农民工，计150人。举办2期干部培训，培训110人。安排60万产业化项目资金，扶持巫山县金银花基地建设，新建苗圃基地2个80亩，发展种植基地500亩，引进栽培良种种苗21万株，项目

2009年10月10日，珠海市的优秀农民工开始办理珠海入户手续。 朱 习 摄

ZHUHAI YEARBOOK

建成后受益人口3万，提高农民收入。珠海市财政拨出对口帮扶揭西县资金600万元，建设项目10个，包括产业化项目3个，扶持农业产业化基地建设，建设冬瓜基地配套设施、甜玉米基地配套设施、农业科技示范园砂糖橘喷灌设施建设，培育主导产业，辐射带动农户增收。整村推进项目6个，改善农村农户生产生活条件。培训项目1个，组织劳动力培训电脑技术、电子琴生产技术人员200名，促进农村富余劳动力向二、三产业转移就业，增加非农收入。

【社会帮扶】 2009年，经珠海市牵线搭桥，开展多种形式的扶贫济困活动。在“5·12汶川地震”周年纪念和“六一”儿童节之际，为能让灾区的孩子们收到一份特殊的礼物，感受到全国人民的关爱，组织全市社会各界，依托中国邮政网点在全市开通的捐赠点，一对一的将自己的关爱送给需要帮助的人。珠海市扶贫系统广大干部职工也纷纷以实际行动献上自己的爱心，募集善款8700元、认购87个学生型“爱心包裹”。募集善款40.83万元，认购3043个学生型和104个学校型“爱心包裹”，为灾区中小学生募集学习和生活用品，送上一份关爱。“爱心包裹”活动自4月26日开展以来，得到珠海市不少市民、企业和单位的积极响应，全市邮政局所有网点受理市民捐购“5·12”灾区“爱心包裹”3176件，其中学生型包裹3071件，学校型包裹105件。

【市内帮扶】 2009年，加强与帮扶村党支部之间的联系和帮扶，并通过一对一结对帮扶困难户，帮助困难户解决一些实际问题。动员全市扶贫系统干部职工为广丰村贫困大学生捐资0.56万元、结对帮扶广丰村困难中小学生39名，资助1.29万元，解决上学难问题。认真做好市内“规划到户、责任到人”扶贫工作，把珠海市年人均纯收入低于2500元（含2500元）作为珠海市贫困线标准，明确欠发达村和低收入困难户，制定帮扶方案。对斗门、金湾区34个欠发达村及家庭年人均纯收入低于2500元（含2500元）的低收入困难户，通过实施“规划到户、责任到人”扶贫开发工作责任制，建立瞄准机制，对全市低收入困难户建档立卡，实行动态监测，电脑管理，确保被帮扶的贫困户年人均纯收入增长达到10%以上，被帮扶的贫困村基本改变落后面貌。

（黎彩丽）

中小企业与民营经济

方正科技PCB产业园，位于珠海市斗门富山工业区，主要生产高阶HDI产品，设计能力为月产40万平方米。马 刚 摄

中小企业与民营经济

综　述

【概况】 2009年，珠海市中小企业与民营经济工作按照“长短结合、统筹兼顾”的原则，以帮助中小企业应对金融危机为重点工作，采取多种措施确保全市中小企业与民营经济保持健康、平稳发展。2009年，珠海市中小企业4.29万户，同比增长1.5%，占全市企业总数的99.95%。新注册中小企业3250户，注册资金合计206.31亿元，同比增长64.5%。2009年，珠海民营经济单位11.4万个，同比增长7.7%。民营经济完成增加值261.72亿元，同比增长10.2%，占全市GDP的25.22%，增速比全市GDP增速高3.6个百分点。其中民营规模以上工业完成增加值59.42亿元，同比增长12.7%，比全市工业增加值增速高11.5个百分点。全市民营经济固定资产投资额96.3亿元，同比下降17.6%。全年民营经济上缴税金42.26亿元，同比下降6.4%。全年民营经济从业人数43.12万人，同比下降6.2%。

【中小企业与民营企业】 2009年，出台《关于促进中小企业健康平稳发展的实施意见》(珠府[2009]5号)，从“抓创新、促转型、破难点、减负担、上增量、强服务、保稳定”七个方面帮助中小企业化“危”为“机”，扶持中小企业平稳健康发展。

【国内市场开拓】 2009年，出台《珠海市中小企业开拓国内市场专项资金管理办法》，对中小企业开拓国内市场6方面的工作给予补贴，有312家企业获得补助资金859万元。与金蝶合作在珠海建立中小企业全程电子商务网站，选择404家企业作为试点企业，引导和鼓励企业利用互联网拓展商机。

【助中小企业融资】 2009年，珠海市指导服务中心做好“四位一体”推广工作，帮助中小企业解决融资难问题。全年帮助215家中小企业获得银行贷款合计10.32亿元，提前1个月完成全年目标。加强中小企业信用担保体系建设。全市中小企业信用担保机构注册21家，已开业19家，注册资本约8.3亿元，形成担保能力约40亿元。全市信用担保机构为407家企业提供担保额21.7亿元，同比增长31%。加强银企信贷对接。全市贷款同比增长41.95%，其中对民营企业和中小企业贷款占全部贷款比重为32.93%，同比增长46.68%。

【争取资金扶持】 2009年，安排扶持资金合计1.17亿元，主要包括：民营及中小企业发展专项资金1239万元；技术改造、技术创新以及实施名

牌带动战略2500万元；“四位一体”融资风险准备金和贴息资金6000万元；节能补贴资金2000万元。鼓励和帮助中小企业申报国家和省专项扶持资金，共有96个项目获得国家和省扶持资金4054万元。

【建立重点中小企业监测机制】 2009年，珠海市建立对127家重点中小企业的监测机制，及时掌握中小企业的生产经营状况，上报珠海市政府并通报给相关职能部门，为珠海市委、市政府决策提供依据，协助相关部门掌握企业动态，维护经济社会稳定。（张文骥　卓淑磊）

个体私营经济

【概况】 2009年，珠海市拥有私营企业3.19万户，占全市企业总数的73.3%。个体工商户总数8.03万户，占全市市场主体的64.8%。全年新发展私营企业3466户，占全年新发展企业总数4009户的86.5%;新发展个体工商户1.45万户，占新发展市场主体数1.86万户的78.3%。

【个体数量逆势增长】 2009年，珠海市的个体数量逆势增长，新登记开业个体工商户1.45万户，资金数额3.7亿元，同比增长10.9%和13.24%；全年新发展私营企业3466户，占全年新发展企业总数4009户的86.5%；新发展个体工商户1.45万户，占新发展市场主体数1.86万户的78.3%。全年新登记港澳个体工商户70户，总户数256户，注册资金1509万元。台湾个体户2户。农民专业合作社组织也受到农民的欢迎，新登记数和注册资本大幅增长。珠海市农民专业合作社登记56户，有农民成员699人，非农成员121人（名）。从个体私营企业行业发展上分析，从事批发零售业的私营企业1391户，从事租赁和商务服务业的491户，分别占私营企业总数的4.4%和1.5%。个体工商户从事第三产业的则占98%以上。

【民营经济投资】 2009年，珠海市的民营经济投资呈现亮点，如注册资本2亿元人民币的珠海凯德化工有限公司和注册资本4亿元的珠海万通化工有限公司是珠海港化工专区引进的重点私营企业。珠海金汇融资担保有限公司注册资本1亿元人民币，是新注册的民营担保机构。同时，新组建的珠海世邦集团、惠嘉集团，也颇有市场竞争力和规模实力，反映出珠海市民营企业正在不断做大做强。

【商标品牌战略】 2009年，425家企业被命名为珠海市2008年度“守合同重信用企业”，34家企业被命名为广东省2008年度“守合同重信用企业”。珠海市工商部门完善驰（著）名商标4级梯队发展目录，围绕打造“香洲服务”“西部制造”和观光农业、休闲旅游品牌，引导企业走品牌兴企之路。对“顺明”等30家企业商标进行重点培育；广东省考察组推荐格力集团为全国商标战略示范企业。筛选推荐15件商标申报广东省著名商标，12件延续申报广东省著名商标。截至2009年底，全市商标总量1.5万件，其中，中国驰名商标增加1件，总数为6件，广东省著名商标56件。珠海丽珠医药集团有限公司获2009年“最具市场竞争力商品商标”称号。（张迎春）

农　业

2009年7月9日，农业部部长孙政才考察珠海高产粮食示范区。　　市海洋和农渔局供稿

农业

综述

【概况】 2009年，珠海市“三农”工作健康运行、平稳发展，确保农业增效、农民增收。全市农业总产值52.8亿元，同比增长4.6%，其中水产品产值28.07亿元，同比增长约2.5%。农渔民人均纯收入8575元，同比增长6.6%。2009年，珠海市在优化种植结构，落实支农惠农政策，重点打击制售假冒伪劣种子、农药、肥料、兽药、饲料和饲料添加剂、农机及零配件等农资产品的违法行为等方面卓有成效。珠海积极培育名牌名标产品，“海一”水产饲料有限公司海一牌南美白对虾饲料和珠海市粮油进出口公司活肉猪2个新产品获得“省级农业名牌”称号，溢多利公司的溢多酶、农丰公司的“乡意浓”有机米、大海公司的对虾饲料和金果达的有机荔枝4个复审产品通过省级农业名牌产品公示。珠海顺明公司的顺明鸡蛋获“省级农业类著名商标”称号。组织推荐顺明鸡蛋、乡意浓有机米参加“2009ZHTV观众最喜爱的品牌”评选活动。珠海市农科中心率先创建土肥检测分析实验室，填补珠海在测土配方施肥工作等方面的空白。大型综合课题项目“珠海现代农业科技园区发展模式与配套技术研究”通过专家组评审，获得2009年度广东省科技进步二等奖，这是珠海市农科中心成立以来首次获得的省级科技进步奖，该中心还获得“广东省农业科技创新先进单位”“广东省现代农业产业技术体系花卉创新团队综合示范与培训站”“广东省现代农业产业技术体系蔬菜创新团队综合示范与培训站”等殊荣。

畜牧业

【概况】 2009年，珠海市生猪饲养量73.19万头，存栏32.7万头，出栏40.49万头，同比分别增长5.9%、1.81%和8.1%。家禽饲养量1074.19万只，出栏量803.58万只，存栏量270.61万只，同比分别增长7.36%、10.59%和减少1.21%。奶牛存栏量3693头，同比减少13.25%。禽蛋产量7032吨，同比增加64.99%；牛奶产量11448吨，同比增加14.11%；肉类总产量4.09万吨，同比增长9.32%。全市饲料和饲料添加剂生产企业33个，2009年饲料加工产品总量为55.3万吨，其中

配合饲料54.1万吨，浓缩料0.5万吨，添加剂预混料0.7万吨，工业总产值(现行价)约20.17亿元。

【农村沼气建设】 2009年，珠海市推广农村沼气建设，实行清洁生产和废弃物资源优化利用，有利于节能、污染减排、保护环境。对未来三年内需建设沼气池的养殖户进行统计，并做好规划，争取相关部门的支持，让每一个有条件的养殖场都配套建设沼气池，提升珠海市畜牧业规模化、集约化、标准化、无害化的生态养殖水平。同时，为进一步推动规模养殖场的沼气建设，推进生态型畜牧业的健康发展，2009年6月10日，珠海市在万兴畜牧有限公司举行大型沼气发电启用仪式暨省重点生猪养殖场挂牌仪式。通过这些活动，对推广农村沼气建设，推进生态养殖起到很好的示范带动作用。此外，珠海市积极争取2009年新增中央预算内投资计划的农村沼气建设项目资金支持。2009年中央下达珠海市沼气建设项目2个，总投资355万元。

【生鲜乳专项整治】 2009年，珠海市根据《2009年珠海市生鲜乳专项整治行动实施方案》，开展生鲜乳收购站的清理整治工作。珠海市生鲜奶收购站主要集中在斗门区，奶站的整治工作也围绕生鲜乳生产、收购、运输和质量管理等方面开展。一是建立生产和收购环节质量管理制度。根据相关法规和规范要求，建立《斗门区生鲜乳质量监督管理制度》《斗门区生鲜乳收购站卫生管理制度》等，对奶站整顿和规范作进一步的细化。二是建立产品质量可追溯制度。要求养殖户自觉按照要求建立养殖档案，从饲料及兽药供应到乳品生产、收购等环节建立台账制度，如实记录产品来源、数量、质量、批次、日期等相关信息。使奶牛养殖户能自觉遵守生鲜乳生产技术规程，遵守相关卫生制度，坚决杜绝在饲料及添加剂、兽药、奶品中添加三聚氰胺、硫氰酸钠、动物水解蛋白等违禁物质的违法行为。

【奶站许可证发放】 2009年，珠海市规范整治奶站，实行许可制度。斗门区现有4个生鲜乳收购站，全部实施机械化挤奶，日收奶量合计约28吨。经过整治，除“广州强兴”奶站因存在没有建立生鲜乳独立贮存间、卫生条件不合格、存在安全隐患、缺乏检测设备等原因尚在改造，尚未取得《生鲜乳收购许可证》外，其余3个收购站已按照有关要求实施标准化改造，并取得《生鲜乳收购许可证》和运输车《生鲜乳准运证》。按广东省要求，签订省、市、区和开办者四级职责的生鲜乳收购站监管工作责任书，进一步落实相关责任，规范管理。

海洋产业

【概况】 2009年，珠海市继续实施海洋强市战略，以率先建成具有全国领先水平的蓝色产业带为目标，创新海洋管理体制，加大资金投入和基础建设，海洋经济总量稳步增长。海洋经济已成为珠海国民经济的一个重要支柱。此外，全市以海水养殖为主的海洋渔业得到较大发展，2009年全市海洋养殖面积达1.56万公顷，全市海洋渔业总产值达5.2亿元，海水养殖成了渔村和渔民重要的生产生活收入。

【海岛经济建设】 2009年，珠海市发挥万山海洋开发试验区的海洋开发试验作用，加大对海岛基础设施建设的投入，利用海岛大力发展海岛旅游、中转仓储、海洋渔业三大海岛产业。试验区全年引进企业42家，注册资金2.39亿元，全区财政一般预算收入1.14亿元。全区启动“海产动物种苗生产及养殖推广”等三个项目取得成效，渔业产值9880万元，海岛渔民人均收入1.12万元。利用外伶仃岛获批为国家3A级旅游景区机遇，在海岛举办国际海钓比赛、中国旅游小姐珠海赛区决赛等海岛旅游品牌活动，全年海岛旅游人数17.3万人次，海岛旅游综合收入8100万元。全区固定资产投资5750万元，加大基础设施建设力度，增加往返海岛的新高速客轮航班，改善海岛交通条件。吸引外商投资海岛兴办企业，全年外商直接投资32万美元，并引进广东国通物流城有限公司等几家大型海上物流相继落户海岛，大力发展中转仓储业，全年中转仓储量165万吨，使中转仓储成为珠海市新的经济增长点。

【“以港立市”发展战略】 2009年，高栏港区是珠海市海洋经济发展的“引擎”和“龙头”。珠海市致力实施“以港立市”发展战略，确立“打造世界级的船舶和海洋工程装备制造基地、国家级的石油化工和清洁能源基地、区域性港口物流中心”的发展目标，加大高栏港区基础设施建设力度，发展海洋产业，加快海洋经济的发展，形成以石化、电力、钢铁、海洋装备制造、海洋运输为主导的海洋产业格局，2009年高栏港经济区实现工业总产值323.2亿元。引进英国石油（BP）、英荷壳牌润滑油、德国阿尔塔纳、韩国LG、中国石油、和记黄埔、中国海油深水工程、中化格力、LNG接收站、中国台湾宏昌电子等一批世界500强企业、国务院直属50强大型企业及其他国家和地区的大型企业，其中2009年新开工建设项目17个、总投资超过300亿元，珠海港区成为珠三角重要的进口液化气仓储转运基地。

【特色滨海旅游】 2009年，珠海市已开发滨海旅游区（包括海岛岸线旅游点）20多个，及情侣路沿岸一批大型观光景区和景点，建设以海洋垂钓为特色的全国首个面积约1000平方千米的港澳游艇垂钓区、高栏岛飞沙滩旅游度假区、横琴岛自然生态旅游景区、荷包岛大南湾泳场等旅游场所，开辟广州～万山群岛环海游、邮轮停泊外伶仃岛和东澳岛海上风光游等，使珠海成为南亚热带海洋风光旅游胜地。

【清理整治城区沿岸养殖】 2009年，为以最佳市容市貌迎澳门回归10周年，珠海市政府6月份组织香洲区、高新区、横琴区对情侣路沿岸2.3万亩缯网养殖、蚝桩1.75万亩高桩蚝田进行清理整治，查处100多亩抢插蚝桩违法用海，并在新闻媒体上曝光，有力打击非法养殖行为。截至11月底，组织清理情侣路沿岸缯网养殖2.31万亩、蚝桩1.07万亩，并与镇（街道办）签订对清理后防止违法养殖反弹、共同管理海面的协议。

【海域海岛管理和海监执法】 2009年，珠海市海洋执法跟踪落实检查项目88个637次，立案查处案件7宗，结案12宗，催缴罚款案件1宗，申请法院强制执行案件1宗，收缴罚款80.64万元。加强海域管理和海监执法工作的沟通协调，提高执法效率，由市海洋与渔业局、市海监支队联合建立《珠海市海域行政管理与海监执法工作协调制度》，推进海域使用申请预审规定、联络员制度、重大案件会审制度和资源共享制度规范化，加大执法力度，确保用海的规范化管理。

【海洋与渔业技术支撑体系建设】 2009年，珠海市将全市海洋综合管理情况、市政府及所辖区审批登记确权用海数据（界址、面积、海域使用分类、海域使用权人、海域用途等动态信息）汇总转监管中心整理入库。同时开展重点在建工程用海项目监视监测，结合珠海实际用海情况，确定珠港澳大桥珠澳基建工程、珠海市小林联围加固达标工程应急项目木乃南堤段工程和珠海市高栏港海洋工程装备制造基地防波工程3个项目为珠海市重点在建工程项目监视监测。组建珠海市海洋科技研究中心，该中心正在逐步健全科研机制，争取为珠海市的海洋经济发展提供强有力的技术保障。

【全国首届海洋博览会】 2009年，珠海市主办

的全国首届海洋博览会取得重大成功，参观、参访人员15万人次，促进珠海重视海洋、加快海洋经济发展。珠海市利用全国首届海洋博览会在珠海举办的机会，组织全市各涉海部门及20多个涉海企业参与海洋博览会，展现珠海海洋事业成就。

【海洋渔业环境监测】 2009年，珠海市完成近岸海域水质监测、重点增养区监测、中华白海豚自然保护区监测、陆源入海排污口及邻近海域监测和主要淡水渔业水域环境质量等监测任务。进一步加强赤潮监测工作，投入使用多套实时在线监测摇报系统，以最大限度地减少环境污染和赤潮灾害造成的经济损失和生态损害。10月25日珠海市近岸海域发生类似甲藻类赤潮，珠海市立即启动赤潮应急响应，迅速组织市海洋与渔业环境监测中心技术人员与相关单位组成联合调查组，会同省海洋与渔业环境监测中心和暨南大学赤潮专家开展现场调查和采样分析，认定为甲藻类赤潮。11月6～8日，甲藻类赤潮消退，又出现棕囊藻赤潮。此次赤潮面积最大时约350平方千米，历时22天。整个赤潮发生过程中，珠海市高度重视对赤潮海域的监视、监测工作，及时召开媒体与赤潮专家见面沟通会，努力提高公共服务水平。同时，布置做好渔业生产的各项防范措施，赤潮发生期间未接到因赤潮造成的渔业损失报告。组织编制并向社会发布《珠海市2008年海洋环境质量公报》。

【增殖渔业资源】 2009年，珠海市积极配合南海实施伏季休渔制度、响应第二届广东“休渔放生节”主题活动，于6月6日组织在东澳人工鱼礁区进行渔业资源增殖放流活动，增殖放流品种为青斑、黑鲷、鲷科鱼苗等，其中500克/尾以上规格的青斑、黑鲷各600尾，鲷科鱼苗248万尾。7月10日，国家农业部、广东省人民政府在珠海联合举办2009年南海生物放流活动，由省海洋与渔业局和珠海市人民政府具体承办，组织在珠海市海滨浴场共放流海龟666只，紫红笛鲷、黑鲷、石斑鱼等鱼类苗种200万尾，巴非蛤750万只。另外，6只装载卫星定位仪的大海龟也被放归大海。

【人工鱼礁建设】 2009年，珠海市全部完成外伶仃生态型人工鱼礁区的建设任务，投放各类礁体1781个，礁体4.72万立方米(空方)，礁区占海面积216公顷，并于6月25日顺利通过验收。

种植业

【概况】 2009年，珠海市农作物播种面积26.88万亩，同比增加2.53万亩。其中粮食作物播种面积11.99万亩，同比增加1.63万亩，总产量4.12万吨，同比增长21.2%；甘蔗种植面积1.61万亩，同比调减0.64万亩，总产量10.93万吨，同比减产25.6%；蔬菜播种面积9.8万亩，同比增加0.6万亩，总产量13.27万吨，同比减产6.9%。水果年末实有面积13.1万亩，总产量11.76万吨，同比减产17.5%。其中香蕉面积6.7万亩，总产量10.3万吨；荔枝面积4.6万亩，总产量3930吨；龙眼0.7万亩，总产量为0.1万吨；番石榴0.5万亩，总产量0.59万吨；其他水果面积0.6万亩，总产量0.4万吨。2009年，珠海市在优化种植结构，落实支农惠农政策，重点打击制售假冒伪劣种子、农药、肥料、兽药、饲料和饲料添加剂、农机及零配件等农资产品的违法行为等方面卓有成效。

【优化种植结构】 2009年，珠海市水稻优质率达100%，玉米、薯类生产向优质、高效发展，粮食作物的经济效益不断得到提升，全面完成省下达的粮食工作考评任务。在巩固提高粮食生产能力的前提下，特色效益农业得到较快发展，全市主要园艺作物，菜、果、花等特色园艺增加值4.70亿元，占种植业增加值的85.06%。岭南特色水果香蕉、荔枝、龙眼、台湾番石榴、火龙果、莲雾等逐步形成珠海品牌。

【支农惠农政策】 2009年，珠海市实施《关于加强粮食生产的意见》政策，大幅度提高水稻补贴标准，扩大粮食补贴范围。水稻补贴从过去的20元/亩增加到100元/亩，并在全省率先对玉米、番薯和马铃薯实行补贴（50元/亩）。中央、省和市强农惠农政策，极大地调动农民种粮积极性，全年共落实种粮补贴面积120428.80亩，累计种粮各项补贴总额1697万元，种粮农民直接增收近930多万元。

【农资打假】 2009年，珠海市根据自已的实际，制定《2009年度珠海市农资打假专项治理行动实施方案》和《珠海市种植业产品专项整治行动实施方案》，紧紧围绕“四重一大”，即重点季节、重点地段、重点市场、重点品种和大要案查处，重点打击制售假冒伪劣种子、农药、肥料、兽药、饲料和饲料添加剂、农机及零配件等农资产品的违法行为，进一步规范农资市场秩序。坚持以部门日常监管，单独执法为主，统一专项联合执法相结合等多种方式，有计划、分阶段、有针对性地对珠海市农资市场开展执法监督检查，组织全市性的农资打假行动5次，全市出动执法人员950人次，检查企业1350间次，依法查处农资企业3家，查处案件3宗（简易程序），依法没收假冒伪劣农资产品32公斤（172件），商品货2700元，未发现销售和使用甲胺磷、对硫磷、甲基对硫磷、久效磷和磷胺等5种高毒农药的行为，有机磷农药使用得到有效的控制。

【参加农产品交易会】 2009年，珠海市参加由农业部主办、国家有关部委协办的第七届中国国际农产品交易会（于2009年9月7日～11日在吉林省长春市举办），珠海市展出名牌、地方特色等名优特新产品11种，上台签约项目1个，合同额达7800万元。“乡意浓”有机米荣获第七届中国国际农产品交易会金奖。

水利事业

【水利基础设施建设】 2009年，珠海市以“巨爵”强台风后水毁工程修复为重点，配合全市城乡水利防灾减灾工程建设，搞好农田水利基本建设，解决或缓解围内水利设施年久失修、河道淤积、排灌不畅等状况，改善和提高重点堤围险工险段的防洪能力。加大市财政对西部地区水利基础设施建设的投入。珠海市财政安排2400万元用于西安泵站、天生河水闸重建工程以及白蕉灌区节水配套改造等农村水利基础设施建设，提高围内农田灌溉、排涝工程体系的能力，完善围内水利基础设施。加快建设城乡水利防灾减灾工程，构筑城乡防灾减灾体系，为统筹城乡发展提供水的安全、高效、舒适的保障。2009年珠海市城乡水利防灾减灾工程全面加快工程建设进度，全市城乡水利防灾减灾工程完成总投资8.74亿元，占全部项目总投资的46.24%。

【标准农田建设】 2009年，珠海市加快现代标准农田建设，全市已落实项目建设资金2733万元，完成标准农田整治面积1.66万亩。结合珠海市实际，标准农田整治工程主要是改造运输路，新架设及改造供电线路，泵站变压设备更新、铺设通水涵管，修建排灌站（坝）、开挖河渠（清淤）、引淡供水管道、田间机耕路、排水沟吹填造田等。项目建设投入使用，将全面提高综合生产能力，为大力调整农业产业结构，增加农民收入夯实坚实基础。

农业现代化建设

【生态农业园区建设】 2009年，珠海市积极推进斗门北部生态农业园区建设，宏林循环农业生态园和莲洲镇莲江村生态农业园两个生态农业项目已动工建设。农产品加工区500亩建设用地已落实，土地规划修编和园区招商工作正在推进。台湾农民创业园建设进展顺利，成立领导小组和工作机构，出台《广东珠海金湾台湾农民创业园优惠政策》和《广东珠海金湾台湾农民创业园建设年度目标考核暂行办法》，完成台创园总体规划初稿修编工作；年底已完成投资1.09亿元，整合核心区土地资源1500亩，改造低产鱼塘5000亩，已有14家企业落户园区，总投资超过4.2亿元，另有在谈项目10多家。珠海市农发行1.3亿元的贷款资金已经获得总行批准，核心区基础配套设施建设将大大加快。这是珠海市第一次大规模贷款用于农业园区建设，获省农业厅的充分肯定并拟向全省宣传推广。

【外向型渔业】 2009年，珠海市把拓宽水产品市场作为应对金融危机的重要举措来抓。协调建立水产品养殖中转基地，支持广东国通流通公司和珠海之山水产发展有限公司在珠海市万山区建立供港的水产品流通中转基地，并协助之山公司与香港万佳草签年交易额达2亿元的水产购销协议，为下一步进军香港水产品市场打下基础。组织水产品加工企业及流通大户前往广州五湖四海国际水产交易中心考察，通过与市场管理方洽谈磋商，达成供货意向，部分流通户更签订进驻合同，通过考察推介，拓宽珠海市水产品销售市场。

【渔业安全生产监管】 2009年，珠海市组织召开全市海洋与渔业系统的渔业安全生产会议，并与各区渔业部门、渔政部门签订《渔业安全生产责任书》，同时督促各区、镇、村层层落实渔业安全生产责任。开展全市范围的渔船安全大检查工作，出动执法快艇63艘次，出动执法人员330人次，发放宣传材料638份，检查渔船1210艘次，查处安全隐患43处。做好渔港渔船安全生产培训工作，举办安全培训7期，培训人员360人次。推进渔业安全生产通信指挥系统建设，完成珠海市渔业安全生产指挥中心及各站点的建设工作，进一步提升珠海市渔业安全生产监管水平。

【农产品质量安全整治】 2009年，珠海市开展农产品质量安全整治暨农产品质量安全执法年活动，在种植业、生鲜乳、饲料、兽药及兽药残留、水产品、农资打假、“三品”等7个方面开展整治行动，采取多种有效措施，确保珠海市农产品质量安全。在农产品质量安全整治暨执法年活动中，举办102期培训班，培训5530人次，发放资料1.9万份，媒体宣传126次。

【大型水产种苗基地建设】 2009年7月，广东省海洋与渔业局批复珠海市斗门区添源果牧笋壳鱼种苗场为省级水产良种场，这是近年来珠海市首家获批的省级水产良种场。金湾区龙胜鱼苗场的省级良种场申报工作也在稳步推进中，已获省海洋与渔业局批复同意申报材料并由市级渔业主管部门组织初评。

农业产业化经营

【龙头企业、农业品牌带动战略】 2009年，增加珠海琮盛物流有限公司、珠海市之山水产发展有限公司2家省级农业龙头企业，使珠海市省级农业龙头企业达到8家，有力提升珠海市农业龙头企业档次。大力推进三大农产品培育工作。2009年获得无公害农产品产地证书的3家，分别是珠海市大成农业发展有限公司（肉兔产地）、珠海市平沙万兴畜牧有限公司（生猪产地和生猪产品）和深圳市金情农业投资发展有限公司（近江牡蛎）；获得绿色食品认证的2个，分别是斗门永业发展有限公司的宏林紫甘薯和宏林南瓜、珠海市金湾区平沙敏达农场的台湾珍珠芭乐；通过区、市级无公害农产品产地认定和产品认证初审的2家，分别是珠海嘉宜水产有限公司（罗非鱼养殖基地和罗非鱼产品）和珠海年丰水产养殖有限公司(翘嘴红鲌产地)；到期的珠海市洪浩水产有限公司斗门小赤坎南美白对虾养殖基地等5家已通过无公害产地认定复查换证。珠海积极培育名牌名标产品，“海一”水产饲料有限公司海一牌南美白对虾饲料和珠海市粮油进出口公司活肉猪2个新产品获得“省级农业名牌”称号，溢多利公司的溢多酶、农丰公司的“乡意浓”有机米、大海公司的对虾饲料和金果达的有机荔枝4个复审产品通过省级农业名牌产品公示。珠海顺明公司的顺明鸡蛋获得“省级农业类著名商标”称号。组织推荐顺明鸡蛋、乡意浓有机米参加“2009ZHTV观众最喜爱的品牌”评选活动。

【培育农民专业合作社】 2009年，珠海市继续全面深入贯彻实施《农民专业合作社法》，以科学发展观为指导，以市场为导向，以生态农业和特色产品为依托，坚持“民管、民办、民受益”的原则，按照“先发展后规范、边发展边规范”的工作思路和“培育、发展、规范、提高”的要求，扎实开展农民专业合作社工作，引导农民成立专业合作社。珠海市有农民专业合作社43个，

西芹，原产地中海沿岸国家。珠海于1985年开始引种西芹,，经过20多年的发展，现已成为珠海市农业的“拳头”产品。图为珠海市标准化西芹育苗基地。

市海洋和农渔局供稿

辐射带动农户5700多户，经营范围涉及水产品、香蕉、园林花卉、畜禽产品、农业生产资料等。开展“农超对接”活动，向省推荐华润万家生活超市（珠海）有限公司申报鲜活农产品对接企业，珠海斗门绿美水果专业合作社、珠海市金湾区康平果蔬专业合作社、珠海市金湾区平沙罗非鱼专业合作社申报鲜活农产品对接农民专业合作社。组织珠海市有关农民专业合作社参加广东省举办的“农超对接”展示洽谈会。在斗门区海源海鲈产销专业合作社举办全市的“农超对接”展示洽谈活动，为连锁超市和农民专业合作社的合作发展提供交流服务平台，引导连锁超市直接与鲜活农产品产地的农民专业合作社对接，减少农产品流通中间环节、降低流通成本，解决鲜活农产品卖难、卖贱问题，扩大农产品的销路。珠海市海源海鲈产销鱼干合作社生产的生晒鲈鱼干作为珠海特色水产品多次参加国家、省、市农业博览会和展销会，获得好评。

农业机械化

【提升农业机械化水平】 2009年，珠海市农机装备结构进一步优化，机械化作业水平进一步提升。珠海市农机拥有量大幅增加，作业领域不断拓宽，农业机械化在农业生产中的作用不断增强。全市全年争取和落实农机购置补贴专项资金合计650多万元，其中中央财政资金458.77万元，省市区财政共配套资金187.31万元，补贴农户购买先进适用的农机具9548台/套，秧盘9.02万个，受理农户2996户。全市农业机械总动力达到16.75万千瓦，水稻机械化收割率达到85.3%，水稻机耕率90%以上。全市水稻早晚二造机插秧面积9146.44亩，机插率达10.25%，位于全省先进水平。

【新型农机推广和操作培训】 2009年，珠海市加大各类先进适用的新型农机推广示范和农机操作技能培训力度。举办各类农机推广现场会及培训班12场次，培训机手和农户400人次，完成插秧机推广任务21台。耕水技术与健康环保养殖、高速插秧机操作技术、水稻育插秧机械化技术及大型耕作机械操作与维护等现场培训学习活动深受广大农民的欢迎。通过活动有效地向农民朋友推广应用一批新型农机具及技术，让越来越多的新型农机具及技术走进千家万户，促进农村生产力的解放，提高农业生产效率和效益。

【农机安全监理】 2009年，珠海市开展无牌无证拖拉机专项检查，检查拖拉机152辆，其中无牌无证1辆、有牌无证26辆，并对无证驾驶人员进行严肃的安全教育。深入田间场院、乡村道路，重点作业场所开展“三检查”（机车性能检查、黑车非驾检查、人货混载超载检查），检查拖拉机46辆，对检查出来的问题和事故隐患，立即指出并限期整改。通过农机专项检查与联合执法检查，出动警力15天60人次，为全面提升珠海市拖拉机的上牌年检率及持证率，健全和完善拖拉机各项手续，避免和减少拖拉机的事故发生起到良性推动作用，创造珠海市农机安全生产的良好环境，实现农机事故“零死亡”。加大安全生产投入，切实抓好“农机安全村”的创建工作，已完成创建新的农机安全示范村2个，农机安全示范村上路拖拉机上牌率达到100%。

农业科技

【绿色证书和实用人才培训】 2009年，珠海市农科中心和市属各农业技术推广站在各区、镇、村的支持配合下，采取多种形式积极开展科技下乡活动、农民“绿色证书”和实用技术培训。全年培训农民113班次，培训9000人次，获得绿色证书50人，发放各种资料约2万份，现场提供技术服务5000次。主要培训内容包括防风防灾培训、无公害标准化栽培培训、高产优质实用技术培训、生态农业技术培训。通过培训提高珠海市农民的科技种养水平，为促进珠海市农业持续快速发展提供智力支撑。在培训方法上强调图文并茂，课堂与现场并举，技术人员讲授与农民参与提问研讨相结合，使培训的理论与实践紧密结合。建立养殖示范基地，多次带领周边群众参观学习，并在塘头实地开设培训班，解答养殖户生产养殖过程中出现的问题，起到以点带面的推广效果。采用情景现场培训、邀请专家教授做专题讲座，外出考察参观经验交流等办法，使接受培训的农民始终都保持新鲜感和强烈的求知欲望，切实增强培训效果。

【金湾农业科技推广示范园】 2009年，珠海市完善园区喷滴灌设施，解决多年来用水难及劳动量大的困难。品种展示以粮食作物为主，兼顾经济作物，着重引进2009年广东省主导品种，配套示范主推技术。引进8个玉米品种，5个花生品种，5个甘薯品种，1个大豆品种。配套示范主要技术：测土配方施肥，控释肥应用新技术；有害生物综合防治技术，示范采用杀虫灯诱杀害虫；甜、糯玉米优质高产栽培技术及旱作节水技术（喷滴灌技术）。以八一园区为核心，结合测土配方施肥及控释肥应用与粮食创高产示范工作，并在红旗、平沙、乾务、斗门等选点做好辐射示范推广，与区镇农技站合作，建立新品种新技术示范田。推广花生品种粤油13号，玉米品种粤甜10号、新美夏珍、金银粟2号等优质品种2000多亩。11月25日，举办珠海金湾农业科技试验推广示范园良种展示现场会，参加人员400多人，并现场初步与相关镇村、农户商定推广品种，取得良好效果。

【农业农村信息网络服务】 2009年，利用珠海农业信息网和广东农业信息网积极开展农业信息服务工作，将农业新品种、新技术、供求信息等信息上传上网。在珠海农业信息网、珠海政府网和广东农业信息网等相关网站共发布300多条相关农业信息。由珠海市海洋和农渔局主办、市农科中心承办，7个市级农业技术推广站协办出版的《珠海农业科技与推广信息》月刊，2009年创刊，每期印制500～1000份，全年累计发行约1万多份，免费发送到各村、各镇、各专业大户、龙头企业等，主要内容是刊载国家惠农政策、结合珠海市的农业农技知识，推荐名牌产品，介绍季节农事，反映农民心声和成功之道，得到种养户的好评。与中国移动珠海分公司合作建立“珠海农信通”短信平台，共有用户1.8万多户，信息栏目从10个栏目发展到20多个栏目，信息渠道来源扩展到20多个，从而为农户提供直接的、有价值的信息，真正为广大农民用户提供及时、准确的农业信息，达到信息服务体系服务对象明确、信息准确、内容实用、发布及时，杜绝垃圾短信。搭建珠海农业科技与推广网，设置科研推广、市场信息、专家咨询等栏目，更快地传递科研推广信息，为农业科研推广人员与农户交流沟通增加一种新途径。

【农业科技硕果累累】 2009年，珠海市农科中心完成25项、超过40万字的科研项目申报工作，通过后期跟踪和主动沟通，成功申报国家级项目3项，省级项目11项，市级项目9项，获得的项目经费总额同比增长21.9%。珠海市斗门、金湾被确定为国家测土配方施肥资金补贴项单位，为使检测工作系统化、专业化，建成在珠海乃至珠三角地区均具有权威性和实用性的检测机构，市农科中心率先创建土肥检测分析实验室，填补珠海在测土配方施肥工作等方面的空白。大型综合课题项目“珠海现代农业科技园区发展模式与配套技术研究”通过专家组评审，获得2009年度广东省科技进步二等奖，这是珠海市农科中心成立以来首次获得的省级科技进步奖。此外，珠海市农科中心还获得“广东省农业科技创新先进单位”“广东省现代农业产业技术体系花卉创新团队综合示范与培训站”“广东省现代农业产业技术体系蔬菜创新团队综合示范与培训站”等殊荣。

（黎彩丽）

林　业

【概况】 2009年，珠海市市政园林和林业局重点按照全省的部署推进集体林权制度改革各项工作。一是开展集体林权制度改革前期摸底调查，组织各区、功能区开展集体林权制度改革前期调研，对所在辖区林权情况和涉及林改方面的重点、难点问题进行摸底调查，并提出解决重点、难点问题的对策和思路。二是组织学习有关集体林权制度改革政策，全面理解集体林权制度改革有关政策及其要点。三是及时传达有关全省林业工作会议精神，成立领导机构，要求开展集体林权制度改革的各项前期工作。

【“双十百绿”工程】 2009年1月24日，珠海市人民政府办公室印发《关于印发珠海市全民绿化运动实施方案（2009～2011）的通知》（珠府办〔2009〕6号），通知明确通过3年的时间，调整全市绿地生态系统结构，使珠海成为一个人与自然和谐相处的滨海生态园林城市。全民绿化运动具体实施“双十百绿”工程：建设十个森林公园、新建和改造十个特色公园、打造十条特色树种路、改造十个社区绿地、改造十个厂区绿地、建设十条绿化美化示范村、建设十个主题林、培育十大苗木花卉龙头产业基地、实施十处林分林相改造、提升十个城市出入口绿化档次。

【全民义务植树活动】 2009年2月19日，广东省省委书记汪洋在珠海海天公园参加义务植树；2月28日，珠海市全民绿化运动启动暨领事林揭幕仪式在海滨公园举行，珠海市委书记甘霖、市长钟世坚、广东省林业局局长张育文以及来自22国总领事馆的外国驻穗领事团、珠海市四套班子领导以及上百名市民参加植树活动。2009年，全市义务植树24.03万棵，参与人数5万人次，缴纳以资代劳绿化费和绿化捐资48万元；完成春风林等27个主题林的建设；开展南屏科技园等6个厂区、斗门白藤湖等4个社区的绿化建设；开展海天公园等4个特色公园的建设；开展桂花路、凤凰路等8条特色树种路的建设；建成并开放将军山公园；与企业联手打造海滨公园首个“香草园”；完成“大树迎春”一期工程35棵大树的种植；在主城区重要路段和节点，摆放3000多米的移动花槽，安放3.61万盆鲜花。

【“万村绿大行动”示范点建设】 2009年，珠海市根据省林业局制定《广东省开展“建设林业生态文明万村绿”大行动方案》和《广东省林业局关于印发<万村绿大行动示范点建设实施方案>的通知》（粤林函〔2009〕173号）要求，开展9个村的示范点绿化建设。各区、各功能区林业部门结合各村实际情况对示范点进行绿化规划建设。

【中央追加投资沿海防护林建设项目】 2009年，为贯彻国务院常务会议及国家林业局林业扩大内需及灾后恢复重建工作会议精神，2008年12月1日，省发改委和省林业局联合下发《关于转下达防护林工程2008年新增中央预算内投资计划的通知》（粤发改资[2008]1323号），其中下达珠海市2008年新增中央预算内投资100万元，任务是造林1万亩，其中人工造林1500亩、补植套种2000亩、封山育林6500亩。上述任务由珠海淇澳—担杆岛省级自然保护区管理处承担建设。市级财政配套资金330万元，确保珠海淇澳—担杆岛省级自然保护区完成2008年新增中央预算内投资防护林工程项目1万亩的任务要求。

【森林公园规划编制】 2009年，根据《珠海市全民绿化运动实施方案（2009～2011）》《政府工作报告》《珠海市2009～2010年“保增长、定格局”十大重点建设工程计划表》，凤凰山和黑白面将军山两个森林公园总体规划项目列入《珠海市2009～2010年城乡规划编制计划》。通过政府采购和公开招标，凤凰山森林公园总体规划项目由深圳市北林苑景观及建筑规划设计院有限公司中标承接规划编制任务，编制费用88.5万元；黑白面将军山森林公园则由珠海市规划设计研究院承接总体规划任务，编制费用49万元。珠海市市政园林和林业局成立由相关职能部门及公园所在辖区政府（管委会）领导参加的凤凰山森林公园和黑白面将军山森林公园总体规划编制领导小组组织、协调推进规划编制工作，2009年编制单位分别完成凤凰山森林公园和黑白面将军山森林公园总体规划方案。

【“森林珠海”规划编制】 2009年，广东省林业调查规划院完成原珠海市林业局招标委托的《珠海市森林生态文明新特区建设规划（2009～2020）》（征求意见稿）的编制，鉴于林业管理职能转至珠海市市政园林和林业局，该局结合珠海市林业实际和生态文明建设要求，确定把“森林珠海”作为珠海生态林业发展的定位与方向，在广东省林业调查规划院已完成《珠海市森林生态文明新特区建设规划（2009～2020）》的基础上按建设森林珠海的目标调整编制思路，编制森林珠海建设规划。

【林分林相改造工程项目绩效预算】 2009年，珠海市林分林相改造工程项目列入市级财政2010年绩效预算项目，市财政计划2010年安排3000万元专项资金，在珠海市主城区凤凰山和将军山实施林分林相改造工程1000公顷。

【森林资源保护和发展目标责任制省级考核】 2009年5月20～21日，广东省森林资源保护和发展目标责任制考评检查组根据省政府与市政府签订的《广东省2006～2010年森林资源保护和发展目标责任书》对珠海市2008年在资金投入、森林资源管理、森林防火、造林、生态公益林和林业有害生物管理、野生动植物和湿地保护、自然保护区建设与管理等六大方面落实森林资源保护和发展目标责任制所采取的各项措施和落实情况以及目标责任书各项指标的执行完成情况开展检查考评。

【松材线虫病防治目标管理】 2009年，珠海市政府与省政府签订市级《2009～2010年松材线虫病防治目标责任书》。珠海市政府与各区（功能区）分别签订松材线虫病防治目标责任书。

【湿地资源的保护与利用】 2009年，省林业局批复同意设立斗门黄杨河华发水郡省级湿地公园，斗门区政府设立竹洲岛水松林自然保护区，并被纳入广东省人大议案自然保护区建设范围，获得省级资金支持。

【石油价格补贴】 2009年，珠海市4个国有林场及林科所获分配石油价格改革财政补贴林业资金25.7万元。

【林地征用】 2009年，珠海市受理审核的竹银水源工程、广珠铁路建设工程、高栏港大（杧）荷（包岛）防波堤工程、广珠城际轨道交通工程等林地征用项目19宗354公顷，上报国家林业局、广东省林业局均获批准，审核率100%。

【撤销荷包岛、大杧岛保护区及森林公园】 2009年，珠海市政府对原有自然保护区布局向省林业局提出调整要求，在组织专家现场勘查，省自然保护区评审专家组评审后，经省政府审核，省林业局同意撤销大杧岛野生动物放养保护区及荷包岛次生林保护区，同时珠海市市政园林和林业局向市政府申请撤销大杧岛、荷包岛森林公园也获得批准。

【保护野生动物执法】 2009年，珠海市市政园林和林业局组织珠海市野生动植物保护管理所、珠海市公安局森林分局及各区、功能区分别开展“爱鸟周”“粤安09”“打击破坏野生鸟类资源”和“猪流感防控”“绿盾三号”等野生动物

ZHUHAI YEARBOOK

专项执法检查行动，对市场、宾馆、酒楼、养殖场等野生动物经营、运输等地区进行全面检查，重点打击非法猎捕野生动物和非法收购、出售、加工、运输、走私《商业性经营利用驯养繁殖技术成熟的陆生野生动物名单》以外保护野生动物及其产品的违法犯罪活动。出动执法人员204人次，检查养殖场所8家次，宾馆酒店、酒楼食肆152家次，市场12家次。查获涉及野生保护动物252只/条，其中省重点保护动物104只/条，三有保护野生动物148只/条。

【保护野生动物宣传】 2009年，在3月举办的第28届“鸟节”和“爱鸟周”期间，珠海市市政园林和林业局组织珠海市野生动植物保护管理所、珠海市公安局森林分局、珠海淇澳—担杆岛省级自然保护区等单位，以“保护鸟类资源，繁荣生态文化”为主题，在吉大海天城举行“爱鸟周”现场宣传咨询活动，活动采取悬挂“爱鸟周”主题宣传标语、展示珍贵鸟类实物标本（30件）、现场派发鸟类宣传手册及其他宣传材料、摆放20米野生动物图片宣传栏、开展野生动物及湿地保护业务咨询等，现场观看人数2000多人次。

【保护区宣传与交流】 2009年，珠海淇澳—担杆岛省级自然保护区启动实施国家湿地保护建设项目，利用电视、报纸、网络等媒体报道96次，其中国家级报纸及网站报道38次。编印并派发《珠海自然之友》3期6000份。开展民主党派、企业参加“志愿者林”植树活动；组织参与“同在蓝天下、共建红树林”大型公益环保宣传活动，组织开展澳门市民“乐色单车生态游”，协办“走近湿地粤港澳青年保育活动”、首届“红树林风筝节”“吉之岛捐款百万共建红树林”新闻发布会。接待52名驻穗外国领事、美国湿地保护管理考察团、全国林业有害植物防控研讨会专家代表对保护区的考察交流。

【野生动物接收与救护】 2009年，珠海市野生动植物保护管理所加强与110的联络机制，强化野生动物突发事件应急处理与“110”报警中心、新闻媒体等相关部门的合作，2009年，该所接收、救护和处理突发事件36宗，涉及活体动物246只/条，死体动物17只/条。

【全国绿化先进集体复查】 2009年10月19日，国家林业局造林绿化管理司副司长黎云昆为组长的全国绿委复查组在广东省绿委办副主任王惠恒陪同下对斗门区全国绿化先进集体进行复查。

（余伟权）

流动渔民

【概况】 2009年，珠海市有港澳流动渔船1539艘，总马力72.4万匹，港澳流动渔民9053人。在内地销售水产品4.9万吨，向国家交纳水产资源增殖费303万元，港务费43.3万元。2009年，珠海市流渔办召开流动渔民例会14次，委员会议20次，各种类型座谈会19次。积极帮助流动渔民解决在生产中遇到的困难，努力营造和谐的渔业生产环境，一年来处理海事11宗，渔工纠纷8宗，维护社会的和谐稳定。2009年休渔期间做好宣传、安全排查工作，珠海市流渔办被评为南海区休渔工作先进单位，受到农业部南海区渔政局的表彰。

【宣传教育】 2009年，该办召开流动渔民例会14次，委员会议20次，各种类型座谈会19次，以增强流动渔民的爱国意识和遵纪守法观念。主要开展的教育：一是组织开展各种联谊活动，向流动渔民宣传“一国两制”方针，教育和引导广大流动渔民按照香港、澳门基本法办事，为维护港澳繁荣稳定作出贡献。二是通过渔民例会和委员会议，向流动渔民宣传党和国家的政策，宣传《渔业法》《港澳流动渔船管理规定》以及边防管理和打击走私的有关规定，对流动渔民进行安全生产教育，积极做好渔业互保宣传工作，提高渔民参加互保的积极性，提高抗风险能力，为渔民的安全生产提供保障。三是在港澳流动渔民团体组织渔民青年到珠海市参观考察时，举办“国情专题讲座”，参观珠海警备区、珠海市革命史料馆和横琴岛，使流动渔民及下一代加深对祖国历史及珠海特区建设的认识，增强爱国观念。

【休渔工作】 2009年，该办积极主动做好休渔工作。一是配合渔政部门发放休渔宣传资料，对休渔船进行“三防”工作监督检查，排查渔船的安全隐患，发现问题及时整改，防止重特大事故的发生。二是动员和协助流动渔民参加渔政部门举办的轮机驾驶培训班，利用休渔期进行船员职务技能培训，提高专业技术水平。三是组织召开流动渔民座谈会，宣传国家的休渔政策和养护海洋渔业资源的法律法规，增强渔民养护海洋渔业资源的意识。2009年4月，珠海市流渔办被评为南海区休渔工作先进单位，受到农业部南海区渔政局的表彰。

【服务管理】 2009年，该办进一步提高对流动渔民的管理服务水平，积极帮助流动渔民解决在生产中遇到的困难，努力营造和谐的渔业生产环境。一是按照《粤港澳流动渔船会籍管理办法》的有关规定，审批办理渔船入户153艘，流动渔民证760张。二是加强与有关部门的协调工作，缩短审批时间，加快证件的办理，为流动渔民出海作业解除后顾之忧。三是积极协助流动渔民妥善处理海事和调解渔工纠纷，处理海事11宗，渔工纠纷8宗，维护社会的和谐稳定。四是认真抓好对流动渔船的油价补贴发放工作，成立港澳流动渔民油价补贴工作领导小组，精心组织，周密布置，采取一系列有效措施，加强宣传和引导，各基层办事处和科室紧密配合，工作人员加班加点按时完成对862份流动渔民油价补贴材料的审核工作，补贴专项款在年底由农业部南海区渔政局统一划入流动渔民的银行专用账户上，切实帮助流动渔民解决实际困难。

【会务交流】 2009年，该办主任黄国建等一行7人，于1月20日应邀参加香港渔民互助社62周年社庆活动。4月10日，香港渔民团体联席会议主席、港岛南区区议员张少强、香港渔民互助社主席彭华根率领香港渔民青年会42人到珠海参观座谈，在珠海市委党校举办“国情专题讲座”，并赴珠海警备区和横琴新区参观考察。4月13日，珠海市流渔办副主任江志国和各办事处负责人赴广西防城、湛江、阳江等地调研，探讨建立渔工服务平台问题。6月15日，中国渔业互保协会珠海市港澳流动渔民分理处成立，香港渔民团体联席会议主席彭华根、农业部南海区渔政局局长吴壮等参加挂牌仪式。6月25~26日，珠海市流渔办主任黄国建陪同农业部副部长牛盾一行参加香港渔民团体联会举行的庆祝香港回归12周年活动，并对澳门的休渔期渔民培训班进行考察。8月19日，珠海市流渔办主任黄国建等一行4人前往北京参加中国渔业互保协会组织的业务培训活动，并与互保协会落实港澳流动渔船第三者责任险的工作细则。 （黎智敏）

气象事业

【概况】 2009年，珠海市气象局以防灾减灾、应对气候变化和做好珠江口西岸核心城市建设气象服务保障工作为重点，大力推进现代业务体系建设，认真做好公共气象服务，为珠海市建设生态文明新特区、科学发展示范市，实现“保增长、调结构、抓改革、促民生、定格局”五大任务，发挥气象支撑和保障作用。2009年，该局承担春运、中考、高考、珠海国际龙舟邀请赛、珠海市首届半程马拉松比赛、珠海海洋国际博览会、中海油珠海深水工程基地奠基典礼、澳门回归10周年庆典等重大活动和重大节日的气象保障服务。

该局自主研发的“气象监测网管理系统”先后获广东省人民政府、珠海市人民政府颁发“2009年度广东省科学技术奖三等奖”“2008年度珠海市自主创新促进奖”，两次被广东省气象局评为“重大气象服务先进集体”。

【汛期气象服务】 2009年，该局全年立足于防大汛抗大灾，认真做好每次重大灾害性和关键性天气的气象服务，积极强化与各相关部门的信息沟通，及时为全市部署防灾减灾工作提供决策依据，实现了上至市委、市政府以及全市各指挥机构下至各区、镇、村、街道办、社区乃至学校的联动响应。全年发布《重大气象信息快报》56期、决策短信127次（约52万条），气象灾害预警信号93次，其中暴雨黄色预警信号28次、橙色6次、红色2次；台风白色预警信号6次、蓝色8次、黄色3次、橙色1次；高温黄色预警信号7次；雷暴预警信号19次；大雾预警信号6次；寒冷黄色预警信号7次，较好地完成了防御台风“莫拉菲”“巨爵”等重大气象保障服务，两次被广东省气象局评为“重大气象服务先进集体”。2009年珠海市气象局承担春运、中考、高考、珠海国际龙舟邀请赛、珠海市首届半程马拉松比赛、珠海海洋国际博览会、中海油珠海深水工程基地奠基典礼、澳门回归10周年庆典等重大活动和重大节日的气象保障服务。

【公共气象服务体系】 2009年，该局在公共气象服务体系建设方面，一是公共气象服务覆盖面不断提高。充分利用“12121”气象服务电话、电视、手机短信、气象网、公交站电子显示屏等多种途径把每一个预报预警信息传给广大市民，指导市民及时做好气象灾害防御，如2009年在珠海市电视台“新闻121”栏目中顺利推出上主持人的电视天气预报节目，联合中国移动、联通、电信等运营商启动短信应急联动预案2次，紧急发送灾害性天气应急短信136万条，开通应急彩铃20万人次。全年“12121”气象咨询电话的拨打量超过83万人，气象网站点击率300万人次，天气预报手机短信用户39.8万人，灾害性天气预报预警信息的手机短信发送量达1514万条，电视电台媒体采访210多次，发布天气稿件800多篇。二是专业气象服务领域进一步拓宽。加强部门间的横向合作，就社会公共安全和气象防灾减灾提供专业化服务，如为市政和园林管理部门开展森林防火工作提供技术支持，全年发布森林火险预警信号128次；与卫生部门开展传染病疫情预测预警分析、突发公共卫生事件的应急工作评估等；与应急、公安、安监等部门分析研究突发公共事件趋势及对策；与质监、环保等部门开展如何实施节能减排标准以应对气候变化的研讨；与中国移动珠海分公司合作推出海洋天气预报短信服务，为海上作业人员、海岛游客提供珠海各海区的天气预报。四是公共气象服务宣传力度进一步加大。围绕“3•23”世界气象日、“5•12”防灾减灾日、“安全生产活动月”“科技进步活动月”等重要活动以及联合教育、安监等有关部门大力开展“气象防灾知识进学校、进农村、进社区、进企业、进建筑工地”的科普宣传活动，创新宣传手段，利用电视、报纸等平台扩大防雷减灾知识的覆盖面，与市安监局就加强防雷减灾知识培训教育建立长期的合作机制，在每期危险化学品从业人员、生产经营单位主要负责人和初级注册安全主任培训班中增加防雷培训课程，并将其列入安全生产培训的考试内容之一。全年举行气象防灾知识讲座9次，开展户外宣传咨询活动4次，派发气象宣传册、光碟8000多份。为市委组织部远程教育办制作全市农村党员干部气象知识现代远程教育教学课件5期。

【防雷减灾服务】 2009年，该局在防雷减灾服务方面，一是坚持依法行政，认真做好防雷减灾服务工作，为珠海市应对国际金融危机、保持经济平稳较快发展作出应有贡献。积极做好防雷减灾服务工作，从源头上预防雷电灾害的发生。全市新建建（构）筑物防雷装置设计审核率99%以上，全市防雷所验收1326栋新建建（构）筑物防雷设施，对1987家单位、5851栋建（构）筑物进行年度复检。积极开展危化品生产企业等易燃易爆场所防雷安全隐患排查和整改，重点抓好重大项目和公共设施防雷减灾服务，全年易燃易爆场所由雷击火灾爆炸引起的群死群伤事故为零。同时，全市防雷所适应经济社会发展需要，开展多元化防雷技术服务，努力提升防雷科技内涵和服务水平。二是依法办理行政许可，业务绩效上新台阶。行政服务中心气象服务窗口出勤率一直保持100%，行政效能考核始终保持前列，受理防雷行政审批577宗，业务提前办结率为100%，群众满意率为100%，投诉宗数为零。三是主动实施防雷服务减免措施，与企业共克时艰。全市防雷所立足大局保增长，服务企业促发展，积极采取“强服务、减负担”的措施，主动减免防雷检测收费，做好困难企业的扶持工作。全市防雷所对全市100多家困难企业减免防雷检测费近100万元。

【共建共享气象现代化】 2009年，该局以共建共享为重点，大力推进气象现代化建设，不断增强珠海市气象灾害监测预警能力。一是整合气象资源。珠海市气象局于5月、6月、11月先后签署《珠澳气象资源共享合作方案》《“珠中江”气象服务应急联动工作方案》《珠海市气象局民航珠海空中交通管理站气象资源共享与业务合作方案》，本着“优势互补、互利共赢”的原则，扎实推进气象区域合作，积极强化与澳门、深圳、中山、江门等周边地区气象部门以及民航珠海空中交通管理站的气象资源共建共享，实现优势互补，有效地避免重复建设，在气象灾害联防、气象资料共享、气象学术交流等方面成效显著。如：珠澳气象部门建立天气会商制度和气象灾害预警信号的通报联防机制，开通通信网络交换平台，实现自动气象监测站、风廓线雷达、能见度仪、闪电定位等气象资料的共享；澳门回归10周年庆典活动期间，成立“澳门回归10周年珠澳气象保障服务小组”，共同为珠澳两地庆典活动以及两地居民和游客提供气象保障服务。二是大力实施气象防灾减灾“十一五”规划，完善气象监测预警体系，自主创新取得新突破。完成“珠海市灾害性天气决策预警信息发布平台”“大气电场强度探测网”以及九洲岛、庙湾岛两个沿海加密站和荷包岛海岛自动站的建设，完成“珠海市应对气候变化决策支持系统”“珠海市台风破坏力校准站”的立项工作。

【气候变化课题研究】 2009年，该局积极调整工作思路，找准气候业务的切入点，将应对气候变化作为当前主要工作来抓，力求在珠海应对气候变化能力建设上有所突破。积极与市环保局开展区域环境监测预警体系的建设，共同起草《珠海市大气环境监测预警预报体系实施方案》，加强城市灰霾监测预报预警工作。配合开展斗门黄杨山风能资源评估工作。推进“珠海市应对气候变化决策支持系统”建设，积极开展气候变化对珠海经济、社会、能源、水资源、生态环境等的影响评估和应对措施研究。

【年度主要气候特点】 2009年，珠海市主要气候特点为：气温偏高、降雨量接近多年平均值但时空分布不均、热带气旋影响个数正常但严重影响个数偏多①。

气温 年平均气温偏高，绝大部分月平均气温接近或偏高于历史平均值（各月平均气温与历史平均值比较见图1）。

2009年平均气温23.1℃，比多年平均值偏高0.7℃，是1996年以来连续十四年年平均气温偏高。年内除11月平均气温偏低1.2℃外，其他月份平均气温都接近或偏高于多年平均值，其中2月偏高达5℃，是珠海有气候资料以来2月气温的历史最高值，8月、9月、10月三月的平均气温偏高超过1℃（各月平均气温与历史平均值比较见图1）。

全年高温②日数有5天（历年平均为3.3天），没有出现连续高温过程；全年没有出现低温③。年最高气温37.3℃，出现在7月18日；年最低气温7.5℃，出现在1月27日和11月18日；气温年较差为29.8℃。

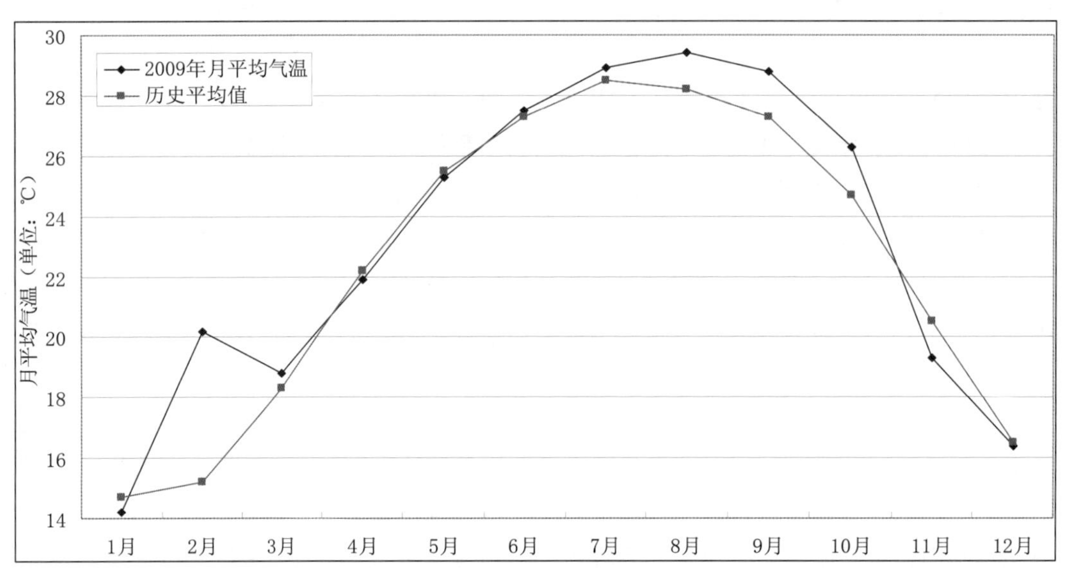

图1 2009年各月平均气温与历史平均值比较

降雨 年降雨量接近多年平均值，降雨时空分布不均。开汛日④偏早，降雨日⑤数偏少，暴雨日⑥数接近历史平均值。

市区年总降雨量为1995.3毫米，比多年平均值（2087.9毫米）偏少4.4%；斗门区2213.4毫米，比多年平均值偏少3.5%。

（一）开汛日偏早，年头年尾降雨偏少

2009年3月5日珠海市大部分地区出现第一场暴雨，开汛提前1个半月（多年平均开汛日：4月20日）。2009年降雨量集中于汛期，3月到9月的总降雨量为1896.3毫米，占全年降雨量的95%。从2008年10月中旬到2009年2月，珠海市降雨量仅9.8毫米，比历史同期偏少96%。2009年10月到12月，珠海市降雨量仅96.4毫米，比历史同期偏少48.7%。2009年月降雨量和多年平均值比较见图2：

（注：①本文中偏多、偏少、持平都是与1971～2000年气象资料平均值相比；②高温：指日最高气温≥35℃；③低温：指日最低气温<5℃；④开汛日：3月开始第一场暴雨日为开汛日；⑤降雨日：日降雨量≥0.1毫米为降雨日；⑥暴雨日：日降雨量≥50毫米为暴雨日。）

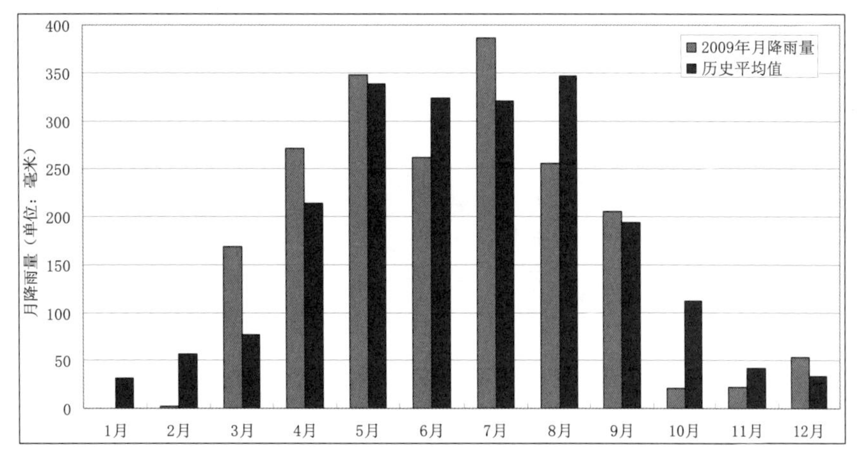

图2　2009年月降雨量和多年月平均值比较

（二）降雨量空间分布不均

2009年，珠海市降雨量分布不均，最大降雨量（2802毫米）位于平沙西一带，最少降雨量（1589毫米）位于南屏广昌一带，最大降雨量比最少降雨量多1213毫米。全市降雨量分布见图3：

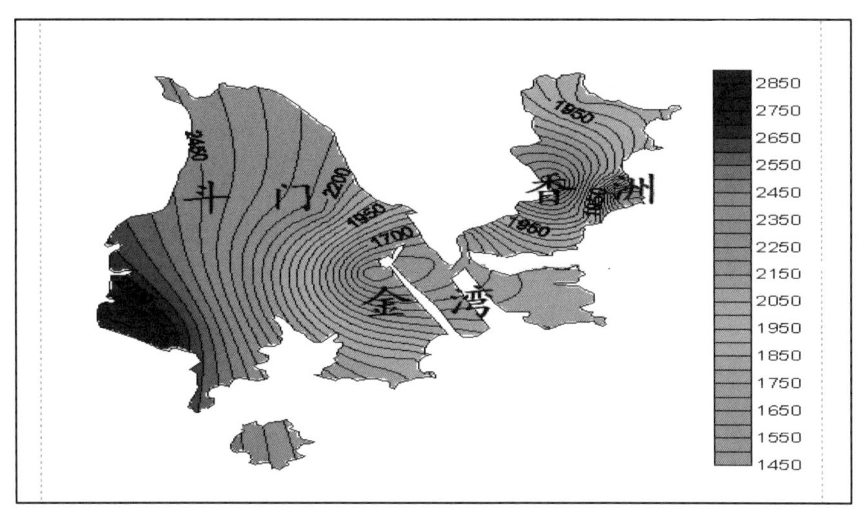

图3　2009年全市降雨量分布图

（三）降雨日数略偏少、暴雨日数正常

2009年降雨日132天，比多年平均值偏少11天；暴雨日10天，与多年平均值持平。日最大降雨量出现在4月25日，达182.4毫米。

热带气旋　2009年共有7个热带气旋⑦在附近活动（见图4），其中3个（0906号“莫拉菲”、0907号“天鹅”、0915号“巨爵”）对珠海市造成严重影响，多于历史平均值（历史上严重影响珠海的热带气旋平均每年1.2个）。

日照　2009年日照时数为1937.8小时，接近历史平均值（历史平均值1864.6小时）。1月、2月、4月和5月日照明显偏多，3月、6月和12月偏

（注：⑦热带气旋影响标准：一般影响：指受热带气旋环流影响下，本地平均风力达6～7级；或24小时降雨量≥40毫米。严重影响：指在热带气旋系统影响下，本地平均风力≥8级；或平均风力6～7级，且24小时降雨量≥80毫米；或24小时降雨量≥150毫米。）

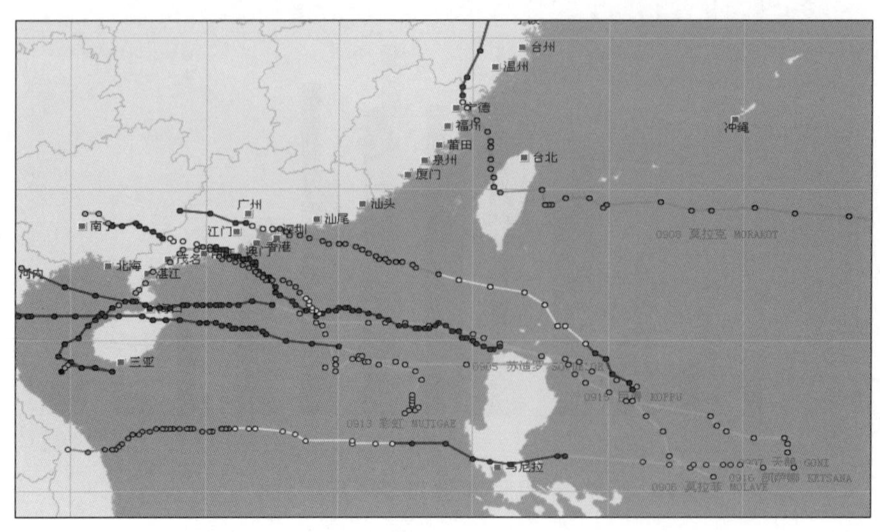

图4　2009年影响珠海的热带气旋

少，其他月份日照偏差不明显。

雷暴　全年雷暴日数为61天，与多年平均值持平，集中于汛期。初雷日为3月5日，接近多年平均初雷日（3月7日），终雷日为9月30日，比多年平均终雷日（10月13日）提早半个月。

（莫晓婷）

防震减灾工作

【概况】　2009年，珠海市贯彻实施《防震减灾法》，依法管理抗震设防，地震小区划工作取得重大进展，《珠海市金湾区西湖城区地震小区划报告》经中国地震局审核、批复，已交付使用。珠海市进一步加强地震应急指挥和救援机制建设，完成珠海市地震应急指挥中心一期工程建设，建立地震应急专家库，成立地震应急救援专家组，组建地震青年志愿者队伍；制定《珠海市处置地震灾害指挥机构及职责》《珠海市地震应急预案操作手册》，开展应急避震疏散演练，全市近500所中小学每学期都开展一次全校性的应急避震演练活动。2009年，珠海市还承办珠江三角洲地区防震减灾联席会议。　（黄南荫）

工 业

成立于1991年的珠海格力电器股份有限公司已成长为全球最大的集研发、生产、销售、服务于一体的国有控股专业化空调企业。图为该公司空调生产车间。

赵 梓 摄

工 业

综 述

【概况】 2009年，珠海市工业增速触底回升，全年略有增长。工业累计完成工业总产值2493.48亿元，同比下降1.5%；工业增加值499.47亿元，同比增长1.2%，对全市经济增长的贡献率9.5%，拉动经济增长0.6个百分点。其中，规模以上工业累计完成总产值2431.31亿元，同比下降1.6%，工业增加值478.55亿元，同比增长1.2%。制造业完成固定资产投资82.39亿元，同比下降28%。

【增速触底回升】 受国际金融危机的影响，自2009年初起，珠海市工业陷入负增长，1月份达到近年来的低谷，其后逐月好转，缓慢回升，到11月份，累计增速实现转负为正，到12月，进一步上升，全年累计增长1.2%。

【增长差异较大】 2009年，珠海市不同工业行业之间增长差异较大。按实现增加值计，全市33个大类行业中，有19个正增长，14个行业是负增长。其中黑色金属冶炼及压延加工业增幅最大，同比增长101.2%；工艺品及其他制造业跌幅最大，同比下降47.5%。工业六大产业合计完成规模以上工业增加值390.58亿元，占全市规模以上工业的81.6%，同比下降1.2%。其中家电电气、生物医药和精密机械制造业发展势头良好，累计增速分别达到13.4%、13.2%和6.1%；电力能源、石油化工、电子信息业则同比分别下降2.8%、6.5%和16.2%。

【利润总额和利税总额增长较快】 2009年，珠海市工业利润总额和利税总额增长较快，企业经营状态分化比较严重。规模以上工业企业实现利润总额129.27亿元，利税总额180.73亿元，同比分别增长26.1%和21.1%，全市规模以上工业企业1386个，其中亏损企业517个，亏损面为37.30%，亏损额19.46亿元，同比下降19.8%。在较大的产业中，化学原料及化学制品制造业、燃气生产和供应业由于受益于国际油价回落，原材料成本降低，利润增长最快，化学原料及化学制品制造业全行业盈利12.25亿元，同比增长874.6%，燃气生产和供应业实现盈利1.90亿元，同比增长437.4%；通信设备、计算机及其他电子设备制造业不仅生产下降幅度大，效益同样受损最大，成为利润下降幅度最大的产业，全行业利润大幅下降71.7%。

【各行政区工业发展不平衡】 2009年，香洲区累计工业增加值增速一季度为-16.7%，从第二

季度起回升速度不断加快，全年实现工业增加值250.25亿元，同比增长5.3%；金湾区工业增长平稳，从3月份起累计增速正增长后，各月平稳上升，全年实现工业增加值154.81亿元，同比增长8.8%，高出全市平均水平7.6个百分点；斗门区因伟创力珠海工业园相关企业受国际金融危机影响大，订单减少生产下降，全年实现工业增加值74.60亿元，同比下降21.3%。（容立雄　曹振飞）

电子信息产业

【概况】　2009年，电子信息仍然是珠海市的支柱产业，产业规模占珠海市工业总产值的近三成。全市电子信息规模以上工业企业217家，从业人员超过10万人，完成总产值662.44亿元，占全市工业总产值的26.57%。属于电子与信息技术领域的高新技术产品共315种，产品产值549.36亿元，占全市高新技术产品产值的56.12%。规模较大的企业有伟创力集团、佳能、东信和平、松下通讯、方正科技、炬力集团、金山软件、广东远光、优特电力等企业。

【井岸电子产业专业镇】　2009年，被广东省认定为以电子信息为特色产业的技术创新专业镇的井岸镇，拥有189家特色经济企业，占该镇全部企业数的65%；电子信息产业产值达458亿元，占该镇工业总产值的95%。该镇所辖新青科技工业园已经形成以伟创力集团为龙头的电子与通讯设备制造的产业集群。园区内电子信息产业及相关配套企业数占园区企业总数的92%，电子信息产业的从业人数占园区企业员工总数的90%，电子信息产业实现的工业总产值占园区企业总产值的97.68%。

【软件产业聚集效应】　2009年，珠海软件产业进入成果收获期，产品在国内有较高的知名度和市场占有率，在技术上先进性也愈加明显，形成电力、IC设计、数字娱乐、服务外包、网络增值等产业聚集。其中电力行业应用软件和IC设计企业聚集效应尤为突出。金山软件、远光软件、优特电力、万力达和东信和平等5家企业被认定为国家规划布局内重点软件企业，珠海成为国内被认定为国家重点软件企业最多的地级市。2009年，软件产业实现销售收入147.75亿元，同比增长14.03%；软件业务出口6.66亿美元，同比增长4.72%，占全市出口额比重的1.78%，同比略有增加；软件从业人数达到2.83万人，同比增长12.3%；全行业纳税额9.18亿元，同比增长5.28%；实现增加值38.34亿元，占全市GDP的3.7%，较上一年提高0.57个百分点；通过双软认定企业226家，累计软件产品1287件。

【2家企业在创业板上市】　2009年，世纪鼎利和欧比特2家企业在深圳创业板成功上市，累计软件企业上市公司跃升至8家；产值超亿元规模的软件企业26家。　（容立雄　曹振飞）

电气机械及器材制造业

【概况】 2009年，电气机械及器材制造业是珠海市重点发展的支柱产业和优势产业之一。2009年继续保持增长，全行业实现工业增加值128.59亿元，同比增长13.4%；实现工业总产值606.11亿元，同比增长14%，数额分别位于全市各行业的第1和2位。主要产品产量：房间空气调节器1417.22万台（套）、家用电热烘烤器具901.04万个、通讯及电子网络用电缆36.12万千米、锂离子电池8089.96万只。格力电器的工业空调机和广东蓉胜超微线材股份有限公司的漆包线获得广东省名牌产品称号。优特电力科技股份有限公司是珠海唯一荣膺第一批省级“装备制造数字化改造示范单位”和“广东省装备制造业50骨干企业”。格力电器公司的低温空调热泵系统及使用该系统降低温度调节波动的方法获得2009年广东省专利奖金奖，分体立式柜机06-22空调机获得2009年广东省专利优秀奖。

【获省市财政资金支持企业】 2009年，珠海市7家企业的7个项目获广东省财政资金支持，项目总投资3.12亿元，支持金额560万元。其中格力电工公司的漆包线龙山生产基地扩产技改项目，总投资1.58亿元；华宇金属公司的空调用电磁四通换向阀组件生产线技改项目，总投资3249.3万元；优特电力公司的配电网可防止误操作、误调度管理系统技改项目，总投资7770万元；鹏辉电池公司的高性能锂离子(钛酸锂)车用型动力电池关键共性技术研发及产业化的技术创新项目，总投资1300万元。6家企业的6个项目获得市财政资金支持，项目总投资1.19亿元，支持金额225万元。其中汉胜公司的无线通信用低损耗馈线生产线技改项目，总投资4052万元；万力达公司基于ICE61850标准的新型厂矿供用电系统自动化的技改项目，总投资3730万元。

【国家高新技术企业认定】 2009年，经认定的国家高新技术企业有珠海凯邦电机制造有限公司、埃尔凯电器（珠海）有限公司、珠海市鹏辉电池有限公司、珠海宇讯同轴电缆有限公司和珠海天瑞电力科技有限公司等9家企业。珠海格力电器股份有限公司（下称格力电器）被认定为国家级自主创新型企业。珠海优特电力科技股份有限公司和珠海许继电气有限公司被认定为省级自主创新型企业。格力电器组建的“国家节能环保制冷设备工程技术研究中心”列入国家工程技术研究中心组建名单，这是中国制冷业第一个国家级制冷业工程技术研究开发中心。珠海许继电气有限公司和珠海凌达压缩机有限公司组建省级企业技术中心。格力电器的工业空调机和广东蓉胜超微线材股份有限公司的漆包线获得广东省名牌产品称号。优特电力科技股份有限公司是珠海唯一荣膺第一批省级“装备制造数字化改造示范单位”和“广东省装备制造业50骨干企业”。

【珠海企业年度动态】 2009年，珠海市电气机械及器材制造业，形势喜人。3月，由日本三菱制纸株式会社投资兴建的珠海清菱净化科技有限公司投产，主要生产汽车空调过滤器。首期建筑面积6000平方米，总投资580万美元。

5月，万力达继保科技园第二园区开工建设。

8月，由珠海银通集团投资的新能源生产基地珠海银通能源工业园落户三灶。主要生产大容量、高功率锂离子动力电池、大功率锂离子储能电池，设计产能1亿安时／年。首期投资9亿元。

9月，凌达公司首款高能效双缸压缩机QXS-F428N050试生产合格，开始大批量生产，打破日系压缩机厂商所垄断的3匹高能效空调压缩机的国内市场。

12月，珠海长园电力技术有限公司正式竣工

投产，主要研发与生产电力设备。由生产电网设备、中国最大的热缩材料和高分子PTC制造商长园集团投资兴建。

珠海天瑞电力科技有限公司的核心技术入选国家电网公司2009年重点应用新技术目录。天瑞在国内完成电力线宽带载波抄表用户约27万户，成为国内唯一一家应用电力线宽带载波技术集中抄表并实现大规模成功应用的供应商。

2009年国家发放3G牌照，珠海汉胜科技股份有限公司拿下多笔大额订单，成为中国移动、中国联通、中国电信、华为、中兴等大公司同轴通信电缆的最大供应商，成为远东第一、世界第二的射频同轴电缆制造企业。

泰坦自动化技术有限公司中标入选世博会充电站充电设备供应商，为世博会电动汽车充电站提供9kW、30kW分箱充电设备、75kW整车充电设备以及动力电池维护设备。

【格力电器空调器生产】 2009年，格力电器公司生产的空调器仍然是珠海市最大宗的拳头产品。面对金融危机，公司营业总收入和净利润逆势增长，全年实现营业总收入426.37亿元，利润总额33.8亿元，分别比上年增长1.04%和40.48%。变频空调的市场份额从2008年不足7%，快速上升到17%以上。

2009年，格力电器公司自主研发的热回收数码多联空调机组、G－Matrik直流变频技术入选国家火炬计划项目，“王者之尊”高端柜式空调入选国家重点新产品计划项目，GMV多联空调机组入选国家自主创新产品目录并被授予“国家自主创新产品”证书。格力R290制冷工质空调研发项目通过国家验收，打破发达国家对新一代制冷剂的技术垄断。5月，格力牌分体挂壁式空调器被列入国家出口免验名录，成为中国空调行业中第一家也是唯一一家获得自主品牌窗式、分体

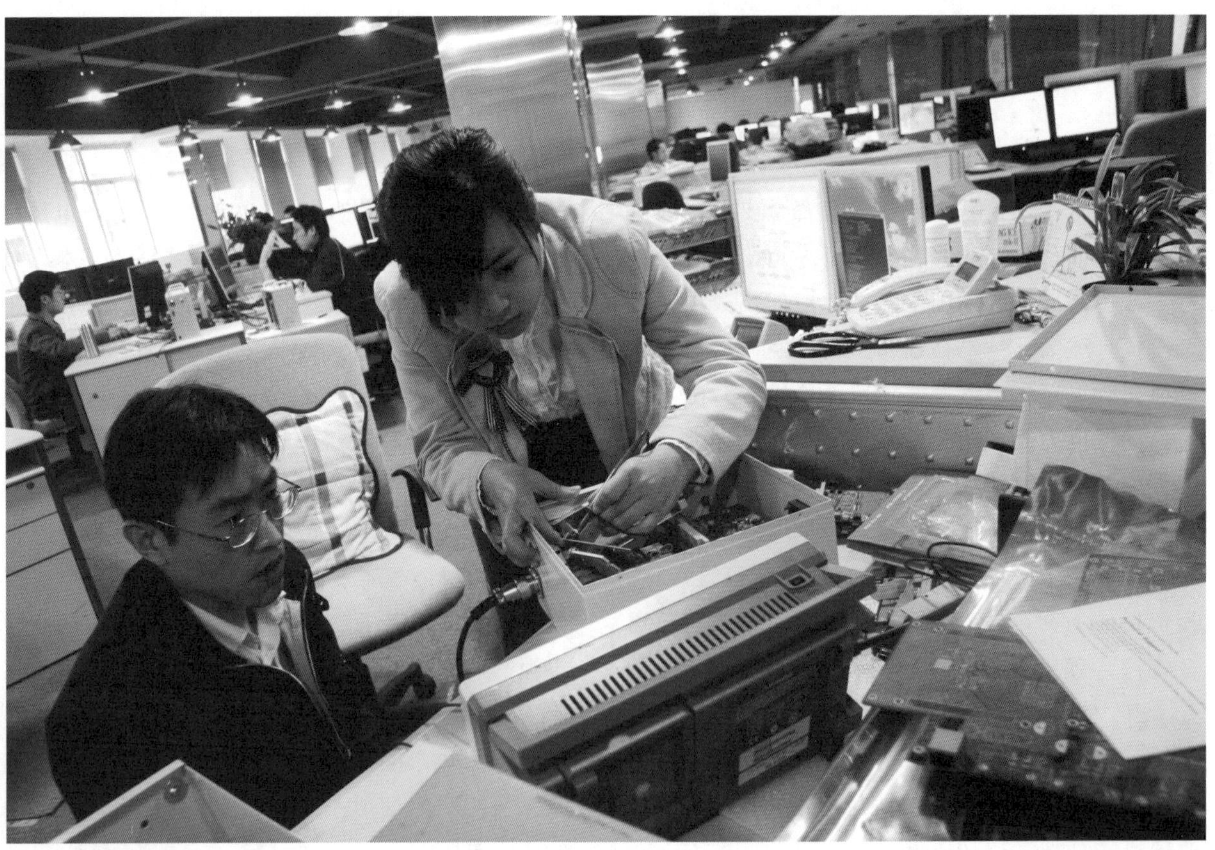

民营企业珠海鼎利通讯公司位于珠海国家高新产业开发区，该公司主要从事网络优化产品的开发及网络优化的技术服务。 吴长赋 摄

挂壁式空调器“出口免验”资格的企业。10月，格力电器公司自主研发的新型高效节能离心式冷水机组问世，标志着我国大型中央空调的科研实力和制造能力迈入国际领先行列。格力电器公司的低温空调热泵系统及使用该系统降低温度调节波动的方法获得2009年广东省专利奖金奖，分体立式柜机06-22空调机获2009年广东省专利优秀奖。

格力电器公司被认定为广东省工业设计示范基地和第五批广东省国际科技合作基地，获2009年家电行业唯一的“中国节能减排二十佳企业”称号；获广东省政府设立的最高质量奖——首届省政府质量奖；在美国《福布斯》公布的2009亚洲企业50强中排名第17位，较2008年上升4位；连续8年入选美国《财富》杂志“中国上市公司100强”、国家税务总局评选的“中国上市公司纳税百强”，连续8年位居家电行业纳税首位。

格力电器公司与日本大金株式会社继续加强合作。2009年签署共同出资合作组建两大项目公司的合同，决定设立珠海格力大金机电设备有限公司、珠海格力大金精密模具有限公司。珠海格力大金机电设备有限公司位于斗门龙山工业区，公司投资28312万元，年产空调压缩机和控制器各150万台；珠海格力大金精密模具有限公司位于前山格力股份总部，公司投资2.01亿元，年产空调模具1280套。（容立雄　曹振飞）

石油化工

【概况】 2009年，珠海石油化工行业实现工业总产值238.31亿元，增加值46.23亿元，同比下降2%和6.5%。其中化学原料及化学制品制造业实现增加值23.76亿元，同比下降1.4%；塑料制品业实现增加值14.24亿元，同比下降14.7%；化学纤维制造业实现增加值7.91亿元，同比下降5%；橡胶制品业实现增加值0.32亿元，同比增长5.6%。主要产品产量：合成纤维单体108.89万吨、合成纤维聚合物20.65万吨、氨纶纤维2.03万吨、塑料制品16.62万吨。

【行业发展与投资状况】 2009年，高栏港经济区化工产业集群入选第四批广东省产业集群升级示范区。由英荷壳牌公司独资建设的壳牌润滑油项目纳入广东省重点项目。11月，壳牌(珠海)润滑油调配厂一期项目投产，年产能为20万吨。二期投入建设，建成全部投产后年产能将达40万吨，年产值可达100亿元人民币，将成为全球第三、亚洲最大的润滑油调配厂。

珠海宝塔石化有限公司聚丙烯项目试车成功。一期工程20万吨的气体分离装置试车、8万吨的聚丙烯装置投产。

由成城集团投资兴建的成城沥青项目动工建设，一期占地24万平方米，项目总投资6.45亿元，主要生产重交道路沥青及改性沥青，年加工能力100万吨。

总投资10.5亿元的科迪化工项目抓紧进行，即将投产。年产60万吨的PX（芳烃）项目已上报国家相关部门。

2009年，珠海市乐通化工有限公司的年产1.5万吨油墨技术改造项目，总投资10343万元，获广东省财政支持资金50万元。长兴化学工业（广东）有限公司的二期三阶段R41丙烯酸树脂生产线技改项目，总投资2540万元，获珠海市财政支持资金45万元。

本行业经认定的国家高新技术企业有珠海醋酸纤维有限公司、长兴化学材料（珠海）有限公司和长兴化工(广东)等5家企业。

乐通化工公司被认定为省级自主创新型企业，“分析检验中心”获中国合格评定国家认可委员会实验室认可证书，首次上网定价公开发行2000万股人民币普通股股票，已于2009年12月11日在深圳证券交易所中小板上市交易。

珠海中富实业股份有限公司的中富商标及图，获2009年中国驰名商标称号。长兴化工（广东）公司的醇酸树脂和不饱和聚酯树脂两产品获2009年广东省名牌产品称号。珠海得米化工有限公司与仲恺农业工程学院等单位合作研究的“可降解生物基高吸水性树脂生产技术开发及推广应用”项目荣获2009年国家科技进步二等奖。

7月，德国企业波菲丽斯塑胶科技（珠海保税区）有限公司用于生产HDPE中空技术型材的高速挤出线装配成功，顺利投入运行。

12月，珠海东洋油墨有限公司富山工场动工建设，工场占地面积约10万平方米，总投资约3069万元，主要生产有机染料、涂料印花浆用工程塑料。

珠海富华复合材料有限公司技术中心被认定为广东省省级企业技术中心。9月，珠海市政府与富华复材公司签订搬迁补偿协议，市政府收回公司兰埔厂区地块8.95万平方米土地使用权，公司搬迁到高栏港区，获得补偿金4.98亿元，高栏港厂区占地22.23万平方米。

珠纤公司的《醋酸纤维丝束制造节能减排技术研究与应用》自2006年实施以来，吨丝耗标煤由实施前的1.46吨标准煤/吨丝束下降到2009年的1.097吨标准煤/吨丝束，低于行业能耗标准22.5%，达到国际领先水平。成果荣获中国烟草总公司2009年科学技术进步三等奖，被广东省推荐为重点能耗企业中的节能减排示范企业。

（容立雄　曹振飞）

精密机械制造

【概况】 2009年，珠海精密机械制造行业完成工业总产值213.23亿元，工业增加值38.04亿元，同比增长5.3%和6.1%，其中仪器仪表及文化办公用机械制造业实现增加值14.59亿元、专用设备制造业实现增加值11.62亿元、交通运输设备制造业实现增加值11.83亿元。主要产品产量：缝纫机166.1万台、照相机1373.5万台、手表58.36万只。

【行业发展与投资状况】 2009年，珠海保税区摩天宇航空发动机维修有限公司的V2500、CFM56型号飞机发动机深度维修生产线技术改造项目，总投资3725万元，获广东省财政支持资金50万元；珠海保税区翔翼航空技术有限公司的飞行模拟机电子传动技术改造项目，总投资4.81亿元，获广东省财政支持资金80万元。珠海市广通汽车有限公司的客车生产线扩能技改项目，总投资1802万元，获珠海市财政支持资金40万元；珠海华冠电子科技有限公司的锂离子动力电池关键工序自动化生产设备技术改造项目，总投资1500万元，获珠海市财政支持资金30万元。

本行业经认定的国家高新技术企业有珠海罗西尼表业有限公司、珠海仕高玛机械设备有限公司、摩天宇、珠海市旺磐精密机械有限公司和珠海太阳鸟游艇制造有限公司等5家企业。

7月，广东省经贸委和珠海市政府签订《省市共建（珠海）航空产业先进制造业基地框架性协议》，珠海航空产业园通飞基地开工建设。12月，国家发改委正式批准建设珠海国家航空高新技术产业基地。

7月，珠海市人民政府与海洋石油工程股份有限公司签订深水海洋工程装备制造基地项目合作协议，共同推进高栏深水海洋工程装备制造工业园建设。12月，中海油珠海深水工程基地在珠海高栏港经济区装备制造区奠基，首期投资约10亿元。

8月，珠海市广通汽车有限公司研制生产的代表国内混合动力公交车最高水平的“无级变速”节能公交车问世。

9月，全球卷材加工领域的领导者美塞斯国际集团公司全资子公司美塞斯（珠海保税区）工业自动化设备有限公司在珠海保税区开业。

10月，珠海华冠电子科技有限公司经广东省标准化专家组的考核评审，通过“标准化良好行为企业”的确认，被评为“4A”级（最高级），是珠海第4家通过确认的企业。

12月，总投资25亿元的珠海玉柴船舶动力股份有限公司船用柴油发动机制造项目在富山工业园动工建设。项目首期投资10亿元，用地面积约350亩，年产值将达25亿元。

珠海中航工业集团通用飞机产业基地、中船集团珠海船舶和海洋工程装备基地列入广东省2009年重点建设前期预备项目。

2009年摩天宇公司维修发动机165台，实现产值24.2亿元，继续位居国内民用航空发动机维修企业领先地位。8月，摩天宇二期扩建工程动工，第一阶段项目总投资6000多万人民币。工程竣工后，产能将由目前的每年200台增至300台。11月，摩天宇公司与全日本空输株式会社签署关于CFM56-3发动机维修框架协议，成为国内首次进入日本市场的民用航空发动机维修业企业。

罗西尼表业有限公司获得由深圳市环通认证中心颁发的ISO9001国际质量体系认证和ISO14001国际环境管理体系认证证书，成为中国钟表行业第一个通过两项国际体系认证的企业。经世界品牌实验室(WBL)评估，罗西尼品牌价值已达16.25亿人民币，位列中国钟表企业榜首。在WBL发布的2009年度（第六届）《亚洲品牌500强》排行榜中，罗西尼第六次跻身该榜，是唯一入围该项榜单的中国钟表品牌。经广东省企业联合会、广东省企业家协会联合认定，罗西尼公司成功入选“2009广东省制造业100强”。

佳能(珠海)有限公司继续保持行业的领头地位。2009年全年生产打印机195.57万台、数码相机1233.83万台、传真机6.34万台，实现工业产值75.26亿元，位居全市第四。

【游艇工业】 2009年，游艇工业成为珠海市精密机械制造业中近年崛起的产业，平沙游艇工业区已成为国内游艇生产产业聚集度较高的地区。有游艇企业23家，其中游艇制造企业20家，游艇配套企业3家。

珠海江龙船舶有限公司二期工程动工，项目占地面积6300平方米，总投入资金2000万元。12月，为2010年上海世博会打造的两艘豪华游览船顺利下水。

太阳鸟游艇公司被认定为广东省工业设计示范基地，其生产的14米豪华游艇荣获中国创新设计红星奖。

珠海市美蓝游艇有限公司新增两个生产车间。

琛龙船厂建造的由风能、电能、太阳能及机器动力组成的混合能量驱动的环保船——24米太阳能环保双体船顺利下水。

位于富山工业园的珠海佳粤造船有限公司正式投产，主要生产石油钻井平台配套的多用途工程船和大马力消拖两用拖轮。

（容立雄　曹振飞）

医药工业

【概况】 2009年，珠海市医药行业实现工业总产值75.98亿元，工业增加值24.90亿元，同比增长12.2%和13.2%。主要产品产量：化学药品原药463吨、中成药155吨。

【行业发展与投资状况】 截至2009年末，全市持相应生产许可证的制药企业34家、医疗器械生产企业126家、保健食品生产企业18家，药品经营企业约1018家。

丽珠医药集团股份有限公司（以下简称丽珠集团）实现营业总收入25.96亿元、利润5.89亿元，创公司成立25年来的最高纪录。集团被评为2009年广东省知识产权示范企业，丽珠商标获评为2009年广东省著名商标。企业技术中心评定为2009年度广东省制药工业唯一一家国家级企业技术中心。10月，位于金湾联港工业区的丽珠制药厂新厂二期工程动工建设。

珠海联邦制药股份有限公司（下称联邦制药）生产的阿莫西林重粉获得欧洲药品质量管理局（EDQM）签发的COS证书（欧洲药典适用性认证），也是EDQM发给中国制药厂的第一份阿莫西林重粉COS证书。原料药氨苄西林获得美国食物药物监督管理局（FDA）认证，是中国唯一一家半合成青霉素产品获得美国FDA认证和欧盟COS认证的公司。

珠海润都民彤制药有限公司在肠溶微丸、缓释微丸技术领域处于国内领先地位。2009年投入3000多万元，对水针车间、原料车间、缓控释微丸生产线进行技术改造，旨在把润都民彤建成国内最大的微丸生产基地。

珠海健帆生物科技有限公司（下称健帆）与南开大学合作开展的“高性能血液净化医用吸附树脂的创制”项目获得“国家科技进步奖”二等奖，成为国内血液净化领域内首次获得“国家科技进步奖”荣誉的领军企业。健帆生产的HA系列树脂血液灌流器2009年市场占有率达95%以上。

广东汤臣倍健生物科技股份有限公司（下称汤臣倍健）荣获国家公众营养与发展中心授予的“营养健康倡导产品”称号，成为国内首家获此称号的营养补充剂生产企业。8月，公司通过ISO9001:2008标准审核。9月，固体二车间通过省药监局GMP验收认证。

珠海博康药业有限公司（下称博康）是国内以蚯蚓为唯一原料生产生化药的专业企业，承担国家二类新药蚓激酶高技术产业化工程项目。7月，在金湾红旗镇的新厂正式启动运营。12月，占地3.50万平方米的蚯蚓良种繁育基地建成，可年产蚯蚓良种165吨。

珠海市精钰科技设备有限公司通过质量管理体系认证(ISO9001)和医疗器械质量管理体系认证（ISO13485）。公司主要生产PTSI—医用中心制氧设备。

珠海益华科技股份有限公司（下称益华）生产的负离子制氧机正式上市，该产品拥有20多项国内外专利。公司已从制冷配套企业转型为医疗器械巨头。

2009年，本行业认定的国家高新技术企业有珠海市国腾科技发展有限公司、珠海安生凤凰制药有限公司、珠海星光制药有限公司、健帆、汤臣倍健等5家企业。

珠海和佳医疗设备股份有限公司（下称和佳公司）企业技术中心被确认为省级企业技术中心，产品肿瘤介入热疗仪获得2009年广东省专利优秀奖。

部分企业的技术改造和技术创新项目获得省市财政的资金支持。丽珠集团总投资4.80亿元的现代医药生产基地（丽珠制药厂迁建）一期工程、联邦制药总投资1.03亿元的王牌抗生素欧美认证及清洁生产、博康总投资6850万元的蚯蚓有机肥改扩建等3个技术改造项目，以及博康总投资3830万元的蚯蚓标准化养殖与国家Ⅱ类新药蚓激酶的研发及产业化、益华总投资2000万元的负离子制氧机研究与开发等2个技术创新项目，获广东省财政支持资金370万元。丽珠集团“固体缓控释药物制剂技术及产业化”项目、联邦制药“药物高致敏性聚合物控制技术及产业化”项目入选广东省“先进医药用品关键技术及产业化”专题，各获省级财政支持资金300万元。和佳公司总投资1500万元的数字X线摄影系统（DR）技术改造项目、联邦制药总投资5500万元非典型β-内酰胺类抗生素无菌原料药及制剂生产线技改项目，分别获珠海市财政支持资金30万元和80万元。

（容立雄　曹振飞）

电力工业

【概况】　2009年，珠海市全社会用电量91.72亿千瓦时，同比增长2.37%。完成珠海市供购电量90.42亿千瓦时，同比增长2.81%。完成总供购电量（含供澳门电量）105.7亿千瓦时，同比增长20.19%，线损率3.24%，同比降低0.1个百分点。受金融危机的影响，2009年全市工业用电累计57.45亿千瓦时，同比下降1.08%，一、二、三产业用电比例为3.54%、64.33%、18.76%。其中，第一产业发展迅速，用电同比增长11.6%，第二产业发展放缓，用电同比下降0.81%，第三产业用电同比增长7.81%。居民生活用电量12.26亿千瓦时，占全社会用电量13.37%，同比增长9.04%。电价调整改革降低了珠海市商业用电价格，平均每千瓦时降低6.89分，大工业、非普工业和农业生产等用电价格适当提高，拉大峰谷电价比价、扩大不同电压等级用电差价；居民生活用电价格暂不调整仍保持63分/千瓦时。

【网电、地方电供购】　2009年，珠海市供购电量90.42亿千瓦时，其中省网电供电量89.53亿千瓦时，同比增长5.53%，购地方电量0.89亿千瓦时，同比下降71.5%。网电与地方电构成比例为99∶1。地方电厂装机总量为44万千瓦时，发电量为12.8亿千瓦时，同比减少15%。地方发电厂发电设备平均利用小时为2900小时，同比增加190小时。珠海电厂两台70万千瓦发电机组全年发电81.65亿千瓦时，发电设备利用小时为5832小时；金湾电厂两台60万千瓦发电机组全年发电68.71亿千瓦时，发电设备利用小时为5726小时。

【电网建设】　2009年，珠海电网完成电网建设投资15.5亿元，完成年度计划投资的100.65%，投运110千伏及以上输变电工程14项，投产变电容量395万千伏安，110千伏及以上线路152千米，全面完成2009年珠海电网建设任务。尤其是500千伏国安变电站于2009年12月份正式投运，改善珠海电网结构，供电能力显著提高。

（王元芳）

烟草专卖

【概况】 2009年，珠海市烟草专卖局（公司）被评为广东省文明单位，专卖稽查支队被评为广东省工人先锋号，工会被评为广东省模范职工之家。

【卷烟销售收入】 2009年，珠海市烟草专卖公司销售卷烟6.93万箱，同比增长2.51%。实现卷烟销售收入12.05亿元，同比增长5.40%。实现卷烟税利3.34亿元，同比降低2.12%。实现卷烟利润（税前）2.28亿元，同比降低17.80%。

【立案查处违法案件】 2009年，珠海市立案查处各类违法案件1069宗，查获违法卷烟1258.42万支，案值418.13万元，取保候审1人，批捕2人，判处有期徒刑2人；破获网络案件1宗，查获非法卷烟202.04万支，案值203.86万元。

【党建工作导入ISO9000质量管理体系】 2009年，珠海市烟草专卖局（公司）进一步完善党的组织建设，在烟草行业率先把党建工作导入ISO9000质量管理体系，构建起具有珠海烟草特色的党建工作管理模式，使党建工作更加程序化、制度化和规范化；建设“汇通”服务品牌，构建起文化体系、运行体系和保障体系，进一步统一内外部服务标准和流程，提高一线“四员”的服务水平，提升客户的满意度；支援乡村建设，捐资17万元帮助普宁市南径镇四睦村小学修建校道、篮球场及体育运动设施一批。

（贺　平）

盐　业

【概况】 2009年，珠海市盐务局（珠海盐业总公司）认真抓好市场管理，保证珠海市食盐安全和食盐供应。盐的总销量实现2.19万吨，与上年相比基本持平，其中小包装食盐销售8935吨，同比减少5.3%。超额完成碘盐覆盖率99.52%、碘盐合格率98.81%、碘盐食用率98.43%，并完成国家赋予珠海盐业总公司各项盐的购、销、售、存计划。依法查处假冒伪劣销售小包装食盐6.8吨，查处各类盐业违法案件55宗，发放《食盐零售许可证》477份。珠海市盐务局通过采取多渠道多种形式的管理，假冒伪劣盐产品得到有效控制。

(许旭生)

建筑业·房地产业

2009年，珠海受益于港珠澳大桥、广珠轻轨、横琴国家级新区开发等利好消息，房展人气旺。　珠海特区报供稿

建筑业·房地产业

建筑业

【概况】 2009年，珠海市住房和城乡规划建设局在全系统突出抓好“三转变一提高”，开展新一轮城市总体规划修编，加强规划管理的基础性研究、重点规划编制、重大项目服务；积极推进政府投资工程建设，强化建筑市场和房地产市场监管，各项工作取得明显成效。该局负责监督实施的政府投资建设工程37项，完成施工报建项目477项。

珠海市已开通管道燃气住宅小区133个约6.35万户。珠海市建筑节能工作和成效受到广东省建筑节能检查组的充分肯定。

【政府工程建设】 2009年，该局负责监督实施的政府投资建设工程37项，其中市政项目16项，房建项目21项，年度计划总投资约6亿元。截至10月30日，完成投资约3.4亿元，占本年度计划投资的57%，其中本年度竣工12项，完成投资1.17亿元。

该局完成情侣路海堤修复工程、莲山巷道路改造工程，协调有关部门推进翠福路建设，解决市民出行难问题；深入调查研究，推进房地产开发项目配套市政道路建设，支持房地产业发展。通过做好交通基础设施与市政基础设施的衔接，进一步完善珠海市城市功能，改善市民生活质素，提高城市品位。

【建筑市场监管】 截至2009年10月30日，珠海市完成施工报建项目477项，合同造价金额94.58亿元；建筑面积546.64万平方米；全市有14项房建工程、4项市政工程被评为市优良样板工程，1项市政工程被评为国家优良样板工程，8项房建工程3项市政工程被推荐参与省优良样板工程评审。

一是严格把好勘察设计源头关，推进建筑节能工作。目前全市完成施工图审查466项，建筑面积643.20万平方米，工程总投资69.03亿元，审查出违反规范强制性条文338条；违反强制性条文以外的规范条文4902条；违反质量通病防治措施480条；均逐条落实纠正，从源头上保证工程质量。

二是建筑节能工作取得重大突破，该局制定的《珠海市建筑节能办法》以政府令方式正式实施；广东省建设厅向住房和城乡建设部推荐珠海市为可再生能源建筑应用项目城市示范；格力广场和仁恒星园项目分别获得“全国优秀示范小区”和“3A级住宅”；“禁实”工作取得突破性进展，全市32家黏土砖厂即将分阶段关停。

三是加强工程造价管理，规范工程招投标行

为。8～10月，开展全市中介机构整治，规范市场秩序，重点查处挂靠、高估冒算、恶性低价竞争等违法违规行为。共检查招标代理机构32家，造价咨询企业22家，监理企业69家，对整治检查发现单位和项目的违法、违规问题，列入不良行为记录，并上网进行通报。大力推进招标投标管理工作网络化、信息化建设，实现招标活动全过程信息化、网络化管理，大大提高工作效率。截至2009年底，进入市建设工程交易中心交易的工程512项（其中通过网络招标57项），总招标额112.49亿元，成交额96.9亿元，平均中标降幅13.86%，没有发生因招投标投诉查处而影响施工进程。加强工程造价审核监督工作，为政府投资把关。审核建设工程招标投标工程标底55项，合计造价141615.95万元；结算备案7项，结算款9338.01万元，工程计价解释67项。

四是加强工程质量监督检测，提高工程质量水平。针对“渗、漏、裂”等质量通病，制订并实施《减少楼板开裂的措施》《珠海市蒸压加气混凝土填充墙工程专项技术措施》等；针对本地气候特点所引起的质量问题颁布实施《珠海市合格工程质量样板制作展示技术管理规定（试行）》，通过实物样板和图片说明，以通俗易懂的方式，指导企业施工，规范监督行为；实施季度工程质量联席会议，定期召开全市质量信息交流会议。继续深入开展对大型、重点项目的上门收样工作，提高服务水平。通过以上努力，珠海市工程质量总体水平进一步提高。

五是强化建设工程安全监督力度。2009年，该局以加强基坑施工安全管理为突破口，制定并实施《关于加强珠海市建筑深基坑工程质量安全监督管理的通知》《珠海市建筑深基坑工程质量监督实施细则（试行）》《珠海市建设工程深基坑施工安全监督实施细则》等3项制度，把深基坑施工管理纳入永久性工程管理，开创广东省先河；继续深化“平安卡”管理，全市已发出“平安卡”86429张，所有工程项目配备“平安卡”管理系统；全面完善并落实各项施工安全管理制度，通过实施安全监督负责制等9项制度，对施工安全进行全面周密的监管。通过以上努力，珠海市建筑安全生产总体形势平稳，全年仅发生1起一般建筑施工生产安全事故，死亡1人，控制在省住建厅的指标以内，并杜绝三级以上事故的发生。（贺洪强）

房地产业

【概况】 2009年，珠海市住房和城乡规划建设局为促进珠海市房地产业健康稳定发展，针对全市房地产市场状况，开展全方位调研，完成《关于珠海市房产产业发展情况的报告》，并报市委主要领导；继续落实市政府《关于促进珠海市房地产市场健康发展若干意见》；协调市财政部门制定“卖旧买新”地方税费定额返还政策实施细则；开展二手商品房交易基准价格制定工作；进一步加大对商品房预售和资金的监管力度；大力推进房地产行业诚信建设，建立和完善房地产开发企业、物业管理企业的诚信档案系统，建立量化考核体系，通过市建设信息网向社会公众公布。加强物业管理工作，建设和谐物业小区。积极配合“一体两翼”改革，推进小区咨询委员会组织工作，目前已面向全市选出6名小区管理咨询委员会成员。深入学习、宣传、贯彻《广东省物业管理条例》和《珠海市物业管理条例》及相关法律法规；制定《珠海市前期物业管理招投标管理暂行办法》；认真研究加强老旧小区的物业管理；积极开展物业管理现场量化考核工作；积极开展物业管理示范项目创优评优工作；加强小区装修管理；推进物业管理应急导则的落实；加快《珠海市物业专项维修资金管理办法》的起草工作；继续促进珠海市物业管理服务收费办法的修订。

积极推进珠海市住房保障体系建设，制订《落实珠江三角洲地区改革发展规划纲要——健全住房保障体系工作方案》，制定和落实好相关配套政策；充分发挥公产房住房保障作用，合理调剂房源，确实解决珠海市低收入家庭住房困难问题；加强公产房住房使用、维护管理工作。2009年该局44件建议和提案的办理答复工作已完成100%，满意率100%。

【科学管理与服务效率】 2009年，该局在加强科学管理与提高服务效率方面，一是充分利用现代信息技术，提高信息化工作水平，完善诚信信息系统的建设和管理；完善商品房预（销）售信息系统；建设“三库一平台”（企业库、人才库、标准库和行政审批网络平台）建设，促进办事效能和服务水平上新台阶。二是积极完成人大建议和政协提案的办理工作，2009年该局44件建议和提案的办理答复工作已完成100%，满意率100%。三是强化服务意识，继续开展窗口公开办公和局领导接访活动。四是努力协调解决金色九洲、龙洲湾等楼盘的投诉问题；解决桂花村办证、凤山花园BC座、御花园、凌碧园等烂尾楼盘活等历史遗留问题。五是积极协调解决建筑工程质量、安全生产、拖欠工程款、工程合同纠纷、工程施工影响周边环境、物业管理、房屋装修、招投标、燃气、购房办证难、烂尾楼等热点、难点以及历史遗留问题，切实解决惠及百姓的民生问题。

2009年，珠海市的城市社区管理不断完善。图为吉大海滨社区。 席 湖 摄

房地产权登记管理

【概况】 2009年，珠海市房地产登记中心办理各类房地产登记业务15.19万宗，登记面积1.24亿平方米（含土地、建筑物），登记金额1304亿元。其中金湾分中心办理11421宗，斗门分中心办理29469宗。办理产权登记类业务59219宗。其中，商品房登记22893宗，建筑面积240.47万平方米，成交金额158.43亿元。二手房交易19606宗，建筑面积213.86万平方米，成交金额82.21亿元；办理抵押按揭类业务74561宗，涉及面积（含土地、建筑物）5545.4万平方米，抵押金额911.5亿元；办理商品房预告登记业务18089宗，涉及面积190.62万平方米，预购金额151.86亿元；协助征收各种税费11.29亿元。其中，协助收取房地产交易契税8.22亿元，协助地税部门征收营业税等2.85亿元，收取登记费、交易费等收费2238.96万元。该中心被珠海市政府授予2008~2009年度全市“文明窗口”单位称号。

【政务公开】 2009年，该中心通过网站平台进一步加强政务公开工作。在网站上，将应公开和可以公开的政务事项予以公开，各项登记业务的办理进度可通过网站查知，各项办事指南、申请表格可查阅下载。通过电子公文处理系统、政务公开栏、大屏幕、报刊媒体等全方位开展政务公开工作，及时公布房地产登记工作信息。在2009年度全市政务公开工作考核中，该中心以全市最高分获评优秀等次。

【对外服务】 2009年，该中心增设2个收件窗口，使窗口排队现象得到及时缓解。同时，中心对窗口管理进行改革，将部分特殊业务实行专窗受理。该中心被珠海市政府授予2008~2009年度全市“文明窗口”单位称号。此外，该中心协助相关部门解决新城市中心广场27栋、御花园、凤山花园BC座、凌碧园海逸阁等项目房地产历史遗留办证问题，涉及业主626户。

【业务建设】 2009年，该中心稳步推行预告登记制度，从2月1日起合并办理商品房预售合同登记备案和预购商品房预告登记，停止办理预购商品房抵押登记备案并转办预购商品房抵押权预告登记，实现新老业务的有效衔接。根据广东省建设厅要求，从3月1日启用新版房地产权属证书和登记证明。制作并启用新版《房地产登记询问表》，通过询问，完整履行登记机构的审查职责。

【信息化建设】 2009年，该中心完成业务办公系统的二期开发并顺利投入运行。该系统在原有基础上规范登记业务分类和办理流程，增添指纹身份识别、密码和指纹防伪、人像采集、档案扫描、数据自动统计等新的应用功能。二期系统对原信息系统进行多方面升级改造，有效提升登记业务的质量和效率。为保障交易安全，对登记申请过程等实施音像监控，2009年完成硬件采购及规划安装工作，并进入试运行阶段。分步启用触摸屏查询项目。深化信息共享，实现市中级法院等部门的登记信息联网查询。 （严　佳）

城市建设与管理

2009年12月10日，珠海市第一个500千伏安输变电站投入运行。　　斗门区供稿

城市建设与管理

城乡规划

【概况】 2009年6月12日，珠海市委、市政府正式成立珠海市城市总体规划（2010～2030）编制工作领导小组。2009年6月17日，珠海市城市总体规划（2010～2030）编制工作领导小组召开第一次工作会议，审议通过《珠海市城市总体规划修编工作方案》，该方案于8月4日通过市政府批复。一是成立珠海市城市总体规划修编办公室。2009年7月24日，珠海市城市总体规划（2010～2030）编制工作领导小组办公室成立，下设秘书处，全面统筹总规修编相关事宜。二是开展《珠海市城市总体规划（2001～2020）实施评估报告》（由广东省城乡规划研究院负责编制）及《珠海市城市总体规划（2010～2030）前期研究报告》（由中国城市规划研究院负责编制）编制工作。两份报告已按国家相关法律法规要求完成初步成果。三是明确总规各项专题研究及专项规划牵头单位责任。发文通知各牵头部门按照项目任务书组织开展总规相关专题研究及专项规划编制工作，为总体规划修编工作打下坚实的基础。

2009年，珠海市重点工程规划中的东部城区主轴概念性总体城市设计、中心城区控制性详细规划全覆盖工程、十字门商务区规划、西部中心城区规划、横琴新区总体规划和控制性详细规划，重大交通发展规划中的珠海市轨道交通线网规划、珠海市综合交通体系规划，重大产业布局规划中的高栏港经济区规划、航空产业园规划、富山工业园发展规划、平沙游艇与休闲旅游区规划、高新技术园区规划、城市专项规划等重要规划，都是珠海规划史上的大手笔。 （贺洪强）

重点工程规划

【东部城区主轴概念性总体城市设计】 2009年，珠海东部城区主轴（情侣路）是珠海的重要景观带和城市名片，为进一步拓展和提升情侣路的功能，珠海市将情侣路改造纳入珠海市十大重点工程，并在市政府工作报告中提出明确要求。东部城区主轴（情侣路）概念性总体城市设计2008年10月启动编制工作，由中国城市规划设计研究院深圳分院具体负责。该城市设计于2009年

4月17日通过珠海市城市规划专业技术委员会审查，并于2009年4月29日向市委主要领导汇报。根据市领导、专家及各单位意见修改完善后，规划于2009年8月17日通过市政府常务会议审查，已按常务会会议纪要修改，并将成果报各相关单位。现由华发集团组织开展《情侣路城市设计国际招标》，经资格预审确认七家国际优秀设计机构参与投标方案编制。珠海市住房和城乡规划建设局正积极配合华发集团组织下一步的关于情侣路改造工程规划设计的国际招标等工作，该项目预计12月中旬开标。

【中心城区控制性详细规划全覆盖工程】 2009年，珠海市中心城区总用地面积约108.24平方千米，其中可建设用地约85平方千米（25米等高线以下）。中心城区控规分为香洲、新香洲、吉大、拱北、前山、上冲六个片区，分别由广州市院、四川蓝地院、深圳新城市、广东省院、珠海市院进行编制工作。中心城区控规全覆盖工程自2006年12月开始前期准备工作，控规成果已报2009年10月19日市府常务会，待批复。预计2009年底前完成全部规划编制工作。

【十字门商务区规划】 2009年3月10日，珠海市政府正式通过前期规划研究成果并明确十字门商务区的建设范围、内容、基本职责、资产注入相关配套政策等。目前，该局正积极配合华发集团开展“十字门”商务区城市设计概念方案征集暨一期项目建筑设计方案的国际招标，并将设计成果落实到控制性详细规划中。

2008年10月，珠海市规划局委托珠海华发集团组织开展《珠海市十字门商务区规划研究》项目。该项目由北京清华城市规划设计研究院和上海同济城市规划设计研究院等具体负责编制工作。该局已批复同意该规划研究成果，十字门商务区近期将启动北地块的核心区和储备区，重点开发会展商务组团，中航集团通用飞机总部组团和公共服务中心组团。2009年10月12日十字门商务区标志性构筑物已开标确定，中标方案为“海之珠”。11月4日，珠海十字门商务区城市设计概念方案暨一期建筑设计方案国际招标开标，其中十字门商务区城市设计概念方案由美国HOK（霍克）国际亚太公司中标，一期建筑设计方案由英国RMJMPROFILE(罗麦庄马)中标。

【西部中心城区规划】 2009年2月16日，该局邀请国内知名规划专家形成专家组，对参加《珠海市西部中心城区概念规划》方案征集招标的12家境内外规划方案进行比选，确定一、二、三等奖和对方案进行深化设计的中标单位上海威尔考特建设设计有限公司。5月14日，甘霖同志、钟世坚同志、何宁卡同志率市各相关部门领导听取项目第一阶段方案汇报，并提出第二阶段工作方向。规划方案第二阶段充分听取金湾、斗门区政府的意见。为增强方案的科学性，该局专门委托市规划设计研究院对规划方案进行评估论证，进一步提出深化要求。规划方案已通过珠海市城市规划委员会的审议，按要求进行修改、完善，并向市政府报批。待该规划获批复后，该局将启动《珠海市西部中心城区起步区控制性详细规划》编制。

【横琴新区总体规划和控制性详细规划】 2009年6月24日，国务院审批通过《横琴总体发展规划》。为进一步推进横琴开发，推动粤港澳紧密合作，促进澳门经济适度多元发展和维护港澳的长期繁荣稳定，广东省发改委和珠海市政府共同组织编制《横琴新区城市总体规划》。根据市委、市政府横琴开发建设领导小组分工，由该局具体负责跟踪规划编制工作。

横琴新区城市总体规划和控制性详细规划由广东省城乡规划设计研究院承担具体编制工作。该局积极参与并协助横琴新区向广东省发改委汇报横琴城市总体规划的编制情况、洽谈横琴城市控制性详细规划的编制合同，参与并协助召开横琴规划专责小组等相关会议。《横琴新区城市总体规划》已于9月21日在珠海市规划局网站进行公示，10月22日通过珠海市城市规划委员会专业技术委员会会议审议，10月30日通过市政府常务会议审查，并已报送省建设厅组织省政府审批程序，12月8日省建设厅组织省各职能部门召开评审会。《横琴新区城市控制性详细规划》已于10月19日在珠海市规划局网站进行公示，公示结束后，按照《珠海市城市规划条例》的规定，于11月30日组织珠海市城市规划委员会审议《横琴新区城市控制性详细规划》。该控规需待《横琴新区城市总体规划》批准后报省建设厅备案，并报珠海市政府批准实施。

重大交通发展规划

【珠海市轨道交通线网规划】 2009年，该局组织编制的珠海市轨道线网规划已于6月中旬由编制单位铁四院进行初步方案汇报，在此之前，该局在市交通局和发改局的配合与支持下，配合编制单位圆满完成交通调查工作，为方案的编制工作打下良好的基础。设计单位已完成规划的初步成果并将城际线网方案向市政府作汇报。

【珠海市综合交通体系规划】 2009年，该局在配合交通局编制珠海市综合交通体系规划方面，参与交通局组织规划前期一系列问题的讨论和招标准备工作，参加规划大纲的讨论，并配合交通局开展综合体系规划的编制工作。已确定广州市交通规划研究所为珠海市综合交通体系规划咨询监理，本项规划编制工作由市交通局牵头进行，还处于招标规划编制单位的前期阶段。

重大产业布局规划

【高栏港经济区规划】 2009年，已由珠海市规划院编制完成《高栏港经济区南迳湾油气化学品仓储区控制性详细规划》，并正在编制《高栏港经济区分区规划》《高栏港经济区装备制造区控制性详细规划》《高栏港经济区石油化工区控制性详细规划》等规划。

高栏港经济区正在开展的重点项目包括中船集团海洋工程及修造船基地、中海油南海天然气陆上终端项目、海洋工程制造基地项目、天然气发电项目、广东高栏LNG接收站项目、珠海电厂5及6号机组、高栏港4个10万吨集装箱码头项目、高栏港15万吨干散货码头项目、高栏港10万吨级煤码头项目等。

【航空产业园规划】 2009年，航空产业园是《规划纲要》明确支持大力发展的园区，是广东省唯一经批复正式成立的航空产业基地，是珠海市四大产业园区之一。2008年11月6日正式开园，张德江、汪洋、黄华华等领导出席开园仪式。航空产业园已编制完成《珠海市航空物流产业规划研究》，正在编制《珠海市航空产业园发展规划》。《珠海市航空产业园核心区规划咨询及一期控制性详细规划》已完成核心区路网初步方案，待航空产业园发展规划编制完成后，再按发展规划深入编制控规方案。

【富山工业园发展规划】 2009年3月，在富山工业园管委会进行《珠海市富山工业园发展规划》正式方案汇报。并确定在“发展规划”的基础上编制《珠海市富山工业园分区规划

（2009～2030）》。2009年7月8日于富山工业园管委会进行《珠海市富山分区规划》正式方案汇报。2009年9月15日在富山工业园管委会、乾务镇人民政府、斗门镇人民政府进行批前公示，该项规划已于2009年11月通过珠海市城市规划委员会专业技术委员会审查。早在2008年10月确定珠海市规划设计研究院为中标单位，负责编制《珠海市富山工业园发展规划》深化方案。11月在斗门区府进行《珠海市富山工业园发展规划》深化方案汇报。

【平沙游艇与休闲旅游区规划】 2009年，平沙游艇与休闲旅游区已完成《珠海市西部沿海城市带总体发展规划》《平沙中心镇总体规划》《珠海市游艇工业区建设规划》规划，正在开展《平沙游艇与休闲旅游区总体规划》，已完成并通过市城规委专业技术委员会的专家评审。由珠海市规划设计研究院编制的《珠海市平沙游艇与休闲旅游区总体规划》已通过市规划技术委员会评审，拟报市政府审批。

【高新技术园区规划】 2009年，由深圳城市空间规划设计公司编制的《珠海市唐家湾地区分区规划调整（2008～2020）》已完成并于6月23日获市府批复实施。由珠海市规划院编制的《唐家湾金鼎中心区城市设计及控制性详细规划》于2009年2月27日获市政府批复实施。由珠海市规划院编制的《情侣北路（南段）控制性详细规划调整》于2009年2月27日获市政府批复实施。由珠海市规划院编制的《珠海市金鼎工业片区控制性详细规划》已完成并于2008年1月24日获市府批复实施。由珠海市规划院编制的《珠海市唐家湾高新区科技创新海岸南围控制性详细规划》已通过市规划专业技术委员会审议，待报区管委会审批。

【城市专项规划】 2009年，作为珠海城市总体规划重要组成部分的城市专项规划已完成。包括珠海市绿地系统、旅游发展、体育设施布点、环卫设施发展、加油站布点、福利殡葬设施布局、消防设施、地下空间发展规划；停车设施、公共交通、慢行（人行、自行车）系统规划；珠海市给水、污水、雨水及防洪、电力、电信和天然气系统规划。正在开展的专项规划包括教育设施布局规划（正式方案阶段）、历史文化保护规划（报批阶段）、文化设施用地布局规划（正式方案阶段）、医疗卫生设施规划(正式方案阶段)、绿线规划（方案阶段）等。

【推进重大项目建设】 2009年，该局在推进重大项目建设方面，一是港珠澳大桥对珠海市的影响及其对策研究。2009年组织珠海市规划设计研究院开展《港珠澳大桥对珠海市的影响及其对策研究》的编制工作。规划成果已完成，并上报市政府审议。二是珠海机场高速公路。珠海市交通集团负责建设。该局已完成规划方案审查及核发建设工程规划许可证工作。三是高栏港高速公路。珠海市交通集团负责建设。该局已完成规划方案审查工作，建设单位尚未办理规划许可工作。四是珠海大道一期辅道工程。珠海市交通集团负责建设。该局已完成核发建设工程规划许可证工作。五是珠海城市规划展览馆。珠海九洲旅游集团负责建设，该局作为业主单位全力配合。已批复项目建议书，已发选址意见书，11月20日启动建筑设计方案招标。六是横琴岛澳门大学新校区事宜。该局完成澳门大学新校区用地红线图的绘制并配合横琴新区和国土局按现状交地工作。七是长隆国际海洋度假区。用地达4.3平方千米，该局完成选址并核发首期建设用地规划许可证。

【政策法规体系建设】 2009年，该局在政策法规体系建设方面，一是配合市人大开展《珠海市城市规划条例》修订工作。多次召开工作会议对《珠海市城市规划条例》进行研究和探讨，并参与市人大组织的座谈会及市人大常委会的审议会议，提出相应的修改意见。二是开展《珠海市城市规划条例实施细则》起草工作。通过组织到先进城市进行调研、邀请法律顾问参与制定和讨论、召开不同范围的座谈会等形式，完善《珠海市城市规划条例实施细则》的相关内容，并对《细则》条款的内容、制定目的、依据和参考等方面逐条作出详细解释和说明，现该局正进行最后的审核，加紧上报工作。三是出台两部规范性文件。政府规范性文件《珠海市城乡规划编制管理暂行规定》于9月份正式实施。部门规范性文件《珠海市规划档案查询管理规定》于8月份正式实施。四是正在开展的立法工作。该局已起草完成《珠海市违反规划建设行为处罚规定》和《珠海市建设工程竣工规划验收管理规定》，将在进一步完善后上报；《珠海市城乡规划招投标管理规定》处于起草阶段，并计划于年底前完成报审工作。

【城市规划信息化建设】 2009年，该局在城市规划信息化建设方面，一是珠海市数字规划工程总体规划研究。该项目研究制定规划信息化的总体规划，提出规划信息化建设的总体框架和分步实施计划，为规划信息化建设提供科学的指导依据。该项目已获得项目评审会专家组的一致通过，并形成最终的正式成果。二是城市规划管理空间信息数据库的建设。制定中心城区控规成果数据的标准，新建设规划管理空间信息数据库平台，实现中心城区控规现状数据、规划审批数据的入库管理。珠海市城市规划管理空间信息数据库平台已建设完毕并投入使用，现状调研数据、规划审批数据已基本完成入库工作；正在进行控规成果数据的录入及数据监理。三是网上报建系统及城市规划网站的建设。该系统实现全局系统的规划公示及规划信息公开的统一平台管理，进一步提高规划管理政务公开和服务水平。该项目已完成项目验收工作，并于2009年2月正式启用。四是电子报批系统的建设。此系统为建筑、市政、规划验收阶段的规划审批指标提供自动核算。已经完成第一阶段——建筑工程总平面及单体的电子报批，并开始正式运行。五是珠海市规划编制管理系统。根据目前珠海市城市规划编制工作的审批管理和规划成果管理应用的需求，建立规划编制工作的规范化、科学化管理系统，实现规划编制项目的全过程管理。该系统已获项目评审会专家组的一致通过，并正式启用。

【办理市人大建议、政协提案】 2009年，该局共接受人大建议、政协提案44件，其中人大建议17件（主办7件），政协提案27件（主办11件）。全部建议提案均已办结答复，所有建议提案无超时未办结件。其中，涉及规划编制类建议、提案有12件，包括打造珠三角西岸核心城市、情侣路旅游规划、启动西部中心城区起步工程、抓紧推动鹤洲南新城区的建设、修建珠海文化大道、在珠海市沿山沿海地段减少房地产项目开发等，给该局规划编制工作提供了很好的意见和建议；规划实施类的建议提案15件，这些问题都提得比较具体，包括《关于将市疾控中心新址设在珠海市主城区的建议》《关于推进珠海市老旧住宅小区改造的建议》和《关于改造九洲港客运口岸的议案》等建议和提案；交通市政类的建议提案17件，包括《规划建设香洲交通枢纽的建议》《关于在轻轨金鼎站建立大型免费停车场的建议》《关于改善富柠路交通设施、解决塞车难的提案》等建议和提案，主要围绕加强珠海市基础设施建设、健全综合交通体系等市民关心热点问题。 （市住房和城乡规划建设局）

市政设施建设

【市政道路建设】 2009年，珠海市建设局管理的新建、续建市政基础设施项目17项，其中，完成市政基础设施项目12项，完成投资约1.2亿元，包括完成上冲新西街市政道路、留诗路剩余段工程、嘉祥苑市政配套路(翠民路)、情侣路海堤修复（龙洲湾段及景湾路段）工程、翠前北二街市政道路工程、前山河二期三期道路等一批城市主干道、次干路、支路，以改善片区组团之间的联系，提高路网密度、打通交通节点，缓解交通压力，取得良好的效果；完成莲山巷修缮工程、主城区二期2个路口渠化改造工程、三台石路前山市场两个路口改造工程、梅华东路港湾大道路段、南湾大道环岛游路口至湾仔红绿灯路口、南湾大道湾仔加油站至湾仔红绿灯路口五项交通设施、岭南路和安宁路道路工程、拱北口岸地下通道大修工程等，有效提高节点通行能力，改善城市面貌和市民出行环境。

【管道燃气供气】 2009年，珠海市管道燃气供气小区131个，供气居民6万多户，完成全市314个瓶装液化石油气销售点安全检查和年审工作，实现燃气安全运营的工作目标。积极落实组织各燃气企业全面开展燃气安全检查及应急抢险预案演练工作，维护社会稳定和治安稳定，确保实现平安运营的目标。根据市政府要求，积极推进锦绣柠溪等多个瓶组供气小区接驳市政燃气管网工作，协调解决多个新建小区接通市政燃气管道问题。积极配合市政府推进管道燃气特许经营权的进一步改革工作。加强对运营单位的监督管理工作，积极协调和推进城市管道燃气建设发展。

【港珠澳大桥正式开工配套】 2009年，珠海市围绕“简政提效”，各有关部门与单位切实抓好落实，政府投资项目和重大项目建设取得突破。全年完成政府投资72.3亿元，超额完成年度计划目标。一号工程广珠铁路施工全面铺开，进展迅速，资本金筹措及时到位，累计完成投资57亿元，占总工程的41.9%。港珠澳大桥于12月15日正式宣布开工，珠澳口岸人工岛填海工程开始建设，拉开珠海市交通建设大发展的序幕，与之相关、配套的市政工程也逐步开展。

【加快推进其他重大项目】 2009年，中航通用飞机项目、高栏港海洋工程装备制造基础设施配套工程、中石油物流中心、城镇污水处理厂配套管网工程、高栏港区十万吨级煤炭码头等一批重点项目陆续动工。城乡防灾减灾工程、竹银水库因征地拆迁受到一定影响，正在加快推进。省道S272线白蕉高速路口至机场段改造、金凤路凤凰山隧道按计划实施。前山河整治项目进展顺利，前山河清淤保洁一期工程基本完工，前山河道路一期、二期已复工，三期已开工建设。垃圾发电厂技术改造、香洲凤凰河综合整治等环保迎检项目进展理想。横琴口岸出入境客货通道建设、情侣路海堤修复工程顺利完工，高栏港高速、机场高速正式开工建设。重大项目建设方面，全年十大重点建设工程完成投资137.88亿元，占年度投资计划176.61亿元的78.1%。其中，港口枢纽工程、机场枢纽工程、口岸枢纽工程、石化及海洋装备制造工程、航空及高新技术产业工程、商务休闲旅游工程、生态环保工程、市政基础设施工程、公共服务工程、能源保障工程分别完成投资49.73亿元、2.11亿元、31.20亿元、19.68亿元、3.88亿元、4.93亿元、8.13亿元、6.36亿元、0.37亿元和11.50亿元。 （谭海滨）

城市供水

【概况】 2009年，是珠海水务集团创立和开局之年。6月，珠海市委、市政府作出重大决策，决定以原珠海市供水总公司为主体重组珠海水务集团有限公司，将珠海市城市排水有限公司、珠海市排水设施管理站、珠海市大镜山水库管理处、西坑尾垃圾填埋处置场、市垃圾发电厂、力合股份公司国有股权等6家企事业单位国有资产整体资源，以及珠海市河渠管理中心、珠海市堤围管理中心、珠海市水务建设管理中心等3家事业单位有关涉水项目的投资、建设和管养职能及相应的关联资产予以优化整合划归水务集团。7月29日，水务集团正式揭牌成立。该集团2009年克服有史以来最严重咸潮的危害，圆满完成建国60周年和澳门回归10周年保障珠澳两地供水任务，集团化改革重组取得重大成果，重大项目建设进展顺利，生产经营态势发展良好，企业呈现蓬勃发展的良好局面。2009年总供水量3.83亿立方米，同比减少2.24%；全市总售水量(不含对澳)2.57亿立方米，同比下降1.28%。新增污水处理能力13.5万立方米／日，全年完成污水处理量2547.5万立方米；西坑尾垃圾填埋场处置生活垃圾39.8万吨，垃圾发电厂处置垃圾17.9万吨，发电量3096万千瓦小时。

2009年，该集团荣获全国“城镇供排水行业突出贡献单位”“广东省连续22年‘守合同、重信用’企业”“广东省最佳诚信企业”“广东省优秀企业文化单位”“珠海市国资系统安全生产工作先进单位”等殊荣，企业三个文明建设、和谐发展取得丰硕成果。

【珠澳安全优质供水】 2009年，是建国60周年和澳门回归10周年，保障供水责任重大。该集团圆满完成2008年冬～2009年春枯水期及2009年高峰期珠澳两地供水任务。2009年下半年，珠江流域严重干旱，受上游降雨、蓄水、来水锐减近50%的影响，咸期比往年提早近两个月，珠澳两地供水受到史无前例的挑战。该集团按照市委、市政府制定的“保流量、深挖潜、强节水”方针，加强应对措施：认真研定应急预案，督促完善珠海市保障珠澳供水指挥部会商机制，加强与珠委、中珠联围等单位协调沟通力度，积极配合珠江防总对珠江流域西、北江实施的统一调度，采取建设平东大道临时加压站等各种措施充分挖掘潜力，竭尽全力减轻干旱灾害对两地人民生活、生产用水的影响。全市自来水水质符合或优于国家《生活饮用水卫生标准》。

【排水、固废、水利设施新业务】 2009年，自7月珠海水务集团成立之日起，排水、固废、水利设施等新业务有序展开。一是组建移交工作领导机构和工作小组，与8家划转单位的3个主管部门迅速签订移交备忘录或产权移交协议书，并专门成立相应内设机构对接相关业务，明确移交程序和内容，将责任落实到人，集团组建和业务交接顺利推进。二是新设和调整了二级子公司架构，为集团污水处理、固废处理业务、充分提供运营平台。三是严格按照“新划转业务单位人员个人身份不变，供给渠道和标准不变，工作岗位不变”原则，保证被接管单位正常运作和队伍稳定。

【水务重大项目建设】 2009年，自珠海水务集团组建以来，承担“国家环保模范城”迎检项目、市人大督办项目、市政府重点急办项目等超过100项。一是完成南水污水处理厂、拱北污水处理厂扩建工程、三灶水质净化厂等迎检项目，新青水质净化厂即将完成建设任务，配套的污水收集管网按计划推进，成功签署万山、横琴新区污水处理项目特许经营授权框架协议。二是固废处理项目成果初现。确保沥溪垃圾填埋场封场一

期工程、西坑尾垃圾填埋场B区工程、垃圾发电厂技改项目按时开工，茶冷迳项目、西坑尾垃圾渗滤液处理站项目正有序推进。三是顺利推进前山河综合整治、情侣路截污等多个水利市政项目，有序组织鸡公山排洪渠、疗养院排污泵站等多个项目如期开工。四是供水基础设施不断完善。规划设计乾务至高栏港输水主干管工程，重新启动南区水厂的建设。五是启动斗门、金湾、高栏港、高新区等4区的新一轮农村水改工程前期工作，至2009年末，已完成全部工程项目立项及可行性研究报告。

【企业科技进步】 2009年，该集团联合清华大学等单位承担的国家863重大科研项目进展顺利，得到科技部专家组的好评。企业信息化规划项目研究取得阶段性成果。同时，采取各种措施促使生产调度、双增双节、表务管理、管网测漏水平不断提高，通过不断优化调度、加强表务数据分析、匹配计量水表、按计划推进管网技改等办法，成功遏制产销差率近年持续上涨的趋势，节能降耗工作取得喜人成绩。

【提升改善社会服务形象】 2009年，该集团一是继续做好供水服务工作，加强客户群体的甄别管理，拓宽客户支付水费渠道，优化用水申请流程，继续做好抄表到户工作，加强供水热线的建设，完善服务快速反馈机制，确保客户的咨询投诉在有效时间内答复解决、抢修及时率100%。二是高标准完成主城区公用排水设施的养护任务，确保养护范围内雨水、污水管网排水畅通，保证排水设施、设备的完好及安全运行。三是认真处理人大、政协建议提案，加强二次供水设施及水质管理，完成港湾大道与梅华东路交汇处等7个水浸黑点的整治。 （市水务集团）

城市监督管理行政执法

【概况】 2009年，珠海市城市监督管理局查处各类违法行为5.12万宗（立案查处6424宗，教育整改44776宗）。其中，规划执法方面：查处违法建设行为1137宗，涉案面积30.63万平方米，强制拆除24.4万平方米（包括临时性窝棚）；查处室内违法装饰装修案件141宗。市容执法方面：查处乱摆卖、占道经营等市容违法行为46152宗。户外广告执法方面：查处违法设置户外广告设施2594宗，涉案面积4.8万平方米，拆除面积4.3万平方米，查处城市“牛皮癣”通讯号码803个，停机775台。旅游执法方面：检查旅行团205个、旅行社160家（次）、购物点87家（次）、导游341人（次）、旅游景点35个（次）。供水、燃气执法方面：查处违法行为123宗。生猪屠宰执法方面：捣毁私宰窝点163个，整治各类肉类市场168个（次），没收私宰生猪肉品3.94万千克，其中销毁的病变肉、注水变质肉9325千克。各类违法行为罚款金额2053万元。受理群众投诉14790宗，接待来访群众228批次。

【市容环境整治】 2009年，该局集中力量展开占道经营和乱摆乱卖综合整治行动，从“点、线、面”到“片”展开全面整治。实行分工包片，并在辖区内实施不间断的巡回集中整治；责任落实，工作措施到位，对市区范围内的占道经营及乱摆卖现象，按责任范围进行落实整治，责任层层明确，并坚持广泛发动群众、企业参与整治行动；采取推行网格化管理、加强夜间执法力量、实施错峰执法、与社区企业建立共管共治制度等措施全力整治辖区市容环境；疏堵结合，着眼长远，探索“疏堵结合，以疏助堵”的管理机制，制定《临时便民疏导点设置管理办法》，联合香洲区在城区范围内设置33个流动经营疏导点；各部门协调联动，齐抓共管，形成合力。经过近半年的持续整治，城区商铺占道经营和流动乱摆卖现象明显减少，基本解决主干道周边占道经营和流动经营问题。

【户外广告设施整治】 2009年，该局重点清理未经批准擅自设置、设置期满未继续取得设置权、单位已迁移或歇业、未按照批准要求设置、已破损残旧、存在安全隐患的六类户外广告设施。通过与市市政园林局建立“审批—登记—查漏—整改”的广告招牌整治联动机制，有效建立健全与各部门间良性的互动合作机制。启动大规模强拆违法广告招牌行动，在迎宾路、海滨路、珠海大道、机场路、港湾大道、南湾大道、横琴新区等地段同时开展强制清拆行动，确保以整洁有序的空间环境迎接澳门回归10周年。

【依法清理“牛皮癣”】 2009年，该局按照“停机处理和专业清洗相结合，长效管理和齐抓共管相结合，宣传教育和行政处罚相结合”的方式，展开“牛皮癣”专项整治工作，严厉查处严重影响市容、市貌的各种违法小广告和城市“牛皮癣”，对乱张贴行为严查不怠，使主干道和重要地段的“牛皮癣”明显减少。

【遏制违法建设行为】 2009年，该局建立健全投诉、举报、跟踪、查处制度，加大日常巡查密度，强化违法建设治理力度。针对农村地区违法抢建、城区内乱搭乱建、占用国有土地违法抢建等违法现象，加强与相关部门的协调配合，组织开展整治行动。按照“一案一立一查处”的要求处理，做好案件调查和材料收集工作，做到发现一宗，查处一宗，对前山翠微村、上冲村、南沙湾旧村等地的违法抢建全面调查立案，同时依法拆除顶风作案抢建的前山翠微村3宗占用国有集体土地、翠微村圣堂里、南沙湾后山新村10号旁等15处违法建设，对村民违法抢建，坚持定点监控和说服劝诫并重的原则，实行严密监控，坚决杜绝占用公共、集体用地违法建设行为。积极配合重大项目用地清场，集中整治重大项目用地范围内的违法建筑，成功清拆违法建设3万多平方米，为推进澳门大学珠海校区、长隆、新家园等重大项目的顺利开工作出积极贡献。

【提高专业执法水平】 2009年，该局围绕整顿珠海市旅游市场为主，狠抓旅游市场的督促检查工作，通过建立日常巡查时时抓，节日期间重点查的工作制度，重点加强对非法代办签证行为的查处力度，与旅游局等相关部门开展联合执法大检查的方法，确保旅游市场的良好经营秩序，净化旅游市场经营环境。供水执法方面：严查不当施工挖爆水管及偷盗自来水行为，特别加强夜间偷盗自来水经营洗车业务的查处力度，查处一批偷水洗车的违法行为。同时，加大对二次供水的检查力度，积极维护供水管道安全，让市民喝上“放心水”。燃气执法方面：日常监管和突击检查、明察暗访相结合，对市区无证经营燃气行为进行严厉打击，检查燃气销售点220家次，取缔无证代充点53家，扣押煤气瓶777个。严格落实大气库定期检查制度，加强对燃气管道的巡查，及时纠正各类违法、违规行为，及时消除安全隐患，维护燃气市场正常的经营秩序，确保让市民用上“安全气”。生猪屠宰违法行为执法方面：围绕打私宰、捣窝点主线，通过线人跟踪，群众举报和不定时巡查，一批较顽固的私宰窝点，与工商、兽医检疫等职能部门联合执法，加大对市场私宰肉上市的查处力度，从流通销售渠道上切断私宰肉流入市民的菜篮子，让市民吃上“放心肉”。

【“数字城管”工程】 2009年，该局全力推进珠海市数字化城市管理信息系统项目，一期工程

计划投资3000万元，当年，“小城管”部分已进入试运行阶段，按项目进度及给付比例实际完成投资1297.54万元。“数字城管”的各子项目建设工作稳步推进。

【城市监督管理】 2009年，该局统筹协调各部门开展市容、市貌整治工作。制定《工作方案》，组织召开动员大会，分解工作任务，编制签署《市容市貌工作责任书》，强力推进整治工作，为迎澳门回归10周年创造良好的环境气氛。协调推动前山河综合整治，全力推动督办规范农民建房工作，提出加快推动前山河综合整治的工作建议，协助市政府安排市人大开展视察活动。对农民建房问题，牵头组织到各区实地协调检查督办工作，每月两次检查了解各区工作进展情况。针对房地产开发领域违规现象较为严重，推动规范房地产开发建设工作。监管城管机动经费规范使用，牵头调整城市养护费标准，做好城管机动经费的计划编制工作，制定“2009年度城市管理专项经费使用计划”方案，认真监督经费的使用情况，全年审核经费79项，办理核拨手续170宗。应市财政局的要求，开展野狸岛公园维护经费的审核工作，核减有关部门申报经费150多万元。

【城管执法机制改革】 2009年，该局加强联动，实施共管共治机制，邀请辖区物业管理公司、大型商贸企业参与市容管理，配合执法中队在责任区内开展整治行动，建立共管共治执法联动机制，形成整治合力。进一步探索疏堵结合的路子，从根本上缓解流动摆卖问题，在市区范围内设立33个流动经营疏导点。推行执法网格化、责任化管理模式，将执法力量分配到每个责任区、每一条街道，责任落实到人，实现执法管理点、线、面结合，执法工作切实做到横到边、纵到底，全方位覆盖，消除执法盲点，逐渐从过去的运动突击整治过渡到网格化责任区的长效管理，由粗放式执法逐渐转化为精细执法。建立“城管110”快速反应机制，规范督察、督办机制，在执法用语、执法装备、执法程序等方面，严格按统一制定的规定执行，加强督察、督办，检查考核600余次，督办违法行为925宗，检查队容风纪634人（次），纠正不规范着装58人（次）。

【依法行政水平提升】 2009年，该局参与地方性立法，先后对《珠海市排水条例》《珠海市生猪屠宰管理条例》等多种地方性法规、规章和规范性文件的制定、修改和废止提出合理性建议，出具32份立法意见。修改完善《行政处罚案件分级处理暂行规定》，优化案件办理流程，制定《旅行社条例及其实施细则执法细则》等新法规的执法细则，统一执法标准，保证执法规范。办案工作“四坚持、四提高”，确保办案制度化、规范化、科学化，坚持严格依法审理，提高案件质量，对案件材料的审查以事实清楚、证据确凿、适用法律准确为前提，严把案件质量关。

（张丽芳）

环境保护

2009年5月27日，珠海、中山、江门三地共同签订《珠中江环境保护区域合作协议》。　　赵　梓　摄

环境保护

【概况】 2009年，珠海市深入贯彻落实科学发展观，坚守蓝天白云、青山绿水的“一条底线”，完成好节能减排“两大指标”，坚持严格控制土地、严格控制人口、严格控制环境的“三严”方针，实施生态建设“四个百分百”行动（即新增工业项目百分百进入园区、污水垃圾百分百达标处理、裸露山体百分百恢复绿化、节能减排百分百实现目标），以环境考核和污染减排为契机，大力推进珠海市环境保护和生态建设工作。珠海市大气环境优良水平保持在100%，区域环境噪声、道路交通噪声达到国家标准，建有自然保护区10个，建成区绿化覆盖率高达45.03%，绿地率达到39.89%，人均绿地面积达12.84平方米，城市生活污水处理率达80.15%，生活垃圾无害化处理率达86.71%，成功摘掉“重酸雨区”帽子，环境质量总体保持较好水平。在2009年“城市环境综合整治定量考核”中，考核总分名列全省前茅。

【环境基础设施建设】 2009年，珠海市生态建设“四个百分百”32项重点工程和环保模范城迎检36个重点工程顺利推进，南水污水处理厂、拱北污水处理厂一、二期改造扩建工程已完成，三灶污水处理厂、新青污水处理厂土建工程完工，有望在年底前建成；西坑尾垃圾渗滤处理等工程建设进一步加快，海岛环保基础设施建设不

三层立体交错的前山立交桥，自1997年建成通车后，成为珠海市毗连主城区与西区的紧张交通枢纽。随着都市的快速生长，交通量激增，尤其是一些超重车辆的增多，使得这座利用时间已高出十多年的桥梁不堪重负。 席 湖 摄

断加快，桂山岛已完成污水管网建设，产业政策制定、小火电关停、锅炉脱硫、环保能力建设等工程均取得实质性进展。重视水源地保护工程建设，研究编制《珠海市饮用水水源地环境保护规划》和制定《珠海市饮用水源保护区扶持激励办法（试行）》，积极做好竹银水源工程建设。通过大力开展污水垃圾处理工程建设、绿化美化工程建设、水源地保护工程建设、自然景观保护工程建设、开展环境综合整治工程建设，坚决查处遮山挡海、严重影响市容的各类违法建筑，创造最佳的人居环境和创业环境。

【生态文明示范】 2009年，珠海市深入开展绿色创建、生态创建活动，创建珠海市第四批市级“绿色学校”21所、第二批市级“绿色社区”11家、环境教育基地7个、各级生态示范区93个，生态示范区覆盖率35%，逐步形成生产发展、生活富裕、生态良好的区域发展格局。

【体制机制建设】 2009年，珠海市修订政府投资项目管理条例和工程招投标管理办法，加大对生态工程等项目的资金投入力度。签署珠中江合作框架协议，拟定《珠海市创建生态文明城市行动纲要》，全面实施新修订的《珠海市环境保护条例》，加强环保与产业、交通等方面的合作。

【通过三项环保考核检查】 2009年，省环保局公布上年三项考核结果：第一项“污染减排”考核指标，达到广东省政府的要求，连续三年实现“百分百”完成减排目标。在全市GDP增长9%的情况下，污染负荷有所下降。化学需氧量减排0.10万吨，二氧化硫减排0.21万吨，分别同比下降3.5%和5.4%，顺利完成国家、广东省下达的目标。第二项是“环保目标责任考核”，考核结果为全省优秀。第三项是“城市环境综合整治定量考核”，考核总分名列全省前茅。

【城市空气】 2009年，珠海城市空气环境质量良好，空气污染指数保持优良水平，各项污染物浓度平均值符合国家《环境空气质量标准》（GB3095-1996）二级标准；2009年第三季度有198天空气质量级别Ⅰ级（优），占65.13%；106天空气质量级别Ⅱ级（良），占34.87%。空气中首要污染物为可吸入颗粒物。酸雨发生率为42.9%。同比二氧化硫、二氧化氮、可吸入颗粒物季日均值均有不同程度的下降；酸雨发生率42.9%，同比下降7.7个百分点。

【水环境】 2009年，珠海市的水环境质量处于较好水平：前山河珠海市段水质监测所有项目月平均浓度值均符合国家《地表水环境质量标准》（GB3838-2002）Ⅳ类标准；黄杨河尖峰断面水质监测所有项目月平均浓度值均符合国家《地表水环境质量标准》（GB3838-2002）Ⅲ类标准；跨市边界河流磨刀门水道布洲断面和前山河南沙湾断面水质监测所有项目月平均浓度值分别符合国家《地表水环境质量标准》（GB3838-2002）的Ⅱ类和Ⅲ类标准；主要的集中式饮用水源地大镜山水库、竹仙洞水库、杨寮水库、乾务水库、平岗泵站、广昌泵站、黄杨河泵站和裕洲泵站水质达标率为100%，和去年同期相同。大镜山水库、竹仙洞水库、杨寮水库、乾务水库、平岗泵站、广昌泵站、黄杨河泵站和裕洲泵站的营养化状态均属于中营养级别。近岸海水4个功能区监测点所监测项目浓度平均值均符合所属海水功能区各类别国家海水水质评价标准，11个环境质量监测点位中，除3个监测点位（GD0401、GD0402和GD0403）的悬浮物出现超标现象，其余监测点位符合国家《海水水质标准》（GB3097-1997）第二类标准。

【城市噪声】 2009年，珠海市的功能区噪声0、1、2、3类环境噪声功能区昼夜平均等效声级基本保持稳定。4类区夜间平均等效声级超标。声源构成以生活噪声源为主；2009年，珠海市的区域环境噪声昼间平均等效声级为55.0分贝，符合国家考核标准，同比基本保持稳定；达标路段为98.8%，与上年持平。道路交通噪声平均等效声级为67.9分贝，符合国家考核标准。

（傅红红）

交通物流与口岸

2009年10月15日，珠海市委书记、市人大常委会主任甘霖到重大交通基础设施建设现场进行考察。　　市交通局供稿

交通物流与口岸

公 路

【概况】 2009年，珠海市公路通车里程1367.51千米（含高速公路），按路面类型划分：水泥混凝土路902.97千米，沥青混凝土路200.44千米，简易铺装路32.78千米，砂土路231.32千米。按技术等级划分：高速公路70.83千米，一级公路321.82千米，二级公路131.67千米，三级公路404.82千米，四级公路406.59千米，等外公路31.78千米。公路密度80.03千米/百平方千米。全市有公路桥梁368座/4.9万延米，其中特大桥11座/2.6万延米，大桥51座/1.88万延米，中桥120座/6431.33延米，小桥186座/3067.21延米。

【公路建设】 2009年，珠海市公路系统完成省道S272线白蕉高速路口至湖心路口段，完成农村公路建设11条15.24千米，改造农村公路危桥11座，年内开工建设省道S366线南湾立交至珠海大桥段辅道和省道S365线中心涌至井岸二桥段。省道S272线白蕉高速路口至湖心路口段：该路段全长15.6千米，按双向六车道一级公路标准建设，总投资2.5亿元，2008年5月开工，2009年9月29日实现主线双向通车。省道S366线南湾立交至珠海大桥段辅道：该路段全长8.13千米，按双向6车道城市一级次干道标准建设，并新建车辆下穿通道和人行地道、市政管线、绿化等市政配套设施，设计时速40千米，总投资7.13亿元，2009年6月28日开工，计划2010年珠海航展前完工通车。省道S365线中心涌至井岸二桥段：该路段全长6.27千米，按双向八车道一级公路标准建设，沥青混凝土路面，设计速度80千米/小时，其中井岸二桥全长826米，宽度36米，双向6车道，总投资6.19亿元。主车道两侧结合市政道路规划进行配套，包括给水、雨水、污水、路灯、绿化及景观工程、人行道、非机动车道、电子监控系统等设施。其控制性工程井岸二桥项目于2009年12月29日开工。凤凰山公路隧道项目完成工程量超过50%，高栏港高速公路、机场高速公路顺利开工，省道S366线主线已获立项批复，省道S111线金鼎转盘至金唐路口段改造、西沥大桥重建工作全面启动。

【公路执法】 2009年，珠海市公路系统继续贯彻落实《公路法》《广东省公路条例》和《珠海市公路路政管理规定》，依法行政、文明执法，切实保护路产、维护路权。全年办理行政许可96宗，结案率100%，有效投诉为零。收取路产补偿费、赔偿费220余万元。公路路政行政许可纳入全市监察网的全程监督及行政效能满意度评价系统。

加强公路巡查，依法实施对公路及两侧建筑控制区的管理，打击各种侵占和破坏公路产权的违法行为。完成淇澳大桥安全控制区违章构筑物清理行动，对省道S366线、县道X587线公路两侧路边乱摆卖水果摊进行清理整治。抓好治理车辆超载超限工作，检查车辆6281车次，其中超限车辆47辆，卸载车辆46辆，卸载货物794.61吨，收缴罚款8.21万元。遏制了车辆严重超限态势，货车超限超载率下降到4.6%，超额完成省下达的6%的目标任务。

【公路养护】 2009年，珠海市公路系统加强对公路部门管养的1296.68千米公路和302座公路桥梁的养护工作，优良路率为82.7%，优等路里程387.85千米。其中，国道优良路率100%，省道优良路率91.79%，县道优良路率90.9%、乡道优良路率72.0%，在全省2008～2009年国省道干线公路检查评比中名列第五。重新编制和修订《珠海市公路养护管理规定》等8项养护管理制度，完善公路养护规范化管理。完成新一轮养护工程内部招投标工作，深化公路养护劳务用工制度改革，试行农民工就近划分养护路段“责任田”用工改革。切实加强公路桥梁安全监管，委托专业机构对13座大桥进行水下检查，并进行针对性的维修保养工作。根据西沥大桥、井岸大桥病害发展趋势和承载力不足的情况，采取限载措施，防范桥梁发生安全事故，并启动重建或大修立项工作，确保公路安全畅通。

【公路征费】 2009年1月1日，公路养路费改税工作开始实施，即日起随转追缴漏征车辆规费的收尾工作，至2009年9月30日此项工作终结，共追缴漏征车辆926台140万元。同时，根据省、市的统一部署，积极做好征稽人员的安置工作和规费征稽业务清理移交工作。公路信息化建设升级办公自动化系统并投入使用，完成公路部门公众网更新工作，推进全市公路干线通行监控系统的布点规划工作，并启动建设省道S365线南门大桥车辆通行监控系统。

【安全生产】 2009年，珠海市公路系统扎实推进安全生产宣传教育、检查监督、隐患治理“三项行动”，切实加强安全生产体制机制、保障能力、监管队伍“三项建设”，抓好公路系统安全生产工作的落实，大力开展以“关爱生命、安全发展”为主题的安全生产宣传教育活动，强化对安全生产管理人员的培训和生产作业人员的岗前培训。重点加强危桥、事故多发路段及在建工程的安全隐患的排查整治工作，积极推进列入省公路局危桥改造目标管理责任书的24座四、五类桥梁的改造工作，联合交警部门对84处事故多发点段进行整治，强化重点建设项目安全监管，保障施工安全。加强应急管理，制订公路桥梁安全应急预案，组编由100人和65台机械设备组成的“珠海市公路局交通道路抢修应急救援专业队”，并进行7次应急演练。年内无生产安全责任事故发生，达到省公路局和市政府下达的年度考核目标。

【制度建设】 2009年，珠海市公路系统制定和完善《中共珠海市公路局党组工作规则》《珠海市公路局工作规则》《珠海市公路局政府采购管理暂行规定》《珠海市公路局政务信息公开制度》《珠海市公路局行政效能监察管理规定》《珠海市公路局财政资金拨付、支付管理暂行规定》等规章制度，各项工作有章可循，规范化运行。编制和修订《珠海市公路养护管理规定》《珠海市公路局养护内部招投标管理实施细则》《珠海市公路局桥梁养护管理实施细则》《珠海市公路局公路大中修养护工程管理实施细则》《珠海市公路局公路桥梁应急救援预案》，为业务工作开展提供制度保障。

【精神文明与廉政建设】 2009年，珠海市公路系统组织干部职工开展庆“建党88周年，建国60周年”歌唱比赛、摄影比赛、拔河、乒乓球等比赛活动，活跃干部职工的业余文体生活。开展机关作风整顿和反腐倡廉教育，围绕“转变作风、廉洁从政、促科学发展”的主题，以解决影响和制约公路事业发展的主要问题为突破口，切实解决机关作风和队伍建设中存在的突出问题。

【农村帮扶】 2009年，珠海市公路系统完成危桥改造11座，建设农村公路11条，建设里程15.24千米，完成工程量3300多万元。向斗门区黄家村派驻干部，帮扶驻点村改善交通环境，发展经济，与揭阳市揭西县新河村建立“规划到户、责任到人”的帮扶关系。积极派技术骨干参加汶川重建工作，温代贤荣获对口支援汶川恢复重建工作先进个人称号，并被评为汶川县劳动模范。

（徐世生）

港　口

【概况】 2009年，面对国际金融危机的冲击，珠海港全港货物吞吐量实现逆势增长，达到4406.8万吨，比上年增长7.8%，其中外贸吞吐量1804.2万吨，增长35.7%；集装箱完成吞吐量56.4万标准箱，同比减少13.9%；旅客吞吐量457万人次，同比减少10.5%。珠海港完成煤、油、气等吞吐量2490万吨，占广东能源吞吐量的23%，其中成品油占广东省的比重为15.86%，液化气占20.58%，均列广东省第二。

【港口生产能力】 2009年，珠海市有港口泊位123个，其中公务用非生产性泊位5个，生产性泊位118个。泊位总长1.21万米，其中生产性泊位总长1.16万米。设计年通过能力：货物5215万吨、集装箱94万标箱、旅客927万人次。生产性泊位中，8万吨级泊位3个；5万吨级泊位9个；1至3万吨级泊位3个；万吨级以上泊位合计15个；万吨级以下，沿海1000吨或内河300吨以上泊位合计49个；沿海1000吨及内河300吨以下泊位合计54个。

【港口规划】 2009年，珠海市完成《珠海港总体规划（修编）》的报批工作；配合中船大型修造船项目编制完成荷包岛作业区规划；启动万山港区规划编制工作，开展高栏港区南水作业区控制性详细规划和虫雷蛛作业区规划编制工作。同时，完成《珠海市邮轮游艇港口发展规划研究》《珠海市区港联动发展研究》《珠海港支持保障系统规划》等三项课题的编制工作，为新一轮港口科学发展奠定重要基础。

【港口基础设施建设】 2009年，珠海港高栏港区5万吨级集装箱码头两个泊位全部建成（1号泊位试运行、2号泊位通过交工验收），10万吨级集装箱码头项目获得国家发改委核准，标志着珠海港成功迈出向沿海集装箱干线港战略性转型的关键一步。万山港区桂山油库多点系泊码头技术改造工程项目（10万吨级油码头）也获得国家发改委批准，其辅助工程已开始动工建设，项目建成后将成为珠三角地区最大的专业成品油码头。一大批码头项目如高栏港区南水作业区10万吨级煤炭码头工程、15万吨级干散货码头工程、高栏港区10万吨级主航道工程、高栏港区大荷防波堤工程等项目相继开工建设。而一批港口项目的前期工作也在积极推进，其中包括广东珠海LNG项目一期工程、南迳湾港丰燃气码头、珠海发电厂二期码头、南海天然气陆上终端配套码头、深水海洋工程装备制造基地配套码头、中船集团珠海船舶和海洋工程装备基地、茂盛海洋工程配套5000吨级码头、中南汇5000吨级石化码头、新海能源扩建5000吨级LPG码头、洪湾港区二期码头等。

【港口经营管理】 2009年，珠海市办理《港口经营许可证》的港口企业有9家，其中新办6家，分别是中化格力港务有限公司、中化格力仓储有限公司、珠海保税区加华货柜码头有限公司、珠海市发思特船舶物资供应有限公司、珠海绿洋环保有限公司和珠海市港航海事工程服务有限公司；办理港口经营试运行的企业6家；办理变更企业名称的企业1家。

【港口安全生产】 2009年，珠海市港口行政主管部门完成7家港口企业的港口设施保安评估工作，协助广东省交通厅完成珠海市3家港口企业《港口设施保安符合证书》的年度审验工作，完成16家港口企业的《危险货物作业资质认可书》年度审验工作，核发《危险货物作业认可证》3家。

【港口管理体制改革】 2009年12月31日，珠海市港口调度中心正式对外运作，统一对进出港船舶的调度管理，为珠海港船舶进出港提供一个公平、公正、高效的港口调度管理体系，保障了港口运作的安全有序。

【港口集装箱运输】 2009年8月30日，高栏—太仓集装箱班轮航线开通；12月18日，高栏至天津、海口集装箱班轮航线开通。12月17日，珠江水系西江港口企业联盟（简称“西江港口联盟”）成立大会暨西江港口合作发展论坛在珠海举行，来自西江流域的11个城市的港口负责人共同签署西江港口联盟章程，并宣布西江港口联盟成立，以珠海港为核心的西江沿岸集装箱班轮航线将陆续开通。 （谢明华）

交通运输业

【概况】 2009年，珠海市交通系统破解交通发展难题，不断提高交通科学发展水平、公共服务水平与行业管理水平。严格领导干部经济责任审计，严肃查办违纪违法案件。严格执行《中国共产党党员领导干部廉洁从政若干准则》，开展治理“小金库”工作。大力推行政务公开，建设“阳光政府”。认真治理交通工程建设领域存在的突出问题，重点解决公路、水路工程建设中招投标、建设程序、工程实施、质量安全和资金管理环节存在的突出问题，加强交通工程建设项目的监管检查。继续完善交通建设项目“双合同”制，努力打造“阳光工程”。继续深化交通运输行业文明创造活动，开展道路运输、机动车维修、驾驶员培训等行业质量信誉考核，强化行业自律意识。开展星级文明维修企业、文明出租车驾驶员评比活动和文明基层站所评比活动，行业诚信文明度进一步得到提高。

2009年，珠海市完成交通固定资产投资75.9亿元，同比增加65.9%，其中公路完成6.7亿元，港口完成9.2亿元，铁路完成60亿元。国家特大工程项目港珠澳大桥于12月正式开工建设，广珠铁路、广珠城际轨道交通项目建设顺利推进，由珠海市首次投资建设的珠海机场高速公路、高栏港高速公路纳入广东省政府重点建设项目并先后动工建设，省道S272线改造项目白蕉至湖心路口段建成通车，省道S366线（珠海大道）、S365线（井岸二桥至中心涌段）改造工程顺利开工，金凤路凤凰山隧道工程加快建设，金港路、香海路、港珠澳大桥连接线等项目的前期工作加紧推进。

2009年，珠海市公路运输完成客运量16492万人次、旅客周转量560510万人/千米，同比分别降1.5%和0.6%；完成货运量4892万吨、货运周转量28.68亿吨/千米，同比分别下降12.2%和5.4%；水路运输完成客运量366万人次、旅客周转量15236万人次，同比分别下降4.5%和7.5%；完成货运量1790万吨，货运周转量119.81亿吨/千米，同比分别下降8.4%和增长17%；城市公交完成客运量27199万人次、旅客周转量398957万人/千米，同比分别下降2.8%与1.4%。珠海机场完成运输飞行起降1.34万架次、旅客吞吐量138.6万人次、货邮行吞吐量1.38万吨，同比增长20.3%、23.5%和23.5%。

【交通法制建设】 2009年，起草的《珠海民用航空运输发展资金补贴办法》和《关于扶持陆岛交通发展的若干规定》已实施，《珠海市公共汽车条例》已纳入市立法计划，《关于加快珠海民航运输业发展的意见》和《关于加快道路运输业发展的意见》正在完善中；对交通执法人员进行全员培训，对执法流程和行政许可流程进行再造，规范行政执法和行政许可行为；开展交通执法案件评查工作，受理行政复议、听证和诉讼案件105宗；切实开展治理公路“三乱”工作，珠海市公路继续保持无“三乱”；针对运输市场存在的突出问题，开展道路运输、水路运输、出租车、机动车维修市场的专项整治行动，联合公安部门开展打击“黑车”专项行动，查处“黑车”481辆，取缔非法站点27处，有效维护道路运输市场秩序。成立应急协调处置小组，妥善处置阻挠执法、柔性抗法和暴力抗法等突发事件，受到省交通运输厅肯定。

【交通安全生产】 2009年，珠海市交通系统牢固树立“安全责任重于泰山”和“以人为本”的理念，认真贯彻“安全第一、预防为主、综合治理”的方针，全面落实安全生产责任制，定期召开安全生产分析会，坚持安全生产考核与事故倒查制度，进一步推进安全管理长效机制建设，开展交通运输和交通工程施工安全生产隐患排查活动和旅客运输、危险品运输以及乡镇渡口、危桥等安全生产专项整治，继续推行“科技兴安”战略，加强运输车辆、船舶的动态监控，加强交通运输安全质量体系建设，开展安全生产月活动，维护行业安全生产形势稳定。全年全市道路运输企业发生行车事故8宗，死亡9人，同比分别下降10%、30.8%。交通在建工程发生生产安全事故1宗，死亡1人。水运企业、珠海机场继续保持零事故。

【交通管理体制】 2009年，在珠海市委、市政府统一部署下，组建珠海市交通运输局，理顺交通、港口、公路的管理关系；市委、市政府决定将信禾集团与公汽公司进行整合，成立市公交集团公司，较好地解决了资源分散、无序竞争问题，促进珠海市道路运输业的集约发展；按照国家统一部署，开展成品油税费改革，全面取消公路养路费和道路、水路运输管理费，完成改革涉及人员的安置工作。

【珠中江交通一体化】 2009年，珠海市交通系统认真贯彻实施《珠江三角洲地区改革发展规划纲要》，以建设珠江口西岸交通枢纽城市为目标，大力推进珠中江交通一体化，积极与中山、江门两市交通部门协调，研究推进珠中江交通一体化的工作措施，签订相关协议，在年票互认、公交互通、路网对接方面取得实质性进展。三市车辆通行费年票已实现互认，与中山、江门开通10条公交线路，与两市的路网对接方案已初步确定。

（杨杰仁）

交通

【水路】 珠海港口资源丰富，建港条件优越。已形成以高栏港为龙头、层次分明、功能完善的港口运输系统。高栏港作为未来的港口枢纽，拥有珠江三角洲最大吨位的液体化工品码头泊位和建设30万吨级石化大码头的良好自然条件。桂山港区以油品为主，兼顾陆岛交通及船舶维修、补给服务，拥有货运泊位6个，其中5万吨级泊位1个。此外，九洲、香洲、井岸、斗门、唐家、前山6个港区，拥有泊位80多个。还设有拱北、九洲、珠海港、万山、横琴、斗门、湾仔、跨境工业区等国家一类口岸8个、二类口岸7个。

【公路】 珠海市对外公路运输以西部沿海高速、江珠高速、太澳高速为骨架。市区则以高等级干线公路为主，连接主要城镇、口岸、机场、港口的陆路交通。2009年动工的高栏港高速和珠海机场高速建成后将结束多年来珠海港区、机场无高速公路的历史，并与周边高速形成环网，实现珠海从交通末端向交通枢纽的转换。

【铁路】 珠海市建设全长177千米、连接珠海高栏港与广州新车站的广珠铁路建成后，将结束高栏港没有铁路的历史。同时，连接广州新车站与珠海机场的广珠城际轨道预计2010将全线投入使用。

【航空】 珠海机场是国内规模较大、设计比较先进的主要民用机场之一。设计能力为年航空器起降10万架次，年旅客吞吐量1100万人次，年货邮吞吐量40万吨。珠海机场现有国内航空航线19条，2009年实际货运量超过1.3万吨。九洲直升机机场，占地14万平方米，可同时容纳30架直升机起降。 （马冠聪　石红范）

珠海机场

【概况】 2009年，珠海机场集团公司和珠港机场管理公司紧密合作，克服外部不利因素，进一步挖掘机场潜力，拓展珠海及周边市场，赢得各界的广泛赞誉。2009年5月22日，中国航空油料有限责任公司珠海公司举行挂牌仪式。全年珠海机场飞机起降23347架次，同比增长-23.3%；运输飞行13359架次，同比增长20.3%；旅客吞吐量138.59万人次，同比增长23.5%；货邮吞吐量1.38万吨，同比增长23.5%。2009年，珠海机场开辟8条新航线占当年总航班量5.2%，占当年总客流量3.7%。新引进交通部南海第一救助飞行队、亚联公务机有限公司、顺丰航空有限公司、北京空际通用航空有限公司。全年保障非运输飞行9988架次，同比增长-48.3%。

【安全生产】 2009年，珠海机场通过民航局对机场的安全审计的复审。开展以“查管理、查规章、查岗位”和“安全生产执法、安全生产治理、安全生产宣传教育”为主题的“安全专项活动”。组织以“关爱生命，安全发展”为主题的“安全生产月”活动。以“安全工作坊”的方式宣传和推广安全理念、安全知识和安全技能。组织年度机场应急救援综合演练。组建机场专业消防队伍，顺利接管机场消防业务。2009年旅客满意率为86.91%。2009年货主满意率为75.83%。

珠海机场自1996年荣获全国“文明机场”称号以来，一直保持“文明机场”的光荣称号。

【经营管理】 2009年，珠海机场实现安全运行无重大差错事故；维护稳定综合治理取得实效；加强反恐安全管理力度，确保建国60周年大庆等重要活动的珠海机场平稳顺利；加大托管资产监管力度；积极清理本部资产，为合理利用、发挥资产效益打下基础；加强机场安全改造，利用民航安全改造资金、机场建设费返还项目资金对管理公司、油料公司共20多个项目实施改造；全力投入航空产业园招商开发、项目建设工作。

（杜　非）

物　流

【概况】 随着经济持续增长以及各项基础设施加快建设，珠海物流产业快速增长。2009年末，珠海道路运输企业2606家，水路运输企业67家，航空运输企业12家，货物仓储企业15家。全年物流产业增加值72.53亿元，占GDP比重6.9%。各种运输方式实际完成货物周转量148.49亿吨／千米，同比增长11%。其中，水运119.8亿吨／千米，增长17%；机场货邮吞吐量1.38万吨，增长23.5%；港口货物吞吐量4408.8万吨，增长7.8%。

（马冠聪　石红范）

邮　政

【概况】 2009年，珠海市邮政局实现邮银收入3.6亿元，收入增幅位居珠三角首位。邮务类业务收入1.54亿元，同比增长9.67%。其中，函件收入同比增长12.95%，集邮业务同比增长6.5%，报刊业务同比增长1.55%，代理信息业务同比增长7.52%，包裹业务同比下降。速递物流业务同比增长13.02%，其中，速递收入同比增长18.05%，物流收入同比下降。速递业务中，国内异地业务同比增长6.87%，国际速递业务同比增长29.19%；同城速递业务同比增长63.54%。邮政金融收入同比增长17.29%。储蓄业务稳步发展，全市邮储余额29.29亿元，比年初增长2.61亿元；全市代理保险实收保费5584万元；全市基金理财产品销售6751万元；转型业务发展成效显著，开办小额信用贷款、个人商务贷款等业务，累计放贷2.98亿元；公司业务发展取得佳绩，开发中石化、公汽、燃气、格力电器、供水、有线电视等客户。

【项目营销】 2009年，邮政贺卡项目营销创新效果显著，全省率先完成必达值任务，超额完成预期目标，贺卡项目成为珠海市邮政局“龙头”营销项目；中秋营销为业务板块项目联动提供经验，推出饼家幸运卡和DM宣传、“订报刊，送月饼”、“网商创业园”网上销售以及集邮文化中秋等活动；报刊大收订开创专题营销新模式，提前完成省公司计划，再创新高；集邮项目营销取得重大突破，介入澳门回归祖国10周年、港珠

澳大桥开工、横琴新区成立挂牌等重大活动，创新项目策划、设计、营销，实现社会、经济效益双丰收。

【县域邮政发展】 2009年，珠海市县域邮政发展取得新成绩，营业分局、金唐分局入选全省函件发展标杆县（区）局。南湾分局累计收入同比增长27.57%，成为全市增长最快的县域邮政。

【企业创新】 2009年，珠海市邮政商业模式创新取得重大突破，“网商创业园”运作模式在全国邮政复制推广，团珠海市委纳入“青年创业基地”，《经济日报》专门报道，分营以来国家级党报首次采访报道珠海邮政新业务；“自邮一族”业务发展模式得到省公司肯定；直邮产业链发展模式探索喜见成效，开发银行、供水、管道燃气等账单业务，开发全国首单定制型自创卡业务；传统业务服务创新迈出新步伐，拓展“爱心包裹”，探索海产品“家乡包裹”，推出全省首套以明信片为载体、汇总整合城市旅游景区（点）的优惠门票；利用幸运卡“央视品牌+邮政网络”的传播功能，开发幸运卡144万元；创新开发羊城晚报社企业拜年卡、贵金属定向集邮业务。开展“创新服务理念，创建示范窗口”活动和创“星级”活动扎实推进，邮政服务水平不断提升；大客户服务再提升，推广“无缝对接，互动共赢”服务，整合函件、速递业务板块，提升客户服务，全局大客户收入同比增长16.57%。科技创新成效显著，申报的“手机邮局”项目获省公司科技项目立项，参与开发的“离行ATM机联网监控项目”获省邮储银行科技项目立项；企业管理创新再上台阶，《网商创业园项目的实践》获得全国通信行业管理创新成果二等奖、全国邮政系统管理创新成果一等奖，4个成果分获省公司管理创新成果一、二等奖；3个QC小组荣获“国优”称号，7个QC小组荣获“省优”称号，珠海市邮政局荣获“全国通信行业开展质量管理小组活动先进单位”称号。

【“两网一体系”及基础建设】 2009年，珠海市邮政局继续推进邮政投递网、营业网、营销体系（“两网一体系”）建设，加强信息网以及邮政基础设施建设。优化投递网建设，加大硬件投入，完成220条街道、8个投递部邮政编码更新维护；狠抓软件建设，内抓作业优化，外抓服务形象，探索作业分网分层投递。推进速递物流创“优＋”活动及国内特快专递邮件时限承诺服务，邮政速递业务运行质量和核心竞争能力提高。调整市区4个网点营业时间。柠溪邮政营业厅被推荐申报全国级“示范窗口”，3个窗口被推荐申报省级“示范窗口”；申报星级窗口7个。实施“综合+专业”营销组织模式，推进大客户中心“纵向管理，横向互动”模式，实施项目联动。参加全国“数据为翼，商函腾飞”、“百团大战”活动；营业、金唐分局参加全省县域函件“先锋营”活动；组建营销团队18个、BIU团队2个、营销内训师团队1个。营业分局营销信息管理模式得到总结提炼，集邮专业“寻找小金龟”活动成效显著。速递二期信息处理系统上线；推广电子商务平台建设，开通航空客票功能，实现“自邮一族”功能升级；完成绿卡通、储蓄历史数据集中工程、县局机要系统、速递代收货款、给据邮件跟踪查询、网上创业园仓储系统和投递信息、商函2.0系统、11185客户服务全省集中工程等上线推广应用工作。开发大客户订报管理系统等5个系统，改造大宗邮件管理系统等9个系统。侨光路综合楼交付使用，整治营业网点25个，新批邮政报刊亭14个。

【邮政体制改革】 2009年，珠海邮政速递物流体制改革取得重大突破，顺利完成全市速递物流架构建立、人员划拨、资产注入和设备划分等工作，全市速递物流专业化经营格局基本到位。邮政储蓄体制改革进一步深化，出台二类支行管理办法，理顺支行长与营业部主任的关系；推进二类网点开办小额贷款业务，4个二类网点获批开办；理顺邮银结算关系。强化邮务类业务管理，成立储汇业务管理中心，规范代理业务管理；明晰邮务类业务管理部门，明确包裹业务、分销业务的经营管理工作。探索业务板块联动发展机制，实现板块联动共赢发展。

【企业管理】 2009年，珠海市邮政局开创企业与速递财务管理新模式，推进速递、银行与企业占用资源、提供劳务的结算。深化投资、资金、会计核算“三集中”管理，完善统一报账模式；完善企业联动机制，为企业经营决策及业务退出提供依据。完善财务制度建设，推行动态管理，加大财务监控，降低经营风险。推进降本增效，各项成本管控成效显著。成功盘活平沙温泉土地，平沙邮政大楼盘活取得重大突破；加强资产出租管理，规范租金收入核算。配合开展税收检查，增进与税务部门沟通。人力资源盘活效果显现，完善考核指标，推进工时精细化管理，推动业务外包。人力资源管理继续完善，出台员工绩效考核、考勤、劳动合同、薪酬管理等办法，试点投递动态薪酬计件改革。员工队伍建设取得佳绩，3人评为“广东邮政优秀中青年专业技术人员”，2人聘为省级内训师，22人聘为市级内训师。员工培训体系不断完善，参加全国邮政县局长培训11人次、营业支局长和储蓄支行长远程培训76人次、窗口一线大专化培养8人次；1115位员工参加邮政通信特有职业技能鉴定考试。网络生产安全顺畅，启动新网运系统，完善车辆管理制度；圆满完成建国60周年、澳门回归祖国10周年、中秋网运和高考录取通知书妥投工作。实施信报箱维护、中心局接发、报刊邮路外包工作；实施函件、报刊优化方案，组织商函提速，试行普通给据邮件封发清单无纸化改革，调整综合分局部分邮件分拣封发作业流程，实施金邦达邮件、“思乡月”前台邮件分拣前置，优化故障处理流程。安全管理水平不断提升，“国庆60周年”、“澳门回归祖国10周年”邮政安全保卫攻坚战取得胜利。制订机动车辆驾驶员安全管理考核办法，开展道路交通安全专项活动。开展消防安全宣传和检查活动，1307人次参加消防演练，发出整改通知书12份；投入消防、安防资金30多万元。定期召开“控管会”、邮银协调会，银邮联合开展专项检查，强化邮政金融资金安全。完善三级质量管理监控制度，严格“双岗”履职、服务质量检查，出台服务质量奖励办法。

【企业和谐文明建设】 继2009年初获得“全国文明单位”称号后，珠海市邮政局又获得“2007～2009年度广东省邮政系统突出贡献单位”称号，并被评为“广东省优秀企业”、“2005～2008年度全国群众体育活动先进单位”。全局一大批先进集体和个人受到各级表彰：营业分局被评为“广东省邮政系统先进集体”，多个基层班组被评为省、市和邮政系统“巾帼文明岗”；曾振宇、刘海强分别被评为“全国邮政系统先进个人”、“全国邮政优秀营销员”，李晓方等4人被评为“广东省邮政系统先进生产（工作）者”，钟建国家庭、尹华芳家庭被评为“珠海市文明家庭”。 （李晓方）

口岸管理与服务

【概况】 按照珠海市政府机构大部制改革总体方案的部署，2009年10月，市口岸局、市打私办、市海防办合并为新的市口岸局。

【口岸通关】 2009年，珠海口岸出入境旅客8569.28万人次，同比下降2.29%；出入境交通工具272.1万辆（艘）次，同比下降5.74%；进出口集装箱32.97万标箱，同比下降10.33%；进出口货物10076.18万吨，同比下降1.28%。进出口货值328.19亿美元，同比下降18.42%，征收关税环节税54.23亿元，同比下降3.96%。全市各口岸安全、文明、畅顺。珠海市荣获全省“口岸大通关建设一等奖”。

【口岸规划建设】 2009年，珠海市口岸局重点推进口岸基础设施建设，协调推进拱北口岸改扩建一期工程前期工作，完成横琴口岸客货车通道重建工程，新建出入境客货车通道20条，车辆日通关能力由原来4000辆次增加到1万辆次，做好横琴口岸长期规划，九洲港口岸联检楼维修改造工程于2009年6月全部竣工并投入使用，提前做好港珠澳大桥口岸的设置方案。推进珠澳跨境工业区专用口岸增加附属功能的报批工作。

【扩大口岸对外开放】 2009年，珠海市先后有珠海机场临时口岸、保税区西域码头、恒基达鑫码头、中化格力石化公用码头、保税区加华码头等5个口岸码头实现对外开放，珠海港首个5万吨级集装箱码头获得试运行对外开放，开通珠海至韩国首尔的首个国际航线，口岸对外拓展开放，提高珠海市对外物流能力。

【通关便利化】 2009年，珠海市口岸局完成《横琴创新通关制度实施办法》（草案）的起草工作。拱北口岸“一站式”电子验放系统完善升级工程已全面完成并投入使用。启动横琴口岸客货车通道“一站式”电子验放系统建设，已完成施工招标工作。

【珠港澳口岸合作】 2009年，珠海横琴口岸客货车通道重建、澳门关闸口岸扩建等工程均进展顺利。深化两地口岸查验制度改革合作，2009年12月内地与澳门海关全面启动陆路口岸查验结果参考互认合作项目。在此模式下，内地、澳门海关对对方已实施查验并施加绿色关锁的货物原则上不再进行查验，从而减少双方对同一进出境货物的重复查验，口岸服务水平显著提高。建立珠澳口岸合作机制，成立珠澳口岸通关合作工作小组，加强预警和疏导，做到珠澳口岸验放速度同步，确保两地口岸安全。

2009年，为庆祝澳门回归10周年，珠澳两地政府联合在珠海市举办港珠澳大桥开工仪式、澳门大学横琴校区奠基仪式和珠澳青少年庆回归大联欢等活动。

【反走私工作】 2009年，珠海市口岸局强化基层反走私综合治理领导责任制和一票否决制，组织开展多次打击走私联合行动、专项行动，查获特大手机走私集团，与澳门特别行政区海关、江门、中山和佛山等市打私办开展反走私区域合作，构建反走私信息化网络。2009年全市查获各类走私案件4076宗，案值21.16亿元，涉税1.66亿元；其中刑事立案82宗，案值2.46亿元，涉税5247.62万元，抓获走私犯罪嫌疑人275名，刑拘223人，执行逮捕152人，判决174人。

【海防基础建设】 2009年，珠海市口岸局完成上级下达的20千米海防巡逻路和地、县两级海防监控中心以及一座海防视频站共4个项目的建设任务，编制“十二五”期间海防基础设施建设规划。在广州军区边海防委组成的海防基础设施建设项目检查验收工作组的检查验收中，全市已建项目全部合格，综合97分，名列全省第一。

（刘 瑛）

拱北海关

【概况】 2009年，拱北海关完善企业诚信守法体系，编制AA类企业海关事务协调工作制度和守法规范指引，AA类企业达103家，进出口额占全关31.5%，占全国AA类企业总数6.9%，是关区企业占全国企业总数比例的3.45倍；开发关企e线通系统优化关企沟通，圆满完成对关区1.23万家企业进行信息核查和数据清理；对607名高差错率报关员进行培训考核，企业报关差错率连续3年保持在2%以下，企业守法率保持在95%以上。健全保税监控核查制度，启动引入中介机构协助核查，全力防范和及时处理“三无企业”、“死合同”及涉案手册，手册报核率、结案率达100%，单耗覆盖率19.48%，同比增长24.08%，对2509家企业实施下厂核查，覆盖面89.4%，保税盘查、抽查查获率57.3%。查获一起伪造69枚印章虚开进口增值税发票大案，案值3358.75万元、偷逃税款488万元，得到王岐山副总理的批示肯定。出台后续管理联系配合工作制度，开发下厂备案管理系统，统筹解决“多头下厂”问题。着力抓好运输工具、舱单、监管场所和查验等实际监管工作，关区监管场所验收、转关核销、舱单核销和运输工具监管均达到总署量化要求；筹建覆盖全关监管现场的视频监控中心，推广预录入系统4.0版本地外挂平台系统以及总署舱单管理、运输工具管理、油气液化监控等物流信息化系统；完善通关监管、关税、审单三位一体风险防控机制，探索巡回审单模式，完善涉及15.35万项商品、3256家企业商品规范申报数据库，人工审核及批量复核报关单54.84万份，提高84.67%；加强对重点敏感商品正面监管，发挥湾仔、桂山岛两个中途监管站实际监管和打私职能，查验率3.66%，同比增长4.87%，查获率9.18%，同比增长13.61%；认真做好甲型H1N1流感防控，加强行邮和快件监管，连续第三年在拱北口岸开展旅检口岸通关秩序专项整治行动；圆满完成庆祝国庆60周年和澳门回归10周年系列活动监管服务任务。

【优化监管服务】 2009年，拱北海关深化通关提速成果。在出口报关单量占全关40%的九洲、中山港口岸启动出口货物分类通关改革试点，推广完善“属地申报、口岸验放”，网上付税、快速审单等通关模式，协调地方政府加快拱北电子口岸实质性建设，通过电子口岸系统开展联网核查、数据共享、报关申报、联网监管、网上付税等业务，为企业提供“一站式”通关服务。关区通关效率连续三年居全国海关第一。中山保税物流中心顺利通过国家4部委联合验收，港珠澳大桥和澳门大学横琴新校区正式奠基开工，推进横琴开发建设取得重大成果，对于创新横琴通关制度形成14份专题报告、提出67条政策建议，省市领导高度评价海关为确保《横琴发展总体规划》顺利获得中央批准发挥关键作用。全面启动内地海关与澳门海关陆路口岸查验结果参考互认，推进港澳CEPA货物通关便利化，全年进口澳门CEPA货值175.4万美元、关税优惠195.3万元，同比分别增长4.2倍和5倍。积极支持珠澳跨境工业区创新监管模式、发展现代服务业，全年珠海园区进出境（区）货值6.97亿美元，同比增长99.5%，专用口岸进出境车辆1.5万辆次、旅客25.2万人次，同比分别增长57.9%、31.2%。全面推行联网监管企业“分批内销、集中征税”措施，与地方政府共同对大型加工贸易企业开通“内销快速通道”，对内销征税业务实现“即到即办、前台办结”，办理时间比规定时限缩短50%。全关内销征税5.81亿元，同比增长48%。与地方8个行业协会、商会建立沟通平台，全年举办“关企面对面”活动89期，参加人数2700多人，企业网上咨询受理率、办结率100%，企业满意率99.94%。全年海关收到企业送来感谢信、牌匾、锦旗180多件。

【综合治税】 2009年，拱北海关制订加强税收征管16项措施和12条意见，全关各单位分解形成100多项细化措施。强化税收分析监控，以反价格瞒骗为重点，提高归类审价补税水平，有效防止“跑冒滴漏”，全年审价归类补税1.42亿元，同比增长53.66%。开展联合税收专项核查行动，分行业从全关企业中筛选614家企业组织自查自报，集中全关132名业务骨干组成22个工作组，对300多家企业开展税收重点核查，企业自查自报和海关重点核查补税入库2.35亿元。全年征收税款97.03亿元，扣除政策性退税3.97亿元，实际入库93.06亿元，同比增长10.57%。

【缉私工作】 2009年，拱北海关健全反走私责任制，坚持“以打促税”，强化“三基”建设，提升执法质量，推进综合治理和珠港澳执法合作，保持打私高压态势。全年开展打私专项斗争和联合行动15次，立案查办各类走私违法案件3492起，案值20.93亿元。其中，查办案值过千万大案28起，打掉较大的涉税走私犯罪团伙11个，缉私警察成立以来侦办的第三大涉税走私案件“8703”专案取得重大进展并实现阶段性结案；抓获走私犯罪嫌疑人275名，刑拘223人，执行逮捕152人，移送检察院审查起诉79起178人15单位，法院判决78起174人21单位；刑事、行政执法考评均为优秀；上缴罚没收入1.64亿元，居全国海关第5位；案件补税4615.61万元，增长80.34%。

【完善风险管理机制】 2009年，拱北海关加强风险布控管理，组建两级布控中心，实行风险、审单、缉私三部门合署办公，构建起“5311”布控模式，全年风险布控率4.98%、布控有效率15.19%，同比分别提高80.4%、46.9%。完善风险参数管理，优化通道条件设置，有效推动分类通关改革。加强风险信息加工、分类处置和跟踪落实，深化风险信息和风险处置“两项整合”改革，启动风险测量，为各部门制定实施税收风险防控策略提供依据。

【法制建设】 2009年，拱北海关党组出台进一步加强关区法制工作的意见，健全业务制度合法性审查机制；创新普法方式，会同中央和地方电视台合作拍摄10部海关法制宣传片，组织内外普法培训24次，参加人员1.8万人次。畅通复议渠道，增强诉讼和应对赔偿能力，及时纠正违法不当行政行为。办理行政案件1宗、复议案件7宗，连续10年未发生败诉案件。开展保护知识产权保护“春风”行动和邮递、快件渠道专项行动，选择20家企业开展重点辅导，办理侵权案件774宗、案值984.7万元，同比增长92%和19%。健全贸易管制执法机制，发布贸易管制政策解读和风险提示18次。

【统计工作】 2009年，拱北海关加强统计基础建设，贸易统计、业务统计和报关单数据质量进一步提高。完善报关单证档案管理办法，全面推广报关单理单校验系统，开展报关单数据使用安全检查，及时清理超期未结关报关单。完善统计监测预警快速反应机制，加强对重点商品和出口市场调查分析，办好统计分析地方专报，全年上报统计分析文章224篇，被总署采用82篇次，获中央、总署及地方领导批示6篇次。完善宏观业务形势分析，加强对影响税收问题专题分析评估，全年撰写执法评估报告20篇，连续7年获评全国海关统计工作综合评比一等奖。

（张　锐）

出入境检验检疫

【概况】 2009年，珠海检验检疫局检验检疫进出境货物34.51万批，货值261亿美元，同比分别下降17.21%和28.18%。检出进出境不合格货物315批，货值554万美元。其中，出境不合格货物44批，货值27万美元，同比分别下降24.14%和36.51%；入境不合格货物271批，货值527万美元，同比分别增长17.32%和下降87.3%。截获有害生物150种/1429批次，同比增长31.95%；截获非法入境物品1.8万批，同比增长1.3倍。检疫交通工具269.72万艘（辆）次；受理报检集装箱46.6万标箱；查验出入境人员8603.2万人次，监测出入境人数1.3万人次，同比下降12.9%。检验检疫邮寄快件及进出境邮寄物319.6万件，同比下降38.84%，检出不合格物品82批次。

【开展“质量和安全年”活动】 2009年，珠海检验检疫局向政府部门、企业和社会各界广泛宣传质量安全，发布专项简报32期，在各级新闻媒体上发表报道572次，开展宣传咨询活动135次，发放宣传资料2700份。举办以“质量和安全年”为主题的书画展和普及质量知识大型专题活动，举行“3•15”消费维权日暨实验室公众开放日活动。检查辖区70家出口食品生产企业和7家出口食用动物饲料备案生产企业以及14家口岸餐饮店。备案珠海地区出口食品企业使用的249种食品添加剂。开展乳制品和可可制品生产企业的专项检查，经检验全部合格。监督抽查化轻机电类产品352批，对其中62批不合格的产品向相关企业提出限时整改要求。开展对与食品接触材料和制品、婴幼儿服装等重点敏感商品的专项整治。参与地方流通领域进口冻品、食品清查行动，协助查扣来自疫区的非法进口冻品23箱。开展以出口危险货物包装及往返珠澳液化石油气瓶检验监管为重点的专项活动。在原有专项整治成果基础上，将整治要求列入日常监管中，建立大宗商品风险预警和特殊情况快速反应预案。全面推广应用“出入境检验检疫企业信用管理系统”，督促企业建立原辅料快速追查溯源机制。

【服务珠海】 2009年，珠海检验检疫局与珠海市政府签署《关于促进外贸稳定发展2009年合作备忘录》，及时出台帮扶珠海进出口企业应对金融危机十项措施，力促地方经济又好又快发展。该局荣获2009广东外经贸应对国际金融危机突出贡献单位称号。

2009年，珠海检验检疫局帮助珠海格力公司出口分体空调和汉胜公司出口同轴电缆获得出口免验资格。指导企业完善质量管理体系，帮助企业扩大出口，帮扶北极品水产（珠海）有限公司首次出口52万美元鱼子酱至卢森堡，这是珠海企业生产的鱼子酱首次出口至欧美市场。落实广东区域直通放行制度，全年办理直通放行887批，涉及货值8338万美元。签发普惠制原产地证书14147份/签证金额3.5亿美元，为出口企业减免进口国关税1750万美元。落实国家减免政策，为珠海企业减免出口纺织产品、农产品等费用391.95万元。通过该局网站及时向企业公布新标准4375项，组织100多家企业参加REACH法规的讲座。联合珠海外经贸局和市进出口商会，组织两场服务外贸企业检验检疫知识宣贯会。联合珠海市外商投资协会举办“外商—检验检疫面对面座谈会”。推动珠海水产养殖的GAP试点工作，帮助4家水产养殖企业通过良好农业规范(GAP)认证现场审核，养殖总面积349公顷，生产规模8400多吨。全程参与斗门区创建“国家食品安全示范区”工作，珠海12家企业及其产品荣获“国家食品安全示范区”称号的冠名使用权。

成立推进横琴开发检验检疫工作领导小组，

制定《推进横琴开发创新检验检疫通关制度工作方案》，制定在横琴口岸实施检验检疫分线管理报批方案和澳门大学新校区建设期间施工人员、车辆和设备等进出境检验检疫便利政策。《横琴口岸检验检疫分线管理实施方案》获得国家质检总局原则同意的批复。支持“珠海长隆国际海洋度假区”项目建设，成立领导小组，指导进境特种动物隔离场建设，配合国家质检总局职能部门做好引进动物检疫行政许可的检疫解禁工作。对珠江口香港区域海底沉积物进境审批工作采取特事特办措施，为港珠澳大桥开工建设提供便利。服务珠海实施“以港立市”战略，推动高栏港口物流发展，参与珠海港信息规划系统研究论证工作，支持加华和西域码头等口岸设施验收并投入使用。提前介入做好对外引进项目设备的检验监管服务，对进口成套设备实施分级检验监督管理，对价值高、技术复杂、高风险的进口成套设备，制定具体监管方案并指定专人负责组织实施。

【防控甲型H1N1流感疫情】 2009年，甲型H1N1流感疫情爆发后，珠海检验检疫局成立应对甲型H1N1流感疫情领导小组和口岸处置技术咨询专家组，辖区分支局处分别设立疫情应对工作小组。抽调500人充实到口岸一线，建立“甲流口岸处置工作技术咨询”工作机制，落实出入境人员体温检测和医学巡查措施，全面实行入境人员健康申报制度。在九洲港对来自香港的班轮实施登轮检疫，将入境旅客医学巡查前移至客舱，在拱北口岸采取分通道检疫管理，严格按照健康申明卡查验指引细致查验旅客，重点防控来自疫情地区和有流感症状旅客，建立简易流调程序和随访档案。开展红外线成像视频监控系统应用，加安装56路摄像监控；投入400多万元补充应对甲流疫情方面的设备等物资。发挥联防联控机制作用，加强与珠海市卫生局和珠海CDC的协调联动，开通疫情通报渠道，落实口岸发现流感样疑似病例的转诊机制；与珠海市旅游局建立联络机制，加强与边检、海关等口岸查验单位的沟通配合；协调口岸各经营单位，做好场站的清洁、消毒和通风工作；与港澳地区卫生部门保持信息沟通，与澳门建立本地居民入境可疑病例相互移交机制。2009年5月3日至12月31日，检疫查验入境旅客2835万人次，发现有流感样症状人数1876例，其中1162例移交120进行医学排查，口岸现场排查放行714例，现场排查放行率占38%；采集咽拭子1187份，经检测发现甲型H1N1流感病毒核酸阳性87例。

【监管工作】 2009年，珠海检验检疫局制定《检验检疫监管总则》，科学合理对27家企业监管辖区进行调整，实现“一件事情由一个部门完成，一个窗口对外”。贯彻落实国家质检总局《出口工业产品企业分类管理办法》，大力向企业宣传新分类管理办法的新举措，开展培训和考核一线检验监管人员。制定《珠海地区出口工业产品企业分类管理工作规范》，全年完成对出口机电、化轻、纺织、玩具等4类234家企业分类评定工作。检验监管进口废物原料672批/25.45万吨，货值4697万美元，检出不合格6批/257吨，货值13万美元；检出进境肉类不合格19批，货值53.17万美元，同比增长375%和241%；受理进口旧机电产品备案709份，涉及金额3.8亿美元；查出标签不合格进口化妆品8批/1.65吨，货值4.47万美元；完成37家出口与食品接触材料和制品生产企业的备案工作。

【把好供港澳食品农产品质量关】 2009年2月，珠海检验检疫局与澳门民署和产地检验检疫部门协调联动，快速应对澳门“乒乓球鸡蛋”事件，及时澄清事实真相。强化源头监管。按照“公司＋基地＋标准化”管理模式，加强对食品生产加工企业与供出口加工用种养殖基地的管理，对供澳注册登记加工厂和备案种养殖场实施全面检查。完成20家供澳蔬菜生产加工企业和8家出境水果种植包装企业的年度审核。制定《供澳蔬菜监装工作规程》《供澳蔬菜现场检验检疫操作规程》，采用企业自主、检验检疫监督抽查的方式对供澳蔬菜实施监装。建立健全农残监控体系，全年完成定量检测样品284个，检测项目6216个，合格率达99%。参照香港对动物产品禁用与限用农兽药残留要求，实行动态监管农兽药残留；以“计划监控”和“专项监控”相结合的模式，开展供港澳食用活动物药物和有毒有害物质残留监控工作。对输澳活禽及水产品实行“出口前抽样+基地监测”模式。按国家质检总局的要求对澳门回归期间的供澳冰鲜畜禽等实行批批检验。组织港澳有关部门来珠考察供港澳食品农产品养殖基地，增进相互沟通和了解。与澳门方面合作开展供澳食用贝类及其养殖环境重金属残留监测调研。与澳门民署签署《珠澳开展澳门进口国外水果有害生物调查研究合作协议》。承办一年一度粤港澳深珠卫生检疫、动植物检疫与食品安全“五地会议”。全年检验检疫供港澳食用活畜禽413.7万头/只，水生动物1.3万吨，动物源性食品5065批，深加工食品6.1万吨，供澳蔬菜5.54万吨，水果1.69万吨，监管供澳原水约7113万吨（占澳门年消耗水总量的98%），没有发生质量安全事故。

【疫情疫病监测和信息工作】 2009年，珠海检验检疫局为口岸一线配备登革热、疟疾等快检试剂并首次开展热带传染病的快检工作。对外轮“紫石花号”严重鼠患实施熏蒸除鼠处理。完成珠澳医学媒体生物本底调查项目，初步摸清珠澳跨境工业区珠海园区病媒生物的基本情况。开展伊蚊监测和媒介带毒检测工作，全年完成登革热抗体检测1580份，监测样品数量为历年来最多。按要求完成年度检疫性实蝇等疫情监测工作，监测诱捕实蝇26.5万头。编辑发布《甲型H1N1流感快讯》200期、《卫生检疫信息》73期。编发《世界动物卫生信息》52期，国家质检总局据此发布有关动物疫情公告11个，其中禁令7项、解除禁令4项。

【依法行政和法制建设】 2009年，珠海检验检疫局启动行政执法责任制评议考核工作，进一步落实《行政执法电子平台管理办法》，完善行政执法电子平台投诉建议子系统，持续对岗位职责和业务工作规程进行修订。初步建立规范性文件法制审查机制，完成审查25件。通过组织干部职工和有关企业参加《食品安全法》知识竞赛等活动，重点做好《食品安全法》的普法宣传教育工作。在全国质检系统《食品安全法》知识竞赛中，珠海检验检疫局取得团体总分第二名及最佳选手奖的成绩。

【科技和信息化建设】 2009年，珠海检验检疫局有12个项目获得国家质检总局、广东省和珠海市科研立项，恢复暂停多年的局内部科研立项工作，内部科研立项18项。承担行业标准制修订计划项目24项，参与制修订标准10项。有8项标准获珠海市技术标准战略资金赞助。4篇科技论文获得2008年度国家质检总局“优秀科技论文奖”二等奖和三等奖。15个项目通过专家评审，其中，《孔雀石绿快速确诊方法及其在罗非鱼体内消除规律的研究》获得珠海市2009度年自主创新促进奖。该局技术中心的化学品实验室和食品安全检测实验室被珠海市政府认定为公共实验室，经国家质检总局批准，新增食品添加剂检测和精细化工品检测两个国家级重点实验室。完成CIQ2000、电子监管、诚信系统和办公自动化升级。试运行电子档案管理系统及自行开发的外事管理系统。参与拱北口岸一站式通关系统升级工作。完成世界动物卫生信息系统测试工作。

【安全保卫工作】 2009年，珠海检验检疫局成立回归庆典活动卫生检疫工作领导小组和现场小组，制定“珠海口岸卫生检疫”和“卫生监督安全”保障工作方案，落实24小时值班制度。与口岸局等单位加强协调沟通，制定便利通关检疫措施，确保珠澳青少年迎回归大联欢活动期间澳门学生从跨境口岸顺利通关。参与地方政府组织

的对港珠澳大桥、澳门大学横琴新校区开工典礼现场等10多处警卫场所进行的核生化恐怖因子排查，圆满完成澳门回归10周年庆典活动中央领导及有关人员的安保工作。

【政策研究】 2009年，珠海检验检疫局密切关注美国进口食品监管新动态，做好前期研究工作，组织专业队伍按时保质完成国家质检总局下达的《美国2009年食品安全加强法案》翻译任务，并整理提出应对建议。（符维京　邓　璐）

航道管理

【概况】 2009年，珠海航道局管理维护内河航道190条676千米，其中一至七级航道19条198千米。辖区沿海航道618千米，多为各口门出海航道和主要海岛运输航道。维护管理航标46座，代管航标20座，船闸2座，作业船舶5艘。全辖区航道安全畅通。

【航道维护管理】 2009年，珠海航道局完成全程常规航道测量95千米，二线测量20多平方千米，完成辖区疏浚任务26万立方米，碍航渔网渔栅专项整治2项。维护等级Ⅲ、Ⅳ级航道维护水深保证率100%，维护等级Ⅴ-Ⅶ级航道的航道维护水深保证率达到98%以上。珠海航道局航道维护智能信息管理系统完成开发，实现航道维护工作一体化管理；实现维护管理工作的专业化、规范化、标准化、智能化和信息化；实现维护管理工作的高效率运作与低成本管理的高度统一。

2009年，珠海航道局把辖区重要航道鸡啼门水道、坭湾门水道由重点标配布改为一类标配布，在前山水道窖口等急弯段增设助航标志，共增设航标15座，大大改善了以上航道的通航环境，提高了服务能力。另外，海岛航标遥控遥测系统也正在开发和试验中，大大提高了航标的可靠性和稳定性。航标维护正常率达100%。

船闸联石湾船闸是连接前山水道和磨刀门水道的重要枢纽，是全省航道系统管辖的规模最大、航运最繁忙的船闸。1～12月，船闸通过量454.86万吨，平均每天1.25万吨；过闸船舶12778艘，平均每天35艘；7772闸次，平均每天21闸次。10月以来，全力配合当地政府压咸抢淡工作。

珠海航道局用于维护管理的作业船舶共5艘。严格执行船舶三级保养制度，做到船舶三清、四无、四不漏。按规定对所有船舶进行联合检查，联检优秀率达100%，船舶完好率达100%。

【航道专项工程】 继续抓好基础管理工作，按规定对航道进行探测扫床。为了确保辖区航道安全通畅，2009年完成浅段专项疏浚工程量14万立方米，航道常规测量91千米。

【航道依法行政】 2009年，珠海航道局做好行政执法和监督，加强与交通综合行政执法部门的业务协作，全年受理审批项目14项，办理完结14项；巡查航道6936千米，参加巡查369人次，行政执法4宗。（曾红艳）

海 事

【概况】 2009年，全市进出辖区船舶42.3万艘次，货物吞吐量6766.1万吨（其中危险货物吞吐量2117.3万吨），集装箱吞吐量50.8万标准箱，旅客流量715.7万人次。全年辖区共发生列入统计范围的一般等级以上水上交通事故4宗，沉船2艘，死亡4人，经济损失约为330.5万元（分别与上年同比增长80%、200%、400%和57.18%），辖区水上安全形势保持总体稳定。

【推出“海十条”】 2009年，珠海海事局组织开展“大走访”活动，出台10项便民惠民新举措，为企业提供更为快速便捷的服务，切实增强企业应对金融危机的能力，受到业界广泛欢迎。珠海特区报在头版进行报道，其他媒体也给予高度评价。珠海船员培训中心免费为270名珠海户籍学员举办“内河船舶船员适任证书再有效知识更新培训”，取得良好反响。

【支持重大项目建设】 2009年，珠海海事局上半年完成大桥初勘工程施工作业水域的安全监管，积极参与广东海事局大桥总体监管方案的制订，年底圆满完成港珠澳大桥开工典礼水上安保任务，多项举措服务港珠澳大桥顺利开工；重点做好珠海高栏港区进出港主航道扩建工程、中海油深水工程项目开工、大荷防波堤工程、海泉湾二期工程等重点建设项目的施工安全保障。

【开通重大项目“绿色通道”】 2009年，珠海海事局启动重大投资项目行政服务“绿色通道”，提出以最快捷的速度、最优质的服务、最简明的流程为珠海市重大投资项目提供最高效的前期行政受理审批服务和后续推进服务。通过不断理顺工作流程，压缩审批时限，简化审批手续，提高行政效率，致力提高海事部门公共服务水平。

【扶持船舶产业发展】 2009年，珠海海事局推出一系列吸引船舶入户珠海的举措，全年吸引近30艘省内外船舶转籍入户；完成首艘新型环保客船“客都1号”建造检验，填补此类检验的国内空白；引入游艇型式检验模式，拓宽船用产品检验范围。

【处置“圣狄”轮触礁污染事故】 2009年，9月15日，巴拿马籍集装箱船“圣狄”轮受台风影响触礁搁浅于高栏水域引发燃油泄漏事故。在广东海事局的指挥下，珠海海事局积极稳妥展开事故处置，得到中外专家、地方政府及媒体的赞誉，珠海市委、市政府给予专项表彰和专款奖励，并致信交通运输部和中国海事局表示感谢。

【举办第三届珠江口海事安全论坛】 2009年，珠海海事局在前两届论坛达成广泛共识、各方协作逐步深入的基础上，致力于将论坛打造成为粤港澳海事安全合作的品牌，成功举办第三届珠江口海事安全论坛，将海事安全合作拓展到“交通环境与安全航行”相关领域。

【获全国海事系统首个“模范职工之家”称号】 直属海事系统工会于2009年12月2日在珠海海事局举行系统内第一个“模范职工之家”验收揭牌仪式和现场观摩会，这是对珠海海事局“以局为家，共建和谐”建局理念和工会工作创新的高度肯定。

【大型溢油应急设备库落户珠海】 2009年，珠海海事局经过向上级争取，“珠海船舶溢油应急设备库工程”“珠海洪湾、斗门海事监管工作船码头工程”项目相继落户珠海，并得到珠海市政府土地和资金的大力支持。

【环澳门水域监管】 2009年，珠海海事局加强环澳门水域监管、进江海船监管的规律性研究，优化监管手段，建成环澳门水域CCTV视频监控项目一期工程；加强巡航监管，保障重要时段水上交通安全，工作重点及时调整，应对措施及时跟进，有效保障春运、两会、国庆60周年、澳门回归10周年和港珠澳大桥开工等重点时段的水上交通安全；积极促成珠海市政府对参与珠澳鲜花运输的陈旧木质船舶全部更新为钢质客货船，彻底解决湾仔运花船安全隐患。

2009年7月21日，珠海海事局唐万书记陪同全国政协副主席、国务院港澳办主任廖晖到东澳岛考察调研。 曾志远 摄

【海事安全监管】 2009年，珠海海事局发布（发送）航区气象和航行安全提醒等预警信息逾2.7万条，惠及400名船长及船公司安全负责人。结合海事安全中心工作与专项行动以及季节性天气趋势，针对辖区季度水上交通安全总体情况，提出相应对策和建议。启动落后船型专题调研提出政策建议。针对水泥和木质船技术落后、安全条件差、监管难度大的问题，协调并会同珠海市交通主管部门起草珠海市强制淘汰水泥和木质船舶的相关政策文件并上报珠海市政府。有效履行“两防一救”职责，应急反应协调高效、行动迅速、处置得当。全年组织搜救行动73次，出动船艇223艘次、飞机20架次，救助船舶62艘次，救起人员806人次，搜救成功率达98.4%。组织和参与珠江口军地联合救助演习、珠江口海空立体救助实战演练和江门水上联合搜救演习；举办辖区渔民和清污应急人员溢油应急再培训，注重辖区防污队伍建设。推动地方立法为应急反应提供法律支持。含有海上搜救相关内容的《珠海市水上交通安全管理条例》立法工作进展顺利，待进一步修订完善后提交市人大审议。

【服务质量体系建设】 2009年，珠海海事局以满足广东海事局服务质量体系要求，结合本局实际情况，参照ISO9000的原理，借鉴港澳海事管理经验为原则，成立服务质量体系推进专职小组，对体系文件予以全面优化改版，新版体系文件（1.0版）于2009年11月1日正式运行并实施全面内审。

【完善内部管理制度】 出台《珠海海事局执法督察制度》，实现执法督察的制度化、程序化和规范化；推出《船舶修理管理办法》《公务船舶油料使用管理规定》和《船舶备件物料管理规定》等规章制度，深化公务船舶与船员管理；档案管理工作继续保持领先水平，制定并印发《文件材料归档范围和保管期限暂行规定》和《文书档案归档范围和保管期限表》。

【改善监管手段】 2009年，珠海海事局相继完成担杆岛、横琴岛雷达站主体工程和外伶仃岛雷达站基础工程；其他雷达站工程土建及设备工作正加紧进行。重新启动唐家海事基地工程，完成环境评估、用海论证及地形图测绘等工作，道路工程已开工建设。珠海船舶溢油应急设备库工程通过初步设计专家评审。以湾仔海事处为试点，分步建立视频传输系统（CCTV）；完成广东局CCTV二期初步设计珠海辖区调研报告，开展内河船舶GPS定位系统调研。

【宣传教育工作】 2009年，珠海海事局编制《海上防灾安全手册》，为市民和水上从业人员提供水上遇险的安全防范和自救的常识；全面收集近年来辖区桥堤建设、岸线变动、航道变迁、航标增减等最新资讯，修订《珠海市航路图》和《珠海市航路指南》，充实更新辖区通航环境资料。广泛深入地宣传杨庆文同志的先进事迹，认真组织学习活动，真正发挥“庆文精神”弘扬正气、凝聚人心、振奋精神的重要作用，涌现一批学习杨庆文先进集体和先进个人。在珠海大礼堂举办700多人参加的“杨庆文先进事迹报告会”，社会反响强烈。应对水上突发事故的新特点和新趋势，成功策划“爱心橘子”“珠江口海事安全论坛”和9·15“圣狄”轮溢油事故等宣传报道。

（韩洪涛）

出入境边防检查

【概况】 2009年，珠海出入境边防检查总站以国庆60周年和澳门回归10周年安保工作为契机，全面加强基础业务能力建设，不断提高打击出入境违法犯罪活动的能力。先后邀请多国驻广州总领馆和香港入境事务处来总站开展证件知识培训，组织开展专项培训17场次；进一步加强口岸形势的调研和情报信息的收集研判，积极与有关单位开展情报信息合作；进一步加强常备处突力量建设，加大经费投入力度，提高处突装备水平；进一步加强实战演练，提高应急反应能力。澳门回归十周年庆典安保期间，警卫工作没有发生一起业务差错或事故，实现“大事不出，小事也不出”的工作目标和“零失误、零差错、零事故”的工作要求，得到中央和公安部领导的充分肯定和高度赞扬。

全年检查出入境人员8569万人次，同比下降2.99%，检查出入境交通运输工具272万辆（艘）次，同比下降5.74%。有1名民警荣立个人一等功，6名民警荣立个人二等功，19个单位荣立集体三等功，76名民警荣立个人三等功，18名处级领导干部受到嘉奖。

2009年，总站积极响应广东省委、珠海市委关于帮扶新农村建设活动的号召，一次性捐助20万元给文锋村开展农田复耕工程，与结对共建的广东揭阳地区8个农村党支部开展“心手相牵帮困送暖”活动，捐助文化、科技建设资金15万元。

【边检服务】 2009年，总站以“双庆”安保工作为契机，创新工作举措。一是狠抓执法规范化建设和服务定式的养成、固化。一方面规范执法标准，加强执法检查监督。另一方面，对照公安部出入境管理局下发的《边检服务标准手册》，编写总站《服务定式体系（试行）》，组织召开总站服务定式现场会，积极推广提高报务水平的好经验、好做法，起到示范和推动作用；二是积极推动服务多元化建设，打造具有总站特色的服务举措。开展总站每月“服务之星”评选活动，进一步加强示范引导。各站为婚丧嫁娶、在口岸出现紧急病症、丢失证件等特殊情况的旅客开辟“绿色通道”“生命通道”，赢得普遍好评；三是积极探索打造和谐安保工作模式，全面展示三年提高边检服务水平工作成果。澳门回归10周年庆典安保期间，总站树立和谐安保理念，着力改变传统的安保工作方式，做到以“最佳的执法行为、最佳的执勤风貌、最佳的服务态度、最佳的作风养成和最佳的警容礼仪”开展安保工作，先后完成各类参观接待和礼遇查验任务70余次，为中央代表团首长和澳门政府观礼团嘉宾办理礼遇手续290余人次，为参加珠澳青少年大联欢活动的澳门青少年提供入出境便利5035人次，受到中央代表团、澳门观礼团嘉宾和中外记者的一致好评，公安部孟建柱部长于12月31日签署嘉奖令，对总站及相关参战单位予以通令嘉奖。

【技术保障工作】 2009年，总站深入开展边检信息化建设，认真细致做好技术保障工作。2009年1月，公安部出入境管理局梅沙系统应用软件开发中心在总站成立，总站抓住这一历史机遇，积极协助公安部出入境管理局组织实施面向全国边检系统的梅沙系统升级研发和培训工作，顺利完成“外国人专用验放系统”的推广建设工作。在澳门回归10周年庆典安保期间，总站采取各种有效措施加强对各站的技术保障工作，全力保障查验系统及网络的安全稳定运行，进一步细化多项技术值班巡检规定，形成对网络、查验系统一日三检和不定期抽检相结合的巡检制度，确保查验网络安全。全年总站先后6次组织各站开展技术应急演练，先后处理横琴站车道光纤及UPS电缆被口岸施工单位挖掘机压断、九洲站连接总站通信交换的光端机被雷击中烧毁、高栏站通信线路遭台风“巨爵”破坏等一系列突发事件。围绕业务需求组织实施各类技术项目建设，先后组织完成湾仔站4条自助查验通道建设项目等工程60多个，总投入经费1000万元。

【宣传工作】 2009年，总站配合“双庆”安保工作和提高边检服务水平工作开展宣传工作。全年在新闻媒体播发稿件2298篇，同比增长87%，其中中央级290篇，省级606篇，市级940篇，境外媒体462篇。澳门回归10周年前夕，拱北站与《南方都市报》合作推出介绍拱北边检站历史的专题报道；《人民公安报》整版报道横琴站安保工作备战情况，产生良好的社会影响。利用总站互联网门户网站推行政务公开、宣传总站工作，使网站成为一个警民交流的平台和办事利民的窗口。

【边检文化活动】 2009年，总站先后举办“经典中国•红动边检”红歌大赛、“童心•童趣•童梦”少儿书画比赛、“军魂•警魄”原创摄影作品展、“红旗飘飘”主题征文评选、趣味棋牌赛、“庆回归迎新年”趣味体育竞赛等活动；与八一电影制片厂合作改编基层民警的原创小说，组织摄制一部反映边检民警生活、完全由总站民警本色演出的原生态电视电影《壮志濠情》，2009年11月26日起在珠海、澳门等地公映，取得巨大的社会反响。

【纪检监督】 2009年，总站先后组织承办“九边检总站廉政书画作品展”，及“清风颂国门情”廉政文艺节目评选等大型活动，组织播放《国门惩腐》《贪之害》等60余部反腐警示片，印发各类廉政教育资料286份，组织专题讨论32次。健全完善监督工作机制，加大制度落实力度。全年总站两级纪委开展各类廉政勤政谈话300人次，开展诫勉谈话53人次，先后核查各类投诉21起，各类网络咨询及建议16份。创新督察举措，有效提高监督效能。建立督察情况反馈和督察档案制度，设计制作《督导温馨提示单》，编写下发《督察警示》，提出督察建议，及时发布预警防范信息。努力拓宽监督渠道，有效促进和谐警民关系建设。 （胡俊彬）

信息化建设和信息服务业

2009年12月17日，巨人网络南方研发总部基地在珠海高新区唐家湾举行开工奠基仪式。　　高新区供稿

信息化建设和信息服务业

信息化建设

【概况】 2009年，珠海市进一步开展信息资源整合工作，协调开展人口信息资源的整合共享应用系统建设，支持医疗卫生信息集中平台建设，推进农村信息化建设。支持金湾、斗门等农渔业地区开展村务公开和电子农贸系统建设。开展无线城市建设，推动数字横琴规划的制定。推进信息化和工业化两化融合，开展“两化融合”试点示范工作，有8家企业列入省“两化融合”示范候选单位。加快中小企业信息化建设，与金蝶软件签订《“友商网”推广运用合作协议》，合作打造珠海市中小企业电子商务交流合作公共服务平台，424家中小企业应用“友商网”服务产品；与用友软件共同推进“中小企业健康成长计划”，向中小企业提供改善企业经营状况的信息化建设方案。开展企业信息化试点工作，珠海太阳鸟游艇制造有限公司等404家中小企业被列为2009年度市信息化试点企业。推进信息化公用平台建设，加快建设珠海市政务信息资源共享平台，深化应用和推广市电子公文协同处理系统，稳步推进珠海市电子政务综合工作服务平台建设，完成政务机房无线视频监控项目，完善政府门户网站。

软件业

【概况】 2009年，珠海市信息服务业实现销售收入147.75亿元，同比增长14.03%；软件业务出口6.66亿美元，同比增长4.72%，占全市总出口额的3.75%；软件从业人数2.83万人，同比增长12.3%；实现利润17.05亿元，纳税额9.18亿元，同比增长5.28%；实现增加值38.34亿元，占全市GDP的3.7%，同比提高0.57个百分点；通过双软认定企业226家，累计软件产品1287件。

2009年，世纪鼎利和欧比特两家企业在深圳创业板成功上市。珠海市软件企业上市公司数量跃升至8家（前6家分别是：炬力、远光软件、金山软件、东信和平、德豪润达、万力达），占珠海26家上市企业的1/3。金山、远光、优特电力等5家企业荣获国家规划布局内重点软件企业，7家企业获得广东省著名商标，新增通过CMMⅡ级以上评估的企业9家。

ZHUHAI YEARBOOK

2009年，全市销售过亿的软件企业26家，同比增加4家，亿元企业销售收入占软件产业销售收入的84.93%。销售过500万元的软件企业114家，占纳入统计企业的48%。软件企业从业人员超过1000人的5家，400～1000人的企业9家。全市软件业务收入115.66亿元，占软件企业销售收入的78.28%，高于平均水平5.82个百分点，业务收入超亿元纯软件或IC设计企业有金山、远光、炬力、欧比特。软件业务收入中软件技术服务收入33.1亿元，同比增长24.34%；软件产品收入41.08亿元，同比增长15.85%；嵌入式软件收入35.70亿元，同比增长10.19%；系统集成收入1.92亿元，同比增长84.62%；IC设计收入3.87亿元，同比下降38.47%。

【电力软件产业】 珠海电力行业应用软件企业发展起步较早，已形成产业集群，经济效益显著。2009年，纳入统计范围的专为电力行业服务的软件公司有54家，销售额27.21亿元，同比增长21.2%，实现利润7.42亿元，占软件产业利润总额的43.51%，应纳税额2.39亿元，增加值12.21亿元，占全市软件行业增加值的31.85%。现有年产值亿元以上的企业8家，上市企业2家，国家规划布局内重点软件企业3家，广东省著名商标5家。

【数码娱乐产业】 2009年，珠海作为广东数码娱乐产业发展的重要城市，初步形成以网络游戏、动漫产品和影视后期制作为主导的文化创意产业链。2009年，数字娱乐与内容产业实际收入10.07亿元，同比增长64.80%，出口7412万美元，同比增长17.32%。中国网游龙头企业巨人网络在珠海建立南方研究基地，多玩和蓝港在线也纷纷落户珠海，国内知名的网络游戏金山软件也加大了珠海研究团队的建设，珠海正逐步成为中国的“网游硅谷”。

【通信软件产业】 2009年，全市通信行业软件应用广泛，部分产品的市场有率较高，东信和平的移动通讯卡占40%的国内市场份额。银邮光电公司的光纤射频信号分配系统、射频有源天线被列入广东省重点新产品计划，其中射频有源天线填补了国内同类产品空白。高凌公司是国家高新技术企业、国家863计划成果产业化基地、国家火炬计划软件产业基地骨干企业。鼎利自动监测系统成为Lucent（Global）3G网络评估服务成为国内唯一使用仪表，并在欧洲多个3G网络大规模使用。

【医疗软件产业】 2009年，全市从事研发和生产各类医疗设备软件产品的软件企业11家，销售额2.18亿元。主要应用于医疗行业的疾病预防、诊断、检测、治疗、监护、康复保健和医院管理等方面。其中宝莱特公司是中国监护设备市场的第一民族品牌。 （黄南荫　贺体斌）

电　信

【概况】 2009年，中国电信珠海分公司秉承“用心服务、用户至上”的理念，加快向世界级综合信息服务提供商转型，实施聚焦客户的信息化创新战略，全方位助推城乡信息化建设。全年全市电信固定电话用户达到75万户，CDMA手机用户达到23万户，宽带用户超过23万户，全市居民家庭宽带普及率达到44%。2009年，中国电信珠海分公司被评为“广东省文明单位”“珠海市先进集体”。

【实现全市3G网络全覆盖】 2009年，中国电信珠海分公司投资超过3.6亿元用于珠海通信网络优化扩容和信息化平台建设，全面提升网络规模、容量和覆盖能力，打造先进完善的信息化网络体系。率先实现全市3G新一代移动通信网络全覆盖，以“3G+WiFi”模式多层次参与无线城市的建设，完善随时随地随需的信息服务环境。开通3G基站超过500个、无线宽带WiFi热点区域超过150个，实现全市、区、镇、高速公路和沿海的连续覆盖，WiFi热点基本覆盖星级以上酒店、电脑城、图书馆、展览馆、餐厅、咖啡店和电信营业厅等公众场所；完成沿海区域800MCDMA网络覆盖部署，实现海上网络无缝覆盖。不断提升宽带网络能力，全市城域网出口带宽扩容达到120G，完全满足珠海的发展需求；大力推进“光进铜退”，宽带由铜缆接入向“光纤到户、光纤到楼、光纤进村”方式转变，优化农村移动和宽带网络，80%以上行政村实现光纤“进村入巷”。通过覆盖全市的3G移动互联网、覆盖陆地和海岛的光纤和微波宽带城域网构成无缝的宽带网络，为市民随时随地提供环保、保密的移动通信服务和3G移动上网服务。

【签署信息化推进合作框架协议】 2009年6月，珠海市人民政府与中国电信签署《信息化推进合作框架协议》。重点推进领域包括规划珠海信息化发展蓝图、构建便捷高效的信息网络体系、促进信息产业振兴发展、以信息化推动服务型政府建设、以信息化加快产业转型升级、以信息化助推新农村建设、以信息化促进社会和谐进步等方面。11月，为加快“数字斗门”建设步伐，斗门区人民政府与中国电信签署信息化推进合作协议，联手共同加快推进斗门城乡的信息化建设。

【城市信息化建设】 2009年，中国电信珠海分公司把企业转型和城市信息化建设相结合，积极履行企业的社会责任，充分发挥主导综合信息服务提供商优势，全方位助推城市信息化进程。助力服务型政府建设，积极为“12345行政服务热线”提供支撑服务，为各区政府提供“电子政务”解决方案。协助政府部门建设融合宽带网络、无线终端于一体的综合办公应用系统，助力政府部门实现移动办公、提升办公管理效率。配合组织部部署，完成农村党员干部现代远程教育网项目覆盖全市180多个终端站点的建设，搭建优质信息服务平台，助力广大农村党员干部和群众通过信息化手段接受远程教育，推进信息技术进村入户。助力行政监察电子化和行政监督实时化，协助市纪委、市委组织部建成“12388纪检监察热线”“12380干部监督热线”，满足市纪委、组织部独立接听举报电话的工作需求。由食品监管需求入手，通过“工商e通”为行政执法部门提供商品监管和移动执法服务。打造基于“全球眼”的实时电子监察系统，助力建设视频监控点，为行政执法部门提供全方位的公共安全监控服务。全力服务党政军专网和应急通信保障，快速响应支撑党政专网组网建设，提供集有线、3G无线、卫星为一体的“天、地、空”整体通信调度指挥系统，提升政府通信调度指挥能力，助力各级党政部门提高对突发事件的快速反应能力。全面推动中小企业宽带升级、光纤化和移动化，通过语音、短信、传真、会议电视、企业总机等基础应用与网络存储、企业门市管理、财务管理、店铺管理、店铺监控等内部高端服务的有机融合，固网、宽带与移动应用相结合，为全市中小企业提供一站式的通信及信息化解决方案，帮助企业突破在信息化资金、技术、人才等方面的障碍，全面提升中小企业的电子商务水平。

【开启移动互联网新时代】 2009年，中国电信“天翼”品牌和189号段在珠海正式上市，标志着移动通信进入互联网时代。年初，中国电信珠海分公司推出互联网手机，全面启动189号段在本地的使用，通过无线宽带、手机上网、手机号码百事通、手机炒股、综合办公等丰富的游戏、娱乐、影音、社区群体等移动互联网应用，让市

民尽情享受移动信息新生活。通过“我的e家”融合服务，为全市家庭提供集话音通信、互联网信息和视频娱乐于一体的全方位综合信息服务解决方案；以“号码百事通”构建公众信息平台，通过语音、手机WEB、手机短信、互联网等方式，向公众提供号码查询、交通天气、出行问路、生活娱乐、订房订票订餐等“衣食住行”全方位信息服务。

【营造健康网络环境】 2009年，中国电信珠海分公司秉承高度政治责任感，积极配合政府监管部门部署和要求，旗帜鲜明地坚决整治、打击互联网和手机淫秽色情内容，打造绿色、健康、文明的网络环境。发挥“企智通”网络信息安全管理系统的作用，为政府部门、学校和企业单位提供内容过滤、上网记录、安全审计和入侵防护等服务，提高企事业单位网络信息安全水平；积极推进深入整治互联网和手机媒体淫秽色情及低俗信息专项行动，通过网吧用户流量清洗、封堵非法网站等多种措施，协助监管部门规范网络文化传播秩序；开通“绿网”和“在线防毒墙”服务，全力打造阳光绿色网络，有效营造健康网络环境。2009年，珠海首家公安部门与电信企业携手管理互联网的“网络警务室”在信息大厦正式挂牌。

【通信保障工作】 2009年，中国电信珠海分公司全面深化网络运行维护管理，全年网络运行安全稳定。承担国庆60周年、澳门回归10周年、国家海洋博览会、澳门大学奠基和港珠澳大桥奠基仪式等重大通信保障任务，成立专门通信保障应急工作组织机构，组织应急通信队伍，完善通信网络应急预案，落实通信网络值守，确保各项重大活动期间通信安全畅通。2009年，珠海信息大厦IDC机房通过ISO27001国际信息安全认证。

（卢国松）

对外经济贸易

2009年9月12日，中国和安哥拉两国政府石油担保一揽子贷款项下的第一批十二艘渔用船舶，从中国五家造船企业出厂，在珠海集结后，整体移交给安方。 席 湖 摄

对外经济贸易

【概况】 2009年是新世纪以来珠海外经贸发展最困难的一年。受全球金融危机的不利影响，对外贸易大幅下滑。据海关统计，2009年全市进出口贸易总值374.4亿美元，同比下降20.06%，进出口总额在全省排行第5位。其中，出口177.83亿美元，同比下降16.01%；进口196.57亿美元，同比下降23.41%。境外投资新批企业21家，投资总额767万美元。为有效应对国际金融危机，市外经贸系统认真贯彻落实国家、省一系列扶持政策，推动出台多项应对危机、转型升级的政策措施，搭建“进出口信用保险集约平台”，完善中小企业国际市场开拓资金、民营企业发展资金运作机制，推动加工贸易转型升级，积极支持企业“走出去”开拓市场，对外贸易在逆境中实现新发展。珠海市政府荣获全省进出口综合二等奖、服务外包先进市二等奖、外经工作二等奖。珠海市科技工贸和信息化局荣获一般贸易出口一等奖、服务外包优秀促进奖。

【外贸出口】 2009年，珠海市出口总值177.83亿美元，同比下降16.01%，占全省出口值的4.96%。一般贸易出口总值30.3亿美元，同比下降18.69%；加工贸易出口总值124.93亿美元，同比下降18.51%；其他贸易出口总值21.6亿美元，同比增长6.91%。外商投资企业出口总值147.8亿美元，同比下降15.98%；国有企业出口总值11.54亿美元，同比下降26.35%；集体企业出口总值2.8亿美元，同比下降23.93%；私营企业出口总值15.69亿美元，同比下降4.69%。全市超1亿美元的大型出口企业19家，出口合计104.09亿美元，同比下降14.36%。初级产品出口总值23.48亿美元，占全市出口总值的13.21%；工业制成品出口总值154.35亿美元，占全市出口总值的86.8%。

【外贸进口】 2009年，珠海市进口总值196.57亿美元，同比下降23.41%。一般贸易进口总值80.56亿美元，同比下降26.05%，占全市进口总值的40.98%；加工贸易进口总值77.96亿美元，同比下降23.88%，占全市进口总值的39.66%。进口商品中，初级产品进口总值34.35亿美元，占进口总值的17.5%；工业制成品进口总值162.22亿美元,占进口总值的82.5%。主要进口商品来自116个国家和地区。

出口额5000万美元以上的商品情况表

金额分类	商品名称	出口金额 (万美元)	占出口 总额(%)
合计	34种商品	1263055	71.03
10亿美元 以上	游戏机、成品油、电话机。	610562	34.33
1亿美元 以上 （21）	印刷电路、数字式相机、自动数据处理设备及其部件、服装及衣着附件、空气调节器、液化石油气及其他烃类气、纺织纱线、织物及制品、电视机（包括整套散件）、静止式变流器、医药品、蓄电池、电线和电缆、录、放像机、电视、收音机及无线电讯设备、电动机及发电机、塑料制品、通断保护电路装置及零件、鞋类、电流、收音设备（包括收录音组合机、普通缝纫机等）。	578174	32.51
5000万美元 以上（10）	船舶、变压器、原油、珍珠、宝石及半宝石、二极管及类似半导体器件、家具及其零件、灯具、照明装置及类似品、玩具、旅行用品及箱包、锁。	74319	4.18

出口市场结构：出口商品主要销往178个国家和地区。

进口额在1亿美元以上的商品情况表

金额分类	商品名称	进口金额(万美元)	占进口总额(%)
合计	22种商品	1965719	76.06
10亿美元以上	原油、成品油、集成电路。	965795	49.13
3亿美元以上（8）	液化石油气及其他烃类气、液晶显示板、自动数据处理设备及其部件、印刷电路、初级形状的塑料、印刷和装订机械及零件、煤、电视和收音机及无线电讯设备。	328930	16.73
1亿美元以上（11）	通断保护电路装置及零件、纺织纱线、织物及制品、变压、整流、电感器及零件、二极管及类似半导体器件、未锻造的铜及铜材、电池、电容器、苯乙烯、电线和电缆、食用植物油、计量检测分析自控仪器及器具。	200348	10.19

主要出口市场情况表

国别(地区)	当年金额(万美元)	比重(%)
合计	1778301	83.91
香港	663370	37.30
美国	337377	18.97
日本	134563	7.57
德国	79330	4.46
荷兰	74341	4.18
澳门	55675	3.13
越南	51130	2.88
英国	47192	2.65
澳大利亚	26605	1.50
韩国	22607	1.27

【对外经济合作】 2009年，珠海市新增对外投资企业21家，同比增长31%，投资总额767万美元，2家境外投资企业增资，增资额122万美元，境外投资项目分布15个国家和地区。完成境外承包工程营业额804万美元，对外劳务合作营业额1.02亿美元，首次突破1亿美元，年末在外劳务人员11604人。

【多措并举应对国际金融危机】 2009年，珠海市加强政策扶持，及时出台《促进外商投资、加工贸易企业扩大内销工作的实施意见》《促进珠海市服务外包产业发展若干措施》《一般贸易出口退税征退差实施细则》等多项扶持政策。帮助企业抢抓订单。组团参加广交会、首届广东外博会等18个展会，意向签约总额超过16亿美元；建立信保融资平台和电子商务平台，促成44家企业集中投保，200多家企业加入电子商务平台。扶持企业开展自主创新和自主出口品牌建设，全市新增22家省外经贸厅“出口名牌”企业。推动加工贸易转型升级。积极宣传、协调、帮助来料加工企业不停产转型升级，85家委托出口来料加工企业全部转型为独立法人企业，提前完成省加工贸易转型升级短期目标。与拱北海关联合建立“共建内销快速通道”试点，推广“先行内销、后集中申报”模式，促进企业扩大内销。全市加工贸易内销额656.6亿元人民币，同比增长9.2%，实际征税额21.1亿元人民币，同比增长16.2%。 （郭 瑜 万红宁 陈 茜 贺体斌）

商贸流通服务业

井然有序的珠海市农贸市场。　　曹雁行　摄

商贸流通服务业

【概况】 2009年，珠海市实现社会消费品零售总额413.82亿元，同比增长15%。其中，批发业零售额64.89亿元，同比增长25.8%；零售业零售额283.3亿元，同比增长11.5%；住宿餐饮业零售额65.62亿元，同比增长21.3%。

【批发零售业】 2009年，全市批发零售业实现零售额348.19亿元，占全市社会消费品零售总额的84.1%，对零售总额增长的贡献率达78.7%，拉动增长11.8个百分点，是珠海市商贸服务业的主体。限额以上批发零售业中，石油及制品类零售额30.5亿元，同比下降6.3%；汽车类零售额39.68亿元，同比增长17.5%；食品饮料烟酒类零售额26.15亿元，同比增长9%；服装鞋帽针纺织品类零售额13.52亿元，同比增长30.1%；家用电器和音像器材类零售额11.44亿元，增长9.5%；日用品类零售额2.69亿元，同比增长2.9%。

【住宿餐饮业】 2009年，珠海市住宿餐饮业实现零售额65.62亿元，同比增长21.3%，高于全市社会消费品零售业平均增幅6.3个百分点。随着居民消费品位和消费层次的提升，市场人气进一步聚集。酒吧街、步行街、湾仔海鲜街新街等特色街区不断涌现，海泉湾、歌剧院等旅游设施持续开发建设，涌现出一批知名的专业酒家，如情侣路上的金悦轩、得月舫等。

【典当业】 2009年，全市典当企业累计典当总额2.57亿元，较上年度有所下降。全市8家典当企业有从业人员56人，其中持有中国典当行业从业人员资格证书和国家（省）专业评估师资格证书（房地产、二手车）20人（其中典当从业人员资格证书9人），占从业人员总数的35.71%。

【拍卖业】 2009年，珠海市拍卖企业有32家(市区30家、县区2家)，注册资本合计2.45亿元。拍卖从业人员500人，其中国家注册拍卖师96人，持从业资格证书的233人。入选广东省高级人民法院拍卖机构10家，珠海市两级人民法院拍卖机构27家，珠海市政府指定缉私罚没物品拍卖机构4家；评为中国AAA级拍卖企业1家，AA级3家，A级13家。全年全市拍卖企业举行拍卖会394场，拍卖成交总额人民币15.43亿元。其中：房地产12.08亿元、机动车837.9万元、农副产品12.5万元、股权1.19亿元、文化艺术品20.6万元、无形资产1.17亿元和其他0.96亿元。

【旧货业】 2009年，珠海市从事废旧物资回收的网点和企业500多家，从事旧货市场交易的企业（个人）600多家，年交易额6亿元。

（徐英扬　柯　雯）

【家政服务业】 2009年，珠海市登记家政需求数为3500户，呈逐年快速增长趋势。为进一步促进家政服务业发展，实现“财政政策引导，商务组织资源，工会打造平台，家政拓展就业，促进

社会发展”的“家政服务工程”格局，市经贸局帮助珠海市总工会职业业余学校申报商务部、财政部、全国总工会的“家政服务工程家政培训”项目。自2009年11月1日以来，该项目免费培训下岗、失业、贫困人员和农民工近500名，其中386人培训合格并持证上岗。

【生猪流通】 2009年，全市屠宰生猪60.71万头。为保障肉品市场规范、公平、有序发展，珠海市政府印发《珠海市生猪屠宰和生猪产品流通管理规定》，市经贸局制定《珠海市打击私屠滥宰和病死猪病害猪肉非法交易专项整治工作方案》，联合市工商局、市行政执法局等6家单位组成专项检查组，对四家定点屠宰场以及市区26家农贸市场、鲜肉批发中心、商场、超市、工厂、学校饭堂、酒店进行突击检查。出动执法人员10430人次，出动车辆2231车次，查获私宰、病害猪肉4.68万千克，全部进行无害化处理。全年申请省生猪无害化处理资金85.9万元。

（柯　雯）

【酒类流通】 2009年，市酒类专卖办出动执法人员88人次，检查酒楼、餐厅、商场、超市等150余家，没收、销毁假酒200多支（瓶）。市经贸局协助生产厂家、经销商、代理商做好酒类产品的发证管理及维权工作。加大对酒类批发商的管理力度，实行酒类批发“随附单”制度。

（徐英扬　柯　雯）

【家电下乡和以旧换新】 2009年，按照国家和省的要求，实施“家电下乡”政策。凡具有珠海市农业户籍的农民在指定的164个销售网点购买规定的“家电下乡”产品可享受13%的财政补贴。全年销售“家电下乡”产品6679台，金额141.57万元，发放财政补贴13.59万元。全年全市回收五大类旧家电12095台，销售五大类新家电10363台，销售额4171.13万元，补贴金额316.16万元。其中，电视机销售量为5813台，占销售总量的56.09%。洗衣机销售量为2088台，占销售总量的20.15%。冰箱、空调、电脑销售量分别为1565台、630台、267台，分别占销售总量的15.1%、6.08%、2.58%。香洲区家电以旧换新销售量为1万台，占全市以旧换新销售量的96.5%。

（刘　勋　柯　雯）

【二手车市场】 珠海市汽车保有量27万辆，2009年度新车上牌和二手车交易分别为2.1万辆，年度交易总额1亿元，市场营业额9448万元，现有从业人员117人。经广东省经信委核准备案公布的二手车交易市场有8家，投资总额1.5亿元，营业面积和交易场地7万多平方米。二手车交易业务以代理为主要形式，在赢利模式上依然依靠收取手续费生存。

（张　平）

【农贸市场】 2009年，珠海市有农贸市场129个，其中中心农贸市场81个，社区农贸市场48个。珠海市坚持农贸市场管理体制改革，出台《珠海市农贸市场管理体制改革方案》，编制《珠海市农贸市场专项规划》。修订《珠海市商品交易市场管理条例》程序。拟推行特许经营管理。制定《珠海市农贸市场改造升级基本标准》。制定《珠海市农贸市场改造升级财政补贴资金管理办法》，支持和鼓励农贸市场升级改造。抓住柠溪市场改造重点，形成示范带动效应。组建农副产品交易市场行业协会，规范行业行为。

（刘　勋）

【“万村千乡”市场工程】 2009年，珠海市纳入国家级、省级“万村千乡市场工程”项目的商业网点111个，其中试点企业11家，农家店107家，配送中心4家。

（李　电）

会展·广告

2009年10月14日，中国（珠海）国际打印耗材展览会在珠海航展馆举行。　　李建東　摄

会展·广告

会展业

【概况】 2009年，珠海市举办各类展览28个，展览面积20万平方米。各会议型酒店接待大小型会议3000多个，年营业收入1.66亿元。大型专业展览场馆主要包括珠海航空航天博览中心、在建的华发十字门中央商务区商务组团（一期）、科技会展中心、珠海市博物馆、珠海市美术馆等以及海泉湾度假区、珠海度假村酒店、珠海市德翰大酒店等星级宾馆的小型展览和会议场所。

【中国国际航空航天博览中心】 中国国际航空

珠海担杆岛自然保护区总面积2270公顷，地处北回归线以南，属南亚热带海洋性季风气候，主要保护对象为海岛森林生态环境及其野生动植物，属于广东省稀有生物型自然保护区之一。自1990年建立保护区以来，猕猴群得到恢复和发展，现已有18群，约600多只。

钟 凡 摄

航天博览中心（简称“航展中心”）占地面积130万平方米。拥有3个面积为4.33万平方米的标准化展馆，可提供1800个标准专业展位，拥有1个多功能新闻中心，可承担大型国际展览的新闻制作、电视转播业务，兼具商务洽谈、学术交流、办公等多种功能。贵宾房建筑面积5167平方米。商业服务区建筑面积5261平方米，大中小商铺19间。室内外展坪面积41万平方米，是目前国内面积最大的室外展坪。展区内外停车场面积为62.69万平方米，展区内停车场可提供各类车辆停车位置1078个。

【华发十字门中央商务区会展商务组团】 在建的华发十字门中央商务区会展商务组团（一期）占地面积约27万平方米，总建筑面积55.6万平方米，投资总额预计超过62亿元，将建设国际一流的会展中心、首家国际标准五星级酒店、首家超五星级酒店、国际标准的甲级写字楼等设施。已规划建设的会议中心2.5万平方米，最大可容纳8000人；展览中心建筑面积8.5万平方米，可展览面积5万平方米。项目预计在3年内完工。

【中国国际航空航天博览会】 “中国国际航空航天博览会”（简称“中国航展”）是唯一由中央政府批准举办的国际性专业航空航天展览。1995年以来，已成功举办了8届。它以实物展示、贸易洽谈、学术交流和飞行表演为主要特征，受到广大航天爱好者的青睐。该展会现已发展成为集贸易性、专业性、观赏性为一体的，代表当今国际航空航天业先进科技主流，展示当今世界航空航天业发展水平的盛会，位于世界五大航展之列。

【珠海打印耗材展览会】 2009年10月14至16日，第三届中国（珠海）国际打印耗材展览会在航展中心隆重举行。自2007年在珠海举办以来，该展会已经迅速成为全球打印耗材行业内规模最大、效率最高的专业展会之一。以珠海为中心的珠三角打印耗材产业基地集中了中国超过500家的打印耗材及配件生产商。中国（珠海）国际打印耗材展依托珠海产业地理优势，采用“前店后厂”的展会模式，为国内外经销商和中国本地供应商提供参观、洽谈、合作等一站式服务。

【珠海国际保税酒业交易会】 2009年11月11日至13日，第二届珠海国际保税酒业交易会在珠海顺利举行。交易会为葡萄酒生产商、经销商、零售商、餐饮商、消费者和媒体工作者及相关人士提供了面对面的交流平台。交易会多角度、全方位地宣传了世界各国的酒文化，促进了世界各大酒类主产国和中国之间的文化交流。

（马冠聪　石红范）

广告业

【概况】 2009年，珠海市广告协会积极发挥“指导、协调、服务、监督”的职能作用，在宣传贯彻广告管理法律法规、维护会员的合法权益、组织学术理论研讨、开展广告优秀作品评选并推荐参加全省、全国广告作品评选、申报广告设计师职称评审、开展广告专业技术岗位资格和广告审查员培训、为会员单位代办广告年检及广告开业登记等业务、开展“创建广告行业文明诚信先进单位”活动、开展公益广告宣传活动；开展中国广告企业一、二、三级和广东省一、二级企业评定申报，为会员单位提供高效优质的服务，取得较好的成绩。

【顺利换届】 为落实执行市工商局下达的关于

市广告协会与市政府脱钩的政策，珠海市广告协会于2009年11月17日举行了第五届换届大会。会上审议通过了珠海市广告协会章程和《珠海市广告协会会员费缴纳与管理办法》，并宣布通过第五届理事会理事名单。换届大会的成功举办，为协会今后更好地开展工作奠定坚实的组织基础。

【抓行业自律】 为加强广告行业自律，促进珠海广告业的健康发展，珠海市广告协会根据中广协和省广协有关文件精神，结合珠海实际，制定了《珠海市广告行业文明诚信自律守则》，并由市广协、市文明办、市工商局联合发出《关于深入开展创建“珠海市广告行业文明诚信先进单位”活动的通知》，在全省开创性地与市文明办、市工商局联合开展文明诚信创建活动。为促进创建文明诚信活动的深入开展，按照“企业自愿申报、指导小组推荐，工商部门审查，广协理事会审议通过，市文明办审批”的原则，共评出珠海市北合广告制作有限公司和珠海广大广告公司为“全国广告行业2009年度精神文明单位”。通过开展“创先”活动，有力地推动我市广告行业诚信建设工作，促进珠海广告业的健康发展。

【举办优秀作品展】 2009年7月1日，珠海市广告协会举办了第十七届珠海市广告优秀作品评选和展示活动，全市广告企业共报送参赛作品115件，通过聘请专家、教授、业内知名人士担任评委，共评出本市广告优秀作品39件。其中：金奖5件，银奖6件，铜奖7件，优秀奖21件。获奖作品中，平面类10件，平面系列类5件，户外类3件，影视类3件，自由创作类18件。并推荐12件广告优秀作品参加全省第十六届广告作品评比。为扩大对广告业的宣传，协会还在珠海海天商贸城、珠海免税商场举办广告作品展览活动，通过评选和展览活动，全市广告设计创作水平逐年不断提高。

庙湾岛背靠太平洋，是珠海万山群岛中离海岸最远的岛屿，位于外伶仃岛的正南面，与北尖山岛并列在大海深处，面积2平方千米，因岛上有一海神庙而得名。 钟 凡 摄

【举办培训活动】 2009年，珠海市广告协会先后举办“广告专业技术岗位资格”和“广告审查员”等培训班，全市广告经营单位600多人次参加了培训。通过广告专业知识的培训，提高广告从业人员的广告专业理论水平和广告制作能力。

举办了一期“广告设计创作”专题讲座，并邀请省广告业内知名人士到珠海授课。协会通过举办有关广告设计、创意等方面的专题讲座和研讨会，拓宽广告设计创作人员的创作思路，帮助广告企业提高广告设计创作水平和提升竞争力，深受广告企业的欢迎和好评。

【发挥协会服务职能作用】 2009年，珠海市广告协会在积极抓好广告行业自律工作的前提下，注重发挥协会的服务职能作用，扎实做好为广大会员单位以及广告企业的服务工作。

一是积极做好为会员单位广告企业的咨询与服务工作。协会领导十分重视抓好为会员单位服务工作，把为会员单位服务作为团结和联结会员单位的一条纽带，始终坚持为会员单位多办事、办实事、办好事的服务宗旨。

积极为会员单位广告企业做好有关广告管理法律、法规等方面的咨询服务工作，特别是有关办理户外广告登记，画面变更登记等方面的咨询服务工作。积极打造珠海广告企业品牌，提高广告企业知名度。协会组织动员珠海市具有一定实力的广告公司申报中国广告企业1～3级和广东省1～2级广告企业评定工作，珠海市被评定为中国2级和3级广告企业各1家，被评为广东省1级广告企业3家。通过开展全省、全国广告企业等级评定申报工作，进一步提高珠海广告企业知名度，树立珠海广告企业品牌。为会员单位办理申报“广东省助理广告设计师、广告设计师”职称评审申报工作，经评定，珠海市有28人领取由省人事厅核发的《广东省初级专业技术资格证》，3人领取《广东省中级专业技术资格证》。积极化解广告公司之间存在的矛盾，并及时将行业意见和合理化建议向政府有关部门反映，争取社会各界对广告行业的理解和支持。

二是主动向政府有关部门反映广告行业意见，积极维护广告企业合法权益。

为了保证户外广告设置安全和维护广告行业的利益，广告协会组织召开珠海市广告公司经理和设计制作人员专题座谈会，认真讨论《珠海市户外广告设施设置技术规范》，提出了十多条修改和补充意见，提供主管部门制定该技术规范作为参考意见，使制定的新法规更符合实际，并具有更强的可操作性。2009年，为整治市容市貌，市有关部门要求全面拆除户外广告，十多户以经营户外广告为主的广告企业受到较大的损失，根据广告经营者反映的情况，协会领导多次召开有关广告公司经理会议了解情况并亲自到市政府及有关部门反映珠海广告行业的意见。通过积极反映，有关部门妥善处理好整治户外广告与维护广告企业合法权益的问题，受到广告企业的好评。

（吴　潇）

金融业

2009年4月27日，高新区科技金融平台成立。　　高新区供稿

金融业

【概况】 2009年，珠海市金融业积极落实适度宽松货币政策，切实加强金融风险监测，改进外汇管理，优化金融服务，金融运行平稳，适度宽松的货币政策对珠海市经济“V”发展起到积极作用。各项存款余额比年初大幅增长，企事业单位存款增长较为迅猛，其中定期存款增长尤为突出，储蓄存款增速则较为平稳。各项贷款余额比年初大幅增长，其增速超过各项存款增速，短期贷款增长较快，中长期贷款迅猛增长，而票据融资大幅回落。存贷比明显提高，个人消费贷款增速加快，金融机构资产总量较快增长，农信社经营状况良好，货币政策取得明显实效。

【金融机构及存贷款】 2009年，截至12月末，珠海市有20家银行类机构（含10家商业银行、1家政策性银行、1家农村信用联社、6家外资银行、1家外资银行代表处、1家财务公司）营业网点总数为410个，从业人员总数为7730人，2009年办理国际结算业务296.2亿元；办理贴现金额456.9亿元；办理保险代理业务13.9亿元；中间业务收入11.4亿元。人寿保险机构14家，营业网点43个，从业人员总数为7655人，营销人员总数为5623人。财产保险机构14家，营业网点为71个，从业人员总数为1392人，营销人员总数为625人。证券机构7家，营业网点19个，从业人员总数为300人，营销人员总数为535人。

2009年12月末，珠海市本外币各项存款余额为2105.2亿元，比年初增长33.6%；各项存款保持较快增长势头，9月末各项存款余额就已突破2000亿元；定期存款增长较快，企事业单位存款中的定期存款增长尤为突出，存款定期化趋势明显。珠海市企事业单位存款余额比年初增长56.1%。其中活期存款余额比年初增长33.7%；定期存款余额比年初增长92.2%。储蓄存款余额为828.0亿元，比年初增长13.8%；其中，活期存款余额为387.4亿元，比年初增长22.6%；定期存款余额为440.6亿元，比年初增长7.0%。中资机构各项存款余额比年初增加502.9亿元，增长33.0%，均保持较快增长；外资机构各项存款余额为77.9亿元，比年初增加27.0亿元，增长53.0%。

在适度宽松的货币政策下，珠海市信贷投放增势迅猛，2009年信贷投放新增量达上年度的3.7倍，7月末各项贷款余额已超过1000亿元；全年信贷投放总量大幅增长，中长期贷款尤为明显。年末存贷比达50.5%，比年初增加3个百分点，银行信贷对经济支持力度明显加大，对珠海市GDP上半年实现正增长发挥了积极作用。截至12月末，本外币各项贷款余额比年初增加314.0亿元，增幅为42.0%；信贷投放增势迅猛，金融机构短期贷款增长较快，贷款余额比年初增加40.8亿元，增长21.8%。金融机构人民币个人短期消费贷款余额比年初增长8.0亿元，增长583.9%；同比多增7.5亿元，增速加快561.2个百分点。中长期贷款余额比年初增加233.7亿元，增长47.6%；其中，基本建设贷款余额比年初增加82.7亿元，增长59.6%；人民币中长期个人消费贷款余额比年初增加96.7亿元，增长48.4%。

2009年12月末，珠海市中资机构贷款余额比年初增加317.7亿元，增长46.9%；同比多增234.6亿元，增速加快了33.4个百分点。外资机构贷款余额比年初减少3.7亿元，降幅为5.3%；同比少增5.2亿元，增速下降7.5个百分点。人民币贷款继续较快增长，12月末，珠海市金融机构人民币贷款余额比年初增加257.8亿元，增长37.0%；同比多增153.3亿元，增速加快19.9个百分点。外汇贷款余额比年初增加8.2亿美元，增长110.6%；同比多增10.4亿美元，增速加快133.5个百分点。

【货币管理和发行】 2009年，中国人民银行珠海市中心支行依法履行货币发行和管理人民币流通的职能，深化反假货币长效机制。一是严格执行《中国人民银行人民币发行库管理办法》的规定，强化发行库规范管理，认真做好发行库“二级达标”考核准备工作。二是保障辖区合理的现金供应，做好跨境人民币的供应工作，截至12月31日，共向澳门清算银行（澳门中行）供应人民币12.3亿元，实现了安全无事故。三是认真开展人民币流通管理，提高流通中人民币整洁度，坚决制止利用人民币进行“法轮功”反动宣传完成了经营流通人民币企业现场检查工作。四是继续深化反假货币群防群治的长效机制，采取多种形式积极配合公安机关开展打击假币犯罪“09行动”，认真组织珠海市金融机构分地域举办“走进社区乡村”的反假货币宣传活动，并制定《如何发现印制、贩卖假币窝点工作指引》等。

【金融机构改革】 2009年，为大力推动珠海市商业银行和珠海市农村信用社机构改革工作，增强资金实力，提高经营管理水平和抗风险能力，上半年，经过各方的共同努力，两家地方法人金融机构改革工作取得重大进展。6月末，珠海市商业银行重组资金已全部到位，并完成不良资产剥离、实收资本增资10亿元等改革工作。珠海市农村信用社于2009年4月提出中央银行专项票据兑付申请，6月初得到中国人民银行总行和银监会批准。9月末，两家机构资本充足率分别为20.6%和22.8%，与改革之前相比，资本充足指标发生了翻天覆地的变化。

【外汇管理】 2009年，中国人民银行珠海市中心支行、国家外汇管理局珠海市中心支局全面提升外汇管理服务效能，从多方面切实做好新形势下珠海辖区的外汇管理工作。

在国际收支统计基础工作方面。一是积极协助上级完善国际收支监测指标体系，有条不紊配合上级局完成外汇金宏系统上线及特殊机构赋码系统升级工作。二是扎实做好各项统计分析基础工作，着力提升数据质量。加强国际收支间接申报现场和非现场核查，实现珠海市汇兑统计申报和银行结售汇统计数据无差错，涉外收入笔数、金额申报率和对外付款申报率均达到100%。三是加强新形势下外汇形势分析监测工作，及时跟踪反馈国内外经济金融变化以及各项外汇管理政策实施效应，努力拓展调研深度和广度。

在强化资本流入监管、改善资本项目管理方面，一是夯实直接投资外汇管理基础，认真做好外商投资企业外汇登记工作，积极开展外商投资企业外汇年检工作。截至12月31日，共办理外汇登记业务1045笔，外商投资企业外方出资函证826笔，验资金额合计113253.87万美元，2920家外商投资企业参加外汇年检，年检率为90%，位居全省前茅。二是认真贯彻落实外债管理政策，严格外债特别是短期外债的流入和结汇管理，有效控制银行外债增长。截至2009年12月末，辖内纳入外债指标管理的外债余额均未超过核定的短期外债指标。三是积极贯彻贸易信贷管理政策，认真履行贸易信贷审核业务。

在开展外汇专项检查和严厉打击非法买卖外汇等各类违法活动方面。一是规范罚没款收缴制度和固定资产管理制度，积极开展外汇检查内控制度自查工作。二是认真做好有关保险公司合规性现场检查和特殊经济区域企业贸易外汇收支专项调查工作。三是强化“汇警合作”的联合办案机制，严厉打击非法外汇交易。2009年，协助珠海市公安机关成功侦破了3宗地下钱庄非法买卖外汇案件，立案查处外汇违规案件47宗，其中已结案47宗，结案率为100%。

在优化经常项目外汇管理方面。一是进一步完善出口收汇联网核查，简化企业联网核查业务办理手续，优化“网上交单”功能，在政策框架内想方设法为企业解决实际困难，促进贸易便利化。二是积极做好贸易收付汇核查系统企业开户和档案信息清理工作，切实为进出口企业营造良好的外汇经营环境。三是认真做好对进出口与贸易收付汇的真实性及一致性审核工作，加大个人携带外币现钞出入境、个人外币现钞提取和结汇管理力度，采取有效措施大力支持跨国公司实施外汇资金境内集中管理。四是完善外汇账户管理信息系统等各项非现场监管系统，实现全口径监管，切实提高经常项目管理水平。

【外汇收支】 2009年，珠海市在应对国际金融危机的过程中，虽然面临较多不确定性因素，但随着扩大内需、促进外贸稳定增长政策的逐步落实，涉外经济方面体现为外贸进出口回暖，吸收外资增幅止跌回升。根据外经贸部门统计提供的预计数据，全年市外贸进出口总额369.74亿美元，同比下降22%，其中：外贸出口176.84亿美元，同比下降16%；外贸进口192.90亿美元，同比下降25%。新批合同外资项目197个，同比下降35%；合同外资4.59亿美元，同比下降68%；实际吸收外商直接投资11.80亿美元，同比增长3%，增幅比上年同期减少8个百分点。

全年珠海市外汇收入同比增长2%；外汇支出同比增长45%，跨境外汇收支实现顺差25.1亿美元，同比下降54%。

【银行卡管理】 2009年截至12月末，珠海市发卡及联网机构数为12个，ATM总数为946台，POS总数为8948台，特约商户总数为6250家，银联借记卡发卡量为8，377，012张，信用卡321，687张，2009年POS交易量2547.38万笔，交易额213.17亿元，名列广东省第五。

9月17日，由中国人民银行珠海市中心支行、珠海市公安局等多个部门组成的“珠海市联合整治银行卡违法犯罪领导小组”正式成立并启动相关工作。在10家发卡机构开展系列形式多样、符合地方实际的农民工银行卡特色服务等宣传活动的同时，大力开展严厉打击银行卡违法犯罪的宣传活动。

【人民币账户管理】 截至2009年12月31日，珠海市共开立单位人民币银行结算账户10万多个。在金融监管机构和各金融机构的共同努力下，在做好账户管理日常工作的同时，积极开展综合执法检查，对珠海的人民币银行结算账户管理工作进行了全面的检查。同时积极做好辖内存量单位银行结算账户信息核实各阶段的工作，保证各商业银行将存量单位银行结算账户法定代表人或单位负责人及代理人公民身份信息真实性核实工作做好、做细。

【征信管理】 2009年，中国人民银行珠海市中心支行深化征信管理体系，积极推进社会信用体系建设。一是加大非银行信用信息采集力度，信息共享长效机制初步形成。二是深入开展征信宣传教育活动，开展征信知识宣传周活动，充分利用电视、广播电台、报纸开展形式多样的宣传活动。三是认真做好数据考核工作，认真做好信用报告查询及异议处理工作。四是高效率做好贷款卡年审工作。全年审贷款卡3913张，年审率为95.86%，比上年增加18.18个百分点。

【反洗钱】 2009年，在全面推进反洗钱工作基础上，中国人民银行珠海市中心支行作为珠海市反洗钱行政管理部门，着力提升反洗钱工作深度和广度。一是率先在全省地级市创建反洗钱人才库，培养辖区反洗钱业务专家人才。二是创新反洗钱宣传方式，开展珠海市金融机构反洗钱电视公益广告创作及评选活动，主动对房地产行业、

珠宝贵金属、银行卡行业反洗钱等有关问题进行卓有成效的研究，受到了上级的重视与肯定。三是提前顺利完成“反洗钱监管台账系统”的换版工作，有序推进各项现场和非现场检查工作。四是积极开展金融机构高管人员、信息报告员及情报专员的培训工作，举办多期“珠海市金融机构反洗钱非现场监管信息”等业务培训班。五是依法做好反洗钱调查和重点可疑交易活动线索的分析和移送工作，联合公安部门破获“3.18地下钱庄”、“3.26地下钱庄”等多起涉嫌洗钱案件。

【金融稳定】 2009年，中国人民银行珠海市中心支行等金融监管机构积极推进金融改革，强化风险监测，维护地区金融稳定。一是积极推动辖区法人金融机构改革工作，两家地方法人机构改革重组工作取得重大突破。珠海市商业银行重组资金已全部到位，珠海市农村信用社也获人民银行和银监会批准其中央银行专项票据兑付申请。二是建立定期风险监测制度，密切关注辖区法人金融机构风险状况，定期对其实施风险监测，定期向上级行报送风险监测报告，保障及时掌握风险机构风险变化状况。三是做好维护金融稳定各项基础性工作，做好地方经济金融基础指标数据和金融机构经营风险指标数据的收集整理，完成年度地方金融稳定报告和半年金融机构风险监测报告，根据经济金融形势的发展变化情况，修订完善与金融稳定相关的各项工作制度。四是有针对性地开展调查研究工作，对地方经济金融稳健状况进行评估、判断、预测，及时反映情况和问题，为有关各方采取措施提高经济金融运行稳健性提供决策依据。先后开展了“企业境外投资及外贸经营损失情况”、“金融支持外贸企业发展情况”、“金融危机下珠三角企业稳健状况”、“担保典当小额贷款公司三类机构经营情况”、“跨境贸易人民币结算试点企业情况”等多项调查活动。

【珠澳金融合作】 2009年，珠澳金融合作不断深化。一是参加在澳门举办的第十一届粤澳金融合作会议，与澳方就粤澳经济金融情况、澳门人民币业务的发展与粤澳跨境贸易人民币结算的准备、粤澳金融合作、构建区域票据清算体系、粤澳联手遏制假人民币非法流通等议题进行了富有成效的交流与磋商。二是建立珠澳反假货币联系机制。与中国银行澳门分行建立以澳门地区人民币监测点，实现信息交流共享机制。聘请澳门反假货币专业人士为珠海市反假货币工作联席会议货币鉴定小组成员，有效提升珠海外币鉴定工作的能力和水平。在珠澳两地开展人民币和外币双向业务培训。三是加强与澳门金融监管局的交流和信息共享，尤其是在反洗钱、打击非法外汇买卖、跨境贸易人民币结算等方面进行紧密的沟通与交流。

【货币信贷政策】 2009年，中国人民银行珠海市中心支行通过加强窗口指导，认真执行和传导货币政策，一是及时向各银行金融机构传递国家货币信贷政策意图，引导金融机构调整信贷结构。通过约见银行金融机构负责人、与银行机构召开中小企业座谈会、珠海市经济金融形势分析会议等方式，督促辖区金融机构认真执行适度宽松货币政策，努力发挥好金融对经济的支持促进作用。全年召开经济金融运行联席会议、房地产金融和信贷专题会议12次，约见商业银行10多次。二是加强与地方经济管理部门的政策协调，形成部门合力和政策合力，提高政策执行效果。积极联合地方经济管理部门共同分析探讨国际金融危机对地方经济金融的影响，共谋对策，协调行动。三是进一步完善信贷政策导向效果评估制度，深入开展信贷政策导向效果评估工作。改革金融机构绿色信贷业务数据的汇总方式，便于通过征信系统抽查银行报送数据，确保银行报送汇总数据的真实性和准确性，从而提高了评估结果的公平度和可信度。四是加大对中小企业信贷力度，通过人民银行的政策宣传引导、中小企业信贷政策导向效果评估制度以及政府管理部门的推动，金融机构普遍加大了对中小企业贷款业务的拓展力度，使中小企业的融资需求得到了更大程度的满足。五是实行货币政策监测反馈制度。认真做好货币信贷和金融市场各项监测分析工作，重点监测和反馈珠海市商业银行和珠海市农村信用合作联社两家地方法人机构的政策执行情况。

【征信系统管理】 2009年，通过建立“政府主导、人民银行牵头、相关职能部门参与”的联席会议制度，形成部门合力，使非银行信息采集工作跃上新台阶。中国人民银行珠海市中心支行先后与市中级法院、市地方税务局、珠海市技术监督局等部门就信息共享达成协议。

推进中小企业信用体系和农村信用体系建设，加强与中小企业主管部门、工商、税务等部门的合作，多渠道采集中小企业信用信息，进行中小企业档案信息的更新与完善，推动中小企业信息的共享。2009年，成功获取珠海市3万家法人企业代码信息，22831户珠海市已纳入企业信用信息基础数据库的中小企业合计，其中取得银行授信意向企业1292户，已取得银行融资600户，共融资145.81亿元。同时，引导农村金融机构对信用良好的农户和农村企业给予信贷优惠，加快推动农村信用体系建设，并以此推动农村经济发展。

【国库经营】 2009年，中国人民银行珠海市中心支行进一步加强国库会计核算基础建设，强化监管职能，努力提高国库服务水平。一是做好国库会计核算工作，认真完成各级预算收、支、退任务。二是完善相关国库管理制度，认真开展代理国库业务检查工作，完成对珠海国库代理支库国库代理业务现场检查工作。三是切实做好财税库银横向联网系统（TIPS）测试以及推广上线各项工作，成功实现TIPS系统的顺利推广上线。四是积极构建国库与相关部门的信息反馈机制，保证公务卡支付制度改革的顺利实施。五是认真履行国债管理职责。

【举办银企交流会】 为贯彻金融促进经济发展，完善货币政策传导机制，应对并有效抵御国际金融危机的冲击，改善企业融资环境，提高金融资源配置效率，确保珠海市经济稳定增长，2009年3月，中国人民银行珠海市中心支行、珠海市金融服务办公室及中国银行业监督管理委员会珠海监管分局联合举办了珠海市第二届政银企信息交流会暨银行信贷产品供需见面会。

活动中，珠海市10家银行机构与20家珠海企业签订了23项融资贷款合同，签约总金额高达220亿元。这是珠海历年来影响面最广、规模最大、政银企参与单位最多、金融信贷产品品种最齐全的一次融资活动。据不完全统计，各金融机构共接受240多家企业的融资咨询，其中现场达成合作、跟进意向的将近40家。这次活动室全面宣传适度宽松的货币政策、政府扶持政策和银行信贷产品、贴心服务企业和全社会的一种新的尝试，充分显示珠海在传导和执行货币信贷政策的最终效果，使货币政策效果真正反映在金融支持经济发展的力度上，彰显珠海市委、市政府、金融监管机构贯彻落实产业、财政、金融“三大”政策，扶持企业健康发展，促进经济增长、扩大城乡就业、维护社会稳定的信心和决心。

【跨境贸易人民币结算试点】 2009年4月，国务院决定在上海市和广东省广州、深圳、珠海、东莞4城市先行开展跨境贸易人民币结算试点工作的消息公布后，中国人民银行珠海市中心支行积极协助市政府，选取珠海39家有参加粤港澳货物贸易人民币结算试点的意愿及能力、涵盖多种企业性质、贸易方式的重点企业，作为我市人民币跨境贸易结算试点企业。同时组织先期积极参与开办该项业务的工商银行、农业银行、中国银行、交通银行等4家银行按要求对业务和技术系统进行了调整和测试，完成相关业务和技术准备工作。

7月6日，珠海市委常委、常务副市长刘小龙率队检查试点工作准备情况；7月7日，刘小龙副市长率珠海市金融服务办公室、中国银行珠海市中心支行负责人前往广州参加广东省跨境贸易人民币结算试点启动仪式。中国人民银行珠海市分

行成功办理全国第一笔进口付汇人民币结算。截至12月31日，珠海市跨境贸易人民币结算试点业务已累计发生34笔，金额2.14亿元，交易地区跨越南美、香港、澳门、东盟，其中与南美地区的交易业务为全国首例。

【横琴新区金融产业发展及金融创新】 2009年，中国人民银行珠海市中心支行积极推进，做好横琴新区金融产业发展及金融创新规划相关工作。一是借鉴滨海、浦东新区经验，研究在横琴新区开发中可能涉及的金融管理问题，提出先行先试的政策建议。二是应珠海市政府要求，就《横琴新区创新通关制度实施办法征求意见稿》《横琴总体发展规划有关金融服务管理问题意见的建议》《横琴新区金融产业化与金融创新服务建设实施方案》提出修改意见和建议，协助制定《横琴新区金融产业化与金融创新先行区建设实施方案》及其子方案。三是就横琴新区金融创新的问题作进一步探讨，上报《推进横琴新区建设粤港澳更紧密金融合作区的建议》《横琴开发中面向港澳的金融创新探讨》等多篇调研文章，为上级决策提供参考。四是就珠海市发展改革局的《横琴基础设施专项规划》及《产业发展专项规划》等提出修改意见，协助其他部门完成横琴新区规划工作。五是利用珠海毗邻港澳的区位优势，积极开展港澳地区经济金融运行和金融改革创新跟踪研究工作，完成一系列重大金融调研活动。

【树立“大金融”理念】 2009年，珠海市在树立“大金融”理念，不断深化联合协调机制建设方面作出了不懈的努力。一是中国人民银行珠海市中心支行切实加强与地方政府、其他金融管理部门以及各金融机构的工作联系，金融稳定协调机制的深度和广度得到有效提升。二是珠海市金融纠纷仲裁中心正式发挥社会影响力和作用力。受理并裁决某储户诉某银行存款纠纷案。这是珠海市金融纠纷仲裁中心成立以来受理并作出裁决的第一件案件，为珠海探索金融纠纷仲裁提供了有益的实践经验。三是继续深化反假货币群防群治的长效机制。在珠海率先制定《如何发现印制、贩卖假币窝点工作指引》，受到上级与地方政府的充分肯定并在珠海应用。四是征信体系建设机制向纵深推进。中国人民银行珠海市中心支行通过建立“政府主导、人民银行牵头、相关职能部门参与”的联席会议制度，形成部门合力，有效扩大非银行信息采集渠道和范围，实现与地方政府部门信息共享。五是与珠海市国家安全局签署《共建国家安全工作协作机制备忘录》，加强双方金融情报信息的互通，强化金融安全领域的协作。六与珠海市人民检察院、珠海市国家安全局等相关单位建立反洗钱合作工作机制，进一步扩大反洗钱跨部门情报交流与合作平台。七是在辖区率先建立与各金融机构、高校共享培训资源合作机制。牵头组织珠海市各银行、证券协会、珠海市金融学会等及北京师范大学珠海分校、北京理工大学珠海学院、北京师范大学—香港浸会大学联合国际学院等高校签订《共享培训资源合作协议》，实现培训工作的系统化、经常化、专业化和培训资源共享。 （左瑞华）

旅游业

2009年5月1日，珠海首届风筝节在高新区淇澳岛拉开序幕。　　吴长赋　摄

旅游业

【概况】 2009年，珠海市全年接待旅游总人数为2087.65万人次，与上年同比增长9.08%，其中接待入境游客413.57万人次，与上年同比增长6.57%，国内游客为1674.08万人次，与上年同比增长9.71%。全年旅游总收入168.83亿元，与上年同比增长8.87%。其中旅游(外汇)收入10.27亿美元，与上年同比增长8.33%，国内旅游收入98.71亿元，与上年同比增长10.69%。2009年全市共接待过夜游客1208.74万人次，与上年同比增长8.36%，其中国内游客910.89万人次，与上年同比增长9.85%，入境游客297.85万人次，与上年同比增长4.06%。在入境游客中，外国人47.86万人次，与上年同比下降了2.94%；香港同胞101.98万人次，与上年同比增长了5.22%；澳门同胞68.04万人次，与上年同比增长11.49%；台湾同胞79.97万人次，与上年同比增长1.28%。

【旅游行业规模】 2009年，全市共有住宿设施400多家，其中星级饭店97家，五星级饭店8家，客房4万多间、床位8万多张。旅行社102家，其中出境组团社9家，非法人分社8家，拱北口岸中旅社是全国百强旅行社之一。现有景区（点）40多个，其中海泉湾和御温泉已成为国内外知名的休闲旅游品牌，圆明新园为国家首批4A级景区，农科奇观为国家4A级景区和全国农业旅游示范点，外伶仃岛为3A级景区。

【重大旅游决策】 2009年，珠海市旅游局、珠海市规划局通过公开招标、选取广东省城乡规划设计研究院编制了《珠海市旅游发展总体规划环境影响报告书》，对2007年编制的《珠海市旅游发展总体规划（2007～2020）》开展规划环境影响评价，以预防规划实施可能造成的不良影响，并作为环境保护主管部门加强宏观和微观环境管理的科学依据。

【重大旅游活动】 2009年2月22日，珠海市旅游局与体育局联合主办、粤财假日酒店与澳门登峰公司承办的珠海首届半程马拉松邀请赛成功举办。邀请赛吸引了1833名来自世界各地的长跑爱好者，其中境外1230人，来自香港、澳门、台湾、美国、新加坡、日本、意大利、英国、澳大利亚、加拿大、韩国、澳洲、菲律宾、尼泊尔等共14个国家和地区。国际影响力较大，社会反响较好。首届珠海半程马拉松赛有效提升了珠海市的城市知名度，成为珠海又一张城市名片。

2009年10月4日，珠海市旅游局、香洲区人民政府、珠海市文化广电新闻出版局、珠海特区报社、珠海广播电视台和珠海华发集团联合主办的“爱与分享——2009第七届珠海沙滩音乐派对”大型户外公益活动在珠海海滨泳场成功举办，共吸引8万多名群众参与，创出历史新高。

【国民旅游休闲计划】 2009年，珠海市旅游局组织全市旅游企业，大力试行国民旅游休闲计划，加快推进全市“国民旅游休闲示范单位”创

建工作，着力打造一批国民旅游休闲精品项目和精品线路，加强宣传促销，有效促进珠海旅游经济的增长。制定《珠海市推进国民旅游休闲计划实施意见》，成立专门领导机构，以“集中力量办大事”为指导，建立健全有关工作协调机制。

2009年4月11日，珠海市旅游局组织全市各大旅游景区景点、旅行社，在珠海免税广场举办“全国百城旅游宣传周珠海分会场暨珠海国民旅游休闲计划启动仪式”。现场设立了旅游景点展示区、旅行社大卖场、珠海风光图片展和演艺表演区。29家旅游企业在现场搭台设点，派发宣传资料，赠送或出售打折的酒店住房、景点门票及旅游线路等产品。

全市有63家企业被广东省旅游局评选为“广东省国民旅游休闲示范单位”，其中酒店25家、旅行社15家、景区景点11家、餐饮店11家和购物商场1家。

珠海市旅游协会和珠海市邮政局发行了首套“珠海旅游景点优惠门票”明信片，包含了海泉湾、圆明新园、珍珠乐园、梅溪牌坊等全市主要景区景点。市民和游客只需花60元购买一册明信片，就可在全市16个景点景区得到5折以上的优惠。

珠海市旅游局精心策划，举办第七届珠海沙滩音乐派对、“情系祖国•爱在珠海”青年集体婚礼、国际赛事等大型活动，以节庆活动吸引更多的市民和游客到珠海旅游。活动共吸引20多万市民和游客参与，有效地刺激旅游消费，提升了珠海的城市知名度。

2009年5月，珠海旅游局联合珠海机场、珠海特区报社，三方共同挖掘珠海城市故事和人文景点，推出更多市民与游客喜欢的旅游点。举办“珠海人游珠海，粤游粤精彩”大型旅游活动。该活动历时3个月，根据不同主题编排、精选11条旅游线路，鼓励百万珠海市民走出家门游珠海。

推出一批文化、工业、农业旅游示范点，珠海一棵树休闲农庄有限公司、珠海市世外桃源休闲度假农场被评为珠海市休闲旅游示范农庄；烈士陵园、万山区桂山岛被评为珠海市红色旅游示范景点称号；三灶万人坟、苏兆征故居被评为红色旅游景点称号。

【旅游接待】 2009年，全市接待入境游客297.85万人次，与上年同比增长4.06%。旅游（外汇）收入10.27亿美元，与上年同比增长8.33%。全市接待国内游客为1674.08万人次，与上年同比增长9.71%。国内旅游收入98.71亿元，与上年同比增长10.69%。旅行社组团出境游为189，072人次，与上年同比下降14.04%，其中：香港游为88，460人次，下降4.23%；澳门游为51，708人次，下降43.98%；海外游为48，904人次，增长38.64%。前往的国家和地区主要是香港，其他依次为澳门、新加坡、马来西亚、韩国、日本和泰国等。

【旅游宣传促销】 2009年，珠海市旅游局是广深珠旅游联席机构的轮值主席单位，负责全年的广深珠区域推广工作，包括联合广州市旅游局和深圳市旅游局参加2009广州国际旅游展、2009中国（大连）国内旅游交易会、2009台北两岸观光博览会、第23届香港国际旅游展以及2009中国（昆明）国际旅游交易会，此外还共同赴华东进行旅游促销，充分展示三地的旅游资源，进一步树立“精彩广深珠”的品牌形象。特别是三地借参加“2009台北两岸观光博览会”之机，首次携手在台北举办广深珠旅游推介会。

2009年，珠海市旅游局同时又是中珠澳旅游合作体的轮值主席单位。三地以“中珠澳—大香山”的主题参加2009年台北两岸观光博览会，联合江门参加在葡萄牙里斯本举办的国际旅游交易会，增加区域性旅游的吸引力。

5月8日，珠海、中山、江门三地旅游局在珠海昌安假日酒店签署《珠中江旅游合作协议书》。6月18日～21日，珠中江三地首次联手参加重庆举办的第一届中国西部旅游产业博览会，把三地作为珠江西岸最理想的旅游休闲地作为统一的品牌形象，向西部游客推广介绍；7月初，三地共同邀请北京旅行社考察团一行30多人到珠中江三地进行为期五天的休闲旅游线路考察。

完善旅游宣传资料。为适应全市旅游业的发展，更好宣传全市的旅游资源，塑造“浪漫之城·生态珠海”的旅游城市形象，利用区域旅游合作平台完善全市旅游宣传资料，与广州、深圳联合制作了广深珠手绘地图、旅游宣传指南册和DVD，与中山、澳门联合制作了中珠澳中英文指南图、旅游形象光盘和宣传册，与中山、江门联合制作了中珠江宣传折页。

【旅游节庆活动】 2009年，珠海市旅游局开展以“浪漫之城·生态珠海”为主题的旅游年活动，活动包括珠海首届半程马拉松邀请赛、第七届沙滩音乐派对、珠海人游珠海、德国啤酒节、农科中心第三届“南瓜艺术节”、海泉湾第四届“新春嘉年华”、高尔夫邀请赛、梅溪牌坊迎春庙会、泛珠三角超级赛车节、圆明新园婚庆系列活动、珠海首届婚庆展等。其中，第七届沙滩音乐派对接待市民和游客突破历史新高达8万多人；首届珠海半程马拉松邀请赛吸引1833名来自14个国家和地区的长跑爱好者参加。

【广东国际旅游文化节】 2009年，珠海市列入广东国际旅游文化节的主要项目有第七届珠海沙滩音乐派对、首届唐家湾非遗文化节暨中秋对歌会、2009第四届“海泉湾音乐狂欢节”、第七届德国啤酒节、中国超级摩托车锦标赛、珠海国际海钓比赛、FIM亚洲公路摩托车、高尔夫邀请赛锦标赛等。主要工作包括组织企业参加2009广东国际旅游文化节暨泛珠三角旅游推介大会，推介珠海市“浪漫之城·生态珠海”的旅游形象；制作宣传花车，充分展示珠海的温泉、高尔夫、海岛等品牌旅游产品；选送20名选手参加2009“唱响广东”旅游金曲精英大赛之大型电视活动。

【信息化建设】 2009年，珠海市旅游局为确保信息畅通，指定信息中心专人负责管理及维护“OK珠海旅游网”，同时增设便民服务信息平台，方便市民及游客了解珠海旅游。

【旅游资源开发】 2009年，珠海市拥有景区景点40多个，其中海泉湾度假区、御温泉已成为国内外知名休闲旅游品牌，圆明新园和农科中心为国家级4A景区，外伶仃岛为3A景区；高尔夫球会5个，国际标准的高尔夫球场6个；珠海情侣路成为城市重要的旅游观光带和城市名片。加快情侣路沿线珠海渔女、海滨浴场及周边区域商务和休闲功能的规划及升级改造；顺利完成外伶仃岛国家3A景区的申报评定工作。

【旅游规划】 2009年，珠海市旅游局完成或协助完成了《珠海市旅游总体规划环评》和《平沙游艇产业旅游休闲区规划》，推进海泉湾二期开发的规划研究；积极推进《野狸岛文化休闲区的概念规划》；积极参与《珠海游艇产业发展研究》和《珠海邮轮游艇港口发展规划研究》；完善《湾仔旅游码头发展规划》。

【红色旅游】 2009年，珠海市旅游局推出一批红色旅游示范点，烈士陵园、万山区桂山岛被评为珠海市红色旅游示范景点称号，三灶万人坟、苏兆征故居被评为红色旅游景点称号。

认真策划红色经典旅游活动。2009年，珠海市旅游行业党委组织珠海各大旅行社策划推广“七一红色经典旅游”活动，向全市企（事）业单位推荐红色经典旅游线路，活动期间，据不完全统计，全市各大旅行社共组织红色经典旅行团16785人次，创旅游收入500多万元。

【乡村旅游】 2009年，珠海市旅游局推出一批农业旅游示范点，珠海一棵树休闲农庄有限公司、珠海市世外桃源休闲度假农场被评为珠海市休闲旅游示范农庄。

【旅游扶贫】 2009年，珠海市旅游局开展“一对一”结对帮扶工作。6月30日，珠海市旅游局党员干部到金湾区连湾社区，开展“一对一”结

对帮扶工作，局党员干部对帮扶对象进行慰问，赠送慰问金，同时召开座谈会，详细了解社区实际困难。7月1日，珠海旅游局党员干部深入到口岸中旅等多家旅游企业，对多名困难老党员进行慰问，同时，发挥旅游行业的优势，组织困难老党员到市区和增城白水寨生态园参观，让老党员亲身感受改革开放30年的成果。

【旅游行业监督管理】 2009年，珠海市旅游局在全市开展“浪漫之城•诚信旅游”专项整顿活动，珠海市旅游质监所联合公安、工商、交通、行政执法等部门加大对旅游市场的巡查检查力度，定期对拱北口岸、珠海渔女等游客密集地区以及面向团队游客的旅游购物商场进行检查，全年共开展旅游市场联合检查活动29次，出动检查人员500多人次，检查导游600多人次，检查旅游购物商场90家次，检查旅游车辆600辆次，有力地维护旅游市场的正常秩序。

珠海市旅游质监所全年受理游客投诉73宗，同比下降42%，涉及游客333人，退赔金额63482元，其中投诉旅行社38宗，投诉酒店8宗，投诉景点8宗，购物投诉16宗，其他投诉3宗。

【旅游安全管理】 2009年，珠海市旅游局印发《2009年珠海市旅游安全生产年活动方案》；5月召开全市旅游企业诚信旅游暨安全生产年动员大会；6月举办“旅游安全伴你行”为主题的安全生产知识普及答题竞赛；组织企业参加全市安全生产知识竞赛；与各区旅游局（办）签订安全生产责任书；完成2008年旅游局安全生产工作考核；与全市星级酒店、旅行社、景区景点签署珠海市旅游企业安全生产责任承诺书；10月举办珠

“同谒妈祖 共享平安”万山妈祖旅游文化节2009年4月25日开幕，超过1000名游客和渔民信众参加妈祖诞。万山区供稿

海市旅游安全演讲比赛。

会同消防、安监、卫生、技监等职能部门对全市的星级酒店、旅行社、景区景点进行旅游安全大检查，落实各项安全防范措施，发现问题及时提出整改。精心组织安全生产百日督查专项行动，开展安全检查，要求企业进行自查自纠，做到每周一小检查，每月一大检查，并每周一报。

完善全市星级酒店安全管理档案，要求各酒店每月、每季定期进行酒店安全的自检自查，并要进行书面记录及将记录情况传真至旅游局进行存档，发现问题及时督促酒店整改。

【旅行社管理】 2009年珠海市新增4家旅行社，注销2家旅行社，完成旅行社业务变更、营业部设立和办理领队证、签证专办员卡160人次；按照省旅游局的要求，协助出入境管理部门做好加强对旅行社144小时便利签证团队的管理；对全市91家旅行社开展旅行社经营许可证的换证工作，并对全市110家营业网点进行登记、发证；为帮助企业度过金融危机，向旅行社暂时退回质量保证金800多万元。

【导游员管理】 2009年，珠海市旅游局做好新考导游人员上岗培训工作。从课程设置、师资派遣、培训安排等各个环节入手，严格做好新考导游人员岗前培训工作，.先后安排两期的培训，并组织导游进行实地景点考察，获得新考导游人员的一致好评。

顺利完成2009年第一次、第二次全国导游人员资格考试考务工作。第一次报名人数为799人，导游报考通过率达到了37%，做好这批导游的岗前培训、注册、IC卡办理、合同档案管理等工作；第二次报名人数为1225人，通过率达到38%。2009年，珠海市导游人员累计达到3607名。

组织参加导游现场考试考评员研讨班。全市共有22名拟任用的考评员参加了培训和考试。培训班通过闭卷笔试和模拟口试等方式，帮助考评员熟悉景点内容，统一评分标准。

继续做好导游人员年审、继续教育培训的工作。为注册导游人员建立档案，按规定的时间对导游人员开展年审培训和业务指导，建立对导游人员工作情况的检查、考核和奖惩的内部管理机制。同时为导游人员提供旅行社用人信息，协调双方关系。

组织全市国际旅行社出境领队人员的换证、新证申请的资料填报、整理等工作。2009年全市旅行社共有118名出境领队申请换证，135名旅行社导游人员申请新的出境领队证。

【旅游饭店管理】 2009年，珠海市新增一家四星级、两家三星级酒店。根据国家标准《旅游饭店星级的划分与评定》的要求以及广东省星评委的工作部署，为进一步加强规范星级饭店的管理工作，保证星级饭店的服务水平和服务质量，组织星评员于2009年7月1日～8月31日对全市的旅游饭店进行年度星级饭店的复核工作，其中65家进行年度复核，6家年满5年的进行评定性复核。

【旅游标准化建设】 2009年，珠海市旅游局积极开展节能减排和绿色旅游饭店创建工作，2009年全市新增11家绿色饭店。

【旅游行业协会】 2009年，珠海市旅游局积极筹备珠海市旅游饭店行业协会、珠海旅行社行业协会、珠海市旅游景区景点行业协会、珠海市导游协会、自行车旅游协会的独立法人的成立相关工作。

组织春游南粤，畅游珠海，“三八”同乐活动，根据省妇联、省旅游局关于在全省开展“春游南粤，三八同乐”活动的要求，市妇联和市旅游局同步开展此项活动，并把珠海市旅游协会旅行社分会会员单位作为承办单位共同参与，此举得到会员单位的积极参与，经过多方筛选，共有13家旅行社共同承办，取得良好的经济效益和社会效益。

珠海市旅游局向全市酒店行业发出倡议，在全市酒店行业开展“延时退房”服务，此举得到

全市酒店行业的积极响应，共有70多家酒店参加此次活动，引起境内外媒体的关注。

珠海市旅游协会旅行社分会与澳门旅游商会合作策划以“珠澳两地旅游业界共庆澳门回归10周年”为主题的系列活动，其中以“万人游澳门”“万人游珠海”的互动为活动主要内容，珠海市有相关业务资质的旅行社统一对外报价，统一行程，统一对外宣传，为共同打造珠澳旅游珠澳旅游区域合作的整体化，产生积极推动作用。

【旅游教育培训】 2009年，珠海市旅游局针对旅游行业的实际和市场发展的需要，有计划有步骤地开展各类培训、讲座活动，其中完成省旅游局指定的初、中、高级导游培训、酒店职业英语考评员培训、酒店服务员技能培训等培训项目。

开展导游人员继续教育培训工作，对全市导游人员根据取得资格的年限分为两批进行培训，课程涉及导游业务、语言技巧、时事政策、摄影技巧、珠宝鉴定等内容，得到广大导游人员的认可；组织全市的旅游管理人员报读香港理工大学的旅游管理硕士课程；5月组织全市中高级导游人员近30名，参加由省局组织的省中高级导游人员培训班；将酒店职业英语等级标准分发到各酒店和各旅游高等院校，让全市酒店从业人员和酒店管理学生能及时掌握职业英语标准，积极参加等级考评，6月组织全市89名酒店从业人员参加了考试；组织全市星级酒店的10多名高中层管理人员参加酒店中高层管理人员岗位培训班，并获得岗位资格认证；举办《酒店会务服务与管理》讲座，邀请上海的旅游专家举办有关酒店会务服务与管理方面的培训，全市共有80多名业内人士参加此次培训。

【旅游行业精神文明建设】 2009年，珠海市旅游局组织参加全国红色导游电视大赛广东赛区的比赛。珠海市选派的优秀导游员获得全省第一和第三名的好成绩，并由珠海市导游代表广东省赴北京参加全国红色导游电视大赛的决赛。

【旅游行风与机关作风建设】 2009年，珠海市旅游局制定《2009年旅游局纪律教育学习月活动方案》，组织开展以“加强作风建设，保障科学发展”为主题的专题学习会，颁布《珠海市旅游行业管理“十不准”》和《珠海市受评旅游企业评定工作“十不准”》，规范饭店星级申请评定、年度复核，旅行社申办审批、备案、星评、年审，景区景点质量等级评定等工作。

开展典型教育，组织党员干部观看《天使情怀》和《贪之害》等党员教育片，开展正反面典型的党员教育。

【导游援藏工作】 2009年，经过严格选拔，选派珠海度假国旅的日语导游于聪同志代表珠海市参加援藏导游服务工作。

【机构改革】 2009年11月，根据市大部制改革的要求，珠海市文化广电新闻出版局（版权局）、珠海市体育局和市旅游局三局职责整合划入新成立的市文体旅游局，编制81人，内设13个业务科室，（办公室、产业规划与发展科、城市活动策划科、文体场馆管理科、文化艺术科、新闻出版科、广播电影电视科、文物科、群众体育科、竞技体育科、旅游推广促进科、市场管理科、人事监察科），直属13个单位，分别是行政执法大队、珠海市图书馆、珠海市文化馆、珠海市博物馆、珠海市古元美术馆、珠海市体育运动学校、珠海市旅游质量监督管理所、珠海市粤剧团、珠海女子室内中乐团、珠海市体育中心、珠海市体育彩票管理中心、大会堂、电影公司。

（金　璐）

科学技术

2009年12月29日，珠海市委、市政府隆重召开珠海市科学技术工作会议，对珠海市科学技术奖和第一届珠海市专利奖获奖者进行表彰和奖励。
曹雁行　摄

科学技术

【概况】 2009年，珠海市高新技术产业持续发展。全市高新技术产品产值978.8亿元，占全市工业总产值的比重达39.7%，占比位居广东省第三。全市新认定的国家高新技术企业59家，总数达到154家，其中上市企业14家，产值超亿元企业63家。154家高新技术企业的研究与开发经费支出总额（R&D经费支出）29.35亿元，占产品销售收入的比重为3.96%，远高于全市工业平均水平；全年专利申请量2068项，占全市专利申请量的74.4%；实现新产品产值366.54亿元，占高新技术企业总产值的比重达到46.43%；全员劳动生产率达20.88万元/人，是全市人均GDP的3倍。珠海市高新技术产业特色鲜明，在一些细分市场上具有很强的竞争力。如在电力系统操作安全保护设备领域，占据全国70%以上市场份额，位居全国第一位；在软件及生物医药与医疗器械领域，珠海市的综合实力居全省第三位；在打印耗材领域，珠海市是全球最大的兼容打印耗材生产基地。

【科技政策环境】 2009年，珠海市起草《珠海经济特区科技创新促进条例》（草案），报市人大常委会审议。制定《珠海市自主创新行动计划》《珠海市科学技术研究与开发资金管理暂行办法》《珠海市专利奖励办法》和《珠海市专利奖励办法实施细则》。修订《珠海市科学技术奖励办法实施细则》和《珠海市专利申请资助管理办法》。编制《珠海市高新技术产业重大项目和重要产业基地布局》。开展自主创新产品和自主创新企业认定工作，珠海市“东信和平智能卡股份有限公司3GUSIM双模卡（包括64k、128k卡）”等21个产品被认定为2009年广东省自主创新产品，同时列入珠海市第一批自主创新产品(目录)，有效期3年；珠海格力电器股份有限公司等23家企业被认定为珠海市首批自主创新型企业。开展规范性文件清理工作，废除已失效文件7项。

【科技计划项目】 2009年，珠海市出台《珠海市科学技术研究与开发资金管理暂行办法》，明确资金使用和管理的责任主体，确定资金投入的主要方向，规范资金投入和使用的管理程序。从2009年开始设立市级重大科技计划项目，项目经费安排重点向重大科技计划、科技创新公共平台和产学研合作倾斜。全市共有155个项目列入市级科技计划，下达市级财政科技经费5544万元。27个项目获得国家科技型中小企业创新基金立项支持，资助金额达1295万元。60个项目列入省部级各类计划，共获得7021万元经费支持，立项数量及经费支持均为历年来最高的一年。其中，世纪鼎利通信公司的TD-SCDMA增强技术路测仪研发和产业化项目获得工信部“新一代宽带无线移动通信网”国家重大科技专项2000万元资助、方正科技多层电路公司获得电子信息产业振兴计划1100万元资助、远光软件股份的远光集团财务管控系统V1.0项目和东信和平智能卡股份的射

频SIM（RFSIM）产品研发与产业化项目获得工信部电子信息产业振兴和技术改造共1100万元资助。

【产学研合作】 2009年是广东省教育部产学研合作5周年。5年来，珠海市产学研合作投入经费从2005年的11亿元增长到2009年的41.6亿元；产学研合作攻关项目从2005年65项增加到2009年762项；超过300家企业与来自内地及港澳地区近百所院校合作开展产学研项目，参加的科技人员近5000人，其中院士有39人；吸引108名科技特派员进驻珠海市73家企业，参与所在企业共80多个项目的研发工作。先后引进4家国家重点实验室在珠海设立分支机构，分别是吉林大学无机合成与制备化学国家重点实验室、电子科技大学电子薄膜与集成器件国家重点实验室、大连理工大学精细化工国家重点实验室和武汉大学软件工程国家重点实验室。珠海市产学研合作效益显著，累计申请专利数6267件、已授权4551件，其中发明专利申请数1379件、已授权513件；通过产学研合作参与制定各类标准1033项，其中国家标准395项、地方标准342项；2009年产学研合作新增产值近500亿元，与2005年相比增长5倍。

【科技创新公共平台】 2009年，珠海市加大对产业共性技术支撑平台的支持力度，由省市区联合出资3000万共建珠海南方数字娱乐公共服务中心，为数字娱乐企业提供孵化和公共技术服务，是广东省现代信息服务业重点园区“软件与数字娱乐产业专业化园区”的重要支撑机构。珠海市共有产业共性技术支撑平台5家，分别为珠海南方软件产品检测中心、国家印刷及办公自动化消耗材料质量监督检验中心、珠海南方集成电路设计服务中心、珠海南方网络检测中心和珠海南方数字娱乐公共服务中心。珠海市进一步完善科技文献资源、科学仪器设备、科技成果、产学研合作、专利信息服务等科技基础条件平台，并对平台进行管理和维护，提高科技资源的利用效率。其中，国际信息检索中心新增单位用户100多个，累计单位用户已经超过500家，国内数据库年检索量达到50万次，完成国内外查新检索300余项。

【工程中心和企业技术中心】 2009年3月，“国家节能环保制冷设备工程技术研究中心”正式落户格力电器，突破广东省连续8年没有获批在企业组建国家级工程技术研究中心的局面。2009年9月，丽珠医药集团股份有限公司企业技术中心被认定为国家级企业技术中心。截至2009年，珠海市共有国家级工程中心4家、省级工程中心20家、市级工程中心14家，国家级企业技术中心2家、省级企业技术中心22家、市级企业技术中心84家。

【科技中介服务机构】 2009年，珠海市继续加强和完善市生产力促进中心、市中小企业服务中心等以政府公共科技资源为依托的重点骨干科技公共服务机构的建设，增强其科技服务能力。2009年，珠海市共有5家科技企业孵化器，孵化总面积21.92万平方米，在孵企业数达240家，毕业企业16家，累计毕业企业128家。5家科技企业孵化器2009年总收入16195万元，同比增长66%；对孵化器内的公共技术服务平台投资额达1686万元，同比增长27.92%；年末固定资产净值42539万元，同比增长1.85%；孵化基金总额17290万元，同比增长35.65%。其中，珠海高新技术创业服务中心被认定为“广东高校毕业生科技创业孵化基地”和广东省中小企业服务机构示范单位。

【技术创新专业镇】 2009年，珠海市经广东省认定的技术创新专业镇共有4个：优质水产养殖技术创新专业镇白蕉镇、电子信息产品技术创新专业镇井岸镇、生物医药技术创新专业镇三灶镇和游艇技术专业镇平沙镇。珠海市专业镇工农业总产值达到815.94亿元，规模以上企业374个，名牌产品24个，驰名商标15个，高新技术企业有37家，科技人员有9955人。

【科技成果与奖励】 2009年，珠海市3个项目获得国家科学技术进步奖二等奖，分别为珠海健帆生物科技有限公司的“高性能血液净化医用吸附树脂的创制”、珠海得米化工有限公司的“可降解生物基高吸水性树脂生产技术开发及推广应用”和广东省中医院珠海医院的“旋提手法治疗神经根型颈椎病的临床和基础研究及应用”。12个项目获得广东省科技奖励。2009年，颁发市级科技奖励43项。

【知识产权工作】 2009年12月，珠海市率先设立全国首家由中级法院派出、独立设置的知识产权法庭，统一受理知识产权刑事、民事、行政案件，实行“三审合一”。2009年，珠海市首次设立珠海市专利奖，颁发5项珠海市专利金奖、10项珠海市专利优秀奖。珠海格力电器股份有限公司的“低温空调热泵系统及使用该系统降低温度调节波动的方法”和珠海和佳医疗设备股份有限公司的“一种肿瘤介入热疗仪”2个专利获得广东省专利奖金奖。珠海格力电器股份有限公司的“空调机（分体立式柜机06-22）”和珠海金山软件股份有限公司的“一种检测和防御计算机恶意程序的系统和方法”2个专利获得广东省专利奖优秀奖。全市专利申请2778件，同比增长23.8%，其中发明专利申请644件，同比增长47.37%，实用新型1323件，同比增长24.46%，外观专利811件，同比增长9.01%。全市专利授权量2008件，同比增长11.74%。其中发明专利授权量203件，同比增长41.96%，实用新型专利961件，同比下降12.56%，外观设计专利授权844件，同比增长52.07%。珠海市人均专利申请及人均专利授权排名全省第五。

【技术市场】 2009年，珠海市技术合同核准登

斗门围垦总公司基地连片面积4.8万亩，位于珠海市基本农田保护区范围内，是珠海市不可多得的大型连片的无公害农业生产基地。该基地生产的三大主导产品莲藕、香蕉、青蟹均荣获国家农业部无公害农产品认证。图为省级农业标准化示范区——斗门围垦无公害莲藕。

市海洋和农渔局供稿

记300件，合同成交金额3.08亿元，其中技术交易额为2.94亿元。

【科技交流与合作】 2009年，珠海市通过互联网等渠道向企业发布和推荐国外先进技术项目210余项，促进国外先进技术和项目向珠海转移和转化。推动粤港创新示范平台——软件与网络服务外包公共技术服务平台建设，该平台由珠海南方软件产品检测中心、珠海南方网络检测中心和香港-珠三角信息产业合作与交流中心共同承担完成。格力电器股份有限公司、珠海高新技术创业服务中心被认定为第五批广东省国际科技合作基地，珠海市广东省国际科技合作基地总数达到5家。珠海市加快推进珠中江区域科技合作一体化，8月5日珠中江三市签署了《推进珠中江区域科技合作框架协议》，建立了珠中江区域科技合作联席会议制度，合作内容主要是积极开展科技资源交流和共享、科技金融、产学研结合、产业技术联盟、重大科技项目联合攻关与联合招投标、科技成果推广、科技服务与管理、科技人才交流、对外科技交流以及知识产权、防震减灾等方面的交流与合作。

【科普工作】 2009年5月15日至6月15日，开展“科技进步活动月”工作，围绕“携手建设创新型珠海”的主题，以“市区联动”的模式，开展了一系列内容丰富、形式多样的群众性科技活动，将科技活动与宣传自主创新、建设创新型社会结合起来，营造了良好的舆论氛围，大力传播了科学技术知识，使科学发明和自主创新的主题深入人心，取得显著成效。

【电子信息产业和企业信息化】 2009年，珠海市电子信息产业规模以上工业企业有217家，从业人员超过10万人，工业总产值662.44亿元，占全市工业总产值的26.57%。属于电子与信息技术领域的高新技术产品共315种，产品产值549.36亿元，占全市高新技术产品产值的56.12%。软件产业实现销售收入147.75亿元，同比增长14.03%；通过双软认定企业226家，累计软件产品1287件。金山软件、远光软件、优特电力、万力达和东信和平等5家企业被认定为国家规划布局内重点软件企业，数量居于全国地级市首位。珠海市加快推进企业信息化工作。珠海市与金蝶软件签订《“友商网”推广运用合作协议》，合作打造珠海市中小企业电子商务交流合作公共服务平台，与用友软件共同推进“中小企业健康成长计划”，向中小企业提供改善企业经营状况的信息化建设方案。珠海太阳鸟游艇制造有限公司等404家中小企业被列为2009年度市信息化试点企业，珠海中富、方正科技、东信和平等8家企业列入省两化融合“4个100”示范工程单位。

【无线电管理】 2009年，珠海市加强无线电频率台站的管理，开展清理违法使用对讲机的专项执法行动，办理无线电行政审批86项，同比增长258%，核发电台执照1000多份，同比增长200%以上。加强珠澳频率协调，完成珠澳频率协调边界信号测试系统以及警示系统项目的建设，组织珠澳公众移动通信边界覆盖测试，并按协调原则有效组织各运营商调整所涉及基站的信号场强，降低了对澳门的超标覆盖以及监控了澳门对珠海的超标覆盖。珠海市无线电监测网二期优化扩建项目以及小型无线电测向系统建设项目进展顺利。圆满完成2009年各项重要活动期间的无线电安全保障，包括全国性大型考试的无线电安全保障任务15次22天。 （黄南荫）

教　育

创建于1992年9月的珠海市金海岸中学是一所区属一级完全中学，坐落在珠海西部金湾区的三灶岛，东临南海，依山傍水，风景秀丽。校园占地面积4万平方米，建筑面积2万多平方米。校园环境优美、规划布局合理，教学设备设施齐全。

金湾区供稿

教　育

【概况】 2009年，珠海市教育局坚持以科学发展观为指导，深入贯彻落实《中共珠海市委珠海市人民政府关于推进教育现代化若干问题的实施意见》和《珠江三角洲地区改革发展规划纲要（2008～2020年）》精神，紧紧围绕教育现代化的目标，高标准完成年度各项任务，有力推进教育事业的发展。

【加强规划建设和检查考核】 2009年，珠海市教育局按照《珠海市教育发展与教育设施规划（2007～2020年）》和《珠海市高中阶段教育发展规划（2008～2011年）》，北师大（珠海）附中二期工程、市一职校新校区、市城职院建设按年度建设目标顺利推进。贯彻落实《珠江三角洲地区改革发展规划纲要（2008～2020年）》，以及市委、市政府关于“保增长、定格局”十大重

外来工子女学校——崇文学校的学生们正在做早操。　　朱　习　摄

点建设工程的重大决定，拟制《珠海市职业技术教育基地建设方案》上报省教育厅。

研究制定《珠海市推进乡镇中心幼儿园建设指导意见》有关方案，明确各级政府和有关部门推进乡镇中心幼儿园建设的时间进度和工作要求，确保到2012年，各镇至少建成一所公办标准化中心幼儿园。

积极做好民办教育用地划拨工作。根据市政府《关于促进民办教育发展的若干意见》（珠府〔2008〕97号）有关规定，鼓励和支持各级各类社会力量利用珠海市在用地方面的优惠政策投资办学。成立珠海市教育局民办学校建设工作领导小组，面向社会公开发布香洲城区3块教育用地无偿划拨、用于建设民办中小学的信息，按照规范程序受理珠海容闳学校、珠海英利投资有限公司等多位投资办学者的书面申请，扎实推进材料预审以及领导小组审议等相关工作。

根据《中共广东省委办公厅广东省人民政府办公厅转发〈广东省地级以上市、县（市区）党政领导干部基础教育工作责任考核试行办法〉的通知》精神，成立以市委副书记钱芳莉为组长的市党政领导基础教育工作责任考核工作领导小组。6月份，分别对金湾区、斗门区进行区级党政领导干部基础教育工作责任考核。12月份，珠海市接受省工作组对珠海市党政领导干部基础教育工作的责任考核工作，省考核组认为珠海市教育近年来快速发展，教育质量稳步提高，对珠海市委、市政府高度重视教育，不断加大对教育的投入，所实施的免费教育政策表示赞扬，对珠海市基础教育的内涵发展、均衡发展和师资队伍建设给予充分的肯定。

【深化改革创新】 2009年，珠海市教育局继续深化高中阶段学校招生考试制度改革，将4所国家级示范性普通高中统招计划50%的名额，按比例分配到全市各初级中学，根据考生的中考成绩及志愿顺序择优录取。

进一步完善中考和高考质量评价方案，促进教学质量上新台阶。2009年珠海市普通高考成绩喜人，全市普通类高考考生为8139人，总上线人数7244人，总上线率为89%，比上年增加693人，增长10.6%，其中重点本科上线1073人(含艺术统考)，比上年增加296人，增长38.1%；本科上线3717人，比上年增加518人，增长16.2%；全市本科上线率为45.7%，比上年提高4.4个百分点。市一中陈俊任同学以701分列全省文科总分第一、全省选考历史五科总分第一；市一中叶荣庆以149分列全省物理单科第一。

中等职业教育坚持走内涵发展道路，人才培养模式进一步创新，各中等职业学校以就业为导向，着力抓专业建设和技能教学，积极开展定向委培、订单式培养等各种形式的校企合作，全面提高办学水平。中等职业学校毕业生一次性就业率超过98%。2009年，在广东省中等职业学校学生技能大赛上，在英语口语、汽车维修、机电一体化等6大类共11个子项目比赛的角逐中，珠海市中职学生共获得9个项目的一等奖，16名学生获得11个子项目的二等奖。在全国技能大赛再次取得新突破，7名参赛选手共荣获5个一等奖、1个二等奖、1个三等奖和1个优秀奖。

教科研培工作再上新台阶。组织到30余所学校开展近1100人次的教学调研活动，开展460余次专题教研活动，促进改革课堂教学。积极探索具有区域性意义的课堂教学改革，在金湾区三灶镇尝试《三灶镇中小学前三段教学一体化持续发展研究》。制定《珠海市名特优教师提升乡镇教师教学技能工程方案》，组织特级教师、名教师、优秀骨干教师到西部农村地区进行教育教学帮扶。实施6大项系统培训，涉及15个学科，培训教师达5000余名。其中为斗门120名英语教师开设专项培训，支持云浮30名教师免费参加同期英语培训。开办4期中小学教研骨干培训班，120人合格结业；举行第十七期新教师培训，全市296名新教师顺利结业，并开办有249名新教师参加第十八期培训班。

首次组织召开全市小学教学质量现场会和

首届珠海市基础教育成果推介会，进一步扩大教育成果的良好影响。开展科研课题的系列工作，有序组织申报全国教育科学研究“十一五”规划2009年度课题、2009年珠海市教育类科技计划项目、全国教育科学规划普通高级中学特色学校研究专项课题、省教育科学“十五”规划课题成果鉴定、全国教育科学中小学德育与校外教育研究专项课题，发布了珠海市教育科学“十一五”规划2009年度课题指南并组织申报，组织申报广东省第七届普通教育教学成果奖。发挥课改优势辐射力，应邀到外省市组织培训。

【实施素质教育】 2009年，珠海市教育系统高度重视青少年思想道德建设工作。以庆祝新中国成立60周年为主线，深入开展以爱国主义为主题的各项活动，加强学生的思想道德建设。开展“书香岭南”“书香校园”“阅读之星”等读书评选活动，市一中等5所学校被评为2009年广东省“书香校园”。开展了母亲节贺卡感恩情怀传递、“南粤雏鹰之星竞赛”“向国旗敬礼、做一个有道德的人”网上签名寄语、成人宣誓及中职学校“明理、立志、勤学、成才”主题教育系列活动。建立完善校园文化建设的有效机制，制定校园文化工作目标，创新、丰富校园动态文化活动，提升校园静态文化品位，创造良好的育人环境。积极推进心理健康教育，加强心理健康教育教师队伍的建设，完善心理危机干预体系，开展形式多样的心理健康教育活动，提高全体学生的心理素质，培养学生乐观向上、富有韧性和自我调节能力的优良心理品质，促进学生人格的健全发展。

加强和改进学校体育、美育和卫生工作。组织了珠海市首届中小学体育教师专业技能比赛、全市中小学体育教师“第三套全国中小学系列广播体操”比赛，举办“小学生体育学习成绩的评定方法”专题讲座，有效促进全市体育教师岗位技能的学习和专业素质、教学基本功的提高。全面贯彻实施《国家学生体质健康标准》，认真落实每天一小时体育活动的规定，开展“阳光体育运动”，增强广大青少年身体素质。切实做好手足口病及甲型H1N1流感防控工作，对全市各级类学校托幼机构校医300余人进行专题培训。积极组织各级各类科技活动和竞赛，鼓励和支持学生提高学习科学文化知识、提高科技实践能力。参加2009年第24届广东省青少年科技创新大赛并取得优异成绩，共获一等奖4项，二等奖4项，三等奖20项，专利申请奖2项，优秀组织奖2项，整体水平较往年有明显提高。积极开展校园艺术活动，组织了珠海市第二十一届青少儿艺术花会暨第二届珠海市中小学生艺术展演活动及多场中小学书法、绘画比赛。加强国防教育，召开了2009年学生军训“三防”知识教育工作会议，部署今年珠海市中学生军训工作及开展国防教育、救护知识、健康教育讲座具体安排。

继续推进教育装备和信息化建设。先后完成省教育厅组织开展的信息化建设与应用、中小学探究实验开展情况、中学实验教师(实验管理员)培训需求情况等三次调研，重点对斗门、金湾两区的信息化进行调查分析，形成珠海市农村教育信息化建设与应用调研报告。组织开展教辅人员实验员、电教员、图管员、网管员骨干和中小学生信息化应用教育培训。2009年组织参加全国中小学图书馆长征文、第六届广东省优秀自制教具评选、广东省计算机教育软件评审暨第十二届全国多媒体教育软件大奖赛等项目的比赛中均获得好成绩。

【提高师资队伍建设水平】 2009年，珠海市教育局组织开展2009年市直属学校校级领导后备干部选拔考试和市直属学校校级领导班子及成员考核工作，开展市中学校长任职资格培训，40名新任校长和校级领导后备干部参加了培训。分别选派校长参加江苏班挂职学习、第三期省级初级中学校长高级研修班、省中学校长任职资格培训班和赴英国培训。加强省中小学校长培训实践基地建设，接收来自高州中学等地7所学校校长挂

ZHUHAI YEARBOOK

职。

充分调动教师队伍的积极性，严把教师队伍入口关。组织2009年教师节表彰工作，表彰166名市先进教师和36名市先进教育工作者，评选产生全国教育系统先进集体1个，全国模范教师1名，全国优秀教师3名；省基础教育系统第二批名校长1名、名教师6名；南粤优秀教育工作者3名、优秀教师21名。

进一步加强学校人事工资制度改革。出台《珠海市义务教育学校绩效工资实施办法》，草拟了《珠海市义务教育学校校级领导绩效工资实施办法》《珠海市直属学校教职员绩效考核暂行办法》《珠海市直属学校岗位设置管理暂行办法》。市直属中学今年面向全国公开招聘教师218人，其中骨干教师117人，应届毕业生101人。

积极推进干部挂职及教师交流工作。选拔10名优秀中小学教师派往肇庆和揭阳等市挂职任教，帮助受援地区教育发展。选拔50名义务教育阶段学校优秀教师参加省教育厅统一组织的“千校扶千校”活动，珠海市25所支援学校充分发挥教学资源及教学理念优势，多渠道、多形式、卓有成效地开展帮扶交流活动。继续开展珠海市城乡义务教育学校结对帮扶工作，促进珠海市义务教育均衡发展。开展援藏教育交流工作，选拔4名优秀的小学教师赴西藏支持林芝实验学校建设。

认真贯彻省委关于解决代课教师工作的精神，出台《关于印发珠海市解决中小学代课教师问题工作方案的通知》和《关于印发珠海市解决中小学代课教师工资福利待遇问题暂行办法的通知》，提高代课教师工资福利待遇，组织“代转公”招录考试工作，共招录代课教师115人。年底组织第二次代课教师招录考试，力争年内解决

2009年10月29日，第六届金湾读书节启动仪式暨农家漂流书屋建设工程总结大会，在三灶镇伟民广场举行。金湾区已完成每个村居建成一家农家漂流书屋的目标，比原定计划提前一年。图为小学生们参观书展。 吴长赋 摄

珠海市代课教师问题。

【积极关注民生】 2009年，珠海市教育系统继续做好免费教育和资助贫困家庭子女工作。享受免费教育人数达147669人，财政补贴13565.36万元(其中：学杂费补贴1135.7万元，免书费补贴2229.66万元)；资助高中及大中专特困生1326人次，免费补助92.21万元。统计核实，2009年春秋季中等职业学校享受国家助学金63695人次，专项补助955.4万元。

加强学校安全工作。认真贯彻执行5月8日全国中小学校舍安全工程电视电话会议精神和省有关中小学校舍安全工程工作指示，全面部署启动中小学校舍安全工程工作。切实加强中小学校、幼儿园的安全、法制教育，做好突发公共事件的预防和处置工作，确保教育系统安全稳定。紧紧围绕“安全生产年”、“安全生产月”活动及安全生产“三项行动”，重点开展校车安全隐患排查及整治、中小学校园周边环境专项检查、火灾隐患排查治理活动。加强学生防溺水宣传教育和“关注安全、关爱生命”消防知识宣传活动。组织开展系列禁毒宣传教育活动。

依法加强对学校收费、后勤服务等工作的管理和监督。认真落实《关于印发2009年广东省规范教育教育收费进一步治理教育乱收费工作实施意见的通知》，认真落实珠海市12年免费教育政策和省“一费制”标准，规范、和谐地开展收费工作，组织春季、秋季两次全市性的收费检查。珠海市被省教育厅评为“广东省教育收费规范市”。加强对学生托管机构的管理，制定《2009年珠海市查处整治无证无照学生托管机构的工作方案》，并于9月份组织市工商局、市消防局、市卫生监督所、市药监局、香洲区教育局组成四个学生托管场所联合检查组，对香洲城区学生托管场所进行了全面的查处整治工作。

进一步做好流动人口子女就读服务工作。2009年，制定下发《关于2009年招生意见的通知》（珠教基〔2009〕7号），积极稳妥做好外来务工人员子女义务教育阶段在珠就读工作，进一步放宽有关外来务工人员子女入学政策条件，对“珠海市优秀外来工”子女、新购房未能及时办理入户的外来人员子女参照政策性借读生有关规定予以入学安置。拟在珠海市教育局门户网站“珠海教育信息网”上增设“珠海市外来务工人员子女就读政策”专栏，方便外来务工人员了解有关其子女入读、招生、考试等政策。

积极推进“双百工程”，组织珠海市城乡未能继续升学的普通初、高中毕业生，100%免费接受中等职业（技工）教育，100%实现技能就业，以实现“初次就业有技能，稳定就业有保证，提高收入有能力，产业发展有技工”为目标，加快培养技能人才，促进经济社会发展。

【加强党建工作】 2009年，珠海市教育系统深入开展学习科学发展观活动。组织集中学习讨论216场次，邀请专家作辅导报告4场。扎实开展“惠民直通车”、“科学发展观座右铭征集”和“四个一次”主题实践活动，建立领导干部挂钩联系点13个，走访基层、察民情136人次，党员干部开展换位体验83人次，听取基层单位和服务对象意见建议78条，为群众办好事实事59次。局机关和市直属学校以惠民、利民、便民为出发点，以改进机关作风、促进机关职能转变为目标，制定便民惠民清单13份，便民惠民措施共89条。

进一步加强和巩固党的基层组织建设。积极做好在学生和青年教师中发展党员的工作，共发展新党员47人。“七一”期间市直教育系统各级党组织开展了慰问困难党员活动，为困难党员赠送了慰问金共计1.4万元。

切实加强党风廉政建设。认真落实党风廉政责任制，按照省、市有关文件精神，把压缩经费支出，降低行政成本作为一项硬任务落实到各单位、各科室，在教育系统形成了鼓励节约、反对学浪费的良好的氛围，有效地减少了行政支出。对市直属学校利用公款组织教职工外出考察学习

的行为作出规定。组织召开教育系统机关作风建设警示教育工作会议，局机关全体工作人员签订“加强机关作风建设，履行岗位职责承诺书”。认真组织学习市规划局机关作风建设经验，切实提高机关人员服务意识、水平和工作效能。在全市政务公开工作检查考核中，珠海教育局被评为优秀，并做经验介绍。高度重视信访工作，对人民群众的投诉和建议，均能及时处理，全年共受理群众来信来电来400多件次。认真开展治理商业贿赂专项工作，对自查自纠工作中发现的问题及时整改，保证了教育事业的健康发展。

【幼儿园】 2009年，珠海市共有幼儿园210所，在园幼儿40328人，招生15146人，毕业13048人。全市幼儿园教职工4859人，其中园长338人、专任教师2656人、保健员468人。

【小学】 2009年，珠海市共有小学130所，在校生125643人，招生18865人，毕业23183人。学龄儿童净入学率100%；小学毕业生升学率100%。全市小学教职工6462人，其中专任教师5651人，专任教师学历达标率为100%。具有中学高级教师职称的14人；具有小学高级教师职称的3301人，占小学专任教师的58.41%。

【普通中学】 2009年，珠海市共有普通中学58所，在校生93861人，招生32521人，毕业28269人。其中，初中41所，完全中学10所，普通高中7所，初中在校生63713人，招生21999人，毕业19162人；普通高中和完全中学在校生30148人，招生10522人，毕业9107人。全市普通中学教职工6259人，其中专任教师5522人，其中初中专任教师3597人，学历达标率99.67%，具有中学高级教师职称的663人，具有中学一级教师职称的1691人；高中专任教师1925人，学历达标率98.70%，具有中学高级教师职称的660人，具有中学一级教师职称的617人。初中毕业生升学率为97.68%，比2008年增加1.62%；高中阶段毛入学率117.28%，比2008年增加6.53%；普通高中与职业高中在校生比例为57：43。

【特殊教育学校】 2009年，珠海市有特殊教育学校1所，在校生250人，招生50人，毕业12人，教职工53人，其中专任教师32人。较好地满足了“三残”儿童少年的入学需求。

【中等职业学校】 2009年，珠海市共有中等职业学校9所，在校生22842人，招生9324人，毕业5447人，教职工1219人，专任教师895人。其中技工学校1所，在校生5083人，招生2581人，毕业828人，教职工193，专任教师126人。

【普通高等院校】 2009年，珠海市共有普通大专2所，在校生5398人，招生2761人，毕业1676人，教职工289人，其中专任教师207人。大学园区8所高校全日制在校生人数9.5万人，教职工近5000人，其中拥有副教授以上高级职称的2000多人。2009年珠海市适龄青年高等教育毛入学率为44.47%。

【成人教育学校】 2009年，珠海市共有各级成人教育学校95所，在校生105656人，招生3349人，毕业93858人，教职工1286人，专任教师614人。其中，成人高等学校1所，在校生8555人，招生3349人，毕业1532人，教职工52人，专任教师38人；职工技术培训学校2所，在校生980人，教职工9人，专任教师5人；农村成人培训学校6所，在校生5073人，教职工35人，专任教师26人。

（刘　笑）

文 化

2009年10月16日，珠海特区报社庆祝新中国60华诞暨澳门回归10周年，举办“我爱您　中国”歌咏大赛。 李建東　摄

文 化

【社会文化活动】 2009年，珠海市精心组织群众性一系列文化艺术活动，以满足人民群众日益增长的精神文化需求。1月4日晚，中国电信珠海分公司在珠海大会堂举办“天翼传情、共奏辉煌——2009年中国电信新年音乐会”。著名指挥家陈佐湟亲自指挥、著名女高音歌唱家幺红、男中音歌唱家孙砾和旅美钢琴家陈洁联袂中国国家交响乐团，为珠海市民带来了一场交响乐的盛宴。1月23日晚，“2009年春节联欢会”在珠海电视台隆重举行。晚会表演既有珠海本土创作的歌舞、相声、小品，也有民乐民歌联袂演绎的新型节目，整个晚会呈现出喜庆、祥和的气氛。2月2日斗门区举办第五届民间艺术大巡游，巡游包括水上婚嫁、舞龙、舞狮等10项400多人的民间艺术表演，具有特色的是由80多人挥舞金银两条各长50米的长龙，双龙盘旋气势磅礴，吸引了4万余名市民驻足观赏。2月8日，珠海市举办“迎新春·闹元宵——第三届民间艺术大巡游”，这次巡游由8部彩车、22个表演方阵，1400多名演员组成，表演形式有舞龙舞狮，水上婚嫁、民间飘色、鹤舞以及时尚运动的轮滑、双节棍、跆拳道、街舞、滑板，包括来自东北二人转、秧歌腰鼓。2个小时多姿多彩的表演吸引了沿途16万珠海市民和各地游客争睹相看。整个巡游从景山路、九洲大道至夏宫国际花园共3千米。本届巡游活动的规模、影响比前两届拓展扩大、内容推陈出新，在保留民间传统艺术的同时，加入时尚青春元素，港澳方阵首次亮相，让巡游显出珠海作为移民城市兼容并蓄的多元文化的特点。2月9日晚，唐家湾高新区举办“共乐唐家湾——2009年元宵灯会”，元宵灯会安排悬挂了500多盏花灯、灯谜，供游人赏灯、猜谜，吸引数千群众赏灯游玩，放烟花、猜灯谜，同庆佳节，其乐融融。8月6日晚，第二届珠海合唱节“歌唱祖国”合唱大赛总决赛在珠海大会堂隆重举行。本届合唱节是珠海庆祝建国60周年系列庆祝活动之一，历时5个月。来自市直机关、企业、区属单位、学校、军警部队等57支合唱队伍3400多名队员参加了此次合唱大赛，经过3场角逐比赛，从工会专场、区属专场和机关专场脱颖而出的12支优秀队伍挺进总决赛。通过总决赛，珠海市公安局警官合唱团、珠海市香洲合唱团、珠海市环保局合唱团、珠海市香洲区艺帆合唱团、珠海市金湾区教师合唱团等5支队伍获金奖，珠海“海韵”女干部合唱团、珠海港合唱团获荣誉奖，市总工会、市直机关工委、市文化馆、珠海港控股有限公司获得优秀组织奖。9月20日晚，市文化主管部门主办《祖国颂》大型交响合唱音乐会，作为第二届珠海合唱节的最后一场活动，为庆祝建国60周年、珠海建市30周年而举办。音乐会由珠海拱北爱乐合唱团担任主唱，中国歌剧舞剧院交响乐团特邀伴奏。为向新中国60华诞，澳门回归10周年和珠海建市30周年献礼，由市委宣传部、市文广新局主办历时一个多月的首届珠海金秋艺术节。自9月26日晚～10月31日晚，首届珠海金秋艺术节为广大市民献上17

场风格各异，精彩纷呈的专场演出，以舞台表演艺术为主，荟萃歌舞、民乐、戏剧、小品和声乐等多种文艺表演形式。2100多名珠海文艺工作者倾情演出，2万多名来自珠海社会各阶层，各行业的市民观看演出，艺术节充分展现珠海浪漫之城的艺术气氛。10月31日晚闭幕晚会撷取了本届金秋艺术节的优秀文艺节目进行展演。晚会现场还颁发20个优秀表演奖、24个优秀组织奖、2个贡献奖。10月4日晚，2009第七届珠海沙滩音乐派对在吉大海滨游泳场举行。沙滩音乐派对依照“爱与分享”的主题，以DJ音乐、街舞派对以及本地原创乐队为主要表演团队，在表演的同时与市民和游客的参与和互动，营造出一个精彩纷呈、年轻动感、流行时尚的派对氛围。当晚有4.8万珠海市民和外地游客参与沙滩音乐派对，共同分享炫舞赏乐的狂欢夜。12月6日至月底，为庆祝澳门回归10周年，珠海市委宣传部、市文广新局主办“濠江水·两地情”群众文艺系列活动，活动以综合性文艺晚会为主，还包括专场音乐会、合唱专场、戏剧专场演出、澳门风光摄影展、社区少儿书画赛、庆回归趣味游园活动和电影放映等60多场活动。以形式多样的文艺系列活动来表达珠澳两地人民的浓浓亲情。12月17日晚，中国第一部以海洋文化为主题的大型原创音乐组歌《奔向蔚蓝色》海港大合唱在珠海大会堂首演，其音乐组歌由国内著名音乐人、著名歌唱家在珠海港采风的基础上共同创作，由珠海港合唱团主唱。珠海金湾区从9月～12月底以庆祝新中国成立60周年为主线，以第六届金湾读书节和首届金湾海洋文化节两大板块为主要内容，先后组织八大系列70项活动，覆盖全区上下各行各业的人群，这次系列活动历时4个月，全区数万名干部群众参与，十几万人受益，是金湾建区以来最大规模系列文化活动。12月29日晚，珠海市文联在香洲柠溪文化广场举行迎新年大型文艺晚会。晚会展演2009年珠海市文艺工作者获得国家、省奖项的作品，展示珠海本土艺术家的风范和成就，吸引上千观众驻足观赏。12月30日晚，由曾获意大利“年度最佳艺术家”称号的指挥家迈克尔•塔巴切尼克率领欧洲十大交响乐团之一的布鲁塞尔乐团，在珠海大会堂献上一台以“新春欢乐颂”为主题的新年音乐会。2009年珠海市群众性文化活动日趋活跃，繁荣发展。全年举办高雅艺术演出70多场，组织广场文艺演出及下乡演出800多场，举办各类展览160场，为社区、部队、企业、乡镇组织放映电影968场。

【艺术创作】 2009年，珠海市有113部文艺作品荣获省部级以上奖励，其中歌曲《欢乐山寨》《祖国美》获广东省第七届精神文明建设“五个一工程”优秀作品奖；牙雕《皆大欢喜》等获广东省第八届鲁迅文学艺术奖；青年女作家裴蓓的中篇小说《我们都是“天上人”》获第十三届百花奖中篇小说奖；香洲区合唱团等团体和个人在广东省第九届百歌颂中华歌咏活动中获4项金奖，位居全省首位。中国第一部以海洋文化为主题的大型原创音乐组歌《奔向蔚蓝色》首演成功。拍摄电影《澳门一九四九》，于澳门回归10周年前夕隆重推出，并分别在澳门、广州、珠海举行首映式。华发艺术团献艺亚洲艺术节，汉胜艺术团获邀参加中央电视台举办的春节晚会，推进文艺团体品牌化建设步伐。组织完成第三届珠海市文学艺术“渔女奖”评奖工作，在文学、戏剧曲艺、美术、书法等九大艺术门类近千件参评文艺作品中，曾维浩长篇小说《离骚》等48件文艺作品获奖，较全面反映了珠海文艺创作的水平和成绩。反映珠海历史人文题材的剧本创作不断涌现。本地文艺家先后创作粤剧《唐涤生》、话剧《大国商魂》、舞剧《苏曼殊》、舞剧《陈芳故事》等重点珠海历史人文题材的剧本作品。其中粤剧《唐涤生》、话剧《大国商魂》剧本创作已完成。

【文化市场】 一是进一步健全文化市场监管机制。完善市文化、公安、工商、城管、电信等部门协作制度，齐抓共管。同时强化督查督办制度，建立相关部门开展“扫黄打非”工作的责任分工和责任追究制度，共同承担和配合行动，及时打击和取缔文化市场违规违法的经营活动。市文化市场综合执法大队采取日常巡查与集中整治相结合、严管重罚与整改教育相结合、执法监管与行业自律相结合，对歌舞娱乐场所、电子游艺经营场所、网吧经营场所以及出版单位、书报摊经营点、音像销售点等加强巡查和抽检，保持着高压的监管态势。同时强化经营场所的规范管理和行业自律，要求所有经营场所与文化部门签订守法经营责任书和承诺制。积极引导和规范文娱场所从业者文明经营、守法经营。市文化主管部门逐步健全文化市场义务监督员队伍，依靠社会力量共同参与监管文化市场，建立起政府管理、行业自律、社会监督的文化市场综合治理体系，提高市场监管能力，使全市文娱经营场所的管理得到明显改观。

二是深入开展“扫黄打非”斗争。按照中央、省的工作部署和珠海市的工作方案要求，市职能部门分工负责，整体防控、联合行动，先后开展“网吧专项整治行动”“清缴整治低俗音像制品专项行动”“盗版教材教辅读物专项检查行动”“歌舞娱乐经营场所专项检查行动”“动漫市场专项整治行动”以及消防安全和禁毒专项宣传教育检查等系列专项整治工作，全市共出动检查执法人员9192人次，检查音像经营单位4123家次，书报刊经营单位1621家次，电子出版物经营单位229家次，印刷企业147家次，互联网上网服务经营场所653家次，歌舞娱乐场所197家次，营业性演出单位15家次，收缴非法音像制品73万多张，非法书报刊8124册，非法彩报8838份，非法电子出版物3637张，取缔无证照文化经营场所196家，立案查处违法行为53宗，移送公安机关行政拘留19人，刑事拘留2人。打掉批销非法音像品窝点15个。一系列的专项整治活动和查处工作，有力地遏制和打击文化市场各种违法行为，有效地净化文化市场，为珠海经济社会发展营造健康繁荣的文化氛围。

三是不断规范文化市场的行政执法。珠海市文化市场综合执法大队重视执法队伍的建设。一方面加强执法人员相关法律和专业知识的培训，以“新的法律法规、新进执法人员、新型执法领域”为培训重点，举办8个培训班，实行业务学习和工作考评结合，不断提高队伍的执法水平；另一方面健全执法工作机制，规范执法行为。制定完善文化市场处罚备案、审理规则、执法规定等制度，以及健全相关执法人员公平执法的纪律和公正执法的廉洁守则，按市场分管的项目和区域执法职责与个人签订岗位目标责任和廉政承诺，依章守法搞好文化市场的管理，增强行政执法的公正性和权威性。

【珠海市图书馆】 2009年，珠海市图书馆全年举办珠海大讲堂讲座37场，先后邀请了蒋子龙、陈建功、张铭清、中里巴人等国内外知名专家学者登台开讲，直接现场听众2万人次，珠海文化大讲堂逐渐形成凝聚读者听众的文化品牌。同时，该馆举办各类丰富多彩，形式各异的展览及送展下乡活动，极大地丰富珠海市民的文化生活。全年新办理读者借书证6949个，借还图书629990册，上门借书151024人次，接待读者共932332人次，同比增长了3倍。珠海市图书馆还采取增添设施、增加服务功能，借助信息技术拓展服务范围以方便读者。一方面新增加30台资源共享工程服务电脑，在满足读者上网查询阅读的同时，扩大馆内服务空间，推出视频讲座和影视资料播放服务；另一方面开通“珠海图书网站”链接“珠海政府网”“电信”“珠海视窗网”，实现网上检索，网上续借。通过网上拓展参考咨询、检索数据库以及“珠海信息公开”检索链接、新书推介等多项功能的服务。图书馆网站主页还设立“政府信息公开”“少儿之窗”“读书榜集合”“新闻聚合”“珠海文化聚合”等内容，满足网友和读者的需求。

为增强公共图书馆的社会影响，珠海市图书馆利用自身条件和资源，建立社会信息资源

ZHUHAI YEARBOOK

共享平台。分别举办“珠海2009书香岭南读书月”“4·23”世界读书日、“图书馆服务宣传周”等系列主题活动，凝聚广大的读者。积极推进“图书馆志愿者”服务工作，通过与团市委、香洲区团委、香洲义工联等单位合作，组建“图书馆义工服务队”，全年接收上万人次志愿者和义工参与图书馆的管理服务和交流，为青少年的社会教育提供独特的活动平台。进一步拓展图书资源共享服务点，分别与古元美术馆、珠海城市职业技术学校、高栏港经济管理区等6个单位建立图书分馆，实行图书统一采购编目以及“一卡通”的互借互还，扩大图书的服务点和流通量。珠海市图书馆还通过举办业务培训班以及开展文献信息交流和学术研究活动，充分发挥公共图书馆为社会文化经济服务的影响和作用。珠海市图书馆全年采购、分编加工图书21242种63881册，订阅报刊1450份，特藏文献2280册。接受捐赠图书8868册。至年底馆藏书总量为56万册。2009年，珠海市图书馆经第四次全国公共图书馆评估定级验收，被国家文化部评定为一级图书馆。

【珠海市博物馆】 2009年，珠海市博物馆进一步抓好历史人文资源的保护工作。在推进文物征集、馆展宣传、考古研究和文博管理工作方面取得明显成效。加大文物征集力度。全年完成文物、资料征集共73批1712件（套）包括珠海民俗用品、家具、海防铁炮、岭南特色的广彩瓷器、珠海地方族谱、珠海经济特区时期的史料、珠海挖掘发现的古墓碑、界碑等。为市民代管文物资料4批304件（套）。同时完成对征集入库的文物（资料）进行整理、修复、登记工作，更好地充实和丰富馆藏文物。珠海市博物馆注重发挥馆展的社会影响和作用，积极办好各类展览。全年举办有《黄埔军校校史展》《广东省自然保护区暨珍稀动物展》《辽宁省博物馆藏齐白石绘画精品展》及《纪念珠海改革开放30周年大型图片展》等展览40个，参观数达9.8万人次。为扩大展览的社会宣传影响，珠海市博物馆还组织开展乡村、社区、学校的巡展活动，全年下基层巡展22场次，深受广大群众的欢迎。历史人文资源保护开发利用取得新的进展。提前完成珠海市第三次全国文物普查和登录的工作。全市共调查登记不可移动文物点424处，其中新发现文物点230处，复查文物点194处，调查登记消失文物点34处，为全面准确勘定全市文物保护点，制定科学的保护措施和政策提供依据。积极做好文物保护单位的申报工作。已将东澳沙丘遗址等7处市级文物保护单位向广东省申报第六批省级文物保护单位；杨氏大宗祠等5处向国家申报第七批国保单位。公布珠海市第一批历史文化遗存保护名录68项，市级非物质文化遗产保护名录12项，市级非物质文化遗产传承人18名。文博研究取得新的成果。博物馆人员通过参加“珠澳文化论坛——珠海澳门与近代中西文化交流研讨会”宁夏贺兰山岩画研讨会、杨匏安学术研讨会等学术会议，出版一批论文，同时已出版《南海北岸史前渔业文化》《珠海非物质文化遗产图典》《斗门民歌集》等一批历史文化著作。2009年，该馆经评估定级验收，被国家文化部评定为二级博物馆。

【珠海市古元美术馆】 2009年，珠海市古元美术馆举办有《当代岭南油画精品展》《纪念古元90华诞·古元作品回顾展》《庆祝中华人民共和国成立60周年暨澳门回归10周年全国文史研究馆书画展》等46个艺术展览。其中有36个展览包括有文献展、自创展、引进展和征件展等，充实和丰富馆展的内容，吸引众多的观众，全年接待观众12万多人次。扩大美术的宣传和交流。珠海市古元美术馆加强与各宣传媒体、网络的沟通联系，定期宣传报道各类型的展览。《珠海特区报》《珠江晚报》《南方都市报》、珠海电台、电视台等新闻媒体报道该馆展览信息及专访120多条，珠海电视台就古元美术馆的展览拍摄了“珠海故事”专题节目14辑。为充分发挥美术馆公共文化服务作用，珠海市古元美术馆利用网络信息平台、电视滚动字幕传达馆展信息，还通过与旅游部门合作，定时定点吸收旅游团体到馆参观，增加馆展的人流量。同时珠海市古元美术馆与各中小学校、大学园区挂钩，定期组织师生参观馆展。并利用馆内良好的艺术资源和环境，开办美术教育培训基地，在培养提高青少年美育素质的同时，邀请国内外专家学者先后举办6次学术研讨会，不断提高美术馆的社会影响力。重视艺术品收藏、研究工作。全年收藏馆展的画家捐赠作品40多件，征集收藏珠海本土画家的优秀作品56件，充实馆藏美术作品。根据馆藏美术作品的科目分类，该馆编写了《古元美术馆2008～2009年年鉴》一书，并收集资料采编出版《珠海历代书画集》。

【珠海市文化馆】 2009年，珠海市文化馆以公共文化服务为重点，重视发挥基层以及社区文化的积极作用，以组织各类文化艺术活动为平台，培养和造就基层艺术人才，促进群众文化艺术活动的活跃和繁荣。一是扶持基层开展社区文化活动。继续组织推广以群众性自娱自乐为主题的“唱红社区”的文化活动，全年举办“唱红社区”的演出9场。并充分利用馆办艺术资源，为基层单位组织策划各类艺术演出。先后举办珠中江三地共庆澳门回归晚会、三灶计划生育扶贫文艺晚会、九洲城广场《金色童年》音乐会、柠溪文化广场“2009年广场文化活动优秀节目汇演”等27场。同时坚持开展送戏下乡活动，全年组织送戏上岛下乡演出11场，组织电影放映10场，为活跃基层文化活动，丰富群众文化生活起到积极推动作用。二是积极举办和参与全市导向性，示范性的大型文艺演出。先后组织举办了“全国少年儿童阅读年•珠海市2009书香岭南全民读书活动晚会”“2009年新春联欢晚会”“2008年度广东省广播电视颁奖晚会”“珠海市少儿钢琴大赛”，为庆祝建国60周年成功举办“珠海市第28届滨海之声音乐会”“珠海市第22届青少儿艺术花会”“珠海市第三届民间艺术大巡游”“珠海市第二届合唱节”以及荟萃本土艺术的“珠海市首届金秋艺术节”等文化演出活动，为迎庆澳门回归10周年举办“濠江水·两地情”系列文化活动暨广场文艺汇演，全年组织演出30多场。珠海市文化馆举办的“珠海市第22届青少儿艺术花会”组织4个专场演出，61个学校2700名中小学生和幼儿园的小朋友参与75节目的参赛演出，盛况空前，人数众多。“珠海市首届金秋艺术节”的举办，集歌舞、民乐、戏剧、话剧、小品和声乐为一体的综合性文艺汇演，展现珠海市30年文化艺术成果，有13个专、业余艺术团体2100多名文艺工作者参加17个专场的演出，是珠海市建市以来演出规模最大、表演形式最多的一次文艺汇演。通过开展社会文化活动和举办导向性的大型文艺演出，有力地推动全市性群众文化活动的蓬勃发展，为珠海市各项节庆及主题活动营造良好的文化氛围。

【珠海市粤剧团】 2009年，珠海市粤剧团先后排练《出歧关》《宫怨》《帝女花》等10多粤剧折子戏，并增加鼓乐、小品、魔术节目，以短小精悍的综合性表演形式送戏下乡，分别到珠海的乾务、连洲、三灶、南水、平沙、淇澳等乡镇慰问演出，全年送戏下乡演出31场。在抓好社会公益演出的同时，排演一批为观众喜爱的传统戏剧开拓市场，全年完成商业演出14场。为推广和传承传统粤剧，珠海市粤剧团还定期派出专业演员和乐队到珠海唐家、前山、翠微、南溪、斗门等社区粤剧曲艺社团进行辅导培训，深得当地社团的欢迎。2009年为参加珠海市首届金秋艺术节，珠海市粤剧团精心排演一台高质量的红色经典现代粤剧《山乡风云》，深受观众的欢迎。《山乡风云》既展现专业粤剧表演团体的艺术风采，又为艺术节增添本土艺术的亮点和氛围。

【珠海大会堂】 2009年，面对竞争激烈的影演市场，珠海大会堂深化改革求生存、开拓市场图发展、改善经营争效益，积极抓好影演宣传、观众组织、档期营销和流动放映等经营业务，使

企业创造较好的社会效益和经济效益。一是抓好重点优秀影片的影展活动。配合建国60周年的大庆，组织有《建国大业》《风声》《天安门》等10多部重点国产影片的展映活动，为了提高影院的放映期和观众的上座率，一方面通过新闻媒体、电信网络、滚动字幕广告等多形式加强影片的宣传；另一方面采取增加放映场次、门票折扣优惠、观看任选场次等项措施方便观众，使影展活动收到预期效果，仅《建国大业》影片票房收入达73万元。二是重视大片档期的营销工作。大会堂利用电影片源和观影环境的优势，积极组织适合观众需求的大片，加强影片的宣传推介和联络观众策划组织工作，通过团体包场、会员半价门票、情侣套票、学生折价优惠经营方式，吸引众多观众走进影院，提高影院的观众率，充分发挥影片的社会功能。全年放映电影3646场次，观众15.54万人次，电影收入482万元，收入同比增长31%。三是开拓流动电影市场。大会堂根据观影市场的变化，把电影经营重点转移到流动电影放映市场上，特别是农村电影放映，使电影走进千家万户，为观众送影上门。配合市总工会庆“五一”慰问企业放映电影68场，观众15640人次；配合香洲区总工会慰问员工放映电影3场，观众400人次；配合市双拥办慰问各驻珠部队放映电影11场，观众1450人次，全年组织到基层流动放映场次592场次，观众13.9万人次，其中到农村乡镇放映500场次，观众8.7万人次，放映收入23万元。通过组织开展流动电影放映活动，既开拓了电影市场，又丰富了社区和基层单位的文化生活。在演出市场竞争中，大会堂利用场地资源积极做好演出服务工作，扶持高雅艺术演出。协助有实力的企业公司协办、承办各类文艺演出84场，其中大会堂承办首届珠海金秋艺术节剧目演出10场，竞标承办全球通VIP俱乐部系列经典剧场中4台6场。既活跃了艺术舞台，又营造了珠海市文化氛围，培养、提升珠海市民的艺术素养和文化品位。全年演出84场，观众7.5万人次，上座率91%，大会堂全年利润收入4.1万元。

（梁　旭）

新闻·出版

【概况】　2009年，珠海市全市文化产业已初具集群规模，门类齐全，相对完整的产业链发展态势，形成良好的发展势头。全年文化产业的生产总值为355亿元，增加值55亿元，同比增长22%，占全市GDP比重5%，已成为珠海国民经济发展新的增长点。

一是增强产业的扶持力度。珠海市政府每年安排1000万元设立文化产业发展专项资金，2009年首次启动资金申报受理工作，分别对43个文化产业项目给予扶持，拨付扶持资金1650万元。同时建立健全文化产业管理服务体制，组建财政、金融、科技、合作以及园区建设等“五大服务平台”，加强文化产业重点项目的跟踪服务。

二是加大招商引资力度。珠海市组团参加深圳第五届中国国际文化产业博览会，现场签约五个项目总金额4.7亿元。积极推进项目推介招商引资工作，先后引进了投资10亿元的金山软件及网络设计研发中心，投资3亿美元的巨人南方网游研发基地和投资100亿元的长隆国际海洋度假区等一批大型项目落户珠海，使文化产业整体规模和实力得到进一步提升。

三是投资规模日益增长。珠海文化产业投资主体呈多元化格局。民营等社会资本投资比重为90%，其中超过50%来自海外投资。除在建的香港特思数码、和维科技、杨氏设计、金地创意动力港等20多家文化企业外，华强动漫主题城、奥飞动漫影视基地、香港文化传信创意园等大型项目也落户珠海。为此，珠海市在横琴划出3万平方千米建设粤港澳文化创意产业园，引进港澳及国际知名文化创意企业，形成集群效应和规模效应。

【电子音像】 2009年，珠海市电子音像出版业继续强化行业的管理，采取积极措施调整产业结构，增强音像复制业在市场竞争的整体实力和发展后劲。一是鼓励企业对内挖潜，通过技术改造，调整产品方向，重点发展音像制品相配套的电子版、软件系列产品，同时以外向型产品为主，提升产品档次和质量，增强市场竞争力，促进企业发展后劲。珠海译士代、杨智、世纪鼎利等三家软件生产企业向海外出口自主研发的音像软件，年创汇187万美元。二是加强技术的引进工作。2009年先后有6条生产线投产，珠海经济特区海纳激光制作有限公司引进的2条DVD只读类生产线和珠海新奥林光盘制造有限公司引进的3条CD-R可录类光盘生产线验收投产，珠海得享电子科技有限公司引进的DVD-R光盘生产线的投产，不仅填补了珠海DVD-R光盘生产企业的空白，而且进一步壮大珠海光盘企业的整体实力和竞争力。三是扶持有营销前景企业面向海外市场，在产业结构中增强产品附加值和竞争力，拓展对外业务、扩大产品出口量。2009年珠海已有6家企业开展光盘生产进出口业务，全年办理光盘进出口业务28项，其中3家软件企业自主研发的软件出口创汇187万美元。珠海特区音像出版社以文化科普教育为重点，2009年共出版教育类、音乐、地方戏曲及电视专题片15个品种，发行DVD20.4万张。2009年，珠海市音像行业持续发展，全年生产光盘2.9亿张、母盘2.3亿张，生产总值2亿，创税464万元。

【印刷企业】 2009年，珠海市主管部门履行依法行政、社会监管和公共服务职能，规范出版、发行秩序，为印刷出版业的健康发展创造良好环境。一方面加强出版行业日常监管工作。根据国家出版总署《关于开展对印刷、复制企业、出版市场进行专项检查的通知》，在全市印刷复制企业开展“守法经营大检查专项行动”，通过自查自纠、重点检查、集中整治，主管部门与经营企业签订守法经营协议书，规范企业的经营行为。同时组织开展了图书、报刊、印刷复制单位、发行单位的年度检验工作。全年共审核印刷企业346家、出版发行单位125家，对无证经营和违章经营的印刷出版发行单位进行依法处理，确保出版物市场有序健康的发展。2009年全市新增印刷企业29家，其中包装装潢印刷企业16家，其他印刷企业13家。另一方面推行行业管理机制，充分发挥印刷协会的积极作用。通过行业协会开展活动，完善管理，做好服务，增强行业内部协调、自律和监管职能。为了提升管理能力，印刷协会分别举办“印刷企业人力资源管理研讨会”，以及“推进使用正版软件工作培训班”，共有95家企业180多人参加。印刷协会还与吉林大学珠海学院签订合作协议，通过资源共享、产业研发及科研成果转化等方面合作以此推进企业的发展。同时印刷协会加强与专业银行的联系协调，积极争取金融机构的扶持，为30多家印刷企业获得5亿元的小额贷款，有力地促进企业的生产。至年底全市共有印刷从业单位645家。其中出版物印刷企业15家，出版物专项印刷企业8家，包装装潢印刷品印刷企业255家，其他印刷品企业179家，复印、打印单位187家。直接从业人员1.63万人，总资产为24.83亿元，年生产总值35.9亿元。

【图书出版发行】 2009年，珠海图书出版发行部门强化精品意识，围绕市场的需求和本土重大活动，出版发行一批有社会影响的书籍，产生良好的社会效果。一是根据市场要求拓展畅销书。2009年珠海出版社出版各种类图书286种，各种

题材的图书受到读者欢迎，其中多次再版的长篇历史小说《胡雪岩》《薛岳传》《原谅我红尘颠倒》《糖》，青春网络文学《云和山的彼端》，打工题材长篇小说《天堂凹》，广东纪念改革开放30周年重点图书《感恩广东》，长篇报告文学《驻军澳门》，以及“特工”系列《世界美女特工》《十大红色特工》《十大黑色特工》《去台高官大结局》等。出版社出版的《原谅我红尘颠倒》和《天堂凹》《薛岳传》分别获得第21届全国城市出版社优秀图书一等奖、二等奖。二是不断推出推理小说，出版日本著名作家铃木光司的恐怖小说《眼睛》、日本著名作家岛田庄司的推理小说《卖毒的女人》《高山杀人行1/2女人》等，进一步扩大了珠海出版社的影响。三是重点抓好科学文化知识及教育读本书籍的出版。出版社扩大选题思路，丰富出书门类，出版地方历史文化类图书《珠海历史名人与香山文化》《珠海民俗》《珠海九问》《珠海历史文化名人的乡土口述史料》等10种。这些图书销售两旺，带来良好的社会效益和经济效益。全年图书出版效益持续增长，实现销售总码洋2900万元，图书销售6406万册，主营业务收入1031.5万元，与上年同比增长2.14%。

【版权法规】 2009年，珠海市新闻出版局、版权局继续推进版权法规的宣传、版权兴业的工程和版权监管的机制三方面的工作。一是积极做好普法宣传教育，进一步提高全社会的版权法律意识。采取社会广泛宣传和管理对象培训教育相结合的办法，增强版权宣传和保护工作的针对性和实效性。重点抓好4·26知识产权宣传教育的系列活动，通过举办广场咨询、编发资料、知识竞赛活动，发放普法宣传资料3650多份，接受市民咨询2250人次，各区组织上万中小学生开展“青少年版权保护知识竞赛”活动。为推进企业软件正版化，举办了正版软件使用，版权执法和软件资产管理三期培训班，全市70多家企业300多人次参加培训，收到较好效果。二是推版权兴业工程。重点企业软件正版化取得进展。根据《珠海市企业软件正版化工作方案》，在国有、民营以及金融行业选择的10家企业已完成了办公软件或专业工具软件正版化。加强知识产权保护力度。全年为8家软件企业登记软件版权11个，为著作权利人登记作品著作权15个。“版权兴业工程”实施取得新进展。2009年广东省版权局授予珠海杨氏网络动画设计有限公司为“广东省版权兴业示范基地”，至此珠海市已拥有5家版权示范基地，排全省地级市首位。标志着珠海企业自主创新能力不断提高，产品自主知识产权含量不断提升。三是强化版权的监管工作，打击侵权盗版行为。市文化、版权、公安、城管、工商、电信等部门互相配合，齐抓共管，先后开展了“网络侵权盗版”、“教材教辅读物盗版”等专项治理行动，全年共查处版权侵权行政处罚案件16宗，检查经营单位1986家，立案查处违规行为56件，收缴盗版音像73万张，非法图书、报刊等出版物16962册，有效地遏制了侵权盗版的非法行为，净化了出版物市场，为经济发展营造良好的市场环境。

【新华书店】 2009年，珠海市新华书店充分发挥国办书店的主渠道优势和自身资源，抢抓市场机遇，积极拓展经营项目和销售渠道，增强市场竞争的发展后劲，使书店取得良好经济效益和社会效益。一是做好重点政治图书、教材的宣传征订发行工作。根据舆论导向和党员干部学习的需要，组织征订《科学发展观学习读本》《温家宝政府工作报告》《珠海九问》《珠江三角洲地区改革发展规划纲要（珠海篇）》、十一届七中全会文件及辅导读本、胡锦涛十一讲话文本等系列政治书籍，同时主动为机关、学校、部队、企业推荐发行人文社科方面的优秀图书，采取提前预订，送书上门的服务形式，促进了图书的营销。为做好全市中小学教材的发行工作，书店统筹预订征订工作，改进发送渠道，完善用户服务，确保全市10多万中小学生教材课前到书。书店还开设各类课本教材零售专柜，方便师生选购。书店为推进社会文化建设，分别向四川灾区汶川、西藏林芝捐赠4万元和2万元援建“关爱图书室”，向珠海市图书馆捐赠5.7万元图书；在香洲区开展学习型家庭活动中，向书香家庭捐赠1万元书香阅读卡。在扩大图书发行的同时，充分发挥国办书店的社会影响和主渠道作用。二是创新服务形式，扩大销售渠道。为满足广大市民不断增长的读书需求，书店一方面提供数量充足、品种齐全的图书，方便读者选购；另一方面采取开辟散订快速通道、设立导购查购资讯网络系统。优惠阅读会员服务方式，满足不同层次读者的需求。书店还利用资源优势，举办形式多样的主题读书交流活动，先后举办“全国少年儿童阅读年暨珠海市2009年‘书香岭南’系列活动”，香洲区“首届读书月优秀图书展”“百种青少年优秀图书展”“青少年朝阳读书活动”以及与南方报业集团联合举办的“故事同盟会”书展等多项专题活动和重点书展。还借助名人效应邀请著名作家阿来、陆天明，教育家欧阳维建，营养家黄颖，养生家中里巴人、吴清忠、蔡洪光、马悦凌，历史学家毛佩琦、吕元礼，凤凰卫视主持人梁文道等名人举办演讲会、访谈会、签售会等30多场。通过采取有效的活动和销售措施，在营造良好的读书氛围，增强书店影响力和文化含量的同时，进一步扩大了图书的销售和发行，全年图书销售达到6900万元，同比增长25%。三是拓展经营项目和规模，增强经济效益和发展后劲。为了把图书主业做大做强，2009年书店投资近千万扩建香洲多功能书城分店，书城由原来500平方米扩大到5000平方米，在经营图书主业的基础上，引进了电脑数码、动漫产品等新产品，经营品种达12万余种，集图书音像、电脑数码、文具精品、教育培训、咖啡餐饮一体，打造成现代化、综合性文化休闲场所。书城还专设动漫精品专区和汉王电子书专柜，满足数字化发展和市场的需求。为适应对外文化交流，书城专门开辟外文原版图书和台湾书籍专区，上架陈列3000余种外文原版图书、1万余种中英文对照、全英文版以及影印版图书，600余种台湾版图书，大大地方便了中外人士的阅读。新扩建的书城多元化经营，不仅带来客流量和经济效益的增长，而且为经营的持续发展增强了后劲。书店还利用自身行业资源优势，积极开展跨地域经营。通过与中国国际图书贸易总公司合作，开拓港澳台及东南亚地区出版物出口、版权贸易等业务，构建多样化的经营结构，不断增强市场的竞争力。2009年新华书店经营业务取得较快发展，获得较好的经济效益，全年图书销售460万册，总销售6900万元，上缴利税297万元，同比增长分别为25%和6%。

（梁　旭）

【珠海特区报社、珠江晚报社】 2009年，两社采编方面，在广东新闻奖评选中，《珠海特区报》和《珠江晚报》有13件作品获奖。其中，在全省地市报4个一等奖中，《珠海特区报》获通讯类和版面类一等奖各一个，另有一名同志获得广东省新闻界编辑奖项的最高荣誉——金梭奖。《珠江晚报》7人获得“赵超构”新闻奖，其中一人获得“赵超构”新闻奖一等奖。此外，《珠海特区报》还获得全国“十大地市报品牌”殊荣。《珠江晚报》著名栏目“珠江观察”上两篇评论员文章被《南方周末》、凤凰网评为“年度十大评论”。《珠江晚报》“暗访三人组”栏目被评为广东省十大品牌新闻栏目。在“2009中国品牌传播大会”上，《珠海特区报》荣膺“影响中国十大地市报品牌贡献奖”。在经营方面，广告收入基本维持上年度的经营水平。2009年全社（含珠海特区音像出版社）实现总收入2亿元。在体制改革方面，按照国家、省、市深化文化体制改革的要求，珠海特区报社以文化体制改革为契机，大力推进珠海出版社、珠海杂志社、珠海画报社、珠海特区音像出版社的转制改企进程，“四社”基本上按国家新闻出版总署要求的时间表完成转制工作。（刘宜凯）

广播电视

【概况】 2009年，珠海广播电视台在推进舆论宣传、安全播出、经营创收、台务管理等项工作方面取得实际效果，为珠海的经济社会发展营造良好的舆论环境。

一是广播、电视新闻合力抓好舆论导向，充分发挥主体媒体影响力和引导力。围绕贯彻落实科学发展观，着力宣传中共十七届四中全会、珠海市市委六届六次全会、全市人大、政协两会、珠三角经济合作现场会、珠中江三地各领域合作签约、新中国成立60周年等重大时政活动，全面、准确、及时宣传大政方针，并推出《落实科学发展、推进纲要实施》《抢抓机遇促发展》等系列报道，着重宣传市委、市政府调整经济结构，科学发展的政策举措。同时全力以赴做好港珠澳大桥动工、广珠铁路、广珠轻轨、横琴新区开发、中海油珠海深水工程基地等一系列重大活动的宣传报道。制作3小时特别节目《跨越》、广播直播报道《腾飞》以及《命脉》《重大项目第一线》等特别节目。为了持续跟进社会管理体制改革和创新发展的报道态势和强大声势，重点推出《一把手谈落实》、《聚焦珠中江合作》《3+2城市行》《珠海重点建设工程巡礼》《市民与重大项目零距离》系列报道，以及《破茧——珠海未来发展的思索》系列评论和《落实纲要、科学发展政务论坛》《3+2城市论坛》大型户外论坛节目，充分反映珠海“顺应规律保增长，逆势而上搞建设、共克时艰促民生”所取得的成就，着力营造干事创业，创新发展的舆论氛围。

二是抓好广播电视的安全播出。坚持“导向正确是永恒的主题，安全播出是永恒的追求”原则，把确保广播电视安全作为重中之重抓落实。一方面加强制度建设，提高应急处置能力。珠海广播电视台组织“我为安全播出查隐患”活动，定期开展安全大检查，针对薄弱环节，制定了《安全播出体系小册子》《安全播出守则》等制度，落实专人跟踪安全播出重大事项，修订广播安全播出体系的同时，完善各项管理制度和应急预案，使各技术岗位人员提高业务技能和应急处理能力。另一方面更新设备技术，改善防范体系。珠海广播电视台重视提高保障能力，对演播室、数字转播车、卫星转播车、各审片机房以及收录机房等规模系统进行定期检修和维护保养的同时，分别投资完成了非编网络技术项目的升级改造，实现了电视新闻前期设备的更新换代、系统完成了演播室直接通讯的升级，通过改善网络传输的监控手段和技术升级，保证转播各频道的节目以及自办频道的节目安全播出，圆满完成了全年安全播出的任务。

三是推进广播电视事业的发展。2009年珠海加快推进数字电视普及，重点解决农村用户和驻珠澳门部队官兵看电视难的问题。同时对唐家、南湾、南水辖区的9000多用户实施数字电视转换，促进数字电视用户、有线宽带用户数量稳步增长。至年底，全市数字电视用户35.57万户，新增用户9.27万户，其中数字电视用户32.74万户，有线宽带总用户1.83万户。有线数字电视整体转换后，有力地拓展了数字电视增值业务、交互电视业务、重点频道广告业务和网络营销等业务，该台以推出高清频道播出为契机，促使增值业务和广告市场经营有新突破。

【珠海广播电视台】 2009年，珠海广播电视台全年收入25807.43万元，同比增长4.77%。

珠海广播电视台充分利用自身资源创新栏目。发挥广播、电视、网络传播的优势，运用直播手段丰富节目的内容和形式，提高广播电视频道的收视率。民生品牌栏目《珠海新闻》《城事点评》《新闻搜寻》《市民热线》《百姓说事》注重人民群众普遍关心的环境保护、就业上学、楼价股市、医疗卫生等社会热点难点问题加强正面舆论引导。为抓好珠海“升温”发展重大主题，宣传珠海贯彻落实《规划纲要》，全面推进“三大格局”建设、推进“十大重点工程”和横琴新区开发的举措与成效。先后制作《风起正是扬帆时》《珠海市投资环境专题片》《为了绿色的家园》《横空出世琴鸣天下》《好风凭借力、崛起粤港澳》等10多部专题片，以主题宣传，成就宣传、典型宣传来内聚人心，外塑形象。为扩大珠海在海内外的影响，该台开辟《珠海特区》《珠海故事》外宣栏目，与广东电视台海外中心合作制作《珠海特区》，全年送播节目156期，通过珠江频道在海外落地播出。《珠海故事》栏目与中山、江门电视台合作推出《珠江西岸》系列专题，并与中山、江门电视台、澳门广视，莲花卫视实现交换播出新闻，收到良好的宣传效果。该台还参与中央电视台《中国电视澳门行》采访，与中央人民广播电台并机直播“庆祝澳门回归10周年”节目，在国内外产生了较大的影响。通过合作栏目和专集采访的宣传，进一步提升珠海的形象。该台还创办珠海特色的各类主题活动和晚会活动，增强电视节目品牌形象和知名度。成功举办2009“ZHTV观众最喜爱的珠海品牌评选”“珠海经济年度人物评选”“珠海公益奖评奖”等品牌活动，组织“珠海市春节联欢晚会”“中央首长新春晚会”“广东省广播电视节目奖颁奖典礼”“童心祝福祖国—全国少儿文艺电视展演”“珠海市道德模范奖及公益奖颁奖晚会”等一系列有影响的晚会活动，既丰富人民群众精神文化生活，又增强珠海电视的影响力。为提高电视频道的收视率，精心打造《天天故事会》《黄金剧场》《悬疑剧场》等多个精品剧场，引进一批既弘扬主旋律又有较高艺术水准的电视剧集，在提升两个频道收视率的同时，增强创收时段，增加电视剧经营广告的收益。

该台重视创新传播方式，提高节目品质。通过节目改版和形式创新，在丰富节目内容的同时，凝聚更多的观众和听众。电视新闻推进直播报道，新改版的《新闻121》《珠海早晨》栏目推出午间一小时直播，反应良好，形成了新闻资讯特色，全年直播70场次，其中大型活动直播25场次，栏目直播45次，直播总时长85小时，直播量同比增长3倍。广播新闻通过早、午、晚三档时政新闻板块，构筑新闻平台，实现新闻传播效应最大化。《市民热线》节目关注民生、《百姓说事》节目也深受观众喜爱。该台加强珠海视听网与广播、电视、报纸互动，推动视网结合，扩大媒体影响力和覆盖面，根据ALEX全球排名统计，珠海新闻网，珠海视听网的排名逐步提高，影响力逐步扩大。

广播电视新闻质量明显提高。2009年共有26件新闻作品获得省级以上奖项，其中一等奖5件。

该台重视抓好广播电视节目产业的经营，在促进广播电视事业发展的同时，增强企业的经济效益和发展后劲。一方面完善企业的管理机制，坚持民主集体决策重大事项和财务公开公示制度，增强管理的透明度。同时加强财务管理，现金风险管理和预算调控，在人力资源、财务核算、物业管理等方面强化目标和绩效考核，增强企业理财经营的能力。另一方面拓展经营渠道。在巩固本地广告经营业务的同时，开拓中山、江门两地的广告市场，提升策划营销能力，开辟广告客户门路，发掘和吸纳新客户，超额完成全年预定的广告经营任务。坚持办好“ZHTV购房节”“购车节”活动，以品牌宣传、会展活动形式拉动经营创收。利用媒体资源创新电视网络经营模式，积极推进EPG广告业务和交互电视业务，扩大广告业务的增值，在提高广播电视媒体知名度和竞争力的同时，拓宽和提高企业广告的渠道和经济效益。（梁　旭）

档案事业

2009年，全市各级档案部门努力践行科学发展观，以建立“两个体系”（即建立覆盖人民群众的档案资源体系，建立方便人民群众的档案利用体系）为主线，积极推进各项业务建设，实现档案工作持续健康快速发展。

【科学发展观学习】 珠海市档案局根据《广东省开展第二批深入学习实践科学发展观活动的实施意见》和《市档案局关于开展深入学习实践科学发展观活动的实施方案》要求和安排，以贯彻落实《珠江三角洲地区改革发展规划纲要》为主轴，围绕“保增长、调结构、抓改革、促民生、定格局”的“五大工作任务”和“十大重点建设工程”，结合档案工作实际，以建立“两个体系”、实现“两个转变”为主线，创新工作思路，创新工作举措，系统完成活动方案的制订、学习内容的确定和活动时间的安排、阶段小结和活动总结的审核和汇报、各种材料的上报等工作，扎实深入开展学习实践科学发展观活动。整个学习实践科学发展观活动得到市委“实践办”的充分肯定，也使活动各阶段转段顺利、结束圆满，取得了预期的效果。

【机构改革档案处置】 2009年，珠海市开展市直机构改革工作，机构改革方案中明确市档案局对于档案处置的职责和任务，市档案局采取多项措施，及时加强对机构改革档案处置工作的监管。一是做好充分的思想和物资准备。市档案局多次召开专题会议，研究方案、措施，提前做好预案；二是制订《关于加强机构改革中档案处置工作的意见》，机构改革工作启动后，市档案局及时向市政府报送《关于加强机构改革中档案处置工作的意见》，对机构改革涉及单位的档案提出有针对性的处置办法，明确档案流向，该《意见》经市政府批准执行；三是召开“全市机构改革变动单位档案处置工作会议”，市档案局及时召集20多个市直变动单位的人员参加会议，对变动单位的档案流向作出详细说明，提出档案处置“四明确”要求，即明确领导、明确人员、明确方法、明确移交时间，确保机构改革中档案的整体移交、整体进馆、绝对安全。截至年底，市档案馆已接收2万多卷撤并单位的档案。各变动单位认真对待档案的处置工作，加强与市档案局的联系。市外经贸局行动迅速，及时将档案移交进馆，因市档案馆容量饱和的原因，其他档案未进馆的单位也切实加强了管理，确保单位档案安全有序。

【民生档案工作】 2009年，珠海市档案局通过采取档案执法方式，推进民生档案工作的深入开展。继续坚持“以人为本”的工作理念，按照《关于加强民生档案工作的意见》的要求，在《珠江晚报》上公布了19种重点民生档案。为检验和监督全市民生档案管理和利用状况，2009年8月25日～26日，市档案局组织开展了民生档案建设执法检查工作，对市民政局、市劳保局、市公安局、市环保局、市教育局、市城管局、市残联、市房地产登记中心、市社保基金管理中心、市住房公积金中心、市公证处、市联晟资产托管公司等12个首批在报纸上公布的重点民生档案形成和保管单位开展检查，检查内容涉及档案人员配备、业务经费、档案室库及配套保管设施、民生档案收集与整理、信息资源开发、民生档案利用制度、档案信息化建设等7个方面，有效地促进这些单位服务民生意识的提高。各民生档案形成和保管单位也将民生档案的管理和利用提高到重要高度，加强管理和对外利用。市民政局、市档案局联合下发《关于加强最低生活保障档案管理的通知》，有效地规范基层低保业务建设；市社保基金管理中心推行“谁经办，谁立卷”的方式，由业务科室具体经办人员完成业务档案的基础整理、装订工作，形成全员共建档案工作的机制。社保档案还接受广东省档案局、社保局的专项执法检查，受到高度评价；市联晟资产托管有限公司加大企业档案管理力度，组建企业管理服务中心，从事托管企业档案的管理工作；市环保局环境监察分局积极开发利用企业环保档案，建立检索信息系统，为切实掌握企业建设项目的环境治理情况提供技术支持；香洲区建立社区人口信息档案，实现“档案检索便民为先，档案利用惠民至上”；金湾区把档案行政执法检查作为促进工作的有力手段，重点开展以民生档案为主要内容的档案工作检查，采取量化打分方法，有效地提高各单位的档案工作水平。

【重大项目档案工作】 2009年，珠海市档案局继续深化对重大建设项目档案工作的监管，围绕市政府的“十大重点建设工程”项目，采取多种措施开展档案工作指导和服务工作。一是按照重大建设项目档案工作联席会议安排，建立重大建设项目档案工作联系网络和跟踪服务联系台账。在珠海的国家、省重大建设项目单位积极响应市档案局的工作安排，主动联系并及时向市档案局报送“重点建设项目档案管理登记表”和相关信息。部分市属重大建设项目单位与市档案局联系紧密，取得市档案局的指导和帮助；二是通过发送指导书的形式，对项目档案进行指导和服务，市档案局对部分项目建设单位发送指导书，监督和指导项目建设单位认真做好项目档案工作，取得一定的成效；三是深入具体项目单位，现场指导和监督。2009年7月，市档案局会同原市水务局、市水务工程建设管理中心，在竹银水源工程项目建设初期，针对该项目的档案问题，专门召集项目工程师、档案员近30人，进行现场会诊和培训，就档案管理工作的有关标准、规范、收集范围等提出明确要求和相关控制措施，明确参建单位责任。斗门区加大对重大建设项目档案工作的服务力度，首次对区重大建设项目——珠峰大道改造工程进行了档案专项验收。2009年，市档案局先后对市交通集团公司、珠海机场集团公司、航空工业园、中燃集团公司、珠海醋酸纤维有限公司等开展了重点的监督和指导。

【档案行政管理】 2009年，全市各级档案部门严格履行法律赋予的行政管理职能，继续推动档案工作整体发展，各项业务工作整体水平不断提升，档案规范化建设整体向好。一是做强评估工作，继续推进档案目标管理认证工作。2009年，各级档案部门继续做大做强档案管理评估工作，推动单位档案工作继续向规范管理更高等级发展。全市各种类型档案工作目标管理认证单位共24家，其中：斗门区档案馆同时晋升为国家二级和省一级档案馆；机关档案工作目标管理省特级3家、省一级8家；公安派出所档案工作目标管理省特级8家；企业档案工作目标管理国家二级3家。2009年度的档案目标管理认证工作呈现以下特点：综合档案馆定级有突破。11月，斗门区档案馆同时高分通过“省一级”和“国家二级”的测评，成为全省首家一次性通过两个等级测评的“双认证”国家综合档案馆，为珠海市创建“文明城市”奠定坚实基础，区档案馆被省档案局评为年度评估优秀单位；档案规范化建设呈现系统推进特点。市公安局专门下发《关于进一步推进档案工作目标管理晋升省特级的通知》，提出“3年内建档单位全部晋升省特级”的目标，动员各方面力量全面铺开档案评估认证工作，2009年有1个分局和8个派出所晋升为省特级，至今全系统52个单位已有32个晋升省特级单位；企业档案管理认证工作开始复苏，不断有企业提出对企业档案进行管理认证。2009年，全市有3家企业档案管理通过国家的认证，一批企业提出意向，并在积极准备中；专业档案规范化管理提上重要日程。市国土局狠抓档案基础建设，投入100多万元对国土专业档案进行大规模的规范整理。市档案局专门派出业务骨干，协助市国土局做好国土档案工作。市社保基金管理中心一直与市档案局保持紧密联系，在市档案局经常性指导下，社保专业档案管理水平走在全省前列；二是重新核定标准，进一步推进社区档案工作。市、区档案局积极携手各镇（街），继续深入推进社区档案管理规范化工作。市档案局重新修订社区档案业务标准。由于原有档案工作标准已不适应发展的要求，市、区两级档案部门深入镇（街）、社区进行专项调研，在此基础上，重新修订《社区档案归档范围和保管期限表》，下发各社区执行，使社区档案工作得到进一步规范；香洲区档案局与区民政局紧密联手，在全区全面推进社区档案工作。区档案局专门召开社区档案工作动员暨社区档案业务培训会议，各镇（街）分管领导和档案人员130多人出席会议并参加培训。区委常委林海涛作动员讲话，市档案局领导讲话并进行业务辅导。全区104个社区，继拱北街道14个社区全部上等级后，梅华、翠香街道陆续有社区档案管理上等级。翠香街道在连续开展的社区档案工作中，紧紧围绕和谐社区建设，做到“三推进一提升”，将社区档案管理上等级纳入对社区的考核中，年度考核既奖励又加分，并对档案工作突出的社区档案人员优先提拔任用，上下齐心推进档案规范化建设，2009年再添4家档案管理省一级社区；三是规范业务标准，推进区级单位档案保管期限表的修订工作。各区档案局根据国家档案局第8号令要求，继续开展区直单位文书档案保管期限表的编制审批工作，采取各种有效措施抓紧落实，使这项涉及档案资源建设的重要标准得以迅速得到贯彻执行。斗门区档案局抽调业务骨干，认真把关，重点抓好保管期限表的修订质量和可操作性，共完成66个单位的审批工作。金湾区通过举办宣贯班形式进行培训动员，已基本完成区直机关的审批任务。

【档案资源建设】 2009年，各级档案馆、单位档案室按照国家档案局提出的“建立覆盖人民群众的档案资源体系”的要求，突出档案资源这一核心，通力合作，强化收集归档，加大接收征集，加强对档案资源管理和保护，进一步壮大全市档案资源的规模。一是各级各类档案馆加大档案接收力度，馆藏档案资源增速明显，藏量扩大。由于市直机关机构改革、斗门档案馆新馆启用等因素，市、区综合档案馆接收档案6.6万卷（件），增速达到25%，目前，全市各级综合档案馆档案藏量达到32万卷（册、件）。市档案馆接收机构改革中撤销单位档案2万多卷；金湾区全面完成了各单位历史遗留档案的移交进馆，接收了原三灶镇、小林镇，红旗镇1970～2008年婚姻登记档案，确保了婚姻档案资料集中统一管理；斗门区在新馆投入使用后，开展集中进馆工作，接收10个全宗的专门档案1万多卷；市文件管理中心全年接收归档文件5.5万份，至今已累计接收近70家市直单位、近18万份文件；房地产档案馆接收档案资料近10万份，同比增长33%，目前馆藏量已达91万份；二是档案征集工作有新突破，征集方式有新拓展。市档案馆拓展征集视野，首次专程在北京召开“在京珠海乡亲档案征集会议”，引起在京乡亲的极大关注，积极主动向市档案馆捐赠了一批具有珠海历史特色的档案资料，提供大量有价值的征集线索。同时，市档案馆还先后赴港澳、重庆、南京等地征集有关珠海的档案资料，极大地丰富珠海的历史。其中最为罕见的是征集由美国里神前村毛氏同乡会和夏威夷中国历史中心共同编译的英文版《毛氏族谱》，这是珠海首次发现的英文版族谱。市档案馆还承担全市重大活动拍摄工作200余次，3万余张照片进馆收藏；三是单位形成的专门档案得到规范管理。市国土局对国土业务档案进行规范整理，内容覆盖国土业务工作中形成的全部档案，对象包括市国土局、各分局以及乡镇国土所，全系统进入档案规范整理攻坚阶段。市公安局采用目标管理认证手段，推动全系统档案，尤其是户籍、案件档案等专门档案的规范管理和妥善保管；四是到期档案和废旧文件的销毁得到严格监控。市档案局充分依托市文件销毁中心这一平台，严格审查到期档案和文件的销毁，既有效控制有价值的档案资源的流失，又严格控制档案信息，尤其是保密信息的外传，形成对档案资源保护的一道重要门槛。一年来，市废旧文件集中处理非涉密载体156批次，涉密载体52批次，销毁文件资料1.6万公斤，回收一批具有保存价值的资料。

【档案利用服务】 2009年，全市各级档案部门通过多种方式向社会提供档案服务，效果显著。一是档案利用服务数量显著增大，效果明显。据统计，全市各主要利用“窗口”共接待利用者7235人次，提供利用档案和现行文件总数超过11万卷（件），网上利用档案、文件近19万件（次）。档案利用为百姓解决实实在在的问题，香洲区档案馆为唐家镇和金鼎镇上世纪50年代至90年代时任村干部查询相关资料，补发福利，享受社保惠民政策；斗门区档案馆为166名早期离开国有集体企业人员提供工龄证明，帮助他们办理养老保险事宜；房地产档案馆推行的“公对公”查询服务，大大提高服务效率；二是市档案馆爱国主义教育基地创建成功，正式挂牌。2009年9月，市档案馆被市委、市政府正式命名为“珠海市爱国主义教育基地”，开辟爱国主义教育和革命传统教育的新课堂，标志着市档案馆的建设提升到了一个新的层次；三是市档案馆“走进珠海”档案文献陈列展览正式启动。该项目是档案馆功能建设的重要内容，也是确保市档案馆顺利通过国家二级档案馆评审的必备条件；四是市档案馆首次编撰《档案资政参考》，为市领导决策提供参考。2009年编撰《档案资政参考》2期，以史为鉴，以档为实，为珠海市中心工作提供优质档案服务；五是市档案局组织筹划珠海电台“行风热线”档案内容直播节目，向社会宣传档案部门的服务工作。

【档案信息化建设】 2009年，全市档案部门继续完善档案信息化管理手段。一是档案数字化工作取得新突破。全市各单位继续加大对档案数字化工作的投入力度，全市档案数据检索已成为提供档案优质服务的主要手段。市档案馆全年共完成100万页馆藏纸质档案数字化工作，截至目

珠海市香洲柠溪文化广场，是一个集培训、休闲、娱乐、购物、饮食于一体的大型文化广场，珠海很多文化活动在此举办。
朱 习 摄

前，已成为全省第一个100%完成现有文书档案数字化的地市级档案馆。香洲区档案馆按计划分步实施，完成20万页馆藏珍贵档案数字化工作，新增机读电子目录1万余条；二是着力打造数字档案平台。市档案馆完成目录数据库、全文数据库、多媒体数据库的规划建设，为已在2009年正式立项的“数字档案馆”项目建设奠定坚实基础；三是电子档案批量接收工作取得新进展。电子档案一直以来因为标准等规范性问题而一直未能有效接收利用，市档案馆积极介入电子档案的标准制订工作，并对电子档案批量接收进行尝试，第一次以全宗为单位批量接收电子档案。斗门区档案馆也加强对电子档案的接收管理工作，接收37个职能部门的电子公文1.2万件。

【档案教育与交流】 2009年，珠海市档案局在档案教育、学术研究、部门交流和职称评定工作取得新进展。一是市档案局继续为广大档案工作者创造业务学习、提升业务能力的机会，先后举办岗位培训、专题培训等6期档案业务培训班，培训档案人员达到600多人。237人通过岗位培训获得了档案从业人员上岗证。同时，继续承担广东省科学技术职业学院《档案工作实务》专业课程，为220名在校大学生讲授档案知识。市档案局副局长吴广平参加广东省档案局档案继续教育教材的审稿工作；二是档案部门之间交流日趋活跃。市档案局成功承办“全国沿海开放城市暨经济特区第二十四次档案工作协作会议”。2009年11月，本次协作会议在市委、市政府的高度重视和市档案局的精心组织下取得圆满成功，全国20个沿海开放城市和经济特区档案部门参加会议，会议围绕“档案利用体系建设及政府信息公开的做法”两个主题进行研讨，取得预期成果。中国档案报社、北京市档案局、广东省档案局等单位领导受邀出席会议；三是档案学术工作继续保持良好发展态势，2009年2月，市档案学会召开第三次会员代表大会，进行学会理事会换届工作，选举产生新一届学会理事和领导班子，结束第二届理事会自1999年以来一直没有换届的状况，解决学会机构不健全，理事结构不合理，来源相对单一等问题。同时，学术研究继续取得好成绩，市档案局有10篇学术文章在档案专业刊物发表，其中吴广平《试论公共档案馆建设的制度困境与对策》、李致士《关于珠江三角洲档案一体化的构想》在《中国档案》杂志上刊登。吴广平的文章《“两个体系”建设应避免几种思想倾向》参与省档案学会举办的“‘两个体系’建设专题研讨会”并获得研讨会唯一一等奖；四是专业技术职务的评审工作圆满完成。2009年共有21人获得了档案专业职称资格，其中：中级职称7人，初级职称14人，继续扩大档案专业队伍。

【“珠中江”档案合作】 2009年，“珠中江”档案合作事宜提上议事日程。2009年8月和11月，珠海、中山、江门三市档案部门联合召开两次会议，以《珠江三角洲地区改革发展规划纲要》为依据，在珠中江区域紧密合作框架下，共同推进三地档案合作。三地档案部门就如何开展档案资源合作、项目合作和学术交流等事宜进行深入的探讨，会议就三地档案工作合作框架达成初步共识，并形成三地合作的框架协议。

【政府信息公开工作】 《政府信息公开条例》明确规定各级档案馆承担政府信息公开的职责。为了做好政府信息公开工作，市档案局向市委市政府请示成立“珠海市政府公开信息查阅中心”。2009年11月，“珠海市政府公开信息查阅中心”经市编委批准，在市文件管理中心正式挂牌，承担起政府信息公开的重任。“查阅中心”的设立，标志着珠海市政府公开信息统一查阅场所正式建立，也标示着档案部门在政府信息公开工作中发挥着越来越重要的作用。这不仅为珠海推进政务公开作出贡献，也为搭建政府与百姓之间的桥梁和纽带作用日益凸显。 （吴广平）

史 志

【概况】 中共珠海市委党史研究室（珠海市地方志办公室）围绕《珠江三角洲地区改革发展规划纲要》的战略部署，积极开展工作，较好地完成全年的各项任务。

【党史编研】 一是继续开展《中共珠海县地方史》的编写工作。为保证《中国共产党珠海县地方史》的编写进度和质量，年初，参加编撰的人员先后到佛山、中山查阅珠海县时期的档案资料。2009年3月召开参加编撰人员的编写进展情况汇报会，对参加编撰人员进行调整，制定完成编撰任务的时间表，对2008年完成的部分初稿继续补充资料修改完善。至2009年底共完成四章及附录约10万字初稿。与此同时，室领导两次赴斗门区指导督促做好《中国共产党斗门县历史》的编写工作。

二是继续抓紧“抗战时期人口伤亡和财产损失”课题调研。按照中共中央和中共广东省委党史研究室的部署，2009年珠海市、区两级党史部门继续开展抗战时期人口伤亡和财产损失课题调研工作，按省的要求补充“抗损”调研资料照片，同时对“抗损”调研材料B卷进行整理。至年底，完成中央和广东省委党史研究室布置的关于《三灶岛惨案》的专题资料报送工作。

三是做好改革开放30年党史资料的征集工作。2009年上半年，珠海市委党史办完成了广东省委党史研究室关于征集改革开放30周年有关纪念活动资料的上报工作。下半年，落实市委批转的中央党史研究室关于征集老领导个人保存的党史资料工作的通知要求，召开部分单位离退休老领导座谈会，做好相关文件传阅和资料的征集，同时联系民政局、老干部局、总工会、市公安局、市人大、市海外联谊会等单位，就编修人物志中的烈士、老同志、劳动模范（先进工作者）、公安英模、荣誉市民等入传人物提供资料。

四是党史研究成果。参加中共广东省委党史研究室“评选全省党史优秀科研成果”的活动，有刘利亚论文《经济特区与中国对外开放的发展》（论文类一等奖）、罗祖宁专著《百年珠海》（党史专著类二等奖）和其他3本党史书籍共5个项目分别获得一、二、三等奖。同时结合建国60周年暨珠海建市30周年等重大纪念日，开展党史专题研究，全年有10余篇（次）专题文章被省市级学术研讨会和报纸杂志采用。

【推动地方志的发展】 2009年，珠海市地方志工作根据广东省政府地方志办公室和市政府的部署，主要做了以下7件工作：

一是推进地方志工作法制化建设。2009年2月10日，组织各行政区、市直各单位分管地方志工作领导和地方志工作干部75人参加广东省人民政府召开的全省依法修志工作暨2009年地方志工作电视电话会议，并套开珠海市贯彻落实会议。市政府主管地方志工作副市长到会并讲话。会后，市地方志办公室以会议精神为动力，加大地方志工作法规的宣传学习贯彻力度。先后向香洲、斗门、金湾3个行政区和市直116个修志单位的分管地方志工作领导和地方志工作干部印发国务院《地方志工作条例》、省政府《广东省地方工作规定》和中央地方志工作指导小组《地方志书质量规定》等法规文件共300多份，同时下发传达贯彻落实省依法修志工作会议的通知，要求各部门要提高对依法修志重要性的认识，对照检查本单位工作，建立与地方志法规相配套的制度，建立全市地方志工作联系网络，逐步实现全市地方志工作规范管理、依法管理。与此同时，通过珠海电视台、《珠海特区报》报道全市贯彻落实地方志法规和地方志工作动态，对全市地方志工作法制化建设起到一定的推动作用。六七月

间配合省执法检查，市志办先后到金湾、斗门、香洲3个区调研，检查3个区贯彻落实地方志法规情况，推动地方志法制建设，规范地方志工作。

二是加快志书的编修进度，狠抓志书质量。根据省地方志办“所有志稿送审前都要经过志稿评议和修改完善”的要求，在2008年聘请省穗地方志专家11人对《珠海市志（1979～2000年）》23篇志稿给予评议修改的基础上，2009年再次请省穗专家对17篇志稿进行评议修改。至年底，《珠海市志（1979～2000年）》（200万字）共完成40篇志稿的修改评议。《珠海市香洲区志（～2004年）》2009年9月开始请本地熟悉地情人士和省地方志专家审稿，2009年12月基本完成初审并进行修改；《斗门县志（1991～2000年）》全部志稿初稿于2009年12月底收齐，进入组织专家评议阶段。

三是推动地方志资源开发利用。1. 建设珠海地方志网站，为经济建设和社会服务。根据省地方办的通知精神，市志办于年初招聘网站工作人员，2009年4月派员参加全省各地级市地情网站建设培训班学习后，着手进行网站建设。至2009年8月初，珠海市地方志网站确定并开始运作的栏目有：珠海概览、政策法规、方志机构、其他专栏、历史人物、志说珠海、我的特区、工作动态、在线视频、网上书屋、城市印象、大事记、珠海市志、珠海年鉴、县区志鉴、其他志书等16个栏目。截止到2009年11月末，网站发布《珠海市志（～1990）》和《珠海历史回眸》两本志书，共321万字；各主页栏目文章257篇，主题图片117张，插图若干。通过地情网络开通，向网民开展市情教育，联络海内外乡亲乡情共同关心家乡热爱家乡建设家乡。如珠海地情网站开通不久便有上海网民打电话到市志办要求购买地情书，以更多了解珠海。2. 与媒体联合宣传地情。九十月间，就建国60周年和澳门回归10周年纪念活动，与《珠海特区报》《珠江晚报》《南方都市报》联合，并进行地情宣传，在社会上引起强烈反响。

四是建立全市地方志工作联系网络。2009年3月初发出通知，要求全市各单位挑选熟悉单位（行业）情况、政治素质高、文字功底好、热爱史志工作的干部报送市志办作为史志编修信息员，至6月底全市共建立有分管领导和修志人员148人的联系网络。

五是开展地方志理论研究活动。根据省地方志办的部署，从2009年6月起举办全市地方志理论研讨活动。期间，向省地方志办推荐优秀论文6篇。

六是珠澳两地首次进行地方志工作交流。6月25日上午，澳门地方志学者谢建猷博士等一行4人，与珠海市志办就《条例》、新方志的编修和地情资源的开发利用等方面进行交流，为珠澳两地地方志事业的繁荣发展作出贡献。

七是完成省志办《广东省志》有关珠海部分的志稿编写工作。包括《珠海概述》（3000～6000字）和《地方志专章》（15000字）的志稿，收集数据填报一系列表格，上报省志办。

（罗祖宁）

卫　生

2009年4月21日，斗门区举行248项民生工程动工、竣工仪式。这248项民生工程总投资额16.18亿元，涉及文化、教育、卫生、交通、农田水利等各个领域。

斗门区供稿

卫 生

【概况】 2009年，全市人均期望寿命80.02岁。婴儿死亡率为4.15‰，孕产妇死亡率为8.36/10万，无甲类传染病报告，乙类传染病报告发病率为253.09/10万，与去年基本持平。

医疗服务效率明显提高。全市医疗机构总诊疗1146.05万人次，出院17.05万人次，同比增长5.50%和8.27%。二级以上医疗机构诊疗病床使用率86.18%，床位周转次数35.39次。平均每医师年负担诊疗2922.82人次，同比增长9%。

基本公共卫生服务均等化加速提升。全年共提供小病治疗免费服务68万人次，同比增长353%。婚前医学检查率34.21%，同比增长20%。院前急救调度总数24457次，救治21411人次，分别增长6.3%和7.4%。全年处理突发公共卫生事件39起，健康档案建档率30%，妇幼保健两个系统管理率分别达到91%和92%，新四病家庭访视、两癌普查、健康教育明显加强。全年食物中毒明显减少，无较大食物中毒事故发生。

【疾病控制】 市疾病预防控制中心建设选址基本确定。市疾控西部中心已启动运行，工作机制正在推进完善。农村和社区卫生服务中心公共卫生职能下放工作逐步推进和完善。进一步修订完善了疾控工作考核管理办法，促进了基层防保网络的完善，规范业务工作的开展。全年流感样病例监测11507例，未发生甲型H1N1流感死亡病例，甲型H1N1流感、手足口病等重大传染病得到有效控制。报告麻疹病例与上年同比下降89.9%。斗门艾滋病综合防治示范区列为第二轮中央与省共建示范区，美沙酮门诊运转良好，入组治疗人数位居全省门诊第二。全年无登革热疫情发生。本地登记涂阳病人治疗3月末阴转率95%，提前达到国家和省2010年结核病防治规划要求。

疫苗计划免疫有效开展，儿童“六苗”基础接种率达到95%以上。其中为全市27万名8月龄～14周岁儿童进行麻疹强化免疫，接种率达98.3%。完成全市15岁以下儿童乙肝疫苗接种情况摸底调查，并于年底启动了补种工作。

【妇幼保健】 以推进免费孕检婚检和贯彻落实妇幼两个《纲要》为重点，加强妇幼保健工作，确保《纲要》目标任务的实现。开展“两免”工作的督促和指导，将婚检服务窗口前移，分别在几个区婚姻登记处设立婚检采血点。与各区卫生行政部门及市属地段医院签订目标责任书，各地段医院每月定期召开村（居）信息例会制度，及时了解辖区妇幼保健人群变化和更新7岁以下儿童花名册和孕产妇花名册，实现儿童保健与计划免疫同步建卡建册和数据共享。建立和完善妇幼保健工作监督机制、妇幼信息质量控制机制，实施对在册儿童、孕产妇追踪管理；妇幼两个《纲要》得到进一步贯彻落实。进一步完善珠海市新生儿疾病筛查网络的建设工作，举办全市新生儿听力筛查培训班和出生缺陷及防控工作培训会。制定《珠海市预防艾滋病母婴传播工作实施方案

（试行）》，进一步规范母婴阻断工作流程，确立定点服务医院。为全市2000名农村贫困单亲母提供免费“两癌”检查服务。制订《珠海市妇幼安康工程行动计划（2009～2020年）》，在全市范围内分批实施妇幼安康项目。组织159人参加母婴保健技术人员资格考试。受理并办结母婴保健技术考核合格证42个。

【爱国卫生】 制定出台《珠海市爱国卫生工作职责考核管理暂行规定》。深入开展全市爱卫和除“四害”工作。推动创建国家、省级卫生镇村，新创建1个国家卫生镇、3个省卫生先进镇。持续开展“亿万农民健康促进行动”示范村、镇创建活动，新创建“行动”示范村10个，大大促进农民健康知识水平的提高。

【健康教育】 珠海市健康教育讲师团进社区、进农村、进企业、进学校，免费举办健康教育知识讲座47场次，市直医疗单位开展396场次的“健康大课堂”讲座活动，为基层和群众服务。“12320”公共卫生公益咨询电话服务7000余次，与广播电台开设健康大课堂、与电视台开设“健康四季谈”栏目，共播出200期。推进社区安装公益广告宣传栏工作，开辟健康教育新阵地。健康教育呈现多元化。

【卫生法制与监督】 以职业病防治法、食品安全法等为重点，开展多种形式的卫生法制宣传教育，普法工作做到组织领导、人员机构、计划措施、经费教材和学习时间“五落实”，较好完成3宗行政诉讼案的应诉工作。加强卫生监督体系和执法规范化建设，推进区卫生监督机构和派出机构建设，开展监督员全员培训、执法技能比赛、监督执法检查评议，完善卫生监督工作规范，卫生监督执法水平进一步提高。认真做好《食品安全法》实施后各项工作，开展违法添加非食用物质和滥用食品添加剂专项整治、食品安全专项整顿、餐饮服务食品安全大巡查等活动，餐饮服务食品安全监管保持高压态势，力保过渡期食品卫生监督工作不松、不断、不乱。实施住宿业和公共游泳场所卫生监督量化分级管理，公共场所卫生监督长效机制进一步完善。探索职业卫生分类和分级管理，积极推进职业健康体检资质申报、职业卫生审查、放射诊疗许可，组织职业卫生技术服务机构、有毒有害化学品职业病危害等专项检查，职业卫生和放射卫生监督进一步加强。开展春、秋季全市学校卫生大检查和中、高考学校卫生专项检查，学校卫生管理得到加强。根据全市防控形势，甲型H1N1流感及手足口病等重点传染病防治监督检查全面加强。继续开展非法采供血和无证行医专项整治行动，医疗服务市场进一步净化。

【卫生应急】 以加强卫生应急队伍建设、完善应急预案和开展应急培训演练为重点，积极做好了甲型H1N1流感、手足口病、人禽流感疫情等防控和应急应对工作。及时高效地处置各类突发公共卫生事件39起，涉及病例数1277例，死亡人数3人。认真贯彻落实市委、市政府的指示和部署，按照“高度重视、积极应对，联防联控，依法科学处置”的防控策略，全力开展甲型H1N1流感防控工作，未出现死亡病例和大规模暴发疫情。派出5支援川医疗卫生队继续开展对口帮扶汶川地震灾区灾后恢复重建医疗卫生工作。建立健全包括卫生应急管理队伍、专家队伍、专业队伍和通讯员队伍等四支应急队伍，卫生应急工作覆盖全市各区、镇、村。全市增设2个国家级监测哨点医院，设立28个市级监测点，新启动16个学校症状监测点，启动基于人群的肺炎监测项目，预警和监测工作进一步加强。圆满完成中高考、中国海洋日、金秋艺术节、沙滩音乐派对、澳门回归10周年庆典等重大活动以及春节、国庆、中秋等节日的卫生保障工作任务。

【农村卫生】 制订《珠海市农村卫生服务中心管理办法》（暂行），从在制度上确保中心依法规范运作。开展适宜技术的现场指导与培训，对全市110个“中心”的乡医逐一进行培训，培训重点突出妇幼两个系统管理、结核病社区治疗、精神病社区服药和计划免疫工作。完成对运作“中心”考核抽查。镇卫生院改革取得重大突破，以市政府名义下发《中共珠海市委、市人民政府关于镇卫生院改革与发展的指导意见》，确定镇卫生院由区镇共管、以区为主的管理体制，明确镇卫生院实行全额拨款，收支两条线管理，斗门区率先实现镇卫生院实行收支两条线管理，医护人员工资提高1000多元，拉近与市区的差距。薄弱卫生院改造进展顺利，斗门区莲洲镇卫生院、金湾区红旗医院和横琴社区卫生服务中心完成全部建设工程，莲洲镇卫生院已正式投入使用。妇幼保健适宜技术进入农村。开展育龄妇女健康管理，孕产妇随访、新生儿访视和儿童生长发育监测，妇幼两个系统管理率不断提高。首批2000名贫困妇女免费“两癌”普查进展顺利。统一标准、集中人力、集中时间全面建立以家庭为基础居民个人健康档案，农村完成40%，城市达25%。计划免疫、妇幼保健和传染病实现网络管理。

【社区卫生】 起草《珠海市政府关于发展社区卫生服务的实施意见》（代拟稿），正在进行修改。社区门诊统筹报销与“小病治疗免费”平稳接轨。继续推行二、三级医院指导社区工作，加强基层医疗机构合理用药，不断探索社区合理用药，药品零差率供给路子。基本医疗服务流程全面优化，首诊、双向转诊制度得到较好执行。完成珠海市社区医疗机构调查工作和社区公共卫生服务项目经费测算工作。协助华中科技大学完成《社区卫生服务机构人力资源配置调查》现场调查。完善市、区、镇、村中医药服务体系，进一步健全医院、卫生院中医科，建好社区（农村）卫生服务中心中药柜。

【医政管理】 制订并下发《珠海市医疗机构规范化管理办法》。开展医疗机构集中检查8次。建立健全医疗机构规章制度和人员岗位责任制度、医疗安全制度，完善信息上报及监督制度，规范医务人员执业，合理检查、合理用药、因病施治。监测医疗广告1629条次，加大查处违规医疗广告力度，净化医疗市场。继续开展医院管理年活动。开展预约诊疗服务，实行全市范围门诊病历“一本通”和检验检查“一单通”互认制度，节省医疗成本，降低医疗费用。开展了医疗安全百日专项检查、手足口病医疗救治及医院感染管理、甲型H1N1流感等重点传染病防控工作督查和医疗服务质量检查等专项检查。组织参加全省卫生应急急救技能竞赛并获二等奖。加强医院重点专科建设，突出特色，以点带面，带动医院全面发展。举行表彰先进和护理学术月活动。选派护士赴港进修。开展了护理规划中期评估检查，培训护理规划中期评估骨干，接受省级评估。制订了《珠海市手足口病防控和救治工作方案》和《珠海市甲型H1N1流感大流行医疗救治工作方案》，成立市级医疗救治专家小组负责全市会诊和重症病例的抢救工作，确定手足口病和甲型H1N1流感定点收治医院和重症病例救治医院，明确诊治和转诊流程，同时明确职责和分工，确保人员、药品、设备和物资到位，全力做好医疗救治工作。

【卫生科教与人才】 制订《珠海市2020年卫生人才规划》。派出11名干部参加双向挂职锻炼和25名专业技术人员下基层服务，派出7名医生参加为期3个月的援藏医疗。培训大学生村医49名，其中8名经培训合格后已到基层农村为老百姓服务。公开招录了93名专业技术人员。完善《珠海市医学重点专科管理办法》和《珠海市医学重点专科（临床类）评估标准》。完成《2009年珠海市卫生局医学科研项目评估咨询报告书》编写工作。签订《珠海市重点扶持医学专科建设协议书》，扶持全市首批13个医学重点专科建设。广东省中医院珠海医院骨伤科确定为广东省首批中医名科。2009年度获省级医学科研立项课题17项、市科技局、市卫生局科研立项课题79项。对全市192科研课题进行了验收和结题。获得国家级继续医学教育项目2项，省级项目10

项，举办市级继续医学教育项目95项，参加人数3000多人。95名医务人员参加了珠海市第三期全科医师岗位培训班和28名医务人员参加2009级卫生保健（农村医学）乡村医生中等学历班。

【中医药工作】 积极落实中医药发展政策，中医药事业有了新的发展。开展了中医医疗机构医疗质量检查。推进省中医院珠海医院扩建和斗门区侨立中医院（市第二中医院）建设。积极推动中西医结合工作，市妇幼保健院“治未病”工作试点进展顺利。在基层农村推广中医适宜技术，大力推进中医药文化建设工作。

【区域医疗卫生合作】 区域合作开始启动，签署了珠澳医疗卫生合作框架协议和珠中江医疗卫生服务紧密合作框架协议，在基本医疗保障制度一体化、突发事件应急应对协同化、居民就医便利化、医疗服务质量标准化和卫生信息区域化等方面取得了共识。

【医疗改革】 已逐步开展新医改近期五项目标中的四项。为稳妥推进公立医院改革试点工作，开展公立医院试点改革调研。按照我市社会事务管理改革的要求，成立卫生咨询委员会并开展工作。镇卫生院改革取得突破，市政府下发《珠海市人民政府关于镇卫生院改革与发展指导意见》。

【卫生基础设施建设】 修订《医疗机构设置规划》，编制《珠海市医疗卫生设施用地布局规划》、《2008～2012年医疗卫生设施三年建设计划》。积极推进纳入全市“保增长、定格局”十大工程项目进展。市人民医院北区已进入施工图纸设计修编阶段。市第二中医院住在调整建设规模。市第二人民医院内科住院楼已动工。市疾病预防控制中心异地新建项目已确定建设用地。市传染病综合楼建设项目完成设计招标文件的审核工作。薄弱镇卫生院改造提速，莲洲镇卫生院投入使用，红旗医院住院楼完成工程建设，南屏镇卫生院、南水镇卫生院、白蕉镇卫生院、乾务镇卫生院改扩建已开工。121个农村卫生服务中心建设全面竣工。

【行风建设】 教育引导广大医务工作者树立正确的价值观、道德观和职业观，把医学人文思想教育贯穿始终，建立自律行为，加大医德医风责任追究，以“他律”促进“自律”的实现。扎实开展机关作风建设，推行政务公开，自觉接受群众监督。卫生部门责任白皮书制度落实良好，执行力大大提高。扎实开展纪律教育学习月活动，建立以教育、纠建并举的长效机制。

大力开展卫生文化建设。组建合唱团，以歌声唱响主旋律，在第二届珠海合唱节中，取得了银奖的好成绩。参与卫生厅的职工体育活动，举行迎春文艺晚会等系列文化体育活动，活跃职工文化生活。坚决纠正和制止不雅医疗广告，推行文明用语，优化就诊环境，用先进的卫生文化武装人，用典型事例激励人，塑造卫生系统新形象。

开展创建窗口之星活动。市妇幼保健院推行亲情式服务、市卫监所推行“万证无差错”、中大五院的“进一家医院、八家医院服务”、市人民医院评选“服务之星”等取得很好效果。

抓好药品招标采购工作，全市共有30家公立医院参加省网上集中采购药品，集中采购总金额6.34亿万元，省级定价药品降价品种降价总金额1.68亿万元。 （万榕良）

体　育

来自珠海市斗门区的运动员在第十一届全运会中勇夺4枚金牌，位列全省（县、区级）第二名。　斗门区供稿

体　育

【竞技体育】 2009年，在山东举行的第十一届全国运动会，珠海市有皮划艇、水球、射击等15个项目的41名运动员取得参加在山东的决赛资格入选广东代表团，在全运会的比赛中不畏强手，奋力拼搏，夺得5金、3银、3铜的佳绩，为广东体育代表团获得位居全国前列的参赛成绩，夺取运动成绩和精神文明双丰收。同时计入珠海参加第十三届省运会总成绩：7金、5银、7铜，共378分。

2009年，广东省青少年锦标赛于5～12月举办，珠海市共有380多名运动员参加21个项目的比赛，共获金牌32枚，银牌19枚，铜牌25枚，顺利地完成了参赛任务。

珠海市共有田径等21个项目，505名运动员完成省注册。为省运会的备战工作打下基础。

【国家高水平体育后备人才基地建设】 2009年，是市体校和斗门体校经过国家体育总局复评确认，获得2009～2012年周期“国家高水平体育后备人才基地”（以下简称“基地”）隆重挂牌的第一年。教学训练工作重点放在打好全校优秀体育后备人才的综合素质基础方面。对学校各个运动项目的布局和投入，都向着“基地”办学的核心目标推进。按“基地”规范要求，严格实行对教练员的训练计划进行定期检查和不定期的抽查制度，广大教练员在制定各自训练项目的年度、阶段、周、课时计划及总结中，又逐渐地加入了“省重”教案编写的元素，有些项目教练在利用电脑、板书、文字叙述等形式进行多媒体教学，有的项目教练员采用论文形式指导学生理解技术动作。健全运动员选材系统，购置生化选材测试仪器，从简单的形态、机能、素质测试向生理、生化测试相结合的方向深化，以此，不仅帮助教练员进行科学选材，还帮助教练员利用客观的生化测试指标，科学判断学生运动训练的疲劳度和恢复情况，适时适当地调整运动量和强度，合理安排训练节奏，有效地防治运动伤病，保证运动员的训练水平不断提高。在此基础上，做好运动员形态、机能、素质、心理的测试评定，完成各项数据的整理和汇编，加上学校组织的教学训练大纲考核中教练员对运动员的专项技术、专项素质测试评定数据资料，一起形成运动员完整的技术档案，纳入学校运动员“人才库”电子档案汇编。

2009年，学校不断完善建校一期工程设施建设，使校园学习、训练、生活、工作、治安、卫生环保、校园文化等各方面的环境得到更进一步优化。按“基地”硬件建设的规范要求，通过积极向珠海市政府申请报批的工作努力，成功实现了建校二期7个新的训练场馆建设工程预算获批，2010即将破土动工。

学校加强体育训练器材、文化教学仪器、运动科研设备的购置投入，学校对上级下拨的后备人才基地专款做到专款专用，逐步改善运动训练场地器材条件，完备常规教学所需的教室、实验室、计算机室、图书室和多媒体教室，添置

体育科研和教学仪器设备，使之逐步实现齐全、完整、先进，基本保证教学、训练、科研工作需要。

【群众体育】 积极举办国际性体育活动。通过举办国际性体育活动，积极宣传推广珠海城市的休闲旅游度假新形象。来自英国、澳大利亚等国家地区和国内3600人参加了珠海市首届国际龙舟邀请赛和国际半程马拉松邀请赛等活动。

以参加广东省第二届体育大会为契机，进一步提高群众体育水平。广东省第二届体育大会是非奥运会项目的综合性运动会。珠海市获得团体总分第八名和“体育道德风尚奖”的佳绩，展现出良好珠海精神风貌。本届运动会设21个项目，来自各地市和行业体协31个代表团参加。珠海体育代表团派出136老中青少选手组成的参赛队伍，参加了篮球、健身气功、门球、健美操、速度轮滑等11个项目的比赛，其中保龄球、速度轮滑两支队伍表现尤为出色，前者以3金5银2铜为代表团贡献157分，后者贡献97分。另外由中老年人组成的健身秧歌等队伍也取得不错的成绩。

【体育节】 组织策划以“迎接亚运会，创造新生活”为主题，珠海市第十届“体育节”，活动项目229个，群众体育健身活动达1084次，群众达到66.75万人次，占全市人口的66%。8月8日“全民健身日”系列活动。全民健身日活动中，市体育中心和斗门等3个区及部分学校体育场馆均提供时段，免费开放，供市民进场锻炼，内容有羽毛球等群众喜爱的体育活动，免费体质测试等，收到较好的效果。同时利用电视、报刊等媒介，对全民健身活动进行了宣传报道，使全民健身活动更加深入人心。

【加快全民健身体育场地设施的建设】 以农民体育健身工程为抓手，促进农村体育工作有效发展。为贯彻落实《广东省农民体育健身工程实施规划》和《中共广东省委、广东省人民政府关于加快社会主义新农村建设的决定》精神，进一步加快新时期珠海市农村体育事业的发展，珠海市农民体育健身工程进展顺利。珠海市体育设施建设积极按照市委六届四次全会精神，向西部农村和海岛倾斜，特别加大农民健身工程的投入力度，积极扶持村镇健身场地建设，共投资21万元，对斗门区已完成场地硬底化建设的20个行政村（含村改居）给予了1副篮球架、2个室外乒乓球台健身设施配套，共配备篮球架20副、室外乒乓球台40个。截至2009年，珠海市121个行政村中已完成112个行政村的体育设施建设。

【社会体育指导员培训】 2009年，珠海市举办了2期共470人的二、三级社会体育指导员培训，社会体育指导员总数截至2009年年底为633人，其中国家级5人，一级110人，二级45人，三级473人。主要指导武术、太极拳、田径、健美操、游泳以及篮球、足球等球类运动项目。社会体育指导员作为体育骨干，队伍得到壮大，形成一支以体育行政管理人员为主导，以体育社团人员和乡镇、街道体育干部为主线，以社会体育指导员为主体的群众体育工作骨干队，成为全市各晨晚练点、各类健身队伍的骨干，对指导群众掌握科学健身技能，培养健康文明的生活方式起到积极推动作用。

【体育社团】 2009年按照民政部门的要求，珠海市体育总会根据《广东省民间组织年检暂行办法》，组织全市的体育社团进行年检。对逾期未参加年检和不符合规定的社团进行清理整顿。对没有参加年检的珠海市桌球、跆拳道、定向搏击运动、球迷、围棋、悬挂滑翔运动、轮滑运动协会和珠海市绿鹰高尔夫俱乐部进行整改。并注销了珠海市田径协会和珠海市铁人三项运动协会。新成立珠海市瑜伽协会及珠海市徒步运动协会。

2009年4月，市体育总会积极配合市民政局下发的通知，对各协会开展清理整顿工作并把本次整顿工作的情况如实地向市民政局汇报。这次清理整顿工作，市体育总会主要从规范管理、自身建设与能力和遵纪守法三个方面入手，精心组织实施，着力规范提高内部管理制度。通过清理整顿，发现珠海市球迷协会、珠海市风筝协会、珠海市航空飞行协会等10多个体育社团存在着内部管理不力、管理制度不健全等问题。要进一步抓好制度建设，完善各项内部管理制度，实现管理制度化，工作标准化，强化素质培训，相互促进，共同提高。对违规违纪行为、自律机制不健全、不能正常开展活动、发挥作用不明显，财务管理善混乱的协会部分体育社团限期清理整顿，结合年检情况对整改不到位和两年不参加年检协会进行注销。

2009年，许多协会都积极地开展各系列活动及比赛。珠海市老年体协举办迎春趣味门球赛、二十一届女子三八门球赛、第二十届老年人运动会、放鸽迎国庆活动、协助狮山街道办首届门球邀请赛，这些比赛均受到广大老年群众的大力支持，大约有4000多人次参加这些活动及比赛；珠海市太极拳协会举办2009年珠海市首届太极拳精英锦标赛，约有600多人次参加；珠海市篮球协会协助公安系统的甲乙组篮球联赛，开办篮球裁判员培训班，共有300多人参加；珠海市登山探险协会举行五兜山穿越登山活动、珠三角最高峰白云障登山活动、广东第一峰拉练、北尖岛拥军活动、广西德天瀑布探险活动，有150多人次参加；珠海市体育舞蹈协会参加广东省第十六届国际标准舞锦标赛、广东省体育舞蹈“超级杯”舞蹈大赛，74人次参加；珠海市羽毛球协会举办珠海市首届“威克多杯”羽毛球混合团体赛、2009年珠海市“格力地产杯”珠海市羽毛球联赛，这两次比赛都吸引众多羽毛球爱好者参与，约有1500多人次参加；珠海市排球协会举办2009年珠海市第五届“体育彩票杯”排球联赛，约225人次参加；珠海市足球协会举办的“‘海珠杯’珠海市足球联赛”吸引近800多个足球爱好者参与。市体育总会还组织相关体育协会参加珠海市第十届“体育节”活动，许多协会都积极响应，

2009年3月4日，珠海各界妇女庆“三八”健步行在野狸岛举行，本次健步行活动全程3千米，有72支队伍、近千名巾帼女将参与，为历届活动参加人数最多的一次。图为万山区参加健步行活动的团队。　万山区供稿

踊跃参加。

广东省体育大会是非奥运会项目的综合性运动会。市体育总会承担珠海市参加2009年广东省第二届体育大会的组织工作。本次体育大会，珠海市总分366分名列第八。珠海代表团在篮球、无线测向、台球、定向、健美操、速度轮滑、高尔夫球、健身秧歌11个项目进入了前八名，其中保龄球、速度轮滑两支队伍表现尤为出色，前者以3金5银2铜为代表团贡献157分，后者贡献97分。测向队与健美操队荣获得道德风尚奖。

在澳门回归10周年之际，珠海市老年体协与珠海市太极拳协会参加澳门庆祝中华人民共和国成立60周年“同饮珠江水，传爱国心”的活动，共有460余人赴澳门参加。珠海市保龄球协会、珠海市网球协会、市围棋协会、市象棋协会、市国际象棋协会等，都与澳门体育界以埠际赛、友谊赛的形式经常进行交流活动。

【体育产业】　全市体育产业发展至2009年12月止，体育市场注册的资金达到35亿元；社会各种资本累计有3800多万元投入学校和民营体育场馆配套设施建设，进一步完善城市居民健身的硬件设施，增强体育健身娱乐市场的竞争力；体育产业生产总值达到13.11亿元，同比体育总产值增长8.45%；全市体育产业从业人员总数达到6800

人。体育产业经济实现平稳上升，体育经济工作获得明显的社会效益和经济效益。

体育健身娱乐业是珠海市体育经济的支柱之一，也是珠海市体育产业发展的主要动力。2009年，珠海市登记在册的体育健身娱乐业达到528家，从业人员4800人。全年营业总收入达到8.395亿元，比2008年增加0.67亿元，同比增长8.67%，占体育服务业总额的64.03%。

体育用品销售市场发展速度较快。至2009年12月止，体育用品生产和兼营体育用品的销售商家超过490家。全市从事体育用品销售市场的从业人员总数为570人，年销售总值1.86亿元。

公共体育场馆是珠海市体育产业的主体和龙头，珠海市公有体育场馆在对外开放中，做到社会效益与经济效益并重发展。2009年，市政府下拨1800多万元加强学校、基层社区的文化体育设施建设，进一步完善场馆体育活动的配套设施，在做好体育场馆维护保修工作的同时，积极抓好各场馆的开发、开放，主动做好各项服务工作，吸引群众进馆健身消费。全方位地开展健身娱乐和竞赛表演活动，举办各种类型、各个层次、多种项目的培训，最大限度地提高场馆利用率。截至2009年11月底，市体育中心各项经营收入已达到630万元。全市公共体育场馆的收入达到2250万元。

珠海市体育彩票管理中心，针对近年来的新情况，市体育彩票管理中心推出多种新的玩法，多方位、多层次、多角度地宣传体育彩票的购买方式。2009年，重点抓“小型即开型”体育彩票销售模式的改革，以安排下岗人员，解决贫困居民就业为启动点，得到各区（镇）有关职能部门和社区群众的广泛支持，引起区级政府有关职能部门共同关注、支持体育彩票的销售工作。截至2009年12月，珠海市销售体育彩票累计达5.9亿元，筹集体育彩票公益金5600万元，上缴财政税收3500万元，为珠海市经济和社会发展、体育事业发展作出积极贡献。

2009年，珠海接待涉外高尔夫运动游客近20万人次，全市高尔夫产业生产总值达到9亿元，占全市体育产业总值的36%，其中，翠湖高尔夫球场年上交国家税费达1800万元，有效地拉动珠海旅游、餐饮业等周边经济发展。

【市体育中心】 2009年，市体育中心根据实际情况，不断加强内部建设，不断提升服务队伍素质。以寻求可持续发展为要务，稳步推进经营创收工作；以场馆改造为契机，逐步完善硬件设施；以服务社会大众为宗旨，提升全民健身服务的质量和水平；继续加大综合治理工作力度，以保证安全生产；以坚持社会效益与经济效益兼顾的原则来指导体育中心的全年工作，继续解放思想，创新工作思路，各项工作有序推进，全年共举办珠海性文化暨成人保健、生殖保健展览会、珠海市第二届茶叶暨紫砂壶展览会、亚洲拳击锦标赛、曹格拉阔音乐会、第二十七、二十八、二十九、三十届英才珠海高级人才招聘会，珠海市“海珠杯”足球联赛等25次153场中小型活动。特别与珠海电视台强强联手，在“元旦”“五一”“国庆”节日期间成功举办了车房联展，品牌展销的影响也日益扩大。这些活动的举行使体育中心取得了较好的经济效益，同时服务市民的社会效益也更加得到彰显。（刘　婕）

侨　务

日新月异的吉大新区。　　赵　梓　摄

侨　务

【概况】 2009年，珠海市侨务局接待海外重要团组、侨领78批，共计1329人次；受理来信来访案件54宗，开具“三侨考生”证明书123份；经侨务部门牵线搭桥，全市华侨捐赠公益事业金额1182万元，捐建香洲区南屏新医院、金湾区三灶镇住院大楼等侨捐项目50个。

【侨务引智引资】 着力借助有效平台，拓展引智引资工作。将侨务招商引资、招财引智融入到多个行业、多个领域的工作平台之中。一是积极利用留交会、高交会、华创会等专业会展平台，加大引智引资工作力度。2008年年底，市侨务局会同相关单位参加第十一届广州留交会，相继与

2009年1月10日，广东珠海金湾台湾农民创业园管委会揭牌暨项目签约仪式隆重举行，投资签约项目5项，总投资额近8000万元。

市海洋和农渔局供稿

北美华人创业协会等7家专业团体和90多位留学创业人员进行了接洽，做好会后跟踪服务。二是通过侨务渠道促进对外教育交流合作。2009年5月，加拿大加联国际集团主席及加拿大尼亚加拉学院院长一行来访珠海市。积极促成该学院与珠海市高级技工学校就师资交流、学术培训等签订交流合作协议。三是促成美国华人生物医药科技协会部分会员与联邦制药和丽珠医药就中国非专利药品在美国市场的开发、制剂研发外包服务等达成了合作协议。

【侨资企业调研】 2009年2月，珠海市、区侨务部门共同前往各区进行侨资企业调研活动，分别走访了12家有代表性的侨资企业，根据调研集中反映的问题，与相关机构协调联系，采取积极有效措施协助企业渡过难关。一是帮助侨资企业与广东发展银行及永隆银行等金融机构建立密切联系，借助金融机构平台，解决中小企业融资难题。二是请市外事局的窗口部门到各区开办APEC商务卡办理及企业人员签证办理业务培训班，帮助企业解决产品外销及拓展国际市场的问题。三是为出口型企业打开国内市场，申办国家资格认证做好协调服务。四是加大为留学创业人员的跟踪服务力度，包括创业企业的登记、注册、客户出入境签证申办乃至住房申请等。

【海外侨社团交流】 “走出去”开展海外交流活动。2009年2月，在市侨联名誉主席及印尼侨团、侨领的支持帮助下，成立以市总工会艺术团为班底的“亲情中华”新春慰问团赴印尼泗水、三马林达等4个城市进行文化交流和春节慰问演出活动。在10天的文化交流活动中，共举办6场新春慰问演出，有近70个侨团、近2万名侨胞现场观看了表演，每场演出前均播放介绍珠海的影视片，还在市领导带队下拜访泗水市政府和中国驻泗水总领事馆，介绍珠海的最新发展和建设规划，加强相互间的了解和交流，印尼的多家主流媒体报道这次活动，引起强烈反响。2009年10月，市侨联随珠海经贸代表团前往越南、澳大利亚和新西兰参加洽谈会，出访期间，发动在越南有投资的数位侨商参加河内的招商推介会，组织参与在悉尼举行的当地华侨华人的盛大欢迎晚宴，还拜访澳洲、新西兰中山同乡会等侨社团和荣誉市民唐宝珊等乡亲侨团和知名侨领。

“引进来”开展海外交流活动。先后接待新加坡中华总商会会长张松声、新闻通讯及艺术部部长吕德耀率领的新加坡商业代表团、印尼力宝集团董事长李文正博士、美国加州中华总商会副会董陈有琪、美国华人生物医药科技协会（CBA）、加拿大中国专业人士协会国际交流委员会主席徐正公先生、英国共和协会会长彭锦棠、美国三藩市阳和总会馆属下中山龙都同善堂、中国国际广播电台华语台采访报道组等多个海外重要侨团、侨领。

【侨务联谊和文化品牌活动】 组织各种形式的侨务联谊和侨务文化品牌活动，提高侨务工作社会能见度。2009年3月，与市红十字会联合主办“情暖侨心”义诊活动，为近500人次归侨侨眷进行体检和诊疗，共送医送药17000元。5月，与中山大学、平沙一中联合举办“手拉手，侨帮侨互助互学”活动，互相交流高考前的心理调适和备考经验。6月，组织中山大学珠海校区、暨南大学珠海学院的海外及港澳侨生赴高栏港经济区开展“珠海大学侨生看珠海”活动，加深他们对珠海市经济建设推进和社会发展成果的了解。9月，与市政协、市委统战部、澳门俊和协会共同主办“罗掌权杯”美术、书法、摄影展。活动由市侨联名誉主席、政协委员罗掌权先生全资赞助，共收到珠、港、澳三地来稿1380件，其中由珠海市侨界选送的稿件达530多件。9月，组织筹办“侨声共贺，盛世中华”侨界庆祝中华人民共和国成立60周年、澳门回归10周年、珠海市建市30周年座谈会暨庆祝晚会，200多位来自海外、珠港澳的侨界人士参加座谈会和晚会。

【《珠海侨务志》和《珠海乡音》】 通过文化资源的积累，提升侨务工作软实力。编写出版

《珠海侨务志》。侨务志编撰工作从2004年启动到出版，历时5年，在2009年国庆前夕出版，成为“三庆”系列活动的献礼之作。全书16开本，340页，40多万字，并刊有171幅彩色和黑白照片，较详实地记载了全市华侨历史的多领域内容，采材广泛，资料翔实，内容丰富，条理分明，较全面地反映珠海侨界的历史面貌，具有权威性和资料性，是珠海市又一部重要地方性的史志文献。坚持编辑出版每年4期的《珠海乡音》。《珠海乡音》创刊已25年，为大16开60页彩印季刊，每期印2000本，寄发30多个国家和地区的乡亲、侨团，成为海外侨胞了解珠海的集体家书。

【依法护侨，维护侨益】 认真贯彻执行侨务政策，维护侨胞合法权益。一是会同教育部门在全市转发及执行关于华侨子女回国接受义务教育的实施办法，为华侨子女就学提供政策保障。二是做好侨法宣传工作，为更好开展“侨法进社区”工作，与常成律师事务所签订合作协议，丰富为侨提供法律服务的渠道、手段和形式。三是做好重大涉侨信访案件工作，切实维护侨益，就香洲区重点侨捐项目天威桥和林杨妙延幼儿整体重建工作多次协调相关部门，转达捐赠人意见，向地方政府和相关部门反映加快重建的诉求。2009年3月，促成天威桥在斗门珠峰大道整体重建。

【华侨农场改革】 认真贯彻国侨办、省侨办有关华侨农场改革发展的文件精神，积极配合市政府及有关部门，推动华侨农场改革发展工作。一是积极参与珠海市华侨农场改革和发展的跨部门协调工作。与省侨办、市人大、市农场改革办等有关部门多次召开协调会议，共同推进危房改造、国企职工解除劳动关系的补偿、社保医保等华侨农场历史遗留问题的解决，并为华侨农场积极争取国家和省各类政策性补助。二是结合科学

夜幕下的新香洲灯火璀璨。 朱 习 摄

发展观学习实践活动，开展华侨农场调研工作。为进一步推进落实国家和省关于归难侨危房改造的有关要求，组织“五侨”部门，多次深入平沙、红旗华侨农场，围绕归难侨危房改造的问题展开专题调研活动。听取相关情况汇报，并与归侨职工代表进行讨论与研究后，草拟关于珠海市华侨农场危房改造和社保问题的调研报告。至2009年底，市委、市政府拨付两华侨农场的危房改造专项资金1.68亿元，国家和省给予补贴986万元，两华侨农场（含南通公司）已累计完成危房改造3551户（红旗478户、平沙2790户、南通283户），其中归难侨危房623户。三是实施华侨农场归难侨就业培训计划。

【万侨助万村】 按照国侨办、省侨办关于开展“万侨助万村”工作的要求，在结对帮扶的斗门区莲洲镇石龙村开展一系列以改善农田水利基本设施，实现农业增产农民增收为目的的帮扶活动。帮助解决该村的有线广播网建设；成立村级红十字会开展农村医疗卫生帮扶；修建茂盛围排灌站和排洪渠的基础上，发动珠海市荣誉市民、市侨联名誉主席、志华（中国）投资有限公司董事总经理蔡宏泰先生捐资10.2万元支持石龙村修建三湾村排灌站及排洪渠，该排灌站竣工使800多亩低洼农田实现洪涝之年增产增收。至2009年止，共发动侨胞在石龙村捐资31万多元，开展帮扶活动或项目18次（个）。

【汶川绵虒“珠海侨心村”】 2008年11月，省侨办在全省侨务系统中倡议开展支援汶川地震灾区“侨心居”工作。市侨务局按照省侨办有关要求，紧密围绕省、市关于对口支援地震灾区重建工作的总体工作部署，在旅外乡亲及社团中发动开展支援“珠海侨心村”建设活动，共筹集捐款431万元，省侨心慈善基金会配套资金191万元，建设资金合计622万元。

经与珠海市援川工作组研究，给予每个受灾农户1.5万元用于民房重建；对于损毁较严重的村落，投入一定的资金进行村道修复及村容风貌的改造；援川工作组会同绵虒镇委、镇政府，根据当地地理条件和群众的承受能力，提出既保持本地民居传统风格，又与自然生态环境相协调的多样化民居重建设计方案供群众选择，发动和鼓励灾区群众多方筹集资金，重建家园。共在汶川县绵虒镇援建三官庙村、羌峰村、涂禹山村格子岩组三个“珠海侨心村”，受惠灾民352户，人口1400多人。其中市侨联名誉主席曾庆辉捐资231万元，资助羌锋村186户灾民的民房重建工作，成为广东省为汶川“侨心居”建设个人捐款最多的旅外乡亲。

2009年12月29日，来自香港曾宪备慈善基金会、珠海潮人海外联谊会、香港安澜轩珠海三灶同乡会等团体的捐赠人代表亲手揭开红绸，宣布三个“珠海侨心村”全面落成，对珠海对口支援地震灾区灾后重建工作给予充分肯定。

【春蕾侨心育才助学】 2009年8月25日，市侨务局举行“春蕾侨心育才助学计划”助学金颁发仪式，由珠海市各级侨务部门推荐上报的106名贫困大学生，包括70多名归难侨子弟，获得由澳门爱心人士张志豪先生设立的“春蕾侨心育才助学计划”提供的25万元人民币资助。根据该计划，品学兼优、家庭经济困难的本科、大专在读学生，将获资助直至其学业结束。

【机构改革】 2009年11月，珠海市政府机构改革工作全面铺开。市侨务局、侨联机构职能及机构设置发生了重大变化，原珠海市侨务局、珠海市侨联从外事局分出，并入市委统战部。根据珠字〔2009〕9号文“人随事走”，严格控制人员编制的精神，将原从事侨务、侨联工作的10名人员编制划入市委统战部。 （黄远鸿）

社会生活

珠海市斗门区的乾务飘色是综合性的民间艺术，集文学、戏剧、音乐、造型、雕刻、服饰等于一体的“百科艺术”，具有较高的艺术价值。 李建東 摄

社会生活

劳动就业·社会保障

【概况】 2009年，在稳定扩大就业工作方面取得新成绩。城镇新增就业岗位40877个，城镇登记失业率为2.8%。本市生源高校毕业生就业率达91%，援助城乡就业困难人员就业3073人，本市农村劳动力转移就业6779人，吸纳粤东西北地区农村劳动力6506人，均超额完成省、市下达的目标任务；人才队伍建设取得新进展。创新人才服务工作机制，人才发展环境更加优化。全年培训各类专业技术人员23397人，完成各类职称评定4522人，人才招录、培训、评定体系逐步完善。不断加大揽才引智力度，支持留学人员和外国专家来珠海创业。人事制度建设迈出新步伐。事业单位人事制度和职称制度改革取得积极进展，公务员管理制度建设继续加强，工资收入分配制度改革稳步实施；维权维稳工作稳步推进，劳动关系协调能力进一步增强。扎实开展日常监察和专项执法检查活动，全年主动巡查、监察3854家用人单位，责令补签劳动合同8824份，督促支付各项工资、福利待遇等3190万余元，处理投诉举报案件3474宗，案期内结案率100%；社会保险体系建设进一步完善。社会保险参保总人数达389.5万人次，同比净增17.7万人次。五项基金当期收入45.1亿，历年积累117.8亿元，各项社会保险待遇按时足额发放。

【城乡统筹就业】 统筹就业工作力度加大。出台促进普通高等学校毕业生就业等新政策，积极的就业政策制度体系进一步完善。落实3755万就业专项资金，兑现1063.73万就业补贴，统筹做好各类群体就业工作。先行先试设立促进就业咨询委员会，实现就业工作“问政于民、问计于民、问需于民”的重大突破。2009年，城镇新增就业岗位40877个，全市就业局势总体保持稳定，城镇登记失业率为2.8%。公共就业服务能力增强。进一步加强公共就业服务专业化、制度化建设，继续推进“百企扶百村就业工程”和广东省“3年30万”城乡就业援助工程，深入开展就业援助周、高校毕业生招聘周、民营企业招聘周、“就业直通车”、公共就业服务机构组织困难失业人员灵活就业系列专项活动，促进就业工作成效显著。本市生源高校毕业生就业率达91%，援助城乡就业困难人员就业3073人，本市农村劳动力转移就业6779人，吸纳粤东西北地区农村劳动力6506人，均超额完成省、市下达的目标任务。职业培训和技工教育工作亮点纷呈。职业培训基础能力建设得到加强，基本形成以技工学校、中职学校、市区公益性职业培训机构为主体，各类民办职业培训机构和大中型企业内部培训机构为补充的职业技能培训网络。“双百工

程”全面实施，有力推动了普通初高中毕业后未能继续升学的适龄青年百分之百接受技工教育、百分之百实现技能就业，5882名初高中毕业生免费入读市高级技工学校和中等职业学校。通过举办“双转移”暑期培训班等创新举措，培训农村劳动力4096人。创业带动就业效应明显。研究制订《关于促进以创业带动就业工作的实施意见》，落实城乡失业人员创业培训工作目标责任制，出台扶持高校毕业生自主创业的系列优惠政策，推进培训、咨询、指导、服务一体化的创业带动就业工程。全市城乡居民参加创业培训1356人，提供创业指导专家免费开业咨询服务194人次，新开发创业项目4个，2人被评为广东省创业带动就业明星。人力资源市场统一完善。不断完善人力资源市场供求状况分析报告等制度，通过举办招聘会、大力引进外地职高技校毕业生、建立劳务合作基地等措施，切实帮助企业解决结构性缺工难题，人力资源市场实现总体供需平衡和经营秩序良好，2家职业介绍机构被省人力资源社会保障部门评为“AA”级信用等级单位。农民工服务工作有新成效。实施“南粤春暖行动”和“春风行动”计划，加强农民工劳动保障服务工作，免费为农民工提供政策咨询、职业指导、职业介绍等服务，有效维护农民工劳动权益，全市举办888场农民工专场招聘会，15.12万名农民工在我市实现就业，200名优秀农民工获得政府表彰奖励，141名优秀农民工入户珠海。

【人才队伍建设】 人才发展政策制度更加完善。研究起草《珠海市引进高层次人才办法》、《留学人员创业园管理办法》等系列政策，着手修订《珠海市人才开发目录》，研究制订《2010年～2011年珠海市紧缺技工工种目录》，开辟高层次人才引进、实用型人才引进、紧缺人才引进和流动人才职称评定4条人才服务绿色通道，不断完善高技能人才培养、引进、评价、使用和激励机制，着力创新人才服务工作机制，人才发展环境更加优化。人才公共服务水平不断提高。公务员招录考试平台进一步完善，全年录取公务员161人，连续7年实现公务员录用过程和结果的“零差错”、“零投诉”。加强专业技术资格考试工作，涉及各类考生27286人次。建立公务员培训网络平台，以高研班为抓手做好高层次专业技术人员继续教育工作，全市19个高研班项目列入省计划。全年培训各类专业技术人员23397人，完成各类职称评定4522人，人才招录、培训、评定体系逐步完善。各层次人才队伍建设实现新发展。不断加大揽才引智力度，支持留学人员和外国专家来珠海创业。全年引进留学人员155名，留学人员新创办科技型企业16家。做好拔尖人才推荐选拔工作，1名留学人员入选首批国家引进海外高层次人才“千人计划”，1名企业科技人员当选为国务院特殊津贴专家。引进312名外国专家从事教学和技术管理类工作，2名博士到我市企业开展博士后科研工作。通过举办职业技能竞赛、落实高技能人才补贴政策、加强校企合作、指导企业建立健全职工培训制度等措施，培养高技能人才6381人。15名优秀高技能人才获得政府表彰奖励。

【人事制度建设】 事业单位人事制度和职称制度改革取得积极进展。开展事业单位人事制度改革调查研究工作，研究起草事业单位岗位设置及人员聘用制度等相关政策，完成国土与规划测绘工作机构事业单位改革试点工作。不断深化职称制度改革，完善专业技术资格评委库，有序推进专业技术职务评聘分开和结构比例管理，51个市属事业单位实行专业技术职务聘任制管理，专业技术队伍结构不断优化。公务员管理制度建设继续加强。引入异地考官交流、“两代表一委员”监督新机制，完善公务员考录工作模式。成立公务员绩效分类考核办法课题组，积极研究探索加强公务员考核工作。稳步实施公务员职务任免和职务升降、调任、奖励和新录用公务员实习锻炼等规章细则，草拟完成相关配套制度，公务员管理制度进一步完善。工资收入分配制度改革稳步实施。制订并试点运行市直事业单位绩效工资实施暂行办法，出台机关事业单位工作人员规范津贴补贴有关规定，制订市直义务教育学校绩效工资实施办法和校长绩效工资实施办法，启动义务教育学校工资收入分配制度改革,充分调动人员积极性。

【扶持企业发展】 积极主动应对新经济形势带来的冲击和挑战，深入开展“多走访、勤调研、常沟通”活动，出台多项优惠政策帮助企业稳定生产、稳定就业岗位。自2008年起2年内3次降低失业保险缴费比例，失业保险单位缴费比例由2%降至0.3%，工伤保险缴费比例根据行业不同分别由0.4%、0.8%、1.2%降至0.2%、0.6%、0.8%。社会保险缴费工资下限下调100元，减半征收企业使用流动人员调配费，积极发挥失业保险促进就业功能，为97家在金融危机影响下坚持正常生产经营、不裁员少裁员的企业发放8060多万元援企稳岗补贴资金，涉及员工13万余人。珠海市认定的符合享受援企稳岗补贴资金的企业数量和补贴金额均居全省首位。2009年，珠海市通过发挥社会保险功能，出台各项优惠政策，共为企业减负4.7亿元。

【劳动关系调整】 劳动关系协调能力进一步增强。积极推进劳动关系三方协调机制的运作，充分发挥街道（镇）劳动争议调解中心作用，加强隐患矛盾排查治理，有效化解劳资纠纷隐患苗头82宗，确保将劳资纠纷处理在基层和萌芽状态。做好《劳动合同法》及其实施条例的宣传培训工作，企业劳动合同签订率提高到97.1%。出台企业工资指导线和劳动力市场工资指导价位，大力推动工资集体协商制度，已建立工会的大中型企业工资集体协商建制率达到58.4%，提前完成省提出的年度目标任务。执法维权活动深入开展。扎实开展日常监察和专项执法检查活动，全年主动巡查、监察3854家用人单位，审查789家用人单位的书面材料，责令补签劳动合同8824份，督促支付各项工资、福利待遇等3190万余元，处理投诉举报案件3474宗，案期内结案率100%。劳动保障监察网格化、网络化建设取得突破性进展，珠海市被确定为全国劳动保障监察“两网化”管理工作试点城市。多措并举应对《劳动合同法》、《劳动争议调解仲裁法》实施后劳动争议案件数量高位运行的严峻形势，全年审结劳动争议仲裁案件5010宗，结案率同比上升15.3%。调解人事争议案件4宗，较好发挥了人事争议调解在维护社会和谐稳定方面的积极作用。

【社会保险体系建设】 社会保险参保人数增长。社会保险参保总人数达389.5万人次，同比净增17.7万人次，其中，参加养老、失业、医疗、工伤和生育保险人数分别达到84万、68.8万、128万、70.9万、37.7万人次。全力配合做好社会保险费地税全责征收工作，开展社会保险基金专项治理，五项基金当期收入45.1亿，支出26.2亿，历年积累117.8亿元，各项社会保险待遇按时足额发放。养老保险制度运行平稳。进一步完善城镇企业职工基本养老保险制度，调整离退休人员基本养老金，提高过渡性养老金计发标准，珠海市月人均养老金达1599元。农民和被征地农民参加养老保险12.4万人，参保率85%，超额完成年度目标任务。政府对农民和被征地农民养老保险的参保补贴比例由20%提高到35%。3.3万人领取老年津贴，津贴标准提高为每人每月150元。1395名早期离开国有集体企业人员通过养老保险一次性缴费审批。147家企业建立年金制度，基金规模达2.3亿元。医疗保险制度建设取得重大突破。出台《珠海市社会基本医疗保险普通门诊统筹暂行办法》，实现社会基本医疗保险制度人口和保障项目全覆盖，惠及128万名参保人，67万人与门诊统筹定点机构签约，参保人的门诊医疗费用负担明显降低。城乡居民参加基本医疗保险41.5万人，参保率100%。医疗保险个人账户支出范围和门诊病种目录范围进一步扩大。医疗保险基金支付住院核准医疗费用限额提高到30万元，门诊病种最高支付额度升至7万元。本市户籍重度残疾未成年人获政府全额参保补贴。华侨农场归难侨退休人员和“4050”人员参加医疗保险问题得到实质性解决。设立白内障复明手

术支付专项，每年惠及800多名参保人。工伤、失业、生育保险工作扎实推进。设立工伤探视服务点，建立工伤医疗救治应急垫付制度，全市共完成工伤认定申请7024宗，结案率100%，切实维护了工伤职工合法权益。调整完善劳动能力鉴定方式，进一步规范鉴定流程，完成劳动能力鉴定申请2497宗。一至四级工伤职工伤残津贴人均月增141.4元，6000名从事职业病危害作业的在岗参保职工享受工伤保险基金资助体检，我市被确定为“全国工伤预防试点城市”。城镇职工失业金标准提高15%，农民合同制工一次性生活补助金标准翻一番。生育保险政策进一步完善，参保人各项待遇得到有力保障。社会保险和社会化管理服务工作不断优化。开展社会保险基金、劳动保障专项资金、企业年金监督检查活动，确保各项资金规范、合理、安全和有效使用。升级社会保险信息系统，社保费地税全责征收工作进展顺利。实现“社银网”征收社会保险费、支付社会保险待遇，实行定点医疗机构联网结算，基金征收支付效率和安全性进一步提高。市社会保险基金管理中心成全省率先实施ISO9001:2001质量管理体系认证的社保经办机构。积极开展居家养老试点工作，为5217名企业退休人员开展政府资助体检，走访慰问2376户特殊困难退休人员，4万余人纳入社会化管理服务范围，社区管理服务率66%。

（郭金荣）

民　政

【社会救助】 制订《珠海市最低生活保障实施办法》，以珠海市政府令公布。组织指导全市各区开展适当调高城乡低保标准的调研论证工作，2009年7月1日起，珠海市金湾区、高栏港经济区低保标准由230元/人•月调整至300元/人•月。12月在册低保对象6407户14096人，全年按时、足额发放低保救助资金2599.8万元。完成《2008年珠海市城乡低保对象基本消费统计调查报告》；与档案局联合制订《关于加强最低生活保障档案管理工作的通知》，促进基层低保工作规范化建设。落实《农村五保工作条例》，全市五保对象896人，年人均生活费5219元（集中供养）和5132元（分散供养）。

加强医疗救助工作，确保患病困难群众得到及时医治和救助。全年支出基本医疗救助金105.6万元，救助低保对象635人次；支出重大疾病医疗救助金458.5万元，救助重大疾病患者682人次。将低保对象等困难群众纳入了门诊统筹，进一步提高门诊待遇水平。完成低保对象参加城乡居民基本医疗保险工作，确保了低保对象100%参保。解决珠海籍麻风病康复者参加居民基本医疗保险和异地就医问题。市救助站全年共救助各类受助人员2260人次，外出流动救助361车次。

【社会福利】 加快发展养老服务事业。制订《珠海市民办福利机构设立申请指引》、《关于民办社会福利机构运营补贴的暂行办法》等政策文件，并从福彩公益金中安排资金对民办社会福利机构给予运营补贴。推进社会福利机构三年改（扩）建工作，投入福彩公益金120万元。

全面推进社区居家养老服务，进一步扩大居家养老服务对象范围及服务覆盖面，2009年，全市130余名老人获得了免费居家养老服务。投入福彩公益金116万元，用于有针对性地实施“星光计划”。

珠海市民政局同市财政局等17个部门联合出台《关于加强我市孤儿救助工作的意见》，加大对孤残儿童救助保障工作力度。继续开展“残疾孤儿手术康复明天计划”，全市共向省“明天计划”活动办公室上报26名符合手术条件的残疾孤儿。在珠海市社会福利中心开展社会工作人才队伍专业化建设试点，充分利用高校专业资源，同时加大志愿服务介入力度，给予孤残儿童更多帮助。

【慈善事业】 珠海市慈善总会加强慈善制度和队伍建设，制定完善内部管理“五定”方案、捐赠款管理和使用办法等规章制度，成立应急通讯工作委员会、义务工作者委员会。参与全市民政部门社会组织等级评定，成为珠海市首个获5A级评定的公益性社会组织、广东省首批获得具备公益性捐赠税前扣除资格的公益社会团体。2009年，共接收善款1186.36万元，支出900.59万元。

【福利彩票】 珠海市根据全市福利彩票投注站布局及近年电脑票销量的实际情况，增设28个福利彩票投注站。积极销售“刮刮乐”赈灾彩票，为灾区重建募集专项资金；开展“购买双色球，请您陕西游”幸运大抽奖促销活动，回馈彩民对福利彩票双色球的支持。全年共销售福利彩票2.88亿元，与上年同比增长9902万元，筹集公益金9774万元，人均销量居全省首位，销量增幅和市场占有率均位列全省第二位，荣获2009年度广东省福利彩票综合奖一等奖、市场开拓奖一等奖和销售进步奖一等奖。

【社区建设】 2009年，珠海市62个社区被命名为广东省“六好”平安和谐社区。香洲区、香洲区拱北街道和金湾区三灶镇三灶社区分别被民政部评为“全国和谐社区建设示范城区”、“全国和谐社区建设示范街道”和“全国和谐社区建设示范社区”。珠海市社区建设领导小组确定香洲区湾仔街道为全市社区建设示范街道创建单位，香洲区3个社区、金湾区1个社区和斗门区1个社区为特色社区创建单位，落实创建经费400万元，多次开展创建活动，成效显著。

【双拥工作】 以建国60周年、驻澳部队进驻澳门10周年为契机，广泛开展双拥宣传和国防教育，筑牢全市军民的双拥意识和国防观念。科学统筹社会资源，积极开展科技拥军、智力拥军、文化拥军等形式多样的拥军活动；拓展“两新组织”拥军领域和拥军规模，新增20余家两新组织与基层连队结对共建。为部队建设排忧解难，为基层部队解决一批用水、用电等问题，为驻海岛部队、珠海舰等提供了34个品种900多包高科技菜籽、50台抽湿机和2万册图书。深入开展拥军优属慰问活动，全年落实慰问经费11573万元，组织拥军慰问团59个，慰问演出60余场次。

【优抚安置】 珠海市全年接收安置军队离退休干部9人、退役士兵323名，圆满完成接收安置任务。严格落实各项优抚政策，出台优抚对象医疗、养老保障及就业的可操作方案，解决优抚对象关注的民生问题。2009年1月，为全市重点优抚对象和部分军队退役人员办理养老和医疗保险。全年累计对52名符合条件的退伍士兵进行了免费职业技能培训，落实培训经费71.26万元。评定全市优待对象612户，共计发放义务兵优待金587.7万元，城乡优待对象优待面达到100%。全市重点优抚对象的抚恤补助标准提高了10%。组织“关爱功臣巡回医疗队”为280余名重点优抚对象送医送药。

【老龄工作】 推进养老保障体系建设，逐步提升农村社会养老服务功能，抓好各项老年人优待政策的落实，为居住生活在珠海的84989名老年人免费换发新的《珠海市老年人优待证》。慰问珠海市生活困难的高龄老人，首次给全市903名90至95岁的户籍老人发放慰问金。加强媒体合作，广泛开展“老人节”文艺庆祝活动、首届中老年太极柔力球大赛等文化宣传活动，并大力宣扬老龄战线上的优秀事迹和先进典型。

【自然灾害和灾害救助】 编制完成《珠海市自然灾害救助应急预案》，扎实推进自然灾害应急救助工作，2009年，受台风和暴雨洪涝影响，全市总受灾人口32102人，因灾死亡1人，紧急转移安置25563人；农作物受灾面积13482.8公顷，倒塌房屋1间，因灾直接经济损失40854.7万元（其中农业损失35898.03万元）。灾害期间，全市各级民政部门及时启动救灾预警和应急响应机制，认真做好转移安置、生活救助、灾情报送等各项工作，较好地保障灾民基本生活。完成市救灾物资仓库改建工程的第一阶段工作，及时补充应急救灾物资储备，并建立完善与生产厂家的紧急购销协议。

减灾防灾能力逐步加强。珠海市香洲区湾仔街道作物社区、狮山街道南坑社区被评为民政部第三批全国综合减灾示范社区。出台《珠海市救灾储备物资管理办法》，在全市220个灾害应急庇护场所设置统一标识。编印《珠海市自然灾害应急救助手册》和《珠海市灾害信息员手册》，指导督促各村（居）设立防灾救灾宣传栏，提高公众防灾减灾意识。圆满完成5月12日全国首个防灾减灾日我市的系列宣传活动，探索建立救灾减灾社会动员机制。

【殡葬】 开展公墓清理整顿及占地毁林建坟专项整治工作，纠正违规土葬和乱埋乱葬行为；抓好殡葬服务质量建设，提高殡葬服务水平；促成市政府出台《珠海市清明节群众祭祀活动突发事件应急预案》（珠府办〔2009〕21号），以文明、安全拜祭为主题，做好清明节服务保障工作，接待扫墓祭祀群众27万余人，机动车辆1.5万辆；开展困难群众办丧情况调研，草拟《珠海市殡葬救助办法》；开展2009年重阳节海葬工作，树立文明殡葬新风尚；做好殡葬管理目标考核工作，珠海市在全省2007～2008年度殡葬管理工作考核中，各项考核内容均达标。

【社会工作】 2009年12月，珠海市政府机构改革，珠海市民政局增设社会工作科，加挂珠海市社会工作促进局牌子；设立中共珠海市社会工作委员会，作为中共珠海市委派出机构，与珠海市民政局合署办公。在广东省内率先出台《珠海市社会工作者登记管理暂行办法》，实施社会工作者执业注册制度，建立社会工作人才基本数据库。2009年，对全市474名从事社会工作的人员进行考前免费培训，其中79名通过社会工作职业水平考试。珠海市成为民政部第二批社会工作人才队伍建设试点城市，在珠海市社会福利中心开展社会工作人才队伍专业化建设试点。成立珠海市社会工作协会，珠海市民政局委托其开展《珠海市加快社会工作发展调研报告》项目调研。

【社会组织管理】 制订和出台《2009年珠海市社会组织规范发展试点工作方案》《珠海市社会组织评估暂行办法》等文件；出台行业协会十项内部管理制度和行业协会（社会团体）章程范本，强化社会组织内部管理制度建设。提高珠海市社会组织总体水平和自律意识，开展符合等级评估条件的18家全市性社会组织等级评估工作，评选市进出口商会、市慈善总会、市建筑业协会、市软件行业协会为5A级社会组织。

有序推进社会组织民间化工作，全市行业协会（行业商会）、异地商会、民办非企业单位按照“五自四无”要求基本实现民间化，398家其他社会团体中已有224家推行了民间化。出台《关于加强社区社会组织培育发展和登记管理工作的通知》，降低社区社会组织登记门槛；创新党建管理体制，确保符合条件的社会组织全部建立党组织。推进社会组织管理体制改革试点工作，市进出口商会、市软件行业协会试点承接并较好地履行了部分政府职能，市妇女联谊总会妇女儿童志愿者分会开展了志愿者服务试点，成立了“晴朗天空”康宁社区妇女儿童服务站，积极打造志愿者队伍。 （姜婷婷）

关心下一代工作

【概况】 2009年，珠海市关心下一代委员会（简称市关工委）贯彻省关工委龙岗现场会议精神，结合实际研究部署新一年工作。各级关工委按照“急党政所急、想青少年所需、尽关工委所能”科学发展要求，组织老干部、老战士、老专家、老教师、老模范（“五老”）等老同志，情系后代，发挥优势，继续以青少年思想道德建设为中心，以扶助弱势群体青少年，加强基层组织队伍建设（“扶弱强基”）为抓手，为青少年健康成长多办实事，好事。

【贯彻省“两办文件”】 各级关工委结合实际，学习贯彻广东省“两办文件”。

进一步加强组织队伍建设。通过分析总结工作，调整充实班子、举办骨干培训班，提高素质水平，扩大“五老”队伍。从有利于协调职能部门、整合社会资源开展工作的实际出发，基层组织由单位副职（或正职）兼任关工委（小组）负责人。目前全市关工组织548个，比上年增加5个；组织成员、老志愿者累计达14860多人，比上年增加1300多人。

进一步改善工作条件。在各级党委、政府支持下，积极落实关工委工作活动经费纳入财政预算；逐步解决关工委办公室人员、机构编制问题；逐步改善办公交通、场地和设备等条件。

进一步推动创新和典型带动工作。各级关工组织，就地就近创造性地开展工作，如香洲吉大小学、七小、十八小、吉大街道的读书活动；梅华街道关工委坚持组织“五老”网吧义务监督活动；继鱼林小学、唐家中学后，小林实验小学、平沙实验小学和市九中3所学校荣获“全国青少年文明礼仪教育示范基地”称号；12月15日平沙实验小学率先举办“普法教育”启动仪式；斗门区关工委“五老”认真参加“千人帮教戒毒工程”；市、区关工委讲师团深入基层，为青少年思想道德建设开展辅导、谈心等。

【加强主题教育】 市关工委与教育局积极贯彻省关工委和省教育厅《关于举办“我与我的祖国”征文大赛的通知》。斗门区中小学生参与《我与祖国共奋进》演讲比赛。香洲等区镇（街）关工委利用暑假组织中小学生开展迎国庆活动。斗门区关工委讲师团到16所学校开展以《认识建国60年的伟大成就，做勤奋爱国的好学生》为主题演讲，近2万名师生和家长听课。高栏港区举办“歌颂党、歌颂祖国”作文竞赛活动，有千余名中小学生参加活动。

市关工委讲师团“五老”成员，深入学校、社区、海岛等基层单位，讲革命传统、讲法制、讲心理健康等共35场，听课青少年、学生、学员共1.4万多人次。

在“三八”节前夕，市关工委与市老干活动中心爱心艺术团老同志参与市第一强戒所学员文艺汇演；在国庆前，与市敬老文化中心和澳门桃李艺术协会老艺术家到市第二强戒所送上“庆祝中华人民共和国成立60周年暨澳门特别行政区成立10周年文艺表演”，使学员，特别是来自港澳学员倍感温暖，又受到爱国教育，增强戒毒走向新生的信心。

【帮教青少年】 2009年7月，珠海市关工委在斗门区井岸镇政府大会堂召开“全市关工委系统戒毒帮教现场会”。各区、镇（街）关工委及有关部门负责人70多人出席会议。井岸镇新堂村关工小组等4单位作经验交流。斗门区关工委积极主动配合党政部门开展帮教戒毒青年工作，制定“三帮一”措施，即由一名老同志，一名在职党员干部、一名涉毒者家属组成一个组，对一名戒毒青年进行定期验尿、治疗心理辅导和生活、就业等问题耐心帮扶，有效地促进戒毒青年走向新

生。12月又有58名参与帮教的“五老”成功帮教52名青年戒毒3年以上，获得验收奖励。斗门区关工委荣获市禁毒工作先进单位称号。

市关工委在春节等大节日和“国际禁毒日”前后，坚持组织讲师团“五老”到市劳教所，强制隔离戒毒所和基层单位，看望学员和戒毒青年，进行帮教座谈，并送上御寒内衣、袜子、图书等慰问品。一年来市关工委举办这样的活动13场，听课学员青年4880多人次。

至目前，全市1240多名退休老师参加关工委队伍、志愿者活动，有680多名参与帮扶900多名“后进生”和校外辅导站活动，各级关工委老同志坚持献爱心，斗门区关工委发动社会捐款3万多元，帮扶贫困家庭学生18人解决上学问题。市关工委副主任肖时照发动市湘籍企业家协会、企业家捐赠10万元，给农村的小林实验小学解决办学和学生一些困难。

【净化社会文化环境】 2009年6月，珠海市关工委领导肖炳南、谢金雄等带队到香洲、斗门、金湾、三灶等区镇调研，并于7月写出《关于我市网吧监督管理情况的调查报告》（珠关工委[2009]5号）报送市委及有关部门。同时迅速进一步健全建立网吧“五老”义务监督员队伍。各级关工委通过宣传发动，自愿报名，上报审批等程序，8月经市文化广电新闻出版局批准，第一批186名网吧“五老”义务监督员队伍正式建立。香洲区梅华街道关工委坚持2年多组织20多名老同志进行网吧义务监督，分5个小组对7家网吧巡查、暗访共75次、个人巡查60多人次。他们发现问题，及时劝说并警告经营者，上报街道办。金湾区红旗藤山社区关工小组与学校、派出所、综治办4单位坚持联席会议制度，定期交流文化场所和青少年活动情况，预防青少年违法犯罪，形成有效的机制。

【推动各项活动】 2009年11月12日，珠海市关工委和市教育局联合在金湾区三灶镇鱼林小学召开“全市中小学文明礼仪普及现场会”。推动“朝阳读书”和“普法教育”活动有机结合，向纵深发展，促进学生素质提高，健康成长。

市司法局、市教育局、市综治办和市关工委于9月共同研究贯彻省司法厅、省综治办和省关工委联合下发的《关于在青少年开展普法教育的通知》的落实措施。11月16日，4家单位联合发文《关于开展“关爱明天普法先行”青少年普法教育活动的通知》（珠关工委[2009]7号）。12月15日平沙实验小学举办《创建全国青少年文明礼仪教育示范基地活动表彰会暨“关爱明天、普法先进”青少年普法教育活动启动仪式》。万山区3所海岛小学积极行动起来开展普法教育。

【队伍建设】 珠海市关工委注重加强各级关工委自身建设，建设学习型、创新型关工委。一年来，市关工委召开主任学习、工作研究分析会7次，办公碰头会10多次，下基层调研、指导20多次，召开全市性关工委系统的学习交流、培训会（班）3次。

金湾区关工委召开“基层关工组织达标表彰大会”，斗门区组织部、区文明办、区委老干部局和区关工委联合召开“区关心下一代表彰大会”，香洲区镇（街）关工组织骨干学习会，斗门关工委系统基层组织建设现场会，万山区、镇、村三级关工组织负责人培训班。

本年度市关工委编印《珠海关工简报》10期。各级关工委除积极向市两报两台等宣传媒体投稿外，还向省、中国关工委等报刊投稿，其中，被省关工委杂志《秋光关心下一代》采用“信息传真、图片新闻”等26件，向市委报信息2件、被中国关工委刊物《中国火炬》采用关工信息1件、被中国社会报《禁毒周刊》采用图片新闻1件、被中国关工网采用工作信息报道1篇。

（邝国成）

人口与计划生育

【概况】 2009年，珠海市突出“控制人口、发展事业、关注民生”三大主题，大力落实“四严”（严查严管严治严处）、“八治”（思想上治松、作风上治软、宣传上治空、管理上治乱、基础上治虚、政策上治散、服务上治本、综治上治根）。在人口计生工作方面切实强化各镇（街道）党政一把手对人口计生工作的重视，开展镇（街道）党政一把手谈“两无”活动电视系列报道活动，全市7个区（经济功能区）中的5个区党政主要领导和23个镇（街道）中的22个镇（街道）的党政主要领导接受了专题访谈，在珠海电视台播出8期，该项目被评为全省“2009年度人口计生工作创新项目”。

2009年，珠海市常住人口出生率10.63‰，自然增长率7.76‰，连续21年圆满完成省下达的控制指标；常住人口政策生育率达95.96%，流动人口政策生育率为86.16%，出生人口性别比控制在正常范围，低生育水平得到进一步稳定，全面完成年度工作任务，实现重返“省先”工作目标，确保“定格局之年”珠海市人口计生与经济社会协调和可持续发展，初步形成控制有效、统筹得力、促进有方的工作新格局。

【人口计生挂钩帮扶工作】 2009年，珠海市认真落实广东省委、省政府提出的人口计生挂钩帮扶工作制度，促进后进单位转化。一是建立帮扶工作领导小组和工作队伍，成立以市委、市人大、市政府、市政协等23名市四套班子领导、45名市人口计生工作领导小组成员和市直兼职责任单位人员组成的23个挂钩帮扶工作组，对全市7个区（经济功能区）23个镇（街道）分别进行重点帮扶；二是市领导高度重视，四套班子领导亲自带队前往挂钩帮扶的镇（街道）开展调研、指导工作；三是各挂钩帮扶工作组行动迅速，措施得力。市发改局、市建设局、市委组织部、市国资委、市水务局等45个挂钩帮扶小组单位全部前往各自挂钩的23个镇（街道）开展现场调研工作，制定切实可行的帮扶方案，落实帮扶计划。全市6个三类镇（街道）、2个二类镇中有4个单位实现转化，完成年度转化50%的工作目标。

【目标责任制考评】 2009年，市人口计生局按照市政府“四严”要求，全市改革和完善人口计生层级动态目标责任制，实行分线考核、分线反馈、分线督导，对全市7个区，23个镇（街道）进行半年考核、飞行考核和年终考核，采取综合评估，分类排队，对末5位实行通报批评、重点管理、重点帮扶。市人口计生局被市政府授予年度人口计生工作突出贡献奖；香洲区、金湾区、斗门区、万山海洋开发试验区、珠海高新区等5个区（经济功能区）、井岸镇、三灶镇等14个镇（街道）、市国资委、市发展改革局等25个市直兼职责任单位被市政府授予年度人口计生工作先进单位称号；横琴新区、吉大街道、莲洲镇等8个单位、市环保局、市法制局等9个市直兼职责任单位被市政府授予年度人口计生工作达标单位称号；高栏港经济区责任制考评不达标，被市政府给予通报批评，并列为重点管理单位；南水镇责任制考评不达标，被市政府给予“黄牌警告”，从二类单位降为三类单位重点管理。

【贯彻新《条例》】 一是抓培训。新修订的《广东省人口与计划生育条例》实施后，珠海市立即行动，召开培训大会、举办培训班，发放宣传资料等，对全市各级党政领导、计生兼职责任单位的领导和联络员及人口计生系统工作人员进行培训。据不完全统计，全市各级开展新《条例》学习培训活动达150次，全市各级党政领导、人口计生系统工作人员、人口计生兼职责任单位、大型国有企业等有关人员约7440人次

参加了培训；二是抓宣传。全市采取远程教育、制作宣传动画片、宣传长廊、编辑地方戏等创新形式宣传新《条例》，并在全市300多台公共汽车屏幕上，滚动播出为期3个月的新《条例》。印发新《条例》学习问卷2万多份，印制《致广大外来朋友的一封信》3万份，在社区设置搪瓷宣传牌达244块，道路悬挂计生宣传标语达2000多幅，向出租屋主和流动人口发放2万个计生宣传纸巾筒，举办大型计生知识竞赛、讲座、文艺表演等活动60多场次，接受宣传教育的群众累计达62万多人次；三是抓督查。市人大常委会执法检查组对珠海市《条例》的贯彻实施情况进行督查。

【创新月例会】 2009年，为加大长效避孕节育措施落实力度，切实落实层级动态责任，结合实际，珠海市创新建立层级动态联合月例会制度。月例会制度做到“五个”统一：统一制定人口计生工作例会记录本、统一月例会的时间、统一规定参加月例会的领导和人员范围、统一明确月例会必须解决的问题、统一规范市、区两级下基层督查指导月例会的工作要求。从而突出月例会的工作重点、工作任务、工作方法和工作责任，把任务分解到人，责任落实到人，这一制度有效提高基层政策落实能力，被省人口计生委评为2009年工作创新项目。基层月例会的有效落实，使“两无”活动得到有效的推动，年度全市23个镇（街）中14个无政策外多孩出生，占全市镇（街道）的60.87%；全市293个村（居）中117个无政策外出生，占全市村（居）的39.93%。

【流动人口服务管理】 2009年，珠海市落实国家“一盘棋”战略部署，强化流动人口计生服务管理。一是推动综治平台建设，强化出租屋管理。积极组织协调市综治部门，按“二十有”要求，在全市23个村（居）建立流动人口综合服务中心，统一调配社区民警、社区调解员、工商管理员、计生指导员、综治队员、户管员等人力资

幼儿园的小朋友们开运动会。　　朱　习　摄

源优势，实行“同上门、同清理、同执法”的户籍人口与流动人口“一体化”管理服务。同时，通过推行村（居）民自治，强化出租屋主的计划生育责任，建立计生责任与平时奖励、年终分红等经济利益直接挂钩的利益导向机制。珠海市出租屋主村居民自治合同签订率达到90%以上；二是搭建服务平台，推进企业履行计生责任。全年全市在部分流动人口集中的工业园建立7个流动人口计生服务点，以此为平台，对工业园区流动人口实行统筹管理与服务，各服务点通过与企业签订责任书、在企业建计生协会、上企业为流动人口提供宣传咨询服务和计生技术服务，推动企业履行计生责任与义务；三是认真开展流动人口计生专项活动。全市统一开展三次流动人口计生服务管理专项活动，清理清查流入已婚育龄妇女240111人，出租屋94724间、商铺32839间、工地136个、住宅小区894个、窝棚1287个；为已婚育龄妇女建档240111人，建档率100%；提交信息平台通报信息或查询请求33644条；接收流入地查询信息1003条，反馈率100%。当年政策生育率为86.16%，综合避孕率为88.66%，长效避孕节育措施落实率为77.8%；四是开展区域“大协作”，推动流动人口计划生育“一盘棋”。珠海市发挥核心城市作用，牵头与广东省珠江西岸的佛山、中山、江门、阳江、湛江、茂名、肇庆、云浮等8个地级市共同签订市际区域合作协议，各级各单位均制定开展区域协作《实施意见》和区域合作制度，进一步引导流动人口计生区域合作走向规范化。各区、镇（街道）有效利用区域协作这一平台，加强信息交流，开展流动人口计生自治，特别是在落实和推广珠江西岸九市区域协作要求的“查无此人”信息二次核查交互制度中有新突破；与此同时，珠海市认真落实“珠八市合作协议”，整体工作在实施国家“三年三步走”战略上迈出实质性的“第一步”，引起省人口计生委的高度关注；五是全面开展流动人口信息调查工作。全市首次采集流动人口个案信息759503人，其中流入人口736997人，流出人口22506人，采集入库率达91.95%，超过省下达任务11个百分点以上，经省实地抽查评估，珠海市采集数据质量整体优秀。

【计生宣传教育】 2009年，珠海市继续开展镇（街道）党政一把手谈“两无”活动；成功举办珠海市第四届“漂亮妈妈”风采大赛活动，该项目并评为2009年广东省“人口计生十佳宣教创新项目”；开展珠海市人口和计划生育农村远程宣传教育。投入远程教育经费15万元，受教育党员干部和育龄群众29万人次，制作13期远程教育课件，其中《广东省人口与计划生育条例》和《婴儿护理》电教片被省委组织部评为“优秀远程教育片”，并被省委远程教育平台采用。

【计生优质服务】 2009年，珠海市完成124个农村卫生服务中心计生工作站配套建设工作；服务站所标准化改造全面展开，全年完成7个，全市服务站所有58%达到国家标准；“百家生殖健康药具服务连锁站”已启动；生殖健康“六项全覆盖”全面推进，“两免”工作进一步落实，镇村一体化服务试点工作已经启动；计生技术科研工作实现新突破，在省新立题3项。

【计生综合治理】 2009年，珠海市继续推进兼职单位“两有”机制的建立和落实，市级出台“两有”措施8项；开展综合治理出生人口性别比和打击“两非”行动。与市卫生局和市食品药品监管局联合开展2009年禁止非医学需要的胎儿性别鉴定和选择性别的人工终止妊娠的专项“打非”行动，及时查处一批违规问题，形成“打非”声势，有效地保证全市出生人口性别比平衡；进一步探索完善村（居）民计划生育自治工作机制，在部分镇（街道）开展创建村（居）民自治示范单位的工作，修订人口计生自治章程，规范人口计生合同，同时拟定进一步完善村（居）民自治规范，逐步向全市推广。

【依法行政】 一是全面推进政务公开，积极开展“阳光计生行动”，在电台和电视台举办“阳

光政务”栏目；二是在市委宣传部的统一安排下，召开人口计生新闻通气会，邀请省、市及港澳驻珠媒体记者深入区、镇（街道）和村（居）开展人口计生“依法管理、优质服务”主题采访活动；三是全市人口计生信访工作取得较好成效，重点解决了个别信访老大难问题，变上访为下访，把矛盾解决在基层。计生依法行政率达98%以上，群众投诉率下降40%，群众对人口计生满意率达96.4%以上，未发生计生恶性事件和群体上访事件。

【利益导向】 2009年5月，珠海市在全省率先出台《珠海市计划生育家庭特别扶助制度》，对珠海市户籍人口计划生育独生子女死亡或伤病残家庭进行扶助，拨付47.8万元；全市参保人数1.96万人，增幅87%，实收保费84万元，累计赔付220人次，赔付金额约12万元；斗门区在全省率先出台节育手术并发症对象优抚政策。

【行政效能问责体系建设】 2009年，珠海市建立“市级蓝皮书、部门白皮书、区镇责任书、村（居）合同书”的行政效能问责体系。蓝皮书向社会公布年度人口形势和发展规划，白皮书向社会承诺部门年度工作目标和任务，年度目标管理责任书考核情况向社会公示，合同书的履行情况接受村（居）民代表评议，有效强化各级的责任意识，提高行政效能和政策落实能力。

（张惠青）

物价和人民生活

【概况】 2009年，珠海市居民消费价格水平（CPI）同比下跌3%。在八大类商品及服务中，食品、衣着、居住、交通通讯、娱乐教育文化用品及服务的价格同比分别下跌3.4%、7.2%、9.6%、1.3%和0.6%，而烟酒及用品、家庭设备用品及维修服务、医疗保健和个人用品则有不同幅度的上涨，涨幅分别为1.6%、1.3%和1.4%。从涨跌构成看，仅食品、居住两类价格的下跌就影响全市CPI下跌2.5个百分点，贡献率为83.3%。人民生活继续得到改善。抽样显示，2009年珠海市城镇居民人均可支配收入2.29万元，同比增长9.1%，十年来首次快于同期GDP增速。截至年末，珠海市城镇居民的自有住房比率达93.1%，拥有2套住房以上的家庭占32.5%。年末平均百户城镇居民家庭拥有私家汽车29部，家用电脑90部，各类中高档的家庭设备普及率不断攀升，人民生活富足，消费结构不断升级，用于发展享受型的消费比例不断增大。（王秀英）

珠海市保税区

珠海保税区
海关
CUSTOM
海关监管区
CUSTOMS SUPERVISION ZONE
40
珠海保税区欢迎您

珠海保税区服务大厅
ZHUHAI FREE TRADE ZONE COUNTER HALL

仓储合同核销
WAREHOUSING CONTRACT
CANCELLATION AFER VERIFICATION

OPLINK
光联科学园

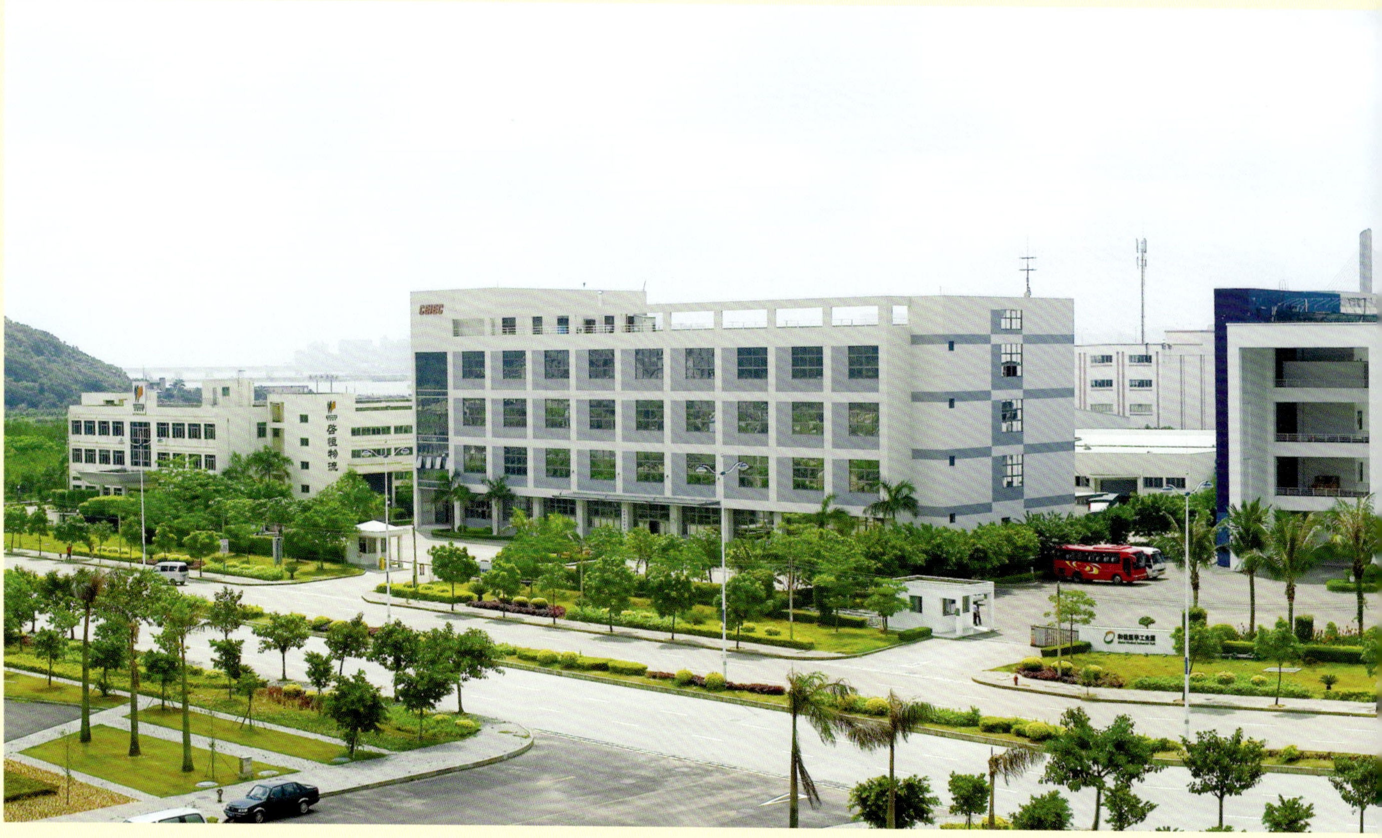

CEIEC

中国银行 BANK OF CHINA

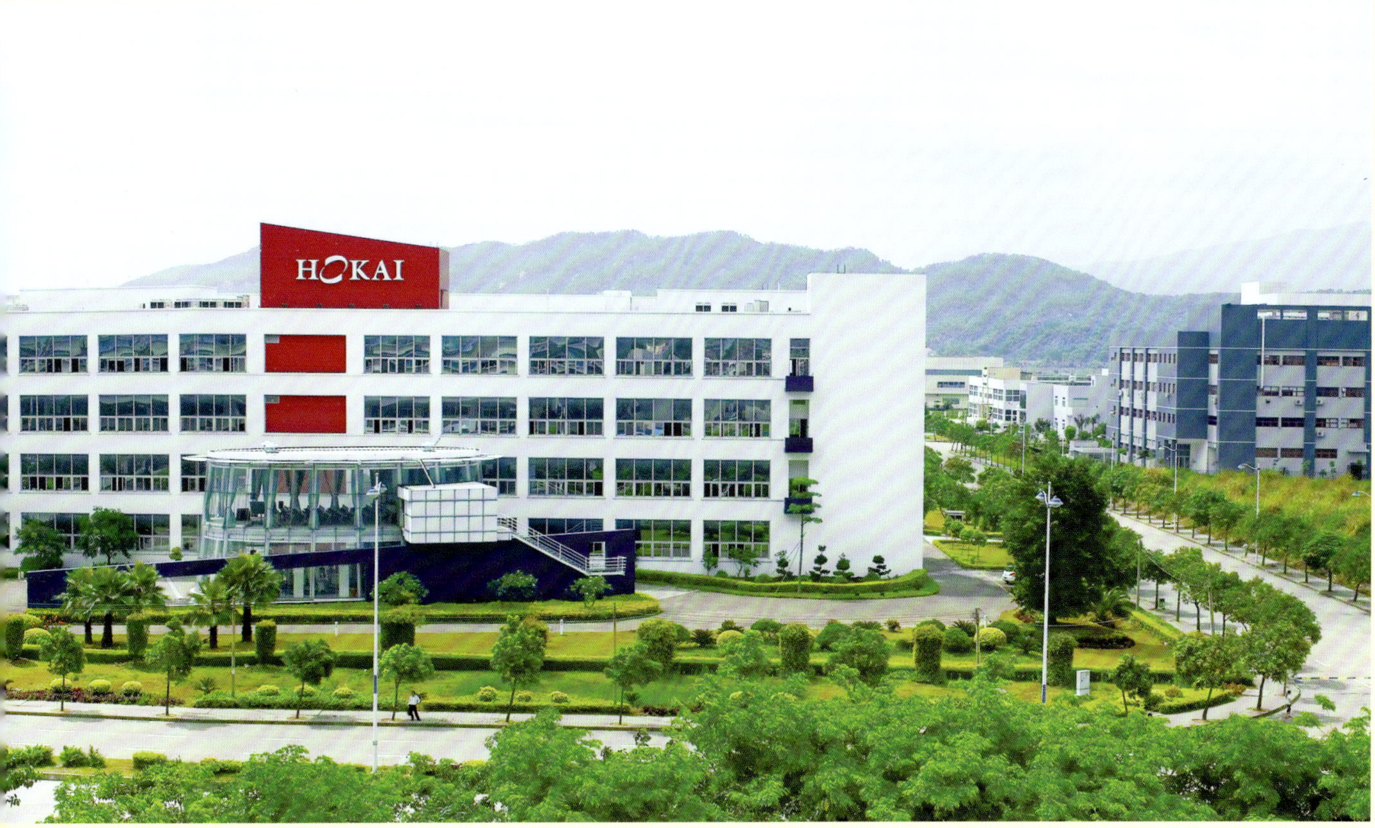

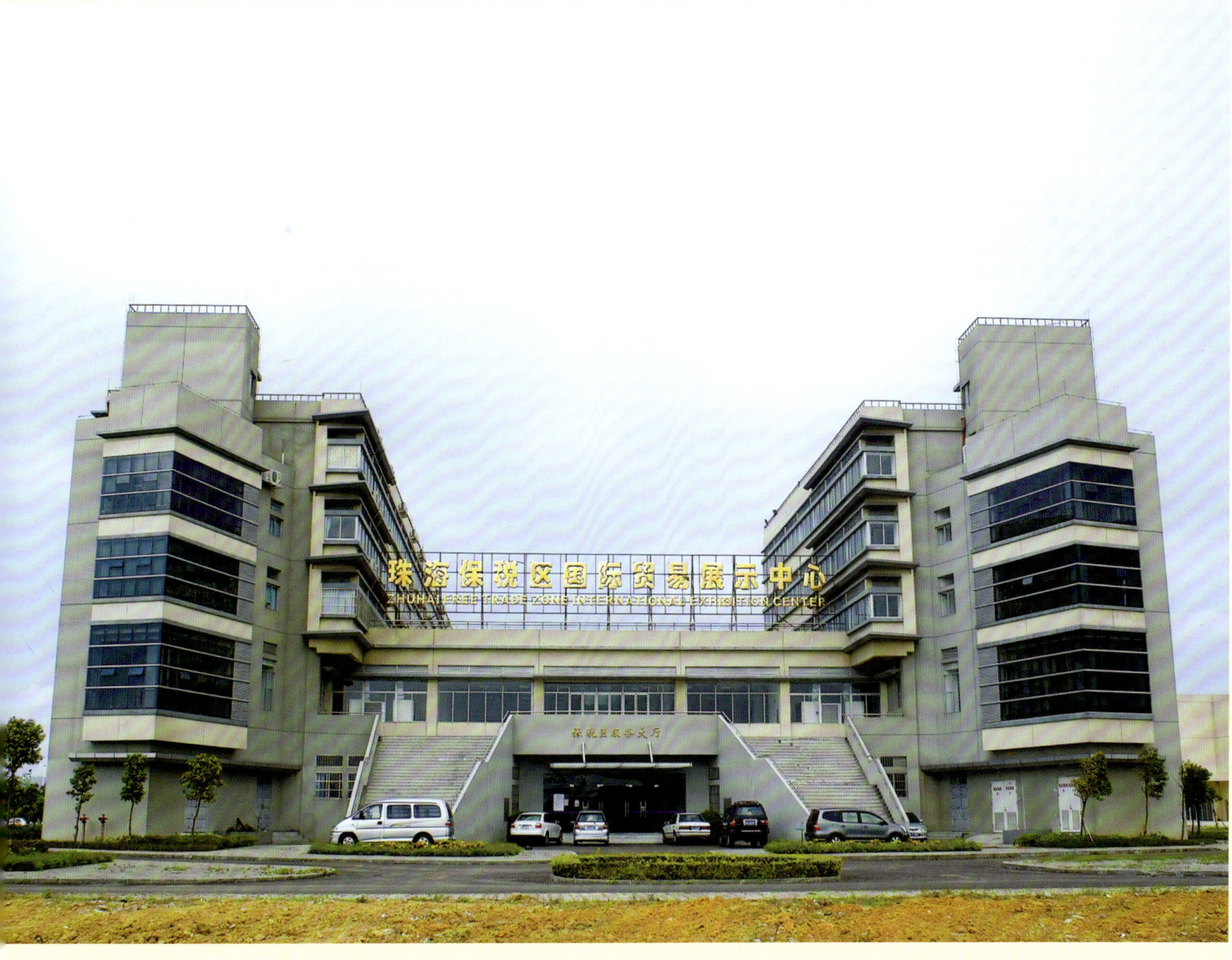

珠海保税区国际贸易展示中心
保税区服务大厅

SHUN XING

CEIEC
中电珠海公司保税园区
CEIEC
30
40

PROFILEX
PROFILEX

经济功能区

海洋经济已成为珠海国民经济的重要组成部分。　　市海洋和农渔业局供稿

经济功能区

珠海市横琴新区

【概况】 2009年，在横琴发展历史上是极不平凡的一年。随着国务院批准实施《横琴总体发展规划》（以下简称《总体规划》），横琴开发上升为国家层面的战略。横琴新区党委、区管委会认真贯彻落实《总体规划》，开发建设总体开局良好，引起海内外各界高度关注。全年生产总值2.47亿元，同比增长9.4%；实际利用内资（注册资本）5.01亿元，同比增长398.5%；固定资产投资3.295亿元，同比增长64.5%。

【编报规划】 2009年，珠海横琴新区按照“谋而后动”的原则，抓紧制订落实《总体规划》各项细化规划。一是按照《珠海三角洲地区改革发展规划纲要》的要求，结合横琴岛澳门大学新校区（以下简称澳大新校区）前期推进工作，全力配合、协助省市和国家发改委推进《总体规划》报批，2009年6月24日，国务院常务会议原则通过《总体规划》。2009年8月14日，国务院批准实施《总体规划》；二是配合广东省发改委组织修编完成《横琴产业发展专项规划》和《横琴基础设施专项规划》等专项发展规划，省发改委已征求省相关部门意见，并上报省政府批准；三是与省、市发改部门及市规划部门共同组织抓紧编制《横琴新区城市总体规划（2009～2020年）》和《横琴新区控制性详细规划》。省建设厅已多次讨论完善《横琴新区城市总体规划》，上报省政府批准；《横琴新区城市总体规划》获批后由市政府报批；四是与市发改部门委托中咨公司组织编制《横琴产业发展与空间开发建设实施计划（2010～2015年）》。

【项目推进】 2009年，该区突出“一国两制”下的粤港澳合作理念、高端服务业的产业理念、生态环保理念，按照发展高质量经济、建设高品位城市的目标，于2009年12月16日举办“横琴新区挂牌仪式暨重点项目启动仪式”，启动澳大新校区、横琴岛市政基础设施（BT）、横琴多联供燃气能源站、珠海长隆国际海洋度假区、珠海十字门中央商务区五大重点项目，总投资超过700亿元。全力做好项目服务，提前完成澳大新校区1.09平方千米用地范围的收地谈判、青苗补偿及用地清理，完成从横琴大桥至澳大新校区环岛路等6千米道路改造修复，清理横琴大桥东至三洲仔近岸海面约2241亩蚝桩，2个月建成现代化的横琴规划建设展示厅，保证澳大新校区顺利奠基。与130余户村民签订搬迁安置补偿协议，确保长隆国际海洋度假区顺利供地。

【社会事业】 2009年，该区投入100多万元改善办学条件，提升办学水平。加强对现有企业及新办企业的社保管理，出台《横琴镇被征地农民参加医疗保险政策补贴试行办法》，全区农保参保率达100%。圆满完成《2009年度人口与计划生育目标管理责任书》各项指标，其中户籍人口出生率为6.57%,出生人口性别比控制在86.67%。进一步健全医疗卫生体系，对社区卫生服务中心实行全额拨款，收支两线管理。新增就业岗位完成率110%，城镇下岗失业人员再就业完成率142%。完善社会救助制度，全年发放住房最低生活保障金41448元。提高社区管理水平，规范社区党务、居务、事务和财务公开工作，公开率100%，规范化率95%以上。 （江顺生）

珠海国家高新技术产业开发区

【概况】 高新区主园区（唐家湾地区）常住人口10.51万人，其中户籍人口5.28万人。区内设有法人单位1312个，其中，企业法人单位1133个，机关和事业法人单位50个，社会团体法人单位9个，其他法人单位120个。区内设有中山大学珠海校区、北京师范大学珠海分校、北京理工大学珠海学院、北京师范大学香港浸会大学国际学院等高等院校4所，在校学生4.65万人，教职工2791人；设有唐家中学、金鼎中学、金鼎一小、唐家小学、兆征纪念学校等5所公办中小学校，在校学生6551人，在编在职教师383人，离退休教师156人；设有北京大学附属学校等民办中小学校4所，在校学生2915人；设有唐家中心幼儿园等12所幼儿园，在园幼儿2176人；设有金鼎卫生院等医疗机构32家，其中公立医院2家，社区卫生服务中心3家，社区卫生站11家，民营医疗机构5家，企事业单位内设医务室11家。

【机构改革】 按照中央、省、市关于推进大部制机构改革工作要求，遵循“区镇合一”管理体制特点，开展“宽职能、少部门、紧凑型”大部门机构改革。机构改革后，高新区从原有13个内设机构中压减为党政办公室、人力资源和社会保障局、科学技术和经济发展局、发展改革和财政局、公共建设局、社会发展局、社区事务局、人口计生和卫生局、安全生产监督管理局、综合治理局等10个内设机构。同时，在区科学技术和经济发展局加挂区统计局、区知识产权局牌子，在区党政办公室加挂市人大常委会高新区工作办公室牌子，在区社会发展局加挂区教育局牌子，在区发展改革和财政局加挂区国有资产管理办公室牌子，在区公共建设局加挂区环保分局、区建设工程安全监督站牌子。区机关在编在职人员107人，其中行政编制人员96人，工勤人员11人。

【经济指标】 2009年，高新区地区实现生产总值250亿元，同比增长8%；工业总产值1145亿元，同比增长9%，其中工业增加值219亿元，同比增长33%；出口创汇75亿美元，实现净利润52亿元；高新技术企业工业总产值555亿元，工业增加值122亿元；软件企业营业总收入76.1亿元，同比增长14.1%。高新区主园区（唐家湾）地区实现地区生产总值50.4亿元，同比增长0.4%；规模以上工业总产值119.9亿元，同比下降11.6%；规模以上工业增加值23.1亿元，同比下降8.4%；全社会固定资产投资额21.1亿元，同比增长15.2%；外贸进出口总额8.1亿美元，同比下降23.1%；财政一般预算收入4.7亿元，同比增长27.9%；城镇居民人均可支配收入2.29万元，同比增长9.1%；社会消费品零售总额6.81亿元。

【招商引资】 面对国内外投资放缓的形势，积极与有实力的投资机构、风投机构和区内的龙头企业合作招商，瞄准“两少两有两高”企业，主动出击，上门宣传，专人跟踪，全力以赴，引进国内最大的网络游戏门户网站公司、政采软件、掌媒新媒体、汇流信息等一批行业技术领先的项目，香港上市公司控股企业投资的新能源项目、国内知名品牌读书郎学习机等一批项目已落户。全年共引进外资项目12个，实际吸收外资0.9亿美元，同比增长3.5%；引进内资项目21个，引进内资注册资本金3.5亿元，同比增长85%。落实国家、省、市各项产业扶持政策，发挥总规模1亿元的高新技术创业投资引导基金的作用，重点扶持高新技术企业发展。举办或参加科技计划项目申报介绍会、产业发展专题研讨会、企业家沙龙、“一对一”企业服务以及北京2009中国游戏行业年会、第11届中国国际高新技术成果交易会等活动。采取一系列措施，帮助企业解决困难，共克时艰。省级现代信息服务业示范专业园试点工作顺利开展。互联网产业园项目加快规划建设，积极推动移动互联网、电子商务、网络游戏等高端产业加快发展。大力推动产业项目加快建设，促成巨人网络南方总部暨研发基地项目奠基、金山总部暨研发基地等6个项目动工、长园电力珠海生产基地等9个项目建成投产、赛米控等54个项目增资扩产，以上项目总投资52亿元。

【自主创新】 完善珠海高新人才网站建设，积极与猎头机构合作，引进中高级人才500多人。建立高新区院士企业工作站，引进院士2名。加强高新区博士后工作站建设，协助企业引进博士后1名。以留交会和华创会为平台，引进16支海外高层次创业团队。培育科技领军人才，其中2人分别入选国家首批“千人计划”和第二批“千人计划”候选人。出台《珠海高新区科技创新和技术进步资金管理办法》等政策。区财政安排2000万元扶持自主创新能力强的重点企业加快发展。积极推进科技金融试点工作，与商业性银行合作创新中小企业无抵押纯信用小额贷款、股权和知识产权质押贷款等模式，与知名风险投资机构合作设立风险投资企业，与清华科技园（珠海）合作组建创业投资公司，拓宽企业投融资渠道。与清华大学研究生院共建研究生创业就业基地，与省科技厅合作建立4个大学生创业实践基地。中山大学大学生创业园和南方数字娱乐产业中心建成使用。大力推动全国首家高新区知识产权法庭建成运作，集中审理全市知识产权民事、刑事、行政案件，为高新技术企业提供司法服务，营造良好的知识产权保护环境。依托辖区高校研究机构的优质资源，积极推动企业建立一批产学研合作示范基地，远光软件被评为省部产学研基地，新认定市级工程技术研发中心2家，新认定市级企业技术中心16家，省级企业技术中心增至8家。鼓励和支持企业申报高新技术企业和双软企业认定，新认定国家级高新技术企业和双软企业分别为15家和16家。积极支持企业申报专利，全年累计荣获珠海市专利奖7家，共创电力公司获市专利实施计划项目。福尼亚医疗设备有限公司的胰岛素泵等15个产品被评为省自主创新产品，13个项目获国家中小企业创新基金。健帆医用材料公司、远光软件公司荣登2010年福布斯中国潜力企业榜；健帆医用材料公司荣获国家科技进步二等奖，炬力集成电路公司荣获市科技进步一等奖。乐通化工、世纪鼎利、欧比特公司成功上市，世纪鼎利公司还连破A股发行价、超募比例、中签率三项纪录。全区上市企业增至10家，占全市47.6%。魅族、格力新元等13家高新技术企业营业额增速保持20%以上。

【宜业环境】 修改完善《唐家湾地区分区规划（2008～2020）调整》《唐家湾镇2006～2020年土地利用总体规划》《科技创新海岸南围控规》以及官塘等8个社区的新农村规划，基本完成《淇澳岛城市设计及控规》概念设计工作。《科技创新海岸北围片区城市设计及控规》及《唐家湾后环片区城市设计及控规》开始招标。完成埔仔村搬迁清拆工作，推进广珠轻轨项目建设。启动法国知名红酒亚太区经销中心、金鼎工业区2000套小型公寓楼等生活配套设施建设。

基本完成科技创新海岸南围西片90万平方米土地平整工程。抓紧开展前环总部经济基地项目、北围和后环围外侧面积7.24平方公里围海造地的前期工作。编制《高新区区域规划环境影响报告书》，开展区域环评和环保模范城复查迎检工作以及庆祝建国60周年和迎接澳门回归祖国10周年市容市貌大整治专项行动。完成后环围、北围东片10平方公里用地的清场回收和3万亩海域的清理。后环围和北围东片吹沙填土造地工程进展顺利。情侣北路南段建成通车。科技创新海岸服务中心、前环片区市政道路等40个基础设施项目已动工，总投资20亿元，完成投资6.5亿元，建成24条总长24.6公里的市政道路。全年财政计划安排民生工程资金4.7亿元。唐国安纪念学校、金鼎一小体育馆开工建设，启动金鼎中学扩建、金鼎医院扩建前期工作。实施鸡山和下栅等社区12条道路硬底化建设、宁堂和唐家等社区路长1.5公里路灯安装、北沙和官塘等社区长850米排污管网改造、东岸和上栅等4个社区自来水管网改造等一批民生工程。

【社会事务】 加大财政投入，配置教学硬件、软件设施，进一步改善办学条件。招聘28名优秀应届大学毕业生，通过“代转公”录用25名代课教师，教师综合素质整体提升，基础教育质量进一步提高。启动会同古村、唐国安故居、唐家湾共乐园等历史人文资源保护开发利用工程。举办“共乐唐家湾”元宵灯会、“红树林风筝文化节”等特色文化旅游活动。推进公共卫生体系建设，淇澳和官塘社区卫生服务中心投入使用，甲型H1N1流感、手足口病、登革热等重点传染病得到有效控制。发放城镇居民最低生活保障金、社会救济金、残疾人士补助金、退伍军人补助金等社会保障补助金350万元。扩大社区医保覆盖面，发放社区医疗救助金、城镇居民基本医疗保障金、未成年人医疗保障金、重大疾病防控金等医疗保障金220万元。落实就业和再就业财政扶持政策，举办多场农民工专场招聘会、失业人员专场招聘会。实施《高新区农民和被征地农民养老保险财政补充补贴办法》，扩大社保覆盖面，全区农保参保率达98%。深入开展“安全生产年”活动，扎实推行“安全社区”试点工作，全年安全生产各项指标均控制在市下达指标之内。加强综治维稳中心建设，开展国庆60周年、澳门回归10周年庆典期间维稳等专项行动，各类刑事案件同比下降5.1%，破案率同比上升4.8%，受理人民调解334宗，成功调处325宗。出台计划生育家庭保险和手术保险等计生利益导向政策，完成市下达的人口计生目标任务。人大、工会、青年、妇女、审计、统计、外事、统侨等工作顺利开展。

【行政管理】 《珠海经济特区高新技术产业开发区管理条例》进入市人大审议程序，《中共珠海市委珠海市人民政府关于加快珠海高新技术产业开发区发展的意见》印发实施，进一步明确高新区行政管理体制、发展定位、发展目标、发展模式。推行政府购买服务制度，解决原机关借聘人员的管理关系。按照“重心下移，靠前服务”的要求，将计生、民政、医保、安监等服务窗口调至金鼎、唐家办事窗口，将工商等行政审批业务项目引入区行政服务中心，进一步完善行政服务体系。完成电子监察、移动办公系统建设，形成全覆盖、无缝隙、高效率的电子政务系统。规范和优化区财政系统的业务操作流程，率先建立ISO9001质量管理体系。整合镇属企业资源、化解镇属企业债务、加快镇属企业重组和改制工作。

【党建工作】 全区168个党组织共2475名党员参加深入学习实践科学发展观活动，围绕“党员干部受教育、科学发展上水平、人民群众得实惠”的总体要求，认真抓好学习调研、分析检查、整改落实工作，落实整改措施196项。完善区党委中心组学习制度，健全党委会议制度。建设社区党员远程教育网络，新组建4家“两新”党组织，基层党组织覆盖面不断扩大。南方软件园党委召开网络党代会，探索“没有资产组带关系”的园区党建工作新路子，推动高新技术企业党组织生活网络化，党建工作与企业文化建设实现有效融合，增强党组织的活力。全面落实党风廉政建设责任制，深入开展纪律教育月、创建群众满意基层站所等活动，依法行政水平、服务质量、办事效率进一步提高。加大监督检查力度，严格落实厉行节约八项要求和五项费用实现零增长要求。对机关和国有企业工作人员出国出境情况进行重点核查，对工程建设领域突出问题开展专项治理，有效促进党风廉政建设。（陈天炜）

珠海保税区

【概况】 2009年，珠海保税区，新批项目17个，全年工业总值115亿元，进出口总额13.6亿元，其中出口额5.8亿元，进口额7.8亿元，实际利用外资5360万美元，实际利用内资9600万元，完成固定资产投资2.6亿元，完成各类税收8.3亿元，保税区税收留成1.1亿元。

【发展定位】 随着《规划纲要》的颁布实施、港珠澳大桥的开工建设、横琴新区和十字门商务区的开发启动，珠海保税区发展面临难得的历史机遇。珠海保税区以国家和地区规划为指导，结合国家宏观政策变化和保税区工作实际，加强政策研究，对国家各类保税监管区域的功能、政策进行了一系列调研活动。通过各种纵向、横向比较，进一步明晰保税区发展方向：通过加快产业调整、推进监管模式和监管手段创新，实现保税区转型发展。大力发展现代服务业，重点发展高端物流、贸易和展览展销业，积极打造国际采购、国际分销和配送三大中心，构建高档消费品、高端设备的贸易平台，把珠海保税区打造成国内重要的保税商务基地。

【招商引资】 按照新的产业发展定位，适时调整招商引资方向，加大对外宣传力度，狠抓关键项目招商，努力优化保税区产业结构。根据保税区功能定位和发展方向，制定了保税区（跨境工业区）产业发展目录及项目准入条件，制定鼓励总部经济发展暂行办法。同时，通过更新保税区门户网站、制作保税区宣传短片、聘请经济发展顾问、积极组织和参加对外招商活动等方式，招商引资工作取得较好成绩，2009年全年共引进非工业项目17个，完成实际利用外资5360万美元；实际利用内资9600万。新增项目全部符合新产业发展要求，红酒展示、跨境会展中心等一批符合新产业定位，在东部转型中有重要意义的重点在谈项目进展顺利。从2009年1月开始，不再引进新的工业项目，新增工业项目一律引导投向珠海西部地区。

【珠澳跨境工业区】 2009年，市政府将“推动珠澳跨境工业区向珠澳跨境合作区转型发展”作为重点推进工作。珠海保税区作为责任单位高度重视，在市政府支持下，相关工作取得积极进展。在珠澳合作战略框架下成立珠澳跨境工业区转型工作小组；珠澳双方就跨境合作区的合作模式达成初步共识；珠澳跨境工业区转型工作已经启动；确定珠海园区产业发展方向，即：以服务粤港澳、互利共赢为原则，积极推动产业转型，重点发展高端物流、服务外包、展览展销、中转贸易产业，适度发展金融服务、酒店及展览服务、文化创意、信息研发等配套产业，着力引进行业龙头企业和总部经济，着力打造高端消费品进入中国市场的贸易平台。随着一批符合产业发展方向的项目相继落户，跨境工业区也从以一般加工贸易为主导的产业向展览展销、总部经济为主的高端服务业转型。

ZHUHAI YEARBOOK

【配套设施建设】 对区内重点在建项目建立工作台账，促进项目建设顺利进行。西域码头、加华码头两个国家二类口岸相继通过验收，结束了保税区没有码头的历史；天威飞马商务基地在跨境区顺利落成，跨境区总部经济发展崭露峥嵘；摩天宇二期、通宇物流、洽群仓储等项目建设顺利推进；翔翼投产仪式即将举行。同时，稳步推进园区基础设施建设，保税区北门临时道路维修工程、跨境区巡逻通道路灯箱变工程已完成，保税区东门广场改造、保税区生活区道路恢复、跨境区排污泵站建设等工程有序推进，区内水电路等基础设施日益完善，保税区的投资环境进一步改善。

【企业服务】 珠海保税区外向型经济明显，外贸依存度高达777%，区内企业2009年受国际金融危机影响较大，工业产值、物流值、货运量等经济指标有所下滑。为帮助企业渡过难关，珠海保税区采取积极措施加强企业服务，努力为企业运作创造良好条件。首先，实行区领导挂点重点企业制度，实地掌握重点企业应对危机的主要策略和措施，了解企业存在的困难，帮助企业解决实际问题，包括协助比迪特申报“技术改造创新补贴”，协助摩天宇、和佳申报“高新技术企业”认证等；第二，加强与海关、检验检疫、工商、税务等部门的沟通联系，通过不定期召开企业座谈会、政策说明会等形式，为企业送政策、送服务；第三，加强服务窗口建设，修订完善窗口工作人员工作规范，开设重点企业绿色通道，不断提升服务质量。2009年，窗口共接待咨询人数约3300人，办理办结各类事项约5700件，服务质量受到企业好评。

【安全生产】 2009年，正逢建国60周年和澳门回归10周年，安全生产、综治维稳任务重大。珠海保税区努力克服各种困难，全面落实“安全生产年”的各项工作部署，扎实推进安全生产“三项行动”工作，深入开展安全生产隐患排查治理和各项专项行动，全区安全生产形势继续平稳向好；综合治理、维稳、信访、反恐怖等工作卓有成效；完成各项社保参保任务，各种劳资纠纷得到妥善处理；应急管理工作进一步加强，综合应急救援队伍正着手组建。全年没有发生死亡和较大生产安全事故，没有发生上访、堵塞公共道路等群体性事件，为全区发展创造一个安全稳定的社会环境。

【和谐园区】 2009年，珠海保税区通过制订活动方案，深入学习调研，查找突出问题，举办专题讲座，召开民主生活会，制定整改落实措施，使保税区学习实践活动达到预期的目的，基本实现“党员干部受教育、科学发展上水平、人民群众得实惠”的要求，树立“廉洁、勤政、务实、高效”的机关工作作风。扎实抓好社会治安综合治理、安全生产、劳动监督、社会保险全覆盖、计划生育、机关管理服务等各项工作，区内治安稳定，管理有序，祥和安定；积极改善联检单位办公条件、整治生活区，干部职工和园区企业员工工作生活环境有了较大提高。充分发挥党组织和工会、共青团、妇女组织的作用，成功举办珠海保税区第四届运动会等，园区凝聚力不断加强。

（章文进）

珠海万山海洋开发试验区

【概况】 2009年，万山海洋开发试验区认真贯彻实施《珠江三角洲地区改革发展规划纲要》，按照“建港兴业，美岛活海，富民强镇，共筑和谐”的海洋海岛发展思路，大力实施“科技兴海”战略，突出发展海洋海岛旅游业、现代海洋渔业、仓储物流业和海洋科技产业，经济社会发展取得可喜成绩。

【经济发展】 2009年，万山区经济在逆境中稳步增长。全区GDP1.34亿元，同比增长8.1%；引进企业42家，注册资金2.4亿元，同比增长4%；渔业产值1.03亿元，增长50.6%；海岛旅游人数17.4万人次，同比增长12.8%；海岛旅游综合收入7876万元，同比增长17.3%；社会消费品零售总额4007万元，同比增长6%；固定资产投资5750万元，同比增长17%；外贸出口2.92亿美元，同比增长64.5%；财政一般预算收入1.18亿元，同比增长14.2%；海岛渔民人均收入11200元，同比增长5.6%；实际吸引外商直接投资32万美元，实现了引进外资零的突破。

海洋海岛旅游业有新拓展。外伶仃岛获评为3A国家级旅游景区，桂山岛被评为珠海市红色旅游示范景点。各镇围绕自身资源特色开展了外伶仃海上嘉年华、万山庙会、东澳集体婚庆、珠海大学生走进万山等主题活动，成功举办了桂山国际海钓、外伶仃国际旅游小姐珠海赛区复赛等大型比赛。格力置业完成对南沙湾酒店的收购，已开展规划国际招标，拟高水平成片开发东澳岛。九洲旅游集团海通船务公司已注册在海岛，担杆镇成功收购石涛苑整栋大楼并改造成接待酒店，桂山小学旧校区改造酒店项目已开工，桂山岛一湾酒店项目完成初步设计方案。海岛旅游内涵不断丰富，旅游资源不断整合，旅游接待水平和能力不断提高。

海洋渔业结构调整有新举措。万山镇开展了“海产动物种苗生产及养殖推广”等项目的试验，桂山镇建设贝藻类养殖基地和海产品一条街，担杆镇完成紫菜试养殖项目，初步建成竹湾头岛大网箱养殖中转基地，桂山蚬、荔枝螺、海胆等近岸特色渔业资源增养殖项目不断开发，龙须菜、东风螺和鲍鱼等贝藻类试验养殖规模进一步扩大，万山生晒海味和“海琴馆”海鲜系列食品，桂山白花胶、曹白咸鱼和担杆、外伶仃鱼虾加工等渔业产品精深加工进一步深化，全区渔业结构呈多元化发展，取得良好的经济和社会效益。全区渔业产量8560吨，同比增长30.1%。

仓储物流业有新亮点。被珠海市政府列为“保增长、定格局”重点工程之一的桂山油库多点系泊码头技术改造项目正式动工建设。国内知名物流企业广东国通物流城有限公司和珠海市万佳海鲜贸易有限公司等几家渔业物流企业相继落户海岛，进一步做强做大万山区的海鲜物流业务。全区仓储物流量165万吨，同比增长7.6%。

【基础设施和生态环保】 国土规划建设工作不断加强。在全面完成第二次全国土地调查工作的基础上，进一步规范管理矿产资源，努力布控地质灾害防治工作。先后完成了桂山、万山、担杆镇的镇级土地利用总体规划编制工作，区级土地利用总体规划正在编制当中。完成渔民建房管理和围（填）海的申报工作，争取到2794.5公顷海域纳入到市向省政府和国家海洋局的申报范围。《外伶仃岛城市设计深化方案》已完成，《东澳岛控制性详细规划（调整）》已完成编制工作。继续做好城建档案资料的收集、归档工作，重新编制《万山区海岛小额建设工程招投标管理权限试行规定》，并举行了11场项目预算编制单位现场抽签。

基础设施项目建设有效推进。桂山水库、东澳岛文化中心已动工建设，担杆岛陆岛交通客货

运码头、外伶仃岛石涌湾客货运码头引堤工程、大万山岛国防公路等工程加快推进。东澳岛大小竹湾旅游、酒店和餐饮街经营性用地出让的准备工作已完成。

生态环保建设工作不断深入。扎实做好全国第一次污染源普查工作，配合做好市迎接第三次国家环保模范城市复查，重点做好两家被列入省重点源企业的环保建档工作。桂山污水处理管网工程已全面竣工，“收集压缩+打包外运”的海岛垃圾处理方案已完成项目选址和施工图设计单位的招投标，现正进行施工图设计。积极推动外伶仃村、担杆村和新村创建市的“生态示范村”及桂山小学创建“绿色学校”活动。积极响应全民化“双十百绿”活动，在全区范围内开展了形式多样的全民义务植树活动。

【科技兴海】 确立科技兴海战略。2009年，万山区出台了科技兴海实施意见，安排200万元科技兴海资金，先后与中山大学、暨南大学、广东海洋大学、中科院南海研究所、中科院广州能源研究所等高等院校和科研机构签订加强海洋科技合作协议。“广东海洋大学研究生教学科研竹洲实习基地”和“海洋创新成果转化基地”已揭牌成立。

促进生态养殖业健康发展。在科技兴海战略的带动下，万山区在种苗的孵化、标粗、育苗、促产等养殖技术上有了新突破，改变长期以来主要种苗依赖从外地购入的状况。竹洲岛海基种苗基地被评为市龙头企业，改变万山区没有市农业龙头企业的历史。推进海水养殖从单一鱼类养殖向鱼类、贝类、藻类多品种的生态型、立体型养殖发展。抗风浪深水大网箱得到进一步推广使用。投资700万元的外伶仃人工鱼礁二期工程已完成礁体投放工作。

推进新能源建设工程。桂山岛购置3辆电瓶车，东澳岛购置了2列环保无轨小火车，担杆岛可再生独立能源系统太阳能、风能发电部分已并网调试运行，外伶仃岛和庙湾岛在码头公厕和沙滩安装了太阳能光伏抽水冲厕及照明系统，外伶仃招待所安装了空气源热泵热水器机组，大万山岛光伏太阳能发电系统进一步推广使用，投资5000多万元的东澳太阳能发电厂已开工建设。全区新增78盏太阳能路灯，到目前为止，各岛安装使用太阳能路灯达800多盏。

【民生建设】 教育工作取得新进展。经与香洲区教育局和市五中协商，万山区户籍学生及持有5年连续暂住证的流动人员子女，可全部升读市五中，海岛小学毕业生升学的专用教学楼亦即将在市五中兴建。外伶仃小学开始停招一年级新生，海岛教育资源整合取得突破性进展。3名在校渔村大学生申请到“春蕾侨心育才”助学金资助。

卫生医疗工作逐步完善。担杆村和东澳村卫生服务中心投入使用，并按市卫生局制定的医疗设备统一标准完成设备配置。积极配合落实城乡居民基本医疗保障制度“门诊统筹”的实施，全年无相应传染病发生。顺利完成了万山区原香洲门诊部的改制工作，7名市级医院的医务人员到海岛开展为期5个月的卫生帮扶工作，万山区亦选送了2名医务人员到市级医院进修。

文化体育生活丰富多彩。实施了“农村电影放映工程”，在各镇开展“电影放映周”、“与税同行”税收宣传等活动，邀请汉胜艺术团上岛演出，组队参加珠海市第三届民间艺术大巡游、2009年珠海国际龙舟邀请赛及斗门区第三届龙舟赛等活动，并在珠海国际龙舟赛中获得第二名的好成绩。建设了4家“农家书屋”，圆满完成了第三次全国文物普查的野外调查工作。

社会管理服务水平进一步提高。通过积极向市人大、市政府争取，海岛渔民乘船与珠海市民乘坐公交车同等待遇的问题得到解决，全社会60岁以上的老年人和中小学生实行5折乘船优惠，海岛户籍60岁以上的老年人实行免费乘船优惠。每天增开了一个从香洲到海岛的班次，并首次开通桂山岛至东澳岛、大万山岛的岛际间船班，有效解决海岛居民出行难的问题。不断扩大社保覆盖面，海岛居民参保率达到98.4%，较好地完成市下达的指标任务。逐步落实最低生活保障对象基本医疗救助制度，对低保户等特殊人群做到了100%参保。通过举办就业招聘会、组织职业技能培训，不断提高海岛居民的职业技能，圆满完成年度就业工作各项目标任务。落实“双百工程”，使未能继续升学的海岛籍初中毕业生免费和补贴就读技工和中等职业学校。全年实现无多孩出生镇、无政策外出生村（居），人口计生挂钩帮扶工作实现转化率100%的工作目标。征兵工作连续19年获得全优。双拥共建工作再添新成绩，桂山镇被广东省人民政府、广东省军区授予“全省拥军先进单位”。严抓安全生产责任制的落实，全年辖区内没有发生重大安全责任事故。积极推进应急管理的网络建设，与南海第一飞行大队建立了陆岛空中救援网，建成桂山岛直升机降落点。社会维稳、综合治理工作卓有成效，连续10年没有新增吸毒人员，群众安全感明显增强。积极解决历史遗留问题，偿还历史债务183万元，削减历史债务700万元。民政、打私、打假、老干、关工委、工会、共青团、妇联、保密、档案、宣传、三防、信访等工作都取得了好成绩。

【党的建设】 组织建设不断完善。区机关、区属企事业单位及镇、村和“两新”组织相继开展了深入学习实践科学发展观活动，通过集中学习、专题讲座、大型活动等多种形式的学习，促进了领导班子和党员队伍的建设。继续开展干部下基层驻农村工作，选派了7名区、镇干部驻村。继续做好对困难党员群众和揭东县元联镇白塔村的结对帮扶工作。完善镇级领导班子考核评价办法，采用实绩考核与民主测评相结合的考评办法。强化公务员能力建设，利用网络平台开展公务员责任意识、依法行政能力以及信息能力等培训。

党风廉政建设不断深入。严格落实党风廉政建设责任制,加强党员干部廉洁从政教育，开展了以“加强作风建设，保障科学发展”为主题的纪律教育学习月活动，对区机关各部门及各镇副科级以上领导干部进行任前或任中廉政谈话。在国土、建设、工商和安全生产监督管理系统开展民主评议政风行风活动，在文化系统中开展“回头查”活动，在全区范围内的15个基层站所中开展创建“群众满意基层站所”活动，部门和行业作风持续好转。进一步完善接访制度，畅通群众监督及信访渠道，区、镇纪委定时定点接待群众来访，区纪委组织接访小组定期到海岛接访。加强重点领域监督，对区、镇工程建设项目招投标和政府采购的执行情况进行了有效的监督。保持惩治腐败的强劲势头，严肃查处有关违纪违法案件。

机关作风建设不断提升。按照市委的要求，区机关实现全体干部职工上岛办公。通过开展以“转变作风抓工作落实，提高效能促科学发展”为主题的机关作风建设活动，不断提高机关服务水平和行政效能。加强对领导干部管理使用的监督检查，建立了领导干部的廉政档案。加强对机关效能建设的监督检查，出台《万山区激励工作创新奖励办法》。通过创新体制机制，区机关工作效能有了进一步提升。（周毅辉）

珠海高栏港经济区

【概况】 2009年，珠海高栏港经济区克服金融危机的严重冲击，经济运行呈现出逆势上扬的喜人局面，主要经济指标增幅位居全市前列。全年累计完成(不含平沙镇)工业产值323.3亿元，同比增长6%；地区生产总值95.38亿元，同比增长12.1%（不含平沙镇），工业增加值76.14亿元，同比增长11.8%；社会固定资产投资56.9亿元，同比增长11.1%；实际利用外资20649万美元，同比增长3.1%；实际利用内资5.51亿元，同比增长45.8%；财政一般预算收入70131万元，同比增长23.4%；港口吞吐量2829万吨，同比增长13%；外贸进出口总额50亿美元，同比下降10%；农民年人均纯收入8690元，同比增长3%。

平沙镇2009年完成工业产值49.5亿元，同比下降3.9%；地区生产总值20亿元，同比下降5%，工业增加值12.17亿元，同比增长3.2%；社会固定资产投资11.44亿元，同比增长5%；实际利用外资1619万美元，同比下降71%；实际利用内资2.09亿元，同比增长12%；财政一般预算收入16736万元，同比增长16.24%；外贸进出口总额3.5亿美元，同比下降54%。

【招商引资】 招商引资取得重大突破，产业集聚度不断提升。深入实施大项目带动战略，创新招商选资体制机制，按照现代产业集群内在规律实施产业招商。全年新开工建设项目17个，总投资超过300亿元。其中，中国海油深水工程基地于12月28日正式开工建设。共有壳牌润滑油、中化格力二期、宝塔石化一期等总投资36.7亿元的26个项目竣工投产。签约引进项目6个，其中包括：投资50亿元的中冶东方大型数控机床基地项目、投资2亿美元的路博润项目、台湾宏昌电子及环氧树脂项目等。此外，还有一批在谈并有望在近期签约的总投资超过100亿美元的大型项目。这些项目的成功落地，为经济区培育以海洋工程装备制造、新能源、新材料和新型环保产业为龙头的战略性新兴产业打下了坚实基础，同时，进一步延伸石化产业链，临港型重化产业集聚度得到进一步提升。

创新投融资体制，基础设施建设实现新突破。把握国家金融政策相对宽松的有利时机，加快融资平台建设，仅用3个月时间完成融资50.3亿元，为基础设施工程大会战顺利展开提供了有力的资金保障。全年完成政府投资计划20亿元的78%，新建、续建投资1000万元以上的基础设施项目21个。其中：大荷防波堤于4月9日开工，至2009年底已完成2100米、中海油陆上终端项目平基工程9月15日开工，至2009年底已完成总工程量的30%（总方量1794万方）。高栏港大道供电线路改造工程、装备制造区造地工程、玉峰等项目用地造地工程、大平湾五期填土工程等23项工程顺利完工；电厂一路等3项工程正在完成前期工作，即将开工建设。

【基础设施建设】 大力推进社会事业发展，发展成果惠及面更深更广。一是新农村建设成效明显。全年共投入资金2596万元，加大港区水利基础建设和支农扶农力度，完成南水新农村示范园建设。落实农村(联社)干部及离任农村干部待遇。推进农村社区实验村建设，培育农村新型金融组织。荷包村搬迁工作开始启动。平沙镇归难侨职工危房改造工程基本完成。投入500万元完成强台风水毁工程抢险或恢复性修复工程。二是文化教育卫生和社会保障事业全面加快。全年投入教育资金3878万元，加快南水中学新教学楼、李兆南纪念小学运动场改造步伐。投入社会保障资金1303万元，基本完成征地农民农保补贴、再就业补贴、医保补贴、最低生活保障补贴等。投入医疗卫生资金903万元，建成南场、荷包等农村卫生服务中心，平沙镇社区卫生服务中心全部启用，基层卫生保障能力明显提高，平沙镇已通过“全国卫生镇”技术评估。投入文化事业233万元，完成南水文化中心配套建设，满足了群众精神生活需求。三是平安港区建设成效显著。通过打击违法犯罪、开展专项整治活动、建立综治维稳信访“零报告”制度等手段，把矛盾纠纷化解在基层，消灭在萌芽状态，全年没有出现行政诉讼、行政复议败诉案件和国家赔偿案件。

【安全生产】 加大监管力度，生态港区建设顺利推进。多方齐抓共管，确保区域安全发展。完善机制，实现政府、企业应急联动，完成区域风险评估、安全容量规划和应急预案修订工作。以打非治违、隐患治理为抓手，定期开展以危险化学品、道路交通、建筑施工、消防安全等行业领域为重点的安全生产专项治理行动。区域生态环境不断改善。严格执行“四个百分百”，全年环境保护投入达到1110万元，支持循环经济发展和企业减排，成效明显。港区被列为广东省循环经济发展试点工业园区、珠海发电厂成为广东省第七批清洁生产企业。粤裕丰脱硫治理工程已经基本完成。南水水质净化厂建成运行。平沙排污管网工程、平塘河西岸整治工程等环境工程完工，全年完成山体复绿面积23.9万平方米。

【社会各项事业】 加强作风建设，政务环境不断优化。服务意识不断增强，服务基层和企业方式更专业化、更精细化、更注重实效。制订实施《高栏港经济区扶持发展中小企业实施办法》、编印扶持企业发展《政策汇编》，降低了企业经营发展的政策成本和行政成本。2009年，港区专门安排了2300多万元专项资金，用于扶持企业技术改造和自主创新，取得了显著效果。在高栏港经济区支持下，秦发集团、盈德气体顺利在香港联交所成功上市。认真落实党风廉政建设责任制。积极推进阳光工程、廉政工程建设。狠抓机关作风建设，营造了“心齐、气顺、风正、劲足、和谐”的发展氛围。

2009年10月，根据市委、市政府关于金湾、高栏港管理体制调整的通知要求，平沙镇划归港区管理。为尽快落实市委、市政府决策，区各个职能部门通力协作，仅用不到一个月时间就完成相关工作移交，确保平沙镇在新体制下顺利过渡、平稳运行。（于丛丛）

大学园区

【概况】 2009年，珠海市高等教育毛入学率达到44.47%，远远高于国家高等教育毛入学率24.2%和广东省高等教育毛入学率27.5%的水平。截至2009年秋季开学，大学园区8所高校在校生人数达9.5万人，共开设本科专业306个、高职高专专业52个。全市高校专任教师达到4638人，与上年同比增长10.9%，具有副高以上职称的占45%。全市高校校园面积合计1566万平方米，可建设用地为633万平方米，校舍建筑面积达到240万平方米，总投资约70亿元，图书馆藏书超过800万册。

【加强党建工作】 深入开展学习科学发展观活动。各高校多次组织集中学习讨论、邀请专家作辅导报告。进一步加强和巩固党的基层组织建设。积极做好在学生和青年教师中发展党员的工作。

切实加强党风廉政建设。认真落实党风廉政责任制，按照省、市有关文件精神，把压缩经费支出，降低行政成本作为一项硬任务落实到工委

各项工作中，形成了鼓励节约、反对浪费的良好的氛围，有效地减少行政支出。认真组织学习其他兄弟单位机关作风建设经验，切实提高机关人员服务意识、水平和工作效能。高度重视信访工作，对人民群众的投诉和建议，均能及时处理。

【遗留问题摸底】 根据市政府关于“推进高校历史遗留问题的解决，促进高校健康有序发展”的工作要求，2009年工委对引进的8所高校存在的重大历史遗留问题进行全面摸底工作。并根据摸底调查情况进行统计归纳、汇总，对各校反映的教师住房建设等具有共性的问题，提出了解决的意见和建议。

【毕业生就业指导】 会同市劳动局组织开展“创业专家校园行”活动，分别在北理工学院、北师大珠海分校、吉林大学珠海学院、中大珠海校区、珠海城职院举办5场次，2000余名毕业生参加。并配合珠海市雷鸣达通讯设备有限公司在各高校举办“当代大学生风采·职场竞技大赛”活动。

【入学新生工作】 为配合各高校做好2009年各高校迎新工作，大学园区工委专门成立协调高校迎新工作领导小组，并制定迎新工作协调方案。8月，大学园区工委组织召开由市、区相关单位、各高校等负责人参加的高校迎新工作协调会，落实迎新工作方案。对每项工作任务进行分解，明确责任单位和落实任务具体事项，重点要解决好高校迎新工作中交通、社会治安、卫生安全以及可能出现的突发事件。通过周密的安排和各高校、相关单位的通力协作、配合下，较为顺利地完成了2009年度迎新工作。据初步统计，大学园区8所高校招生人数达3万余人，开学后各高校在校生人数预计达到10万人。

【协调服务】 深入开展调查研究，了解、掌握各高校发展情况和涉及交流合作、重大科研项目等问题，初步建立高校常态数据报送制度，积极筹划逐步建立高校数据资料库，及时掌握了解各高校招生、专业设置、对外交流及产学研合作动态。

为规范大学园区管理行为，组织人员草拟《大学园区管理暂行办法》，拟报政府审议。

2009年11月，根据《珠海市人民政府机构改革方案》精神，珠海市大学园区工作委员会正式撤销，其职能全部并入珠海市教育局。

【中山大学珠海校区】 2009年，在校学生有本科生、硕士生和博士生共一万余人，来自中山大学的文、理、医、工等门类16个院系约50多个专业。旅游学院、翻译学院、国际商学院、海洋学院等实体学院整建制地落户珠海校区。

中山大学珠海校区的教学、实验、图书、生活、文化、体育等方面的基础设施齐全，高起点高水平建设，总建筑面积达30万平方米。校区教学楼7.7万平方米，能容纳2万名学生；图书馆面积3.6万平方米，藏书量达25万册；学生宿舍每4人住宿一间，人均约10平方米，是国内大学住宿条件最好的学校之一；校区的基础教学实验室投入巨资建设并进行教学实验改革，形成地学学科、信息学科、生物学科、物理学科、化学学科、计算机科学、语言科学、心理科学等八大学科实验平台。

中山大学国家科技园珠海园区、中山大学区域经济研究中心、中山大学创新科技研究院、海洋生物技术研究中心、生物医药中心、电力电子及控制技术研究所以及与丁肇中博士合作的热控实验室等一批重点科研机构和实验室落户珠海校区，并与地方开展广泛的科研合作。

【暨南大学珠海校区】 2009年4月1日，暨南大学珠海学院更名为暨南大学珠海校区。未来几年，珠海校区将全面实现校区化管理模式，建设具有特色的专业化学院，走国际合作办学道路，打造高水平的教师队伍，培养创新型人才，主动服务地方经济建设。

2009年，除原有的20个本科专业（涵盖文、管、经、法、工等学科门类）和3个硕士及2个博士招生专业之外，珠海校区还有文学院、新闻与传播学院、外语学院、经济学院、管理学院、应急学院、法学院、知识产权学院、信息科学技术学院以及国际关系学系等10个院系在珠海校区开设的33个本科专业。为了适应社会需求，促进产、学、研发展，珠海校区设有5个研究所和5个实践中心，即：包装工程研究所、电气自动化研究所、管理科学与工程研究所、香山文化研究所、华人留学文化研究所；创业经济研究与实验中心、外语实践中心、数学建模创新实践基地、法律与政策实践中心以及ACM程序设计训练基地。校区现代技术教育中心由电教中心、网络中心、计算机中心组成。校区实验中心包括“包装工程实验室”“电子与信息科学实验室”“新闻与传播实验室”“电气自动化实验室”和“普通物理实验室”，其中，“包装工程实验室”和“电气自动化实验室”成为珠海市科技创新公共实验室。

珠海校区图书馆总建筑面积约1.32万平方米，拥有中外图书约40万册，期刊1600种（含报纸）。馆内已实现与广州本部图书馆联网，资源共享，读者可通过网络检索本部图书200多万册的丰富馆藏以及丰富的电子资源。

珠海校区在校学生近7000人，多次代表学校参加全国乃至全球范围的各种竞赛，连连获得佳绩，充分体现了暨南大学学生的创新能力与实践能力。

暨南大学珠海校区与校本部实行“同一招生标准”“同一培养方案”“同一管理模式”以及“同一评价体系”；紧密围绕学校“侨校+名校”的发展战略和“国际化、现代化、综合化”的办学思路；强化“从严治校、从严治教、从严治学”的办学原则，已经形成良好的学风、教风和工作作风。

【北京师范大学珠海分校】 珠海分校占地面积5000余亩，总规划建筑面积100万平方米。2009年，已完成建筑面积59万平方米，投资已逾16亿元，建成的教学与生活设施以及校园环境堪称国内一流。计划在未来的8至10年间，珠海分校将形成3万人左右的在校生规模。

学校拥有专业实验室51个，4个国家级实验室，实验室的仪器设备10236台，总价值7214万余元。实践教学基地796个。信息技术与软件工程学院计算机教学示范中心被评为广东省教学示范中心。图形图像实验室成为珠海市科技创新公共实验室。学校的网络建设基础设施高度发达，被中国教育和科学计算机网网络中心授予“中国教育和科研计算机网珠海城市节点”单位。

图书馆是为分校教学、科研服务的学术性机构，总建筑面积3.4万平方米，目前馆藏中外文图书100余万册，现订中外文报刊2100余种、中外文数据库10个系列50余种，设7个印刷型文献阅览室，1个多媒体阅览室和多个研讨室，可免费向读者提供外借服务、阅览服务、信息服务和各类技术服务。

学校已建有足球场两个，350米、400米标准塑胶运动场各一个，大型风雨操场（室内球馆）一座及室外标准篮、排球场、网球场等体育设施，标准比赛泳池和沙滩休闲泳场可同时满足师生的训练和锻炼需求。

学校建有22000多床位的不同规格学生宿舍，大部分宿舍附设卫生间以及太阳能自动供热沐浴系统；每个学生配备一套组合式家具；宿舍装有IC卡电话及宽带网接口。校内有3条专线公共汽车及长途客车直达珠海市区和广州的主要地点。银行、邮局、通讯部门、医疗门诊部等在校内为师生提供各类优质服务。学生社区各类配套设施齐全。

【北京理工大学珠海学院】 2009年，学校设有信息学院、计算机学院、机械与车辆学院、航空学院、化工与材料学院、商学院、文法学院、外国语学院、设计与艺术学院、数理学院等10个专业学院以及国际学院、继续教育学院，现有全日制本科在校生17500余人。

学校以北京理工大学为办学主体，是其重要

延伸和战略组成。学校以北京理工大学优势专业和优质师资为依托，传承其教育理念和教学管理传统，秉承“德以明理、学以精工”的校训，形成了“勤奋、务实”的学风和“严谨、诚信”的校风，培养志向高远、基础扎实、体魄强健、心境恬美，具有创新精神和国际视野的复合型、应用型人才。

学校在继承北京理工大学的品牌学科专业优势的基础上，根据广东省尤其是珠三角地区产业结构特点，设置优势和特色专业，体现专业的应用性、创新性和复合性。学校设置35个本科专业，形成了以工为主，工、理、管、文、经、法、艺多学科协调发展的格局。

学校的师资队伍以北京理工大学为依托，海纳百川，广聚人才。专任教师中具有高级职称的占35%，具有硕士、博士学位的占81%。已形成以校本部学科带头人和骨干教师为核心，以具有高级职称的教师为主力，以具有博士、硕士学位的优秀中青年教师为支撑的较科学、合理的师资队伍。

学校已建成教学楼、图书馆、实验室、学生宿舍和学生食堂等教学和配套设施43余万平方米。教学设施完备，技术先进，已建成信息、计算机、机械、化工、材料、艺术、设计等34个实验室，共计125间实验室分室。体育运动场地4万余平方米。学校以校园网络为基础，从教学环境、教学资源到教学科研管理全部活动实现信息化。

2009年，学校以全国排名第5的成绩跻身2009“回响中国”腾讯教育年度总评榜“全国独立学院综合实力20强”。

【吉林大学珠海学院】 学院具有一流的本科教学条件，校园依山傍海，占地2，412亩，基本建设和教学基础建设投资18.6亿元，建筑面积54万平方米，固定资产总值19.2亿元，其中仪器设备总值5.71亿元。学院教学设施有3座教学楼共8.5万平方米，实验楼和机电实训楼共3.3万平方米，图书馆5.3万平方米，五环体育馆和游泳馆共1.1万平方米，大学生活动中心0.7万平方米，还有标准体育场、高尔夫教学训练中心、篮排球场、乒乓球馆、健身房等；生活设施完善，2个大型食堂建筑面积3.1万平方米，学生公寓有2.4万余张床位，4人标准间，设有电脑桌、电话、网络接口、电风扇、饮水机、独立卫生间、太阳能淋浴等设备。

学院现设14个系，2个教学中心，1个教学部，有全日制普通本科在校生近2.2万名。学科涵盖经济学、文学、理学、工学、医学、管理学、法学、艺术学等八大学科门类，40个本科专业。

学院充分发挥重点大学举办独立学院的品牌优势，以吉林大学本部丰富的优质教育资源为依托，积极引进优秀的学科专业带头人和青年骨干教师，组建了一支德才兼备、结构合理、梯队健全、勤奋敬业的教师队伍。专任教师42%具有教授、副教授高级学术职称，71%拥有博士、硕士学位。学院实施“百人工程”，6年内重点培养100名优秀青年教师，提高教师队伍整体水平。

学院十分重视科学研究，现有珠海市工业设计与模具制造技术公共实验室等科研基地11个。7年来，承担省、市、企业等各类纵向、横向科研项目65项，获得专利8项、软件著作权9项；科研中涌现出来的新技术、新方法、新观点有力促进了教学内容的不断更新，教师在国内主要刊物发表论文549篇，编写出版教材、专著100余部。

学院图书馆经过建设和发展，馆藏图书已经形成了具有学科、专业优势且具有自身特色的综合性藏书体系。现有藏书130万余册，电子图书93万册，中外文报刊2600余种，并与吉林大学本部建立了文献资源共享关系。图书管理全面实现了文献管理现代化、文献检索网络化、馆藏数字化、服务智能化。

学院积极推进开放式办学，已与美国布莱恩特大学、英国考文垂大学、加拿大圣力嘉应用艺术与技术学院、澳大利亚埃迪斯科文大学、瑞典耶夫勒大学、韩国东国大学、日本金城学院大学、台湾义守大学、澳门大学等50余所高校建立校际合作关系并已开展实质性合作。

【遵义医学院珠海校区】 2009年，校区开设有临床医学、临床医学(妇产科学)、口腔医学、护理学、生物工程和药物制剂6个专业及方向。研究生教育包括基础医学、临床医学、口腔医学类科学学位、专业学位共49个学科，面向全国包括港、澳、台地区招生。现有学生4800余人。校区建有基础教学、临床教学（第五附属医院）、护理、口腔医学、外语、生物工程和药学等部系，包括41个教研室，建立了一个高水平、高起点、开放式的生物工程与制药重点实验室，可供教师及高年级研究生开展细胞生物学、分子生物学、基因工程、分子免疫学和现代医学等方面的研究。校区总建筑9万多平方米，其中实验行政大楼2万平方米及教学大楼1.5万平方米，大、中教室均配有多媒体、多功能实物展示台等教学设备，可容纳7000余人同时上课。4500平方米图书馆设有电子阅览室、图书期刊阅览室，已开通多个国内外电子期刊数据库供师生检索。文体设施齐全，建有足球场、游泳池、全塑胶标准田径运动场，篮球场、羽毛球场、网球场和沙滩排球场。

【广东科学技术职业学院】 学院设珠海和广州2个校区，校园面积2012亩，建筑面积49.3万平方米。教学仪器设备总值10106多万元，图书馆现有纸质图书115.78万册，电子图书1808GB，专业期刊8576种。现有全日制在校生21543人，专兼职教师1200多人。专任教师中，高级职称教师180多名。

学院现设有计算机工程技术学院（软件学院）、经济管理学院、外国语学院、人文社会科学学院、机械与电子工程学院、建筑工程与艺术设计学院、广州学院、继续教育学院等8个二级学院。软件技术专业被评为广东省高职高专教育示范性专业，文秘、应用电子技术、计算机辅助设计、软件技术、会计电算化等专业被评为广东省高职高专教育示范性建设专业，应用写作、网络营销与安全、电子组装工艺与设备（SMT）、大型数据库管理系统、客户关系管理与客户经营等5门课程被评为国家精品课程，网络营销与安全、Web开发技术（ASP）、网络操作系统管理和J2EE开发技术等8门课程被评为省级精品课程。

学院以建设校企双主体教学企业为重点，大力加强校内外实验实训基地建设，现拥有中央财政支持建设的计算机与软件技术实训基地、省财政支持建设的软件技术与工程中心和文秘核心技能与人文素质实训基地、珠海市公共实验室等一批校内外实验实训基地，与伟创力集团、中国移动珠海分公司、中国联通珠海分公司、中国电信珠海分公司等知名企业开展深度合作。

学院积极实行毕业证书和职业资格证书相结合的“双证书”制度，极力提高学生职业竞争能力、知识运用能力和可持续发展能力，使学生成为适应现代化生产、建设、管理、服务一线需要的高素质技能型专门人才。近3年学生获得各类比赛大奖100多项，如首届中国（深圳）国际职业教育展“发明杯”大赛金奖（第一名）、“张江杯”工业设计/视觉设计大赛金奖等，学生工业设计作品得到张德江、黄华华同志的亲笔题词。近年毕业生总体就业率保持在97.5%以上，位居同类院校前列。

学院重视各类职业技能培训工作，是国家科技部、省科技厅和教育厅认定的国家级星火培训基地、广东省科技管理干部继续教育基地、广东省中小学教师继续教育基地和广东省科技人才基地。学院具有助理电子商务师、计算机辅助设计中级绘图员、会计电算化、剑桥商务英语和秘书职业资格等几十种职业技能考证资格。同时还与微软（中国）有限公司合作设立微软培训中心开展认证培训工作，与北大青鸟APTECH信息技术培训中心合作开展ACCP认证培训工作。

学院重视技术研发和教研工作，设有广东省人才研究所以及校高职教育研究所、电子信息技术研究所等科研机构。近3年承担各级科研及教研项目109项，共获国家专利36项，获省级科学技术奖9项，出版学术专著21部，发表学术论文761篇，其中刊登在核心期刊及被三大检索收录

的有252篇。

2009年，学院正以“国家示范性高等职业院校建设计划”骨干高职院校建设为契机，全面提升教学质量、办学水平和管理服务水平，努力实现学校全面、协调和可持续发展。

【北京师范大学-香港浸会大学联合国际学院】 北京师范大学-香港浸会大学联合国际学院（UnitedInternationalCollege，简称UIC）由北京师范大学和香港浸会大学于广东省珠海市携手创立，是首家中国内地与香港高等教育界合作创办的大学，获得国家教育部特批。学院获国家教育部、广东省教育厅、珠海市政府及各界大力支持，全体师生在前全国人大常委会副委员长暨校董会主席许嘉璐教授的领导下，秉承博雅教育理念，创新性地推行全人教育、四维教育及国际化办学模式。

2009年，UIC已发展成为一所拥有独特教育理念的国际化大学。学院设有工商管理学部、人文与社会科学学部、理工科技学部3个学部，下设19个专业。

UIC拥有一支来自20多个国家和地区的优秀师资队伍，实施4年全英文教学，毕业生学成后获颁UIC毕业证书和香港浸会大学学士学位，在国内、香港及国际范围均获认可。

【珠海艺术职业学院】 学院坚持面向市场，为现代化制造业和先进第三产业服务，以经济转型和产业升级为依据开发设置专业，专业结构从舞蹈、音乐等艺术表演领域到艺术设计、文化事业管理、工商管理、旅游管理和商务英语等15个专业29个专业方向，形成以艺术教育为特色，文经管协调发展的办学格局。学院面向全国20多个省、市、自治区招收高等职业教育、成人高等教育、五年一贯制大专，还与北京大学、暨南大学、华南师范大学等院校合作开展自考独立本科段教育。

学院坚持以就业为导向，注重学生实践动手能力训练和职业意识培养，把校企合作作为加快高素质技能人才培养的有效途径，与香港中旅（海泉湾）温泉有限公司、澳门维多利亚酒店、台湾豪门雕塑、广东三正集团、汉胜艺术团、中山泰华等知名企业共建校外实习就业基地，做好毕业生就业指导和就业服务。历届毕业生就业率达98%以上。为国内及港、澳、台、东南亚地区的经济和社会发展输送了大批专业人才。

学院注重开放办学，与美国、英国、加拿大、澳大利亚、新加坡以及港澳台等国家和地区教育机构进行交流和合作办学，学习和吸收国际先进的教育观念和教学资源，举办“2+1”海外留学项目，学生在校期间可攻读国外文凭。

学院坚持育人为本、德育为先，奉行严谨、和谐、务实、创新的校训，创设厚德、精艺、励志、进取的校风，培养具有高尚品格和创新精神的德智体美全面发展的建设者和接班人。

学院以艺术教育为特色，注重艺术熏陶与人格培养，参加全国、省市大型文艺演出成绩斐然，多次获得中央电视台、人民日报、珠海电视台及海外媒体载文报道，是华南地区培养高等艺术、文化、管理专业人才的重要学府，是与国外及港、澳、台进行文化艺术交流的一扇窗口。

（刘　笑）

珠海市金湾区

丽珠集团丽珠制药厂迁建
奠基
二〇〇八年七月十一日

永星农业生态园规划图

联港工业区38个项目

热烈庆祝港中旅(珠海)海洋温泉旅游度假区隆重开工
港中旅(珠海)海洋温泉度假区
开工典礼

广东省教育强区
广东省人民政府

珠集团丽珠制药厂迁建项目
奠基动工仪式

广东三井汽车配件有限公司

聯邦制藥
UNITED LABORATORIES
CHINA POST

DunAn
盾安环境
珠海华宇金属有限公司
ZHUHAI HUAYU METAL CO., LTD.

EBANG
珠海亿邦制药有限公司

龍
鋼
管
海龍豐精密鋼管有限公司
科院精密鋼管工程研究中心
飞利浦
让"中国制造"成为优质产品的标志!
PHILIPS

蓉胜超微线材
RONSEN
广东蓉胜超微线材股份有限公司
GuangDong Ronsen

三木印刷
TEL 3981 666
Jinsanmu

BOSCH
BOSCH
BOSCH
BOSCH

润都民彤制药

实施ISO9000 标准 规范 企业管理行为

珠海游艇产业基地
Zhuhai Yacht Industrial Zone—Leading in China
SEA LIFE
纵横四海 蓝色文明
BLUE CIVILIZATION
招商热线：鲁生 133 18982408
谢生 134 11361738
www.pingsha.gov.cn

祝贺珠海市游艇工业区第一艘游艇顺利出口

珠海艺术职业学院挂牌典礼

广东省科技干部学院

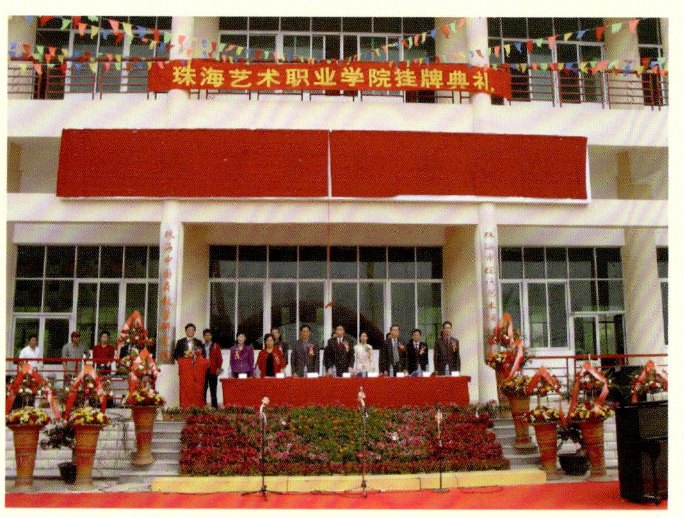

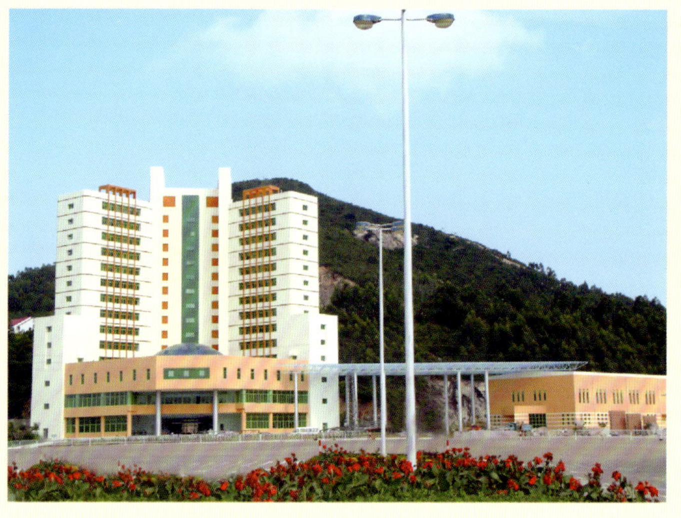

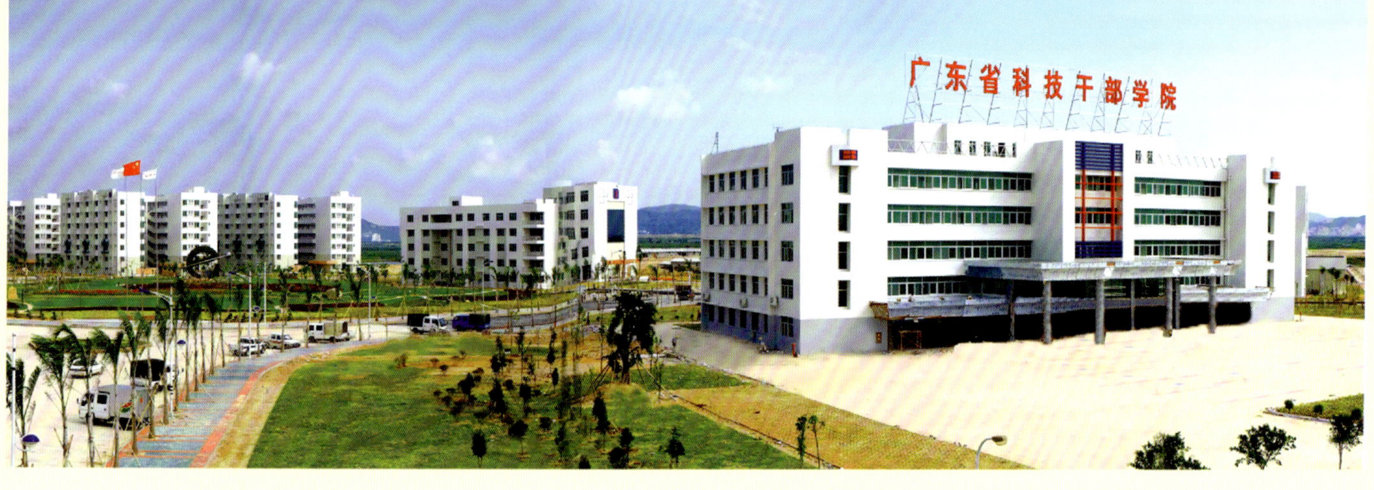

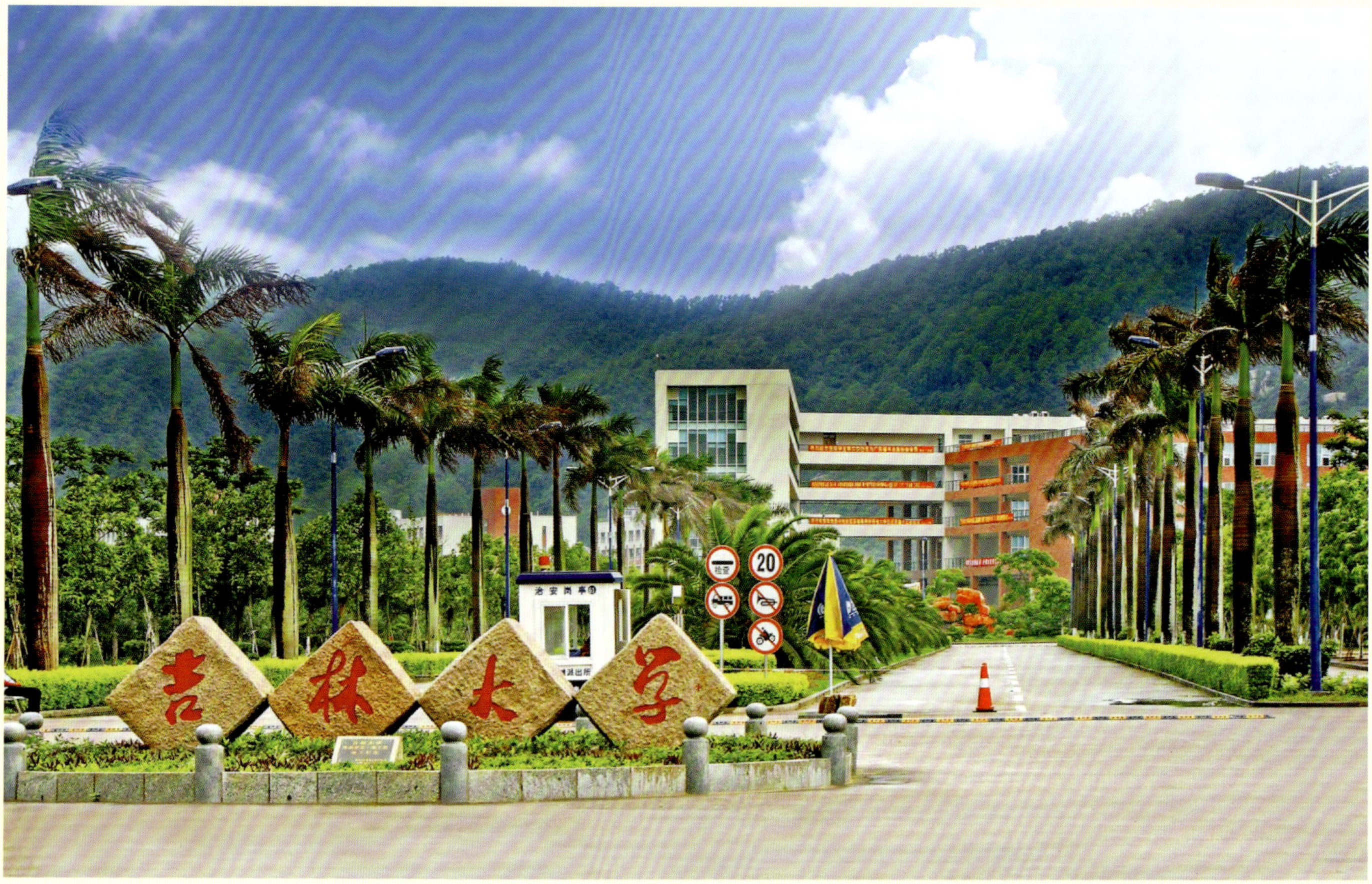
吉林大学
20

珠海市金海岸中学
GOLDEN COAST MIDDLE SCHOOL OF ZHUHAI

珠海市
金湾区第一小学

三板小学
三板小学
家长学校

红旗中学

和谐社会　健康阅读
金湾区第2届读书节
金湾文化讲坛” 启动仪式
主办单位:
协办单位:
2005

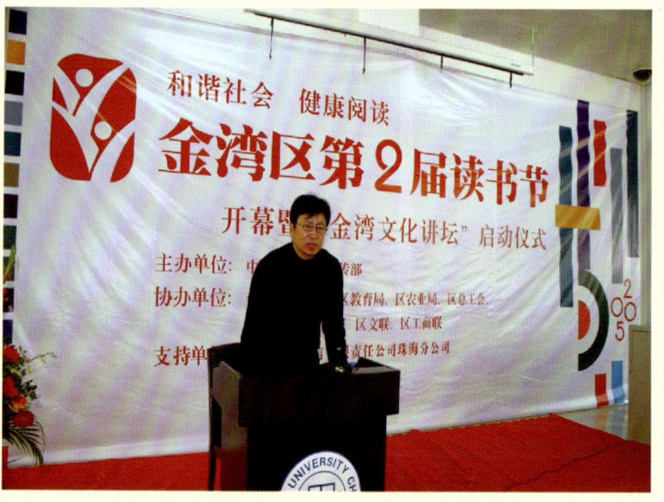

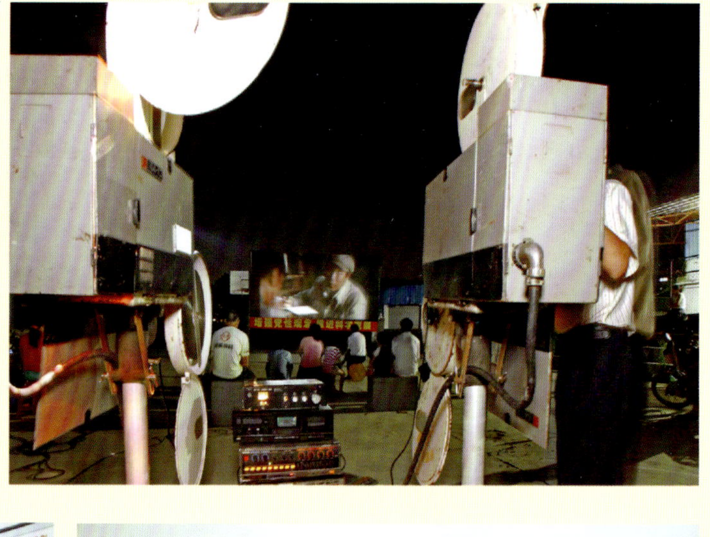

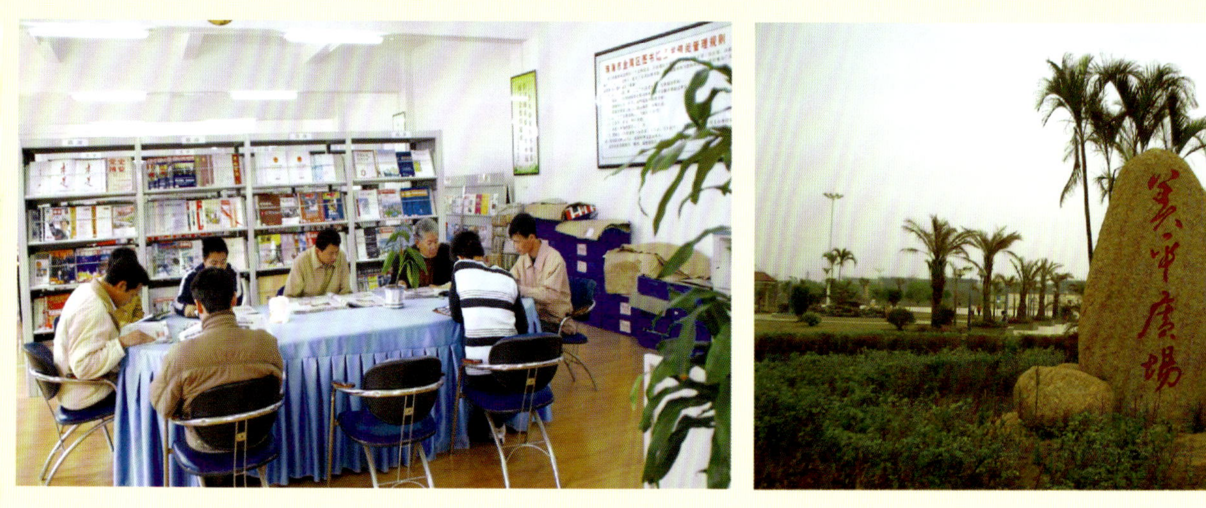

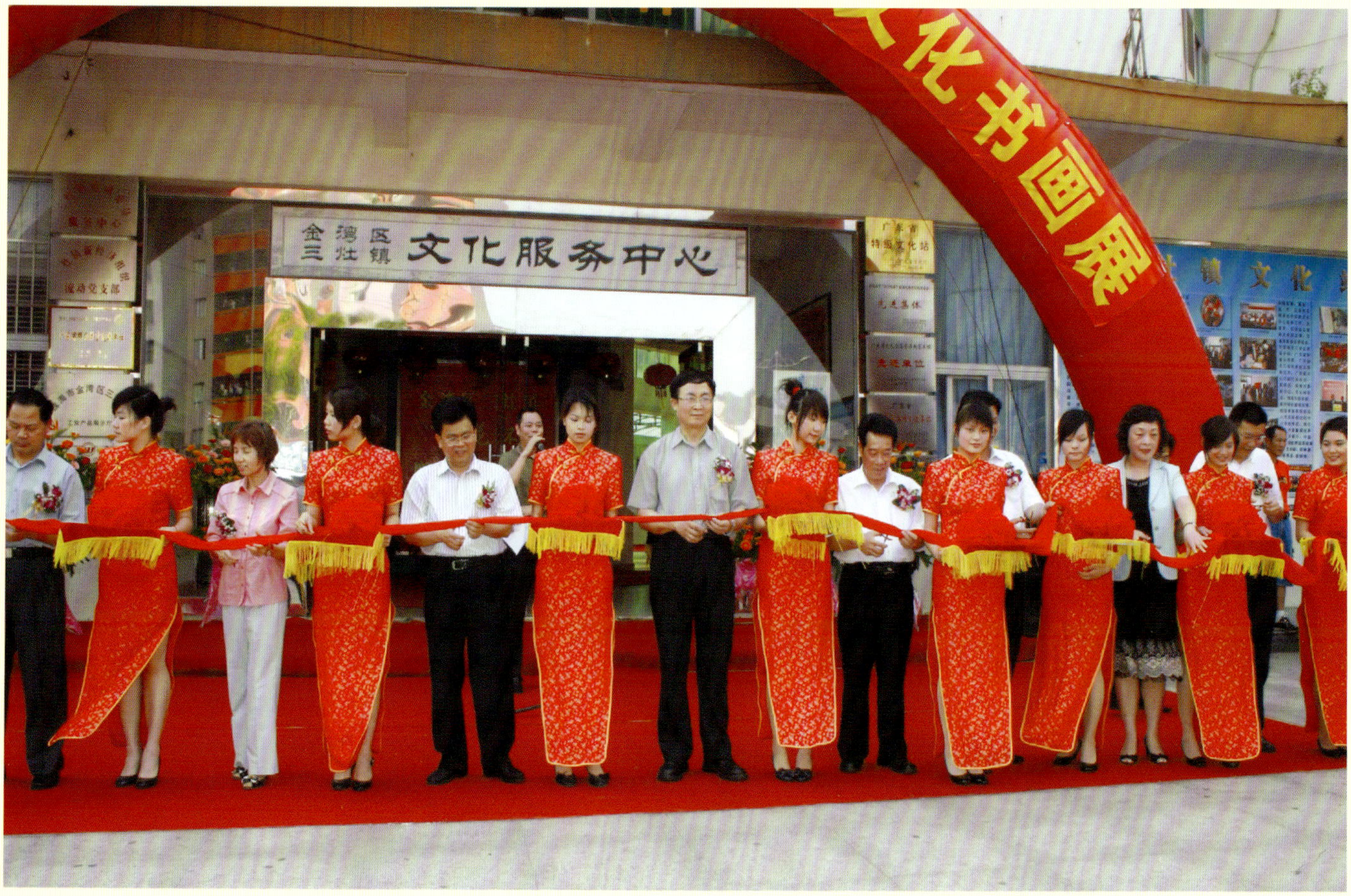
化书画展
金湾区
三灶镇
文化服务中心

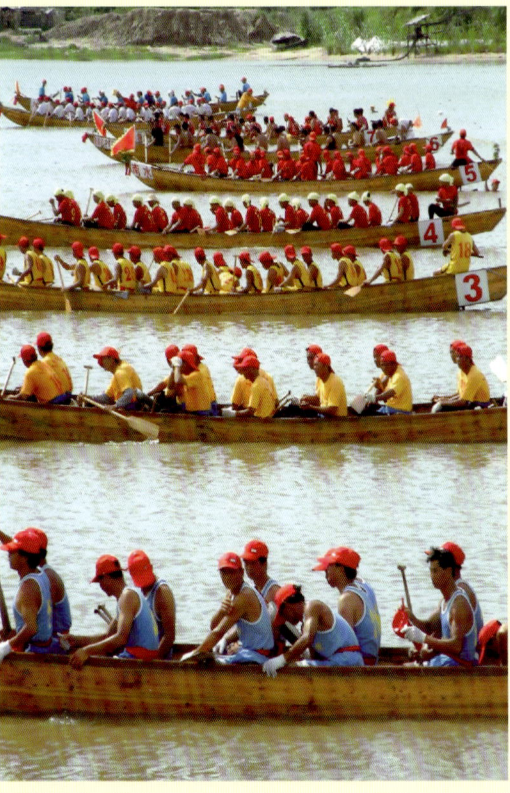

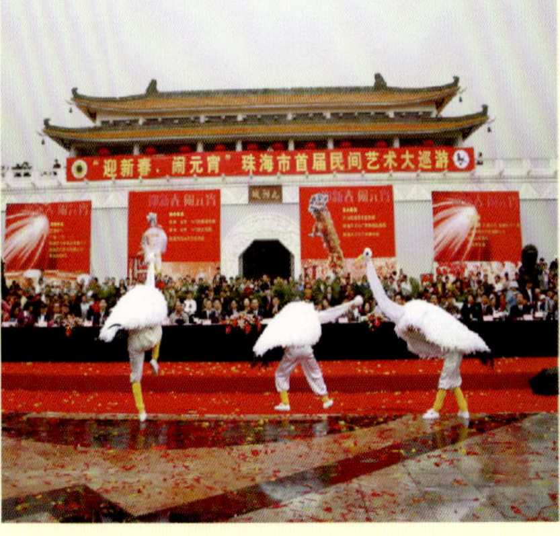

"迎新春、闹元宵"珠海市首届民间艺术大巡游

知识改变命运
读书成就人生
——"中国移动"珠海市金湾区首届读书节

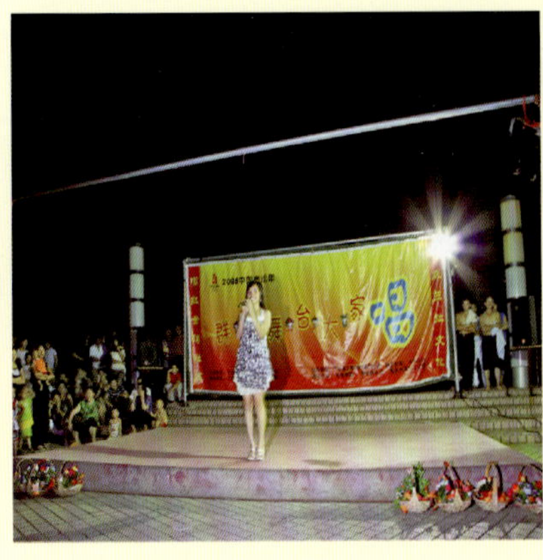

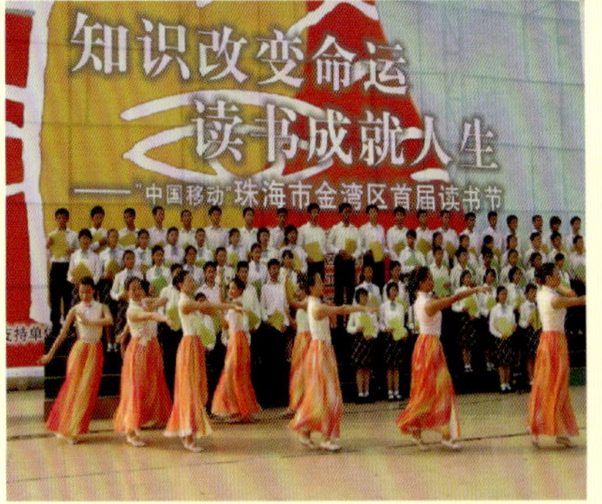

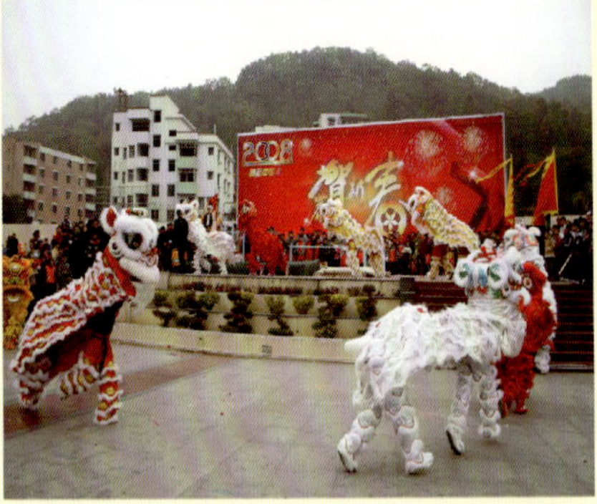

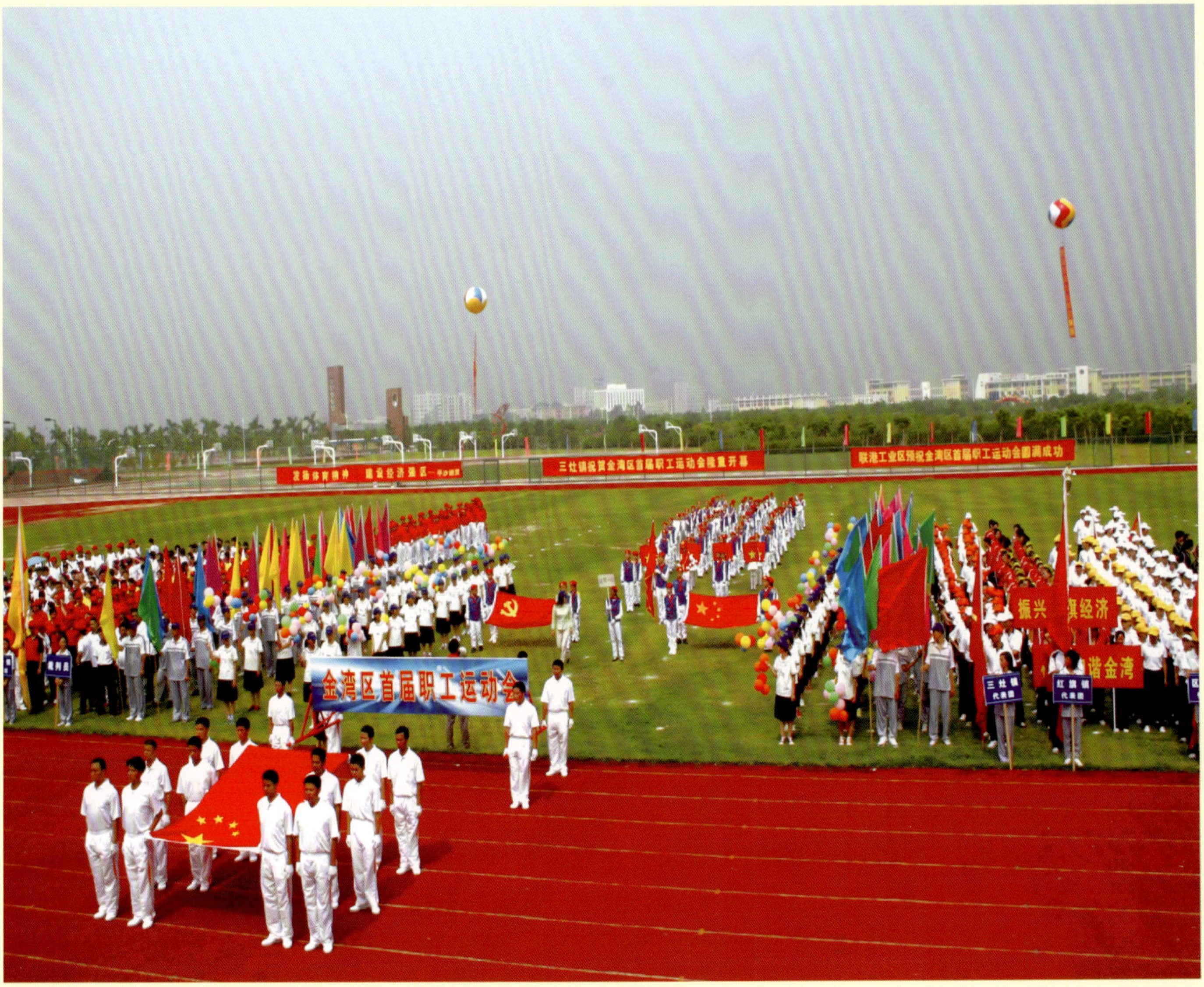
金湾区首届职工运动会
三灶镇祝贺金湾区首届职工运动会隆重开幕
联港工业区预祝金湾区首届职工运动会圆满成功
振兴经济
谐金湾

金湾区三灶妇幼保健医院

衛生服务中心
HEALTH SERVICE CENTRE
增强服务功能，提高社区居民健康水平。

红旗医院

平沙医院
一我参与、我奉献、我快乐 窗口行业创一流 优质服务迎奥运

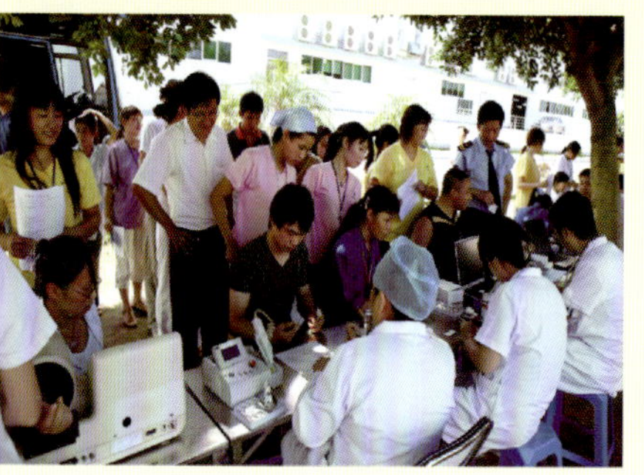

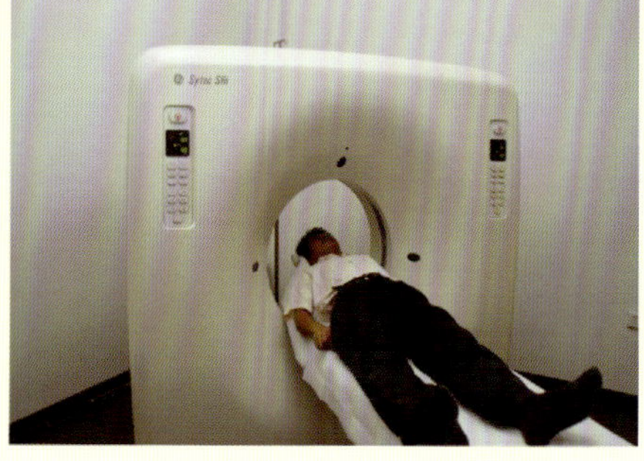

安堂村
和谐创新国泰民安

艺腾广告公司
YI TENG ADVERTISING CO.,LTD
艺腾广告

金湾区行政服务大厅
政务公开栏

双拥模范区
中共广东省委
广东省人民政府
广东省军区
二〇〇八年七月

金湾区三灶镇村民小组道路硬底化建设工程动工仪式
KONKA

武林源
风云古城再现武林传奇
美丽江湖演绎天下功夫
武
大车
小车

行政区

2009年6月19日，珠海市委书记、市人大常委会主任甘霖在东澳岛调研。 珠海万山海洋开发试验区供稿

行政区

香洲区

【概况】 香洲区成立于1984年，是全市政治、文化和商贸中心。行政区域面积519平方千米，全区常住人口86.80万人，其中户籍人口55.61万人。下辖南屏镇和狮山、湾仔、拱北、吉大、香湾、梅华、前山、翠香8个街道办事处，共104个社区居委会。香洲区位于广东省南部，珠江口西岸，毗邻港澳，东与香港隔海相望，南与澳门陆路相连，距广州140千米。属亚热带海洋性气候，冬暖夏凉，物产丰富，依山傍海，风景秀丽。辖区内有5个国家一类口岸，年出入境人数超过8000万人次，其中拱北口岸是全国第二大陆路口岸，九洲口岸是我国最大的水路客运口岸。这里"钟灵毓秀"，有全国、省、市级文物保护单位20多处，如被列为全国重点文物保护单位的陈芳家宅。涌现出一大批在中国近代史上扮演重要角色的人物，如中国留学生之父、著名教育家容闳，清朝驻夏威夷王国第一任商董、领事陈芳，华南地区第一位马克思主义传播者杨匏安，中国第一个世界冠军容国团，文学家苏曼殊，版画家古元等。可以说，珠海香洲，是中国从大陆经济走向海洋经济、从大陆文化走向海洋文化的一个缩影。2009年香洲区加快推动从生产型经济向服务型经济、从主体城区向核心城区"两个战略性转变"，全区经济实现平稳向好发展，社会事业全面进步，人民生活持续改善，生态环境不断优化，社会更加安定和谐。全年实现地区生产总值663.96亿元，同比增长11.68%，人均GDP达1.13万美元。三次产业比例调整为0.33：43.71：55.96，产业结构进一步优化，质量和效益进一步提高。全区完成财政总收入23.18亿元，同比增长8.5%，其中一般预算收入14.59亿元，同比增长11.7%。荣获"全国平安建设先进区""全国和谐社区建设示范城区""全国科技进步先进区"等称号。

【第三产业】 服务业成为经济增长的首要推动力，全年完成第三产业营业收入1471.36亿元，同比增长22.5%；实现三产增加值371.69亿元，同比增长15.7%，拉动GDP增长8.3个百分点，贡献率达67.5%。消费保持畅旺，完成社会消费品零售总额336.15亿元，同比增长15.7%，增幅逐步加快。其中，住宿餐饮业实现零售额62.72亿元，同比增长15.8%。房地产销售持续回升，完成商品房销售面积187.14万平方米、销售额171.64亿元，同比分别增长49.4%和62.5%。以现代物流、商务、金融、软件信息等为主体的现代服务业增速加快，同比增长16.3%，占服务业的比重达54.2%。四大功能区域格局初步形成，按照新的产业功能布局，着力统筹推进，合理规划布点，积极引导项目、资源向优势区域集聚。

以拱北口岸地区商业中心改造等项目为切入点，重点突破“拱前吉”商贸中心区建设，积极配合市做好以野狸岛为核心的文化休闲旅游区和十字门中央商务区建设的前期工作，优化提升南屏科技工业园，初步形成了四大功能区域优势互补、协调发展格局。

【工业】 2009年，香洲区深入开展“五问三送”和“企业服务月”活动，积极为企业提供送政策上门服务，及时帮助解决实际困难。迅速出台了《鼓励企业开拓市场若干办法》、《企业上市奖励暂行办法》等一系列保增长、促转型的政策措施，大力帮扶企业。全年完成规模以上工业总产值1191.86亿元，同比增长1.7%；工业内部结构进一步优化，高新技术企业产值达762.07亿元，占规模以上工业总产值的63.9%，高新技术产业比重进一步提高，调结构取得明显成效。加大资金扶持力度，设立了1000万元区级中小企业发展扶持资金，投入科技三项经费2800万元，着力协助企业申报省、市政策扶持资金，共有13家企业获得省财政贴息801万元，42家企业获得国家、省、市技术改造资金2670万元，163家企业获得市鼓励企业开拓国内市场专项资金，威丝曼等18家企业获得市“援企稳岗”补贴资金425万元，凯邦电机、纳思达电子等8家企业的产品和商标成为省名牌产品、著名商标。同时，积极推进小额贷款企业试点工作，努力帮助企业解决“融资难”问题，省金融办批准的珠海市2家企业全部为香洲区推荐企业。

【外经外贸】 修订完善招商引资考核奖励办法，强化对新型商贸、金融证券、文化创意等现代服务业和总部经济招商，成功举办了2009年项目签约、动工、投产、开业仪式及香港、澳门现代服务业推介会等大型经贸招商活动。一年来，共引进内外资项目431个，其中现代服务业项目387个，占89.8%。实际到位超过1000万美元以上的外资项目4个，新引进及增资亿元以上内资项目5个。全年实际直接利用外资4.81亿美元，同比增长10.7%，完成年度预期目标的106.6%，占全市的40.7%；引进市外内资33.23亿元，完成区年度预期目标的312.9%，均超额完成全年任务。进出口指标降幅不断收窄，全年完成进出口总额167.67亿美元、出口总额69.68亿美元，与上年同比分别下降17.8%和5.1%。

【财政税收】 完成财政预算总收入23.18亿元，同比增长8.5%。一般预算收入14.59亿元，同比增长11.7%。其中，国税收入3.96亿元，同比增长10.6%；地税收入7.76亿元，同比下降4.8%。狠抓增收不放松，全力以赴保增长。积极加强与市财政、市地税部门以及区国税部门的沟通协调与信息交流，切实加强国有资产经营管理，实现区属国有资产保值增值。同时，认真执行区对镇、街财政体制方案，通过划分属地纳税户，为镇、街经济发展服务。紧压支出不含糊，全力以赴惠民生。通过实施“账务提示”制度，严格控制单位会议经费、公务接待费用、党政机关出国（出境）经费、公务购车用车费用、办公经费等，落实“五个零增长”。同时，集中财力向民生倾斜，确保民生投入只增不减，促进和谐社会发展。财政改革继续深化。继续深化国库管理制度改革，实现预算单位、支付资金范围两个“全覆盖”。国库集中支付资金特别是直接支付方式支付的资金大幅增长，减少资金的流转环节，提高财政资金的运行效率，确保财政资金支付的安全、规范、准确、高效。建立健全财政资金绩效考核机制，开展财政支出绩效评价，财政资金使用效益进一步提高。

【城市管理】 加大城管投入，大力实施“美化、绿化、净化、亮化和艺术化”工程，以优美整洁的市容迎接新中国成立60周年和澳门回归10周年。投入1600多万元，完成桂花路、红山路等路段的特色绿化改造，拱北将军山生态公园一期建成投入使用。投入654万元购置环卫机扫车等机械设备24台，城管机械化作业水平不断提高。实施市政设施改造工程，完成一批候车亭、桥梁、道路的翻新和维护。开展违法违规用地清理整治，共清拆违法违规用地112宗，拆除违法占地面积304.13亩。情侣路沿岸2967亩蚝桩全部实现和谐清理。完成桃园新村、好景花园等老旧小区设施改造工程。稳步推进城中旧村改建，截至2009年底，已累计完成26个改建项目、145万平方米回迁房建设，占应建回迁房总面积的72%，居民居住环境不断改善。启动国家生态区创建工作，继续开展生态示范社区创建工作，生态示范社区覆盖面达45%。严格落实“四个百分百”的要求，严把新上项目环保审批关，全区工业企业废水废气排放达标率达96.3%，“烟尘控制区”覆盖率达100%。加快裸露山体复绿工作，完成广隆石场、南屏黑面将军山第一期复绿工程。加大节能减排力度，关停了省、市重点监控耗能企业华电洪湾柴油机发电厂，二氧化硫排放量同比下降2.38%，节能减排工作全面达标。

【社区建设】 按照《珠海市社会管理体制改革先行先试实施计划》的要求，努力探索社区民主自治的新形式、新途径和新方法，以社区民主自治体系机制构建、社区民主自治氛围营造、社区服务强化为抓手，有计划、有步骤地推进翠香街道、青竹社区的试点工作，逐步健全“议事（社区议事协商委员会）——决策（社区居民代表大会）——执行（社区居委会）——协助（社区社会组织）——监督（社区监督委员会）”的社区自治体系。落实信访维稳和社会治安综合治理责任制，镇街综治信访维稳中心全部建成，发挥人民调解、行政调解和司法调解有效衔接的大调解机制作用，积极化解不稳定因素。以创建全国和谐社区示范城区为契机，大力推进平安和谐社区建设迈上新台阶，全区有85个社区成为广东省“六好”平安和谐社区，被民政部授予“全国和谐社区建设示范城区”荣誉称号，拱北街道成为“全国和谐社区建设示范街道”，吉大街道海大社区成为“全国综合减灾示范社区”。

【科技】 紧紧围绕“科技进步推动经济增长”这一主线，实施科技业务、科学普及和信息化“三大主题工程”，加大科技扶持力度，全年共安排科技立项项目50项，无偿安排经费2800万元。创新科普宣传形式，通过科普活动进社区、学校，广泛开展一系列丰富多彩的科普活动，拓展了青少年的知识视野，提高全民的科学素质。提高科技三项经费的使用效益，对符合香洲区产业定位及发展方向的企业、项目，如打印耗材、电子信息、文化创意等重点扶持。发挥博士协会高端人才平台优势，不断完善博士协会组织架构，按卫生组、企业组、文教组和综合组4大组别开展联谊活动，会员完成市委组织部“相关城市吸引博士级人才优惠政策调研”项目。信息化建设步伐加快，成功实施OA系统二次开发、政务网络扩容改造和公众网站改版升级。加强网站的宣传和建设工作，区公众信息网全年共发布信息5400多条，73万人次浏览，平均每天点击量达2000点。科技事业全面进步，荣获“全国科技进步先进区”等称号。

【教育】 以创建“省推进教育现代化先进区”为动力，紧紧围绕“抓质量、抓安全、抓队伍”这一主线，开拓进取，扎实工作，教育事业发展取得了显著成绩。全年教育投入达6.4亿元，占全区财政总收入的27.6%。新建、扩建香洲二十小和香洲二小，新增优质学位1100个。教师工资福利待遇实现“两相当”，面向重点高校新招录应届优秀毕业生91人，在全省县级地区率先举行两场“代转公”专场考试，162人通过考试转为在编教师，受到全省通报表扬。加快“创先”工作步伐，推动4所公办学校和13所民办学校通过规范化学校验收，前山中学以优秀等次通过省普通高中教学水平评估，全面落实户籍人口12年免费教育，扎实推进规范化学校建设，2009年，全区100%公办学校和68%民办学校创建成为规范化学校，全区等级幼儿园超过1/3。全区公民办学校中考总平均分、合格率和优秀率及各学科的平均分、合格率和优秀率，第一次全部超过全市平均水平，创历史最好成绩。全力推进校园安全

工程，投入1440万元进行校园安全隐患整改，实现房屋安全、消防整改、防雷设施、消防合格等“四个百分百”，积极防控甲型H1N1流感，全力推进“校舍安全工程”，确保广大师生平安健康。

【文化】 加强文化基础设施建设，落实镇街文化站新址规划，投资360万元，完成香洲文化广场舞台改造工程。开展“文化进社区”系列活动450场，成功举办香洲区首届读书节、第三届社区文化艺术节，丰富了群众的文化生活。以“合唱艺术”为龙头，积极打造文艺精品，荣获大奖52个，其中国家级7个、省级6个、市金奖39个。区老干合唱团在“永远的辉煌”第十一届全国老年合唱节中荣获最高奖“红岩杯”；陈社金、梁六妹演唱的沙田民歌荣获“金嗓子杯”全国山歌邀请赛最高奖；歌曲《欢乐山寨》荣获第六届中国音乐金钟奖作品奖；香洲区合唱团荣获广东省“祖国在我心中——百歌颂中华”歌咏比赛总决赛金奖；歌曲《祖国美》《欢乐山寨》荣获广东省第七届精神文明建设“五个一工程”优秀作品奖。舞蹈《行花街》荣获第二届广东省岭南舞蹈大赛银奖。加大历史文化资源保护力度，成功申报北山古村为广东省历史文化名村，先后完成杨氏大宗祠修缮与陈列、珠海历史名人雕塑园和北山会馆建设。重点做好广东省非物质文化遗产南屏沙田民歌的保护，举办沙田民歌汇演，名歌手原声录音、录像工作。成功申报“前山凤鸡舞”为珠海市第二批非物质文化遗产代表作名录。大力发展文化产业，在深圳第五届文博会上成功签约投资额达4.32亿元的文化创意产业项目，占全市签约总额的96%，其中金地动力港项目，投资金额3.76亿元，为本届文博会广东团最大的签约项目。

【卫生】 突出公共卫生、农村卫生、社区卫生三大重点，着力解决重大传染病防控、卫生基础建设、公共卫生服务均等化、医疗卫生监管四大问题，完善政策措施，深化督促检查，继续推动医疗质量保证和持续改进体系建设，各项工作全面完成，开展“医疗质量万里行”活动，推进质量持续改进。完善城乡卫生服务网络，区人民医院住院楼、新手术室装修改造工程全面完工，住院环境焕然一新，医疗安全得到更好保障。南屏卫生院迁建工程顺利推进，南屏广昌社区卫生服务中心正式启用，极大缓解广昌社区附近居民看病难问题。香洲医院门诊布局调整工作顺利完工，新购B超、麻醉机等一批医疗设备，门诊环境得以改善，医疗水平得以提高。加强传染病防治工作，制订工作方案，扎实做好甲型H1N1流感、手足口病等重大传染病的防控和救治工作。大力开展麻疹强化免疫活动，共完成麻疹疫苗强化接种儿童144282人，儿童接种率达95.99%，达到省、市实施目标（95%）要求，接种过程中无发生群体性反应。城市社区卫生服务机构启动以“统一视觉标识、统一服务文书、统一人员着装、统一服务标准”为核心的标准化建设。

【体育】 始终以抓好社区“体育精品”战略为工作出发点，把创建“全国城市体育先进社区”和“广东省城市体育先进社区”作为体育精品战略来抓，推进群众体育全面发展。继续贯彻实施《全民健身计划纲要》，成功举办香洲区第一届“锐祥杯”业余羽毛球、网球公开赛、香洲区体育节启动仪式暨“七星奥林杯”乒乓球大赛等一系列体育活动，群众体育蓬勃开展。启动区体育中心筹建工作，并将其列入2009年为民办实事项目。继续抓好区中小学生年度赛各项工作，在校园中积极开展竞技性和群众性阳光体育活动，实施了体育竞技进校园、体育指导到校园等工作，在学校中掀起了健身热潮，青少年体质得到明显加强。全民健身运动扎实推进，区体育局被评为全国群众体育先进集体。

【民政】 认真履行《民政部广东省人民政府共同推进珠江三角洲地区民政工作改革发展协议》，在深化社区建设和基层管理与服务体制改革、率先建立现代社会工作制度、探索建立普惠型社会福利制度、建立完善优抚安置和双拥服务体系、建立完善老龄工作体系等5个方面先行先试。抓好城乡居民最低生活保障工作，全市有1.28万户次3.06万人次依法享受低保救济，开支低保经费550.61万元，全部实行银行代发低保金。扶贫济困工作深入开展，帮助79名困难大学生办理助学金申请，共审核708户廉租房补贴的申请，其中低保家庭243户，低收入家庭465户，积极救助患重大疾病的困难家庭，共救助困难群众267人次，开支城乡医疗救助金260.3818万元。开展综合减灾示范社区创建工作，被省慈善总会评为“抗震救灾社会捐赠先进集体”。

【统战侨务】 认真贯彻实施市委统战部提出的“三促进一保持”方案，积极开展“以园区建设为重点的‘助力行动’”，探索新时期统战工作的新思路，加强政治协商制度建设。认真做好新的社会阶层人士统战工作，加大非公经济领域统战工作力度，努力为促进和谐社会服务。加强社区统战工作的力度，发挥非公经济服务平台的作用，维护他们的合法权益。加强对宗教活动场所的管理和建设，不断完善民族宗教三级管理工作网络，切实保障和维护了我区少数民族的合法权益，促进香洲区社会安定团结。积极协助旅澳乡亲和社团回乡举办大型的敬老活动，协助做好“春蕾侨心育才助学计划”和“侨心工程”的工作，形成《香洲区归侨普查数据分析报告》和《香洲区归侨普查统计表》，被广东省侨办评为归侨普查工作先进单位。不断加强海外统战工作，积极配合做好澳门社团及知名人士工作，为维护澳门地区的稳定作出了积极贡献。做好《香洲侨讯》的出版发行，协助国侨办在拱北街道华平社区设立了珠海首个“侨法宣传角”。有关镇、街顺利完成换届工作，侨联组织得到进一步建立健全。

【工青妇】 香洲区总工会认真落实“组织起来，切实维权”的工作方针，围绕“依法维权、科学维权、主动维权”的工作思路，进一步推进工会组建、维权、服务和帮扶等各项重点工作。全年新建工会50家，新发展会员11194人，已建基层工会4060家，工会组建率91.8%，会员229907人，职工入会率82.5%。成功举办“五一”大型专场招聘会。积极开展形式多样的帮扶工作。团区委本着服务大局、服务青年、倡导文明新风的工作理念，有力地推进团的各项工作。创新推进以镇街管辖区域的团组织建设新模式，成立片区青年工作委员会，推进区域团组织建设。以光大大厦为试点，推动楼宇团建工作。创新“一带四”社区团建模式，以社区团组织为核心，带动社区义工（志愿者）服务站、社区少工委、社区青少年法律维权站和社区心理咨询服务站4大服务平台。调整和规范区少工委工作体系，香洲区第一次少代会胜利召开，建立团教联动、双主任管理、各相关单位共同参与、区少工委和片区分级管理的运作机制，为全区少先队工作发展营造优良的环境和平台。大力推进义工服务工作，现有直属义工8000多名，社区义工2万名，专业义工服务队19支，社区义工服务队约90支，义工服务已经成为香洲区的一张亮丽名片。区妇联立足于“在党政之所急上做工作、在妇女之所需上下工夫、在妇联之所能上创特色”，团结带领全区妇女积极参与香洲经济建设和社会发展，在妇女发展、巾帼建功、家庭文明建设、维护妇女儿童合法权益、失业妇女培训就业、援助单身特困母亲、帮扶困境儿童、家庭教育等方面创建出富有特色的工作品牌，取得良好的社会效应，为构建和谐香洲作出重要贡献。

【民心工程】 全年投入5101.19万元，完成前山界涌新村、南屏红生路等10项道路硬底化及路面维修工程、6项排水排污整治工程、2项供水管网改造工程、6项路灯安装工程和16处地质灾害隐患点治理；新建香洲区二十小，扩建香洲区二小；实施困难职工帮扶和重大疾病医疗救助；顺利推进被征地农民“农保”转“城保”工作；香洲区体育中心建设顺利启动。深入开展创建“充分就业社区”活动，完善基层服务平台建设，

全年新增就业岗位22679个，城镇下岗失业人员再就业14875人，组织被征地农民参加技能培训1060人，转移就业1394人。在全市率先启动“双百工程”，“零就业家庭”实现动态归零，城镇登记失业率为2.8%，全面完成市下达的任务。扎实推进城乡医保一体化，推动被征地农民“农保”转“城保”，被征地农民养老保险参保率达99.2%，户籍未成年人医疗保险参保率达100%。

【党建】 创新基层党组织设置方式，在全市率先成立工业园区联合党委、楼宇联合党支部、商业特色街联合党支部，不断扩大党的工作覆盖面，探索资源共享、相互促进、共同发展的党建工作新格局。严格落实基层党建工作责任制，推行党建工作项目化管理，涌现出“流动党员驿站”“两新组织文化沙龙”等26个党建创新项目。建好、管好、用好全区113个党员干部现代远程教育站点，确保“让党员经常受教育、让居民长期得实惠”。积极开展区委书记约谈社区党组织书记活动，建立直接沟通渠道，深入交流社区情况和发展思路，有效解决一批社区难点热点问题。着力构建“不愿腐败、不敢腐败、不能腐败、不需腐败”的反腐倡廉机制，党风廉政建设工作受到省检查组充分肯定。创新教育形式，开展“镇街有品牌、部门创特色”的廉政文化建设。加大查办案件力度，严肃查处一批违法违纪案件。开展行风评议和创建“群众满意基层站所”活动，坚决纠正损害群众利益的不正之风。强化作风建设，在全市率先出台《工作作风问责暂行办法》和《行政效能电子监察暂行办法》。加强监督检查，对“小金库”行为、工程建设领域突出问题等“四类”活动进行专项治理，严格落实“五个零增长”和“四个减半”要求，压减全区一般性预算支出1000万元，反腐倡廉工作取得新成效。同时，人大及其常委会积极履行监督职能，进一步加强和改进代表工作，人民政协紧紧围绕团结、民主两大主题，积极参政议政，均取得显著成绩。

（李笑东　马金刚　黄　芳　张云龙　曹雅锐）

金湾区

【概况】 金湾区是2001年4月4日经国务院正式批准设立的行政区，位于珠海市西南部，地处珠江出海口磨刀门与崖门之间的南海之滨，下辖三灶、南水、平沙、红旗4镇。2006年7月1日，珠海市委、市政府对高栏港经济区和南水镇实施“区镇合一”体制改革，南水镇由金湾区管理调整为高栏港经济区管理。2009年10月18日，珠海市委、市政府对金湾区、高栏港经济区管理体制进行调整，平沙镇由金湾区管理调整为高栏港经济区管理。目前，金湾区直接管辖三灶、红旗2镇。全区常住人口24.07万人，其中户籍人口13.48万人。陆地面积447.6平方千米，海域面积1000多平方千米，有18个岛屿，拥有丰富的土地、海洋、水产、旅游、电力、港口等资源。东临香港、澳门，南临著名的大西国际水道，西与江门隔江相望，珠海高栏深水港、珠海机场，江珠高速公路、粤西沿海高速公路以及建设中的广珠铁路等均在区内汇集，海陆空立体交通优势明显。金湾区属低纬度亚热带海洋性气候，年平均气温24°C，区内有海泉湾度假城、金湾高尔夫球场、金海滩、飞沙滩、荷包岛、武林源等休闲旅游度假资源，三灶鹤歌鹤舞入选省级非物质文化遗产名录。金湾区是珠海大学园区的重要组成部分，广东省科技职业技术学院、遵义医学院、吉林大学珠海学院、珠海城市职业技术学院和珠海艺术职业学院等5所高校落户金湾区。

【经济发展】 全区实现本地生产总值215亿元，同比增长9%；人均本地生产总值达到9万元；完成全社会固定资产投资110亿元，同比增长10%；实现规模以上工业总产值657.9亿元，同比增长6%；完成规模以上工业增加值154.6亿元，同比增长9%；消费品市场持续活跃，全年完成社会消费品零售总额24.2亿元，同比增长14.8%。全区利用内资注册资本6.6亿元人民币，同比增长11.5%。实现财政一般预算收入9.6亿元，同比增长17.1%。

【服务企业】 为中小企业搭建沟通和服务的网络平台，积极发挥“金湾区中小企业网”传递政策信息作用；促进珠海城市职业技术学院认证为省一级中小企业培训示范机构，为企业开展各类培训活动，拨款300万元用于支持吉林大学无机合成与制备化学国家重点实验室珠海分实验室，促进和推动产学研合作发展。建立金湾区工业园区信息化综合服务平台，加强政府与企业的沟通，提升政府及园区的服务质量。全区共有10家企业的技术改造项目和11家企业的技术创新项目获得了省、市两级财政支持，获得支持金额1105万元。有龙鹏五金、九圆公司、华尚光电等企业成功申报国家科技型中小企业技术创新资金，获国家资金支持240万元，有龙丰铜管、江龙造船、联邦制药等单位的12个项目列入省、市科技计划项目，获扶持资金1700万元。埃尔凯电器、天章纸品等6家企业新获批为国家高新技术企业，全区高新技术企业总数达32家。

【教育卫生文化事业】 教育文化事业不断进步，红旗镇、平沙镇通过教育强镇复评，金湾二小建成正式招生，全区享受12年免费教育2.3万多人；7300多名外来工子女在金湾区就读，免收借读费863万元。公共卫生事业取得新成绩，全区29家农村卫生服务中心全部建成并投入使用，在全市率先实现区内全部农村卫生服务中心运行，全年提供基本医疗服务53万人次，免费金额9.6万元；卫生镇创建工作有突破，三灶镇已完成国家卫生镇复核，平沙镇创建国家卫生镇通过考核评估；红旗医院新建综合大楼建成并投入使用。人口和计划生育控制目标圆满完成，户籍人口自然增长率控制在5.35‰，人口出生率8.32‰，政策生育率96.28%。文化事业有序推进，完成了全区农家漂流书屋建设目标，红旗文化站开始动工兴建，三灶岛侵华日军罪行遗迹爱国主义教育基地建设工作进一步推进，农村电影放映工程深入农村、社区、企业，全年共放映168场，极大地丰富广大群众和外业务工人员的文化生活，深受欢迎。

【就业工作】 全区共筹集城乡就业资金951万元，同比增长64.6%，受惠1.1万多人；新增本地人就业岗位5600多个；城乡失业人员实现就业再就业近5000人，培训城乡劳动力2000多人，城镇登记失业率控制在3.2%的低位；完成了区级公共就业实训基地建设，形成公益性与经营性并举的职业培训体系。坚持推进创业带动就业工作，区及各镇分别建立创业工作领导小组及成员联席会议制度，落实创业扶持资金480万，创业者在创业的各个阶段及创业失败后都能争取政府扶持资金或指导服务等帮助。三灶镇成功进行创业带动就业试点工作，并向1860名村居民发放2008年度就业创业补贴87.48万元。成功启动“巾帼创业”活动，帮扶8名创业妇女获得科技扶持资金。成立金湾青年创业协会和青年创业基地，组织金湾有志创业青年开展信息交流、互助创业等活动。继续强力推进城乡适龄青年百分百接受技工教育、百分百实现技能就业的“双百工程”，为2008年的171名入读市技校学生发放学习补贴13.68万元，扩大了此项惠民政策的社会影响。

【社会保障】 社保扩面工作稳步推进，各项目标任务完成情况良好，实现“农保”、城乡居民医保全覆盖，社保遗留问题逐步解决。努力做好

国际金融危机中的扶企稳岗工作，促进企业生产经营的正常运转。不断完善社会保障体系，低保标准从230元/人/月提高到300元/人/月，农村五保户和城市“三无”人员的救助标准按低保标准提高20%执行。在全省首创对残疾人实行生活补助制度，共有371名中重度残疾人享受到每人每月150元至180元不等的生活补助，政府每年支出140万元，为残疾人员提供生活保障。进一步扩大医疗救助范围，发放各种医疗救助金101万元，有效解决困难群众“看病难，看病贵”问题。健全灾害救助机制，成立减灾委员会，建立起防灾减灾宣传教育长效机制，推动防灾减灾工作制度化和经常化。加强福利设施建设，完成15个“星光计划”健身点建设，提前一年在所有社区实现“全覆盖”。红旗镇福利中心扩建工程已全部完工开始入住，为丰富老年人的文化生活，区下拨15万元配套了阅览室、卡拉OK室等文化设施，入住福利中心的老人共有48人，其中统筹供养的五保户12人。出台《金湾区城乡居家养老服务试行工作方案》，为没有入住敬老院的老人们提供生活照料、精神慰藉、康复治疗等上门服务，已有77户79人可以享受细致入微的服务，全区筹措资金40万元，确保此项工作顺利进行。积极推进区、镇帮扶中心的规范化建设，完成区帮扶中心扩建工程，完成三灶镇、红旗镇帮扶中心建设，成为全市首个健全镇级帮扶中心的区。区红十字会接收捐款326万元，接受捐物价值3万元，发放救助金30万元。

【城镇和新农村建设】 西湖城区路网和给排水等基础设施建设进一步加快，区检察院办公大楼已正式启用，时代地产等工程开始动工建设。三灶镇金海大道、金岛路改造工程稳步推进，平沙镇新建主城区道路9.1千米，红旗镇广安路、湖一路等道路改造工程顺利完成。积极推进三灶镇水质净化厂、平沙镇水质净化厂和配套管网工程建设工作，三灶水质净化厂顺利完工，结束区污水处理零的历史。红旗、三灶两镇共8个村新农村建设规划方案已经完成，进入成果报批阶段。华侨农场危房改造工作扎实推进，全年共完成危房改造1876户，在建项目591户，合作方式建设的项目1200户已经完成前期工作。加强农业基础建设，切实做好重点水利项目和水毁工程的修复工作，加快建设台湾农民创业园，促进农业农村经济较快发展。全年投入236万元，整治基本农田2600亩。平沙镇基本农田建设示范区项目（平塘社区）取得重大进展。重点水利项目和水毁工程修复投入资金5500多万元，完成湖东泵站、大林泵站等工程项目33宗。融资1.3亿元、累计投入2850万元，加快建设台湾农民创业园，目前已有总投资4.2亿元的10家企业落户园区。建设新农村信息化综合服务平台，深入推进“百村富强”工程，想方设法增加农民收入。全区创建“四有”农民专业合作社11家，合作社成员550人，带动农户达到2700多户。全区完成农业总产值9.9亿元，同比增长7%；农渔民人均年纯收入达8681元，同比增长7.1%。

【和谐社会建设】 顺利通过省“平安畅通县区”考评组验收，成为全市第一个“平安畅通县区”部级管理水平的县区单位。全省综治工作检查考核获得好评，群众安全满意度达89.2%，排在全省前列。三灶镇被省评为“社会治安综合治理先进镇”；三灶镇成功创建全国文明村镇，成为全市第一个荣获“全国文明村镇”荣誉称号的镇；全区新增8个省“六好”平安和谐社区，三灶镇三灶社区被评为首批全国和谐社区建设示范单位。

【体制改革工作】 切实落实市委、市政府关于调整金湾区、高栏港经济区、航空产业园管理体制的决策部署，平沙镇工作移交顺利完成，航空产业园对接工作顺利开展。社会管理体制改革先行先试工作扎实推进，以三灶社区和鱼月村作为试点村居，三灶镇社区民主自治试点工作稳步开展，为下一步在三灶全镇推行社区民主自治试点工作打下良好基础。加快华侨农场改革发展工作，落实“镇场合一”的管理体制，平沙、红旗两镇分别成立工商企业管理办公室和农业经营管理办公室为华侨农场的内设机构，为加快改革扫清了障碍。加强政府自身建设，深化地方政府机构改革，制订《金湾区党政机构改革方案》，已获市委、市政府批准，扎实推进大部制改革工作。

【航空产业园建设】 园区规划工作稳步推进，《珠海航空产业园发展规划》目前已经市政府常务会议审议通过；《珠海航空产业深化论证》报告、珠海发展航空物流研究及论证完成；《珠海航空产业园发展规划环境评价报告》《产业园核心区项目用地控规方案》《产业园区域性控制性详细规划》等正在加快推进编制。园区基础设施建设扎实推进，招商引资工作多措并举，成功引进了珠海雁洲轻型飞机有限公司、中国民航飞行校验中心南方基地、北京空际通用飞机公司通用飞机运营等项目入园落户，并积累一批潜在项目，中航通飞项目7月2日开始动工兴建。获得省政府批准产业园为省市共建先进制造业基地，12月底，获得国家发改委批准成为国家航空高技术产业基地，成为国家级航空产业园。

（詹耿斌）

斗门区

【概况】 斗门区地处珠江三角洲西南端，位于珠海市西部，东连中山，西接江门。1965年由中山、新会划出部分镇村建县。1983年7月归属珠海市管辖。2001年4月撤县设区。全区面积674.8平方千米，辖井岸、白蕉、斗门、乾务、莲洲等5个镇，100个行政村、23个社区居委会。2009年末，全区常住人口37.34万人，其中户籍人口33.56万人。斗门区是著名的侨乡，有海外侨胞、港澳台同胞15.6万人，涌现美国历史上首位华裔参议员邝友良先生等一批知名华侨。斗门历史悠久，人杰地灵。宋太祖赵匡胤之弟赵匡美等南宋皇族后裔赵氏子孙聚居于斗门镇，并留下明清古院建筑代表作“菉猗堂”。珠海第一个中国共产党基层党支部——小濠冲党支部1937年9月诞生在斗门。区体校被国家体育总局命名为“国家高水平体育后备人才基地”，培养“亚洲蛙王”曾启亮、雅典奥运会乒乓球银牌得主李静等一批本土优秀体育人才。斗门是国家食品安全示范区和广东省教育强区。

2009年，全区实现本地生产总值138.3亿元；固定资产投资70.8亿元，由第一季度下降54.9%转为年底增长6%，扭转了前10个月的负增长局面；财政一般预算收入突破10亿元大关，达10.7亿元，同比增长17.7%；引进内资注册资本金6.92亿元，同比增长20%；实际吸收外商直接投资2.62亿美元，同比增长28%，增速位居全市前列；社会消费品零售总额53.4亿元，同比增长11%；农业总产值35.64亿元，农民人均纯收入8532元，同比分别增长2%和6.5%，确保了农业增效、农民增收。

【工业园区建设】 园区整合和建设加快推进。组建高效运作的富山工业园管委会，高起点、高标准完成产业发展规划，园区环评已报省级审批。园区起步区项目建设用地前期工作已完成，雷蛛一围、二围的起步开发顺利推进，用地整合取得阶段性成果。成功举办富山工业园核电产业投资洽谈会，吸引16家法中电力协会的企业前来商谈投资项目。富山工业园整合后首个世界500强企业投资的格力大金，以及玉柴机器等重大项目加快建设，佳粤造船等一批项目顺利投产。招商引资工作卓有成效。积极克服外贸依存度远比

省、市高等不利因素，大力引进中国纸业、中建电力等一批优质大项目，伟创力惠普打印机等项目顺利投产，产业结构不断优化。成功举办投资总额137.29亿元的43个项目签约、动工、投产仪式，形成了新的经济增长点。大力抓好“零用地”招商，引入租赁厂房项目66宗、面积21.1万平方米，一批空置厂房有效盘活。成功引进总部企业3家，总部企业税收突破1亿元。储备在谈意向项目28宗，意向投资额286亿元，为可持续发展奠定基础。扎实抓好申请专项资金、中长期贷款、吸纳社会资金“三个新突破”，成功融资13亿元，争取上级资金近1.2亿元，为加快“三大平台”建设提供有力保障。

【新农村建设】 出台加快发展村级集体经济、促进农村就业再就业、确保农村和谐稳定等奖励办法，镇、村促发展保稳定积极性有效提高。斗门北部生态农业园相关区域建设稳步推进，一批农业项目相继动工建设，现代农业发展不断加快。“白蕉海鲈”获得全市首个国家地理标志产品保护，宏林金红南瓜和紫甘薯获得国家绿色食品认证，国家食品安全示范区成果进一步巩固。成功创建“种养殖农业生态循环”和“优质有机米”两个省级标准化示范区，禤塘鳢良种场建成省级水产良种场。农村党员科技示范户梁振发同志被评为全国“科普惠农兴村计划”带头人。落实种粮补贴近1500万元，保障国家粮食安全工作成绩显著。积极引进海大集团等农业龙头项目，大力支持海源水产、之山公司等企业和农民专业合作经济组织发展，辐射带动农民致富。重视农业基础设施建设，投入7511万元完成水利工程项目69宗。天生河水闸重建工程和白蕉灌区节水配套工程顺利动工，莲洲新西安大泵站加紧建设，城乡水利防灾减灾工程海堤达标建设扎实推进。竹银水源工程完成总工程量的三成。农村社区建设实验工作顺利推进。积极开展48个村的农村水改工作。大力争取市级扶贫专项资金500万元，乾务镇新村、斗门镇小濠冲村等革命老区建设扎实推进。新农村建设专项资金支持78个村134个项目全面展开，农村基础设施得到较大改善。全区82个村5万多农户使用“村务管理系统”，农村信息化水平不断提高。

【城镇建设】 区级土地利用总体规划大纲获省国土资源厅批准，各镇级土地利用总体规划完成修编。顺利完成区域生态保育区发展规划和富山分区规划，以及井岸旧城片区和白蕉旧城片区等控规编制。利用园地、山坡地开发补充耕地2744亩，超额完成任务744亩。投入12.31亿元，大力推进白藤三路（东段）、四路（东段）、白藤三路（东段）至白藤四路（东段）间联系路建设，以及井湾路改造、南江路改造、桥北公园改造等51项工程，已完成14项。积极争取各级支持，投入3.9亿元建设道路23千米，改造危桥10座，建成候车亭54座。省道S272线斗门段公路主线工程建成通车，省道S365中心涌至井岸二桥段动工建设。斗门大道改造工程、斗门旅游大道、白蕉水厂南路及其东延长线等区域小交通项目积极推进。全市首个500千伏国安输变电工程正式投入运行。引入华发集团投资8000万元的全市首个“省级湿地公园”加紧建设。新青水质净化厂及其管网配套工程即将建成投入运行，富山、白蕉水质净化厂及其管网配套工程建设积极推进。城区内搬迁企业东洋油墨新厂在富山工业园顺利动工建设，黄杨山旧石场等复绿整治工程扎实推进，全区7个“万村绿大行动”示范点通过市检查验收。节能灯项目加快推广，“绿色照明工程”有效推进。全国污染源普查工作取得良好成效，区污普办被推荐为国家先进集体。

【党的建设】 全区各级党组织积极开展“党群连心工程”“双育工程”“党员联系村务、服务群众”“村企共建”“创建生态文明村”“创建‘两新’组织党建工作示范区”等活动。积极开展城乡基层党组织互帮互助活动，构建城乡统筹基层党建新格局。出台《关于加强镇党委书记队伍建设的实施办法》，公开招考和配齐配强富山工业园“一办三局”人员。积极筹划和实施机构改革工作。镇、村（居）党员干部培训进一步加强，农村发展党员工作制度不断健全，农村“两委”干部档案管理逐步规范，副科级后备干部、“十百千万”干部、优秀大学生村官、农村后备干部、农村党员科技示范户等5支队伍建设取得新成效。围绕促进科学发展、社会和谐的重大决策部署的贯彻落实情况强化监督检查，确保政令畅通。完善制度，加大教育、监督、改革、纠风和惩处等工作力度，推进惩防体系建设。大力加强作风建设，认真开展厉行节约工作，机关作风和领导干部作风进一步转变。

【政府自身建设】 “五五普法”积极开展，法治区创建工作扎实推进，依法治区工作走上新台阶。扎实抓好政务公开工作，区、镇、村全方位政务村务公开体系初步形成。自觉接受人大、政协监督，严格执行重大事项报告人大制度，42件人大代表议案、意见、建议，60件政协委员提案得到认真及时办理。深入开展“三评三创”、民主评议政风行风、创建“群众满意基层站所”活动，着力纠正损害群众利益的不正之风，斗门工商分局、斗门国土分局、区城管局和安监局被评为满意档次。行政效能电子监察系统全年对行政服务中心各窗口单位受理的3823件业务进行监控，办结率100%。电子公文协同处理系统一期正式全面实施，全区公文全部实现电子交换。以“转变作风抓工作落实，提高效能促科学发展”为主题，加强机关作风建设，提升机关行政效能和服务质量，优化科学发展环境。积极协调公交部门完善工业园区公交线路，企业员工出行难问题逐步解决。积极开展政银企融资、企业技改创新等工作，帮助企业开拓内需市场有成效。网山村、赖家村和沙石村“十户联建”工作稳步开展，大力推行“阳光村务，民主管理”新模式，探索建立村企联建、村务监事会等制度，社会管理体制改革初见成效。

【文化】 非物质文化遗产传承和文物保护工作卓有成效，“装泥鱼”入选第三批省级非物质文化遗产名录。乾务镇荣获广东省“民间文化艺术之乡”，网山村荣获第二批广东省“古村落”称号。区文化艺术中心、井岸镇新青文化站和斗门镇文化站竣工，井岸影剧院改造工程顺利完成。成功举办区第五届民间艺术巡游活动，保护、发展民间艺术和民俗文化成效明显。成功举办区第二十二届“青少儿艺术花会”，并推荐16个文艺节目参加珠海市第二十一届“青少儿艺术花会”比赛，获得6个金奖和10个银奖。成功举办斗门区庆祝建国60周年曲艺（社区）文艺晚会、斗门区第二届农村优秀文艺节目汇演等各类文化活动900多场次，为群众业余文化生活增色添彩。在市古元美术馆成功举办展现斗门水乡文化重大题材的美术展览《斗门水乡画展》，进一步弘扬斗门文化艺术、宣传斗门水乡特色文化。文物普查和申报工作积极开展，新发现不可移动文物70处，其中清代桅夹“大王宫工丈”摩崖石刻被省专家认为是广东省目前为止同类石刻的首次发现。

【体育】 成功举办龙舟赛、国际篮球对抗赛等活动，承办全国青年水球锦标赛。继2005年之后斗门区再次被授予“国家高水平体育后备人才基地”称号。斗门籍运动员在第十一届全运会中勇夺4枚金牌，位列全省（县、区级）第二名，区体校首获区集体三等功殊荣。以“四大节日”为契机，积极实施《全民健身计划纲要》，大力举办丰富多彩、群众喜闻乐见的体育活动，努力构筑亲民、便民、利民的体育服务体系，形成群众“崇尚健身”的良好氛围。全年共投入180多万元举办元旦环城长跑、贺岁杯乒乓球赛、中国象棋擂台赛等大型活动14次，参与活动的群众达17万人次。加强城乡体育设施规划，加快农村健身工程建设，促进城镇体育与农村体育协调发展。

【人口和计划生育】 紧紧围绕“保优提质，争创全国计生优质服务先进单位”的目标，进一步完善以技术服务为重点的计生“一条龙服务、全程服务、经常性服务”的优质服务新机制。区主

要领导及计生兼职责任单位分别对全区14个人口计生工作后进村进行定点挂钩帮扶。率先建立《计划生育节育手术并发症对象扶助制度》及《计划生育家庭特别扶助制度》两项长效机制。建立完善单位法定代表人责任制，先后与16个地区计生部门签订了流动人口计划生育协议书。以西埔村、白蕉居委会及斗门居委会为试点，建立流动人口计生综合服务管理中心。大力开展“生殖健康下乡”服务活动，为15000多名育龄妇女开展生殖健康检查及计生知识咨询服务。建立健全区、镇、村三级出生缺陷监测与干预网络。免费开展计生技术服务，受惠群众超20万人次。大力宣传新《广东省人口与计划生育条例》，新设立宣传栏127个，在区广播电视台滚动播放摘录2685次，建设大型计生宣传长廊，树立宣传刀旗1631面，派发宣传册4万本。2009年，全区出生人口6161人，其中户籍人口3806人，流动人口2355人。户籍人口的政策生育率为95.22%，户籍人口出生率为10.82‰，自然增长率为6.22‰，出生人口性别比为106.6。共有47个村（居）达到无政策外出生村（居）标准，圆满完成上级下达的各项人口指标，被评为“珠海市2009年度人口与计划生育先进单位”。

【劳动就业】 牢固树立“促进本地人就业是民生之本、和谐之基”的理念，高度重视城乡统筹就业工作。区政府与各镇签订了2009年就业、农保目标责任书，明确全年的就业、培训、城保及农保扩面工作任务，制定相应的奖惩措施。进一步落实就业再就业优惠政策，大力开展“大中专技校毕业生就业服务月”等公共就业服务活动。加强镇级劳动保障综合服务平台建设，在全区5个镇分别建立职业技能培训基地。以市场为导向，举办“双转移”暑期脱产培训班，开设车工、维修电工、计算机操作员、电子设备装接工、餐厅服务员、中餐厨师等专业，进一步提高农村劳动力技能。大力开发城镇就业岗位8777个，完成市下达任务的136.7%。城镇登记失业率保持在3.1%的较低水平。农民和被征地农民参保人数72069人，完成市下达的任务。全区享受老年津贴人数20370人。未成年人医保参保人数61766人，参保率达98.04%。城乡居民基本医保参保人数110634人，参保率达98%。

【平安和谐建设】 创建全省首个区人民接访中心。进一步统筹区、镇、村各级力量，实行公安、法院、综治、信访、维稳、司法、劳动、民政、城管、教育、卫生等多部门联动，形成横到边、纵到底、“区—镇—村—十户联建”四级联动的新模式，将社会管理的触角延伸到农村的最基层，构建起一套反应敏捷、信息传递快捷的管理模式。进一步落实各级领导干部信访维稳“一岗双责”，成功处置和化解不稳定因素和群体性事件，处置过程做到背景了解清楚、过程掌握明晰、组织作用凸现、群众工作到位、性质判断准确、时机选择恰当、惩处态度坚决、宣传引导及时、惠民措施全面、处置效果明显。全区信访总量、集体上访、上访人数大幅下降，综治信访维稳总体形势明显好转，相关工作得到市委充分肯定。充分发挥政法各部门的职能作用，严厉打击各类刑事犯罪和经济犯罪，大力查办涉农等职务犯罪，强化民商事诉讼调解，深入开展集中清理化解积案活动，大力开展法律援助和法律服务，为全区经济社会发展提供了强有力的法治保障。全区安全生产形势稳定，各项事故均控制在市政府下达的指标任务范围内。

【教育】 高度重视教育事业发展，全面实施区领导及各部门、单位挂点联系学校制度，齐抓共管的大教育工作格局逐步形成，关心支持教育的氛围进一步增强。落实教师职务聘任制度，实行规范津补贴，全区公办教师工资待遇实现“两相当”。师德建设活动广泛开展，全区教师的爱国热情和敬业精神有效加强。全面推进素质教育，内涵发展成果累累，分别获国家、省、市各类竞赛奖项16人次、63人次和366人次。高考成绩再创新高，上省线率为91.6%，高出全市3.4个百分点。教育现代化和薄弱学校改造工程稳步推进，斗门镇新中心小学主体工程封顶。首次引入社会资金建设的区四中体育馆投入使用。积极解决代课教师问题，招录代课教师29人。招聘20名全国重点大学硕士研究生充实教师队伍。免费教育积极落实，群众的满意度进一步提高。

【卫生】 镇级卫生院管理体制改革全面完成。市疾控西部中心大楼、莲洲镇卫生院新院和83个农村卫生服务中心建成投入使用，白蕉、乾务镇卫生院改造工程进展顺利。西湾等7个村被评为“珠海市卫生村”。艾滋病、结核病、甲型H1N1流感、手足口病等传染病防控工作，以及打击违法使用非食用物质、滥用食品添加剂、无证照和证照不齐食品生产小作坊、集体食堂的整治、住宿业的量化评分等专项工作积极开展，出色完成了“两节”、“两会”及高、中考的卫生保障工作。积极开展职业危害因素调查摸底工作，认真做好医疗机构综合监督执法检查、打击非法行医专项行动、打击非法性别鉴定和非法选择性终止妊娠等工作，进一步规范医疗市场秩序。积极开展“医疗质量万里行”和“医疗安全百日”专项检查活动，加强对医院和已投入运作的农村卫生服务中心的监督检查，规范管理，提高服务能力。处方点评和内部公示制度全面推行，进一步规范医生处方用药和药品招标采购程序，遏制了医药购销领域中的商业贿赂行为。基本医疗保险普通门诊统筹工作顺利实施，就诊人数同比增长57.69%。继续医学教育培训积极开展，进一步做好执业医师、执业药师和执业护士等资格考试和注册工作。

【科技】 大力支持中小企业科技研发和技术改造，“无线通信用超柔馈线制造工艺的改进”等4个项目通过区级工业科技项目立项。引进、推广先进农业科学技术，支持“白鸽鱼苗种自然繁育技术研究”项目研究，实现白鸽鱼人工繁育与产业化生产。引进美国西兰苔、西葫芦、日本白菊（椰菜花）、青绿1号（大白菜）、台湾华星（椰菜）等优良品种，并筛选出适宜斗门种植的新品种。在“科技进步活动月”期间，举办“鱼虾健康养殖及病虫害防治技术”等21场农业实用技术培训班及“斗门区中小学生软件大赛”等多项青少年科普活动。全力以赴做好2009年科技进步考核工作，经省科技厅审核，荣获“2007～2008年度广东省科技进步考核先进区”称号。获得广东省地震局主办的“2008年度广东省县级防震减灾工作综合评比”二等奖。“褐塘鳢全人工养殖、苗种产业化及养殖技术研究”项目获得广东省科学技术二等奖。鹏辉电池等6家企业被认定为国家高新技术企业。

【统侨】 坚持和完善多党合作制度，切实加强指导与协调辖区7个民主党派加强自身建设和提高参政议政水平，积极为建设富裕安康美丽新斗门建言献策。“三促进一保持”和以“凝心聚力，和谐共荣”为主题的“六个一百”系列活动深入广泛开展，积极帮助农村困难家庭缴纳个人医疗保险、养老保险和未成年人医疗保险。认真做好少数民族节假日生活补贴等工作，积极维护民族宗教和谐稳定。依法加强对宗教活动场所的管理，进一步完善区、镇、村三级民宗干部网络。积极办好“侨心工程”扶贫助学、春雷助学等活动，向全区104名贫困家庭大、中、小学生和成绩优异生颁发助学金、奖学金共11万多元。继续办好《斗门乡音》，指导莲洲镇成立侨联会。积极动员海外乡亲和社会贤达支持家乡公益事业建设，并参与抗震救灾，全年接受捐款达60万多元。热情接待海外地区投资考察团20多批共800多人次，密切与港澳30多个友好社团的联系。

【工会】 全力推进工会组织建设，进一步夯实工会组织基础。全区共有工会组织659家，工会会员9万多人，其中新建工会30家，新增会员4500多人。坚持以强化维权机制建设为重点，接待职工来电来访38宗，接访208人次。全区签订集体合同（工资协议）的企业278家，覆盖职工7.8万人。全力推动企事业单位完善以职代会为基

本形式的民主管理制度，把卫生、教育系统作为示范点单位，继续借鉴ISO9000国际标准实行厂务公开民主管理。深入开展送温暖活动，全年走访慰问困难职工、困难劳模366户，发放慰问金20万多元。积极创立斗门区困难职工帮扶超市，为区内265名在册困难职工提供每月200元额度内8.5折的购物优惠服务。设立农民工培训基地，举办农民工综合素质培训班70期，培训农民工1.73万人。大力促进下岗职工实现再就业，联合举办专场招聘会2场，提供就业岗位4088个。丰富职工业余文化生活，倡导健康休闲的娱乐方式。以开展形式多样的劳动竞赛作为保增长促发展的助推器，组织1000名职工参加省总工会举办的“超高压杯”职工节能减排知识竞赛。发动226家企业参加“安康杯”活动。切实抓好“职工书屋”示范点建设，江珠高速被评为省“职工书屋”示范点。继续开展市“女职工文明岗”创建活动、“女职工建功立业工程”及“女职工素质提升工程”，涌现一批先进集体和先进个人。

【共青团】 深入学习贯彻科学发展观及《珠江三角洲地区改革发展规划纲要》，以最新理论成果武装全区团员青年头脑，为做好新形势下共青团工作打下坚实的思想基础。以纪念“五四”运动90周年和建国60周年为契机，加强青少年爱国主义教育及国情、团情教育。深入开展“共同应对金融危机、团员青年有担当”活动，创建青年就业创业见习基地6个，为大学生、待业青年提供见习岗位。推广小额贷款项目，为农村青年提供养殖贷款300多万元。广泛开展“勤劳致富、就业光荣”的宣传教育活动、农村青年就业技能培训及农村青年专场招聘会，切实转变农村青年就业观念，培训农村青年5619人次，促进1000多名农村青年就业。逐步壮大区青年志愿者队伍，规范各项工作流程，青年志愿服务活动进一步深入人心。不断深化青少年政治思想道德教育，举办40多项青少年喜闻乐见、寓教于乐的活动，区青少年宫“七彩童年”艺术团舞蹈队荣获“童心祝福祖国”2009全国少儿艺术电视展演大赛金奖。大力开展扶贫助学工程，为大、中、小学生提供助学款近30万元；向赤坎中学、上横中心小学等边远学校捐赠电脑11台。

【妇女】 隆重召开“三八”妇女表彰大会暨女性健康养生讲座，表彰先进集体、个人及先进示范镇，命名7个巾帼文明岗。加强农村基层妇女组织建设，举办“巾帼示范村”现场推进会暨农村妇女学校文艺汇演。开展城镇失业妇女和农村富余妇女劳动力状况调查，命名旭日陶瓷等6家企业为“巾帼创业就业基地”。大力宣扬优秀妇女先进事迹，制作《新女性、新风采》“三八”专辑。组织13名水产养殖女能手赴阳江考察学习，协助创业农妇申请市妇联“巾帼创业助困资金”42万元贴息小额贷款。举办“三八”妇女专场招聘会，开办妇女就业的技能培训班47次。积极配合文明城市申报工作，开展文明家庭评选活动，有13047户获评。推进未成年人思想道德建设，举办“六一”儿童即兴画和玩具亲子DIY比赛，开设“妇干讲坛”优生优育和家庭专题教育7场，营造关爱儿童的良好氛围。积极开展扶贫助困活动，春节、母亲节期间分别慰问单亲特困家庭25户，落实“爱心父母”牵手困境儿童助学款40万元。启动“康乃馨”妇女“两癌”检查行动，为756名单亲特困母亲及贫困妇女免费开展“两癌”检查。开展“三八”妇女维权周暨法制宣传乡村（企业）行动，举办村（居）妇女干部法律知识培训班。积极配合做好信访维稳及安保工作，全年共接待群众来信来访102宗，解决率95%，有效维护妇女合法权益。努力推进妇女儿童发展规划实施，认真完成2008年度监测评估工作。

（刘桂柱　陈裔强　邝新厚　陈瑞文　刘　平）

人　　物

2009年4月28日，珠海市委书记、市人大常委会主任甘霖会见各行各业劳动模范和先进代表人物。　市人力资源局供稿

人　物

【全国五一劳动奖章获得者】 王军，男，1963年出生，中共党员，珠海醋酸纤维有限公司总经理，2008年省五一劳动奖章获得者，2009年全国五一劳动奖章获得者。该同志以高度的使命感和责任感，求真务实的工作作风，锐意进取，通过加强管理、推动技术进步、建设优秀的企业文化，促进了公司的安全发展、科学发展、节约发展、和谐发展。2001年以来，公司效益以年均32%的速度递增，累计纳税6.3亿元。在王军的带领下，该公司于2007年提前三年完成“十一五”期间能耗降低20%和污染物排放降低10%的目标，在此基础上，2008年又实现同比分别下降10.8%、7%，处于同行业领先水平。公司先后被评为“全国职业卫生示范企业”、全国“安康杯”竞赛优胜企业、“广东省清洁生产企业”等。他领导党委首创和实践的“四沟通工作法”，被全国基层组织建设协调小组、中组部于2007年5月发文向全国推广。2008年，该公司在生产经营、节能减排、技术创新、文化建设等方面实现新的突破，产量35221吨，销量35720吨，利润比2007年增长26%达到2.17亿元，创造了历史最好水平；万元产值耗标煤0.35吨，处于国内同行业领先水平。公司基本实现废水零排放。截至2008年年底，公司共申报国家专利8项，其中发明专利4项。公司职工队伍稳定，凝聚力强，呈现出和谐稳定的良好发展态势。

孙廷玺，男，1962年出生，中共党员，广东电网公司珠海供电局输电部主任，2008年省五一劳动奖章获得者，2009年全国五一劳动奖章获得者。该同志担任输电部负责人10年来，处处以身作则，充分发挥共产党员先锋模范作用，充分体现出新时期共产党员的先进性，在本职岗位上为电力建设的发展作出了显著成绩。在输电部工作十几年，该同志走遍珠海电网的1300多千米线路及3000多座杆塔，发现有缺陷、有隐患，都亲自过问，必要时亲自前往现场查看，制定详尽的处理方案。该同志致力于技术创新，率先在全省采用预绞丝金具、线路不平衡绝缘及耦合地线技术，率先使用RTV线路防污涂料等，使珠海供电线路在防雷、防污闪方面取得实效，故障率逐年降低，取得了良好的效果并在全省推广使用。在他的带领下，珠海供电局输电部成为一个和谐、有战斗力、朝气蓬勃、能圆满完成领导下达各项任务的战斗群体。

丁文清，男，1963年出生，九三学社成员，珠海市第二人民医院副院长，2008年省五一劳动奖章获得者，2009年全国五一劳动奖章获得者。该同志长期爱岗敬业，不断进取，乐于奉献，曾多次受到上级嘉奖。特别是“5.12”汶川大地震发生后，他率领援川医疗队，为抗震救灾工作作出了突出贡献。2008年6月，他担任珠海市过渡期援川灾后重建医疗卫生队队长，带领15名队员奔赴四川省汶川县水磨镇和三江乡，与原来12支医疗卫生救灾队交接救灾工作，开展医疗服务和

ZHUHAI YEARBOOK

灾后重建工作。他率领队员克服人手不足、药品设备短缺、条件艰苦等困难，积极为当地群众开展医疗服务。卫生队深入水磨镇和三江乡26个村73个组2000余户人家，开展健康宣传教育和卫生防疫工作督导，诊治患者4000多名，开展多台外科手术。主持完成了当地卫生防疫及监督工作现状及相关建议的报告，为当地卫生部门的决策提供了科学的依据。他强调变“输血”为“造血”，对当地医务人员、村医生等进行扎实的培训，为水磨镇卫生院和三江乡卫生院制定各项规章制度，建立传染病门诊和病房，重建了检验科等，在短期内使当地的医疗水平恢复到灾前水平。由于他在抗震救灾工作中作出了突出贡献，被聘为三江乡卫生院荣誉院长。

卢锦光，男，1974年出生，珠海格力电器股份有限公司班长。2008年被评为“全国优秀农民工”，2009年全国五一劳动奖章获得者。该同志工作认真负责，善于学习，多次被委派到YAMAHA代理商、松下电器机电（中国）有限公司进行贴片机操作、编程、维修保养培训并获得了资格证书，先后参加公司的质量管理体系、质量管理小组骨干培训班、6西格玛、JIT、TPM等一系列质量培训，并将理论知识融入到工作实践中，积极参与公司各项工艺、技术革新工作，使自己成为行业的行家里手。他主持并参与多项技术和工艺创新，屡获殊荣。2005年度《降低贴片元件的脱焊不良率》项目参加公司QC成果发布会获得优秀奖、2006年度《缩短贴片的换线时间》项目参加广东省质量协会的QC发布会中获优秀QC小组荣誉称号、2007年度《降低SMT班组生产报废率》项目参加公司2007年度秋季QC成果发布会获得优秀奖。2006年因班组各项指标任务完成出色，被评为公司的先进班组，同时被珠海市质量协会、市总工会、共青团市委、市科学技术协会联合评为优秀QC小组一等奖。

【全国工人先锋号】 珠海金湾发电有限公司脱硫环保分部成立于2007年12月，共有员工10人，负责全厂脱硫系统、电除尘及输煤系统及设备的管理和维护。在不到两年的时间里，该分部自主创新，先后对脱硫系统和输煤系统进行了36项较大规模的技术改造，写出了20多份解决生产实际问题、提高设备利用率和安全性的技术分析报告，克服了一个又一个技术难题。2007年被授予“广东省工人先锋号”，2009年被授予“全国工人先锋号”。从班组组建开始，全体员工团结一心，夜以继日工作，仅用不到一周时间就恢复了发电机组脱硫系统的投入使用。2007年，公司从德国进口两台3000t/h卸煤小车，使用后发现有飞车问题，德国工程技术人员多次到达现场都无法解决，他们边生产边找原因，硬是攻克了这个难题。该分部协助公司一次检测就通过国家环保部的项目环保竣工验收，一个个项目的攻克、困难的排除，不仅提高了大家取胜的信念，也大大增强了班组成员的斗志，由于他们的出色工作，公司获得了2008年广东省重点污染源信用评价的绿牌，为公司的节能减排工作奠定了扎实的基础。

【广东省劳动模范先进工作者】 张秀茂，男，1956年出生，拱运汽车运输公司汽车驾驶员。20年来，他创下安全行车188万千米的良好业绩，多次被公司评为安全行车标兵，2007年被评为珠海市劳动模范，2009年广东省劳动模范。该同志爱岗敬业，对待工作积极主动、勤勤恳恳，刻苦钻研业务技术知识，认真搞好车辆保养维护工作，使车辆时刻保持良好的技术状况。他负责的车辆从未因检查保养不到位而造成机械损伤事故，也从未发生途中抛锚的现象。他“以路为伴，以车为家”，从不计较个人得失，坚决服从领导安排，每逢节假日，总是牺牲自己的休息时间，主动加班加点，为有急事的同事顶班。他服务旅客热情周到，坚持每天提前半个小时到岗，对车辆进行检查、清洁，并按照要求穿着整齐的制服，他总是说：“驾驶员的形象，就是企业的形象。”候客时，还经常扶老携幼、帮助旅客搬运行李，耐心解答旅客的问题，对旅客提出的合理要求尽力给予解决，拾到旅客遗失的物品总是设法归还。20年来，他在平凡的岗位上默默奉献，充分体现了客运行业优质服务品牌的魅力。

张卓华，男，1970年出生，中共党员，珠海市公安局香洲分局前山派出所民警。2007年被评为全省优秀人民警察，2008年被评为全省公安机关“三基”工程建设先进个人，2009年广东省先进工作者。该同志在长期的社区警务工作中，勤于动脑、勇于创新，在实践中积累形成的“四个重视”工作法在社区防范管理、发挥群众力量上收到较好的成效，被群众誉为“社区的铁警”。他的工作辖区是外来人员的聚居地，人员流动性大，治安环境十分复杂。为创造一个良好、稳定、群众满意的治安环境，他积极发动物业管理公司改善小区环境、严密加强治安防范。通过强化培训、建立绩效考核制度等措施充分发挥群防群治力量的积极性；通过散发案例宣传单张、在社区建立警务宣传栏等方式，不断提高社区居民的法制意识和防范意识；同时加强出租屋和重点人口管理，协助刑侦部门侦查破案。2006年来，张卓华带领社区辅助力量积极构建以“点、线、片、面”4个层次相结合的安全防范网，破获刑事案件32宗、治安案件84宗，抓获各类违法犯罪嫌疑人186人，端掉各类犯罪窝点12个，收缴老虎机98台，社区刑事发案逐年下降。他所管辖的社区先后被评为“安全文明社区”、“无毒社区”。

吴文胜，男，1968年出生，中共党员，珠海九洲军粮供应站站长，2004年珠海市劳动模范，2009年广东省劳动模范。该供应站肩负着驻市区军、警、边防和驻澳门部队的军粮供应和全市军粮配送等工作。该同志1998年任站长以来，发挥党员的先锋模范作用，带领全站员工爱军情深、岗位创优，该站先后被评为“全国军粮供应管理先进单位”、“全国放心粮店”和“全国三八红旗集体”等。该同志严格把好采购、检验和供应“三关”，购进的军粮不但须经检验合格，而且在岗位上专设一个电饭煲，每批军粮都要亲自试煮、试吃，色、香、味优良才放行，官兵称颂：“小小电饭煲，煲出了浓浓爱军情。”他还要求面粉生产厂家，专门生产无添加增白剂的面粉供应部队，让子弟兵吃上“放心粮油”。他经常深入部队传授粮食保管、烹饪技术等，每遇台风、暴雨，他总是第一个到粮站。根据驻澳门部队的特点，实行电话预约服务，并坚持送粮上门，十年如一日，从不间断。为支援冰雪灾害和汶川特大地震军警急需粮油提供应急保障。在粮价大幅上升时，敞开供应，平抑市场，确保军需民食的安全。该站不断完善军粮供应统一招牌、采购、品种、结算、检验、包装和配送的“七个统一”管理模式，被国家粮食局作为先进经验推广。

江云富，男，1965年出生，珠海市第一中学数学高级教师，国家数学奥林匹克一级教练员，2007年珠海市劳动模范，2009年广东省劳动模范。该同志从教高中数学25年，有着良好的品德修养、丰富的专业知识、突出的业务能力、深厚的人文素养。他敬业爱岗，工作一贯踏实、细致、认真，勤勤恳恳，兢兢业业，有一颗无私的爱心，爱学生、爱学校、爱教育事业。他努力学习，善于学习，不断充实和提升自己，与学生共同进步，深受学生尊敬和爱戴。从2002年秋季开始，他一直担任学校实验班的班主任，所带班级崇尚“宽容、尊重、理解，团结、协作、交流”，班风和谐、积极进取、活泼向上，同学们团结友爱，互帮互助，亲密融洽。2005届高三（19）班在毕业合影时，因高二分科已分出去的同学都纷纷返回，合照了一个全校最大的、70多人的“全家福”，这充分体现了这个班的团结和凝聚力。该同志担任年级数学竞赛班的辅导员多年，取得了突出成绩。在2004年第15届“希望杯”全国数学邀请赛中，所带学生获得一金一银6铜的学校最好成绩。在2004年的高中数学全国联赛中，他所辅导的学生获全国一等奖1人、二等奖3人、三等奖4人。

陈哲，男，1969年出生，中共党员，珠海

市卫生监督所副科长。该同志在工作中刻苦钻研业务，尽忠职守，爱岗敬业，取得了显著成绩。2003年在抗击“非典”工作中表现突出，被广东省授予二等功、被珠海市评为抗击“非典”突出贡献个人。2004年被评为珠海市劳动模范，2008年被评为珠海市优秀共产党员，2009年被评为广东省劳动模范。陈哲同志工作认真负责，自觉加强业务学习，2008年参加了广东省第一期职业卫生骨干培训班和珠海市卫生管理证书班。“5.12”汶川大地震发生后，该同志参加了珠海市卫生局第一批卫生防疫监督救援队，奔赴四川进行抗震救灾，以坚定的毅力克服路面崎岖险峻、道路泥泞、山石滚落、山体滑坡和高原反应。作为珠海卫生防疫监督援救队第二小组的组长，他以身作则、临危不惧、不怕牺牲，圆满完成了灾区的食品卫生、饮用水卫生、传染病信息监测、爱国卫生运动、健康宣传教育等工作任务，为抗震救灾工作作出了应有的贡献。

熊勇，男，1965年出生，中共党员，高级工程师，中国移动珠海分公司总经理，2008年省五一劳动奖章获得者，2009年广东省劳动模范。该同志在通信行业工作20年，始终坚持积极进取、真抓实干的工作态度和追求卓越、打造精品的工作精神，取得显著成绩。在企业管理上，他创新目标管理，组织各部门编制“策略地图”；重视基层调研，做到每个工作日都是总经理客户接待日；创新开展“阳光工程”和“幸福旅程”，优化员工的思维模式，打造共同价值观；开展知识管理，搭建协同知识管理平台，极大提升员工的工作效率。在市场营销上，他创新“X＋4P”集团营销模式和以手机为载体的数据业务营销模式，创新建设“动力100”体验馆和“体验100”体验厅，打造“走进中国移动”文化营销品牌，得到行业内的高度认可。该创新成果《现代信息服务业的体验营销实践》荣获2008年第十八届广东省企业管理现代化创新成果一等奖。在熊勇同志的带领下，员工面貌焕然一新，公司经营业绩保持良好的增长，净增市场占有率连续三年超过100%。公司先后被评为全国文明单位，改革开放30年企业文化先进单位，2008年全国信息化建设示范企业，2007年度全国通信行业质量管理先进单位，中国移动集团企业文化示范单位。

黄英明，男，1959年出生，斗门区旭日陶瓷有限公司董事长兼总经理。2004年被评为珠海市劳动模范，2008年被授予“广东省建材功勋企业家”荣誉称号，2009年广东省劳动模范。该同志锐意进取，开拓创新，不断完善企业各项管理机制，使企业得到飞跃发展，年产值从2000万增加至8个亿，年税收从50万元人民币增加至1300万元人民币，为本地经济发展作出了突出贡献。他秉承“以人为本”的思想，员工队伍的稳定率达95%，在陶瓷行业处于较高水平。他致富不忘回报社会和乡亲，几年来企业吸纳和安置本地下岗职工和农村富余劳动力1000多人。从2003年开始，他资助品学兼优的贫困学生上学，目前累计资助大中学生56名，资助金额200多万元，并资助多所学校建校、购买教学仪器设备、体育设施等300多万元。特别是在去年汶川大地震发生后，他在本地区率先发起赈灾捐款活动，一次性捐款110万元。受金融危机影响，企业经营环境出现困难，但他以对社会高度负责的企业家精神，提出了本公司2009年坚决“不减产、不停产、不裁员、不减薪”的决定，与员工共克时艰，同舟共济。

李悦强，男，1954年出生，中共党员，斗门区莲洲镇石龙村党支部书记兼村委会主任，2007年珠海市劳动模范，2009年广东省劳动模范。该同志在村里率先带头承包集体土地35亩，用于种植花卉苗木，经过不断地摸索和试验，总结出一套种植花卉的技术和经验，并向村民们推广。他敏锐地察觉到这是一个风险少、经济效益可观的好项目。从2000年起，大胆尝试规划了150亩土地作为种植花卉苗木的试点，每亩地每年纯利润达到3500元左右。同时对贫困户进行种植花卉技术帮助，经过几年的奋斗，使他们生活有了明显的改善。在他的推广和带动下，该村现已建成1000多亩花卉苗木种植基地，村民年总收入接近350万元，人均年收入达到7850元，集体经济收入也从过去每亩100元增加到500元，年收入增加了20多万元。在李悦强的领导下，村委会积极调整农业生产布局，把200多亩低效益的鱼塘调整为花卉苗木基地向村民公开发放承包。他本人更是无偿向村民提供种苗1万多株，并积极联系与推广苗木品种销售以及技术指导。从生产过程中带动村民自主创业并为此创造了苗木运输、花卉管理、中介服务等就业岗位，为农民脱贫致富，为建设社会主义新农村作出贡献。

何有义，女，1982年出生，珠海三美电机有限公司QC检查员。2008年被评为“广东省优秀农民工”，2009年广东省劳动模范。该同志爱岗敬业，在短短的一个星期时间里熟悉了全部工作流程，产量达到老员工完成的标准，没有流出一件不良品，没有收到一次投诉。由于工作成绩突出，她于2003年7月升级为生产技术事务员，管理消耗品的发放等事务工作，受到公司好评。2008年3月，通过自身优秀的工作表现被聘为三美公司工会筹备委员会事务员，协助工会筹备委员会工作。她工作认真、努力、负责，不管遇到任何困难，都能坚持不懈，想方设法解决。在“5.12”大地震后，她全身心投入到组织全公司员工为灾区捐款活动，持续时间5个月之久，前后共计为灾区组织捐款30余万元，同时多次以各种不同渠道为灾区捐款，倡议工友们献爱心，并带头为灾区捐款。她热情为职工做好事，在春节期间，为了方便公司员工购买团体火车票，不怕辛苦，任劳任怨，并联系包车送公司员工到广州火车站坐火车，让员工平安、愉快地回家欢度春节。（黄集区）

【获省级以上表彰的先进个人】 罗胜标，男，1969年出生，本科学历，中共党员，珠海市公安局刑警支队五大队排爆功能组组长。罗胜标同志参加公安工作以来一直战斗在排爆治爆第一线，历尽艰险，出生入死，始终恪守着这份与社会安宁、百姓安危息息相关的事业。他参与执行各类大型活动的安检排爆任务600多次，做到处置涉爆警情成功率达100%，完成重大活动安检任务无差错。他积极开展排爆实践总结和理论探索，先后撰写了《导火索残留长度与炸药量的关系》等一批有影响力的论文，主持制定了珠海市《爆炸装置处置现场导引》等工作规范，他提出的多项有关爆破理论和方法填补了省内多项空白。在他的带领下，排爆组工作逐步走上正规化、专业化轨道，成为全市排爆的“尖刀组”。2009年，该同志被评为全国模范军队转业干部、第一届“南粤十佳卫士”并荣记个人一等功。

史月群，女，1973年出生，本科学历，中共党员，珠海市公安局刑警支队五大队化验专业功能组组长。史月群同志自参加工作以来，在DNA事业上倾注了全部的心血和辛勤的汗水，在她不懈的努力下，珠海市公安系统的DNA研究和应用从无到有，发展成为具有一定规模、屡创佳绩的DNA检验鉴定专业。14年来，她受理的物证检验在多宗重、特大案件的侦破工作中起到了关键作用，为维护珠海市良好的社会治安秩序作出了积极贡献。在做好本职工作的同时，她还积极开展科研工作和撰写学术论文，并先后在全国、省级及市级学术刊物或学术交流会上发表学术论文10余篇。其中《珠海地区汉族人群十个Y染色体荧光标记基因座的多态性及法医学应用研究》课题于2003年在珠海市科技局立项，填补了珠海市刑事科学技术领域没有科研立项的空白。2009年，该同志被评为全国巾帼建功标兵。

叶翠玲，女，1975年出生，本科学历，中共党员，珠海市公安局香洲分局翠香派出所科员。翠香派出所辖区地处珠海市、香洲区两级政府中心地带，管辖范围大，城中村改造后空挂户多、集体户多、常住人口非常密集。面对时间紧、任

务重、要求高的压力，为有效推动第二代身份证换发工作，叶翠玲同志默默无闻、任劳任怨地工作在“三尺平台”，始终坚持以良好的态度接待好每一位群众，以快捷、准确、高效的作风办理好每一名居民的第二代身份证，用真心、真诚、真情赢取了民心。在集中换发证期间，她上门走访居民住户13761家，派发宣传资料47533份，办理换发第二代身份证18772张，出色地完成了换发二代居民身份证任务，换发证总量在全市派出所中位居第一。2009年，该同志被评为全国公安机关集中换发第二代居民身份证工作先进个人。

李少华，男，1974出生，专科学历，中共党员，珠海市公安局拱北口岸分局治安大队扫除黄赌毒中队中队长。李少华同志在侦办2008年度“4.17”贩卖淫秽光碟案中，通过艰苦的调查摸排，掌握了侵权盗版犯罪的准确情报和大量的证据，为成功端掉隐藏在口岸地区的两个批发、储存盗版光碟窝点作出突出贡献。缴获淫秽光碟1600余张、盗版光碟52527张，缴获盗版光碟的数量为近年来珠海市公安局行动战果之最。2009年，该同志被评为全国查处侵权盗版案件有功个人。

王文赋，男，1973年出生，本科学历，中共党员，珠海市公安局高新分局刑侦大队副大队长。在2008年全国打击盗窃破坏电力电信广播电视设施违法犯罪专项斗争中，王文赋同志带领分局打击“三电”违法犯罪专业队民警，坚持以打开路，以打促防，为打击盗窃破坏“三电”设施违法犯罪，保护辖区“三电”设施的安全作出了突出贡献。该同志多方协调，克服困难，组建了打击盗窃破坏“三电”设施的专业队，积极开展工作，侦破了多宗破坏公用电信设施案。此外，他还积极和电力、电信企业沟通，为企业加强自身的人防技防出谋划策，如移动公司和联通公司移动基站都安装了红外自动报警装置，电力部门在案件高发线路上也安装了失压自动报警装置和发声报警装置。2009年，该同志被评为全国打击盗窃破坏电力电信广播电视设施违法犯罪专项斗争先进个人。

周志荣，男，1974年出生，本科学历，中共党员，珠海市公安局出入境管理处外国人事务管理科副科长。近年来，周志荣在夯实基层外管工作基础、构建“大外管”格局等方面做了大量的工作，为全面提升珠海市外国人管理工作水平做出了积极的贡献。该同志以“三基”工程建设为契机，全面夯实我市外管工作基础，依托治安部门建立外国人管理四级管理模式，提前9个月实现了公安部提出的将外国人纳入实有人口管理的近期目标；在拱北口岸外国人进出通道处发放《外国人温馨提示》宣传单张，中央、省、市媒体对此进行了报道；利用警综系统的电子建档功能，简化了外国人办理住宿登记的手续；提出了对外国人违反住宿登记行为进行当场处罚的建议，提高了工作效率；指导派出所加强外国人住宿登记工作，使珠海市外国人住宿登记准确率由87%上升到91%，位居广东省7个重点城市之首。2009年，该同志被评为全国公安机关出入境管理暨外国人管理工作先进个人。

陈志伟，男，1977年出生，本科学历，中共党员，珠海市公安局经侦支队二大队科员。2009年3月，经侦支队侦办一宗利用网上银行从事非法资金支付结算案件。作为该案的主办侦查员，陈志伟同志无论是在侦查前期的线索分析、涉案人员、商铺的摸排，还是收网破案后的审讯和审查扩线中，都做出了大量细致有效的工作。特别是在侦查犯罪嫌疑人利用网上银行从事非法资金支付结算违法行为过程中，该同志充分运用专业知识，为认定犯罪嫌疑人从事非法交易犯罪活动获取了有力证据。2009年，该同志被评为全国公安机关破获重大外汇违法犯罪案件有功人员。

孙磊，男，1982年出生，本科学历，共青团员，珠海市公安局经侦支队二大队科员。2009年9月8日，经侦支队侦办一宗非法经营案。作为主办侦查员，孙磊同志在办案过程中勇于克服困难，为此案的成功侦破起到了重要作用。由于犯罪嫌疑人有较强的反侦查能力，侦查工作面临较大困难，该同志提出将注意力放在与犯罪嫌疑人密切接触的人员身上，并负责对犯罪嫌疑人所经营商行的监控工作，从中发现了另一名提供非法外汇兑换账户的重要犯罪嫌疑人，为案件成功破获找准了突破口。2009年，该同志被评为全国公安机关破获重大外汇违法犯罪案件有功人员。

罗嗣勇，男，1975年出生，本科学历，中共党员，珠海市公安局经侦支队二大队科员。2009年9月8日，经侦支队侦办一宗非法经营案。罗嗣勇同志作为此案的侦查员，在办案过程中认真负责，迎难而上，为此案的成功侦破起到较大作用。他参与了对涉案商铺的侦查，并在抓获该案其中两名犯罪嫌疑人后，及时调整审讯策略，最终使其交代参与非法兑换外汇的犯罪事实。在另一名犯罪嫌疑人闻风逃离珠海后，该同志提出利用其亲属关系以劝导自首为主、追逃同时并进的工作方法，并对其亲属开展了耐心细致的教育，最终促使该名犯罪嫌疑人投案自首，为案件破获画上圆满的句号。2009年，该同志被评为全国公安机关破获重大外汇违法犯罪案件有功人员。同时，该同志荣立个人一等功。

焦军，男，1971年出生，本科学历，中共党员，珠海市公安局拱北口岸分局禁毒大队大队长。在2009年“创平安、迎国庆”重点打击行动中，焦军同志带领全队民警严厉打击黑恶团伙及制贩毒品犯罪活动。在侦办“李某黑恶势力团伙案”中，该同志亲自带队对潜逃的团伙主犯李某展开持续数月的追踪侦查；在实施抓捕时，面对枪不离身的李某，他冷静沉着、巧妙施策，没费一枪一弹将其抓获，成功打掉这一黑恶势力团伙。2009年度，该同志荣立个人一等功。

（韩　锋）

邝卓昂，男，1964年出生，中共党员，大学本科学历，斗门区农业局局长，荣获“第一次全国污染源普查先进个人”称号。斗门区的农业污染源普查是珠海市农业污染源普查的重点。该同志担任区农业污染源普查领导小组的副组长，牵头组织区海洋与渔业局、区畜牧兽医局、区农业技术推广总站、区林业局和各镇、垦区骨干力量组成了一支近200人的农业污染源普查队伍，在时间紧、经费少、任务重、没有试点经验的情况下，采取有效措施，按照有关要求，发动全体工作人员加班加点，完成了7936套普查表的录入工作，并完成相关数据的审核、编辑、查错、校正和普查档案的整理存档，圆满完成普查任务，受到广东省污染源普查核查组的充分肯定。在2009年全国污染源普查工作总结中，区农业局被评为全国污染源普查先进集体。

凌云兰，女，1962年4月出生，在职本科学历，群众，斗门区统计局局长，荣获“2009年全国第二次经济普查国家级先进个人”称号。该同志在斗门区第二次全国经济普查工作中担任领导小组副组长及区经普办主任，在普查工作中严格按照普查方案，认真部署全区经普工作，精心组织实施。并主动与领导和财政部门沟通，解决普查经费；利用区电视台播放近1000分钟的公益广告、宣传短片和通告，收到明显效果；带领普查办人员加班加点，深入基层第一线工作；认真分析研究相关数据，采取措施进行数据复查，斗门区普查数据均通过省、市数据质量抽查各项指标标准。

许毅南，男，1973年9月出生，本科学历，中共党员，斗门区统计局副局长，荣获“2009年全国第二次经济普查国家级先进个人”称号。该同志在第二次全国经济普查工作中刻苦钻研业务，精心组织，认真负责，积极抓好普查方案的拟订和落实，确保工作顺利开展；深入基层，传达上级精神，研究相关工作，认真督促各镇落实普查各项工作任务；经常深入普查一线，了解普查过程中的问题、困难并加以解决，为圆满完成

ZHUHAI YEARBOOK

普查工作作出了积极贡献。

邝月贤，女，1971年12月出生，大专学历，中共党员，斗门区统计局科员，荣获“2009年第二次全国经济普查国家级先进个人”称号。该同志在斗门区第二次全国经济普查中，负责全区普查工作的组织、协调、指导、业务培训及负责行政事业、社会团体及其他单位普查套表的普查工作。工作中，她严格按照国家、省、市有关要求，精心组织，主动、积极与上下级沟通联系，刻苦钻研业务，并放弃节假日休息时间，一心扑在普查工作上，深入基层检查督导，逐一解决遇到的各种问题，严把数据质量关。同时，在组织普查、数据处理、数据质量抽查中担任好组织、协调的工作角色，使各专业普查工作顺利开展。

周卫中，男，1982年8月出生，大专学历，斗门区统计局办事员，荣获“2009年第二次全国经济普查省级先进个人”称号。该同志在斗门区第二次全国经济普查中，主要负责经济普查数据处理，肩负着对全区基础数据审核和处理的重任。他充分认识到基础数据的安全和质量是经济普查成功的关键，深感责任重大，全身心地投入到经济普查数据处理工作中，做到认真负责、实事求是。并刻苦钻研和认真学习数据处理软件的使用，注重数据处理服务器的稳定运行和经济普查数据库的及时备份，保证了普查基础数据处理的安全性和质量，为斗门区经济普查数据处理工作做出了应有的贡献。

陈多旺，男，1955年8月出生，大专学历，中共党员，斗门区乾务镇委委员、镇人大副主席，荣获“2009年第二次全国经济普查省级先进个人”称号。该同志在经济普查工作中，积极成立镇经济普查领导小组，多次召开经济普查专题工作会，确保经济普查工作深入人心、家喻户晓，得到广大群众的支持和理解。在普查实施阶段开始后，该同志按照区经济普查的实施方案和工作部署，及时组织普查队伍按要求入户清查，统筹全镇的普查工作，亲自监督工作进度和当天的工作安排，为乾务镇顺利完成全国第二次经济普查工作任务作出了积极贡献。

陈国辉，男，1962年10月出生，大学本科学历，中共党员，斗门区人民检察院党组成员、政工科科长、检察委员会委员，兼全院机关党支部委员、离退休老干部党支部书记、工会副主席，荣获“省检察机关先进个人”称号。该同志参加工作以来，始终坚持实实在在做事，清清白白做人，一心扑在工作上，从不计较个人得失，多次受到上级表彰，其所负责的科室曾多次受到珠海市检察院嘉奖。20多年来，该同志坚持用热情和汗水为检察工作不断添砖加瓦，受到领导和同志们的一致好评。2008年，在珠海市检察院组织的全市基层检察院绩效考核中，其所负责的政工科以明显优势获得第一名，受到珠海市检察院嘉奖，其所负责的离退休党支部2009年被珠海市评为“先进基层党组织”。该同志工作成绩突出，多次受到区委、区政府和珠海市检察系统的表彰和奖励。

黎海清，男，1975年4月出生，大学本科学历，经济学学士，中共党员，斗门区物价检查所所长，2009年被国家发改委评为先进个人。该同志自1997年大学毕业后，一直从事物价检查工作，工作认真，原则性强，始终把维护人民群众的利益作为己任，始终坚持对分外之物不眼红、不手长，在权力、金钱、人情面前，始终保持共产党员的本色。对违反价格法律法规的行为，无论其对群众的利益损害多小，哪怕是一分一毛，都认真履行职责，较好地完成了物价检查各项工作。

周锡球，男，1957年7月出生，广东省委党校行政管理大专毕业，中共党员，斗门区粮食储备管理中心副主任，荣获“2009年广东省粮食清仓查库工作先进个人”称号。该同志坚持“务实、廉洁、创新”的工作理念，一步一个脚印从基层粮所做起，至今已在粮食系统工作了35年。在深化粮食体制改革工作中，能够协调和理顺各种利害关系，顺利完成全区粮食管理体制的改革；在粮食职能管理工作中，转变观念，创新粮食储备工作方法，采取“政府指导、部门监督、市场运作”的粮食储备管理措施，全面落实政府“米袋子”工作负责制。在业务工作中，加强学习，不断创新，带领全区7个粮食储存库点67位职工，转变旧的粮食储备管理观念，改良储存新技术，确保政府储备粮安全，确保多年来全区粮食工作考核合格率达到100%。

黄悦民，男，1973年8月出生，中共党员，大学本科学历，斗门区三防办副主任，2009年荣获“2003-2007年度广东省实施省人大水库移民议案先进工作个人”称号。该同志注重学习，爱岗敬业，深入偏远地区了解移民的生产、生活状况和移民群众的思想动态，积极宣传水库移民政策，耐心解释水库移民安置办法；认真做好各移民安置点的选点工作，做到科学合理，以人为本；在编报水库移民后期扶持计划中，坚持公平、公正的原则，确定各村实施的先后顺序；并切实做好计划编报、移民村建设方案、部门协调、资金管理等各项工作，按照“四统一”原则，发动和依靠群众，让群众参与到工作的各个环节，取得较好效果。

冯悦有，男，1975年5月出生，大学本科学历，中共党员，斗门区环保局白蕉环保所所长，荣获“第一次全国污染源普查先进个人”称号。该同志能严格遵守普查工作的各项规章制度，对普查工作认真负责，吃苦耐劳，坚持与普查员一起深入普查现场，一丝不苟地开展普查工作。积极参加业务学习培训，刻苦钻研并熟练地掌握普查业务知识，严格执行普查方案、各项技术规定和工作细则，因地制宜，制定科学合理的普查路线。工作积极主动，及时发现问题、及时提出解决方法，耐心向普查对象宣传普查知识，积极参与普查工作报告和技术报告的编写和审核工作。在普查工作中，该同志坚持实事求是的原则，加班加点连续奋战两个多月，依法开展普查，较好地完成了普查工作任务。

刘素娥，女，1963年8月出生，大专学历，斗门区环境保护监测站环保助理工程师，荣获“第一次全国污染源普查先进个人”称号。该同志在斗门区第一次全国污染源普查工作中担任普查指导员工作，主要负责本区污染源普查业务指导和监督检查。在普查工作中，能坚持实事求是的原则，积极向普查对象宣传普查知识，严格执行普查方案中的各项技术规定和工作细则。对普查中发现的问题能提出解决办法，发现数据错误能认真核查改正，按时上报普查数据，并负责编写普查工作总结和技术报告，确保了普查工作按时按质按量完成。

黄慧峰，男，1978年1月出生，大学本科学历，中共党员，斗门区环保局斗门环保所所长，荣获“广东省第一次全国污染源普查先进工作者”称号。该同志积极参加业务学习培训，刻苦钻研并熟练地掌握普查业务知识，严格执行普查方案、各项技术规定和工作细则，因地制宜，制定科学合理的普查路线。严格遵守普查工作的各项规章制度，对普查工作认真负责，与普查员一起深入普查现场，一丝不苟地开展普查工作；并耐心向普查对象宣传普查知识，积极参与普查工作报告和技术报告的编写和审核工作。为按时按质完成普查工作任务，牺牲个人的休息时间，加班加点连续奋战两个多月，较好地完成了普查工作任务。

赵丽珍，女，1974年9月出生，大学本科学历，斗门区环境保护监测站环保助理工程师，荣获“广东省第一次全国污染源普查先进工作者”称号。该同志主要组织并参与了斗门区污染源普查（包括试点普查）中工业污染源监督性监测，包括监测方案的制订、现场监测采样、实验室样

品分析等。作为监测质量负责人，该同志严格按污染源普查要求开展污染源普查监测的质控工作，确保监测数据能客观、全面地反映污染源排污状况。主动承担并负责斗门区工业污染源历史监测数据的汇总和统计，经常利用个人休息时间和假期工作，按时向区污染源普查办提交所需要的监测统计数据。积极参与斗门区工业污染源调查表的数据审核工作，发现问题并及时反馈区污染普查办处理，使普查结果更趋合理并具有代表性。

邝艳姬，女，1969年2月出生，大专学历，致公党员，斗门区井岸镇第一小学教导处主任，小学美术高级教师，荣获“2009年全国模范教师”称号。该同志主持省级课题《学习中国传统文化，提高学生语文素养》，参与省级课题《校本培训与教师角色转变研究》、全国教育科学“十五”规划教育部重点课题子课题《小学数学笔算学习技术的心理探究》（已结题）。该同志积极承担教育部门的美术示范课和骨干教师培训任务，多次配合区、镇主持和组织大型的教研、学生竞赛和文艺演出等活动，有2份作品分别获国家、省级奖励；个人获国家级荣誉奖励2次、省级荣誉奖励3次、市级荣誉奖励4次；获优秀辅导员或优秀园丁称号18次；曾被评为全国教育系统巾帼建功标兵、广东省南粤优秀教师、广东省名师。

卢毅斌，男，1971年8月出生，大学本科学历，文学学士学位，中共党员，斗门区第一中学教师，中学美术一级教师，荣获“广东省2009年南粤优秀教师”称号。该同志一直辛勤地耕耘在中学美术教育工作第一线，无私奉献自己的青春和智慧。他师德高尚，多次在学校评教活动中被评为“最受学生欢迎的教师”。高考成绩突出，共培养了130多名学生考上清华大学、中央美术学院等高等美术院校，其中清华大学1人、中央美术学院4人、中国传媒大学1人。共培养了2名珠海市美术高考单科状元。2009年，其所带的美术专业班，重点本科上线23人，本科上线62人，总上线率达到98%。

魏岩，男，1977年4月出生，大学本科学历，理学学士学位，中共党员，斗门区和风中学数学一级教师，荣获“广东省2009年南粤优秀教师”称号。该同志坚持精心备课，扎实上课，认真批改作业。在2006年高考中，他所带的班有26位同学总分上本科线，其中有3人考入重点大学，高考数学600分以上27人。在2007年高考中，他所带的班文科数学平均分为年级第二。作为抓教学的级组长，他以课堂教学为载体，稳步推进课堂教学改革。并坚持以培养学生的学习意识和实践能力为重点，创新教学方式，有效提高了级组的教学质量。

容碧珊，女，1979年12月出生，大学本科学历，中共党员，斗门区井岸镇第一小学大队辅导员，小学语文高级教师，荣获“广东省2009年南粤优秀教师”称号。该同志从事教学工作11年，始终以火一样的热情，十倍的努力，百倍的干劲勤勤恳恳地耕耘在教育教学第一线。她努力钻研教材，在课堂上大胆创新，始终坚持以生为本，经过多年的研究和实践，成为学校语文学科的年轻教学骨干、学科带头人。多次参加市、区、镇的语文评优课比赛均获得一、二等奖。参加区、镇的小学语文教师基本功比赛均获一等奖。参加市工会举办的演讲赛获得全市第一名。曾被评为珠海市、斗门区优秀少先队辅导员，斗门区教坛新秀。其所辅导的学校仪仗队参加区、镇花样操赛分别荣获一等奖，所在的学校少先队大队获得广东省红旗大队、全国红旗大队等荣誉称号。

吴新章，男，1980年2月出生，大学本科学历，中共党员，斗门镇赤坎初级中学语文教师，荣获“广东省2009年南粤优秀教师”称号。该同志爱岗敬业，教书育人，勤于奉献，现为学校团委书记，级组长，备课组长，教学成绩显著。曾获第十一届圣陶杯中学生作文大赛指导一等奖，曾被评为珠海市先进教师、斗门区教坛新秀、先进教师，镇优秀教研员。该同志在担任级长、团委书记等工作中，能坚持做到忠于职务，认真负责，任劳任怨，为校团委获得“珠海市先进基层团组织”称号作出了积极的贡献，得到学校领导及同事的充分肯定。

肖平，男，1969年2月出生，大学本科学历，中共党员，斗门区乾务镇初级中学语文教师，荣获“广东省2009年南粤优秀教师”称号。该同志工作认真，责任心强，能关心、爱护学生，积极为学生排忧解难；尊重学生，对学生一视同仁、平等相处；重视家访工作，每学期坚持普访，对个别同学多次家访。每天早到班级，布置落实工作，找学生谈心，及时解决班中存在的问题。在班级管理中，他作风民主，重点突出，注重培养学生骨干队伍，坚持开展班级学风教育，大胆创新，使学生的学风、班风在班级量化管理中得到体现。他所带的科组在教研教改中，成绩突出，连续多年被评为学校的先进科组。

郑学明，男，1965年10月出生，大学本科学历，中共党员，斗门区第一中学政治高级教师，荣获“2009年广东省首批中小学名班主任”称号。该同志所带的班历年高考成绩超同类班，且2007、2008两届均有学生获斗门区总分第一；主持省级课题、市内外讲座多项（次），指导青年教师、辅导学生竞赛成绩显著，发表论文或著述共30余篇（本）；教学满意率历年保持100%，是广东省政治骨干教师，获珠海市优秀班主任等各类奖励30余项。

肖金凤，女，1935年6月出生，初中学历，中共党员，2009年荣获“广东省离退休干部先进个人”称号。该同志是斗门县第一任妇联主席，1990年退休后，积极为党的事业，为斗门的发展贡献余热。被聘为县纪委的特邀纪检员、机关作风建设督导员、卫生战线政风行风督导员等，每年都为区(县)机关单位的作风建设和行风建设，提出不少中肯而有益的建议。2001年，该同志

2009年3月11日，维和英雄张宪伟被公安部授予一等功。 吴长赋 摄

加入区关工委，每个星期上足班，出全勤，干满点，每天一到办公室就满负荷运转，为青少年健康成长尽心尽力。她关注贫困学生，积极开展扶贫助学，先后到全区5个镇23个村作了重点调查，掌握了大量贫困家庭学生的情况。6年来，她与区关工委领导深入60个单位，发动500多人，共捐出善款88.08万元，扶助79个村的贫困学生1314人。

林年金，女，1975年1月出生，专业技术职称（职务）护理师，遵义医学院第五附属（珠海）医院综合科护士，2009年荣获“广东省扶残助残先进个人”称号。她在1997年6月至今的13年时间里，义务护理井岸红旗社区一个素不相识、家境贫困的残疾人黄炳莲，用自己的平凡行为，展示了一个白衣天使的美好风范。13年来，该同志坚持义务帮助因意外事故导致腰瘫的黄柄莲更换导尿管，帮助其办理了最低生活保障，并不断地开导黄炳莲及其家人。黄炳莲生病，她就请来医生上门看病，亲自打针输液，守候观察。该同志2008年被评为珠海市斗门区红十字会优秀志愿工作者和荣获广东省道德模范提名奖，2008年荣获“珠海公益奖”，同时被提名为广东省第41届南丁格尔奖候选人。

熊陆兰，女，1965年出生，斗门区乾务镇狮群村人，2009年被评为第七届全国五好文明家庭。熊陆兰一家四口，自己种田维生，丈夫李祥友瘫痪20年，老母亲80多岁，女儿正在上大专。1990年冬天，李祥友在驾驶拖拉机运送甘蔗的途中发生意外，半身瘫痪，丧失生活自理能力。当时，熊陆兰正身怀六甲，她没有选择离开，而是默默地承担起照顾丈夫的责任。由于李祥友大小便失禁，长期卧床造成身上腐疮不断，每年的医药费成为家庭沉重的负担。此外，婆婆年迈，女儿上学，家里的负担更重。为了增加家里的收入，只有小学文化的熊陆兰一边种好家里10多亩的甘蔗地，一边利用农闲时间去做一些散工。最初几年，下半身瘫痪的李祥友情绪低落，一度对生活丧失信心。熊陆兰无微不至的照顾和安抚给了他生活的勇气，李祥友精神逐渐开朗，积极配合康复治疗，身体渐渐好起来。多年来，夫妻互相安慰，互相鼓励，携手走出生活的沼泽。2007年熊陆兰一家被评为珠海市文明礼仪之家，2008年熊陆兰被评为珠海市敬老爱亲道德模范。

董旭，女，1975年11月出生，大学本科学历，斗门区遵义医学院第五附属（珠海）医院急诊科医生，荣获“广东省2009年度伤害监测先进个人”称号。该同志作为斗门区遵义医学院第五附属（珠海）医院急诊科伤害监测工作中的一员，工作认真严谨，刻苦扎实，对每份伤害监测登记都努力做到真实、完整、准确，做到不漏报不漏次，发现其他同事漏报漏次时会主动帮其填写完整准确。近年来，斗门区遵义医学院第五附属（珠海）医院急诊科伤害监测漏报漏次率逐年下降，2009年，斗门区遵义医学院第五附属（珠海）医院急诊科被广东省CDC评为省级伤害监测先进单位。

谭佰和，男，1966年12月出生，大学本科学历，斗门区遵义医学院第五附属（珠海）医院急诊科医生，荣获“广东省2009年度伤害监测先进个人”称号。该同志是斗门区遵义医学院第五附属（珠海）医院急诊科伤害监测工作负责人。该同志在急诊科现行伤害监测工作制度的基础上，能根据工作特点做到每三天对伤害监测登记、填表及上报工作进行一次检查，发现有漏报漏次情况时，立即找相关医护人员核对伤害监测对象资料，补填或重填伤害监测，并将检查过的伤害监测报表装订完整做好最后的上报工作。近年来，斗门区遵义医学院第五附属（珠海）医院急诊科伤害监测漏报漏次率逐年下降，2009年，斗门区遵义医学院第五附属（珠海）医院急诊科被广东省CDC评为省级伤害监测先进单位。

（刘桂柱　陈裔强　邝新厚　陈瑞文　刘　平）

社会经济统计资料

老香洲换新颜。　　程　霖　摄

珠海市国民经济及社会发展情况（一）

指标名称	计量单位	2008年	2009年	2009年比2008年增减(%)
一、人口				
（一）年末家庭总户数	户	277075	287398	3.7
（二）年末户籍人口	人	994808	1026504	3.2
其中：男性	人	507276	522968	3.1
女性	人	487532	503536	3.3
其中：农业人口	人	0	0	—
非农业人口	人	994808	1026504	3.2
（三）年平均户籍人口	人	975841	1010656	3.6
（四）出生人口	人	11330	11404	0.7
其中：男性	人	5846	5921	1.3
女性	人	5484	5483	0.0
（五）人口出生率	‰	11.61	11.28	-0.3
（六）死亡人口	人	2920	2896	-0.8
（七）人口死亡率	‰	2.99	2.87	-0.1
（八）人口自然增长率	‰	8.62	8.41	-0.2
（九）人口迁入	人	37465	34297	-8.5
人口迁出	人	6528	9066	38.9
（十）流动渔民人口	人	9100	9053	-0.5

珠海市国民经济及社会发展情况（二）

指标名称	计量单位	2008年	2009年	2009年比2008年增减(%)
二、地区生产总值	万元	9971603	10386627	6.6
第一产业	万元	286192	288249	3.8
农林牧渔服务业	万元	24944	23612	0.7
第二产业	万元	5448596	5439572	3.3
工业	万元	5117499	5067634	2.4
建筑业	万元	331097	371938	18.7
第三产业	万元	4236815	4658806	11.1
交通运输、仓储和邮政业	万元	261885	240843	5.7
信息传输、计算机服务和软件业	万元	280684	311626	7.6
批发和零售业	万元	983769	1008603	6.8
住宿和餐饮业	万元	297882	270108	-8.7
金融业	万元	476876	464521	2.0
房地产业	万元	527709	788767	47.2
租赁和商务服务业	万元	315774	366063	12.7
科学研究、技术服务和地质勘察业	万元	64999	71683	8.8
水利、环境和公共设施管理业	万元	41484	47162	7.2
居民服务和其他服务业	万元	81934	94636	14.2
教育	万元	269793	309199	13.8
卫生、社会保障和社会福利业	万元	119919	139672	14.9
文化、体育和娱乐业	万元	60690	64149	6.3
公共管理和社会组织	万元	453417	481774	5.3

珠海市国民经济及社会发展情况（三）

指标名称	计量单位	2008年	2009年	2009年比2008年增减(%)
三、财政收支				
（一）财政一般预算收入	万元	923168	1014106	9.9
1.税收收入	万元	771965	830291	7.6
增值税	万元	190638	223139	17.0
营业税	万元	183064	187233	2.3
企业所得税	万元	128394	109943	-14.4
个人所得税	万元	48717	44667	-8.3
房产税	万元	33886	50771	49.8
印花税	万元	16518	22501	36.2
契税	万元	70447	78387	11.3
2.非税收入	万元	151203	183815	21.6
（二）财政一般预算支出	万元	1056821	1213058	14.8
一般公共服务	万元	214654	201491	-6.1
公共安全	万元	154373	161542	4.6
教育	万元	202748	232428	14.6
科学技术	万元	30007	39466	31.5
文化体育与传媒	万元	12834	25251	96.8
社会保障和就业	万元	103258	114565	11.0
医疗卫生	万元	46197	48095	4.1
环境保护	万元	13702	39542	188.6
城乡社区事务	万元	79597	117366	47.5
农林水事务	万元	41973	45318	8.0
交通运输	万元	21036	44539	111.7
工业商业金融等事务	万元	58702	26220	-55.3

珠海市国民经济及社会发展情况（四）

指标名称	计量单位	2008年	2009年	2009年比2008年增减(%)
四、工业				
（一）工业企业单位数	个	4600	4900	6.5
1.规模以上工业企业数	个	1395	1386	-0.6
（1）轻重工业				
轻工业	个	646	620	-4.0
重工业	个	749	766	2.3
（2）经济类型				
国有企业	个	9	9	0.0
集体企业	个	18	14	-22.2
港澳台投资企业	个	590	558	-5.4
外商投资企业	个	261	252	-3.4
（3）企业规模				
大型企业	个	20	24	20.0
中型企业	个	192	185	-3.6
小型企业	个	1183	1177	-0.5
2.规模以下工业企业数	个	3205	3514	9.6
（二）工业总产值（现价）	万元	25493556	24672148	-1.5
1.规模以上工业总产值	万元	24966832	24050448	-1.6
（1）轻重工业				
轻工业	万元	9327727	9822832	8.2
重工业	万元	15639105	14227617	-7.0

珠海市国民经济及社会发展情况（五）

指标名称	计量单位	2008年	2009年	2009年比2008年增减(%)
（2）经济类型				
国有企业	万元	661419	878026	29.5
集体企业	万元	187315	72030	-20.1
港澳台投资企业	万元	5878216	5542949	-2.2
外商投资企业	万元	12227329	10428551	-11.6
（3）企业规模				
大型企业	万元	11889120	10931959	-4.7
中型企业	万元	6768266	6845374	4.9
小型企业	万元	6309446	6273115	3.1
2.规模以下工业总产值	万元	526724	621700	6.4
（三）规模以上工业企业主要经济指标				
1.企业单位数	个	1395	1386	-0.6
其中：亏损企业	个	544	517	-5.0
2.主营业务收入	万元	25095726	23281127	-7.2
3.主营业务税金及附加	万元	50441	48772	-3.3
4.本年应交增值税	万元	417014	465885	11.7
5.利润总额	万元	1025502	1292731	26.1
6.亏损企业亏损额	万元	242528	194578	-19.8
7.年末固定资产原值	万元	9528686	10118992	6.2
8.年末流动资产	万元	14903105	16752727	12.4

注：工业总产值指标同比增长按可比价计算。

珠海市国民经济及社会发展情况（六）

指标名称	计量单位	2008年	2009年	2009年比2008年增减(%)
五、农业				
（一）农林牧渔业总产值(现价)	万元	514273	516243	4.1
农业	万元	83265	86440	3.2
林业	万元	209	712	241.8
畜牧业	万元	90799	91185	11.7
渔业	万元	279530	280665	2.5
农林牧渔服务业	万元	60469	57241	0.7
（二）农林牧渔业增加值(现价)	万元	286192	288249	3.8
农业	万元	56829	58995	2.4
林业	万元	160	546	242.0
畜牧业	万元	39253	39419	11.9
渔业	万元	165007	165677	2.5
农林牧渔服务业	万元	24944	23612	0.7
（三）农作物播种面积	亩	243479	268796	10.4
1. 粮食	亩	103557	119851	15.7
稻谷	亩	83726	87711	4.8
旱粮	亩	8869	20596	132.2
薯类	亩	9499	11421	20.2
番薯	亩	8703	9409	8.1
大豆	亩	1463	123	-91.6
2. 经济作物	亩	35972	34661	-3.6
花生	亩	3967	4566	15.1
木薯	亩	170	177	4.1
甘蔗	亩	22543	16066	-28.7

珠海市国民经济及社会发展情况（七）

指标名称	计量单位	2008年	2009年	2009年比2008年增减(%)
糖蔗	亩	21278	15484	-27.2
3. 其他农作物	亩	103950	114284	9.9
蔬菜	亩	91620	97592	6.5
果用瓜	亩	6103	12332	102.1
青饲料	亩	5847	4080	-30.2
（四）农作物总产量				
1. 粮食	吨	34009	41185	21.1
稻谷	吨	27651	29934	8.3
旱粮	吨	3086	7414	140.2
薯类	吨	2991	3798	27.0
番薯	吨	2676	3079	15.1
大豆	吨	281	39	-86.1
2. 经济作物				
花生	吨	709	816	15.1
木薯	吨	169	223	32.0
甘蔗	吨	146922	109334	-25.6
糖蔗	吨	144544	105474	-27.0
3. 其他农作物				
蔬菜	吨	142540	132689	-6.9
果用瓜	吨	7301	16135	121.0
青饲料	吨	8882	5421	-39.0

注：农业总产值和增加值指标同比增长按可比价计算。

珠海市国民经济及社会发展情况（八）

指标名称	计量单位	2008年	2009年	2009年比2008年增减(%)
（五）水果实有面积	亩	142494	131735	-7.6
柑、橘、橙	亩	2244	2842	26.6
香(大)蕉	亩	81754	66779	-18.3
菠萝	亩	20	40	100.0
荔枝	亩	48399	46401	-4.1
龙眼	亩	6362	7085	11.4
其他水果	亩	1151	1932	67.9
（六）水果总产量	吨	145008	117639	-18.9
柑、橘、橙	吨	1630	2433	49.3
香(大)蕉	吨	132143	103576	-21.6
菠萝	吨	20	17	-15.0
荔枝	吨	5262	3930	-25.3
龙眼	吨	1532	1009	-34.1
其他水果	吨	1106	254	-77.0
（七）茶叶实有面积	亩	25	25	0.0
茶叶产量	吨	1	1	0.0
（八）畜牧业生产情况				
年末黄牛存栏量	头	125	116	-7.2
年末水牛存栏量	头	520	421	-19.0
年末生猪存栏量	万头	32.12	32.70	1.8
全年生猪出栏量	万头	37.04	40.49	9.3
三鸟饲养量	万只	949.56	1025.03	7.9
猪肉总产量	吨	27050	29151	7.8
牛肉总产量	吨	59	60	1.7
禽肉总产量	吨	9868	11264	14.1
禽蛋总产量	吨	4262	7032	65.0

珠海市国民经济及社会发展情况（九）

指标名称	计量单位	2008年	2009年	2009年比2008年增减(%)
（九）水产品生产情况				
水产养殖面积	亩	490590	460605	-6.1
海水养殖	亩	255645	233775	-8.6
淡水养殖	亩	234945	226830	-3.5
水产品总产量	吨	182398	190894	4.7
海洋捕捞	吨	11704	11690	-0.1
海水养殖	吨	23984	22739	-5.2
淡水捕捞	吨	1660	1660	0.0
淡水养殖	吨	145050	154805	6.7
（十）农渔村总收入	万元	1375665	1455936	5.8
农村总收入	万元	1367307	1444532	5.6
渔村总收入	万元	8358	11404	36.4
农渔民纯收入	万元	183354	196319	7.1
农民纯收入	万元	181170	194055	7.1
渔民纯收入	万元	2184	2265	3.7
农渔民人均纯收入	元/人.年	8048	8575	6.6
农民人均纯收入	元/人.年	8024	8552	6.6
渔民人均纯收入	元/人.年	10807	11166	3.3
六、社会消费品零售总额	万元	3601021	4044564	12.3
（一）批发业	万元	599346	578215	-3.5
限额以上企业	万元	70263	78896	12.3
限额以下企业及个体户	万元	529083	499319	-5.6

ZHUHAI YEARBOOK

珠海市国民经济及社会发展情况（十）

指标名称	计量单位	2008年	2009年	2009年比2008年增减(%)
（二）零售业	万元	2500921	2957354	18.3
限额以上企业	万元	929815	1360930	46.4
限额以下企业及个体户	万元	1571106	1596424	1.6
（三）住宿业	万元	59321	61040	2.9
限额以上企业	万元	59321	61040	2.9
限额以下企业和个体户	万元	0	0	-
（四）餐饮业	万元	441433	447955	11.2
限额以上企业	万元	113848	118908	19.4
限额以下企业和个体户	万元	327585	329047	8.5
七、运输业				
（一）货运量	万吨	7525	6683	-11.2
1.公路	万吨	5569	4892	-12.2
2.水路	万吨	1955	1790	-8.4
（二）货物周转量	万吨千米	1329210	1486760	11.9
1.公路	万吨千米	303059	286763	-5.4
2.水路	万吨千米	1024297	1198140	17.0
（三）客运量	万人	17208	16944	-1.5
1.公路	万人	16744	16492	-1.5
2.水路	万人	383	366	-4.4
（四）旅客周转量	万人千米	710403	711700	0.2
1.公路	万人千米	563974	560510	-0.6
2.水路	万人千米	16465	15236	-7.5

珠海市国民经济及社会发展情况（十一）

指标名称	计量单位	2008年	2009年	2009年比2008年增减(%)
（五）港口吞吐量				
1.货物吞吐量	万吨	4086	4407	7.9
2.旅客吞吐量	万人	510.38	457.03	-10.5
（六）机动车拥有量				
1.民用汽车	辆	159745	223068	39.6
客车	辆	124974	145929	16.8
大型客车	辆	4660	4858	4.2
小型客车	辆	114755	135645	18.2
货车	辆	31756	32457	2.2
大型货车	辆	4410	5590	26.8
小型货车	辆	27339	26867	-1.7
2.其他机动车	辆	44101	42842	-2.9
摩托车	辆	41461	40210	-3.0
（七）船拥有量				
1.机动船	艘	523	502	-4.0
	吨位	157968	169663	7.4
	客位	9857	10021	1.7
2.驳船	艘	23	29	26.1
	吨位	17570	18152	3.3

珠海市国民经济及社会发展情况（十二）

指标名称	计量单位	2008年	2009年	2009年比2008年增减(%)
八、邮电业务总量	万元	975089	995484	2.1
（一）邮政业务总量	万元	29268	33117	13.2
函件	万件	3340	4845.09	45.1
包件	万件	35.75	31.6	-11.6
特快专递	万件	261.53	323	23.5
订销报纸累计份数	万份	2143.81	2259.9	5.4
订销杂志累计份数	万份	293.06	282.82	-3.5
（二）电信业务总量	万元	945821	962367	1.7
邮政业务收入	万元	32328	33928	4.9
电信业务收入	万元	280316	304049	8.5
长途电话通话时长	万分钟	289356	350384	21.1
电话用户	万户	91.78	79.9	-12.9
城市	万户	84.21	75.2	-10.7
农村	万户	7.56	4.7	-37.8
九、固定资产投资				
（一）固定资产投资总额	万元	3767575	4105052	9.0
1.按种类分				
（1）基本建设	万元	1948158	1958511	0.5
（2）更新改造	万元	281566	351817	25.0
（3）房地产开发	万元	1520896	1684427	10.8
（4）其他	万元	16955	110297	550.5
2.按构成分				
（1）建筑工程	万元	2271695	2635051	16.0
（2）安装工程	万元	216090	220513	2.0
（3）设备工器具购置	万元	674530	463624	-31.3
（4）其他费用	万元	605260	785864	29.8

珠海市国民经济及社会发展情况（十三）

指标名称	计量单位	2008年	2009年	2009年比2008年增减(%)
3.按用途分				
（1）第一产业	万元	0	13942	-
（2）第二产业	万元	1297302	1026015	-20.9
（3）第三产业	万元	2470273	3065095	24.1
4.按行业分				
（1）农林牧渔业	万元	0	13942	-
（2）采矿业	万元	7260	10	-99.9
（3）制造业	万元	1143585	824877	-27.9
（4）电力、燃气及水的生产和供应业	万元	142997	200683	40.3
（5）建筑业	万元	3460	445	-87.1
（6）交通运输、仓储和邮政业	万元	394092	286403	-27.3
（7）信息传输、计算机服务和软件业	万元	50191	66418	32.3
（8）批发和零售业	万元	37422	51929	38.8
（9）住宿餐饮业	万元	43125	25579	47.1
（10）房地产业	万元	1545608	1813937	17.4
（11）租赁和商务服务业	万元	26988	135247	401.1
（12）科研、技术服务和地质勘察业	万元	2700	6411	137.4
（13）水利、环境和公共设施管理业	万元	232229	542488	133.6
（14）居民服务和其他服务业	万元	14462	11630	-19.6
（15）教育	万元	66505	54315	-18.3
（16）卫生、社会保障和社会福利行业	万元	5151	21614	319.6
（17）文化、体育和娱乐业	万元	14526	11299	-22.2
（18）公共管理和社会组织	万元	34054	37825	11.1

珠海市国民经济及社会发展情况（十四）

指标名称	计量单位	2008年	2009年	2009年比2008年增减(%)
（二）新增固定资产	万元	1893774	1814131	-4.2
1.基本建设	万元	642450	679593	5.8
2.更新改造	万元	252683	235366	-6.9
3.房地产	万元	988091	790755	-20.0
4.其他	万元	10550	108417	927.6
（三）房地产开发投资来源与投向				
1.房地产开发完成投资额	万元	1520896	1684427	10.8
土地开发投资	万元	161787	158225	-2.2
土地购置费	万元	390571	473634	21.3
按构成分：				
（1）建筑工程	万元	894072	914973	2.3
（2）安装工程	万元	100047	114737	14.7
（3）设备工器具购置	万元	26235	23813	-9.2
（4）其他费用	万元	500542	630904	26.0
按工程用途分：				
（1）住宅	万元	1116332	954585	-14.5
（2）办公楼	万元	4386	10666	143.2
（3）商业营业用房	万元	78008	110217	41.3
（4）其他	万元	322170	608959	89.0
2.新增固定资产	万元	988091	790755	-20.0
3.本年购置土地面积	平方米	612473	795161	29.8
4.完成开发土地面积	平方米	616981	237837	-61.5

珠海市国民经济及社会发展情况（十五）

指标名称	计量单位	2008年	2009年	2009年比2008年增减(%)
5.本年资金来源合计	万元	2723896	3860232	41.7
上年末结余资金	万元	935770	736196	-21.3
本年资金来源小计	万元	1788126	3124036	74.7
（1）国内贷款	万元	370882	552381	48.9
（2）利用外资	万元	12008	95201	692.8
（3）自筹资金	万元	442489	670677	51.6
（4）其他资金	万元	962747	1805777	87.6
定金及预收款	万元	455258	943116	107.2
6.各项应付款	万元	458322	583507	27.3
（四）房地产开发施工、竣工面积及销售情况				
1.施工面积合计	平方米	11738793	11439551	-2.5
住宅	平方米	9803225	9288534	-5.3
办公楼	平方米	67853	130660	92.6
商业营业用房	平方米	678995	687459	1.2
其他	平方米	1188720	1332898	12.1
2.新开工面积合计	平方米	3161517	3163079	0.0
住宅	平方米	2548381	2667909	4.7
办公楼	平方米	2204	36472	1554.8
商业营业用房	平方米	182919	132071	-27.8
其他	平方米	428013	326627	-23.7

ZHUHAI YEARBOOK

珠海市国民经济及社会发展情况（十六）

指标名称	计量单位	2008年	2009年	2009年比2008年增减(%)
3.空置面积合计	平方米	781199	540337	-30.8
住宅	平方米	414644	295633	-28.7
办公楼	平方米	40199	45740	13.8
商业营业用房	平方米	202495	117089	-42.2
其他	平方米	123861	81875	-33.9
4.空置面积按时间分				
一年以下	平方米	248865	223436	-10.2
一至三年	平方米	228775	179070	-21.7
三年以下	平方米	303559	137831	-54.6
5.商品房竣工面积	平方米	4018983	3711705	-7.6
住宅	平方米	3367180	3141055	-6.7
办公楼	平方米	26442	14250	-46.1
商业营业用房	平方米	174406	138923	-20.3
其他	平方米	450955	417477	-7.4
6.商品房竣工价值	万元	744932	736594	-1.1
住宅	万元	619707	624705	0.8
办公楼	万元	4880	2637	-46.0
商业营业用房	万元	34233	26077	-23.8
其他	万元	86112	83175	-3.4
7.商品房销售面积	平方米	1756283	2897294	65.0
住宅	平方米	1630563	2777709	70.4
办公楼	平方米	18488	7366	-60.2
商业营业用房	平方米	49956	66874	33.9
其他	平方米	57276	45345	-20.8

珠海市国民经济及社会发展情况（十七）

指标名称	计量单位	2008年	2009年	2009年比2008年增减(%)
8.销售面积按房源分				
现房	平方米	500471	827823	65.4
期房	平方米	1255812	2069471	64.8
9.商品房销售金额	万元	1241742	2146041	72.8
住宅	万元	1144404	2047303	78.9
办公楼	万元	14199	3641	-74.4
商业营业用房	万元	59633	76458	28.2
其他	万元	23506	18639	-20.7
10.商品房销售金额按房源分				
现房	万元	315468	591680	87.6
期房	万元	926274	1554361	67.8
11.房地产开发企业主要财务指标				
（1）流动资产	万元	7397712	7587229	2.6
（2）固定资产原价	万元	236786	245958	3.9
其中：累计折旧	万元	60062	64380	7.2
（3）资产总计	万元	8494800	8783217	3.4
（4）负债合计	万元	6110430	6208485	1.6
（5）所有者权益	万元	2384370	2574732	8.0
（6）实收资本	万元	1422517	1182714	-16.9
其中：国家资本	万元	97105	155580	60.2
集体资本	万元	33347	19755	-40.8
法人资本	万元	505462	293277	-42.0
个人资本	万元	261731	260657	-0.4
港澳台资本	万元	356293	223984	-37.1
外商资本	万元	168579	229461	36.1

珠海市国民经济及社会发展情况（十八）

指标名称	计量单位	2008年	2009年	2009年比2008年增减(%)
（7）主营业务收入	万元	1396778	1894975	35.7
（8）主营业务成本	万元	1029454	1290053	25.3
（9）主营业员税金及附加	万元	92128	159457	73.1
（10）主营业务利润	万元	225764	395188	75.0
（11）其他业务利润	万元	62650	40954	-34.6
（12）营业利润	万元	181388	333886	84.1
（13）投资收益	万元	36124	13610	-62.3
（14）利润总额	万元	174784	355316	103.3
（15）本年应付工资总额	万元	39377	39045	-0.8
（16）本年应付福利费总额	万元	4379	4188	-4.4
（17）全部从业人员年平均人数	万元	8427	6795	-19.4
十、对外经济贸易				
（一）批准利用外资项目数	宗	387	228	-41.1
1.外商直接投资	宗	304	197	35.2
2.外商其他投资	宗	83	31	-62.7
（二）协议规定外商投资额	万美元	288111	96625	-66.5
1.外商直接投资	万美元	279764	93628	-66.5
2.外商其他投资	万美元	8347	2997	-64.1
（三）实际利用外资额	万美元	121736	120727	-0.8
1.外商直接投资	万美元	114224	118030	3.3
2.外商其他投资	万美元	7512	2697	-64.1

珠海市国民经济及社会发展情况（十九）

指标名称	计量单位	2008年	2009年	2009年比2008年增减(%)
（四）外贸出口总值	万美元	2117177	1778301	-16.0
机电产品	万美元	1593681	1288698	-19.1
高新技术产品	万美元	706631	567028	-19.8
按贸易性质统计				
1.一般贸易	万美元	372670	303029	-18.7
2.加工贸易	万美元	1533092	1249256	-18.5
来料加工	万美元	196499	196706	0.1
3.其他贸易	万美元	211415	226015	6.9
按企业性质统计				
1.外贸企业	万美元	358085	300268	-16.1
国有企业	万美元	156629	115350	-26.4
集体企业	万美元	36810	28000	-23.9
私营企业	万美元	164647	156918	-4.7
2.外商投资企业	万美元	1759091	1478033	-16.0
中外合作企业	万美元	26713	29485	10.4
中外合资企业	万美元	226784	232790	2.6
外资企业	万美元	1505595	1215758	-19.3

珠海市国民经济及社会发展情况（二十）

指标名称	计量单位	2008年	2009年	2009年比2008年增减(%)
（五）外贸进口总值	万美元	2566473	1965719	-23.4
机电产品	万美元	1041537	810798	-22.2
高新技术产品	万美元	695469	515421	30.9
按贸易性质统计				
1.一般贸易	万美元	805557	1089400	35.2
2.加工贸易	万美元	1024186	779607	-23.9
来料加工	万美元	157619	151538	-3.9
3.其他贸易	万美元	452887	380555	-16.0
按企业性质统计				
1.外贸企业	万美元	1049712	768233	-26.8
国有企业	万美元	827772	511015	-38.3
集体企业	万美元	119335	94355	-20.9
私营企业	万美元	102605	162862	58.7
2.外商投资企业	万美元	1516761	1197486	-21.0
中外合作企业	万美元	12899	10593	-17.9
中外合资企业	万美元	345083	309003	-10.5
外资企业	万美元	1158779	877890	-24.2
（六）接待游客总人数	万人	1115.44	1208.74	8.4
1.接待国际游客	万人	286.22	297.85	4.1
外国游客	万人	49.31	47.86	-2.9
香港游客	万人	96.92	101.98	5.2
澳门游客	万人	61.03	68.04	11.5
台湾游客	万人	78.96	79.97	1.3
2.接待国内游客	万人	829.22	910.89	9.8
3.涉外宾馆酒店				

珠海市国民经济及社会发展情况（二十一）

指标名称	计量单位	2008年	2009年	2009年比2008年增减(%)
（1）酒店数	家	88	93	5.7
五星酒店	家	8	8	0.0
四星酒店	家	8	9	12.5
三星酒店	家	64	68	6.3
二星酒店	家	8	8	0.0
一星酒店	家	0	0	-
（2）客房数	间	11816	11940	1.0
（3）床位数	张	19701	20089	2.0
（4）客房出租率	%	64.6	53.7	-16.9
4.旅行社组团游客人数	人次	898161	924203	2.9
国内游	人次	678212	735131	8.4
省内游	人次	555055	569663	2.6
省外游	人次	123157	165468	34.4
出境游	人次	219949	189072	-14.0
香港	人次	92367	88460	-4.2
澳门	人次	92309	51708	-44.0
出国游	人次	35273	48904	38.6
5.口岸出入境人数	万人次	8833	8569.2	-3.0
外国人	万人次	172	174.3	1.3
澳门、香港	万人次	5277	5103.9	-3.3
台湾	万人次	130	122.9	-5.5
大陆	万人次	3254	3168.1	-2.6

珠海市国民经济及社会发展情况（二十二）

指标名称	计量单位	2008年	2009年	2009年比2008年增减(%)
十一、劳动工资				
（一）年末从业人员数	人	1015023	981331	-3.3
1.国有经济	人	92799	99912	7.7
2.集体经济	人	97168	95784	1.3
3.其他经济	人	825056	785635	-4.8
（二）全年在岗职工工资总额	万元	1695300	1807817	6.6
1.国有经济	万元	512731	582134	13.5
2.集体经济	万元	95156	86225	-9.4
3.其他经济	万元	1087413	1139457	4.8
（三）在岗职工年平均工资	元/人	29703	31762	6.9
1.国有经济	元/人	58359	62253	6.7
2.集体经济	元/人	23748	25893	9.0
3.其他经济	元/人	24556	25758	4.9
十二、科技				
（一）专利申请量	项	2244	2778	23.8
（二）专业技术人员	人	104210	110576	6.1
十三、教育				
（一）学校数	所	429	419	-2.3
1.普通高等学校	所	10	10	0.0
2.成人高等学校	所	1	1	0.0
3.中等职业学校	所	8	8	0.0

珠海市国民经济及社会发展情况（二十三）

指标名称	计量单位	2008年	2009年	2009年比2008年增减(%)
4.技工学校	所	1	1	0.0
5.普通中学	所	58	58	0.0
其中：完全中学	所	10	10	0.0
普通高中	所	7	7	0.0
初中	所	41	41	0.0
6.小学	所	132	130	-1.5
7.幼儿园	所	218	210	-3.7
8.特殊学校	所	1	1	0.0
（二）在校学生数	人	380320	393043	3.3
1.普通高等学校(不含研究生)	人	88863	101564	14.3
2.成人高等学校	人	8331	8555	2.7
3.中等职业学校	人	16653	17759	6.6
4.技工学校	人	4395	5083	15.7
5.普通中学	人	90901	93861	3.3
其中：普通高中(含完全中学)	人	28926	30148	4.2
初中	人	61975	63713	2.8
6.小学	人	131478	125643	-4.4
7.幼儿园	人	39468	40328	2.2
8.特殊学校	人	231	250	8.2

珠海市国民经济及社会发展情况（二十四）

指标名称	计量单位	2008年	2009年	2009年比2008年增减(%)
（三）毕业生数	人	84541	89914	6.4
1.普通高等学校(不含研究生)	人	14279	18423	29.0
2.成人高等学校	人	1293	1532	18.5
3.中等职业学校	人	4394	4619	5.1
4.技工学校	人	1005	828	-17.6
5.普通中学	人	27378	28269	3.3
其中：普通高中(含完全中学)	人	8638	9107	5.4
初中	人	18740	19162	2.3
6.小学	人	23156	23183	0.1
7.幼儿园	人	13025	13048	0.2
8.特殊学校	人	11	12	9.1
十四、文化				
（一）电影放映单位	个	9	9	0.0
（二）艺术表演团体	个	7	7	0.0
（三）艺术表演场所	间	5	5	0.0
（四）艺术表演场次	场	825	4999	505.9
（五）公共图书馆	间	4	4	0.0
（六）图书馆藏书量	万册(万件)	55.85	72.56	29.9
（七）文化站	间	23	23	0.0
（八）群众艺术馆.文化馆	间	4	4	0.0
（九）博物馆	个	2	2	0.0

珠海市国民经济及社会发展情况（二十五）

指标名称	计量单位	2008年	2009年	2009年比2008年增减(%)
十五、广播电视事业				
广播电视台	座	2	2	0.0
广播电视发射台	座	2	2	0.0
广播覆盖率	%	98.6	99	0.4
电视覆盖率	%	98.60	99.00	0.4
有线电视入户率	%	96.00	96.00	0.0
十六、新闻出版				
全年出版报纸	种	3	3	0.0
全年出版图书	种	230	230	0.0
全年出版杂志	种	3	3	0.0
十七、卫生				
（一）卫生机构	个	470	486	3.4
医院、卫生院	个	46	48	4.3
社区卫生服务中心（站）	个	97	96	-1.0
门诊部	个	77	83	7.8
诊所、卫生所、医务室	个	238	247	3.8
专科疾病防治院（所、站）	个	3	3	0.0
疾病预防控制中心（防疫站）	个	3	3	0.0
卫生监督所（中心）	个	1	1	0.0
妇幼保健院（所、站）	个	2	2	0.0

珠海市国民经济及社会发展情况（二十六）

指标名称	计量单位	2008年	2009年	2009年比2008年增减(%)
（二）卫生机构人员数	人	12220	13313	8.9
卫生技术人员	人	10282	11119	8.1
（三）卫生机构床位数	张	5851	6341	8.4
（四）入院人数	人	157565	170931	8.5
（五）出院人数	人	157150	170535	8.5
（六）病床周转平均次数	次/年	27.1	29.1	7.4

法规·文件

2009年2月23日，珠海市第七届人民代表大会召开。 吴长赋 摄

法规·文件

珠海市企业和企业经营者权益保护办法

第一条 为保护企业和企业经营者权益，营造良好的投资经营环境，促进企业发展，根据有关法律、法规，结合本市实际，制定本办法。

第二条 本市行政区域内依法设立的各类企业（含个体工商户）和企业经营者及对其企业经营者权益的尊重和保护，适用本办法。

本办法所称企业经营者，是指依法行使企业经营管理职权并承担经营管理责任的企业主要负责人。

本办法所称的企业和企业经营者权益，是指企业的财产权和企业经营者依法享有的经营管理权，以及与之有关的其他权益。

第三条 各级人民政府应当鼓励和引导企业的发展，依法保护企业和企业经营者的权益，创造公平竞争的环境。

第四条 各级行政机关应当依法行政，提高行政效率，为企业创造良好的发展环境。

各级行政机关应当在职权范围内依法查处侵害企业和企业经营者权益的行为。

第五条 企业和企业经营者应当依法从事生产和经营管理活动，切实履行企业社会责任，不得损害职工和消费者的权益。

鼓励企业和企业经营者支持和参与公益事业。

第六条 任何单位和个人不得妨碍企业的正常生产经营秩序。

任何单位和个人有权对侵害企业和企业经营者权益的行为进行社会监督。

新闻媒体有权对侵害企业和企业经营者权益的行为予以监督。

第七条 市、区人民政府（含经济功能区管委会）应当建立企业和企业经营者权益保护工作联席会议制度，协调解决企业和企业经营者权益保护工作中的重大问题，具体工作由市、区经贸部门负责。

国资、外经贸、工商、公安、监察、税务、质监、物价、海关、检验检疫等相关部门，应当依法履行各自职责，维护企业和企业经营者权益。

第八条 市、区人民政府制定相关的扶持政策，重点支持港口、能源、航空、游艇、医药、物流等产业，以及现代服务业和高新技术企业。

市、区人民政府加强基础设施建设和公益事业投入，为企业营造良好的经营环境。

第九条 对在企业和企业经营者权益保护工作中做出突出贡献的单位和个人，各级人民政府应当给予表彰或者奖励。

市、区人民政府应当建立侵犯企业和企业经

营者权益的责任追究制度，及时纠正违法行为。

第十条　市、区劳动和社会保障部门应当会同同级工会、企业建立协调劳动关系的三方机制，对涉及劳动关系的重大问题进行研究协商，提出解决问题的意见和建议，促进职工与企业、企业经营者之间的和谐与合作。

第十一条　企业所属的行业协会应当依法履行维护企业和企业经营者权益的职责，引导企业和企业经营者依法生产经营、履行企业社会责任，为企业和企业经营者提供服务。

第十二条　本市制定涉及企业和企业经营者重大权益的地方性法规、政府规章和规范性文件时，应当通过多种形式广泛听取企业和企业经营者的意见和建议。

第十三条　企业认为本市各级人民政府及其职能部门制定的规范性文件侵犯其权益的，可以申请市人民政府法制部门予以审查。法制部门应当依法进行审查，并自收到申请之日起15个工作日内将审查结果书面告知申请人。

第十四条　各级行政机关实施行政许可应当以法律、法规、规章为依据，对企业符合法定条件、标准的行政许可申请，应当在规定期限内及时办理。

第十五条　各级行政机关实施行政处罚应当以法律、法规、规章为依据，对企业作出责令停产停业、吊销许可证照、较大数额罚款等行政处罚决定之前，应当告知企业有要求举行听证的权利，企业要求听证的，行政机关应当依法组织听证。

第十六条　市人民政府法制部门应当健全行政处罚案卷评查制度，对本办法第十五条所涉及的重大行政处罚进行案卷评查，对适用法律错误、处罚程序违法等情形有权作出纠正决定。有关行政机关应当依法予以纠正，并书面反馈政府法制部门。

第十七条　各级行政机关、事业单位实行收费公示制度，依法向企业收费，应当出示收费许可证，告知收费依据，并出具法定部门统一制发的票据；禁止越权收费、超标准收费、自立项目收费，禁止对同一收费项目在法定期限内重复收费。

第十八条　各级行政机关及其工作人员对企业实施监督检查应当严格依照法律、法规、规章的规定进行。有下列情形之一的，企业有权拒绝：

（一）无法律、法规、规章依据。

（二）执法人员少于两人。

（三）不出示有效的行政执法证。

（四）没有明确监督检查事项。

第十九条　各级行政机关及其工作人员依法对企业进行监督检查，不得妨碍企业正常的生产经营活动，不得违规收取检查费用或者提取样品，不得索取或者收受企业财物，不得牟取其他利益。

第二十条　行政机关对企业生产经营的产品进行检查、检验、检测，应当依照法律、法规的规定进行。

行政机关依法对企业生产经营的产品进行检查、检验、检测需要抽取样品的，不得超过技术标准、标准规范要求的数量。抽取贵重样品的，行政机关应当在检验、检测后5日内返还原物；不能返还的，应当依法给予相当于原物价值的补偿。

第二十一条　市、区人民政府应当做好监督检查的协调工作，对企业的监督检查可以一并完成的，应当组织有关行政机关实施合并或者联合检查。

法定检验、检测技术机构对同一批次产品依法作出的检验、检测结论或者鉴定结果，有关行政机关应当依法采用。

第二十二条　各级行政机关依法对企业实施行政许可、行政处罚、行政强制措施以及监督检查等行为，应当将处理结果予以记录，由有关人员签字后存入档案，企业有权按照规定查阅。

第二十三条　各级行政机关应当推行电子政务，将行政许可、行政处罚以及监督检查的有关信息与其他相关行政机关共享，提高办事效率。

第二十四条　各级行政机关、事业单位不得有下列干扰企业正常经营活动或者侵害企业和企业经营者权益的行为：

（一）强制或者变相强制企业接受未经有权机关批准的考核、评比、评优、达标、升级、排序等活动。

（二）以考核、评比、评优、达标、升级、排序等名义向企业收取无合法依据的费用。

（三）强制或者变相强制企业接受无法律规定的培训、服务、购买指定产品。

（四）强制或者变相强制企业接受有偿新闻、征订各类报纸、杂志、书籍、资料等。

（五）强制或者变相强制企业参加各类社会团体、提供赞助或者捐赠、购买有价证券、参加法律和法规规定以外的保险。

（六）无偿占用企业财物或以明显不对价从企业取得财物，向企业转嫁各种费用或者无偿调用企业的人、财、物。

（七）干涉企业合法用工自主权，强制或者变相强制企业安置人员。

（八）将行政管理职能转化为有偿服务。

（九）未经企业许可，公开企业核心技术和涉及企业商业秘密的信息。

（十）强制或者变相强制企业提供宴请、娱乐、旅游等活动。

（十一）利用企业为本人、亲友或者他人牟取非法利益。

（十二）其他侵犯企业和企业经营者权益的行为。

对上述行为，企业和企业经营者有权拒绝，并向监察部门投诉。

第二十五条 市、区人民政府及其有关部门应当在财政、金融、产业政策等方面对企业专利发明和创立品牌给予扶持。

各级行政机关、事业单位应当依法对企业专利权、著作权、商标权等知识产权实施保护，对侵犯企业知识产权的案件依法及时处理。

第二十六条 各级行政机关应当维护正常的市场秩序，对制售假冒伪劣产品、非法交易、哄抢盗窃企业财物等违法犯罪行为，应当及时查处，为企业创造良好的经营环境。

企业和企业经营者依法行使权利受到阻挠、威胁、恐吓、人身攻击等不法侵害时，行政机关应当依法予以保护。

第二十七条 任何单位和个人有权举报、投诉侵害企业和企业经营者权益的行为。

有关部门应当公布举报、投诉电话，受理举报、投诉，对举报、投诉人应当依法予以保护。

有关部门接到举报、投诉后，应当在30日内进行核实、处理，对署名的举报、投诉，应当给予书面答复。法律、法规另有规定的，从其规定。

第二十八条 有关部门对企业、企业所属的行业协会和其他有关社会团体反映的意见和建议，应当在15个工作日内给予书面答复。

第二十九条 市、区人民政府应当建立由政府部门、行业协会、企业参与的应对国外反倾销、反补贴、保障措施及维护国内产业安全的联动机制，利用世贸规则赋予的权利维护企业的权益。

在应对国外反倾销、反补贴、保障措施过程中，企业可以自行或者委托企业所属的行业协会和其他有关社会团体向本市外经贸部门提出贸易救济申请。

第三十条 企业在进出口贸易中遭遇国外不公正待遇时，可以向本市外经贸部门请求帮助。市外经贸部门应当配合国家有关部门对外开展贸易壁垒调查交涉工作。

第三十一条 各级行政机关、事业单位及其工作人员违反本办法第十四条、第十五条、第十七条、第十九条、第二十条、第二十五条、第二十六条规定的，由监察部门责令限期改正、退还非法收取的费用，并对直接负责的主管人员和其他直接责任人员依法予以处分；构成犯罪的，依法追究刑事责任。

第三十二条 各级行政机关、事业单位及其工作人员违反本办法第十四条、第十五条、第十七条规定，给企业和企业经营者的权益造成损害的，应当依法给予赔偿。

第三十三条 各级行政机关、事业单位及其工作人员有不履行或者拖延履行法定职责行为的，由监察部门依法予以处分；给企业和企业经营者权益造成损害的，依法承担赔偿责任；构成犯罪的，依法追究刑事责任。

第三十四条 各级行政机关、事业单位及其工作人员索取、收受企业财物，或者牟取其他利益的，依法予以追缴。对直接负责的主管人员和其他直接责任人员依法予以处分；构成犯罪的，依法追究刑事责任。

第三十五条 本办法自2009年2月20日起施行。

珠海市人民政府

2009年1月10日

珠海市建设工程招标投标管理办法

第一章 总 则

第一条 为规范建设工程招标投标活动，根据《中华人民共和国招标投标法》及相关法律法规，结合本市实际，制定本办法。

第二条 本市行政区域内按照本办法应当进行招标的建设工程招标投标活动，适用本办法。

本办法所称建设工程，是指各类房屋建筑及市政基础设施工程、交通工程、水利工程、电力工程以及相关的附属设施、配套的线路、管道、设备安装工程、装饰装修工程等。

本办法所称建设工程招标是指各类建设工程的项目总承包、勘察、设计、造价咨询、招标代理、监理、施工、设备及材料采购以及与建设工程相关的其他项目的招标。

第三条 市发展改革部门负责全市建设工程招标投标活动的指导、协调。

市建设行政主管部门是全市建设工程招标投标活动的行政监督部门，负责全市建设工程招标投标活动的监督及招标代理机构的管理。

市交通、水利、电力等相关行业主管部门协助市建设行政主管部门对相关行业的建设工程招标投标活动进行监督。

市公共资源交易中心负责市建设工程交易中心的监督管理，协调市建设工程交易中心与有关部门的关系，负责市建设工程评标专家库的组建、管理以及评标专家的培训、考核。

市行政监察部门依法对参与招标投标活动的国家机关、事业单位、国有企业及其工作人员实施监察，对有关部门及其工作人员履行职责情况进行检查，调查处理违法违纪行为。

第四条 按照本办法必须进行招标的建设工程招标投标活动应当在市建设工程交易中心进行。

市建设工程交易中心负责为招标投标活动提供场所、信息及咨询服务。

市建设工程交易中心应当收集、保管招标投标活动的相关资料。

第五条 招标投标活动应当遵循公开、公平、公正、择优及诚实信用原则，反对恶意低价竞争。

按照本办法规定应当招标的建设工程，招标人应当将建设工程的概算、预算、招标投标、建设过程当中的重大变化、竣工验收、结算支付等情况，在相关工作发生或完成之日起10个工作日之内通过政府指定的网站进行公布，接受社会监督。

按照本办法规定应当招标的建设工程，招标人、中标人以及招标人、中标人的法定代表人、项目负责人按照各自责任范围对建设工程质量承担终身责任。

第六条 任何单位或个人不得以任何方式非

法干涉招标投标活动。

第二章　招标方式及范围

第七条　招标方式分为公开招标及邀请招标。

第八条　使用国有、集体资金或国家融资的建设工程以及列入国家、广东省计划的大中型或重点基本建设项目，符合下列情形之一的，应当进行招标：

（一）单项承包合同金额100万元以上的建设工程项目总承包及施工；

（二）单项服务合同金额15万元以上的造价咨询、招标代理；

（三）单项合同金额50万元以上的建设工程设备及材料采购，建设工程勘察、设计、监理及与建设工程相关的其他项目。

各区（含经济功能区）政府投资的建设工程应当进行招标的范围按照以上合同金额的50%执行，各镇政府投资的建设工程应当进行招标的范围按照以上合同金额的20%执行，造价咨询、招标代理除外；多级政府共同投资的，按照项目实施主体进行认定。

按照有关法律、法规的规定属于指定的强制审查、检验、测绘等服务项目可以不进行招标。

第九条　应当招标的建设工程全部使用国有、集体资金或国有、集体资金占控股或主导地位的，以及列入国家、广东省计划的大中型或重点基本建设项目，应当进行公开招标。

第十条　应当招标的建设工程，经市发展改革部门审核确认符合下列情形之一的，由市发展改革部门按照规定报请批准后可以邀请招标：

（一）技术复杂或有特殊专业技术要求，只有少量几个潜在投标人可供选择的；

（二）国家安全部门、保密部门认定涉及国家安全、国家秘密，适宜招标但不适宜公开招标的；

（三）受自然资源或环境条件限制的；

（四）部分使用国有、集体资金并且国有、集体资金不占控股或主导地位的；

（五）法律、行政法规或者国务院另有规定的。

第十一条　应当招标的建设工程，经市发展改革部门审核确认符合下列情形之一的，由市发展改革部门报市政府批准后可以不进行招标：

（一）市国家安全部门认定涉及国家安全或市保密部门认定涉及国家秘密不适宜招标的；

（二）停建或缓建之后恢复建设，并且中标人未发生变更的；

（三）企业或单位自建自用，并且企业或单位或者其全资下属企业或单位资质等级符合自建要求的；

（四）采用特定专利或专有技术的；

（五）在建工程追加的与主体工程不可分割的附属小型工程或主体加层工程，并且原中标人仍然具有承包能力的；

（六）按照规定程序经过两次招标失败的；

（七）法律、行政法规或者国务院另有规定的。

第十二条　可以不进行招标的建设工程，建设单位应当依法按照公开、公平、公正的原则自行择优选择承包人。

政府投资建设工程，建设单位应当自签订承包合同之日起15日内将发包情况以及承包合同报送同级发展改革部门及财政部门备案。

签订合同之后随意扩大承包范围、增加费用或造价的，发展改革部门及财政部门应当暂停项目执行或暂停资金拨付。

第十三条　发展改革部门应当依法对建设工程的招标组织形式、招标范围、招标方式进行核准。

需要审批可行性研究报告的，应当在可行性研究报告审批阶段核准；无需审批可行性研究报告或可行性研究报告审批之前必须开展招标工作的，可以单独核准。单独核准的，发展改革部门应当在10个工作日之内完成核准工作。

核准之后需要改变招标组织形式、招标范围、招标方式的，招标人应当重新办理核准手续。

发展改革部门应当自核准之日起3个工作日

之内将核准文件抄送市行政监察部门备案。

第十四条 任何单位或个人不得将必须招标的建设工程化整为零或以其他任何方式规避招标。

任何单位或个人将必须招标的建设工程分解成为招标范围之外的若干标段或若干单项合同进行直接发包的行为均可视为规避招标。

第三章 招 标

第十五条 招标人符合下列条件的，可以自行组织招标：

（一）具有项目法人资格或法人资格；

（二）具有与招标项目规模及复杂程度相适应的经济、技术、财务及管理等方面的专业技术力量；

（三）具有专门的招标机构或3名以上熟悉招标工作的人员；

（四）具有编制招标文件、组织评标的能力；

（五）熟悉相关法律、法规和规章。

招标人不能满足以上条件的，应当委托具有相应资质的招标代理机构代理招标。

任何单位或个人不得强迫招标人委托指定的招标代理机构。

第十六条 招标代理机构是具有行政主管部门颁发的招标代理资质的法人或其他组织。

除了特别注明之外，本办法关于招标人的规定同样适用于招标代理机构。

第十七条 招标人应当与招标代理机构签订书面委托合同，按照规定及双方的约定支付服务费。

招标代理机构应当在资质许可及招标人委托范围之内代理招标事项，不得无权代理、越权代理，不得明知委托事项违反相关规定进行代理，不得接受代理招标项目的投标代理及投标咨询业务，不得转让招标代理业务。

第十八条 招标人应当按照规定编制资格预审文件及招标文件、发布招标公告或发出投标邀请、接受投标报名、组织投标资格审查、确定开标时间及地点、组织开标、评标、确定中标人。

第十九条 建设工程招标应当按照基本建设程序规定的先后顺序进行。

建设工程项目总承包以及勘察、设计、造价咨询、招标代理、监理招标，应当符合下列条件：

（一）应当办理项目批准文件的已经按照规定取得发展改革部门的项目批准文件；

（二）已经取得招标方式、招标范围、招标组织形式的核准文件；

（三）相应资金来源已经落实。

建设工程施工以及与建设工程相关的设备、材料采购招标，除了符合以上条件之外，还应当符合下列条件：

（一）应当办理建设工程规划许可的已经按照规定取得建设工程规划许可；

（二）具有符合规定同时满足招标需要的设计文件及技术资料。

第二十条 招标应当使用市建设行政主管部门制定的资格预审文件示范文本及招标文件示范文本。

资格预审文件及招标文件示范文本当中允许根据招标需要进行设定的相关内容，应当符合本办法的相关规定以及公开、公平、公正、择优的原则。

第二十一条 招标人应当在发布招标公告之前，将资格预审文件及招标文件报送市建设行政主管部门备案，市建设行政主管部门应当在3个工作日之内完成备案。

市建设行政主管部门应当对资格预审文件及招标文件是否符合法律法规规定进行审核，发现资格预审文件或招标文件违反法律法规规定的，应当向招标人指出，招标人应当在资格预审文件或招标文件发出之前予以纠正。

按照规定重新招标的，招标人应当重新办理资格预审文件及招标文件备案。

第二十二条 资格预审文件或招标文件经备案之后需要修改的，招标人应当提出书面申请，重新备案。

资格预审文件或招标文件已经发出的，招标人应当在资格预审申请截止之前至少提前5日或在投标截止之前至少提前15日将修改内容或修改之后的资格预审文件或招标文件发放给所有投标人。

第二十三条 公开招标的，招标人应当按照规定发布招标公告。招标公告至少应当在珠海市建设工程信息网上进行发布，公告时间不得少于5个工作日。

邀请招标的，招标人应当向3个以上具有承担招标项目能力、信誉良好的投标人发出书面邀请。

招标人不得随意终止招标。特殊情况需要终止招标的，招标人应当书面说明理由，报经市建设行政主管部门备案后发布终止招标公告，通知所有已经参加投标的投标人停止投标，并且承担由于终止招标产生的责任。

第二十四条 招标公告或投标邀请书应当载明下列内容：

（一）招标项目的名称、地址、内容、规模、资金来源及到位情况；

（二）招标项目的招标方式、评标办法、概算或预算价格、报价要求、完成时间、质量要求；

（三）投标人资格、投标保证金数额及方式；

（四）投标报名时间、地址、方式；

（五）获取资格预审文件或招标文件的时间、地址、费用；

（六）招标人及招标代理机构的名称、联系方式。

第二十五条 招标人应当按照招标公告或投标邀请书规定的时间、地点发放资格预审文件或招标文件，发放时间不得少于5个工作日。

招标人可以通过珠海市建设工程信息网发放资格预审文件及招标文件，投标人应当自行下载。

第二十六条 投标人需要招标人解答的疑问应当在资格预审申请截止之前至少提前3日或在投标截止之前至少提前10日向招标人提出。

招标人对投标人阅读资格预审文件、招标文件及现场踏勘提出的疑问，应当采用书面形式进行答疑。答疑发出之前应当报送市建设行政主管部门、市建设工程交易中心备案。

答疑应当在资格预审申请截止之前至少提前2日或在投标截止之前至少提前7日发放给所有已经获取资格预审文件或招标文件的投标人。

招标人可以通过珠海市建设工程信息网发放答疑，投标人应当自行下载。

答疑的范围应当包括投标人提出的所有相关疑问。

答疑作为资格预审文件、招标文件的组成部分，不得违背资格预审文件、招标文件的实质内容。

投标人根据资格预审文件、招标文件、现场踏勘及答疑作出判断及决定产生的责任全部由投标人自行承担。

投标人关于资格预审文件或招标文件的异议，应当在资格预审申请截止之前至少提前一个工作日或在投标截止之前至少提前5个工作日提出。超过规定期限之后，除了资格预审文件或招标文件存在违法行为的情形之外，市建设行政主管部门不再受理任何关于资格预审文件或招标文件的异议。

第二十七条 招标人应当保证招标过程的公平、公正，不得违反相关规定向他人透露已经获取资格预审文件或招标文件的投标人名称及数量以及影响公平竞争的其他情况，不得单独或分别组织投标人踏勘现场。

第二十八条 招标人应当合理确定投标有效期限，投标有效期限自投标截止之日起开始计算。

需要延长投标有效期限的，招标人应当在原投标有效期限终止之前书面通知所有投标人。

投标人同意延长的，应当相应延长投标保证金的有效期限；投标人拒绝延长的，投标失效，投标人可以收回投标保证金。

第二十九条 招标人应当合理确定投标人编制资格预审申请及投标文件需要的时间：

（一）编制资格预审申请的时间自资格预审

文件开始发出之日起至投标人提交资格预审申请截止之日止，最短不得少于7日；

（二）编制投标文件的时间自招标文件开始发出之日起至投标截止之日止，最短不得少于20日。

技术简单或特殊情况需要适当缩短时间的应当征得所有已经获取资格预审文件或招标文件的投标人书面同意。

第三十条 招标人可以要求投标人提交投标保证金。投标保证金数额一般为投标报价上限的2%，建设工程项目总承包、施工、设备及材料采购招标不得超过500万元，其他招标不得超过100万元。投标保证金的有效期限至少应当超过投标有效期限30日。

招标人可以要求中标人提交履约担保，数额一般不得低于投标报价上限的10%。

招标人可以要求中标人提交中标价格与投标报价上限之间的差额作为履约担保，差额少于中标价格10%的按照10%计算。

除了差额履约担保之外，招标人要求中标人提供履约担保的，应当同时向中标人提供方式相同、数额相等的支付担保。

代建服务招标，招标人可以要求中标人按照代建项目投资总额的10%提交履约担保。

第三十一条 招标人可以要求投标人采用现金或不可撤销银行保函的方式提供担保。

第三十二条 招标应当采用下列4种评标办法之一：

（一）最低价评标办法，适用于所有招标。

最低价评标办法是指确定有效投标报价最低的投标人为中标人。

填挖土方等技术简单的工程应当使用最低价评标办法。

（二）合理低价评标办法，适用于所有招标。

合理低价评标办法是指确定低于并且最接近全部有效投标报价平均值的投标人为中标人。

首次有效投标报价平均值以下的有效投标报价为五个以上的，应当将首次有效投标报价平均值以下的有效投标报价进行二次平均，确定低于并且最接近二次有效投标报价平均值的投标人为中标人。

（三）两阶段评标办法，适用于项目总承包、施工总承包招标、施工专业承包招标。

两阶段评标办法是指第一阶段通过技术、业绩、信誉标书评审确定得分最高的3名投标人进入第二阶段经济标书评审，确定有效投标报价最低的投标人为中标人。

（四）综合评标办法，仅适用于勘察、设计、造价咨询、监理、设备及材料采购以及与建设工程相关的其他项目招标。

综合评标办法是指通过技术、业绩、信誉、经济标书评审确定综合评审得分最高的投标人为中标人。

两阶段评标办法及综合评标办法的技术标书一般为暗标，标书内容不得出现与判断投标人身份相关的标识或暗示。

投标报价可以是指经过评审的投标报价，具体评审办法由市建设行政主管部门另行制定。

市建设行政主管部门可以另行制定技术简单或特殊情况适用的其他评标办法。

第三十三条 可以预见经常发生的市政、交通、水利等维修抢修，应当每年度通过公开招标的方式预选3个以上的合格承包人，需要进行维修抢修的再采用随机方式确定具体承包人。

第三十四条 应当编制概算及预算的建设工程，招标人应当公开概算及预算价格。

建设工程概算、预算的编制应当执行设计文件，遵循安全、美观、环保、节能、实用、经济的基本建设原则，充分考虑建设周期各种因素的影响。

建立各个行业主管部门政府投资建设工程概算编制、概算评审和预算执行的监督检查制度。

第三十五条 施工招标应当采用工程量清单计价方法。

勘察、设计、造价咨询、招标代理、监理、设备及材料采购以及与建设工程相关的其他项目招标采用的计价方法应当符合相关规定。

需要设定投标报价上限、下限的，设定的投标报价上限不得超过预算价格。实行政府指导价的，投标报价上限、下限的设定应当符合有关规定。

招标人关于投标报价当中预留资金的设定和使用应当符合相关规定，预留资金的比例一般不得超过预算价格上限的5%。

第三十六条 招标文件应当明确合同价款支付及结算方式。

施工一般应当按照施工进度每月支付合同价款，其他应当按照服务完成或货物交付的进度定期支付合同价款，支付比例应当为已经完成合同工作任务的80%。

结算应当在建设工程竣工验收合格或者服务或货物全部交付验收完毕之日起90日之内完成，结算的支付比例不得低于结算价格的95%。

第三十七条 招标人可以采用资格预审或资格后审方式对投标人进行资格审查，资格预审采用评审择优的方式，资格后审采用符合审查的方式。

政府投资建设工程招标可以采用年度资格预审，具体办法由市政府另行制定。

除了特别注明之外，本办法关于招标投标的相关规定同样适用于资格预审及资格后审。

第三十八条 资格预审文件应当根据招标需要，合理设定必要合格条件及附加择优条件。

资格预审评审应当在市建设工程交易中心进行。

资格预审评审委员会人数应当是3人以上的单数，除了一名招标人代表之外，其他成员应当在市建设工程评标专家库内采取随机方式确定。

第三十九条 资格预审采用下列方法：

资格预审评审委员会根据资格预审文件规定的必要合格条件及附加择优条件的评审标准，首先就投标人是否满足必要合格条件进行评审。

满足必要合格条件的投标人少于6个的应当重新招标；6个以上12个以下的，满足必要合格条件的投标人均为合格投标人；超过十二个的，招标人可以按照附加择优条件得分由高至低排列顺序，依次选取不少于12个投标人作为合格投标人。

投标人提交的业绩、信誉文件，应当同时附上可以提供查询的行政主管部门的有效联系方式。投标人未有按照规定附上有效联系方式的，有关业绩、信誉文件将被拒绝。

第四十条 资格预审完成之后，招标人应当将资格预审评审委员会全体成员签名的评审报告提交市建设工程交易中心存档，评审报告应当包括下列内容：

（一）提交资格预审申请的投标人名单；

（二）各项原始评审记录；

（三）合格投标人名单。

第四十一条 资格预审完成之后，招标人应当在3个工作日之内向投标人发出资格预审是否合格的通知。

投标人关于资格预审结果的异议，应当在投标截止之前至少提前5个工作日提出。超过规定期限之后，除了资格预审合格的投标人存在违反本办法第五十条规定或资格预审活动存在违法行为的情形之外，市建设行政主管部门不再受理任何关于资格预审结果的异议。

第四十二条 资格预审的评审意见仅限于资格预审阶段作为选取合格投标人的依据，任何单位或个人不得以资格预审的评审意见引导评标委员会进行评标。

第四十三条 资格预审完成之后，招标人不得再对投标人进行业绩及信誉方面的评审。

资格预审完成之后，由于投标人违法行为被取消投标资格的数量超过合格投标人总数1/2的，应当重新招标。

由于违法行为被取消投标资格的投标人不得再参加该招标项目的投标。

第四十四条 招标人不得以行业或地区限制、提高资质等级或以总承包资质附加专业承包资质等方式排斥或限制潜在投标人，要求投标人同时具有两项以上资质的，应当允许联合体投标人进行投标。

除了投标人依法必须符合的条件之外，投标报名条件的设定应当符合下列规定：

（一）勘察、设计、造价咨询、招标代理、监理以及与建设工程相关的其他项目招标，设定的投标报名条件只能限于企业或单位资质类别及

等级、项目负责人执业资格及专业技术职称的类别及等级方面的内容；

（二）施工招标设定的投标报名条件只能限于企业或单位资质类别及等级、项目负责人执业资格及专业技术职称的类别及等级、安全生产许可、生产安装许可方面的内容；

（三）设备及材料采购设定的投标报名条件只能限于安全生产许可、生产安装许可方面的内容。

招标人可以拒绝存在串通投标、以行贿手段谋取中标、弄虚作假骗取中标等严重违法行为的投标人参加建设工程投标，有效时间可以为招标之前的5年之内，有效时间自招标公告发出之日起的当月开始计算。

第四十五条 招标人可以设定有关投标人的业绩、信誉、项目组织机构、技术方案、设施设备数量及参数、材料供应及运输距离、本市常设分支机构以及有关个人的执业资格、专业技术职称、业绩、信誉等内容作为评审事项。

招标人设定的业绩、信誉等评审事项应当与投标人完成招标项目有密切联系，个人业绩、信誉的有效时间为招标之前的5年，企业或单位业绩、信誉的有效时间为招标之前的3年，有效时间自招标公告发出之日起的当月开始计算。

业绩、信誉的评审标准应当与招标项目的性质及规模对应，但由于招标项目的性质特殊或规模较大可能造成投标人数量偏少，导致无法有效充分竞争的除外。

招标人设定的设施设备数量及参数、材料供应及运输距离、本市常设分支机构以及个人执业资格、专业技术职称等评审事项，只能作为符合与否的评审事项，不得作为优选比较的评审事项。

招标人设定有关设施设备数量及参数或材料供应及运输距离作为评审事项的，应当提供设定的依据。

招标人设定有关投标人在本市、本省的业绩、信誉、常设机构作为有利评审事项的，应当遵循公平合理的原则，分值比例不得对确定中标人构成重大影响。

同等条件下，投标人在本市、本省的业绩、信誉、常设机构可以作为依次选择中标人的优先选择条件。

第四十六条 招标人不得指定特定的设备、材料、技术。特殊情况必须指定特定的设备、材料、技术的，应当提供3个以上具有相似标准的设备、材料、技术允许投标人选择。

招标人指定国家、广东省、珠海市推广使用的具有专利的新设备、新材料、新技术的，应当事先征得相关行业主管部门书面批准。

第四十七条 招标人设定的投标报名条件、投标保证金、履约担保、合同价款支付方式、评标办法等导致投标人少于6个的，视为排斥或限制潜在投标人，但符合相关规定的潜在投标人少于6个的除外。

第四十八条 招标人对编制的资格预审文件及招标文件承担全部法律责任。

市建设行政主管部门发现招标人发出的资格预审文件或招标文件违反法律、法规、规章以及相关规定的，无论是否已经确定中标人，均可依法责令改正。

第四十九条 招标人可以按照规定向投标人收取制作资格预审文件或招标文件的合理费用及资料押金，资料押金应当在投标人退还资料的同时予以退还。

第四章 投　标

第五十条 投标人是响应招标、参加投标竞争的法人或其他组织，法律另有规定的除外。投标人应当同时符合下列条件：

（一）符合招标文件要求的投标资格条件；

（二）没有处于取消投标资格处罚的有效期限之内；

（三）没有处于停产停业或破产的状态；

（四）没有处于法律法规许可的正当行为受到限制的状态。

招标人的任何附属机构，或向该建设工程提供了可行性研究、勘察、设计、造价咨询、监理等服务的任何法人及其附属机构，不得参加该建设工程的施工投标。

监理单位及其监理工程师与该建设工程的设计单位、施工单位、设备及材料供应单位具有隶属关系或其他利害关系的，不得参加该建设工程的监理投标。

禁止具有隶属关系的投标人同时参加同一建设工程的投标。

禁止同一项目负责人或相关技术负责人同时参加两个以上建设工程施工投标。

第五十一条 两个以上法人或其他组织可以组成联合体投标人，以一个投标人的身份共同投标。

招标人不得强迫投标人组成联合体投标人进行投标。

第五十二条 联合体投标人各方均应当具有承担招标项目的相应能力。国家相关规定或招标文件对投标人资格条件有规定的，联合体各方均应当具有规定的相应资格条件。

同一专业或类别的投标人组成的联合体投标人，按照资质等级较低的单位确定资质等级。

第五十三条 联合体投标人各方应当签订由联合体投标人所有成员的法定代表人或被授权委托人签名的共同投标协议，明确约定各方拟承担的工作任务及责任。

联合体投标人应当将共同投标协议提交招标人，未提交共同投标协议的，招标人应当拒绝联合体投标人参加投标。

联合体投标人中标的，联合体投标人各方应当共同与招标人签订合同，就中标项目向招标人承担连带责任。

联合体投标人各方签订共同投标协议之后，不得再单独或参加其他联合体投标人进行同一招标项目的投标。

第五十四条 联合体投标人参加资格审查获得通过之后，联合体投标人组成的任何变化均应当在投标截止之前征得招标人书面同意。

变化之后的联合体投标人竞争能力降低或含有事先未经过资格审查的法人或其他组织的，招标人可以拒绝联合体投标人参加投标。

第五十五条 联合体投标人各方应当指定一名主办人，授权主办人代表联合体投标人各方负责投标及合同实施阶段的主办、协调工作。主办人应当向招标人提交由联合体投标人所有成员的法定代表人或被授权委托人签名的授权文件。

第五十六条 联合体投标人应当以主办人名义提交投标保证金。

第五十七条 投标人的投标文件应当符合招标文件提出的实质要求及条件。

投标人在投标文件当中提交的业绩、信誉文件，应当同时附上可以提供查询的有效联系方式。投标人未有按照规定附上有效联系方式的，有关业绩、信誉文件将被拒绝。

第五十八条 投标人应当在投标截止时间之前按照招标文件规定的时间、数额、方式提交投标保证金。

采用现金方式提交投标保证金的必须通过银行转账，必须来源于投标人账户。

投标人未按照要求提交投标保证金的，作为无效投标文件处理，不得参与投标活动。

第五十九条 投标人应当在投标截止时间之前，按照招标文件规定将投标文件密封送达至指定地点、人员。任何单位或个人不得在开标之前开启投标文件。

招标人应当拒绝接受投标人在投标截止时间之后送达的投标文件，但招标文件规定可以在投标截止时间之后提交的文件除外。

第六十条 投标人在投标截止时间之前，可以补充、修改、替代或撤回已经提交的投标文件，补充、修改的内容是投标文件的组成部分。

投标人在投标截止时间之后，不得补充、修改、替代或撤回投标文件，但招标文件规定可以在投标截止时间之后提交的部分文件、招标人及评标委员会要求投标人作出的承诺或细微偏差补正除外。

第六十一条 投标人不得相互串通投标或与招标人、招标代理机构、评标委员会成员串通投标，不得允许其他单位或个人以投标人名义投标，不得以低于成本的价格投标。

第六十二条 下列行为均属投标人之间串通投标：

（一）投标人之间相互约定投标报价；

（二）投标人之间确定中标人之后再参加投标；

（三）采用现金方式提交投标保证金的，不同投标人的投标保证金来源于同一投标人或同一账户；

（四）不同投标人委托同一机构或同一人员编制资格预审申请或投标文件；

（五）不同投标人的资格预审申请或投标文件除了规定格式及内容之外的其他格式、内容相同或大量雷同；

（六）不同投标人的资格预审申请或投标文件的错漏之处不合理地一致；

（七）不同投标人投标报价的市场报价部分呈规律变化；

（八）不同投标人的资格预审申请或投标文件载明的项目管理班子或其他成员存在相同人员；

（九）其他串通投标行为。

第六十三条 下列行为均属招标人与投标人串通投标：

（一）招标人所属人员及其近亲属操纵投标或代表投标人参与投标；

（二）招标人所属人员及其近亲属违反相关规定参与编制资格预审申请或投标文件；

（三）招标人在资格预审评审或开标之前违反规定开启资格预审申请或投标文件，违反规定将资格预审申请或投标文件情形告知其他投标人，违反规定协助投标人撤换、修改资格预审申请或投标文件；

（四）招标人与投标人约定投标报价；

（五）招标人预先确定中标人；

（六）其他串通投标行为。

第五章　评标委员会

第六十四条 需要进行技术、业绩、信誉或经济标书等评审的建设工程招标，招标人应当按照规定组织成立评标委员会。

评标委员会成员名单应当在开标之前确定，评标委员会成员名单及联系办法应当在中标结果确定之前保密。

第六十五条 评标委员会由招标人代表及相关技术、经济等方面的专家组成。

评标委员会成员人数应当是5人以上的单数，应当在市建设工程评标专家库之内采取随机方式确定的专家不得少于成员总数的2/3，招标人代表不得超过2人。政府投资建设工程施工招标，招标人只能委派一名代表参加评标委员会。

招标人代表应当具有与招标项目同一类型或相近专业的中级以上技术职称或从事相关领域工作8年以上，招标人应当在评标会议召开之前将招标人代表的资格证明提交市建设工程交易中心备案。

对技术特别复杂或具有特殊专业要求的建设工程，市建设工程评标专家库无法提供相应专家的特殊工程招标项目，可以由招标人自行推荐专家，报市公共资源交易中心审核批准后组成评标委员会进行评标。

第六十六条 市建设工程评标专家库内符合要求的专家少于50人或招标项目合同金额5000万元以上的，市公共资源交易中心可以安排异地抽取专家。具体办法由市公共资源交易中心另行制定。

第六十七条 下列人员不得担任评标委员会成员：

（一）除了招标人代表之外的招标人所属人员及其近亲属；

（二）投标人所属人员及其近亲属；

（三）项目主管部门或相关行政监督部门所属人员；

（四）受过与招标投标活动有关处罚的人员；

（五）其他依法应当回避的人员。

评标委员会成员应当主动申请回避。

第六十八条 招标人或评标委员会可以推荐或选举一名评标委员会成员作为评标委员会负责人，负责有关评标事项的组织协调。

第六十九条 评标委员会成员应当严格遵守评标工作纪律，各自独立按照招标文件确定的评审标准、方法对每一投标文件作出客观公正的评价。评标委员会成员对各自作出的评审意见承担个人责任。

第七十条 评标委员会成员不得与任何投标人或与招标结果有利害关系的人私下接触，不得接受投标人、中介人、其他利害关系人的财物或其他利益。

第七十一条 评标过程当中需要就评审标准、方法等可能影响对投标文件评价的事项进行讨论的，应当由评标委员会负责人组织评标委员会全体成员进行集体讨论。

第七十二条 评标委员会全体成员各自独立量化计分的评审事项，评标委员会成员为7人以上的，应当去掉一个最高分及一个最低分之后再进行算术平均或汇总。

评标委员会成员的评审明显背离多数成员意见，幅度超过去掉一个最高分及一个最低分之后的算术平均值正负30%的，应当作出书面说明，陈述理由。

第七十三条 评标委员会认为需要招标人对招标文件条款进行澄清的，招标人应当进行澄清，但澄清不得背离招标文件的实质内容。

评标委员会可以要求投标人对投标文件中含义不明确或表述不一致的内容进行必要的澄清、说明或补正，但澄清、说明或补正不得超出投标文件的范围或改变投标文件的实质内容。

第七十四条 需要评标委员会全体成员共同确认的重大评审事项应当进行表决，形成书面决议。

决议经过评标委员会全体成员超过1/2以上同意视为通过，决议不得违背法律、法规、规章及招标文件规定的基本原则，决议应当经过评标委员会全体成员签名确认。

第七十五条 评标委员会成员对书面决议或评标结果持有异议的，应当书面阐述不同意见。拒绝在书面决议或评标报告上签名并且拒绝书面阐述不同意见的，视为同意书面决议或评标结论。评标委员会应当在评标报告中作出说明。

除了法律、法规、规章规定的情形之外，任何单位、个人不得推翻评标委员会作出的书面决议及评标结果。

第六章 开标、评标、中标

第七十六条 开标应当在招标文件预先确定的时间及地点公开进行，开标时间应当为投标截止时间。

第七十七条 开标由招标人主持，邀请所有投标人参加。

投标人的法定代表人或被授权委托人以及相关负责人必须按照规定参加开标，具体办法由市建设行政主管部门另行制定。

第七十八条 评标活动应当封闭进行。

评标结果公布之前，参与评标活动的单位或个人不得私下接触投标人，不得私下向投标人透露评标活动的任何信息。

第七十九条 市建设行政主管部门应当派出工作人员，监督开标、评标活动按照规定程序进行，及时纠正违反相关规定的行为，但不得就评审涉及的实质内容发表意见或参与评标委员会的讨论。

市建设工程交易中心的工作人员应当协助招标人按照规定程序开标、评标，提供法律、法规、规章及相关文件，及时指出违反程序及纪律的行为，但不得就评审涉及的实质内容发表意见或参与评标委员会的讨论。

特殊情况导致开标或评标无法继续进行的、相关人员存在违反程序及纪律的行为被指出之后仍然拒绝纠正的、发现招标投标活动存在其他违反相关规定行为的，市建设工程交易中心应当及时报告市建设行政主管部门。

第八十条 招标人在投标截止之前收到的所有投标文件，均应当当众检查密封情况，除了规定为暗标的技术标书之外，均应当当众拆封、宣读投标文件名称及招标文件要求宣读的相关内容。

投标人可以要求检查属于自己的投标文件密封情况。

投标文件密封情况检查完毕之后，任何单位及个人不得再对投标文件密封情况提出异议。

技术标书编号及编号还原应当由市建设行政主管部门的工作人员进行。

第八十一条 招标人应当向评标委员会提供及说明评标涉及的重要信息、数据，解答评标委员会提出的疑问。评标委员会应当认真研究招标文件，熟悉下列内容：

（一）招标的目标、范围、性质；

（二）招标文件规定的基本要求、标准；

（三）招标文件规定的评审标准、方法及相关因素；

（四）评审使用的相关表格。

第八十二条 具有下列情形之一的，作为无效投标文件处理：

（一）投标人的法定代表人或被授权委托人、相关负责人未按照规定参加开标，但招标文件另有规定的除外；

（二）投标文件未按照招标文件规定递交至指定地点及人员；

（三）投标文件未按照招标文件规定进行密封；

（四）不同投标人的投标文件内容、数据大量雷同，具有明显的串通投标行为；

（五）投标人拒绝对细微偏差作出补正；

（六）投标报价明显低于成本或超过政府指导价范围；

（七）投标人存在违反本办法第五十条规定的情形；

（八）法律、法规、规章规定的其他情形。

第八十三条 具有下列情形之一的，属于重大偏差，作为无效投标文件处理：

（一）投标人未按照招标文件要求提交投标保证金；

（二）投标文件未加盖投标人公章或未有法定代表人或被授权委托人签名，但规定为暗标的技术标书除外；

（三）投标文件未按照招标文件规定的格式编制，主要内容不够完整或关键字迹无法辨认；

（四）规定为暗标的技术标书未按照招标文件规定隐去投标人名称、相关人员姓名以及除了招标项目之外的其他项目名称等与判断投标人身份相关的标识或暗示；

（五）投标文件不符合招标文件规定的报价、工期、质量、技术规格、技术标准等实质要求；

（六）投标文件存在招标人不能接受的条件或虚假的文件；

（七）法律、法规、规章或招标文件规定的其他重大偏差。

第八十四条 细微偏差是指投标文件在实质上响应招标文件要求，但在次要内容存在细微计算误差或提供的技术信息、数据不够完整等情况，补正之后不会对其他投标人造成不公平的结果。

招标人或评标委员会应当书面要求投标人在评标结束之前补正细微偏差，投标人书面同意作出补正之后，应当视为有效投标文件。

第八十五条 有效投标文件少于3个的，应当重新招标。

采用两阶段评标办法，第二阶段评审确认的有效投标文件少于3个的，可以在第一阶段评审的有效投标文件之内按照招标文件规定及评标委员会确定的得分由高至低排列顺序，依次选择替补。

第八十六条 开标、评标结束之后，除了下列情形之外，不得再对开标、评标期间已经确认有效的投标文件作为无效投标文件处理，不得推翻评标委员会作出的书面决议及评标结果：

（一）中标人存在违反本办法第五十条规定的情形；

（二）中标人的投标文件属于无效投标文件；

（三）存在招标、评标、中标无效的情形。

第八十七条评标委员会应当在完成评标之后向招标人提交书面评标报告，明确推荐的中标候选人名单及排列顺序，推荐的中标候选人应当限定在3个以内。

招标人应当按照招标文件规定及评标委员会确定的排列顺序，确定排名第一的投标人为中标人。

招标人不得在确定中标人之前与投标人就投

标价格、投标方案等实质内容进行谈判。设计方案招标，招标人可以在确定中标人之前要求投标人按照招标人意见对方案进行优化设计。

招标人可以对中标候选人进行实地考察，实地考察仅限于检查投标文件已经载明的内容，招标人决定对中标候选人进行实地考察的，应当事先在招标文件中载明实地考察的评价标准及方法。

实地考察报告应当包括实地考察的组织机构，实地考察的评价标准及方法，实地考察的结果。

第八十八条 招标人应当将中标结果在珠海市建设工程信息网上公示至少2个工作日。公示期满无异议的，应当在3个工作日之内向中标人发出经过市建设工程交易中心确认的中标通知书，将中标结果通知所有未中标的投标人。

第八十九条 中标通知书发出之后，中标人具有下列情形之一的，视为放弃中标，但招标人提出招标文件之外中标人不能接受的合同条件的除外：

（一）明确表示放弃中标；

（二）提出招标人不能接受的附加条件；

（三）提出招标人不能接受的有关投标文件或合同实质内容的更改要求；

（四）未按照招标文件规定与招标人签订合同；

（五）未按照招标文件规定向招标人提交履约担保。

中标人放弃中标的，招标人可以按照招标文件规定及评标委员会确定的排列顺序，依次选择排名第二、第三的中标候选人作为中标人。

选择排名第二、第三的中标候选人作为中标人可能导致中标结果明显损害国家利益、社会公共利益或他人合法权利或利益的，应当重新招标。

重新招标的，放弃中标的投标人不得再参加该建设工程的所有投标。

第九十条 招标人与中标人应当在中标通知书发出之日起30日之内，按照招标文件、中标人的投标文件、中标价格签订书面合同，违反招标文件、中标人的投标文件、中标价格等实质内容的合同条款或其他协议均属无效。

中标人在投标文件当中承诺的建设工程的项目负责人或相关技术负责人除了不可抗力因素之外不得随意更换，但招标人或相关监督管理部门认为相关人员存在怠于履行职务等失职行为要求中标人进行更换的除外。更换之后的相关人员的业绩、信誉、资格不得劣于原有人员。

第九十一条 招标人与中标人应当严格履行合同，不得随意扩大承包范围、增加费用或造价。需要扩大承包范围、增加费用或造价的，应当依法办理批准手续。

政府投资建设工程，合同范围之内的所有合格支付必须严格执行中标价格，由于不可预见原因需要扩大承包范围、增加费用或造价但仍然在概算范围之内的，按照下列方式处理：

（一）单项金额在100万元或中标价格5%以下的，应当由招标人提出申请，报送同级相关行业主管部门书面批准之后方可实施；

（二）单项金额超过100万元或中标价格5%的，应当由招标人提出申请，征得同级相关行业主管部门同意之后，报送同级发展改革部门书面批准之后方可实施。

扩大、增加部分符合招标条件的，应当进行招标。

招标人应当同时将扩大承包范围、增加费用或造价的申请抄送同级行政监察部门备案。

第九十二条 中标人应当按照招标文件规定的时间、数额及方式向招标人提交履约担保。

第九十三条 招标人应当自中标通知书发出之日起5个工作日之内向未列为中标候选人的投标人退还投标保证金，中标候选人的投标保证金应当自招标人与中标人签订合同之日起5个工作日之内退还。

采用现金方式提交投标保证金的，投标保证金必须退回投标人账户。

第九十四条 下列情形，招标人应当在5个工作日之内退还投标人的投标保证金：

（一）招标终止；

（二）招标失败需要重新招标；

（三）投标人拒绝在投标有效期限终止之后延长投标有效期限。

第九十五条 市建设行政主管部门在中标公示期间应当妥善保存所有投标人的投标文件，公示期满之后，除了按照规定应当由市建设工程交易中心保存的资料之外应当全部移交招标人。

招标人应当自签订合同之日起5个工作日之内向未中标的投标人退还投标文件。

第九十六条 招标人需要全部或部分使用未中标的投标人的技术成果或技术方案的，应当征得投标人书面同意，予以经济补偿。

设计方案招标，招标人对于达到招标文件要求但未中标的投标人可以给予不同程度的经济补偿，用于补偿的费用总额一般不得超过设计合同金额的10%，招标人应当在招标文件中明确补偿范围及补偿标准。

第七章　投诉处理

第九十七条 投标人或其他利害关系人认为招标投标活动违反法律、法规、规章及相关规定的，可以依法向相关行政监督部门投诉。

涉及招标人或投标人违反法律、法规、规章及相关规定的，应当向市建设行政主管部门投诉。

涉及评标委员会成员违反法律、法规、规章及相关规定的，应当向市公共资源交易中心投诉。

涉及国家机关及其工作人员违反法律、法规、规章及相关规定的，应当向市行政监察部门投诉。

涉及招标人、投标人、评标委员会成员、国家机关及其工作人员违反法律、法规、规章及相关规定，可能涉嫌行贿、受贿或职务犯罪行为的，应当向市检察机关投诉或举报。

其他利害关系人是指除了投标人之外，与招标项目或招标投标活动具有直接或间接利益关系的法人、其他组织或个人。

第九十八条 投诉人不得以投诉为名排挤竞争对手，不得进行虚假、恶意投诉，阻碍招标投标活动的正常进行。

第九十九条 投诉人应当在知道或应当知道权利或利益受到侵害之日起的10日之内提出书面投诉。

第一百条 书面投诉应当包括下列内容：

（一）投诉人的名称、地点及有效联系方式；

（二）投诉事项的基本事实；

（三）相关请求及主张；

（四）有效线索及相关证明材料。

投诉人是法人的，必须由法定代表人或被授权委托人签名，加盖投诉人公章；投诉人是其他组织或个人的，必须由负责人或投诉人本人签名，附上有效身份证明复印件。

第一百零一条 下列情形，投诉不予受理：

（一）投诉人与投诉的招标投标活动无任何利害关系的；

（二）投诉事项不具体，未提供有效线索，难以查证的；

（三）投诉未签署投诉人真实姓名及有效联系方式，或以法人名义投诉，投诉未有法定代表人或被授权委托人签名及未加盖公章的；

（四）超过投诉时限的；

（五）已经作出处理决定，投诉人没有提出新的证据的；

（六）投诉事项已经进入行政复议或诉讼程序的。

第一百零二条 行政监督部门收到投诉之后，应当在3个工作日之内进行审查，视不同情形分别作出下列决定：

（一）投诉时限、形式、内容不符合规定的，不予受理，行政监督部门应当将不予受理的理由告知投诉人；

（二）投诉时限、形式、内容符合规定，但不属于本部门受理的，应当告知投诉人向其他行政监督部门提出投诉；

（三）投诉时限、形式、内容符合规定的，予以正式受理。

行政监督部门决定正式受理的，可以自正式受理之日起3个工作日之内书面通知市建设工程交易中心及招标人暂停招标投标活动或暂缓签订合同。

第一百零三条 行政监督部门依法进行的调查，投诉人、被投诉人以及评标委员会成员等与投诉事项相关的当事人应当配合，如实提供相关资料及情况。

第一百零四条 投诉处理决定做出之前，投诉人要求撤回投诉的，应当以书面形式提出，说明理由。行政监督部门可以视下列不同情形，决定是否准予撤回：

（一）已经查实存在明显违法行为的，应当不准撤回，行政监督部门应当继续调查直至作出处理决定；

（二）撤回投诉不损害国家利益、社会公共利益或其他当事人合法权利或利益的，应当准予撤回，投诉处理终止。投诉人不得以同一事实及理由再提出投诉。

第一百零五条 行政监督部门应当根据调查及取证情况，对投诉事项进行审查，按照下列规定作出处理决定：

（一）投诉缺乏事实根据或法律根据的，驳回投诉；

（二）投诉情形属实，招标投标活动确实存在违法行为的，按照法律、法规、规章及相关规定作出处理。

第一百零六条 负责受理投诉的行政监督部门应当自受理投诉之日起20日之内，对投诉事项作出处理决定。

情况复杂，无法在规定期限之内作出处理决定的，经过行政监督部门负责人批准之后可以适当延长。行政监督部门应当将延长的决定告知投诉人及被投诉人。

第八章 法律责任

第一百零七条 招标人具有下列行为之一的，没收违法所得，按照规定予以处罚：

（一）应当招标的项目未招标的，将招标项目化整为零或采用其他方式规避招标的，处以招标项目金额5‰以上10‰以下的罚款；

（二）应当公开招标未公开招标的，应当履行核准或批准手续未履行的，未按照发展改革部门核准或批准的内容进行招标的，未按照规定发布招标公告的，在提交投标文件截止时间之后接收投标文件的，处以3万元以下的罚款；情节严重的，招标无效；

（三）违反相关规定与投标人就投标价格、投标方案等实质内容进行谈判的，予以警告；以上行为影响中标结果的，中标无效；

（四）以不合理条件限制或排斥潜在投标人的，处以1万元以上5万元以下的罚款；

（五）使用招标文件规定之外的其他评标标准及方法的，确定的评标标准及方法含有倾向或排斥投标人的内容妨碍或限制了投标人之间的竞争并且影响评标结果的，评标委员会的组建及人员组成不符合要求的，评标无效，处以3万元以下的罚款；

（六）泄露应当保密的招标投标事项的，处以1万元以上10万元以下的罚款；以上行为影响中标结果的，中标无效；

（七）与投标人串通投标的，处以招标项目金额5‰以上10‰以下的罚款；中标人是串通投标参与人的，中标无效；

（八）未按照规定确定中标人或在所有投标被评标委员会否决之后自行确定中标人的，中标无效，处以中标项目金额5‰以上10‰以下的罚款；

（九）未按照招标文件及中标人的投标文件、中标价格签订合同的，签订背离合同实质内容的协议的，擅自提高履约担保或强迫中标人垫付建设资金的，处以中标项目金额5‰以上10‰以下的罚款；

（十）未按照规定将建设工程的概算、预算、招标投标、建设过程当中的重大变化、竣工验收、结算支付等情况通过政府指定的网站进行公布的，未按照基本建设程序规定的先后顺序进行建设工程招标的，未取得行业主管部门或发展改革部门批准文件随意扩大承包范围、增加费用或造价的，责令改正；

（十一）由于明显工作失误造成错误扩大承

包范围、增加费用或造价的，根据直接损失大小对直接责任人员处以1000元以上1万元以下的罚款。

招标人存在以上行为之一的，予以单位直接负责的主管人员和其他直接责任人员行政处分；情节严重的，撤销行政职务，3年之内不得负责建设工程管理工作；构成犯罪的，依法追究刑事责任。

招标人存在以上行为之一的，各级发展改革部门及财政部门可以暂停项目执行或暂停资金拨付。

第一百零八条 招标人拒绝与中标人签订合同的，应当双倍返还中标人的投标保证金；没有要求提交投标保证金或造成投标人的损失超过投标保证金数额的，招标人应当赔偿损失。

由于延长投标有效期限给投标人造成损失的，招标人应当予以补偿，但由于不可抗力延长投标有效期限的除外。

第一百零九条 招标代理机构具有下列行为之一的，没收违法所得，按照规定予以处罚：

（一）未取得招标代理资质从事招标代理业务的，处以5万元以上10万元以下的罚款；

（二）超越资质等级承接招标代理业务的，处以3万元以上5万元以下的罚款；

（三）转让招标代理业务或从事代理招标项目的投标代理、投标咨询的，处以3万元以上5万元以下的罚款；情节严重的，并处取消6个月招标代理资格；

（四）泄露应当保密的招标投标事项的，与招标人、投标人串通损害国家利益、社会公共利益或他人合法权利或利益的，处以5万元以上25万元以下罚款；情节严重的，并处取消一年招标代理资格；以上行为影响中标结果的，中标无效；造成他人损失的，依法承担赔偿责任。

除了以上行为之外，招标代理机构具有本办法第一百零七条所列行为的，处以与招标人相同的处罚；情节严重的，并处取消一年招标代理资格，提请资质审批机关降低或吊销招标代理资质。

第一百一十条 投标人具有下列行为之一的，没收违法所得，按照规定予以处罚：

（一）相互串通投标或与招标人串通投标的，以行贿手段谋取中标的，处以招标项目金额5‰以上10‰以下的罚款；情节严重的，并处取消一年以上2年以下投标资格，予以公告，直至由工商行政管理机关吊销营业执照；造成他人损失的，依法承担赔偿责任；中标人是以上行为参与人的，中标无效；串通投标行为影响中标结果的，应当重新评标或重新招标；

（二）允许其他单位或个人以投标人名义投标或以其他方式弄虚作假进行投标的，处以招标项目金额5‰以上10‰以下的罚款；情节严重的，并处取消1年以上3年以下投标资格，予以公告，直至由工商行政管理机关吊销营业执照；其他单位或个人以投标人名义投标的，处以与投标人相同的处罚；中标人是以上行为参与人的，中标无效；

（三）投标人参加同一建设工程的不同标段投标，投标人在其中任何一个标段投标存在以上第（一）及第（二）项所列行为的，其他标段的投标资格将一并被取消，投标人不得再参加该建设工程的所有投标；

（四）未按照招标文件、投标文件以及中标价格签订合同的，签订背离合同实质内容的协议的，处以中标项目金额5‰以上10‰以下的罚款；

（五）将中标项目整体或部分转让的，转让无效，处以转让的中标项目金额5‰以上10‰以下的罚款；情节严重的，并处责令停业整顿，直至由工商行政管理机关吊销营业执照；

（六）未履行与招标人签订的合同的，履约担保不予退还，没有提交履约担保或造成的损失超过履约担保数额的，中标人应当赔偿损失；未按照与招标人签订的合同履行义务，情节严重的，处以取消2年以上5年以下投标资格，予以公告，直至由工商行政管理机关吊销营业执照。

由于不可抗力不能履行合同的，不适用以上规定。

第一百一十一条 投标人具有下列行为之一的，招标人应当取消投标人的投标资格或中标资格，没收投标保证金；投标人没有提交投标保证金或造成的损失超过投标保证金数额的，投标人应当赔偿损失：

（一）无正当理由放弃中标的；

（二）投标截止之后至投标有效期限终止期间撤回投标文件的；

（三）由于违法行为被取消投标资格或中标无效的，但投标人与招标人串通投标的除外。

第一百一十二条 评标委员会及其成员具有下列行为之一的，没收违法所得，按照规定予以处罚：

（一）评标委员会成员擅离职守，影响评标程序正常进行，或不能客观公正地履行职责的，予以警告；情节严重的，处以1万元以下的罚款，并处取消评标专家资格，禁止参加任何招标项目的评标；

（二）评标委员会成员接受投标人、其他利害关系人的财物或其他利益的、泄露应当保密的招标投标事项的，处以3000元以上5万元以下的罚款，并处取消评标专家资格，禁止参加任何招标项目的评标；

（三）使用招标文件规定之外的其他评标标准及方法的，确定的评标标准及方法含有倾向或排斥投标人的内容妨碍或限制了投标人之间的竞争影响评标结果的，应当回避未回避的，评标期间存在违法行为影响评标结果的，评标无效，处以3万元以下的罚款；情节严重的，并处取消评标专家资格，禁止参加任何招标项目的评标；

（四）评标委员会成员参与串通投标的，处以五万元的罚款，并处取消评标专家资格，禁止参加任何招标项目的评标；构成犯罪的，依法追究刑事责任。

第一百一十三条 投诉人故意捏造事实、伪造证明材料进行虚假恶意投诉的，应当驳回投诉，予以警告；情节严重的，处以1万元以下罚款。

第一百一十四条 投诉人、被投诉人以及评标委员会成员等与投诉事项相关的当事人拒绝配合调查的，予以警告；情节严重的，处以1万元以上5万元以下罚款，并处取消1年以上3年以下参与招标投标活动的相应资格。

投诉人、被投诉人以及评标委员会成员等与投诉事项相关的当事人对于自己作出的行为无法作出合理解释的，予以通报。

第一百一十五条 按照规定予以单位罚款处罚的，可以对该单位的法定代表人或负责人以及直接责任人分别处以单位被罚款数额5%以上10%以下的罚款。

第一百一十六条 参与招标投标活动的国家工作人员徇私舞弊、滥用职权或玩忽职守，参与招标投标活动的其他单位或个人违反本办法规定未构成犯罪的，予以行政处分；构成犯罪的，依法追究刑事责任。

第一百一十七条 行政处罚由相关行政监督部门按照职责权限作出。

第一百一十八条 按照本办法规定应当进行招标的建设工程，招标无效的，应当依法重新招标；评标无效的，应当依法重新评标或重新招标；中标无效的，应当依法重新评标或重新招标；由于串通投标等违法行为导致中标结果明显损害国家利益、社会公共利益或他人合法权利或利益的，应当重新招标。

招标、评标、中标无效的，发出的中标通知书及签订的合同自始没有法律效力，但不影响合同之内解决争议的有关条款的效力。

由于违法行为被处以取消参与招标投标活动相应资格的，或被相关行政主管部门处以停产停业处罚的，自处罚决定生效之日起禁止进行一切招标投标活动，包括正在进行的招标投标活动。

第九章　附　则

第一百一十九条 本办法自2009年4月1日起施行。

本办法颁布之前本市制定的有关建设工程招标投标的有关规定与本办法不一致的，以本办法为准。

本市范围内涉及重大政治、外事活动以及抢险救灾的应急工程的审查、认定、发包、承包、结算、支付办法由市人民政府另行制定。

市建设行政主管部门应当依法公开本市建设工程招标投标相关信息，建立招标投标诚信档案，具体办法由市建设行政主管部门另行制定。

采用网络进行的建设工程招标应当同时符合网络招标的相关规定，具体办法由市建设行政主管部门另行制定。

第一百二十条 本办法由市人民政府负责解释。

珠海市人民政府

2009年2月27日

珠海市建筑节能办法

第一章 总 则

第一条 为了推动和促进建筑节能，降低建筑物使用能耗，提高能源利用效率，切实保护环境，根据《中华人民共和国节约能源法》、《民用建筑节能条例》等有关法律、法规，结合本市实际，制定本办法。

第二条 本市行政区域内从事与建筑节能相关的活动，适用本办法。

第三条 本办法所称建筑节能，是指在保证民用建筑使用功能和室内热环境质量的前提下，降低其使用过程中能源消耗的活动。

本办法所称民用建筑，是指居住建筑、国家机关办公建筑和商业、服务业、教育、卫生等其他公共建筑。

第四条 市建设行政主管部门是本市建筑节能的行政主管部门。

市建筑节能行政管理机构负责具体实施建筑节能监督管理工作。

各区建设行政主管部门按照职责分工，负责本辖区内建筑节能监督管理工作。

第五条 鼓励和支持建筑节能咨询、设计、评估、审计、认证等服务机构的发展。

第六条 鼓励建筑节能的科学研究和技术开发，鼓励发展可再生能源与建筑结合的新技术，推广建筑节能新技术、新工艺、新设备、新材料。

第七条 对在建筑节能工作中做出显著成绩的单位和个人，政府应当给予表彰、奖励。

第二章 一般规定

第八条 编制城市详细规划、镇详细规划，应当按照建筑节能的要求，确定建筑物布局、形状和朝向。

第九条 市建设行政主管部门应当组织编制建筑节能专项规划，经批准后实施。

建筑节能专项规划应当包括新建建筑的节能要求、既有建筑的节能改造、可再生能源在建筑中的开发利用、建筑物用能管理等方面的内容。

第十条 市建设行政主管部门应当依法推广和执行建筑节能强制性标准，及时发布推广、限制或者禁止使用的技术、工艺、设备、材料和产品的目录。

任何单位不得使用列入禁止目录的技术、工艺、设备、材料和产品。

政府投资的建设项目应当优先选用建筑节能推广目录中的技术、工艺、设备、材料和产品。

第十一条 鼓励发展下列建筑节能技术与产品：

（一）新型节能墙体和屋面的保温隔热技术与材料；

（二）节能门窗的保温隔热和密闭技术；

（三）集中供冷、暖、生活热水；

（四）太阳能、风能、浅层地能等可再生能源的应用技术与设备；

（五）建筑照明节能技术与产品；

（六）空调制冷节能技术与产品；

（七）建筑物屋顶绿化技术；

（八）其他技术成熟、效果显著的节能技术和节能管理技术。

第十二条 使用国家、省标准和技术规范中未涵盖的建筑节能新技术、新工艺、新设备、新材料、新产品，应当向市建设行政主管部门申请评估。

市建设行政主管部门应当自收到申请之日起二十个工作日内，组织专家完成评估；情况复杂的，可以延长十个工作日，并向申请人说明理由。

未申请评估或者经评估未予通过的，不作为建筑节能技术、工艺、设备、材料和产品。

第十三条 从事建筑节能及相关管理活动的单位，应当对其从业人员进行建筑节能标准与技术等专业知识的培训。

第十四条 市人民政府设立建筑节能专项资金，用于支持建筑节能活动。

第十五条 建筑节能专项资金主要来源包括：

（一）财政拨款；

（二）节能减排专项资金和新型墙体材料专项基金；

（三）社会捐助；

（四）其他。

第十六条 建筑节能专项资金使用范围包括：

（一）政策、规章制度制定和技术标准编制；

（二）科学技术研究与产品开发；

（三）示范工程；

（四）政府公共建筑节能改造；

（五）与建筑节能相关的其他开支。

第三章　建设与节能改造

第十七条 发展和改革行政主管部门在核准或者审批民用建筑工程项目申请报告、项目建议书及可行性研究报告时，应当要求具备建筑节能专项篇章。

没有建筑节能专项篇章的项目，不得核准或者审批。

第十八条 规划行政主管部门在进行民用建筑规划设计方案审查时，应当就设计方案是否符合民用建筑节能强制性标准征求建设行政主管部门的意见；建设行政主管部门应当自收到征求意见材料之日起10日内提出意见。征求意见时间不计算在规划许可的期限内。

不符合建筑节能强制性标准的，不得颁发建设工程规划许可证。

第十九条 建设单位应当按照建筑节能强制性标准委托工程项目的设计、施工和监理，不得明示或者暗示设计单位、施工单位违反建筑节能强制性标准进行设计、施工，不得明示或者暗示施工单位使用不符合施工图设计文件要求的材料、产品、设备和建筑构配件。

第二十条 设计单位应当按照建筑节能的法律、法规、规章和建筑节能强制性标准、技术规范进行设计。

方案设计应当有建筑节能专项说明，初步设计文件应当设建筑节能专篇，施工图设计文件应当包括建筑节能专篇和节能计算书等。

设计变更不得降低建筑节能效果。当设计变更涉及建筑节能效果时，应经原施工图设计文件审查机构审查，在实施前应办理设计变更手续，并获得建设单位的确认。

第二十一条 施工图设计文件审查机构应当对施工图设计文件中建筑节能专篇进行审查；未经审查或经审查不符合建筑节能强制性标准的，不得出具施工图设计文件审查合格证。

第二十二条 建设单位申请建设工程施工许可证时，应当提交施工图设计文件审查合格证并

由市建筑节能行政管理机构进行建筑节能备案。

第二十三条 施工单位应当按照经审查合格的施工图设计文件进行施工，不得使用不符合建筑节能要求的材料、产品、设备和建筑构配件。

第二十四条 监理单位应当按照建筑节能强制性标准、经审查合格的施工图设计文件实施监理。

对于建筑节能关键部位的隐蔽工程，监理单位应当采取旁站、巡视和平行检验等形式实施监理。

监理单位应当在工程质量报告中明确建筑节能强制性标准的实施情况。

第二十五条 建设工程质量监督机构应当加强对施工过程建筑节能强制性标准执行情况的监督检查，发现未按经审查合格的施工图设计文件进行施工或违反建筑节能强制性标准的，应当责令改正；拒不改正的，报建设行政主管部门处理。

第二十六条 建筑节能分部工程验收必须在单位工程竣工验收前完成，建筑节能分部工程验收不合格，建设单位不得组织竣工验收，不得办理竣工验收备案手续。

第二十七条 国家机关办公建筑和大型公共建筑的所有权人或者使用权人，应当对建筑的能源利用效率进行测评和标识，并按照国家有关规定将测评结果予以公示，接受社会监督。

国家机关办公建筑应当安装、使用节能设备。

本办法所称大型公共建筑，是指单体建筑面积2万平方米以上的公共建筑。

第二十八条 民用建筑的能源供应单位应当加强能源计量管理，健全能源消耗统计和能源利用状况分析制度，并将民用建筑物耗能量如用电量、燃气用量报建设行政主管部门。

国家机关办公建筑和大型公共建筑的所有权人或者使用权人应当将年度分项用电量、燃气用量报建设行政主管部门。

第二十九条 逐步推行建筑能效审计制度。

国家机关办公建筑和大型公共建筑所有权人或者使用权人应当根据能效审计结果，制定改进建筑物用能管理的方案、措施，并予以实施。

第三十条 房地产开发企业在销售商品房时，应当向买受人明示所售商品房的能源消耗指标、节能措施及其保护要求、保温工程保修期等基本信息，并在商品房买卖合同和住宅质量保证书、住宅使用说明书中予以载明。

房地产开发企业应对所明示的基本信息的真实性和准确性负责。

第三十一条 建筑物所有权人或者使用权人在进行建筑物的装修和使用时，不得擅自改变建筑物的节能围护体系，降低建筑节能强制性标准。

物业服务企业应当加强对居住小区内公共建筑节能设施及设备的维护、保养、维修和运行过程的监督管理。

第三十二条 逐步推行既有建筑节能改造，实行强制性改造与市场引导相结合。

既有建筑节能改造，是指对不符合建筑节能强制性标准的既有建筑的围护结构、供热系统、采暖制冷系统、照明设备和热水供应设施等实施节能改造的活动。

第三十三条 市建设行政主管部门应当会同市发展和改革、经贸等有关行政主管部门对既有建筑的用能系统、能源消耗等情况进行调查统计和分析评价，并根据建筑节能规划，制定既有建筑节能改造计划，经市人民政府批准后实施。

第三十四条 国家机关办公建筑、政府投资和以政府投资为主的公共建筑的节能改造，应当制定节能改造方案，经充分论证，并按照国家有关规定办理相关审批手续后方可进行。

各级人民政府及其有关部门、单位不得违反国家有关规定和标准，以节能改造的名义对前款规定的既有建筑进行扩建、改建。

第三十五条 居住建筑和本办法第三十四条规定以外的其他公共建筑不符合建筑节能强制性标准的，在尊重建筑所有权人意愿的基础上，可以结合扩建、改建，逐步实施节能改造。

第三十六条 既有建筑节能改造应当符合建

筑节能标准要求，并充分考虑采用可再生能源。

第三十七条 鼓励多元化、多渠道投资建筑物的建筑节能改造，投资人可以按协议分享建筑物节能改造所获得的收益。

第三十八条 国家机关办公建筑的节能改造费用纳入市、区人民政府同级财政预算。

教育、科学、文化、体育、卫生等公益事业使用的公共建筑，节能改造费用由政府和建筑所有权人共同负担。

其他建筑的节能改造费用由建筑所有权人自筹。

第三十九条 市发展和改革、经贸等有关行政主管部门应当会同市建设行政主管部门确定本行政区域内公共建筑重点用电单位及其年度用电限额。

市建设行政主管部门应当对本行政区域内国家机关办公建筑和公共建筑用电情况进行调查统计和评价分析。国家机关办公建筑和大型公共建筑制冷、照明的能源消耗情况应当依照法律、法规和国家有关规定向社会公布。

国家机关办公建筑和公共建筑的所有权人或者使用权人应当对市建设行政主管部门的调查统计工作予以配合。

第四章　可再生能源应用

第四十条 采用集中空调系统，有稳定热水需求，建筑面积在1万平方米以上的新建、改建、扩建公共建筑，应当安装空调废热回收装置；未安装的，不得通过建筑节能分部工程验收。

第四十一条 具备太阳能集热条件的新建十二层以下住宅建筑，建设单位应当为全体住户配置太阳能热水系统。

新建十二层以下住宅建筑不具备太阳能集热条件的，建设单位应当在报建时向市建设行政主管部门申请认定；市建设行政主管部门认定不具备太阳能集热条件的，应当予以公示；未经认定不配置太阳能热水系统的，不得通过建筑节能分部工程验收。

第四十二条 鼓励新建公共建筑和十二层以上住宅建筑配置太阳能热水系统；鼓励其他可再生能源在建筑中应用的技术研究和示范工程建设。

第四十三条 鼓励新建居住小区配置水资源循环回收利用系统。

第四十四条 在遵循经济合理原则的前提下，政府投资的建设项目应当优先运用太阳能、风能和其他可再生能源。

第五章　法律责任

第四十五条 任何单位违反本办法第十条第二款的规定，使用列入禁止目录的技术、工艺、设备、材料和产品的，由市建设行政主管部门责令改正，并处3万元以上5万元以下的罚款。

第四十六条 建设单位违反本办法第十九条规定，有以下行为之一的，由市建设行政主管部门责令改正，并处20万元以上30万元以下的罚款：

（一）明示或暗示设计单位、施工单位违反建筑节能强制性标准进行设计、施工；

（二）明示或者暗示设计单位、施工单位使用不符合施工图设计文件要求的材料、产品、设备和建筑构配件。

第四十七条 设计单位违反本办法第二十条规定，未按照建筑节能强制性标准和技术规范进行设计的，由市建设行政主管部门责令改正，并处10万元以上20万元以下的罚款；情节严重的，降低资质等级，直至吊销资质证书；造成损失的，依法承担赔偿责任。

第四十八条 施工图设计文件审查机构违反本办法第二十一条规定，对施工图设计文件中的建筑节能设计内容未审查或者经审查不符合建筑节能强制性标准和技术规范，仍出具施工图设计文件审查合格证明的，由市建设行政主管部门责令改正，并处3万元以上5万元以下的罚款。

第四十九条 施工单位违反本办法第二十三

条规定，未按照经审查合格的施工图设计文件进行施工或者使用不符合建筑节能要求的材料、产品、设备和建筑构配件的，由市建设行政主管部门责令改正，并处10万元以上20万元以下的罚款；情节严重的，降低资质等级，直至吊销资质证书；造成损失的，依法承担赔偿责任。

第五十条 监理单位违反本办法第二十四条规定，未按照建筑节能强制性标准、经审查合格的施工图设计文件的规定和要求实施监理的，由市建设行政主管部门责令限期改正，逾期未改正的，处10万元以上20万元以下的罚款；情节严重的，降低资质等级或者吊销资质证书；造成损失的，依法承担赔偿责任。

第五十一条 房地产开发企业违反本办法第三十条规定，在销售商品房时，未在商品房买卖合同和住宅质量保证书、住宅使用说明书中对所售商品房的能源消耗指标、节能措施等基本信息予以载明或者基本信息不真实、不准确的，由市建设行政主管部门责令限期改正，逾期未改正的，处3万元以上5万元以下的罚款；情节严重的，依法降低资质等级或者吊销资质证书。

第五十二条 各级人民政府及其有关部门、单位违反本办法第三十四条规定，违反国家有关规定和标准，以节能改造的名义对既有建筑进行扩建、改建的，对负有责任的主管人员和其他责任人员，依法给予行政处分。

第五十三条 建设行政主管部门和建筑节能行政管理机构以及其他有关部门的工作人员违反本办法，滥用职权、徇私舞弊、玩忽职守的，由其所在单位或者上级主管机关依法给予行政处分；构成犯罪的，依法追究刑事责任。

第五十四条 当事人对有关行政管理部门依据本办法作出的行政处罚不服的，可依法申请行政复议或提起行政诉讼。

第六章 附 则

第五十五条 市建设行政主管部门可以依据本办法，对建筑节能的具体监督管理工作，制定具体的实施细则。

第五十六条 本办法自2009年8月1日起施行。

珠海市人民政府

2009年6月11日

珠海市养犬人责任及监管暂行办法

第一章 总 则

第一条 为规范养犬行为，保障公民人身健康和安全，维护社会公共秩序和市容环境，建设生态文明新特区，根据有关法律、法规，结合本市实际，制定本办法。

第二条 本市行政区域内的养犬行为及相关活动适用本办法。

第三条 公安部门是本市养犬管理工作的主管部门，负责养犬监督管理工作。公安部门可以委托符合法律、法规规定条件的组织实施养犬管理的具体事务。

城市管理行政执法、畜牧兽医、卫生、市政园林、物价、民政、工商、环保、建设等相关部门应当在各自职责范围内做好养犬管理工作。

镇人民政府、街道办事处应当协同做好养犬管理工作。

第四条 各级政府和相关部门应当制定相关措施，鼓励、支持和倡导市民文明养犬、卫生养犬。

各新闻媒体应加强社会公德教育以及市容环境卫生科学知识宣传，引导市民形成良好的养犬习惯。

犬只协会等相关民间组织应当提高自律意识，制定自律公约，自觉维护公共秩序。

第五条 本市养犬活动遵循“养犬人自律、监管人管理、执法者查处、社会各方监督”的原则。

第六条 养犬人有养犬权利，同时也应当尊重社会公德和公序良俗，尊重他人的生活习惯。

第二章 养犬人行为规范

第七条 养犬人作为养犬的第一责任主体，应当自觉提高道德素质，坚持健康、文明原则，自觉遵守《中华人民共和国治安管理处罚法》、《中华人民共和国动物防疫法》、《珠海经济特区市容和环境卫生管理条例》、《珠海市公园管理办法》等有关犬只管理的规定。

第八条 养犬人行为应当符合相关公共场所及特定的非公共场所关于犬只的规定，支持正常的生产经营活动，维护卫生秩序。

第九条 养犬人应当定期携带犬只到动物疫病预防控制机构、动物诊疗机构等单位，对犬只进行相关免疫和健康检查，预防疫病，确保养犬人及其他市民的身体健康。

第十条 受动物卫生监督机构委托的动物诊疗机构应当对犬只免疫的情况进行跟踪、统计，建立免疫档案，并将犬只免疫定期上报畜牧兽医部门备案。

第十一条 本市禁止群养犬只。个人养犬的，每户不得超过两只。

第十二条 养犬人应确保其养犬行为不影响市容环境卫生，养犬人不得牵引犬只到公共绿地、草坪大小便。对犬只在户外活动产生的粪便应当立即自行清理，不损害环境质量。

第十三条 养犬人应当爱护所养犬只，不得遗弃和虐待。

第十四条 养犬人应当自觉遵守物业管理的法律、法规以及住宅小区的管理规约，采取相应措施预防和消除犬吠扰民以及其他影响邻里、他人正常工作、学习、生活的养犬行为，构建和谐邻里关系。

第十五条 住宅楼宇中的养犬人，应当采取相应措施减少犬只活动产生的噪音，避免干扰左右邻居及上、下楼层住户的生活。

第十六条 养犬人应当主动配合镇人民政府、街道办事处、居（村）民委员会、物业服务企业进行犬只基本情况的跟踪和普查，并主动将养犬基本情况报物业服务企业或居（村）民委员会备案。

第十七条 本市提倡养犬人不养大型犬、烈性犬等带有攻击性、具有较高人身危险性的犬只。如饲养，应当圈养或者拴养，不得带外遛犬。

大型犬、烈性犬的范围和种类由畜牧兽医部门参照周边城市做法另行公布。

第十八条 养犬人应采取束大链、戴口罩等措施防止犬只伤人。携带犬只外出应当由完全民事行为能力人牵引、怀抱，或者装入犬袋、犬笼，避免携带犬只进入人员密集区域，并主动避让老人、儿童、孕妇、残疾人等特殊人群。

提倡养犬人携带犬只时不乘坐电梯，或者主动避开电梯使用高峰时间，以免影响他人正常使用电梯。

第十九条 养犬人所养犬只造成他人伤害或损失的，养犬人应当按照《民法通则》等法律、法规规定承担相应的民事责任。

提倡养犬人投保犬只伤人险。

第二十条 犬只伤害他人的，养犬人或者犬只管理人应立即将被伤害者送至市、区疾病预防控制机构或者市卫生行政部门认可的免疫接种门诊进行诊治，先行垫付医疗费用。

市卫生行政部门应当定期向社会公布狂犬疫苗免疫接种情况。

第二十一条 养犬人未尽看管责任，致使犬只危害交通安全，造成城市道路以及公路交通事故的，应当承担相应的民事责任。

第三章　监管人责任

第二十二条　本市实行社会各主体“齐抓共管、各尽其责”原则，明确监管人的管理责任，共同促进健康、文明养犬。

第二十三条　本章所称的监管人，是指场所的所有权人或经营管理者。

本条所称的场所包括公共场所及特定的非公共场所。

第二十四条　本市公共场所的所有权人及经营管理者应当采取说服、劝阻等方式禁止养犬人携带犬只进入该公共场所。有条件的可设置犬只暂时停留的场所。

第二十五条　以下公共场所禁止养犬人携带犬只进入，但盲人、肢体重残人士携带导盲犬只、扶助犬只进入除外：

（一）公共汽车、客轮等大型公共交通工具；

（二）国家机关、学校（含幼儿园、托儿所）、儿童活动场所、医院；

（三）影剧院、博物馆、歌舞厅、体育场馆、游乐场等公众文化场所；

（四）公共泳（浴）场、公园、公共绿地、宾馆、酒店、餐厅、商店、市场、候车（船）室；

（五）市人民政府确定的其他公共场所。

养犬人携带犬只乘坐出租车应当征得出租车驾驶员的同意，并确保出租车内环境的卫生、整洁。

市政园林行政管理部门可以在其管理的公园内开设犬只活动的公共区域，并设置相应的环境卫生设施以及注明区域范围、开放时间、警示事项等内容的告示牌。

第二十六条　公共场所的所有权人或经营管理者应当加大宣传力度，以公开、明示方式公布禁止养犬人携带犬只入内的相关提示，并设置相关的犬只禁入的标志、标牌。

第二十七条　本办法第二十五条规定以外的非公共场所的所有权人或经营管理者，有权根据自身实际情况禁止养犬人携带犬只进入其所有或经营管理的场所。

第二十八条　市、区人民政府在重大节假日或者举办重大活动期间，可以根据实际情况，临时划定禁止携带犬只进入的区域。

第二十九条　养犬人携带犬只强行进入本办法规定禁止进入的公共场所及特定非公共场所的，该公共场所及特定非公共场所的所有权人或经营管理者应当予以制止，制止无效的，应向城市管理行政执法部门举报，城市管理行政执法部门应当予以纠正。

违反本条第一款规定，犬只出现意外伤亡的，其责任由养犬人自行承担。

第三十条　住宅小区的物业服务企业应当根据业主大会或者业主委员会的决定，以公开、公正、公平的方式就养犬行为制定专项规约，并加强宣传，在住宅小区的醒目位置予以公布。

建设行政管理部门应当积极引导和规范物业服务企业的前款行为，并提供有关规约的示范文本。

第三十一条　住宅小区的物业服务企业应当支持和协助所在住宅小区养犬人组织成立养犬自律会，为其相互监督、自律养犬提供必要的条件。

第三十二条　住宅小区的物业服务企业应当确定特定区域和时间供业主所养犬只活动，同时督促养犬业主做好犬只活动产生的粪便、垃圾的清理工作。

第三十三条　住宅小区的物业服务企业应当建立健全犬只纠纷、矛盾的解决机制，及时化解小区业主之间的纠纷、矛盾，防止纠纷、矛盾的尖锐化。

第三十四条　居（村）民委员会应当按照自我管理、自我教育、自我服务的原则，合理制定自治公约，做好辖区内犬只卫生管理、养犬纠纷调解等工作，促进本辖区的居民相互尊重、相互谅解。

第三十五条　本市设立的各级人民调解委员

会以及调解小组应当跟踪、分析犬只纠纷、矛盾的特点，有针对性的建立犬只纠纷调解机制，通过说服教育、规劝疏导等途径，及时化解犬只纠纷。

第三十六条 犬只销售经营者应当保持经营场所及其周边环境的干净、整洁，做好预防措施避免犬只伤人，并履行养犬人同等的义务和责任。

第四章 执法者责任

第三十七条 区人民政府（含经济功能区管委会，下同）应当将犬只管理纳入工作日程，安排一定的城市维护资金，用于辖区内犬只的日常管理及简易宠物厕所等相关配套设施的建设。

第三十八条 区人民政府应当加大投入，加强对辖区内养犬人关于传染病预防、犬健康、犬行为的特点及训练犬的方法等养犬相关知识的培训，普及科学、文明、安全、卫生的养犬常识。

第三十九条 镇人民政府、街道办事处应将犬只管理工作纳入工作计划，并协调居（村）民委员会落实犬只数量普查、登记等各项工作。

第四十条 本市建立公安、城市管理行政执法、畜牧兽医等多部门犬只联合执法制度，建立犬只联合执法协调机制和信息沟通机制，定期就犬只执法问题进行沟通、协调。

第四十一条 公安部门根据《中华人民共和国治安管理处罚法》的有关规定，对犬吠干扰他人正常生活、驱使犬只伤害他人等行为进行管理和处罚。

公安部门在其巡查过程中，如遇养犬人不听从本办法第二十五条、第二十七条的场所监管人劝阻的，公安部门应当制止养犬人进入相关场所。

第四十二条 城市管理行政执法部门应当严格执行《珠海经济特区市容和环境卫生管理条例》和《珠海市公园管理办法》，依法履行以下职责：

（一）督促养犬人自觉履行由犬只引起的市容环境卫生责任，主动清理犬只户外活动产生的粪便、垃圾；

（二）查处养犬人所养犬只违法随地排粪、排便等影响市容环境卫生的行为。

第四十三条 畜牧兽医管理部门和动物卫生监督机构应当严格执行《中华人民共和国动物防疫法》，做好犬只的防疫监督和实施工作。

第四十四条 任何单位和个人发现或怀疑犬只染有狂犬病时，应当及时向畜牧兽医管理部门报告。畜牧兽医管理部门应当迅速采取措施，并按照国家有关规定上报。

第四十五条 教育管理部门应当组织学校加强对学生养犬行为的引导，普及文明、卫生养犬的科普知识。

第四十六条 公安部门应当对主城区及城乡结合部进行巡查执法，对无主犬和流浪犬进行清理和处置。

第四十七条 发生危及人身健康或生命安全的重大疫情时，经市人民政府授权，有关执法部门可以作出紧急处置的决定。

第四十八条 公安、城市管理行政执法部门以及镇人民政府、街道办事处应当建立犬只投诉受理制度，公布受理投诉电话。

第五章 社会监督

第四十九条 各级政府和相关部门应鼓励、支持和引导社会各方对违法养犬人进行监督。任何单位和个人有权批评、劝阻、举报和投诉养犬人的违法养犬行为。

第五十条 公安、城市管理行政执法等部门对多次查处仍不改正的违法养犬人，可将其违法事实和查处结果以书面形式告知其所在单位；无所在单位的，知会其户籍所在地的居（村）民委员会。

第五十一条 本市各新闻媒体应加强舆论引导，加大文明、健康养犬的宣传力度，协助公安、城市管理行政执法等部门定期或不定期的公布违法养犬人名单。

第五十二条 物业服务企业、居（村）民委员会、违法养犬人所在单位应按照业主公约、居

（村）民自治公约、单位管理制度对违法养犬人进行说服、教育，必要时将违法养犬人的姓名、违法事实和查处情况予以公布。

第六章　法律责任

第五十三条　违反本办法第十一条规定的，由公安部门按照每超过一只处以500元罚款。

第五十四条　公安部门应当严格执行《中华人民共和国治安管理处罚法》第七十五条规定，对饲养犬只干扰他人正常生活的，处以警告；警告后不改正的，或者放任犬只恐吓他人的，处以300元以下罚款。

对故意驱使犬只伤害他人的，处五日以上十日以下拘留，并处300元罚款；情节较轻的，处五日以下拘留或者200元罚款。

第五十五条　养犬人不听劝阻，违法携带犬只进入禁入场所的，由城市管理行政执法部门责令养犬人改正，并处200元罚款。

公共场所及特定非公共场所的所有权人或者经营管理者未尽到管理职责，未明确公布禁入告示，以及未能及时、有效的劝阻养犬人携带犬只进入的，由城市管理行政执法部门责令改正，并处以500元罚款。

第五十六条　养犬人对饲养的犬只不按照动物疫病强制免疫计划进行免疫接种的，由动物卫生监督机构责令改正，给予警告；拒不改正的，由动物卫生监督机构代作处理，所需处理费用由养犬人承担，可处1000元以下罚款。

第五十七条　养犬人不按照畜牧兽医主管部门规定处置染疫犬只及其排泄物，病死或者死因不明的犬只尸体，由动物卫生监督机构责令养犬人进行无害化处理；养犬人拒不执行的，由动物卫生监督机构代为处理，所需处理费用由养犬人承担，可处3000元以下罚款。

第五十八条　养犬人有下列行为之一的，由动物卫生监督机构责令改正；拒不改正的，如违法养犬人属于单位，处1000元以上10000元以下罚款；如违法养犬人属于个人，可处500元以下罚款：

（一）不履行犬只疫情报告义务的；

（二）不如实提供与犬只防疫活动有关资料的；

（三）拒绝动物卫生监督机构进行监督检查的；

（四）拒绝动物疫病预防控制机构进行动物疫病监测、检测的。

第五十九条　城市管理行政执法部门发现或接到报告，养犬人所携带的犬只随地排粪、排便，由城市管理行政执法部门责令养犬人改正，并处200元罚款。

第六十条　公安、城市管理行政执法部门及其工作人员应当依法履行犬只管理职责，文明执法，依法接收单位和个人关于犬只管理的投诉，并及时查处违法行为。

对应当予以受理的投诉不予受理，或者应当制止和查处的行为不予制止和查处，致使公民、法人或者其他组织的合法权益及公共利益受到严重损害，或者滥用职权、徇私舞弊的，由所在部门或者上级主管部门对直接负责的主管人员和其他直接责任人员，依法给予处分；构成犯罪的，依法追究刑事责任。

第六十一条　公民、法人或其他组织对有关主管部门的具体行政行为不服的，可依法提请行政复议或者提起行政诉讼。

第七章　附　则

第六十二条　军犬、警犬、科研用犬由军队和公安等部门依法管理，不适用本办法。

第六十三条　本办法自2009年8月1日起施行。

珠海市人民政府

2009年7月1日

珠海市烟花爆竹安全管理规定

第一章 总 则

第一条 为加强烟花爆竹安全管理，预防爆炸、火灾和人身伤害事故，保障人民群众生命财产安全，根据法律、法规的有关规定，结合本市实际，制定本规定。

第二条 在本市行政区域内生产、经营、运输、燃放烟花爆竹，应当遵守本规定。

第三条 对烟花爆竹实行限定燃放、严格执法、综合治理的原则。

第四条 市安全生产监督管理部门负责本市烟花爆竹的安全生产监督管理工作。

市公安部门负责本市烟花爆竹的公共安全管理工作。

市工商部门负责本市烟花爆竹流通领域的质量监督管理工作。

交通、质量技术监督等有关职能部门，按照各自职责，共同做好本市烟花爆竹的管理工作。

第五条 安全生产监督管理部门负责查处烟花爆竹经营单位的违法行为；公安部门负责查处非法生产、储存、运输、邮寄的以及非法燃放烟花爆竹的违法行为；工商部门负责查处烟花爆竹生产经营单位违反工商登记法律规定以及超越核准经营范围的烟花爆竹生产经营行为。

第六条 本市禁止生产烟花爆竹，禁止生产、经营黑火药、烟火药、引火线等用于制造烟花爆竹产品的原材料。

第七条 本市对烟花爆竹经营、运输和举办焰火晚会以及其他大型焰火燃放活动，依法实行许可制度。

第八条 本市的城市建成区为限制燃放烟花爆竹地区。

第二章 经营安全

第九条 烟花爆竹的经营分为批发和零售。

第十条 本市烟花爆竹实行定点经营制度：

（一）烟花爆竹批发企业由市安全生产监督管理部门依法确定；

（二）烟花爆竹零售经营网点以镇（街）为单位设置，每个镇（街）设立的烟花爆竹零售网点数量按镇（街）所辖区域面积大小、人口数量等情况，由区、经济功能区安全生产监督管理部门依法确定；

（三）烟花爆竹临时销售点由区、经济功能区安全生产监督管理部门根据区人民政府、经济功能区管委会规定的燃放时间、燃放地点确定。临时销售点的经营由本市烟花爆竹批发企业负责。

第十一条 从事烟花爆竹批发的企业应当向市安全生产监督管理部门申请颁发《烟花爆竹经营（批发）许可证》。从事烟花爆竹零售的单位，应当向所在地的区、经济功能区安全生产监督管理部门申请《烟花爆竹经营（零售）许可证》。

烟花爆竹经营单位应当按照《烟花爆竹经营（批发）许可证》和《烟花爆竹经营（零售）许可证》规定的许可范围、时间和地点批发、销售烟花爆竹。

第十二条 烟花爆竹零售应当符合下列条件：

（一）实行专店或者专柜销售，设专人负责安全管理；专柜销售时，专柜应当相对独立，并与其他柜台保持一定的距离，保证安全通道畅通；

（二）负责人和销售人员应当经过安全知识培训，持证上岗；

（三）零售场所面积不少于10平方米，其周边50米范围内没有其他烟花爆竹零售点，并与学校、幼儿园、医院等人员密集场所和加油站等易燃易爆物质生产、储存设施保持不少于200米的安全距离；

（四）零售场所配备必要的消防器材，并张贴明显的安全警示标志；

（五）储存品种限于C、D类烟花爆竹，存放产品总重量不得超过500公斤；

（六）零售专店可以零售规定品种的烟花、爆竹，零售专柜只能零售爆竹，不得零售烟花产品。

第十三条 本市实行烟花爆竹销售经营配送制度。各烟花爆竹零售单位所销售的烟花爆竹由本市烟花爆竹批发企业统一采购和配送。

批发企业应当建立并严格执行采购、销售流向登记制度，健全购销档案，并留存两年以上备查。

第十四条 烟花爆竹零售单位不得超过规定的经营时间经营，并应当在许可的经营期限届满后停止经营，其未销售的烟花爆竹应当由批发企业回购或回收，不得自行存放。

烟花爆竹批发企业应当按照规定履行向零售单位统一配送烟花爆竹的职责，并及时回购或回收零售单位未销售完的烟花爆竹产品。

第三章　运输安全

第十五条 从事烟花爆竹运输的车辆必须持有市交通主管部门核发的道路运输证件，按照《道路危险货物运输管理规定》的要求安装GPS卫星定位系统或者行驶记录仪，符合《道路运输危险货物车辆标志》（GB13392）的要求，悬挂安全警示标志。

第十六条 从事烟花爆竹运输的驾驶人员、装卸管理人员和押运人员必须按照《中华人民共和国道路运输条例》的规定，经市交通主管部门考试合格取得相应的从业资格证，并持证上岗。

第十七条 经由道路运输烟花爆竹的，应当经公安部门许可。

经由铁路、水路、航空运输烟花爆竹的，依照铁路、水路、航空运输安全管理的有关法律、法规、规章的规定执行。

第十八条 烟花爆竹运输应严格执行国家有关爆炸物品的安全管理规定，由购买单位向所在地区、经济功能区公安部门申请领取《烟花爆竹道路运输许可证》，方准运输。货物达到目的地后，购买单位应当在《烟花爆竹道路运输许可证》上签注物品到达情况，并在3日内将《烟花爆竹道路运输许可证》交回原发证机关核销。

第十九条 禁止携带烟花爆竹乘坐公共汽车、出租车、客船等公共交通工具或者在托运的行李包裹和邮件中夹带烟花爆竹。

第四章　燃放安全

第二十条 限制燃放烟花爆竹地区可以在下列时间燃放烟花爆竹：

（一）农历除夕（十九时至次日凌晨一时）；

（二）农历正月初一、初二、初三和十五（十九时至二十四时）。

燃放烟花爆竹必须在指定地点进行。燃放烟花爆竹的地点和允许燃放的种类，由区人民政府、经济功能区管委会确定，并向社会公布。

第二十一条 第二十条规定时间和地点的烟花爆竹燃放管理工作，由所在区人民政府、经济功能区管委会负责组织。公安、安全生产监督管理、城市管理行政执法、工商等部门按照以下规定实施监管：

（一）所在区人民政府、经济功能区管委会应当通过广播、电视、报刊等新闻媒体，做好安全燃放烟花爆竹的宣传教育工作；

（二）公安部门负责烟花爆竹燃放的公共安全管理工作，负责维持烟花爆竹燃放区内秩序、燃放期间的交通疏导工作和现场消防执勤，组织销毁、处置废旧和罚没的烟花爆竹；

（三）区、经济功能区安全生产监督管理部门负责烟花爆竹燃放区烟花爆竹临时销售点的经营许可和安全监管；

（四)城市管理行政执法部门应当配合公安部门做好安全巡查工作；在依法查处流动摊贩时，发现有非法经营烟花爆竹的，应当通知安全生产监督管理部门，安全生产监督管理部门应当及时予以查处。

（五）工商部门负责对烟花爆竹经营单位的登记管理，依法查处各商店、店铺违反工商登记法律规定以及超越核准范围的烟花爆竹经营行为，防止不合格产品和国家明令禁止的烟花爆竹产品流入燃放区；

（六）卫生部门负责烟花爆竹燃放现场的医疗救护工作。

第二十二条 举办焰火晚会或其他大型焰火燃放活动的，主办单位应当依法向公安部门提出申请，取得《焰火燃放许可证》后方可燃放烟花爆竹。

第二十三条 下列地点禁止燃放烟花爆竹：

（一）文物保护单位、风景名胜区、山林重点防火区；

（二）车站、码头、机场等交通枢纽以及铁路线路安全保护区内；

（三）易燃易爆物品生产、经营、储存单位及周边200米范围内；

（四）重要军事设施、通信、输变电设施安全保护区内；

（五）中小学校、幼儿园、医疗机构、敬老院、疗养院、商（市）场、公共娱乐场所等人员密集场所；

（六）建筑物的房顶、楼道、阳台、窗口、室内；

（七）区级以上人民政府、经济功能区管委会禁止燃放烟花爆竹的其他区域；

（八）法律、法规禁止燃放烟花爆竹的其他区域。

第二十四条 燃放烟花爆竹，应当遵守下列规定：

（一）燃放符合规定品种、规格的烟花爆竹；

（二）不得在城市居民楼道内燃放或从阳台、窗户向外抛掷烟花爆竹；

（三）不得向烟花爆竹零售点、人群、车辆、建筑物、构筑物、树木、河道、公共绿化地抛掷烟花爆竹；

（四）不得妨碍行人、车辆安全通行；

（五）不得采用其他危害国家、集体和他人人身、财产安全的方式燃放烟花爆竹；

（六）不得采用法律、法规禁止的其他方式燃放烟花爆竹。

十四周岁以下的未成年人燃放烟花爆竹的，应当由监护人或者其他成年人陪同。

第五章 法律责任

第二十五条 对违反本规定的行为，由安全生产监督管理、公安、质量技术监督、工商、交通等部门依据《中华人民共和国安全生产法》、《烟花爆竹安全管理条例》等有关法律、法规、规章处理。

第二十六条 烟花爆竹有关管理部门的工作人员，在烟花爆竹安全监管工作中滥用职权、玩忽职守、徇私舞弊，构成犯罪的，依法追究刑事责任；尚不构成犯罪的，依法给予行政处分。

第六章 附 则

第二十七条 本市禁止销售、燃放孔明灯，相关管理职责参照烟花爆竹管理执行。

第二十八条 本规定自2010年1月15日起施行。2000年2月1日起施行的《珠海市烟花爆竹安全管理规定》同时废止。

珠海市人民政府

2009年12月15日

珠海市最低生活保障实施办法

第一章　总　则

第一条　为保障本市城乡居民的基本生活，促进社会公平与和谐，维护社会稳定，根据国家、省有关法律法规和相关政策，结合本市实际，制定本办法。

第二条　本市户籍城乡居民的最低生活保障工作，适用本办法。

第三条　本办法所称最低生活保障（以下简称“低保”）制度，是指对家庭人均月收入低于当地(即所在区级行政区)低保标准的城乡居民实行差额救助的社会救济制度。

第四条　低保制度遵循下列基本原则：

（一）保障基本生活，鼓励劳动自救；

（二）与经济社会发展水平相适应；

（三）与其他社会保障制度相衔接；

（四）政府保障与法定赡养、抚养、扶养相结合；

（五）公开、公平、公正、及时。

第五条　低保工作实行属地管理，由市、区、镇人民政府负责。

具有社会事务管理职能的经济功能区履行区级政府低保工作职责。

第六条　市民政部门是本市低保工作的主管部门，依法组织和实施全市低保工作。

区民政部门负责所辖区域内低保工作。

第七条　本市建立由民政、财政、统计、人力资源和社会保障、物价等部门组成的低保工作联席会议制度，办公室设在民政部门，主要负责解决低保制度执行中的重要问题和跨部门协调工作。

第八条　本市建立以人大代表、政协委员、社会组织代表和其他专业人士为成员的低保社会监督委员会，负责对低保制度进行政策评估和提出政策建议。

第二章　部门职责

第九条　市民政部门履行以下职责：

（一）制定本市低保相关政策；

（二）对各区民政部门低保工作进行监督和指导；

（三）对低保工作人员进行业务培训；

（四）组织、协调、指导社会力量开展社会帮困工作。

第十条　区民政部门履行以下职责：

（一）按时向同级财政部门编报低保救助金年度预算，会同财政部门发放低保救助金和临时物价补贴；

（二）开展居民申请低保救助的审批工作；

（三）查处低保对象违反本办法的行为；

（四）对镇人民政府（街道办事处）的低保工作进行指导、管理和监督；

（五）负责本辖区低保工作的报表统计和档案管理；

（六）组织、协调、指导社会力量进行社会帮困活动。

第十一条　镇人民政府（街道办事处）履行以下职责：

（一）受理低保救助申请；

（二）审核低保救助申请；

（三）公示低保申请人名单及调查核实结果；

（四）核查本辖区低保申请人及低保对象的家庭财产和收入；

（五）负责本辖区居民低保救助金的管理工作；

（六）负责本辖区低保对象的日常管理和服务工作；

（七）负责本辖区低保工作的报表统计和档案管理；

（八）组织、协调、指导社会力量进行社会帮困活动。

镇人民政府（街道办事处）经区民政部门同意，可以根据实际需要将上述第（一）项、第（三）项、第(四)项及第（六）项规定的工作委托辖区内的村（居）民委员会承担。

第十二条 财政部门履行以下职责：

（一）配合民政部门制定低保标准、临时物价补贴方案；

（二）负责落实和检查本级低保救助金的预算和筹集；

（三）对本级民政部门提出的下一年度低保救助金的预算进行审核，按用款计划保证拨付；

（四）会同民政部门按时将低保救助金通过银行拨付到低保对象个人账户；

（五）检查、监督低保救助金的使用管理，建立健全低保救助金财务制度。

第十三条 人力资源和社会保障部门履行以下职责：

（一）为达到法定就业年龄并具有劳动能力的低保对象举办就业培训，并为其提供就业援助服务；

（二）提供推荐低保申请人或低保对象就业的证明；

（三）协调做好低保对象参加社会保险相关工作；

（四）为低保申请人或低保对象出具有关社会保险、就业和再就业情况等相关证明。

第十四条 计划生育部门负责审核低保申请人和低保对象计划生育情况。

第十五条 金融机构配合低保管理审批机关核查低保家庭收入和家庭财产情况。商业银行接受相关职能部门的委托，为低保对象代发低保救助金和临时物价补贴等，不收取低保账户的年费和管理费等费用。

第十六条 海洋和农渔部门对有一定生产自救能力的农村低保对象，优先给予生产项目扶持，帮助其发展生产。

第十七条 监察、审计部门对低保救助金的管理使用情况进行监督检查。

第十八条 供排水、供电、供气、电信、广播电视、殡葬等其他单位和部门对低保家庭和低保对象相关费用给予减免等优惠。

第三章 低保对象和低保家庭

第十九条 本办法所称低保对象，是指具有本市户籍，家庭人均月收入低于当地低保标准并纳入低保救助的城乡居民。

纳入低保救助的家庭为低保家庭。

第二十条 本办法所称家庭成员，是指依法形成赡养、抚养或扶养关系并共同生活在一起的人员。主要包括以下人员：

（一）夫妻；

（二）父母与未成年的子女、养子女、继子女、非婚生子女，祖父母、外祖父母与父母双亡的未成年孙子女、外孙子女；

（三）子女与无生活来源的父母（养父母、继父母），孙子女、外孙子女与子女亡故的祖父母、外祖父母；

（四）兄、姐与父母双亡或父母无力抚养的未成年弟、妹；

（五）父母与丧失劳动能力的子女、虽未完全丧失劳动能力但收入不足以维持生活的子女、尚在校就读的确无独立生活能力和条件的子女；

（六）市、区民政部门依法认定的其他人员。

第二十一条 经认定符合低保救助条件的低保对象，根据致贫原因及困难程度分为以下三类：

（一）A类（重点保障对象）

1.“三无”对象，即无劳动能力、无生活来源又无法定赡养、抚养、扶养义务人，或其法定赡养、抚养、扶养义务人无赡养、抚养、扶养能力的居民；

2.五保对象，即老年、残疾或未满16周岁，无劳动能力、无生活来源又无法定赡养、抚养、扶养义务人，或其法定赡养、抚养、扶养义务人

无赡养、抚养、扶养能力的村民；

3.麻风病人。

（二）B类（特殊保障对象）

1.持有《中华人民共和国残疾人证》的残疾人；

2.经相关职能部门依法鉴定完全丧失或大部分丧失劳动能力的家庭成员；

3.患有本市城乡医疗救助制度规定的中高额医疗费用疾病的家庭成员；

4.60年代精简退职职工；

5.60周岁以上人员；

6.在校学生（在义务教育、高中、中专、中技、职高和全日制高等教育阶段的学生）；

7.单亲家庭中的未成年人。

（三）C类（基本保障对象）：其他人员。

第二十二条 根据共同生活的家庭成员规模，低保家庭分为以下四类：

（一）Ⅰ类：家庭成员1人；

（二）Ⅱ类：家庭成员2人；

（三）Ⅲ类：家庭成员3人；

（四）Ⅳ类：家庭成员4人及以上。

第二十三条 不符合低保救助条件的其他困难城乡居民，可根据实际情况向有关部门申请专项救助和临时救助。

第四章 低保标准

第二十四条 本办法所称低保标准，是指政府为帮助收入难以维持其基本生活的社会成员而制定的社会救助标准。

本市低保标准以区级行政区域为单位分别制定。同一区级行政区域范围内低保标准原则上一致，并适当区分城镇居民和农村居民低保标准。

第二十五条 市民政部门会同市财政、统计、物价等部门按照低保家庭所需基本商品和服务需求，结合市场价格变动情况确定低保标准基数，并根据当地居民平均收入、最低工资标准、物价指数等指标制定调整低保标准的方案，报市人民政府批准实施。

低保标准应当适时调整，原则上每两年调整一次。

第二十六条 低保标准实施期间，由于物价涨幅过高，低保救助金不能维持低保对象基本生活时，政府应当向低保对象发放临时物价补贴。

第二十七条 发放临时物价补贴的条件：

（一）当居民消费价格总指数连续3个月平均增幅≥5%且食品类价格指数连续3个月平均增幅≥10%时（同比增长），发放临时物价补贴。距新低保标准实施不满3个月的，不再发放；

（二）国家和省要求对低保对象发放临时物价补贴。

第二十八条 临时物价补贴采取一次性方式发放，补贴金额为月临时物价补贴标准×3。

月临时物价补贴标准按以下方法计算：

（一）当食品类价格指数连续3个月平均增幅≥10%且＜15%时（同比增长），月临时物价补贴为当地低保标准的10%；

（二）当食品类价格指数连续3个月平均增幅≥15%时（同比增长），月临时物价补贴为当地低保标准的15%。

第二十九条 临时物价补贴由市民政部门根据发放条件，商财政部门确定补贴标准并报市人民政府批准后实施。

区相关部门应自市人民政府批准实施之日起10日内将临时物价补贴发放给低保对象。

第五章 分类施保

第三十条 本办法所称分类施保，是指根据低保家庭规模与低保对象分类施行不同的低保救助金额。

第三十一条 低保救助金额计算方法：

（一）确定家庭规模系数：

1.Ⅰ类：1；

2.Ⅱ类：0.85；

3.Ⅲ类：0.8；

4.Ⅳ类：0.75。

（二）确定低保对象分类增发救助金额：

1.A类：按低保标准的50%增发；

2.B类：按低保标准的20%增发；

3.C类：按其家庭人均收入低于当地低保标准的差额确定救助金额。

低保对象同时符合以上分类保障多种条件的，按其中最高一项增发标准执行。

A类对象的低保标准按当地城镇低保标准执行，其中麻风病人按香洲区低保标准执行。

（三）以家庭为单位的低保救助金额计算办法：

(当地低保标准×家庭人数-家庭收入)×家庭规模系数+低保对象分类增发救助金额。

第六章　申请和审批

第三十二条　同时符合以下条件的人员可以申请低保：

（一）具有本市户籍；

（二）前3个月的家庭人均月收入低于户籍所在地的低保标准，且申请当月家庭人均月收入仍低于低保标准的；

（三）家庭财产符合本办法第八章相关规定的。

第三十三条　申请低保的城乡居民，以家庭为单位向户籍所在地镇人民政府（街道办事处）提出申请，填写《珠海市城乡居民低保救助金申请审批表》(一式三份，以下简称《审批表》)，并根据申请人家庭成员不同情况提交以下材料：

（一）家庭收入材料：

家庭成员的收入证明。

家庭成员从事个体经营活动的，应提供工商营业执照和纳税凭证；从事农业生产的，应提供土地（山林、水塘）承包或租赁合同，以及由村（居）民委员会出具的农渔业收入和其他收入证明。

家庭成员有劳动能力但未就业的，应提供失业证或公共就业服务机构出具的失业登记证明。

学生在读证明、完全丧失或大部分丧失劳动能力的证明、残疾人证。

（二）家庭财产材料：本办法第五十六条规定的财产证明材料；本市范围内居住地不在户籍地的，应提供现居住地镇人民政府（街道办事处）出具的家庭收入和家庭财产情况证明书。

（三）家庭支出材料：前2个月的衣食、住房、教育、医疗支出材料、水电费缴费单、家庭成员通讯费缴费单等。

（四）其他材料：户口簿及家庭成员身份证等有效身份证明材料；疾病证明书、离婚协议书及法院判决书等其他必需的有关证明。

第三十四条　家庭成员户籍在本市但不在同一区域的，可以选择向其中之一户籍所在地的镇人民政府（街道办事处）提出申请，其各成员收入都计入家庭总收入，按其各成员户籍所在地的低保标准核定低保救助金额。

户籍不在本市的家庭成员，其收入计入家庭总收入，在计算家庭人均收入时计入家庭成员数，但不享受低保救助。

第三十五条　共同生活家庭成员中的下列人员，本人可以单独提出低保申请：

（一）无生活自理能力、由父母及兄弟姐妹抚养（扶养）照料的成年单身重度残疾人员；

（二）由祖父母（外祖父母）抚养照料、父母已经死亡的未成年人或尚在校就读的成年人；

（三）丧失劳动能力、与60周岁以上或退休的父母共同生活的单身成年子女。

第三十六条　对申请人提交的符合本办法第三十三条规定的申请材料的，镇人民政府（街道办事处）应当受理，并出具书面受理凭证。

对申请材料不齐全或不符合规定形式的，应当场一次性告知申请人需要补正的全部材料。

申请人应如实提供家庭财产和收入情况相关材料，并配合调查；不配合调查或拒绝接受调查的，视为放弃申请。

第三十七条　镇人民政府（街道办事处）应自受理材料之日起2日内将申请人的基本情况在申请人户籍所在地或现居住地张榜公示，公示期限为5日。

任何单位或个人对申请人提出异议的，镇人

民政府（街道办事处）应对异议进行核实，在公示期满后5日内作出处理决定，并将处理结果告知提出异议的单位或个人。

异议处理时间不计入镇人民政府（街道办事处）的调查核实时间。

第三十八条 镇人民政府（街道办事处）应自公示期满之日后5日内对申请人家庭收入、家庭财产等情况进行调查核实。

申请人户籍所在地和现居住地不在同一镇人民政府（街道办事处）辖区内的，受理申请的镇人民政府（街道办事处）应委托申请人现居住地的镇人民政府（街道办事处）协助调查。受委托协助调查的镇人民政府（街道办事处）应在5日内完成调查。

第三十九条 镇人民政府（街道办事处）应组织村（居）民委员会成员、村（居）民代表组成不少于3人的评议小组，对低保申请进行民主评议，按2/3以上成员意见一致的原则提出审查意见，并接受群众监督。民主评议时间记入调查核实时间。参加民主评议小组的村（居）民委员会成员、村（居）民代表可采取抽签方式产生。

符合申请条件的，镇人民政府（街道办事处）应当自民主评议完毕之日起2日内签署意见报区民政部门审批；不符合申请条件的，镇人民政府（街道办事处）应当将处理结果书面告知申请人，并说明理由。

第四十条 区民政部门应自接到镇人民政府（街道办事处）递送的审核材料之日起5日内对申请作出是否批准的决定。

决定批准的，签发《珠海市低保救助金领取证》（以下简称《低保证》），确定低保家庭规模系数和低保对象类别，计算出救助金数额及期限；决定不予批准的，应书面通知申请人，并说明理由。

区民政部门完成审批后，将《审批表》一份留存归档，其余两份送申请人所在镇人民政府（街道办事处）和村（居）民委员会存档。

第四十一条 为调查核实的需要，申请低保的家庭应当授权区民政部门、镇人民政府（街道办事处）对家庭成员的收入及财产状况进行查询。公安（户籍和车辆管理）、人力资源和社会保障、房地产、金融、工商、税务、公积金管理等部门和机构应予以配合。

第四十二条 申请人有下列情况之一的，申请不予批准；已批准享受低保救助的，从查实的次月起取消其家庭的低保救助，并追回已发放的救助金：

（一）家庭成员前3个月或申请当月月人均收入高于当地低保标准的；

（二）人均持有家庭财产价值总额超过当地低保标准10倍的；

（三）为获得低保救助而放弃、转移个人或家庭财产的；

（四）除城市建设拆迁安置外，购买商品房、自建房未满5年的；

（五）购房入户未满5年的；

（六）超过社会平均消费水平，享受价值相当或超过全部家庭成员5个月低保救助金总额的高档消费项目或购买高档消费品的；

（七）家庭连续2个月所产生的月通讯费、电费总额超过当地家庭月低保标准20%的；

（八）安排子女付费择校就读、自费出国留学或子女在十二年免费教育期间转入收费学校就读的；

（九）无正当理由两次经介绍拒不就业或3次拒不参加公益劳动的，农村低保对象有承包土地(山林、水塘)无正当理由不劳作的；

（十）违反计划生育有关规定未依法采取补救措施的；

（十一）家庭成员有违法收养、赌博、吸毒等行为造成家庭困难而不采取措施或屡教不改的；

（十二）有法定赡养、抚养或扶养人，且有赡养、抚养或扶养能力，无正当理由而未履行赡养、抚养或扶养义务的；

（十三）离开户籍所在地，举家迁往市外3个月以上的（特殊情况除外）；

（十四）违反第七章规定的相关义务的；

（十五）法律、法规、规章规定的其他情形。

第七章　低保对象的待遇和义务

第四十三条　低保对象按规定获得下列待遇：

（一）低保救助金；

（二）专项救助；

（三）临时物价补贴；

（四）依相关规定享受的优惠扶助待遇。

第四十四条　低保救助金应委托金融机构发放，确无法委托金融机构发放的，应建立低保救助金签领制度。

低保对象的临时物价补贴等参照低保救助金发放程序发放。

第四十五条　政府有关主管部门对符合专项救助标准的困难家庭，给予教育、医疗、住房、法律援助等专项救助。专项救助的申请、审批和发放程序按照本市相关规定执行。

第四十六条　低保对象自申请批准当月起获得低保待遇，并根据其类别确定低保待遇期限。

A类对象低保待遇期限直到其丧失条件为止（孤儿每年一审，其他对象由所在地村（居）民委员会每年提供生存证明），B、C类对象期限为半年。

低保对象待遇期满，仍需低保救助的，应在期满前1个月重新办理申请和审批手续，获得批准的，继续保留低保待遇；未获批准的，由镇人民政府（街道办事处）收回申请人的《低保证》，并由区民政部门注销。

第四十七条　低保对象应履行下列义务：

（一）家庭收入或家庭财产情况发生变化，应在10日内通过村（居）民委员会告知镇人民政府（街道办事处），并办理调整低保救助金发放数额或停发低保救助金的手续；享受专项救助的低保对象，还应及时告知相关专项救助主管部门，办理专项救助调整或停发的手续。

（二）户籍发生迁移或家庭人口发生变化的，应及时办理低保救助变更或领取转移手续。

（三）法定就业年龄内有劳动能力的，应主动就业，参加有关部门举办的就业培训，接受有关部门推荐就业。

（四）法定就业年龄内有劳动能力但尚未就业或参加生产的，应参加所在镇人民政府（街道办事处）、村（居）民委员会组织的公益性劳动（每月不少于4次）；居住地与户籍地不在同一区域内的低保对象，应参加居住地组织的公益性劳动；因身体原因不能参加公益性劳动的，须凭本市医疗机构出具的有效证明。

（五）配合低保管理部门进行有关低保工作的调查研究、统计等工作。

第八章　家庭收入认定和家庭财产核算

第四十八条　本办法所称家庭收入，是指申请人家庭成员一定期限内的全部货币收入和实物收入总和，包括扣除缴纳的个人所得税以及个人缴纳的社会保险费支出后的工薪收入、经营性净收入、财产性收入和转移性收入等。

第四十九条　家庭收入包括：

（一）工资、奖金、津贴、补贴等劳动报酬性收入；

（二）自谋职业收入；

（三）因劳动合同解除或终止获得的经济补偿金、赔偿金；

（四）离退休养老金、失业保险金；

（五）生活补助费、抚恤金；

（六）储蓄存款及利息、有价证券及红利、保险给付金收入；

（七）出租或变卖家庭财产获得的收入；

（八）法定赡养人、抚养人或扶养人应给付的赡养费、抚养费或扶养费；

（九）继承的遗产和接受的赠予；

（十）由市、区民政部门认定的其他应计入的家庭收入。

实物收入按市场价计算。

第五十条　家庭收入不包括：

（一）转业士官及退伍义务兵自谋职业一次性安置补助金;优抚对象享受的抚恤金、补助金、护理费；义务兵家属优待金。

（二）长寿生活补贴、困难老党员补助。

（三）对国家、社会和人民做出突出贡献，政府给予的一次性奖励金和市级以上劳动模范退休后享受的荣誉津贴；见义勇为人员一次性奖励金、抚恤金、补助金、护理费、保健金。

（四）在校学生获得的奖学金、助学金、生活津贴、困难补助、勤工俭学收入等。

（五）各级政府、社会各界给予的临时性救助款物。

（六）按《珠海市农民和被征地农民养老保险过渡办法》发放的老年津贴和养老金。

（七）丧葬费。

（八）计划生育奖励费。

（九）残疾人困难补助。

（十）个人所得税以及个人缴纳的社会保险费，个人身份参加社会保险的按本市最低缴费标准计算。

（十一）由市、区民政部门认定的其他不应计入的家庭收入。

第五十一条 本办法所称收入豁免，是指在认定低保申请人家庭收入时，对其特定家庭成员的部分收入予以豁免，不记入家庭收入：

（一）对法定抚养人达到60周岁以上或退休，有未成年重度残疾人的家庭，豁免法定抚养人个人收入中当地低保标准100%的金额；

（二）对用退休金维持生活的家庭，豁免退休人员个人收入中当地低保标准80%的金额；

（三）被安置就业的残疾人，豁免其个人收入中当地低保标准50%的金额。

第五十二条 法定就业年龄范围内且有劳动能力的低保对象，在获得低保救助期间就业上岗后，其家庭月人均收入高于当地低保标准但低于当地低保标准两倍的，仍可按原标准给予该低保家庭6个月的低保救助；6个月内，家庭月人均收入达到或高于当地低保标准两倍的，停止给予低保救助。

第五十三条 从事个体经营及其他有劳动报酬工作的，其收入无法界定或本人提供不出相关收入证明的，按其户籍所在地职工最低工资标准的100%计算。

第五十四条 在法定就业年龄内有劳动能力而未就业的城镇居民或农村富余劳动力（在全日制高等院校或普通高中、职中就读和服兵役者除外），不接受劳动部门就业推荐的，其收入按其户籍所在地职工最低工资标准的100%计算。

第五十五条 赡养（抚养、扶养）义务人家庭人均月收入低于当地低保标准的，视为无力提供赡养（抚养、扶养）费；赡养（抚养、扶养）义务人家庭人均月收入高于当地低保标准的，赡养（抚养、扶养）费的计算标准为：

（一）赡养费：子女家庭月人均收入超过户籍所在地低保标准的，超出部分的30%为赡养费。被赡养人不在同一家庭的，将应付的赡养费除以被赡养人数得出给付每个被赡养人的赡养费。

（二）抚养费：夫妻离异不与未成年或不能独立生活的子女一起生活的，应负担子女的抚养费。只有一个子女的，抚养费按给付方月总收入的20%给付；有多个子女的，每增加一名子女，按给付方总收入的10%递增，最高不超过其月总收入的50%。

（三）扶养费：扶养费按给付方月总收入的20%计算，有多个被扶养人的，每增加一名被扶养人，按给付方总收入的10%递增，最高不超过其月总收入的50%。

（四）赡养（抚养、扶养）费协议生效的，实际给付额高于上述计算标准的，按实际给付额计算；实际给付额低于上述计算标准的，按上述计算标准计算。

赡养（抚养、扶养）费经法院判决、裁决的，按照判决、裁决执行。

第五十六条 家庭财产是指共同生活的家庭成员拥有的有价证券、存款、房产、车辆等财产。

家庭人均住房建筑面积超出本市人均住房建

筑面积的部分，按市场价计入家庭财产。

利用集体所有土地建设的自建房家庭人均住房建筑面积由各区确定。

第五十七条 不计入家庭财产范围包括：

（一）家庭人均住房建筑面积不超出本市人均住房建筑面积的房产；

（二）生产用摩托车、残疾人专用车；

（三）由市、区民政部门认定的其他不应计入的家庭财产。

第九章 保障措施

第五十八条 低保救助金按照属地管理原则，由各级政府列入财政预算；低保救助金应当按照预算内专项救助金管理办法进行管理，确保专款专用。

第五十九条 低保救助金的来源：

（一）各级财政预算安排的资金；

（二）社会各界为低保捐赠的资金；

（三）低保救助金的利息收入；

（四）其他资金。

第六十条 低保救助金实行政府财政分级负担制度。市、区财政分担比例为5：5，区与镇人民政府（街道办事处）的分担比例由区人民政府确定，村（居）民委员会不负担低保救助资金。

第六十一条 未实行国库集中支付的财政部门应当设立低保救助金财政专户，用于核算低保救助金的收支情况。城镇、农村低保救助金要分账核算。

市财政、民政部门每季度根据各区财政、民政部门核实的低保人数及低保救助金安排情况核定市财政负担部分，市财政部门以转移支付方式将市财政负担部分拨付各区国库或低保救助金财政专户。

第六十二条 财政、民政部门应当与承担发放低保救助金的金融机构定期对账。受委托金融机构每季度应当向委托的财政、民政部门提供发放清单和资金余额情况。财政部门应当对发放的余额及时进行处理，防止低保救助金沉淀。

第六十三条 各级政府按以下标准设立低保工作机构和配备工作人员：

（一）市民政部门：有专门的低保工作机构，每5000名低保对象至少配备1名专职低保工作人员；

（二）区民政部门：有专门的低保工作机构，至少配备1名专职低保工作人员，且每2000名城镇低保对象或每5000名农村低保对象增加配备1名专职低保工作人员；

（三）镇人民政府(街道办事处)：至少配备1名专职低保

工作人员，且每300名低保对象增加配备1名专职低保工作人员，并可适当聘请专业社会工作者；

村（居）民委员会按每100名低保对象至少聘请1名专业社会工作者从事低保工作，每个村（居）民委员会至少聘请1名专业社会工作者。

第六十四条 各级政府应将低保工作经费纳入年度财政预算，并根据低保人数和低保工作量等因素的变化适时调整。

第六十五条 各级低保工作机构应当有标识明显的低保办公场所，并为残疾人提供方便。

第六十六条 各级低保工作机构应当配备低保工作专用计算机，并具备上网和数据传输条件，实现市、区、镇（街）三级联网。

第六十七条 建立低保工作信息平台，利用户籍和车辆管理、人力资源和社会保障、住房和城乡规划建设（房地产）、金融、工商、税务、住房公积金管理等政府部门及有关机构的数据，实现信息共享。

第六十八条 区民政部门、镇人民政府（街道办事处）应依照档案管理规范化的有关规定建立、管理低保档案。

第十章 法律责任

第六十九条 低保对象采取弄虚作假、隐瞒、伪造等手段，骗取低保救助的，停止发放低保救助金，并由区民政部门予以警告，责令退回

骗取的低保救助金,计入人民银行企业和个人信用信息基础数据库及有关部门建立的诚信体系;情节严重的，处以骗取金额一倍的罚款；涉嫌犯罪的，依法移送司法机关处理。低保对象有前款规定行为，一年内无特殊生活困难提出低保申请的，不予受理。

第七十条 低保对象的家庭收入或家庭财产状况发生变化，未申请低保救助变更的，由区民政部门做出调整低保救助的决定，并责令其退回多领的低保救助金。

第七十一条 国家机关、企事业单位、社会团体、村（居）民委员会以及其他社会组织，不如实提供申请人家庭收入、财产及其他有关情况的，由区民政部门提请其上级主管机关或有关部门依照法律法规和有关规定处理，并计入人民银行企业和个人信用信息基础数据库及有关部门建立的诚信体系。

第七十二条 从事低保工作的相关部门和机构及其工作人员有下列行为之一的，由上级机关、主管机关或所在单位责令改正，依法给予处分；构成犯罪的，依法追究刑事责任：

（一）对符合低保救助条件的申请不予受理，或未依法说明不予受理理由的；

（二）对符合低保救助条件的申请拒不签署同意意见，或对不符合低保救助条件的申请故意签署同意意见的；

（三）玩忽职守、徇私舞弊，贪污、挪用、扣压、拖欠、虚报低保救助款物，擅自提高或降低低保救助水平的。

第七十三条 市、区民政部门及镇人民政府（街道办事处）应当将低保政策、办事程序、低保救助金发放情况向社会公示，并设立低保工作投诉、举报电话。受理单位自受理投诉、举报之日起30日内调查完毕，并将处理结果告知投诉人、举报人。

第七十四条 低保申请人或低保对象对不受理低保申请、不批准低保救助或调整、停发低保救助金的决定以及行政处罚不服的，可以依法申请行政复议；对行政复议决定不服的，可以提起行政诉讼。

第十一章 附 则

第七十五条 本办法所称的日为工作日。本办法所称以上含本数，以下不含本数。

第七十六条 本办法自2010年4月1日起实施。《珠海市城乡居民最低生活保障实施办法》（珠府[2003]79号）、《关于印发珠海市城乡居（村）民低保家庭收入核算办法的通知》（珠民[2005]103号）、《关于印发珠海市最低生活保障资金管理实施细则的通知》（珠府办[2006]66号）同时废止。

珠海市人民政府

2009年12月21日

关于促进珠海市中小企业平稳健康发展的实施意见

2009年1月14日

各区人民政府，经济功能区管委会，市府直属各单位：

为贯彻温家宝总理视察广东重要讲话精神和全省中小企业工作会议精神，落实扶持中小企业发展的各项政策措施，帮助中小企业渡过难关，确保我市经济平稳较快增长，现根据省政府《关于促进中小企业平稳健康发展的意见》（粤府〔2008〕104号），结合我市实际，制定如下实施意见。

一、抓创新

第一条 支持中小企业技术创新。鼓励中小企业在引进技术、工艺和设备的同时，注意消化吸收再创新。对中小企业重大关键技术引进、消化、再创新的项目，市财政资金给予大力扶持。支持中小企业积极与国内外有关院校及科研机构共建自主研发机构、技术中心，重点建设一批我市支柱产业、关键共性技术的公共技术服务平台。对承担国家、省级产业结构调整或技术创新重点项目的国家级、省级重点企业技术中心，在国家、省给予财政补贴的基础上，市级财政分别一次性配套补贴200万元、100万元。（由市经贸局牵头，会市科技局、财政局办理）

第二条 支持中小企业技术改造。增加市财政企业技改扶持专项资金额度，重点支持中小企业技改项目。降低技改扶持门槛，修改完善《珠海市技术改造资金管理暂行办法》，将贴息申报要求的注册资本100万元降至50万元，固定资产贷款额500万元降至200万元，使更多中小企业能够获得贴息扶持。（由市经贸局牵头，会市科技局、财政局办理）

第三条 支持中小企业开展产学研合作。加快推进我市中小企业产学研合作项目的建设。充分利用我市大学园区资源，加快建立以市场为导向、企业为主体、高校为依托、产业化为目标的自主创新体系。市产学研合作专项资金重点支持中小企业产学研合作项目，并积极争取省产学研合作专项资金支持，推动产学研成果转化与应用。（由市科技局牵头，会市经贸局、财政局等办理）

第四条 支持中小企业管理体制创新。引导中小企业加快建立现代企业制度。政府开展针对性的管理咨询、培训和考察项目，引导中小企业逐步克服初创时期小作坊式的家族管理的弊端，逐步建立完善现代企业管理制度，为做强做优做大奠定体制基础。提高中小企业发展组织度。扶持中小企业按业务领域建立自律、自治的行业协会和商会。（由市经贸局牵头，会市金融办等办理）

第五条 支持中小企业争取国家及省资金支持。积极组织中小企业申报国家和省财政专项资金项目，争取国家和省财政专项资金对我市中小企业技术创新、技术改造、产学研合作和公共技术服务平台建设项目的扶持。对中小企业获得国家、省财政专项资金扶持的上述项目，从财政资金中安排一定的比例予以配套扶持。（由市经贸局牵头，会市科技局、财政局等办理）

二、促转型

第六条 促进中小企业产业升级。积极申报省中小企业专项资金、挖潜改造资金、节能专项资金、产业技术研究与开发专项资金等支持我市经国家和省认定的各类园区和产业集群的中小企业加快产业升级。市节能专项资金重点支持中小企业采用节水、节能、节材工艺以及综合利用废料、废气、废水（液）等加快产业升级。市科技计划项目资金重点扶持科技型中小企业产业升级项目，支持中小企业开发新材料、新能源、高新技术产品和自主知识产权产品。市科技计划项目资金重点扶持产业发展中重大、共性、关键技术研究开发，推动技术成果转移扩散。（由市经贸局牵头，会市财政局、科技局、外经贸局、环保局等办理）

第七条 促进中小企业集群化发展。引导中小企业从“小、散、弱”转向集群发展。加快推进我市“4+4+1”园区整合工作，突出园区产业特色，引导中小企业集聚发展。支持中小企业与大企业协作配套发展。建立为中小企业与大企业协作配套发展提供服务的工作机制，定期举办配套合作项目洽谈会，搭建交流合作平台。鼓励中小企业与大企业开展多种形式的经济技术合作，围绕大企业上下游产业链提供协作配套，建立起稳定的产、供、销和技术开发等协作关系。通过贷款担保和贷款贴息等举措，鼓励和支持中小企业围绕大型企业和重点项目发展配套工业，拉长产业链和产品链，形成产业集群。积极申报省市共建先进制造业基地，争取省经贸委扶持三灶医药、香洲打印耗材、平沙游艇等特色产业基地建

设。（由市经贸局牵头，会市财政局、外经贸局等办理）

第八条 促进有条件的中小企业实行品牌经营。引导和鼓励有条件的代工型中小企业自创品牌，把自主创新成果产业化与建立自主品牌结合起来。市政府对获得中国世界名牌产品、中国名牌产品（或中国驰名商标）、省级名牌产品（或著名商标）称号的企业分别一次性奖励100万元、30万元、10万元，对新引进符合上述条件的企业给予同样奖励；对我市获“商务部重点培育和发展的出口名牌”和“广东省重点培育和发展的出口名牌”称号的企业以及珠海市的重点出口品牌企业给予奖励。（由市经贸局牵头，会市财政局、外经贸局等办理）

第九条 促进中小企业开发多元化市场。鼓励中小企业开拓多元化市场，包括国内市场和海外新兴市场。积极组织中小企业参加各类商贸活动，支持我市优势特色（如医药、打印耗材、节能等）行业企业拓展市场。支持中小企业开拓国内外市场，市财政设立专项资金，对中小企业开拓市场活动给予资助,同时积极协助中小企业申报国家和省财政专项资金扶持。市财政安排贸易发展专项资金，鼓励开展对外经济合作，对一般贸易出口增量部分按一定的比例进行奖励。鼓励加工贸易企业转型升级，开拓国内市场。对上年有内销且当年内销增长达到一定比例和上年无内销但当年内销达到一定额度的加工贸易企业，市财政给予奖励。政府采购向中小企业倾斜，同等条件下优先采购我市中小企业产品。（由市经贸局、外经贸局牵头，会市财政局等办理）

第十条 促进流通业结构优化升级。积极争取省级现代流通业发展专项资金和省级现代服务业发展引导专项资金，支持服务型中小企业发展现代流通方式。对于符合高新技术认定标准的现代物流中小企业，给予税收优惠。鼓励工商企业向服务型中小企业外包物流和研发业务。围绕现代服务业的重点领域和重点行业，选择一批带动力强的服务型中小企业项目，建立本市实施现代服务业项目示范单位，并争取列入省级实施现代服务业项目示范单位。（由市经贸局牵头，会市发展改革局、地税局等办理）

三、破难点

第十一条 加大对中小企业的信贷支持力度。金融机构要落实好国家已出台的金融支持政策，在总量和增量指标上单列中小企业信贷指标，促使中小企业信贷投放增速高于全部贷款增速；简化中小企业贷款程序，降低贷款门槛，下放审批权限，缩短审批时限；单独安排信贷规模，重点满足符合产业和环保政策，有市场、有效益、有发展前景的企业流动资金需要；对暂时无法按时偿还贷款的成长性较好、讲信用的企业，要采取有效措施，适当放宽还贷时间。每季度举办一次银企交流会，推进银企合作交流。（由市金融办牵头，会市经贸局、珠海银监局、人行珠海中心支行办理）

第十二条 创新金融产品和金融机构。深化改革与创新，鼓励金融机构开发适合中小企业需求的金融产品，加强对中小企业的金融服务。市政府对创新金融产品成效显著的金融机构给予奖励。积极争取参与省小额贷款公司和村镇银行试点工作，引导民间资本开展面向中小企业的金融服务。（由市金融办牵头，会市经贸局、工商局、珠海银监局、人行珠海中心支行办理）

第十三条 大力推广“四位一体”融资模式。运用我市建立的“四位一体”（政府、银行、担保机构、中小企业共同参与）融资模式，帮助中小企业缓解融资难问题。市财政近期将“四位一体”融资模式政府风险准备金增加到6000万元，每年帮助我市中小企业解决10亿元左右的贷款。对该模式内的贷款按照实际发生利息最高给予50％的贴息，贴息最高额度为50万元。（由市经贸局牵头，会市财政局、金融办、珠海银监局、人行珠海中心支行、市中小企业服务中心办理）

第十四条 加强信用担保体系建设。切实加大对中小企业信用担保机构的财税支持，对业绩突出、规范运作的担保机构进行风险补偿，逐步增加中小企业贷款担保风险补偿资金投入。鼓励担保机构下调担保费率，降低企业融资成本。积极发展多种形式的商业性、互助性信用担保机构，为中小企业贷款提供规范有效的信用担保。加强信用担保协会建设，促进担保行业健康发展。（由市经贸局牵头，会市财政局、中小企业服务中心办理）

第十五条 积极拓展资本市场。根据《广东省中小企业改制上市的指导意见》和《珠海市“十强”“百优”民营企业上市培育工程实施方案》（珠府〔2008〕67号），建立中小企业上市资源库，每年从资源库中选择部分成长型“十强百优”中小企业进行重点培育辅导。市财政根据中小企业上市的实际进度，分阶段分别给予5万元至100万元的资金奖励。支持符合条件的中小企业发行企业债券、短期融资债券、集合债券，以及开展股权融资、项目融资和信托产品等形式的直接融资。（由市金融办牵头，会市经贸局、财政局办理）

第十六条 鼓励企业利用出口信用保险融资。帮助出口企业利用政策性金融工具规避市场风险及融通资金。该类融资项目纳入“四位一体”融资平台，对一年期内的保费最高给予20%的补贴。（由市外经贸局牵头，会市经贸局、财政局等办理）

四、减负担

第十七条 落实税费优惠政策。切实落实好国家扶持中小企业的8项税收优惠政策；对国家近期出台的增值税转型、提高出口退税率、暂停加工贸易保证金台账“实转”、企业研发费用税前扣除等优惠政策，以及省地税局出台的有困难的中小企业房产税、土地使用税减免等8项税收优惠政策，通过制定高效快速简便的操作办法，尽快落实到企业。抓紧落实我市近期出台的包括财政、外贸、中小企业、房地产、招商引资、就业等6个方面多项政策措施，积极推进项目建设和帮助中小企业克服困难，进一步改善企业发展环境。（由市财政局牵头，会市地税局、国税局、经贸局、外经贸局、科技局等办理）

第十八条 采取措施减轻企业负担。落实国家取消和停止征收100项行政事业性收费项目的政策，严格执行省收费目录管理制度，清理核对行政事业性收费项目，通过报纸、网络等媒体定期公布收费目录，进一步规范收费行为。暂缓调整企业最低工资标准，适当降低企业社会保险缴费比率等，尽最大可能减轻企业负担。（由市物价局、劳动保障局分别牵头，会市财政局、工商局、经贸局办理）

第十九条 加大对中小企业财政支持力度。逐年增加中小企业专项资金的规模，重点用于支持中小企业自主创新、市场开拓、信用担保体系建设和服务体系建设等。各区人民政府、经济功能区管委会应当根据实际情况为中小企业提供财政支持。（由市财政局牵头，会市经贸局、科技局、外经贸局等办理）

五、上增量

第二十条 支持创办中小企业。各级人民政府要进一步优化创业环境，健全创业服务体系，完善创业扶持政策，为创业者提供政策咨询、创业培训、项目推介等创业服务。大力扶持和促进本地中小企业的创业和发展，以扩大内涵的增长方式扩大中小企业经济总量。根据拟出台的《广东省中小企业创业投资引导基金实施办法》，建立中小企业创业基地，对拟创业人员进行辅导培训，给予办理证照费用补助，提供创业人员社保费资助等。完善重点中小企业培育信息库建设，将占地少、用工少、有研发、有品牌、高技术、高效益型企业和成长性较好的企业统计入库。提升市、区、镇三级中小企业初创代办服务，为中小企业创业发展提供“一条龙”服务。（由市经贸局牵头，会市发展改革局、财政局、中小企业服务中心等办理）

第二十一条 引进国内外高新技术企业。发挥我市的地域优势和环境优势，重点针对欧美、日韩开展先进制造业招商，针对港澳开展现代服务业招商，针对长三角、环渤海湾等地区开展对内招商。落实引进重大投资项目奖励制度，项目实际投资额1亿元以下部分按3‰计奖，超过1亿元部分按5‰计奖，对重大投资项目引荐人给予奖励，每个引资项目最高奖励金额300万元。（由市经贸局、外经贸局牵头，会香洲区、金湾区、斗门区等办理）

第二十二条 发展总部经济。市级财政自

2006年起预算安排2000万元设立扶持总部经济发展专项资金，吸引世界500强企业、符合我市产业发展方向的国内外行业龙头企业到我市设立经济总部、研发中心和服务外包基地。经认定为总部企业，其专用办公用地的土地出让金以高于现行工业土地、低于现行办公用地的土地出让金为标准执行。总部企业高级管理人员在珠海缴纳个人所得税按一定额度给予一次性1－10万元住房补贴。积极争取省财政资金建设我市现代服务业聚集区和高级商务区，打造总部经济基地。（由市经贸局牵头，会市国土资源局、地税局办理）

第二十三条 突出抓好产业招商。围绕高端服务业、高端制造业和高新技术产业的发展，大力开展产业招商。今后五年，市财政每年安排不少于6000万元设立优势产业新项目扶持资金，扶持新引进的电子信息、家用电器、石油化工、生物医药及医疗器材、装备制造、船舶及游艇制造、航空、软件及服务外包等产业的龙头企业、集群发展关键技术或配套的项目，同时免收基本建设方面地方性规费。（由市经贸局、外经贸局牵头，会市发展改革局、建设局、国土资源局等办理）

六、强服务

第二十四条 加强组织领导，明确责任目标。中小企业占全市企业的绝大多数，是我市经济社会发展的主力军。各职能部门要把促进中小企业平稳发展作为头等大事来抓，上述各项工作的牵头部门要切实负起责任，加强组织协调，相关部门要积极配合，确保政策措施落到实处。进一步加强对中小企业工作的指导，充分发挥我市促进民营经济发展联席会议的作用，定期召开各有关部门参与的中小企业工作议事协调会议，协调解决中小企业面临共性问题。（由市监察局牵头，会市各相关部门办理）

第二十五条 健全中小企业服务体系。形成以市、区、镇（街道办）中小企业服务中心为骨干，以政府公共服务、非营利机构公益性服务和中介机构商业化服务为一体的服务网络。要不断完善融资、技术、培训、市场拓展、信息等5大服务平台建设，满足中小企业的基本需求。建立全市信息服务体系，不断完善“中国中小企业广东珠海信息网”，逐步建立中小企业项目库、人才库、政策法规库、产品供求库、技术信息库等，形成网上服务平台。市财政加大对公共服务平台建设的投入，推动全市公共服务平台建设，并积极争取省财政资金对我市中小企业公共服务平台建设的支持。（由市经贸局牵头，会市财政局办理）

第二十六条 建立重点项目全程服务制度。各区人民政府、经济功能区管委会要建立重点企业全程服务制度，由区领导负责，专人跟踪，提供全方位、全过程服务，吸引其战略合作伙伴或配套关联企业的投资。对目前在谈的引进项目和增资扩产的项目，要逐一清理，建立台账，实施“一对一”的服务，推进项目尽快落地、尽快开工和尽快建成投产。（由市重大项目办公室牵头，市发展改革局、经贸局、外经贸局配合，各行政区、经济功能区办理）

第二十七条 建立全市中小企业的统计制度。统计部门要建立起中小企业统计指标体系，加强对全市中小企业经济运行情况的分析，及时掌握中小企业发展动态，为市政府针对中小企业存在的困难和问题采取措施提供决策依据。（由市统计局牵头，会市国税局、地税局、工商局、经贸局等办理）

七、保稳定

第二十八条 发挥中小企业稳定就业的主体作用。贯彻实施鼓励、支持和引导个体、私营等非公有制经济发展以及加快发展现代服务业等一系列有利于促进就业的政策措施，促进非公有制经济和第三产业有序发展。多渠道增加就业岗位，鼓励和规范灵活就业，统筹做好城乡失业人员的就业工作。完善创业扶持政策，建立健全创业服务体系，引导和鼓励劳动者积极创业并带动就业。对成功创业的项目，可按实际采用人数和吸纳本市人员就业的情况给予补贴。（由市劳动和社会保障局牵头，会有关部门办理）

第二十九条 健全中小企业经营预警监测机制。充分利用市、区、镇（街道办）三级中小企业服务中心建立中小企业生存状况预警机制，建立重点企业月报制度、困难企业跟踪制度和关停企业及时上报制度，及时掌握中小企业发展动态并定期向市政府报告。（由市经贸局牵头，会各区经贸局等办理）

第三十条 加大宣传力度，增强企业发展信心。新闻媒体要把握正确的舆论导向，客观报道当前中小企业的发展情况和存在问题，广泛宣传中小企业克服困难取得成就的典型以及当前经济形势下中小企业的发展机遇；广泛宣传国家、省和市扶持中小企业发展的各项政策措施，增强发展信心。同时，各有关部门要对扶持中小企业发展的政策措施进行梳理，并集中放置于本部门网站的显要位置，公开为中小企业服务的办事程序，明确许可条件，承诺办理时限，提高政务效率。（由市委宣传部牵头，会各有关部门办理）

深化珠海市农贸市场管理体制改革方案

2009年1月21日

农贸市场是城市商业基础设施的重要组成部分，是我市农产品流通的主渠道之一，一直担负着保障市场供应、服务市民生活的重要任务，多年来在活跃商品流通、满足城乡居民消费需求、解决劳动力就业、促进社会经济健康发展等方面发挥了重要作用。我市农贸市场的建设和管理曾一度走在全国前列，但近年来，农贸市场逐渐出现了规划布局滞后、市场环境恶化、经营秩序混乱、擅自改变使用功能以及投资建设欠账严重、经营设施陈旧、消防和食品安全存在隐患等诸多问题，给人民群众的生活带来了极大不便，也严重影响农产品的顺畅流通和城市文明形象。为解决我市农贸市场管理的突出矛盾，完善农贸市场的管理体制，引导农贸市场持续健康发展，特制定本方案。

一、深化改革的指导思想

全面落实科学发展观，按照建设生态文明新特区，争当科学发展示范市的要求，坚持以人为本、服务群众的宗旨，坚持市场改革方向不动摇，正确处理政府管理与市场机制在社会主义市场经济体制中的作用，逐步建立适应新形势和符合珠海实际的农贸市场投资、营运和管理机制，引导农贸市场持续健康发展。

二、深化改革的基本原则

（一）坚持依法治理的原则。各部门必须在法定职责和权限范围内，严格按法律法规制定和实施改革措施；投资和经营者的权益受法律保护，同时也必须依法经营。

（二）坚持因地制宜的原则。根据各市场存在的不同情况和问题，采取不同的改革方案，不搞“一刀切”。

（三）坚持部门联动的原则。各职能部门在市政府统一领导和指挥下，加强协调配合，共同推进农贸市场管理体制改革。

（四）坚持循序渐进的原则。采取先易后难、逐个突破的策略，形成示范带动效应，推动改革的不断深化。

（五）坚持解放思想的原则。要进一步解放思想，只要是有利于实现改革目标而不与现行法律法规相抵触的措施和办法，都应该大胆创新和尝试。

三、深化改革的目标

深化农贸市场管理体制改革的总体目标是：立足当前，着眼长远，解决农贸市场当前的突出问题，引导农贸市场持续健康发展，满足人民群众生活需求不断提高的需要。

近期目标：用3年时间，解决主城区农贸市场存在的突出问题，使人民群众感到基本满意。

中期目标：用5年时间，解决新城区（含西部地区）农贸市场布局缺失问题，使全市农贸市场整体布局合理、经营有序、管理规范。

长期目标：用10年时间，形成以大型批发市场为龙头、中心农贸市场为骨干、社区农贸市场为基础的，具有区域辐射力的市场网络和健全的农副产品流通体系。

四、深化改革的思路

（一）明确定位，正确把握农贸市场的公益性。

农贸市场虽是农产品流通的主渠道，但并非唯一渠道，它需要面对连锁超市和小型士多店等多种业态的激烈竞争。因此，农贸市场是一种竞争性的商业业态，不具备天然的垄断性。但另一方面，农贸市场与其他经营业态相比，具有品种更齐全、更新鲜鲜活、选择性更强、交易方式灵活方便的经营特点。由于现阶段经济发展水平、群众消费习惯等客观需求，在今后相当长的一段时期内，农贸市场仍将是我市农产品流通的重要环节和为群众提供放心消费环境的主要载体。农贸市场作为城乡居民“菜篮子”商品供应的主要场所和农产品流通的主要渠道，与人民群众生活质量密切相关，而且在一定区域内具有独占性。故此，在一定时期内，农贸市场应定位为具有一定公益性的、非垄断的、竞争性商业设施。

虽然农贸市场具有一定公益性，但并不意味着农贸市场必须由政府来直接投资和经营。政府对农贸市场管理主要有四方面的责任：一是通过城市规划引导农贸市场科学合理的布局，并为农贸市场提供交通、物流、排污等市政配套设施；二是建立区别于普通商业业态的管理制度，如设定特许经营管理等，加强监管力度，引导农贸市场在适应市场竞争的同时，服务于公共利益的需要；三是对农贸市场的建设和改造给予一定的财政补贴；四是支持国有资本在农产品流通领域做大做强，发挥引导和示范作用，通过国有资本的调控体现农贸市场的公益性。

（二）规划先行，引导市场合理布局。

为建立健全市场网络和流通体系，按照“控制总量，盘活存量，调整增量，改造与新建相统筹，业态升级与优化相结合”的总体思路，开展《珠海市农贸市场专项规划》的编制工作。通过规划的编制，改善农贸市场的空间布局，统筹考虑农贸市场的服务半径、区域辐射及配套设施等因素。在做好存量农贸市场盘活、调整、改造工作的同时，重点做好老城区的网点补充和新发展城区的网点扩展工作，以解决部分地区设点不足的问题。目前规划工作已经启动，由市经贸局牵头负责，要求在近期完成。

（三）增量提高，新建农贸市场推行特许经营管理模式。

农贸市场的特许经营管理模式是指经政府授权，经营者在特定区域从事农贸市场的专营业务，具有相对的独占性和排他性，受相关政策和特许经营合同的保护。新建农贸市场通过政府与市场经营者签订特许经营合同的方式，明确双方的权利义务，实行特许经营管理。为更好地发挥农贸市场的公益服务作用，要鼓励和引导国有经营主体参与新增市场的经营，以增加国有控股农贸市场的数量，发挥国有主渠道的示范带动作用。与此同时，应坚持投资主体多元化方向，发挥民营企业灵活多样的经营机制，实现优势互补，增强行业整体竞争力，最终形成国有资本为主导、多种经济成分共存的农贸市场经营管理体系。此项工作由市经贸局牵头负责。

（四）存量调整，引导现有农贸市场实施改造升级。

1.制定建设规范和标准。制定珠海市农贸市场改造升级基本标准和珠海市农副产品超市建设规范，作为农贸市场建设和改造升级的管理规范和技术标准。标准制定工作由市经贸局牵头负责，要求在近期完成。审核验收工作由珠海市深化农贸市场管理体制改革工作领导小组负责。

2.给予财政补贴支持。对按标准进行改造升级，并通过审查验收的农贸市场，不论所有制，一视同仁地给予财政补贴。此项工作由市财政局牵头负责。

3.鼓励老旧农贸市场在原址拆旧重建。要求维持原有市场功能，保证市场经营面积，并按照珠海市农贸市场改造升级基本标准和珠海市农副产品超市建设规范实施重建。重建市场经审核验收，可享受工业厂房升级改造的优惠政策。此项工作由市经贸局负责。

（五）分类改革，实施一场一策的改革措施。

主要措施：一是加强对违规行为的监管；二是引导农贸市场升级改造；三是鼓励国有主体回购和输出管理。

1.对产权属于民营，且民营投资者有意转让产权的市场，鼓励市场经营集团公司进行产权回购。此项工作由市国资委牵头负责。

2.对产权属于民营，但市场经营管理不善，存在有场无市、空置率高、效益差等问题，而民营投资者无意转让产权的市场，鼓励市场经营集团公司输出管理，委托经营，盘活资产，恢复市场功能。此项工作由市场经营集团公司负责。

3.对产权属于民营，经营情况总体正常的市场，政策上一视同仁，引导其按照珠海市农贸市场改造升级基本标准进行升级改造，发挥示范带动作用。此项工作由市经贸局牵头负责。

4.对产权属于国有、经营权属于民营投资者的联办市场，而民营投资者有意提前退出、交回经营权的市场，可以通过支付补偿等方式，由市场经营集团公司提前收回经营权。此项工作由市场经营集团公司负责。

5.对产权属于国有、经营权属于民营投资者的联办市场，存在违反合作合同、拖欠政府地价款、不按规划要求配套市场设施、没进行消防验收和竣工验收等问题，而民营投资者无意提前交回经营权的市场，由市国资委责成民营投资者限期履行合作合同义务，否则，由市场集团公司提前收回经营权。此项工作由市国资委牵头负责。

6.对产权属于民营，但违反改制时产权转让合同约定，存在擅自变更规划用途，大幅缩减农副产品经营面积等问题的市场，先由国资委出面协商，要求民营投资者按合同约定恢复原有规划用途和经营范围。协商不成的，根据合同约定，依法申请仲裁或向人民法院起诉，由司法部门依法处理。此项工作由市国资委牵头负责。

（六）健全制度，逐步完善农贸市场监督管理体系。

1.修订监管法规。修订《珠海市商品交易市场管理条例》，并制定相应的实施细则。完善农贸市场的准入和退出机制，明确市场功能、经营范围、监管职能和法律责任，使农贸市场的监管有章可循、有法可依。此项工作由市经贸局牵头负责。

2.实施特许经营合同监管。通过签订特许经营协议的方式，强化“业主负责制”的落实，加强对市场开办者和经营者的监管。对市场开办者和经营者的违约行为，按照合同约定追究其违约责任。此项工作由市经贸局牵头负责。

3.建立“四位一体”的长效监管体系。构建经营单位责任管理、工商部门监督管理、镇（街）属地管理和行业自律为主要内容的“四位一体”的监管体系，逐步建立农贸市场管理长效机制。

（1）落实经营单位责任管理。市场经营单位是市场经营管理的第一责任人。工商、城管、市政园林、规划、建设、公安消防、卫生、环保、农业、物价、质监和食品药品监督等部门应根据各自职责，通过与市场业主和市场经营者签订书面合同的方式，明确监管要求和违约责任，加强对市场业主和市场经营单位的监管力度。

（2）加强工商部门监督管理。各级工商部门作为本辖区农贸市场监督管理的主管部门，应承担规范维护农贸市场经营秩序的职责，负责实施市场食品安全监督检查、质量监测及相关市场准入制度。市工商局应制订我市规范农贸市场秩序和食品安全监督管理的具体措施和办法，不断创新监管模式，确保监管工作的落实。此项工作由市工商局负责。

（3）加强镇（街）属地管理。进一步理顺市、区和镇（街道办）的农贸市场管理体制，加强属地对农贸市场周边环境和秩序的日常管理。建立农贸市场考核机制，把农贸市场年度考核作为城管目标考核项目之一，纳入镇（街道办）目标管理责任制考核内容，具体考核办法由市城管委制定。此项工作由各区政府牵头负责。

（4）加强行业自律。尽快组建我市农贸市

场行业协会。引导协会制定行业标准和行业规则，规范经营秩序，提高行业素质，协助和配合政府做好对农贸市场的服务和监管工作，形成协调和自律机制。

五、深化改革的保障措施

（一）组织保障。

成立珠海市深化农贸市场管理体制改革工作领导小组（以下简称领导小组），由分管副市长任组长，各区人民政府（经济功能区管委会）、市经贸、法制、工商、财政、城管、国土、规划、建设、市政园林、公安消防、国资、卫生、环保、农业、物价、质监、食品药品监督和城管委等单位为小组成员单位。领导小组办公室设在市经贸局。各区（经济功能区）负责组织落实本区深化农贸市场管理体制改革工作。

（二）法制保障。

根据当前农贸市场面临的问题和强化管理力度的需要，应尽快对《珠海市商品交易市场管理条例》进行修订，并制定可操作性的实施细则。此项工作由市经贸局牵头负责。

（三）经费保障。

1.对农贸市场改造升级给予财政补贴支持。

凡实施改造升级的农贸市场，由领导小组按照珠海市农贸市场改造升级基本标准和珠海市农副产品超市建设规范组织审查验收，对符合验收标准的，给予补贴。其中，对改造为符合升级标准的农贸市场的，每平方米补贴200元。对改造为农副产品超市的，每平方米补贴300元。补贴经费由市、区两级财政按照6：4的比例承担。

2.对国有主体多渠道解决资金缺口给予政策支持。

（1）盘活国有资产，拓宽融资渠道。为解决我市部分国有市场和物业无法办理产权登记（更名）手续的历史遗留问题，拓宽国有主体的融资渠道。对国有市场（物业）产权登记（更名）所涉及的各项手续，应以1998年《珠海市工商局与所办市场脱钩移交书》和2001年《珠海市市场办管脱钩交接书》所移交的历史资料为基础，先由工程质检、公安消防、安监等专业部门对各农贸市场的房地产建筑质量、安全进行检查，在质量和安全达标的前提下，由市国土部门参照朝阳、南坑、吉莲农贸市场改制时办理房产证的做法，对其土地面积进行重新丈量，通过补办资料或提供可替代资料的方法补办相关手续，此项工作由市国土资源局牵头负责。

（2）在有偿划拨地的现状条件下，允许部分国有农贸市场抵押融资用于升级改造和市场建设，并由财政给予部分贴息。此项工作由市国土资源局牵头负责。

（3）市国资委在国有资本收益预算中加大对农贸市场的资金支持力度。此项工作由市国资委负责。

（4）进一步深化国有主体的改革和发展，支持市场集团公司以“国有主体控股，吸引社会资金参股”的方式筹集资金。此项工作由市场集团公司负责。

2009年全市应急管理工作计划

2009年2月5日

2009年全市应急管理工作的总体思路是以“三个代表”重要思想和科学发展观为指导，以保障人民群众生命财产安全为核心,以提高应急管理能力为重点，以2009年全省应急管理工作会议精神为依据，强化源头预防,完善体制机制,提高应急科技水平,增强公共危机意识和应急技能，夯实基层应急基础,提升应急实战能力，为维护社会稳定、构建和谐珠海，建设生态文明新特区、争当科学发展示范市，实现经济社会又好又快发展作出积极贡献。重点抓好以下工作：

一、抓好一个平台建设，有效推进应急管理硬件建设上新台阶

依托政府系统现有网络资源，按照国家、省技术标准规范，整合各专业应急系统资源，加快市应急指挥平台建设，完善各专业应急指挥平台功能，推进各区应急指挥平台建设，形成上下贯通、左右衔接、统一高效的应急决策指挥网络，确保2009年底实现与国家、省应急平台互联互通。

二、开展两次竞赛，不断提高基层综合应急救援队伍能力素质

1．应急技能竞赛。拟于3月份，组织全市23个镇（街）基层综合应急救援队伍开展一次消防、院前救治、擒敌技术、防汛和应急器材操作等应急常识技能竞赛活动，以检验基层综合应急救援队伍的应急处置能力和水平。

2．应急知识竞赛。主要组织全市社区、家庭、企业、学校开展应急知识竞赛活动。社区应急知识竞赛由全市统一部署、各镇（街）应急办组织实施；家庭应急知识竞赛由市统一部署组织；企业应急知识竞赛由市安监局统一组织实施；学校应急知识竞赛由市教育局统一组织实施。

三、加强三个基本建设，扎实打牢应急管理工作基础

1．基本队伍建设。根据市府办《关于建立突发事件综合应急救援队伍的意见》（珠府办函〔2008〕126号）精神，重点抓好“七支队伍”建设，即：应急管理干部队伍、镇（街）综合应急救援队伍、重点行业专业和专家救援队伍、信息员队伍、专业志愿者队伍、督查员队伍、专家组队伍。继续加强各区、经济功能区应急管理办事机构建设，充实专职人员，明确工作职责，完善工作制度，理顺工作关系；推进乡镇政府、街道办事处和居委会、村委会等基层组织应急管理办事机构建设；市应急委成员单位（除中直、省直驻珠有关单位外）要在2009年年底前完成应急管理领导机构和办事机构组建工作；全市每个镇（街）建立一支突发事件综合应急救援队伍，每个重点行业建立一支应急救援专家队伍或应急救援专业队伍。在此基础上，依托有关专家、督查员、志愿者、信息员成立应急管理宣讲队伍，创新应急管理宣教形式，加大应急管理知识宣教力度。

2．基本制度建设。一是目标管理制度。制定《珠海市应急管理工作目标管理考核办法》，与各区、经济功能区和有关单位领导签订应急管理目标责任书。二是督查检查制度。充分发挥市人大代表、政协委员、市应急管理工作督查员的作用，拟于上下半年分别邀请市人大代表、政协委员对应急管理工作进行一次专项调研，每季度组织督查员对应急管理工作进行一次督查检查，以促进省、市部署的各项应急管理工作的落实。三是基层综合应急救援队伍培训制度。制订统一的培训计划，每周对综合应急救援队伍开展一次教育训练，提高队伍的应急救援水平和应急处置技能。四是突发事件信息报送考核制度。加强对值班人员的培训，提高对突发事件信息的研判水平，提高突发事件信息报送时效和质量，定期对信息报送情况进行通报。五是日常值班制度。到2009年3月底，所有行政区、经济功能区都要建立区领导日值班制度，制定日值班制度规范，确保通讯畅通。

3．基本装备建设。加强应急专用物资和器材装备的储备工作，各区、各专业应急机构要根据“整合资源、统一调度”的原则，充分利用社会资源和政府投入，科学合理地储备应急专用物资，不断提高应急器材装备水平，并通过建档建册、建立数据库等手段，进一步提高各类应急资源的使用效率。市、区要分别购买一批应急常用装备物资和器材配发给基层。

四、建立四个培训基地，全面加强应急管理培训工作

1．应急管理领导干部培训基地。依托高等院校对应急管理领导和干部进行应急能力培训，分期分批组织各级应急管理工作领导和干部到高

等院校参加培训，不断提高各级应急管理领导应对突发公共事件和驾驭复杂局面的能力。

2．公共危机管理教育基地。依托市委党校建设公共危机管理教育基地，会同市人事局重点抓好公务员队伍的危机意识和应急常识及应急预案培训教育，继续在全市处级干部培训班、中青年干部培训班、科级领导任职培训班和公务员更新知识培训班设立应急管理课程，使应急管理知识培训作为干部任职的必修课。

3．基层和企业应急救援队伍应急常识和技能培训基地。依托驻珠部队教导大队建立基层和企业应急救援队伍应急常识和技能培训基地，会同市公安局、市卫生局、市地震局、市三防办、市森林防火办、市红十字会等单位，抓好镇（街）和企业综合应急救援队伍的应急常识和应急技能训练，培养应急救援队员特别能吃苦、特别能战斗的优良作风，不断提高业务素质，确保关键时刻能够拉得出、冲得上、战能胜。

4．市民公共安全体验基地。会同市红十字会研究建立应急管理公益性基金，鼓励自然人、法人和其他组织开展捐赠，建设一个市民公共安全体验馆，运用高科技手段，演绎和复制各类灾难，供市民免费参观、体验。通过演示、模拟、互动等方式，提升市民危机意识和应对突发公共事件自救互救能力，全面普及预防、避险、自救、互救、减灾等知识和逃生本领技能，不断提高公众应急能力和水平。

五、实施“五个一”工程，扎实推进应急常识进社区、进家庭、进企业、进学校

1．“一部法”。即制订我市与《突发事件应对法》相配套的地方性法规和各项配套规定，加快应急管理法制建设。

2．“一本书”。即《珠海市民应急手册》，继续抓好《手册》增印工作，到2009年底基本实现每个家庭都有一本的目标。

3．“一个包”。即应急急救包，到2009年底达到全市30%的家庭有一个的目标。

4．“一张碟”。即制作应急常识宣传碟，配发每个家庭、社区、学校和企业。

5．“一块栏”。即应急常识宣传栏，每个社区都要安装一块，充分依托应急管理志愿者队伍加大宣传力度，提高宣传效果。

六、抓好六项重点工作落实，切实提高应急管理工作水平。

1．进一步抓好“一网五库”建设。进一步健全应急管理工作联络网，建设好救援专业队伍库、救援物资库、应急管理专家库、应急管理法规库、突发公共事件典型案例库，为处置突发公共事件提供科学、准确、可靠的决策依据。

2．进一步抓好应急联动机制建设。积极探索粤港澳应急管理联动机制，加强与周边城市以及本市各区域、部门、行业之间的相互协调与合作，利用已经建立的区域合作渠道，有效推动双方应急管理专家互访、应急管理人员交流学习等，形成推动应急管理工作的合力。

3．进一步抓好应急预案修订完善及演练工作。根据《广东省突发事件应急预案管理办法》和《广东省应急预案演练指南》以及《应急预案演练脚本》，进一步加快推进我市基层应急预案的编制、修改、完善工作，扩大应急预案覆盖面，建立基层单位应急预案简本，组织编写专项应急预案操作手册，提高基层和专项应急预案的简明性、操作性、科学性和实用性。针对各类突发公共事件，积极组织开展群众参与度高、应急联动性强、形式多样、节约高效的应急实战推演演练和专项应急预案演练，使各级各类应急管理人员和应急救援人员熟悉应急预案，掌握操作流程，提高在不同情况下实施救援和协同处置的能力。

4．进一步抓好应急试点工作。根据省政府基层应急管理工作要实施“五个一”工程的要求和部署，结合我市应急管理工作实际，重点抓好一个社区、一所学校的试点工作，拟于上半年组织召开现场会推广试点经验。通过以点带面，总结经验，推动全市各个社区、学校应急管理工作的有效开展。

5．进一步抓好应急预警预防工作。加强预防体系建设，建立对各类隐患的排查、登记、评

估、检查、监控制度，建立突发事件隐患数据库系统，完善动态监控机制；加强预测预警体系建设，进一步扩大监测覆盖面，增加监测点密度，改进监测技术和手段；加强预报体系建设，积极发挥市应急管理专家组专家的作用，每季度组织专家召开一次以四类自然灾害为主的预测预警专家研讨会，充分利用电视、广播、互联网、手机短信、电子显示屏等手段，扩大预警信息覆盖范围，重点解决预警信息发布“最后一公里”瓶颈问题。

6．进一步抓好应急办自身建设。按照“坐着能写、站着能讲、出去能干”的要求，大力加强应急办自身建设，着力提高应急管理干部队伍素质，确保各级应急管理办事机构都能充分发挥应急值守功能，成为把握城市脉搏的前哨；充分发挥应急指挥功能，成为保障社会安宁的指挥所；充分发挥应急综合协调功能，成为保证政令畅通的枢纽；充分发挥应急服务功能，成为联系基层群众的桥梁，展示党委政府形象的窗口。为此，一是继续深入抓好“四个三”制度的落实，即“三个本”制度（工作日记本、学习笔记本、资料剪辑本）、“三个会”制度（月办务会、周例会、日交班会）、“三个简报”制度（应急管理工作简报、周值班综述、日值班情况）、“三个计划”制度（月工作计划、周工作安排、日工作部署）。二是采取个人自学、集中培训、难题会诊、函授作业、考核评比等多种形式，加大应急管理干部培训力度，培养一批精通本职的业务尖子。三是在各级应急管理干部中开展“提出一个有指导意义的工作建议或工作设想、写出一篇有价值的调查报告或研究文章、总结一份有深度的典型经验、抓出一项突出的工作成果、结合工作发表一篇新闻稿件”为主要内容的“五个一”活动，营造学习求知的良好风气。

关于贯彻落实珠海市企业和企业经营者权益保护办法的通知

2009年3月17日

各区人民政府，经济功能区管委会，市府直属各单位：

《珠海市企业和企业经营者权益保护办法》（珠海市人民政府令第66号，以下简称《办法》）已于2009年2月20日起施行。为实施好《办法》，更好地为我市企业和企业经营者服务，现就有关贯彻落实工作通知如下：

一、进一步提高对贯彻落实《办法》重要性和必要性的认识

《办法》的颁布实施，是我市应对当前经济形势、促进经济发展、保护企业和企业经营者权益、保持我市良好投资环境的重大举措，意义重大。《办法》颁布后，受到我市企业和社会各界的广泛关注。今年的《政府工作报告》提出要严格执行《办法》。因此，我市各级政府及各相关部门，特别是领导干部，要充分认识贯彻实施《办法》的重要性和必要性，带头学习，认真领会和掌握《办法》精神，准确把握《办法》的各项政策，牢固树立依法行政、服务企业的意识。

二、进一步加强学习和宣传《办法》

各相关部门特别是市经贸部门要充分利用各种媒体，采取多种形式在全社会大力开展宣传

《办法》活动。要注重宣传效果，通过宣传使全社会真正理解《办法》的精神实质，在全社会形成保护企业和企业经营者合法权益的良好氛围。

各相关执法部门要有组织、有计划地对执法人员进行培训，使执法人员准确、全面把握《办法》的精神实质，熟练掌握《办法》的主要内容和各项规定，不断提高业务素质和能力。

三、成立珠海市企业和企业经营者权益保护工作联席会议

联席会议由市经贸局负责牵头，市物价局、市公安局、市监察局、市外经贸局、市国资委、市工商联、拱北海关、珠海出入境检验检疫局、市国税局、市地税局、市工商局、市质监局为成员单位。联席会议应定期召开，研究和制定保护企业和企业经营者权益的具体措施。

各区（经济功能区）政府（管委会）也应成立相关联席会议。

四、认真做好《办法》组织实施工作

（一）各区（经济功能区）政府（管委会）及各相关部门要提出贯彻落实《办法》的具体意见，定期汇报落实情况，由市经贸局汇总后上报市政府。

（二）市、区经贸部门牵头，负责落实企业和企业经营者权益保护工作联席会议制度，汇总和上报各区（经济功能区）政府（管委会）及各相关部门贯彻落实《办法》的有关情况，研究和制定促进我市企业和企业经营者权益保护工作的各项具体措施和制度。

（三）市、区劳动和社会保障部门负责会同同级工会、企业，建立协调劳动关系的三方机制。

（四）市法制部门负责完善有关规范性文件审查制度和健全行政处罚案卷评查制度，做好相应的制度配套工作。

（五）市外经贸部门负责牵头组织和协调各有关部门、行业协会和企业，建立应对国外反倾销、反补贴和保障措施以及维护国内产业安全的联动机制。

（六）各级行政机关在施行行政许可和做出重大处罚过程中，应当严格遵守法律、法规和规章有关规定，完善内部监督机制。

（七）各级行政机关、事业单位应当实行收费公示制度，对本部门、本单位的收费项目自行清理，完善收费程序。

（八）各执法部门应当加强执法，维护正常的市场秩序，为企业创造良好的经营环境。

五、为企业营造良好的经营环境

各级行政机关应当采取有效措施，尽可能为企业营造良好的经营环境：

（一）苦练内功，强化依法行政和服务企业意识。

（二）改善机关工作作风，构建为企业服务的平台，提高办事效率。

（三）尽可能为企业减少负担。无合法依据或不合理的行政事业性收费应予清理。有合法依据的收费，应在允许的范围内尽量予以减免。

（四）在进行执法检查时，不得妨碍企业正常的生产经营活动。

（五）实施行政许可时，不得擅自增减许可条件，不得要求行政相对人提供规定以外的材料。

六、加强领导，强化监督

（一）各级监察部门要积极开展《办法》贯彻执行情况的检查工作，强化监督。

（二）有关部门对于《办法》在贯彻落实中遇到的各类问题，应认真研究解决，并及时反馈到市法制、经贸部门。

（三）各级行政机关要完善内部监督制度，完善企业办事和投诉平台，强化对行政执法人员的监督。

珠海市解决中小学代课教师问题工作方案

2009年3月17日

为妥善解决我市中小学代课教师问题，逐步规范代课教师管理，根据《中华人民共和国教师法》和《广东省解决中小学代课教师问题工作方案》（粤府办〔2008〕57号）精神，结合我市实际，制订本工作方案。

一、指导思想

按照我市推进教育现代化要求，贯彻落实科学发展观，坚持以人为本，进一步强化市、区（经济功能区）政府（管委会）责任，逐步提高代课教师工资福利待遇，依法规范代课教师管理，不断提升中小学教师队伍素质，促进我市教育事业全面、协调、可持续发展。

二、工作目标

逐步提高全市公办中小学代课教师待遇，解决部分代课教师入编问题，建立解决代课教师问题的长效管理机制。

三、工作原则

（一）明确责任、分级负责原则。市、区（经济功能区）政府（管委会）是解决中小学代课教师问题的责任主体。解决市直属中学代课教师问题由市政府负责，解决各区属中小学代课教师问题由各区（经济功能区）政府（管委会）负责。

（二）积极稳妥、分步实施原则。采取提高待遇、建章立制、招录考试、规范管理等措施，切实解决中小学代课教师问题。

（三）实事求是、以人为本原则。市、区（经济功能区）结合自身财力状况及教师队伍实际，制定具体实施办法。对代课时间较长、学历达标、具有教师资格、工作表现优秀的代课教师予以政策倾斜。

四、工作步骤

（一）现有代课教师实行实名制管理。坚持以区（经济功能区）为主的管理体制，建立同一区（经济功能区）内代课教师统一管理信息系统，统一实行实名制管理。在市、区（经济功能区）有关新的政策出台前，原则上禁止学校新聘代课教师。

（二）逐步提高代课教师工资福利待遇。市制定并实施我市公办中小学代课教师新的工资指导标准，各区（经济功能区）结合本地区实际予以执行。实现同一区（经济功能区）内代课教师工资待遇统一标准、统一发放、统一办理。

2010年10月底前，市、区（经济功能区）制定并实施我市公办中小学代课教师管理办法，建立相应工资保障长效机制，进一步提高代课教师工资待遇。

（三）解决部分代课教师入编问题。市、区（经济功能区）根据教职员编制及代课教师调查摸底情况，合理确定“代转公”教师招录指标，并按教师人事管理权限自行组织招录考试。报考条件、考试内容和招考程序由各区（经济功能区）根据实际情况自行制定，并报市教育局备案。招录考试坚持公平公正、竞争择优原则，按照公布指标、自愿报名、资格审查、考试、体检、公示、录用等程序，分两次进行。首次招录考试于2009年上半年完成，第二次招录考试于2010年上半年完成。招录人数较少的区（经济功能区）可通过协商，委托其他区（经济功能区）代为招录考试。

两次招录考试期间，市、区（经济功能区）可结合实际，对未通过首次招录考试的代课教师组织一次免费培训。

（四）建立代课教师规范管理机制。市、区（经济功能区）按照国家、省、市有关规定，制定新的代课教师管理办法，规范聘用程序，明确

管理制度，防止出现空编和代课教师并存的现象（不含中等职业学校）。新的管理办法实施后，对已备案并实行实名制管理的现有代课教师，经本级教育、人事部门审核予以续聘的，纳入代课教师管理；经本级教育、人事部门审核不予续聘的，按《劳动合同法》有关规定予以辞退。现有代课教师问题基本解决后，新聘代课教师按照《关于印发<广东省中小学教职员编制标准实施办法>的通知》（粤机编办〔2008〕73号）有关规定执行，并纳入代课教师规范管理。

五、保障措施

（一）加强领导，落实责任。珠海市解决代课教师问题工作，实行在市政府统一领导下，各区（经济功能区）政府（管委会）分级负责、分级管理责任制。各级政府部门要充分认识解决中小学代课教师问题工作的重要性、政策性和复杂性，按照市委、市政府的统一要求，结合本地区实际，制定具体实施方案，强化部门职责，及时协调，确保各项措施落到实处。

（二）各司其职，形成合力。各级政府相关职能部门要形成良好的工作机制和工作合力，共同推进所管辖区域内解决代课教师问题的各项工作。各级教育部门负责本地区解决代课教师问题工作的具体规划、组织实施和日常管理工作；各级财政部门要统筹协调，确保此项工作相关工作及人员经费按时足额拨付；各级编制、人事部门要积极配合教育部门，切实做好教职员编制核定、招录考试及提高工资福利待遇等工作。

（三）建立工作责任制，强化督导检查。切实加强对各区（经济功能区）领导干部基础教育工作的责任考核，建立对中小学教师队伍建设工作的督导、通报和奖惩制度。对解决代课教师问题成效明显的区（经济功能区）予以通报表扬；对不按期解决代课教师问题或出现代课教师问题反弹的区（经济功能区）予以通报批评，情节严重的，追究区领导及相关部门主要负责人责任；对违规聘请代课教师的学校，追究该学校主要负责人责任。

珠海市解决中小学代课教师工资福利待遇问题暂行办法

2009年3月17日

为贯彻《广东省解决中小学代课教师问题工作方案》（粤府办〔2008〕57号）精神，解决代课教师工资福利待遇问题，结合我市实际，制订本暂行办法。

一、工作原则

（一）明确责任、分级负责原则。坚持以区（经济功能区）为主的管理体制，市直属学校代课教师工资福利待遇问题由市政府负责，各区属学校代课教师工资福利待遇问题由各区（经济功能区）政府（管委会）负责。

（二）实事求是、分类指导原则。根据各区（经济功能区）教师队伍和教师待遇的实际情况，结合各区（经济功能区）财力状况等因素，分类制定科学可行的工作措施。

（三）分步实施、双管齐下原则。理顺代课教师相关管理体制的同时，采取切实有效措施，确定相应工作进度，逐步提高代课教师工资待遇。

二、适用范围

珠海市公办全日制普通中小学在岗代课教

师。

本办法所指代课教师是指聘用学校经同级教育行政管理部门备案并实行实名制管理的代课教师。

三、核定办法

（一）职位设置。代课教师职位设置四个等级，从高到低依次为副高级职务人员、中级职务人员、初级职务人员、无专业技术职务人员。

副高级职务人员：具备副高级以上专业技术资格，并被聘用单位聘任为副高级专业技术职务，且具有相应教师资格证的人员。

中级职务人员：具备中级以上专业技术资格，并被聘用单位聘任为中级专业技术职务，且具有相应教师资格证的人员。

初级职务人员：具备初级以上专业技术资格，并被聘用单位聘任为初级专业技术职务，且具有相应教师资格证的人员。

无专业技术职务人员：未被聘用单位聘任为初级以上专业技术职务，或不具有相应教师资格证的人员。

代课教师的专业技术职务聘用类别以学校与代课教师签订的聘用合同为准。

（二）工资指导标准。设置各职位等级的月应发工资指导标准如下：

职位等级	每月应发工资指导标准
副高级职务人员	4000元≤工资额≤4500元
中级职务人员	3500元≤工资额≤4000元
初级职务人员	3000元≤工资额≤3500元
无专业技术职务人员	2500元≤工资额≤3000元

市、区（经济功能区）结合自身财力状况和师资队伍实际，根据此工资指导标准，核定具体执行标准。同一区（经济功能区）内代课教师工资待遇统一标准、统一发放、统一办理。

（三）发放办法。代课教师工资由各聘用单位编制工资月报表，送同级教育部门、人事部门审核，由同级财政部门委托工资代发行拨付至个人工资账户。

（四）相关费用扣缴。代课教师按我市有关规定，缴纳个人所得税和社会保险费，由聘用单位代扣代缴。

四、保障措施

（一）组织领导。建立由各级教育部门牵头，同级人事、财政、编制、劳动保障部门参加的联席会议制度，统筹协调落实中小学代课教师工资待遇问题。

（二）经费来源。对满编且确实需要临时聘请代课教师的单位，聘请代课教师所需经费由同级财政部门统筹解决。对未满编且不能及时招聘新教师，或者因为在编教师脱产进修、长期病假、产假、支教等特殊原因，确实需要临时聘请代课教师且聘用时间不超过1年的单位，聘请代课教师所需经费可向同级财政部门申请解决。各级财政部门要统筹安排，切实保障相关工作及人员经费按时足额拨付。

五、各区（经济功能区）根据本暂行办法，制定本地区解决中小学代课教师工资待遇问题具体实施办法。

六、本暂行办法由市教育局负责解释。

七、本暂行办法自发布之日起施行。

关于促进珠海市服务外包产业发展的若干措施

2009年4月27日

为加快发展服务外包产业，扩大现代服务业规模，调整和优化我市产业结构，特制订本政策。

一、扶持服务外包企业发展壮大

（一）从2009年开始，市财政每年安排一定额度的专项资金，支持服务外包产业发展。

（二）成立市服务外包发展领导小组，由分管副市长为组长，成员单位包括市信息产业局、发展改革局、财政局、经贸局、外经贸局，负责服务外包的推进、落实及服务外包企业的认定。

在我市工商注册、税务登记，具有独立法人资格，符合下列条件的企业，经市服务外包发展领导小组认定为服务外包企业后，可享受本政策。

1.从事信息技术外包（ITO）、业务流程外包（BPO）或影视后期制作及动漫游戏开发外包业务。

2.在进出口业务管理、财务管理、税收管理、外汇管理、海关管理等方面均无违纪行为，企业业务稳定。

3.具有从事相应业务所需的技术设备和经营场所。

4.其中从事信息技术外包（ITO）业务的企业还应具备以下条件：通过软件企业认定;软件开发人员占企业员工总数70%以上，本科及以上学历的员工占企业员工总数80%以上；服务外包年收入不低于15万美元或100万元人民币，且占企业总收入50%以上。

5.其中从事业务流程外包（BPO）业务的企业还应具备以下条件：本科及以上学历的员工占企业员工总数20%以上；服务外包年收入不低于30万美元或200万元人民币，且占企业总收入50%以上。

6.其中从事影视后期制作及动漫游戏开发外包业务的企业还应具备以下条件：从事影视后期制作、动画、游戏设计、开发的员工占企业员工总数50%以上，本科及以上学历的员工占企业员工总数20%以上；影视后期制作及动漫游戏开发外包收入不低于15万美元或100万元人民币，且占企业总收入50%以上。

属《财富》世界500强、或在国内外上市、或其营业收入在全球服务外包行业内排名前100位的服务外包企业投资，且其股权比例在25%以上的企业，可直接认定为服务外包企业。

（三）整合和建设珠海服务外包示范区，争取被认定为国家服务外包基地城市，以便得到国家在宏观政策、规划、招商引资、综合协调等方面的支持。积极寻求省有关部门对我市服务外包产业的扶持和帮助。

（四）鼓励和支持国内外服务外包企业进入市政府指定的区域发展。在指定的区域内租赁办公用房的服务外包企业，按15平方米/人的标准进行补贴，其租赁面积1000平方米以下部分按15元人民币/平方米•月的标准给予补贴，1000平方米以上的部分，按8元人民币/平方米•月的标准给予补贴。补贴面积上限为5000平方米。

（五）对服务外包企业发生的国际数据专线费用给予30%的补贴，但每年每家企业补贴金额不超过20万元人民币。

（六）属《财富》世界500强、或在国内外上市、或其营业收入在全球服务外包行业内排名前100位的服务外包企业，自本政策生效之后落户我市的，从其注册登记之年起，可按照“一事一议，特事特办”的原则，具体磋商更加优惠的政策措施。

（七）以海关出口统计或外包业务合同、出

口合同备案证书和银行结收汇单为依据，上年度出口额在50万美元及以上的服务外包企业，其当年出口额每增加5万美元，给予1万元人民币的奖励。

（八）按《中华人民共和国企业所得税法》及其实施细则的规定，服务外包企业为开发新产品、新技术、新工艺所发生的研究开发费，未形成无形资产计入当期损益的，在按照规定据实扣除的基础上，按照研究开发费用的50%加计扣除；形成无形资产的，按照无形资产成本的150%摊销。

（九）按《中华人民共和国企业所得税法》及其实施细则的规定，服务外包企业的固定资产由于技术进步等原因，确需加速折旧的，可以缩短折旧年限或者采取加速折旧的方法。采取缩短折旧年限方法的，最低折旧年限不得低于税法规定折旧年限的60%；采取加速折旧方法的，可以采取双倍余额递减法或者年数总和法。

对通过双软认证的服务外包企业，其购进软件，凡符合固定资产或无形资产确认条件的，可以按照固定资产或无形资产进行核算，经主管税务机关核准，其折旧或摊销年限可以适当缩短，最短可为2年。

（十）按《中华人民共和国企业所得税法》及其实施细则的规定，一个纳税年度内，服务外包企业技术转让所得不超过500万元的部分，免征企业所得税；超过500万元的部分，减半征收企业所得税。

二、推动服务外包公共平台建设

（十一）支持公共服务平台、公共技术平台、公共培训平台和公益性基础设施等的建设和运营。根据国家和广东省有关部门给予的资金支持，市财政按照适当的比例安排地方配套扶持资金。按照服务外包公共平台为产业提供服务的数量对平台予以补贴，对平台的升级改造予以经费支持。

具有独立法人资格，在我市民政注册或工商登记、税务登记，经市服务外包发展领导小组认定的服务外包公共平台，可按实际使用的租赁面积享受15元人民币/平方米•月的租金补贴，同时可享受本政策的其他优惠。

三、鼓励服务外包企业积极开拓市场

（十二）鼓励服务外包企业申请相关的国际认证。对于首次获得开发能力成熟度模型集成（CMMI）和开发能力成熟度模型（CMM）认证的，分别给予50万元人民币的奖励。

（十三）对于获得人力资源成熟度模型（PCMM）认证、信息安全管理标准（ISO27001/BS7799）认证、IT服务管理（ISO20000）认证、服务提供商环境安全性（SAS70）认证的企业，分别给予10万元人民币的奖励。

（十四）对成功实现海外并购的服务外包企业，对前期调研、咨询、商务费用的30%给予一次性补贴，但最多不超过50万元人民币。

（十五）鼓励服务外包企业开拓国际市场。对已取得CMMI、CMM认证，且上年度服务外包业务收入不低于100万元人民币的服务外包企业赴境外考察市场或参加展览会，给予国际航班费用（经济舱标准，每次每家企业可支持2人）及展位费各50%的资助，但每家企业每年最多不超过10万元人民币。

四、加大服务外包人才引进和培养力度

（十六）服务外包企业聘用的本科或以上国家认可学历的管理和技术人才（含按规定随迁的配偶、子女）可优先办理珠海市常住户口和珠海市人才居住证，协助推荐其配偶就业；在其未办理户籍手续时，其子女进入托儿所、幼儿园、小学、初中的，享受所在区域户籍人口待遇。

（十七）对服务外包企业聘用的年薪在12万元以上的高端管理和技术人才，由同级财政按其在珠海工资收入的2%给予一次性奖励。

（十八）按《中华人民共和国企业所得税法》及其实施细则的规定，对服务外包企业发生的职工教育经费支出，不超过工资薪金总额2.5%的部分，准予扣除，超过部分，准予在以后纳税年度结转扣除。

（十九）服务外包企业委托国际知名软件

公司对其高端人才进行45天以上境外培训的，按照培训费用的50%给予资助，但每人每年不超过10000元人民币。

（二十）根据我市服务外包产业发展需要，引导珠海的大中专院校和其他社会专业培训机构设立相关课程。在企业正式工作半年以上并签订二年以上劳动合同的员工参加服务外包相关课程培训的，给所在企业补贴该培训费用的50%（每人每年不超过1000元人民币），每年每家企业不超过10万元人民币。

五、营造服务外包发展良好外部环境

（二十一）建设服务外包网站，完善珠海服务外包产业对外宣传平台，为服务外包企业提供优质服务。

（二十二）完善园区基础设施，努力建设完备的双回路电力供应系统。建设服务外包产业网络通讯系统，使网络接入系统具有双备份多回路，为企业提供通畅高速的国际数据业务出口通道。

（二十三）鼓励服务外包企业进行商业模式、业务流程和技术应用的创新，自主研发知识产权产品。对具有显著社会或经济效益的知识产权项目，按照珠海知识产权相关政策给予奖励。

（二十四）加强知识产权保护，充分发挥行业协会的作用，推动行业规范的建立，保护企业知识产权和信息安全。

六、鼓励引进服务外包企业

（二十五）对引进注册资本1000万元人民币以上服务外包企业的单位或个人（各级财政供给的单位和个人除外），按照实际到位注册资本金总额，人民币1000万元以下部分按照3‰计奖，1000万元以上部分按5‰计奖，奖励金最高30万元。奖励金每年申报评定一次，每年3月份由单位或个人向市重大投资项目奖励评审小组办公室申报。

七、其他

（二十六）符合本政策又符合市其他相关政策或各区、经济功能区相关政策的，可择优选择，但不重复享受，各区、经济功能区另有规定的除外。

（二十七）本政策由珠海市政府授权部门负责解释。

（二十八）本政策自2009年4月1日起实施，有效期至2011年12月31日。

（二十九）本政策实施细则自印发之日起两个月内由市服务外包发展领导小组制定。

珠海市人民政府关于颁布城镇土地使用税扶持行业（项目）目录的通告

2009年4月24日

根据《中华人民共和国城镇土地使用税暂行条例》、《广东省城镇土地使用税实施细则》和广东省人民政府《关于同意珠海市城镇土地使用税税额标准的批复》（粤府函[2008]7号）的规定，市政府扶持行业（项目）的用地范围业经市政府七届90次常务会议研究通过，现将《珠海市城镇土地使用税扶持行业（项目）目录》通告如下：

一、招商引资重大项目用地。

具体包括：符合国家产业政策，注册资本在人民币1亿元以上的，或由《财富》世界500强企业投资的，或属在电子信息制造、家用电器、石油化工业、生物医药及医疗器械、装备制造、游艇制造、航空等产业在全球行业内销售或技术排名前十位的企业用地。

二、现代服务业用地。

具体包括：物流配送中心和物流企业用地；纪念馆、博物馆、美术馆、展览馆、会展中心、公园、文物保护单位、名胜古迹、景点类旅游企业经营设施占用土地；文化产业基地、文化企业及从事动漫软件开发、网络游戏软件开发、体育文化等行业的企业用地。

三、公共、公益事业用地。

具体包括：港口、码头、机场、铁路、公路、电力、水利等公共基础设施用地；承担社会公共、公益性事务的自收自支、自负盈亏的事业单位用地;由财政部门进行补贴，承担社会公共、公益性事务的企业用地;承担公共、公益性事务的社会团体用地。

四、市属国有资产营运机构和农村集体、居委会用于经营的自有房产、土地用地

五、其他由市政府出具的文件确定为重点项目的企业（项目）用地

六、上述在执行过程中，具体的行业、项目认定标准由市财政局与市地税局共同解释

七、本通告自发布之日起执行

珠海市社会基本医疗保险普通门诊统筹暂行办法

2009年6月22日

第一章　总　则

第一条　为进一步完善我市社会基本医疗保险制度，减轻参保人普通门诊医疗费用负担，逐步提高社会基本医疗保险保障水平，根据国家、省有关规定，结合本市实际，制定本办法。

第二条　本市社会基本医疗保险参保人适用本办法。

离休人员、一至六级残疾军人的普通门诊按职工医疗保险的相关规定执行，不适用本办法。

第三条　社会基本医疗保险普通门诊统筹（下称门诊统筹）遵循保障基本、统筹共济、依托社区、定额结算的原则。

第四条　门诊统筹基金实行全市统筹，单独建账，纳入财政专户管理。门诊统筹基金收不抵支时，采取动用门诊统筹风险储备金、调整缴费标准等办法解决。

第五条　市、区人民政府应保证门诊统筹基金的筹集，并按本办法规定将应由财政补贴的门诊统筹费用列入财政预算。

第六条　市劳动保障行政部门负责全市门诊统筹的组织、管理、指导和监督工作。

区劳动保障行政部门、镇（街）劳动保障事务所负责辖区内门诊统筹组织工作。

市社会保险经办机构负责门诊统筹的费用筹集、待遇给付、财务核算及门诊统筹定点医疗机构协议管理等业务经办工作。

市劳动保障信息中心负责门诊统筹的信息化建设工作。

市、区卫生行政部门负责做好门诊统筹定点医疗机构建设及相关的医疗业务指导、监督工作。

市财政部门依照社会保险基金财务制度做好门诊统筹基金的财政专户管理、财务监督等相关工作。

市审计部门按规定对门诊统筹基金收支情况进行审计监督。

市社会保险基金监督委员会依法对门诊统筹

基金实行社会监督。

市、区人民政府其他相关职能部门应当在各自的职能范围内，协助做好门诊统筹工作。

第二章　基金筹集

第七条　门诊统筹基金由以下来源构成。

（一）职工医疗保险、外来劳务人员大病医疗保险、未成年人医疗保险、城乡居民基本医疗保险基金安排的资金；

（二）市、区两级财政补贴；

（三）个人缴费；

（四）社会捐赠；

（五）其他收入。

第八条　门诊统筹基金按社会保险年度（下称社保年度）定额筹集，标准为每人每年100元。

（一）职工医疗保险参保人的费用筹集。

1.职工医疗保险统筹基金安排50元。

2.职工医疗保险个人账户基金安排50元，其中领取失业金期间失业人员的费用从失业保险基金中安排。

（二）外来劳务人员大病医疗保险参保人的费用由大病医疗保险基金安排。

（三）未成年人医疗保险、城乡居民基本医疗保险参保人的费用筹集。

1.未成年人医疗保险、城乡居民基本医疗保险基金各安排50元。

2.财政补贴25元。

3.个人缴纳25元。

其中财政补贴部分及低保、重度残疾人员个人缴费部分，由市、区财政按市政府规定的比例承担。

第九条　门诊统筹基金的征收。

（一）各项基金（含职工医疗保险个人账户基金）安排的资金，由市财政部门根据市社会保险经办机构提供的征收计划在30日内划转到门诊统筹基金征收专户。

（二）财政补贴由市、区财政部门根据市社会保险经办机构提供的征收计划在30日内划拨到门诊统筹基金征收专户。

（三）个人缴纳的费用与未成年人医疗保险费及城乡居民基本医疗保险费合并征收。

第十条　市劳动保障行政部门、市卫生行政部门、市社会保险经办机构、市劳动保障信息中心开展门诊统筹所需工作经费列入市财政预算；各区劳动保障行政部门、卫生行政部门、镇（街）劳动保障事务所开展相关工作所需经费列入各区财政预算。

第三章　医疗待遇

第十一条　社会基本医疗保险在保参保人直接纳入门诊统筹，新参保人员自参保缴费之日起纳入门诊统筹。

第十二条　参保人在选定的门诊统筹定点医疗机构就医所发生的下列门诊费用由门诊统筹基金支付70%，个人自付30%：

（一）普通门诊诊查费。

（二）符合基本医疗保险支付范围的药品、医疗服务设施费用。

（三）三大常规、生化、黑白B超、心电图以及其他符合国家规定的社区卫生服务中心应提供的诊疗项目费用。

第十三条　经同意转诊或在市内其他门诊统筹定点医疗机构急诊的，所发生的普通门诊诊查费及符合基本医疗保险药品目录、诊疗项目、医疗服务设施范围的普通门诊医疗费用由门诊统筹基金支付30%，个人自付70%。社保年度内转诊及急诊待遇支付限额合计为1500元（含自付部分）。

第十四条　参保人社保年度内停保的，其门诊统筹待遇可享受至该社保年度末。

第十五条　参保人欠缴门诊统筹费的，暂停享受门诊统筹待遇。按规定补缴的，其在欠费期间所发生的符合本办法规定的医疗费用可予以支付。

第十六条　社保年度内参保人在社会基本医疗保险制度间转换或在同一制度内参、停保的，该社保年度门诊统筹待遇继续享受，不需另行筹资。

第十七条 门诊统筹基金不予支付以下费用：

（一）非治疗性费用：挂号费、救护车费、会诊交通费等。

（二）各种按摩保健用品费用。

（三）手法推拿费用。

（四）残疾康复费用、麻风病治疗费用。

（五）各种美容美体、整形、矫形、减肥、戒毒等检查治疗费用，如洗牙、镶牙、牙列正畸术、验光、配镜、眼科准分子激光治疗等费用。

（六）无有效驾驶证或驾驶证被暂扣期间驾驶车辆、驾驶无有效牌证车辆以及酒后驾驶所发生的医疗费用。

（七）打架斗殴以及服用、吸食或注射毒品所发生的医疗费用。

（八）自杀、自伤或自残所发生的医疗费用（无民事行为能力的人除外）。

（九）犯罪所发生的医疗费用。

（十）属其他责任人应承担的医疗费用。

（十一）其他不符合国家、省、市基本医疗保险支付范围的费用。

第四章 医疗管理

第十八条 门诊统筹实行定点医疗。市劳动保障行政部门按照区域规划、总量控制的原则，在本市医疗保险定点医疗机构中的社区卫生服务机构及镇卫生院范围内审核确定门诊统筹定点医疗机构，市社会保险经办机构对其实行协议管理。

门诊统筹定点镇卫生院统一管理的农村卫生服务中心可作为其门诊统筹医疗服务网点。

第十九条 门诊统筹定点医疗机构在服务场所、人员配置、技术设备、服务项目、服务时间、信息系统等方面应达到规定的要求。

第二十条 门诊统筹定点医疗机构应严格执行首诊负责制和因病施治的原则，以病人为中心，合理检查、合理治疗、合理用药。一个社保年度内，对服务的参保人群使用自费项目的总费用不得超过年度医疗总费用的20%。

第二十一条 门诊统筹定点医疗机构应至少与市内一家二级或三级医疗保险定点医院签订协议，接受其医疗业务支持和指导。

第二十二条 参保人应在门诊统筹定点医疗机构中选定一家作为其普通门诊就医机构，社保年度内不得变更，但工作调动或住址变动除外。

第二十三条 参保人下一社保年度需重新选定门诊统筹定点医疗机构的，应于下一社保年度开始前3个月内到新的门诊统筹定点医疗机构办理变更手续；未办理变更手续的，视为继续选定原机构。

第二十四条 参保人因工作调动或住址改变需变更门诊统筹定点医疗机构的，应持有效证明材料到原门诊统筹定点医疗机构办理变更手续。

第二十五条 参保人需转诊的，由其门诊统筹定点医疗机构的接诊医师提出申请，并经该机构盖章同意。转往的医疗机构应为该机构签订协议的医院或医疗保险定点的市级专科医疗机构，转诊证明当次有效。与门诊统筹定点医疗机构一体化管理的医院不视为该机构的转诊医院。

第二十六条 参保人在市内其他门诊统筹定点医疗机构急诊的，应及时告知其所选定的门诊统筹定点医疗机构。

第二十七条 参保人所发生的属门诊统筹基金支付的医疗费用，根据“总额预算、定额结算”的原则，由市社会保险经办机构与门诊统筹定点医疗机构实行按月结算，年度清算。

第二十八条 参保人转诊、急诊或欠费补缴期间所发生符合规定的医疗费用，由个人垫付后回其选定的门诊统筹定点医疗机构按规定报销。

第二十九条 参保人经核准办理了常住异地就医的，其门诊统筹资金额包干给个人使用。

第三十条 门诊统筹按基金年度筹资总额的4%建立调剂金，用于门诊统筹定点医疗机构因服务人群年龄、疾病构成差异等特殊原因造成定额超支的适度补偿。补偿原则上不超过当年调剂金总额。

第三十一条 建立门诊统筹定点医疗机构年度考核制度。考核包括日常管理和年终检查，考

核结果与医疗费用偿付及奖惩挂钩。对实行收支两条线的门诊统筹定点医疗机构，考核结果同时与财政经费拨付挂钩。

第五章　监督和法律责任

第三十二条　门诊统筹基金监督按《珠海市社会保险基金监督条例》、《珠海市社会保险基金监督条例实施细则》及《珠海市社会保险反欺诈办法》等相关规定执行。

第六章　附　则

第三十三条　本办法所称“社会基本医疗保险”包括本市职工医疗保险、外来劳务人员大病医疗保险、未成年人医疗保险、城乡居民基本医疗保险。

本办法所称“普通门诊”是指本市社会基本医疗保险门诊特定病种以外疾病的门诊医疗。

本办法所称“社保年度”指每年7月1日至次年6月30日。

第三十四条　社保年度内参保人因读书、工作、居住等原因离开本市或因其他原因不符合参保条件的，所筹集的门诊统筹费用不予退还。

第三十五条　建立门诊统筹风险储备金，用于在不调整筹资标准期间，化解门诊统筹基金风险及逐步提高门诊统筹待遇水平等。风险储备金于门诊统筹制度实施当年按社会基本医疗保险历年结余基金总额的10%一次性提取。

第三十六条　对门诊统筹费用筹集标准、调剂金提取比例及医疗待遇支付比例、支付限额、支付范围等的调整，由市劳动和社会保障局提出意见，报市人民政府批准执行。

第三十七条　门诊统筹定点医疗机构的管理办法及医疗费用结算办法由市劳动和社会保障局另行制定，报市人民政府批准执行。

第三十八条　本办法由市劳动和社会保障局负责解释。

第三十九条　本办法自2009年7月1日起施行。

珠海市体育彩票公益金使用管理办法

2009年7月1日

第一章　总　则

第一条　为了进一步加强和规范我市体育彩票公益金的使用管理，根据《财政部关于印发<彩票公益金管理办法>的通知》（财综〔2007〕83号）、《财政部关于彩票公益金纳入预算管理后有关缴库事宜的通知》（财库〔2007〕124号）要求，依照国家体育总局、财政部、中国人民银行制定的《体育彩票公益金管理暂行办法》（体经济字〔1998〕365号）和广东省人民政府有关规定，结合我市实际，制订本办法。

第二条　本办法所称体育彩票公益金（以下简称“公益金”），是指根据国家有关规定，在我市发行中国体育彩票，发行销售收入中按规定比例留成或返拨我市使用，专项用于发展体育公益事业的资金。

第三条　我市管理和使用公益金的活动，适用本办法。

第二章　公益金管理

第四条　体育行政管理部门是公益金筹集、

使用和管理的业务主管部门，财政管理部门是公益金管理和监督的职能部门。

第五条 公益金的分配和投放实行市体育彩票公益金评审委员会集体研究、审查批准制度。

市体育彩票公益金评审委员会主任由市政府分管体育工作的副市长担任，副主任由市政府分管副秘书长和市体育局局长担任，成员由市体育局、市财政局、市体育彩票管理中心以及社会专业人士等组成。评审委员会会议由主任或其委托的副主任主持。评审委员会办公室设在市体育局，负责管理公益金资助项目具体事宜。

第六条 公益金的主要来源：

（一）上级按规定比例下拨的公益金；

（二）公益金利息收入；

（三）“即开型”彩票弃奖收入。

第七条 公益金的使用必须符合国家有关公益金使用范围的规定，实行收支两条线管理；财政部门根据市体育彩票公益金评审委员会办公室编制的公益金年度收支计划，按政府性基金管理办法纳入预算，专款专用，不用于平衡财政一般预算。

市体育彩票发行中心于每月20日前将广东省财政厅按比例拨给我市的体育彩票公益金开具《珠海市一般专用缴款书》，足额上缴市财政。

第八条 每年10月底前，市体育彩票公益金评审委员会办公室负责编制下一年度公益金预算计划报评审委员会审定。

公益金项目使用计划和预算一经批准，不得擅自调整。因特殊原因形成的项目结余资金，经财政部门批准后可以结转下一年度继续使用。

第三章 公益金使用

第九条 公益金主要用于落实《全民健身计划纲要》和《奥运争光计划纲要》等方面的开支。其使用范围如下：

（一）资助开展全民健身活动。用于群众性体育活动、进行全民体质监测、培训社会体育指导员等开支。

（二）弥补大型体育运动会比赛经费不足。用于国际、国家、地方最高级别的大型综合性运动会及重大国际单项体育比赛。

（三）修整和增建体育设施。用于弥补维修和新建大众体育设施及专项体育比赛、训练场馆的经费不足。

（四）体育扶贫工程专项支出。专项用于贫困乡镇体育事业发展的支出。

（五）用于列入近期生态文明村建设规划的农民体育健身设施支出。

第十条 公益金资助建设的体育健身设施，应当在显著位置建立永久性标识。公益金资助购买的设备、器材也应标明“中国体育彩票资助”字样。

第十一条 公益金资助建设的公益性体育设施因故变卖或转让，并因此改变服务性质的，其变价收入中与原公益金资助数额相等的部分应归还市财政国库公益金专户。

第十二条 属于建设类的项目，受资助单位在工程竣工3个月后，必须向市体育行政管理部门报送竣工验收报告和结算报告。

第十三条 公益金资助建设和购置的物资、设备、器材等财产，应办理国有资产产权登记手续，并按国有资产管理有关规定办理。

第四章 公益金申请

第十四条 拟申请公益金资助的项目，申请单位应向项目所在区体育局（未设立体育局的经济功能区由社会事业或社会发展部门负责）申请，区体育局（社会事业或社会发展部门）对申请资助项目进行初审后，将相关材料报送市体育行政管理部门。

申请单位应在提交材料中详细明列出公益金的开支范围。对涉及人员的开支（包括劳务、补助及接待等）应详细明列出人员构成、人数及开支标准。

第十五条 公益金申请单位应当向市体育行政管理部门提交以下材料：

（一）申请报告；

（二）公益金项目呈报表；

（三）项目的可行性研究报告；

（四）有关主管部门对项目（活动）的批准文件；

（五）要求申报的其他材料。

第十六条 各级体育行政管理（社会事业或社会发展）部门负责档案管理工作。公益金资助的每一个项目都应建立档案，作为永久性资料保存。档案应按管理标准立卷。档案资料除上述申报材料及附件外，还应包括：

（一）受资助的正式批文；

（二）拨款记录；

（三）项目竣工后的验收报告、建筑工程的决算报告；

（四）建筑工程的外形图片；

（五）公益金资助的永久性标志图片。

第五章 监督检查

第十七条 建立公益金收入使用情况定期公示制度。对公益金拨付情况、使用情况定期公示和经常性审计及审计公告。

第十八条 各级体育行政管理部门要加强对公益金的管理和监督，不断完善公益金管理和核算制度，建立健全内部审计制度，定期或不定期地对公益金的使用和管理情况进行检查。

第十九条 各级体育行政管理部门应自觉接受上级主管部门和同级审计、监察、财政等部门对公益金使用情况进行的监督以及社会监督。

第六章 附 则

第二十条 本办法由市体育局、市财政局负责解释。

第二十一条 本办法施行前本市颁布的有关文件、规定与本办法不一致的，按本办法执行。

第二十二条 本办法自公布之日起30日后施行。

珠海市户外广告设施设置管理条例实施细则

2009年7月17日

第一章 总 则

第一条 为加强本市户外广告的管理，规范户外广告设施设置行为，维护市容市貌整洁美观，根据《珠海市户外广告设施设置管理条例》（以下简称《条例》）的规定，制定本实施细则。

第二条 市市政园林和林业行政主管部门是本市户外广告设施设置行政主管部门，其主要职责是：

（一）组织户外商业、公益广告设置规划的编制。

（二）组织公共场地户外商业广告设施设置权的出让。

（三）实施户外广告设施设置的许可及监督管理。

市工商、行政执法、国土、规划、建设、公安、环保等部门按照各自职能做好户外广告的监督管理工作。

第二章 户外广告设施设置准则

第三条 户外广告的管理实行分区域管理的原则。根据城市不同区域的功能、地理环境、文化氛围和商业特点，划分为禁止设置区、控制设置区和适宜设置区。

（一）禁止设置区：禁止设置任何形式的户外商业广告。

（二）控制设置区：谨慎设置户外广告设施，严格控制设置大型立柱式广告设施，禁止在建筑物楼顶设置户外商业广告。户外广告设施设置，以保持景观的原生性，不影响绿化景观、居民生活和企业生产为原则。

（三）适宜设置区：集中设置高科技、灯光亮化的户外广告，充分利用广告设施资源，使广告与商业设施充分融合；原则上不允许在建筑物楼顶设置户外商业广告。

第四条 《条例》第七条规定的重要地区及重要路段是指本市政治文化中心、商业中心、边防检查站、出入境关口、重要景观带及历史街区等。

重要地区包括主城区及其他城区的重要区域，如主城区所属拱北口岸广场及周边区域，市人民政府周边区域，出入境关口、港口、机场、车站、码头及周边区域，吉大百货广场周边商业街区，珠海商厦周边商业街区，拱北莲花商业街区等区域。

重要路段包括迎宾路、九洲大道、情侣路、景山路、人民路、石花东路、凤凰路、明珠路、梅华路、三台石路、港湾大道、珠海大道、机场路、珠港大道、珠峰大道、黄杨大道、湖心路等主干道。

第五条 《条例》第八条第（一）项规定的交通安全设施、交通标志包括：

（一）交通信号设施；

（二）交通指路牌；

（三）交通标志牌；

（四）交通执勤岗设施；

（五）人行道隔离栏；

（六）人行天桥护栏；

（七）城市高架道路护栏，城市道路桥梁护栏；

（八）道路绿化隔离带护栏；

（九）其他交通安全设施和交通标志。

第六条 《条例》第八条第（二）项规定的影响市政公共设施、交通安全设施、消防安全设施、交通标志正常使用的情形包括：

（一）下列设施及其周边五米范围内：交通安全设施和交通标志、无候车亭的公交站牌、消防栓、邮筒、路名牌、报刊亭、电话亭、垃圾桶。

（二）下列设施及其周边十米范围内：人行天桥落地扶梯、过街地道、公路收费口和高架道路落地匝道等人和车流出入口。

（三）地下管线、高压电力架空线安全保护范围内。

（四）在城市道路、公路交叉路口范围内。

（五）其他影响市政公共设施、交通安全设施、消防安全设施、交通标志正常使用的情形。

第七条 《条例》第八条第（三）项规定的妨碍他人生产经营或者影响居民生活、影响他人对建筑物使用权益的情形包括：

（一）在住宅楼及商住楼住宅部分设置的。

（二）在建筑物顶部设置妨碍相邻建筑物的日照、通风、视线的。

（三）其他妨碍他人生产经营或者影响居民生活、影响他人对建筑物使用权益的情形。

第八条 《条例》第八条第（五）项规定的国家机关、学校、文物保护单位和名胜风景点的建筑控制地带和市人民政府禁止设置户外广告的其他区域主要包括（不含招牌）：

（一）党政机关、部队、边防检查站、出入境关口所在地的建筑物；

（二）各类学校的教学区域、医院；

（三）珠海市标志性建筑物主体部分；

（四）市级重要公共建筑（包括展览馆、博物馆、歌剧院、美术馆、图书馆等）；

（五）文物保护单位用地红线范围内和风景名胜区。

第九条 《条例》第八条第（六）项规定的其他损害市容市貌或者建筑物形象的情形包括：

（一）跨越城市道路、公路设置的；

（二）在透空围墙上设置的；

（三）在建筑物外墙、顶部设置实物广告

的；

（四）在市区内建（构）筑物和城市照明设施上设置条幅广告或“刀旗”广告的；

（五）在建筑物外墙设置遮挡窗口或建筑物特色装饰细部的；

（六）在有居住功能的建筑物窗间墙、窗肚墙设置的；

（七）在建筑物坡屋顶上设置的；

（八）在车流集散的公共建筑出入口两侧各10米范围内设置的；

（九）在玻璃幕墙外设置封闭性户外广告设施的；

（十）依附于行道树或者影响行道树生长的；

（十一）占用绿地或者损毁城市绿化设施的；

（十二）严重影响绿化景观的；

（十三）其他损害市容市貌或者建筑物形象的情形。

第十条　可设置户外广告设施的新建建筑物在建筑设计过程中，应考虑预留户外广告的设置位置；在已建建筑物增设、变更户外广告设施的，应按户外广告规划设置；结合建筑物外立面装修设置户外广告设施的，应作为外立面装修工程，不仅应符合《珠海市户外广告设施设置技术规范》，还应符合建筑管理的有关规定。

第十一条　设置户外广告设施，应当防止户外广告设施的荷载对原有建筑物造成损坏。

第十二条　设置户外广告设施应当满足抗风、抗震要求，并根据其所处环境采取适当的防雷措施。

第十三条　户外广告设施用电必须接地、安装触电保护装置，确保用电安全。

第十四条　《条例》第十二条第（五）项中“大型户外广告设施”是指面积在50平方米以上的户外广告设施；“有相应资质的设计单位”是指在本市建设行政主管部门登记备案的有建筑设计资质的单位；“建（构）筑物安全证明资料”包含对广告设施自身及所依附建筑物安全性作出的说明。

第十五条　户外广告设施设置人应当每年定期对户外广告设施进行安全检查，并将书面报告提交户外广告设施设置行政主管部门备案。设置人因维护管理不善导致户外广告设施造成他人人身和财产损害的，设置人应依法承担相应赔偿责任。

第十六条　需延续设置户外广告设施的，应当在设置期满前一个月内到户外广告设施设置行政主管部门申请。

第十七条　申请人利用非公共场地设置户外商业广告设施的，除提交《条例》第十二条第一款第四项规定的材料外，还应提交该场地所有权人出具的同意证明，证明内容包含设置地点、媒体形式、规格、材质、朝向、设置时间等。

第三章　户外商业广告设施设置管理

第十八条　公开出让的公共场地户外商业广告设施设置地点，必须符合户外广告专项规划和年度计划的要求。

第十九条　公共场地的户外商业广告设施设置权出让应当在市公共资源交易平台统一进行。

第二十条　《条例》第二十三条中户外广告设施设置许可期限一般为2年；新建电子显示装置、大型立柱户外广告设施不超过3年。

第二十一条　建筑面积5万平方米以上的房地产项目可在建筑工地红线内设置一块大型立柱广告，广告内容仅限于发布本项目的商业广告，其立柱广告设施外侧滴水线须退离道路红线，退离距离不小于广告设施的高度；设置人须在建设项目围墙拆除时同步拆除户外广告设施。

第二十二条　依法转让户外商业广告设施设置权的，受让人应在转让合同生效之日起10日内，持转让合同、设置许可文件、身份证明等相关资料到户外广告设施设置行政主管部门办理变更登记手续。

第二十三条　依法取得的户外商业广告设施设置权转让后，受让人对该设置权的使用期为剩余的设置权期限。原设置人已缴清空间资源利用费的，受让人不再缴纳。

第四章　公交车身广告设施设置管理

第二十四条　公共交通企业设置公交车辆车身广告，须按照程序先到市车辆行政管理部门和市工商行政管理部门办理相关手续后，于每年的6月和12月统一到市户外广告设施设置行政主管部门登记备案。

公共交通企业办理登记备案手续应提供的资料（所有复印件都要由提供人加盖红色公章）：

（一）珠海市公交车辆车身广告备案登记表（两份）；

（二）申请人的《营业执照》副本复印件或者其他主体资格合法有效的证明文件复印件（两份）；

（三）车身广告发布的A4设计样稿；

（四）市工商行政管理部门批准的《户外广告登记证》；

（五）市车辆行政管理机关核发的《机动车身外侧喷漆广告批准书》；

（六）过去半年时间企业发布车身广告统计报表；

（七）法律、法规规定要提交的其他文件。

第二十五条　车身广告空间资源利用费由市户外广告设施设置行政主管部门负责核定并报市财政主管部门。

第二十六条　车身广告设置位置应符合以下要求：

（一）车身广告不得遮挡车辆路线标识。

（二）前后挡风玻璃内外、车顶部和车轮不得设置广告；车头不得设置广告内容，但可改变颜色与广告画面保持统一协调。

（三）车身广告一般设置在车身两侧车窗玻璃以下范围。如需占用车窗设置，占用面积不得超过车窗总面积的30%，且不得影响车内乘客视觉效果。

（四）车身广告不得遮挡或覆盖车灯、发动机散热口和进风口等车辆安全设施，影响其正常使用。

第二十七条　设置车身广告应符合以下景观要求：

（一）车身广告色彩应协调美观，并与车身原有颜色相协调。

（二）车身广告画面应保持固定、完整，画面设计不应动感过强，使人在视觉上产生眩晕和刺激感。

（三）车身广告的画面、文字应比例协调。

（四）车身广告的内容应健康合法，符合社会公德；不可展示低俗、恐怖、私密性等内容。

第二十八条　车身广告设置人应加强维护管理，保证车身广告设置安全、牢固、整洁、完好，无破损、污迹和严重褪色。

第五章　户外招牌广告设施设置管理

第二十九条　招牌的设置应当符合本市户外广告设施设置规划要求，适应街区文化特点，与主体建筑风格和周边市容景观相协调，达到白天美化环境与夜晚灯光夜景相结合的整体效果。

招牌应当保持整洁、美观、牢固安全、显亮设施功能完好。招牌的字体应当规范完整，字序应当遵守国家规范的语言文字排列顺序。商业老字号匾额的文字应当按照传统习惯规范书写。

第三十条　户外招牌广告内容应符合《条例》第二十八条的规定，户外招牌广告的单位名称和设置地址应与营业执照或法人登记证书相一致。具备上级加盟总店授权专营资格的连锁经营性质的加盟店，可在单位名称招牌中显示连锁经营名称和服务标识。

招牌内容中经营范围所占版面面积不得大于招牌面积的二分之一。

第三十一条　建筑物名称招牌（含楼、大厦、公寓、家园、花园、别墅、城、广场等）应当按照经地名行政管理部门核准的建筑物名称设置。

第三十二条　单位名称招牌和建筑物名称招牌应当根据有关规定或者按照传统习惯，设置在建筑物的檐口下方、底层门楣上方、建筑物临街方向的墙体上或者建筑物顶部。在建筑物顶部除建筑物名称招牌以外，不得设置其他任何形式的

招牌广告。

单位名称招牌和建筑物名称招牌的体量和规格应当与所附着的建筑物大小比例相适当，并符合下列规定：

（一）设置在墙体上的招牌，不得大于招牌所在墙体面积的20%，并不得超出墙体外沿。

（二）在同一建筑物墙体上设置的招牌，其高度、规格等应当协调有序。

（三）在同一道路或同一街区相邻建筑物上设置的招牌，其媒体形式、体量、色彩、灯光效果等应当达到整体和谐。

（四）商业老字号匾额应当符合历史传统样式，连锁经营的应当统一规格。

（五）建筑物顶部设置的招牌，应当采用单体字形式，单体字底部到建筑物顶部的垂直距离应控制在单体字本身高度的1/2以内，招牌高度具体按《珠海市户外广告设施设置技术规范》执行。

第三十三条 每个单位在每处办公或经营场所只能设置一块招牌。

第三十四条 多个单位共用同一建筑物或场所的，设置户外招牌广告时应当符合下列规定：

（一）对外有独立出入口的“店内店”，由本建筑物或场所的企业自行协调，制作统一规格样式的招牌。

（二）对外无独立出入口的“店内店”，应当由本建筑物或场所的企业自行协调，在建筑物指定位置设置统一的招牌，任何单位不得单独在建筑物外立面设置招牌。

（三）大型商场除商场名称可作为招牌外，其余在大型商场外墙及其他位置设置的宣传经营品牌的户外广告均按照户外商业广告管理。

第六章　户外公益广告设施设置管理

第三十五条 户外公益广告设施应当按照规划统一设置。

第三十六条 禁止改变户外公益广告设施的使用性质。户外公益广告画面中不得有商业广告内容。

第七章　附　则

第三十七条 本实施细则由市市政园林和林业局负责解释。

第三十八条 本实施细则自公布之日起30日后施行。

关于珠海市促进外商投资、加工贸易企业扩大内销工作的实施意见

2009年7月30日

为促进我市加工贸易转型升级，增强我市综合竞争力和发展后劲，根据省政府《关于促进加工贸易转型升级的若干意见》（粤府〔2008〕69号）和省外经贸厅《关于印发推进外商投资、加工贸易企业扩大内销工作的指导意见的通知》（粤外经贸加字〔2008〕8号）精神，结合我市实际，提出如下实施意见：

一、大力提高内销审批便利化水平

（一）压缩加工贸易内销审批工作时效。加强对各级外经贸部门补税内销审批业务的工作指导，认真落实省外经贸厅内销审批工作指引和注意事项，既严格审批程序，又讲求审批效率，

将原3个工作日的审批期限压缩至2个工作日内完成。

（二）规范企业内销业务的办理程序，鼓励企业用好加工贸易内销“快速通道”政策。积极配合海关加大开展“集中内销征税业务”的政策宣传力度，向联网企业推广“先行内销、后集中申报”作业模式，以适应加工贸易转内销业务的市场需求。进一步简化加工企业不停产就地转型手续，对市内企业的搬迁，经核准后，比照“同一经营单位”办理结转手续。

（三）突破重点内销企业的内销瓶颈。加强与海关、税务等部门的合作，联合挑选部分有实力、有内销意向的外商投资、加工贸易企业为内销试点企业，针对内销过程中遇到的补税估价过高等问题，区别不同情况提出个性化解决方案，逐步摸索具有推广价值的内销途径。

（四）完善联检单位支持内销的协调机制。进一步完善外经贸、海关、检验检疫、税务、外管等部门共同参与的“加工贸易联席会议”机制。推动建立税务、商检、外管、海关等职能部门与企业网上联系通道，优化审批流程，实现合同网上审批和资源共享，提高信息化水平和行政办事效率。

二、建立及完善内销业务奖励机制

（五）鼓励和扶持有条件的外商投资、加工贸易企业积极创建自有品牌。鼓励加工贸易企业向委托设计制造（ODM）和自有品牌制造（OBM）生产方式发展，提升生产层次，对具有自主知识产权的加工贸易企业进行国内品牌培育，推荐加工贸易自主品牌企业申报国家级或省级名牌产品及驰（著）名商标。按照《关于我市实施名牌带动战略的意见》（珠府〔2005〕48号），对获得中国世界名牌产品、中国名牌产品(或中国驰名商标)、省级名牌产品（或著名商标）称号的企业，市财政分别一次性奖励100万元、30万元、10万元。

（六）市政府设置专项资金用于扶持和奖励外商投资、加工贸易企业积极开拓国内市场。制定《珠海市外商投资、加工贸易企业扩大内销奖励办法（试行）》（详见附件），对依法在国内销售其产品、上年度内销超5000万元人民币、本年度内销同比增幅达到一定比例，或近三年首次开展内销达一定数额的外商投资、加工贸易企业分别给予30万元、20万元和10万元奖励。

支持外商投资、加工贸易企业参加其他国内展会，按照《珠海市中小企业开拓国内市场专项资金管理试行办法》（珠中小企〔2009〕4号）的有关规定，对企业展位费、宣传广告支出、国内竞（投）标、质量管理体系认证、注册商标、创建企业网站等项目予以资助，单个企业一年内获市场开拓资金补助合计不高于10万元。

（七）为支持加工贸易企业通过技术改造、技术创新达到产品结构升级，转向加工、制造技术含量高的关键部件产品，提高加工贸易增值水平，提高企业的核心竞争力，对符合条件的加工贸易企业降低技改扶持门槛，将贴息申报要求的注册资本降至50万元，固定资产贷款额降至200万元，使贴息扶持政策惠及更多中小加工贸易企业。

（八）大力推广由政府、银行、信用担保机构和企业四方合作的“四位一体”融资模式，切实帮助加工贸易企业解决开拓国内市场所需大量资金投入的问题。市财政已将我市“四位一体”融资模式政府风险准备金增加到6000万元，每年可帮助我市中小企业解决10亿元的贷款。对这一模式下的贷款按照实际发生利息最高给予50%的贴息，贴息最高额度为50万元。

三、大力拓展企业内销发展空间

（九）积极组织和引导外商投资、加工贸易企业参加国内大型商品展销推介活动。除为企业争取广交会、高交会等国内知名展会的优质展位外，每年精心挑选一批优质国内展销会，组织企业参展，并积极协助企业向国家、省级部门办理展会资金、摊位费补助的申领手续。帮助珠海企业通过参加各类国内展会提高知名度，寻求合作伙伴，加快建立国内市场销售网络。

（十）密切与国内各行业协会的信息互动。鼓励外商投资、加工贸易企业积极加入国内各行业知名商协会，充分发挥行业协会桥梁纽带和企业中坚力量作用，为会员企业提供信息技术交

流、职业培训和外出考察学习、开拓国内市场等服务。

四、提高政府服务水平，帮助企业进一步增强内销信心

（十一）做好现有外商投资、加工贸易企业开拓国内市场的情况分析。对内销基础好、经营稳定、资金周转正常的企业，重点支持其创建品牌和营销渠道；对外销不畅、初次内销的，重点支持其找准内销市场定位，抢抓订单；对资金周转暂有困难、但有发展潜力的企业，重点帮助企业申报相关财政扶持资金、降低内销成本。

（十二）动态发布加工贸易内销政策。通过媒体、网站、杂志等渠道，让企业及时了解政府对内销的支持态度；不定期举办政策宣讲会，邀请上级领导和有关专家对新近发布的政策进行解读，引导企业用好用足相关政策。

（十三）利用港澳专业机构的影响力和丰富资源，与其合作开展专业的专题讲座，就如何自创品牌、开拓国内营销渠道、规避国内市场风险、拓展商机等进行技术宣传，进一步增强外商投资、加工贸易企业发展国内销售业务的信心。

附件：珠海市外商投资、加工贸易企业扩大内销奖励办法（试行）

珠海市外商投资、加工贸易企业扩大内销奖励办法（试行）

为积极应对当前的危机和困难，鼓励外商投资、加工贸易企业开拓国内市场，推动加工贸易转型升级，促进珠海市经济平稳发展。对在扩大内销、开拓国内市场方面有突出成绩的外商投资、加工贸易企业给予奖励。具体奖励办法如下：

一、奖励对象

对本年度或上一年度有国内销售实绩，并且守法经营，无因涉及税务、通关、外汇管理等违规行为而受到行政处罚的我市外商投资、加工贸易企业。

二、奖励设置

对上年度内销额超过5000万元人民币、本年度内销同比增长幅度较大的，或近三年（2007年、2008年无内销、2009年有内销）首次开展内销额达当年新增内销企业平均内销额的外商投资、加工贸易企业给予奖励。奖励分三个档次：

一等奖：上年度内销额5000万元人民币以上、本年度内销额同比增长达到100%以上，或近三年无内销、本年度内销额达5000万元人民币以上的外商投资、加工贸易企业，奖励人民币30万元。

二等奖：上年度内销额5000万元人民币以上、本年度内销额同比增长达到50%～100%，或近三年无内销、本年度内销额达3000万～5000万元人民币的外商投资、加工贸易企业，奖励人民币20万元。

三等奖：上年度内销额5000万元人民币以上、本年度内销额同比增长达到30%～50%，或近三年无内销、本年度内销超过新增内销企业平均内销额以上、3000万元人民币以下的外商投资、加工贸易企业，奖励人民币10万元。

三、评奖要求及条件

（一）加工贸易企业国内销售收入以珠海市国家税务局内销增值税统计数据为准。

（二）各加工贸易企业须及时、详细、如实提供评奖所需的资料和数据，不得弄虚作假。对虚假提供有关资料的企业，一经查实，取消评奖资格；对采取不正当手段骗取财政资金的企业，除收回奖励资金、取消奖励资格外，将予以通报批评，违反相关法律的，追究刑事责任。

（三）本办法由珠海市对外贸易经济合作局负责解释。

珠海市市属国有企业负责人经营业绩考核暂行办法

2009年7月30日

第一章　总　则

第一条　为切实履行企业国有资产出资人职责，维护所有者权益，落实国有资本保值增值责任，建立有效的激励和约束机制，充分调动国有企业负责人的工作积极性和创造性，促进企业可持续发展，根据《中华人民共和国企业国有资产法》、《企业国有资产监督管理暂行条例》等有关法律、法规、规章，参照《中央企业负责人经营业绩考核暂行办法》，结合实际，制定本办法。

第二条　本办法适用于由珠海市人民政府国有资产监督管理委员会（以下简称市国资委）直接履行出资人职责的国有及国有控股企业（以下简称企业）。

第三条　本办法考核的企业负责人是指企业下列人员：

（一）设董事会的国有独资公司的董事长、副董事长、董事（外部董事、专职董事、职工董事除外）、总经理（总裁）、副总经理（副总裁）。

（二）国有独资企业和未设董事会的国有独资公司的总经理（总裁）、副总经理（副总裁）。

（三）国有控股公司国有股权代表出任的董事长、副董事长、董事（外部董事、专职董事、职工董事除外）、总经理（总裁），列入市国资委管理的副总经理（副总裁）。

第四条　企业负责人的经营业绩，实行年度考核与任期考核相结合、结果考核与过程评价相统一、考核结果与奖惩相挂钩的考核制度。

第五条　年度经营业绩考核和任期经营业绩考核采取由市国资委主任或其授权代表与企业负责人签订经营业绩责任书的方式进行。

第六条　企业负责人经营业绩考核工作应当遵循以下基本原则：

（一）依法考核原则。按照国有资产保值增值以及资本收益最大化和企业可持续发展的要求，依法考核企业负责人的经营业绩。

（二）个性考核原则。按照企业所处的不同行业、资产经营的不同水平和主营业务等不同特点，实事求是，公开公正，实行科学的个性化考核。

（三）激励与约束相结合原则。按照责权利相统一的要求，建立企业负责人经营业绩同激励约束机制相结合的考核制度，建立健全科学合理、可追溯的资产经营责任制。

（四）坚持科学发展观的原则。按照科学发展观的要求，推动企业提高战略管理、自主创新、资源节约和环境保护水平，不断增强企业核心竞争能力和可持续发展能力。

第二章　年度经营业绩考核

第七条　对企业负责人的年度经营业绩考核以公历年为考核期。

第八条　年度经营业绩责任书包括下列内容：

（一）双方的单位名称、负责人的职务和姓名；

（二）考核内容及指标；

（三）考核与奖惩；

（四）责任书的变更、解除和终止；

（五）其他需要约定的事项。

第九条　年度经营业绩考核指标包括基本指标、分类指标与综合评价指标，三项指标的基准

权重为100，其中，基本指标与分类指标的基准权重为70，单项指标的基准权重根据指标的重要性设置；综合评价指标的基准权重为30。

（一）基本指标根据企业的盈利能力状况、成本费用控制状况等内容确定所选指标及其基准权重。

（二）分类指标根据企业所处行业特点，综合考虑企业经营管理水平、技术创新投入、风险控制能力及企业实际发展状况等因素，结合市国资委监管需要确定。

（三）综合评价指标指市国资委对企业完成市委市政府交办任务、综合社会贡献、安全生产、节能减排、维稳工作和计划生育、预算管理情况、法人治理情况、专项工作等方面进行综合考察和分析，结合企业负责人的个人履职情况及市国资委监管需要对企业负责人做出的综合评价。

第十条 年度经营责任书的考核目标值包括企业目标值与国资委目标值。

（一）确定企业目标值。每年第四季度，企业负责人根据市国资委年度经营业绩考核要求及企业经营状况，提出下一年度拟完成的企业目标值，并将企业目标值和说明材料报市国资委批复。

（二）确定国资委目标值。国资委目标值原则上为企业前三年实际完成值的平均值或全国行业优秀值。

（三）当企业目标值优于或等于市国资委目标值时，考核权重等于基准权重；当企业目标值劣于国资委目标值时，考核权重在基准权重的基础上由企业目标值与国资委目标值的偏离度确定。

第十一条 市国资委对年度经营业绩责任书执行情况实施动态监控。

（一）年度经营业绩责任书签订后，企业负责人每半年应当向市国资委报告年度经营业绩责任书执行情况。市国资委对责任书的执行情况进行动态跟踪。

（二）企业发生重大安全生产事故、环境污染事故和质量事故，重大经济损失，重大法律纠纷案件，重大投融资和资产重组等重要情况时，企业负责人应当即时向市国资委报告。

第十二条 考核年度经营业绩完成情况。

（一）每年第一季度前，企业负责人依据经审计的企业财务决算数据，对考核年度经营业绩完成情况进行总结分析，并将资产经营分析报告、年度合并会计报表、国有资本客观增减因素说明材料、中介机构出具的无保留意见审计报告报市国资委。

（二）市国资委审核企业上报的年度经营业绩考核材料（具体计分办法由市国资委制定），并征求监事会及财务总监的意见，形成企业负责人年度经营业绩考核与奖惩意见。

（三）市国资委将企业负责人年度经营业绩考核与奖惩意见反馈企业负责人，最终确定企业负责人的考核与奖惩。

第三章 任期经营业绩考核

第十三条 对企业负责人的任期经营业绩考核以三年为考核期。任期内因故离任的，任期经营业绩考核从任职日起至离任日止，考核指标根据实际任职时间作相应调整。

第十四条 任期经营业绩责任书包括下列内容：

（一）双方的单位名称、负责人的职务和姓名；

（二）考核内容及指标；

（三）考核与奖惩；

（四）责任书的变更、解除和终止；

（五）其他需要规定的事项。

第十五条 任期经营业绩考核在责任期内3个年度考核结果基础上进行。考核指标一般包括下列四项，所选指标及其基准权重根据企业实际情况在经营业绩责任书中确定：

（一）国有资本保值增值率。指企业考核期末扣除客观因素后的所有者权益（所有者权益中不含少数股东权益，下同）同考核期初所有者权益的比率。计算公式为：

国有资本保值增值率=考核期末扣除客观

因素后的所有者权益÷考核期初所有者权益×100%

（二）三年主营业务收入平均增长率。指企业主营业务连续三年的平均增长情况。计算公式为：

$$三年主营业务收入平均增长率=\left(\sqrt[3]{\frac{考核期末当年主营业务收入}{考核期前一年主营业务收入}}-1\right)\times 100\%$$

（三）不良资产比率。指企业考核期末不良资产额占考核期末资产总额的比率。计算公式为：

不良资产比率=考核期末不良资产额占考核期末资产总额×100%

（四）任期内3年的年度经营业绩考核结果指标。为体现年度考核与任期考核相结合的原则，将根据企业年度经营业绩考核指标的得分来确定本指标得分。

第十六条 任期经营责任书的考核目标值包括企业目标值与国资委目标值。

（一）确定企业目标值。考核期初，企业负责人根据市国资委年度经营业绩考核要求及企业经营状况，提出任期拟完成的企业目标值，并将企业目标值和说明材料报市国资委批复。

（二）确定国资委目标值。国资委目标值原则上为前一任考核指标目标值和实际完成值的平均值。

（三）当企业目标值优于或等于市国资委目标值时，考核权重等于基准权重；当企业目标值劣于国资委目标值时，考核权重在基准权重的基础上由企业目标值与国资委目标值的偏离度确定。

第十七条 市国资委对任期经营业绩责任书执行情况实施年度跟踪和动态监控。

第十八条 考核任期经营业绩完成情况。

（一）考核期末，企业负责人对任期经营业绩考核目标的完成情况进行总结分析，并将总结分析报告报送市国资委。

（二）市国资委审核企业上报的任期经营业绩考核材料（具体计分办法由市国资委制定），并征求监事会及财务总监的意见，形成企业负责人任期经营业绩考核与奖惩意见。

（三）市国资委将企业负责人任期经营业绩考核与奖惩意见反馈企业负责人，最终确定企业负责人的任期考核与奖惩。

第四章　薪酬与奖惩

第十九条 市国资委依据年度经营业绩考核结果和任期经营业绩考核结果对企业负责人实施奖惩与任免。

第二十条 对企业负责人的奖励分为绩效年薪奖励和任期奖励。

第二十一条 企业负责人薪酬实行总额管理，薪酬包括年度薪酬、任期奖励金、通讯补、车改津贴、住房公积金、年金（补充养老）及社会保险。其中年度薪酬与企业负责人年度经营业绩考核结果挂钩，任期奖励金与企业负责人任期经营业绩考核结果挂钩。

第二十二条 年度薪酬分为基本年薪和绩效年薪两部分。

（一）基本年薪的确定。

基本年薪＝（上年度珠海市在岗职工平均工资×6倍）×分配系数，按月发放。

被考核人担任企业法定代表人的，其分配系数为1，其余被考核人的平均分配系数为0.75，个人考核系数在严格考核的基础上，根据企业各负责人的责任和贡献确定。

（二）绩效年薪的确定。

绩效年薪与企业负责人年度考核分数及经营难度系数挂钩。

绩效年薪=基本年薪×2倍×经营难度系数×考核分数/100。

经营难度系数为0.5～1，根据企业行业特点，结合企业资产规模、经济效益及员工人数等因素，市国资委在经营业绩责任书中明确。

第二十三条 各企业每年以企业负责人考核年度的绩效年薪为基数另计提20%作为任期奖励金，暂存至市国资委指定账户，待企业负责人任期经营业绩考核完成后视情况奖励给企业负责人，未奖励部分退还给企业。未满任期离任的，

进行离任审计后视考核情况进行奖励；不需离任审计的，离任满一年后视考核等情况进行奖励。

第二十四条 依据任期经营业绩考核结果，对企业负责人实行奖惩与任免。

（一）对于任期经营业绩考核分数80分以上的企业负责人，按期奖励全部任期奖励金。

（二）对于任期经营业绩考核分数80分以下的企业负责人，除根据考核分数减少任期奖励金外，将根据具体情况，对有关责任人进行诫勉谈话、岗位调整、降职使用或免职（解聘）等。

具体减少任期奖励金的公式为：

减少的任期奖励金=任期内企业累计积存的任期奖励金×（80～实得分数）/80

任期经营业绩考核为不合格的扣减全部的任期奖励金。

第二十五条 对在自主创新（包括自主知识产权）、资源节约、扭亏增效、管理创新、资本运作等方面取得突出成绩，做出重大贡献的企业负责人，市国资委设立单项特别奖。单项特别奖的具体办法由市国资委另行制订。

第二十六条 企业违反《中华人民共和国企业国有资产法》《中华人民共和国会计法》《企业会计准则》《统计法》等有关法律法规规章，虚报或瞒报财务、统计状况的，当年该企业所有负责人的考核结果均为不合格，事后查实企业虚报或瞒报财务、统计状况的，在任期考核时将企业负责人在虚报财务信息的年度的经营业绩考核分数降为不合格，由市国资委根据具体情况要求该企业相关负责人退回多兑现的薪酬，并视情况扣发或减少任期奖励金；情节严重的，给予纪律处分；涉嫌犯罪的，依法移送司法机关处理。

第二十七条 企业负责人违反国家法律法规和规定，导致重大决策失误、重大安全与质量责任事故、严重环境污染事故、重大违纪和法律纠纷损失事件，给企业造成重大损失或重大不良影响的，对企业相关负责人依据其责任相应扣减考核分数，并由市国资委根据具体情节决定扣发或减少其绩效年薪、任期奖励金；情节严重的，给予纪律处分；涉嫌犯罪的，依法移送司法机关处理。

第五章　附　则

第二十八条 对于在考核期内因国家经济政策发生重大调整、国际市场发生重大变化，或者企业发生改制重组、购并及整体上市等情况，且对企业经营业绩考核指标产生较大影响的，市国资委可视具体情况给予调整。

第二十九条 国有独资企业、国有独资公司和国有控股公司中，由市国资委管理的党委（党组）书记、副书记、纪委书记的考核及其奖惩依照本办法执行。

第三十条 国有参股企业（含股份制企业）中由市国资委管理的企业负责人的经营业绩考核，参照本办法执行，其薪酬已由董事会确定的，所核定薪酬超出按本办法核定数额的部分原则上应当上交市国资委。

第三十一条 对于年度、任期中途因调离、辞职、辞退、退休、受处分等原因离任的企业负责人，应在其离任后（需离任审计的在离任审计后）3个月内，由市国资委考核委员会根据实际情况，负责组织完成其相关年度、任期考核工作，考核指标可根据实际任职时间和实际情况作相应调整。

本规定执行之日起，企业负责人所余任期不足一年（含一年）的，原则上不实行任期经营业绩考核，所余任期超过一年的，按所余任职年限确定考核目标值。

第三十二条 本办法由市国资委负责解释，并按有关法规、规章制定实施细则。

第三十三条 本办法自发布之日起30日后实施，之前《珠海市市属国有企业经营业绩考核办法》（珠府〔2005〕131号）及《珠海市市属国有企业经营者年薪管理办法》（珠府〔2005〕130号）等相关办法同时废止。

珠海市城乡规划编制管理暂行规定

2009年8月4日

第一章 总 则

第一条 为规范珠海市城乡规划编制管理工作，根据《中华人民共和国城乡规划法》《城市规划编制办法》《广东省城市控制性详细规划管理条例》《珠海市城市规划条例》等有关法律、法规，结合本市实际，制订本规定。

第二条 本市实行城乡规划编制统一计划、统一规范、统一管理，坚持政府组织、部门合作、公众参与、科学决策的原则。

第三条 市规划主管部门负责全市城乡规划编制的综合管理。

市政府各相关部门、各区政府（功能区管委会）、镇政府及有关建设单位（以下统称“规划编制组织单位”）根据职责范围组织或参与相关城乡规划的编制。

第四条 在本市城市规划区范围内从事城市总体规划、近期建设规划、分区规划、专项规划、控制性详细规划、修建性详细规划、城市设计、镇村规划等城乡规划的编制、报审和审批，均须遵守本规定。

第二章 城乡规划编制的组织

第五条 市规划主管部门负责统筹全市城乡规划编制，协调各规划编制组织单位开展相关工作。全市范围内各层次、各类别涉及空间利用的城乡规划由市规划主管部门进行协调和平衡。

第六条 城市总体规划的组织编制，应当按照下列要求进行：

（一）全市总体规划由市政府负责组织编制，具体工作由市规划主管部门承担；

（二）经济功能区（产业园区）的总体规划由所在区政府（功能区管委会）负责组织编制，市规划主管部门负责指导、协调和平衡。

第七条 分区规划的组织编制，应当按照下列要求进行：

（一）中心城区、重要新城和生态廊道地区的分区规划，由市规划主管部门负责组织编制；

（二）其他范围内的分区规划，由所在区政府（功能区管委会）负责组织编制，市规划主管部门负责指导、协调和平衡。

第八条 各类专项规划应当与各层级城乡规划相协调，并按照下列要求进行：

（一）全市性专项规划由各专业主管部门负责组织编制，市规划主管部门负责指导、协调与平衡；

（二）各区（经济功能区）辖区内的专项规划，由所在区政府（功能区管委会）负责组织编制，市规划主管部门的派出机构负责指导、协调与平衡。

第九条 详细规划的组织编制，应当按照下列要求进行：

（一）中心城区及城市总体规划确定的城市环境风貌地段、历史文化特色地段等重要地区的控制性详细规划，由市规划主管部门负责组织编制；

其他地区的控制性详细规划由区政府（功能区管委会）和市规划主管部门共同组织编制；

（二）修建性详细规划一般由用地单位组织编制。城市重要地段及政府投资项目的修建性详细规划可由市政府相关职能部门组织编制。

第十条 城市设计的组织编制，应当按照下列要求进行：

（一）包含在各阶段城乡规划中的城市设计随该项城乡规划一并组织编制；

（二）中心城区的整体城市设计由市规划主管部门负责组织编制；各区（经济功能区）辖区内单独编制的整体城市设计由所在区政府（功能区管委会）负责组织编制；

（三）城市重点地段应当单独进行城市设计。其中，单一业主用地的城市设计可由业主组织编制，范围较大且为非单一业主用地的城市设计由市规划主管部门负责组织编制，各区（经济功能区）辖区内重点地段的城市设计由所在区政府（功能区管委会）负责组织编制。

第十一条 镇村规划的组织编制，应当按照下列要求进行：

（一）区政府（功能区管委会）所在地镇的总体规划由区政府（功能区管委会）负责组织编制，详细规划由区政府（功能区管委会）和市规划主管部门共同组织编制，其他镇的总体规划和详细规划由镇政府负责组织编制，市规划主管部门负责指导、协调和平衡。镇区规划建设用地在城市总体规划确定的各城区范围内的，应纳入所在城区的城市规划，不单独编制镇总体规划；在各城区邻近地区的，应与城市规划相协调和衔接；

（二）村庄规划由所在镇政府负责组织编制。

第三章　城乡规划编制计划与经费

第十二条 城乡规划编制实行年度计划管理制度，市规划主管部门负责制订全市规划编制计划。全市所有涉及空间利用的城乡规划项目均应纳入年度规划编制计划。

每年11月底前，市政府各职能部门、各区（经济功能区）根据社会经济、城市发展要求和上级要求应当将本部门、本区域下一年度拟开展的规划编制项目提交市规划主管部门，由市规划主管部门拟订下一年度全市城乡规划编制计划，报市政府批准后执行。

第十三条 城乡规划编制经费应当纳入各级政府财政预算。原则上，属于市政府或市政府相关职能部门组织编制的城乡规划由市级财政负担；属于各区政府（功能区管委会）、镇政府组织编制的各层级城乡规划的编制经费由所在区政府（经济功能区）、镇政府财政负担。市财政对区、镇（村）规划编制可给予适当补贴。

第十四条 城乡规划编制经费包括规划测绘、规划前期调研、规划设计、规划咨询、规划环境影响评价、规划评审及审批、规划公示等经费，有关经费的计算参照现行国家收费标准执行。

第四章　城乡规划编制的工作程序

第十五条 各规划编制组织单位应按照市政府批准的年度计划组织规划编制，拟定各规划的项目任务书，依法开展规划编制的服务采购或招标，确定各规划的编制设计单位，签订《珠海市城乡规划编制合同》。

第十六条 规划编制设计单位根据规划编制合同、项目任务书和有关技术标准开展规划编制工作。

第十七条 城乡规划编制进程一般分为现状调研、规划方案与规划成果三个阶段，较小的规划项目分为规划方案与规划成果两个阶段。

规划编制组织单位应根据编制进程组织或配合组织各阶段审查工作，并征求有关部门意见，依法公示城乡规划方案或成果，提请市城市规划委员会审议后，呈报有关机构、部门审批。

第十八条 城乡规划报送审批前，规划编制组织单位应当依法将规划草案予以公告，并征求专家和公众的意见。

第十九条 涉及国家秘密事项的，必须遵守保密规定，并不得在网站和媒体以及各种公开展览场所上公布。

第五章　城乡规划编制的技术准备

第二十条 城乡规划编制组织单位在开展规划编制前，应当取得市规划主管部门提出的珠海市城乡规划编制技术条件。规划编制技术条件应明确该规划的规划范围、规划依据、现行上层规划和专项规划对该规划和该区域的要求以及该规划的适用技术标准等。

第二十一条 城乡规划组织单位根据规划编制技术条件拟定规划编制项目任务书。规划编制项目任务书应明确规划内容、设计深度、重点研究问题、进度要求、成果要求、经费计划等。

规划编制项目任务书应当作为签订规划编制合同的依据之一，列为规划编制合同的附件，并作为审查、审批规划成果的依据之一。

第二十二条 编制城乡规划应当使用珠海市统一平面坐标系统和高程系统的现状地形图。

第六章 城乡规划编制成果的审批

第二十三条 城乡规划编制成果应按下列规定报批：

（一）全市总体规划经广东省政府审查后，报国务院审批；

（二）近期建设规划报市政府审批后，报市人民代表大会常务委员会审议，并报总体规划审批机关备案；

（三）分区规划、经济功能区（产业园区）总体规划报市政府审批；

（四）区政府所在镇总体规划，报经所在区人民代表大会常务委员会审议后，报市政府审批；功能区管委会所在镇总体规划，报经所在镇人民代表大会审议后，报市政府审批；其他镇的总体规划，报经所在镇人民代表大会审议后，报区政府（功能区管委会）审批；

（五）全市城市对外交通、城市道路交通、河海水系、绿地系统、地下空间利用、市政基础设施、城市防洪、排涝、抗震、城市安全（城市防灾减灾）、环保、环卫、邮电、电信、文化、教育、体育、卫生、民政福利等涉及空间利用的专项规划报市政府审批；

各区（经济功能区）辖区内的专项规划报区政府（功能区管委会）审批；

（六）市规划主管部门负责组织编制的控制性详细规划报市政府审批；

区政府（功能区管委会）与市规划主管部门共同组织编制的控制性详细规划报市政府审批；

镇政府组织编制的控制性详细规划报区政府（功能区管委会）审批；

（七）城市重要地段的修建性详细规划报市政府审批。其他修建性详细规划报市规划主管部门审批；

（八）中心城区的整体城市设计和城市重点地段城市设计报市政府审批，各区（经济功能区）辖区内的整体城市设计和重点地段城市设计报区政府（功能区管委会）审批；

（九）城市规划区内的村庄规划应当经村民会议或村民代表会议讨论同意后，报所在区政府（功能区管委会）审批；

（十）需由上级机关审批的专项规划和开发区（经济功能区）总体规划等报经市政府审议通过后，报上级机关审批。

第二十四条 规划编制成果报批时，应当报送审批申请、规划编制任务书、各阶段审查审议意见及其采纳情况说明、规划成果文本及图纸等材料。

第七章 城乡规划编制成果的公布和归档

第二十五条 城乡规划编制成果经批准后，规划编制组织单位应印制正式成果，并自批准之日起30日内会同市规划主管部门在政府信息网站或本市主要新闻媒体公布，并可依法在规划展览场所公开展示。

局部地段的城市设计、控制性详细规划、修建性详细规划等还可根据展示条件选择靠近规划对象的地点进行公布。

城乡规划有修改的，应当及时更新公告或者展示的内容。

第二十六条 市规划主管部门负责全市城乡规划编制档案及规划成果管理。

各规划编制组织单位应当建立规划编制档案，并自批准之日起30日内将规划成果及相关档案报市规划主管部门备案。

任何单位或者个人可依法查阅规划编制成果。

第八章 附 则

第二十七条 本规定由珠海市规划局负责解释。

第二十八条 本规定自发布之日起30日后施行。

珠海市抢险和应急工程管理办法

2009年9月16日

第一条 为提高本市应对突发事件、保障公共安全与社会秩序的能力，进一步完善抢险、应急机制，规范本市抢险、应急工程管理工作，根据有关法律、法规，制订本办法。

第二条 本市抢险、应急工程的决策、建设、审批、管理、监督，适用本办法。

第三条 抢险工程是指因自然灾害、事故灾难等正在发生严重危害或即将发生严重危害，必须立即采取措施的工程。

应急工程是指存在严重安全隐患必须迅速采取工程措施的，或自然灾害、事故灾难过后需要在短期内完成的修复工程，或其他按正常建设程序不能按时完成，投资金额在人民币1000万元以下（含1000万元），经市政府批准紧急建设的工程。

第四条 抢险、应急工程包括：

（一）房屋建筑和市政、交通等公共设施的抢险、修复工程。

（二）由于自然灾害和其他不可抗力因素引起的水土保持、环境保护及绿化、防火等的抢险、修复工程。

（三）防洪、排涝等水利公用设施的应急加固工程。

（四）应重大政治、经济、社会活动要求，投资金额在人民币1000万元以下（含1000万元），经市政府批准建设的应急工程。

第五条 抢险、应急工程的管理坚持统一领导、分级管理、属地负责及财权与事权相统一的原则。

第六条 建立抢险、应急工程联席会议制度。联席会议由分管副市长主持，项目主管部门牵头组织召开，市发改局、监察局、财政局、国土资源局、规划局、建设局、环保局、审计局、应急办等相关部门为成员单位，协调解决抢险、应急工程中存在的问题。

联席会议所确定的工程有关事项，是开展工程建设的依据。

联席会议所议事项涉及其他职能部门的，有关职能部门应当予以配合。

第七条 抢险、应急工程的确定：

（一）抢险工程由项目主管部门或专家组提出方案，经现场抢险指挥部指挥长或分管副市长批准后确定。

（二）应急工程投资金额在人民币200万元以下（含200万元）的，由项目主管部门报分管副市长批准后确定；投资金额在200万元以上、1000万元以下（含1000万元）的，由分管副市长主持召开应急工程联席会议审议后确定。

第八条 抢险、应急工程资金来源：

（一）各级财政每年在财政预算预备费中安排的抢险资金，专款专用。

（二）各级政府投资项目计划安排的应急工程专项资金。

（三）其他可支出的相应行业专项资金。

第九条 抢险工程由现场抢险指挥部或项目主管部门负责组织实施。

应急工程由项目主管部门负责组织实施。

第十条 抢险、应急工程的设计、勘察、监理、施工，可以采用年度招标的方式选取有资质的合格单位，进入抢险、应急工程队伍储备库，日常管理由项目主管部门负责。抢险、应急工程实际发生时，在储备库中以随机抽取方式确定具体单位。

抢险应急工程队伍储备库中，设计、勘察、监理单位应当分别为3个以上，施工单位应当为6个以上。

第十一条 抢险工程实施前，应先签订框架合同。确因情况紧急未签订框架合同的，应自工程实施之日起30日内补签合同，明确实施单位、工程量、工程费用、验收标准及质量保证责任等内容。

第十二条 抢险期间发生的费用，按照现场抢险指挥部或项目主管部门确定数额的60%预付，余额在经应急指挥机构负责人或项目主管部门审定报分管副市长批准后予以支付。

第十三条 应急工程的立项、规划、用地、环境影响评价、施工许可等行政审批事项不互为前置条件，同步审批，并可由分管副市长主持召开应急工程联席会议，对应急工程审批程序予以简化。

第十四条 应急工程的审批部门对于尚欠部分批准条件的项目，可在职权范围内向项目单位出具同意进行前期工作的意见或初步审查意见，支持项目单位加快工程建设相关工作。

第十五条 不需要设计的小型应急工程或按照原设计标准修复的应急工程，可以取消项目建议书、可行性研究报告的审批程序，由项目单位编制项目概算报发展改革部门审批。项目开始施工作业时，可按概算的30%拨付工程预付款，其余资金按进度核拨，施工期间补办相关手续。

第十六条 属于重新设计后修复的应急工程，可以取消项目建议书、可行性研究报告、初步设计的审批程序，由项目单位编制项目概算报发展改革部门审批，同时可直接进入施工图设计和编制预算阶段，其后按照程序进行。

第十七条 属于新建的应急工程，由分管副市长主持召开应急工程联席会议，研究确定审批程序的具体简化事项。

第十八条 应急工程的施工管理、竣工验收、结算及财务决算、审计等程序按照相关规定办理。

第十九条 有关部门、单位的工作人员在抢险和应急工程实施过程中滥用职权、徇私舞弊、玩忽职守的，由其主管部门或者所在单位依法给予行政处分；构成犯罪的，依法追究刑事责任。

第二十条 本办法施行前，本市关于抢险、应急工程的规定与本办法不一致的，以本办法为准。

各区、横琴新区、经济功能区抢险、应急工程管理工作参照本办法执行。

第二十一条 本办法自2009年10月16日起施行。

珠海市建立土地执法共同责任制度的规定

2009年9月25日

第一章　总　则

第一条 为了明确各级人民政府及相关部门在土地管理中的职责和分工，形成政府组织领导、国土部门及有关部门配合、齐抓共管的土地执法监察体系，有效遏制土地违法违规行为，切实保护国土资源，根据《中华人民共和国土地管理法》、《中华人民共和国城乡规划法》、《行政执法机关移送涉嫌犯罪案件的规定》、《违反土地管理规定行为处分办法》、《关于建立土地管理共同责任制的通知》等有关法律、法规和政策的规定，结合我市实际，制定本规定。

第二条 本规定所称的土地执法共同责任是指各级政府及其派出机构、各职能部门和相关单

位及其工作人员在土地管理及违法用地查处工作中依照法律、法规和相关规定应当承担的责任。

第三条 成立市土地违法违规行为查处整改工作领导小组。由市长任组长，主管国土工作的副市长任副组长，各区（含经济功能区，下同）和相关职能部门、相关单位行政主要负责人为成员，负责研究决定土地违法违规行为查处整改工作的政策和措施，解决查处整改工作中的重大问题，督促协调各区及相关部门按要求开展查处整改的各项工作。

第四条 市土地违法违规行为查处整改工作领导小组下设办公室，办公室设在市国土资源局，负责土地违法违规行为查处整改的日常工作。

第五条 违法用地制止、查处、清拆、复耕复绿等工作均按照属地管理原则，下级政府和相关职能部门对上级政府以及相关职能部门负责。

第二章 职责分工

第六条 各级人民政府是本行政区域土地管理的主要责任主体，对本行政区域内耕地保有量和基本农田保护面积、土地利用总体规划和年度计划执行、违法用地以及单位GDP所消耗的新增建设用地情况负总责。

各区行政主要负责人是第一责任人，分管领导是直接责任人。

各职能部门和相关单位的主要负责人是土地执法共同责任的主要负责人，分管领导是直接责任人。

第七条 各级国土资源管理部门（以下简称国土部门）是发现、制止、查处违法用地的主要执法部门，负责监督检查辖区内土地管理法律、法规和规章的执行情况；预防违法用地行为的发生；组织土地执法动态巡查工作；受理对土地违法行为的检举、控告；依法查处土地违法案件。

（一）建立健全国土资源动态巡查责任制度。发现违法用地行为应立即予以制止，无法有效制止的应当在3个工作日内发出《责令停止违法行为通知书》，责令违法当事人限期改正，并按规定调查立案处理。

（二）建立健全土地违法违规情况报告制度。每周汇总新发现违法用地台账，报告违法用地所在地的区、镇政府（街道办事处）并抄送发改、规划、建设、工商、供水、供电等相关土地执法共同责任部门；无法有效制止的，应立即书面（紧急情况下，可采用电话、口头等方式，但必须做好记录，并请现场有关见证人员签名，下同）报告区、镇政府（街道办事处）；对重大违法用地或因违法用地造成恶劣影响以及其他严重后果的，必须及时报告上一级政府及同级监察部门。

（三）发现违法用地上的违法建设行为发生在城乡规划区范围的，应将案件材料及时移交城市管理行政执法部门依法查处。

（四）对土地违法行为依法进行立案调查并做出行政处罚决定。违法当事人对行政处罚决定逾期不申请行政复议、不起诉，又不履行行政处罚决定的，依法申请人民法院强制执行。

（五）涉及需追究相关责任人行政责任的，国土部门应在做出行政处罚决定后10个工作日内将案件移送监察部门或相应的任免机关；对涉嫌犯罪的案件，国土部门应及时移送公安机关。

第八条 规划部门在接到国土部门关于违法用地的书面告知后，应在3个工作日内核实有关规划的信息并提供相关城乡规划资料；发现或被告知辖区内有违法建设或违法用地的，在对违法行为处理完毕前，暂停办理其建设用地规划许可、建设工程规划许可或工程验收等业务。

国土部门或城市管理行政执法部门应将违法行为处理结果及时书面函告规划部门。

第九条 城市管理行政执法部门负责城乡规划区内违反城乡规划的违法建设行为的巡查发现与行政处罚；发现涉及破坏、侵占农用地及非法转让土地、非法批地等违法用地行为的，应告知国土部门依法进行查处；在收到国土部门有关违法建设行为的移交函后，应及时进行调查处理，并将处理结果及时书面函告国土部门。

第十条 各区、镇政府负责统筹组织辖区内土地执法共同责任制工作，建立长效机制和联合执法机制，及时组织制止和查处违法用地及违法建设行为，确保本级政府及职能部门无违法用地行为。

区政府可以组织街道办事处落实土地执法共同责任制的工作。

（一）镇政府（街道办事处）在接到国土部门关于违法用地的书面告知后，应在2个工作日内组织相关部门共同对违法用地行为进行制止；在2个工作日内无法有效制止的，应在第3个工作日向所在区政府（经济功能区管委会）报告。区政府（经济功能区管委会）应在接到报告后的3个工作日内组织相关部门，对违法行为进行有效制止。

（二）对镇、村庄规划区内违法用地及其违法建设行为，镇政府应在发现该行为之日起2个工作日内组织相关部门责令违法当事人停止建设、限期改正；逾期不改正的，应在10个工作日内组织相关部门对该违法建筑进行拆除。

（三）对辖区内未取得建设工程规划许可证或者未按照建设工程规划许可证的规定违法进行用地建设的，区政府（经济功能区管委会）应依法予以处理。

（四）各区应定期召集公安、检察、法院、国土、规划、行政执法、监察、工商、供水、供电、农业、林业以及其他相关职能部门,对违法用地的查处进行协调,督促落实对违法建筑的拆除和复耕复绿等工作。

第十一条 公安机关负责对涉嫌犯罪的土地案件进行立案查处，并为相关部门的土地执法工作依法提供保障。

（一）对国土部门移送的涉嫌犯罪的土地违法案件，除案情重大、复杂的，应自受理之日起10个工作日内依法作出立案或不立案决定，并书面告知移送案件的国土部门；不予立案的，应书面说明理由，并将案卷材料退回移送案件的国土部门。认为不属本机关管辖的，应在收到案件材料之日起3个工作日内退回国土部门，并书面说明理由。

（二）相关部门在制止土地违法行为遇暴力阻碍时，可根据需要请求协助，公安机关应提供必要的保障措施，对妨碍、阻挠、围攻、殴打执法人员的，应按110接处警规定赶赴现场协助执法，并依法处理。

（三）涉嫌犯罪的当事人拒绝配合调查取证或有证据表明涉嫌犯罪的嫌疑人可能逃匿或销毁证据时，国土部门需要公安机关参与、配合的，可商请公安机关提前介入，公安机关应派员介入。

第十二条 国土部门接到公安机关不予立案的通知书后，认为依法应当由公安机关决定立案的，可以自接到不予立案通知书之日起3日内，提请作出不予立案决定的公安机关复议，也可以建议人民检察院依法进行立案监督。

作出不予立案决定的公安机关应当自收到国土部门提请复议的文件之日起3日内作出立案或者不予立案的决定，并书面通知移送案件的国土部门。国土部门对公安机关不予立案的复议决定仍有异议的，应当自收到复议决定通知书之日起3日内建议人民检察院依法进行立案监督。

公安机关应当接受人民检察院依法进行的立案监督。

第十三条 国土部门将涉嫌犯罪案件移送公安机关的，应当同时抄送同级检察机关和监察部门。

国土部门在依法查处土地违法行为过程中，发现国家工作人员贪污贿赂或渎职以及利用职权侵犯公民合法权利等违法行为，涉嫌犯罪的，应当依法将案件及时移送人民检察院。

检察机关发现有证据证明涉嫌犯罪的案件，国土部门已立案且应当移送公安机关而未移送的，应当书面告知国土部门移送案件，国土部门接到通知后7日内将案件移送公安机关，并将执行情况书面告知检察机关。

第十四条 监察部门加强对各职能部门和相关单位履行土地执法共同责任情况的监督检查，并依法依纪追究违法用地相关责任人的行政责

任。

（一）监督对土地违法行为负有查处职责的相关职能部门，对不履行职责的，进行督办和行政问责。

（二）对国土部门移送的土地违法案件中涉及追究行政责任的，应在7个工作日内决定是否受理；不予受理的，应当及时书面通知移送案件的国土部门并退回案件材料。

（三）立案调查的违纪案件，无特殊原因的，应当自立案之日起6个月内结束。

（四）对影响较大、后果严重的案件，监察部门可以提前介入，与国土部门一起联合办案。

第十五条 国土部门查实土地违法事实后，应书面告知相关部门，相关部门应依照各自职责依法处理。

对已批复项目建议书但未依法办理规划选址、用地预审和环境影响评价审批手续的审批项目，发展改革部门不予办理项目可行性研究报告审批手续；对未办理规划选址、用地预审和环境影响评价审批手续的核准制项目，发展改革部门不予办理项目核准手续。

对违法用地、违法建设的单位，建设部门不得发放施工许可证，并依法进行处罚。

农业、林业部门接到并经核实涉及破坏农用地的告知后，应及时赶赴现场开展对违法用地损毁程度的鉴定工作，并由各区（经济功能区）组织国土、农业、林业等部门对违法用地复耕、复绿的督促和验收工作。

对没有合法用地手续（企业住所、经营场所的合法用地、房屋产权证明）的企业，工商、环境保护、卫生、文化、公安等部门依法不得核发有关证照，已核发证照的，应及时依法处理。

对没有《建设用地批准书》、《国有土地使用证》、《集体建设用地使用证》等合法用地、建设手续的工地或工程设施，供电、供水、供气部门不予供水、供电、供气。

对已供电、供水、供气的，供电、供水、供气部门接到行政执法部门书面告知后，应在2个工作日内停止供应。

第十六条 建立和完善信息共享机制，建立土地违法案件查处协调与行政和刑事审判衔接的工作机制。

人民法院对行政部门依法申请强制执行的土地违法行为行政处罚决定，应依法予以处理；人民法院无法定理由不予执行的，行政部门及时报告本级政府，由本级政府向同级人大反映。

人民法院对涉及土地犯罪的案件作出判决的，应及时将判决情况书面告知国土部门。

第三章 责任追究

第十七条 有下列行为之一的，由上一级政府对下一级政府第一责任人、直接责任人或同级政府对相关职能部门主要责任人和直接责任人分别给予诫勉谈话：

（一）各区、镇（街道办事处）因组织不力，对违法用地没有及时处理，造成违法用地事实继续扩大的；对相关部门的违法用地查处工作不配合、不支持、推卸责任甚至阻挠、限制查处工作的。

（二）国土部门未落实巡查责任，未在规定期限内及时发现并制止本辖区新发生的违法用地行为，未在规定期限内核实情况导致违法用地行为未及时制止的，对违法行为不能制止且未在规定期限内告知所在区、镇政府（街道办事处）或相关部门的。

（三）规划部门未在规定期限内协助核实有关规划信息并提供相关城乡规划资料的。

（四）公安机关对妨碍、阻挠、围攻、殴打依法进行土地执法的工作人员等的行为，接到报告后没有依法处理的；未在规定期限内依法立案调查的。

（五）供电、供水、供气部门没有查验合法用地手续，给予供电、供水、供气的；接到执法部门书面告知后，没有在规定时间内停止供电、供水、供气的。

（六）城市管理行政执法部门有不履行或不正确履行查处职责造成违法用地及其违法建设事

实继续扩大的。

（七）国土部门查实违法事实后告知相关部门，相关部门未依法处理的。

市直管部门派出机构对区镇政府的诫勉谈话置之不理的或拒不执行的，由区镇政府报上级政府监察部门。

第十八条 有下列行为之一的，由上一级政府对下一级政府第一责任人、直接责任人或同级政府对相关职能部门主要责任人和直接责任人分别给予通报批评；情节严重的，移送有关部门依法处理。

（一）各区、镇（街道办事处）因组织不力，对违法用地没有及时处理，造成违法用地事实继续扩大；经诫勉谈话后，对违法用地行为未在规定期限内组织整改的；对违法用地案件隐瞒不报或压案不查的。

（二）国土部门对新发生的违法用地不及时制止查处,不报告所在区、镇政府（街道办事处）或不告知相关部门,导致违法用地事实继续扩大的。

（三）公安机关对妨碍、阻挠、围攻、殴打依法进行土地执法的工作人员等行为没有采取有效的手段予以制止，造成严重后果的；对符合追究刑事责任条件的土地违法案件未在规定期限内立案调查，导致违法事实继续扩大的。

（四）城市管理行政执法部门不履行或不正确履行查处职责造成重大违法用地及其违法建设事实继续扩大的。

（五）国土部门查实违法事实后告知相关部门，相关部门未依照职责依法处理违法行为，导致违法事实继续扩大的。

（六）供电、供水、供气部门接到书面告知后，未在规定期限内对违法用地建设工程停电、停水、停气造成情节特别严重的违法用地案件的。

第十九条 有下列情形之一的，年度考核中，对各区、镇（街道办事处）第一责任人、直接责任人实行“一票否决”，评定不称职，并由同级政府追究相关职能部门和单位责任人的责任。

（一）经通报批评后，对违法用地行为未在规定期限内组织整改的。

（二）一年度内所辖区域违法占用耕地面积占新增建设用地占用耕地总面积的比例达到15%以上，或虽未达到15%但造成恶劣影响或其他严重后果的。

（三）因违法用地严重被上级机关定为重点整改地区，或有案件被定为重点督办案件的。

（四）因违法用地案件处理不当严重损害群众利益，造成群众集体上访和社会不稳定的。

（五）违反土地管理规定，越权或违法审批用地的。

第二十条 行政执法人员徇私舞弊，对应当依法移交公安或检察机关追究刑事责任的案件不移交的，由监察部门或检察机关依法查处。

第四章 附 则

第二十一条 本规定所称的城乡规划和城乡规划区依照《中华人民共和国城乡规划法》规定。

第二十二条 本规定由珠海市国土资源局负责解释。

第二十三条 各区可根据本规定制定实施细则。

第二十四条 本规定自发布之日起实施。

珠海市政府融资资金管理办法

2009年10月26日

第一章　总　则

第一条　为规范和加强本市人民政府融资资金管理，防范财政风险，提高资金使用效益，确保贷款项目的顺利实施，结合我市实际情况，特制订本办法。

第二条　本办法所称政府融资资金是指经市人大常委会或市人民政府批准从政策性银行或商业银行取得的贷款资金或相关融资资金。

第三条　本办法所称融资主体是指经市人民政府批准的国有企业投融资平台。国有企业投融资平台是指为了完成政府投资项目，由市政府授权出资人履行职责，为政府项目进行融资、建设、管理和运营的国有企业。

第四条　国有企业投融资平台在使用资金时必须严格按照审批手续办理，贷款资金不得挪作他用。

第五条　政府融资资金应当用于公共、公益基础设施建设和政府重点工程。

第六条　政府融资资金使用，接受市发改局、市财政局、市审计局、贷款银行及其结算经办行的监督和管理。

第七条　政府融资项目资金的管理必须坚持“统一管理、注重效益、专款专用、防范风险”原则。

第二章　账户的开立及管理

第八条　国有企业投融资平台在贷款银行开立贷款专用账户（以下称共管账户），由国有企业投融资平台和市财政局共同管理，用于存放贷款银行所发放的贷款，该账户分别预留国有企业投融资平台代表及市财政局代表的印鉴，由国有企业投融资平台和市财政局分别保管，印鉴同时使用时有效。

第九条　共管账户在偿还所有银行贷款本息后方可销户，销户前需以书面方式报市财政局批准，账户余额划入市财政局偿债准备金专户。

第三章　贷款资金的使用

第十条　贷款资金的提款要严格按项目进度和资金需求办理，使融资项目有效使用贷款资金，降低融资成本，提高贷款资金的使用效率，国有企业投融资平台提款前需报市发改局和市财政局审批后方可办理提款。

第十一条　贷款资金的拨付、使用按照《珠海市财政性基本建设资金管理暂行办法》（珠府〔2000〕125号）的规定办理。贷款资金必须专款专用，不得挪作他用。

第十二条　国有企业投融资平台要建立资金使用台账和报告制度，每月15日前向市发改局和财政局报送实施项目上月进展、资金使用情况、贷款余额、提款金额及需要还本付息情况。

第十三条　国有企业投融资平台每月10日前将贷款专用账户对账单送至市财政局，提款后5个工作日内将提款到账回单复印一份加盖单位公章送至市财政局。

第四章　贷款资金的偿还

第十四条　国有企业投融资平台应于每年9月15日前向市财政局和发改局报送下一年度还款资金预算计划。如有调整需提前一个季度上报审批。

第十五条　还款资金的来源，主要包括土地出让收益、项目收益以及政府提取的专项资金或回购项目资金等。当上述资金不足还款时，由市财政安排专项资金对国有企业投融资平台进行补贴，以保证项目贷款本息的偿还，还款所需资金由市发改局列入市政府年度投资项目计划。

第十六条 国有企业投融资平台所借款项中属于政府负责偿还的贷款资金，由市财政根据市政府年度投资项目计划安排的资金按时划入还贷账户；属于国有企业投融资平台负责偿还的贷款资金，应按合同约定由其按时将还款本息划入还贷专户。

第五章 监督管理

第十七条 市发改局、市财政局、市审计局对贷款资金的借、用、还全过程进行监管，贷款资金不得超范围使用、截留或挪作他用；市发改局、市财政局对国有企业投融资平台每月报送项目进展、资金使用及还本付息等情况进行分析，及时掌握融资项目的进展情况。

第十八条 市发改局、市财政局不定期对贷款资金使用情况进行检查，使融资项目有效使用贷款资金，降低融资成本，提高贷款的使用效率。

第十九条 市审计局在融资项目实施期及还款期内，实施定期财务审计；项目完工验收后，由市审计局进行竣工结算审计。

第二十条 市监察局依法对融资项目的实施和贷款资金的使用情况以及政府相关部门及其工作人员履行职责的情况进行监督检查，调查处理违法违规行为。

第六章 附 则

第二十一条 在本办法实施过程中，根据不同融资方式，依据各银行贷款程序具体实施。

第二十二条 其他投融资平台融资资金需政府负责偿还的，参照该办法管理。

第二十三条 本办法由市财政局负责解释。

第二十四条 本办法自发布之日起30日后施行。

珠海市人民防空工程开发使用管理办法

2009年11月13日

第一条 为规范人民防空工程使用和维护管理，提高城市整体防护能力，充分发挥人民防空工程的战备效益、社会效益和经济效益，根据《中华人民共和国人民防空法》等有关法律、法规和规章，结合本市实际，制定本办法。

第二条 本办法适用于本市行政区域内人民防空工程（以下简称人防工程）的使用、维护和管理。

第三条 本办法所称人防工程，包括为保障战时人员与物资掩蔽、人民防空指挥、医疗救护等而单独修建的地下防护建筑，以及结合地面建筑修建的战时可用于防空的地下室。

第四条 人民防空主管部门（以下简称人防主管部门）负责本行政区域内人防工程使用、维护和管理的监督检查工作，负责组织人防工程的规划编制和统计工作。

发展和改革、建设、规划、国土、财政、房地产登记、工商、消防等有关部门应按各自职责，协同实施本办法。

第五条 以下人防工程，除人防主管部门

外，任何组织和个人不得进行各种形式的处分。

（一）国家依法取得和认定的。

（二）国家以各种形式投资修建的。

（三）国家和省规定的结合地面民用建筑修建的。

（四）依法用收取的人防工程易地建设费修建的。

第六条 企事业单位、社会团体和个人利用自有资金、集资、合资等多种形式投资修建的人防工程，由投资者自行使用，收益归投资者所有。

第七条 战时或因防空演习需要，人防工程由所在地人民政府统一安排，无偿使用。

人防工程平时开发利用，坚持有偿使用、用管结合的原则；推行人防工程所有权与使用权、经营权相分离，使用权、经营权可以推向市场。

第八条 人防工程平时开发利用，应当依照平战结合的原则有序进行，不得影响人防工程的防空效能，并接受人防主管部门的监督检查。

第九条 鼓励采用合资、合作、股份制、独资等多种形式，加快人防工程建设。

第十条 人防工程建设项目（包括配套设施及附属工程）享受国防工程、社会公益项目和城市市政项目等优惠政策，免收城市基础设施配套费。

第十一条 人防工程竣工验收合格后30日内，人防工程投资者应按要求设立规范的人防工程标志牌，并报人防主管部门备案。

人防工程投资者发生变更的，应在变更手续办理完毕之日起30日内报人防主管部门备案。

第十二条 第五条所列的人防工程，人防主管部门可以委托给建设单位、管理单位或人防主管部门认可的单位管理；在符合有关法律、法规的前提下，受委托单位可以出租给其他单位或个人使用。

第十三条 结合地面民用建筑住宅区修建的防空地下室作为停车位出租时，应当首先满足本小区业主的需要。

第十四条 人防工程投资者向人防工程租赁使用者（以下简称使用者）收取人防工程使用费，应当依照物价部门规定的标准。

第五条所列人防工程的使用费由人防主管部门收取，使用费按照《人民防空财务管理规定》进行管理和使用。

第十五条 使用者利用人防工程兴办非经营性的社会福利或者公益事业，可免缴人防工程使用费。

第十六条 人防工程的租赁使用实行合同管理制度，使用者应当与工程投资者依法签订书面合同，合同参照国家颁发的《人民防空工程租赁使用合同》示范文本。

第十七条 人防工程平时开发利用实行使用证制度，使用者与工程投资者签订《人民防空工程租赁使用合同》之日起，5个工作日内到工程项目所在地人防主管部门备案登记，并提交下列资料：

（一）使用者身份证或法定代表人的合法证件；

（二）与工程投资者签订的《人民防空工程租赁使用合同》；

（三）人防工程竣工验收备案核准书（竣工验收合格证明书）；

（四）人防工程使用管理登记表。

第十八条 人防主管部门根据使用者提交的资料，经审查合格后发给《人民防空工程平时使用证》。

使用者必须持有《人民防空工程平时使用证》，方可使用人防工程。

第十九条 《人民防空工程平时使用证》实行审验制度。人防主管部门每3年对《人民防空工程平时使用证》进行审验。

禁止无证使用人防工程或者转让《人民防空工程平时使用证》。

第二十条 使用者在合同期内转租或者转让人防工程使用权，应当向人防主管部门申请换发《人民防空工程平时使用证》。

第二十一条 人防工程在平时使用中必须加强维护管理，以确保战时防护功能完好。

第二十二条 人防工程的维护管理，依照以下规定：

（一）指挥、通信、主支干道等公用人防工程由人防主管部门负责并承担费用；

（二）已利用的公用人防工程非结构性维修保养由管理单位和使用者负责；

（三）机关、社会团体、企事业等单位人防工程由工程投资者负责维修保养并承担费用；

（四）结合民用建筑中住宅小区依法修建的人防工程，由受委托的管理单位负责日常维护管理。

第二十三条 人防工程的维护管理应符合《人民防空工程维护管理技术规程》，达到下列标准：

（一）工程结构完好、内部整洁；

（二）无渗漏水、空气、饮用水符合相关标准；

（三）防护密闭设备、设施性能良好；

（四）风、水、电、暖、通信系统工作正常；

（五）金属、木质部件无锈蚀损坏；

（六）进出口道路畅通，孔口伪装设施完好；

（七）防火、防汛设施安全可靠。

人防工程维护单位应当建立维护管理记录，健全工程技术档案，并不得泄露、遗失工程数据、资料、文件等。

第二十四条 禁止任何单位和个人从事以下行为：

（一）擅自改变人防工程主体结构，擅自拆除、损坏人防工程设备设施；

（二）向人防工程内和孔口附近排泄废水、废气、倾倒废弃物、堆放杂物、堵塞孔口或者修建与人防无关的其他建筑；

（三）以任何形式阻塞通往人防工程口部的道路；

（四）在人防工程围护结构外侧3米区域内进行爆破、采石、取土、伐木、打桩、挖洞；

（五）在人防工程内从事非法经营活动，禁止生产或者存放易燃、易爆、剧毒、放射性和腐蚀性物品。

第二十五条 任何单位和个人违反本办法的规定，由人防主管部门依照《中华人民共和国人民防空法》等相关法律、法规和规章的规定依法处理。

第二十六条 本办法由市人防主管部门负责解释。

第二十七条 本办法自2009年12月17日起施行。

珠海市福利彩票公益金使用管理办法

2009年12月29日

第一章 总 则

第一条 为进一步加强和规范福利彩票公益金（原社会福利基金）的使用管理，根据国务院《彩票管理条例》（国务院令第554号）、财政部、民政部《社会福利基金使用管理暂行办法》（财社字〔1998〕124号）、民政部《关于社会福利基金募集、管理与使用规定》（民福发[1999]9号）、财政部《关于印发彩票公益金管理办法的通知》（财综[2007]83号）等有关规定，结合我市实际，制定本办法。

第二条 本办法所称福利彩票公益金（以下简称“福彩公益金”）是指根据国家的有关规定在珠海市发行中国福利彩票，发行销售收入中按规定比例留成或返拨我市使用，专项用于发展社会福利、公益事业的资金。

第三条 我市管理和使用福彩公益金的活动，适用本办法。

第二章 福彩公益金管理和使用

第四条 市民政局为福彩公益金筹集和使用管理的业务主管部门，市财政局为福彩公益金管理和监督的职能部门。

第五条 福彩公益金的分配和使用实行市福利彩票公益金评审委员会（以下简称“市评委会”）集体研究、审查批准的制度。

市评委会主任由市政府分管民政工作的副市长担任，副主任由市政府分管副秘书长和市民政局局长担任，成员由市民政局、市财政局、市审计局、市残联、市福利彩票发行中心等单位组成。市评委会会议由评委会主任或其委托的副主任主持。市评委会办公室设在市民政局，承办福彩公益金分配使用的具体工作及资助项目具体事宜。

第六条 每年9月底前，市评委会办公室会同市福利彩票发行中心、市民政局、市残联，研究资助项目工作重点并预测下一年度福彩公益金收支情况。市评委会办公室编制下一年度市级福彩公益金收支计划。

第七条 福彩公益金的主要来源：

（一）上级按规定比例下拨的福彩公益金；

（二）福彩公益金利息收入；

（三）“即开型”彩票弃奖收入。

第八条 市评委会办公室按年度福彩公益金收支计划编制福彩公益金年度资助项目预算，报市评委会审定，并负责组织项目实施。

第九条 福彩公益金项目使用计划和预算一经批准，不得擅自调整。因特殊原因形成的项目结余资金，经财政部门批准后可以结转下一年度继续使用。

第十条 福彩公益金的使用必须符合国家有关福彩公益金使用范围的规定，实行收支两条线管理；市财政局根据市评委会办公室编制的福彩公益金年度收支计划，按政府性基金管理办法纳入预算，专款专用，不用于平衡财政一般预算。

市福利彩票发行中心于每月20日前将广东省财政厅按比例拨给我市的福彩公益金开具《珠海市一般专用缴款书》，足额缴入市财政。

第十一条 每年在市级留用的福彩公益金中计提20%残疾人事业专项资金，专项用于我市残疾人事业，计提20%基本医疗救助金，专项用于医疗救助。

第十二条 福彩公益金的使用应遵循专款专用、量入为出、讲求绩效的原则。

第十三条 福彩公益金当年投放率一般不低于70%，结余部分结转财政专户下一年度使用。

第十四条 福彩公益金的使用必须秉承“扶老、助残、救孤、济困、赈灾”的宗旨。其使用范围如下：

（一）用于资助为老年人、残疾人、孤儿、流浪儿童、革命伤残军人等特殊群体服务的社会福利事业，帮助有特殊困难的人，支持社区服务建设、社会福利机构、社会福利企业和其他社会公益、殡葬、慈善事业的发展；

（二）对老化、陈旧社会福利设施的维修和更新改造予以适当资助；

（三）对口扶持资助老、少、边、穷和灾区的社会福利事业；

（四）城乡医疗救助资金的列支；

（五）资助灾区的灾民衣、食、住、医及倒塌房屋的恢复重建，救灾物资运输，减灾救灾宣传教育；

（六）对公众关注、有利于弘扬社会主义精神文明、能体现扶弱济困宗旨的其他社会公益事业给予适当资助，但全年资助总量应控制在本级留成福彩公益金的10%之内；

（七）国家规定的其他社会公益事业。

第十五条 福彩公益金资助建设的设施，应当按照《民政部办公厅关于变更中国福利彩票公益金等资助项目标识的通知》（民办函〔2008〕213号）的要求，在显著位置建立永久性标识。福彩公益金资助购买的设备、器材也应标明“中国福利彩票资助”字样。

第十六条 福彩公益金资助建设的社会福利、社会公益设施因故变卖转让并因此改变服务性质的，其变价收入中与原福彩公益金资助数额相等的部分应归还福彩公益金财政专户。

第十七条 属于建设类的项目，受资助单位在工程竣工3个月后，必须向市评委会办公室报送竣工验收报告和结算报告。

第十八条 福彩公益金资助建设和购置的物资、设备、器材等财产，应办理国有资产产权登记手续，并按国有资产管理有关规定进行管理。

第三章　福彩公益金申请和档案管理

第十九条 拟申请福彩公益金资助的项目，申请单位向项目所在区民政部门申请，区民政部门对申请资助项目进行初审后将有关材料全部报送市评委会办公室。

市直属单位或其他单位申请福彩公益金资助的项目，申请单位向市评委会办公室申请。

第二十条 申请单位应当向市（区）民政部门提交以下材料：

（一）申请报告；

（二）福彩公益金项目呈报表；

（三）项目的可行性研究报告（包括项目的必要性和可行性、规模和功能、社会效益预测、主要资金的落实情况及工程进度计划等）；

（四）有关主管部门的项目（活动）批准文件；

（五）基建工程需有当地发改部门的立项批文和规划部门的有关文件；

（六）需征地的项目，要有土地管理部门的批准书；

（七）当地民政部门对项目的实际考察报告；

（八）要求申报的其他材料。

第二十一条 拟申请残疾人事业专项资金资助的项目，由申请单位报市残联进行初审，市残联出具初审意见后，将有关材料全部报送市评委会办公室。

第二十二条 拟申请基本医疗救助金资助的项目，由市民政局进行初审，并将有关材料全部报送市评委会办公室。

第二十三条 各级民政部门、残联负责档案管理工作。福彩公益金资助的每一个项目都应建立档案，作为永久性资料保存。档案应按管理标准立卷。档案资料除上述申报材料及附件外，还应包括：

（一）受资助的正式批文；

（二）拨款情况记录；

（三）项目竣工后的验收报告，建筑工程的决算报告，有关审计部门的审计报告；

（四）建筑工程的外形图片；

（五）福彩公益金资助的永久性标志图片。

第四章　福彩公益金评审和资金拨付程序

第二十四条 市评委会办公室受理市、区民政部门及各有关单位申请资助项目后，对申请资助项目按规定审查，提出资助建议，并对项目进行考察，对符合福彩公益金资助范围的项目，编制资助项目预算方案并在召开市福彩公益金评审会议5个工作日前，送达市评委会所有成员。

第二十五条 市评委会对申请福彩公益金资助的项目进行审议，并形成评审意见。评审意见以“会议纪要”形式下发。

第二十六条 市评委会会议由主任或副主任主持，原则上每年召开1次项目评审会议，特殊情况可由主任或副主任提议临时召开。半数以上评委委员到会形成的评审意见即为有效。

第二十七条 特殊或紧急资助项目，且资助金额在20万元以下的，可采取以阅代议方式处理，即由主任、副主任、成员传阅审定。

第二十八条 民政部、广东省民政厅规定的福彩公益金资助项目和市政府批准的福彩公益金资助项目，优先列入评审范围。其他项目按轻重缓急情况予以安排。

第二十九条 对确定由福彩公益金资助的项目，申请单位按预算请求拨款时，需向市评委会办公室申请，市评委会办公室签署意见后，由市财政局核拨，其中：

（一）市属单位或其他单位申请的资助资金由市财政局直接拨付给申请单位；

（二）区属单位申请的资助资金由市财政局拨至申请单位所属的区财政局。

第三十条 对残疾人事业专项资金的资助项目拨款，由市财政局按市评委会会议纪要直接拨付给市残联。

第三十一条 财政部门应按时拨付福彩公益金到用款单位。资助数额50万元以上的项目，应按项目的工程进度分期拨款。项目单位按规定需到位的配套资金尚未到位时不予拨款。

第五章 监督检查

第三十二条 对受资助项目实行跟踪监督。市评委会组织有关部门对受资助项目的福彩公益金使用情况定期监督检查，对违反规定使用福彩公益金的，可缓拨、停拨福彩公益金，情形严重者可取消其受资助资格，并对已拨资金予以追回。对改变基本功能转作非社会福利和社会公益用途的，要责成有关部门严肃查处和纠正。

第三十三条 福彩公益金使用部门和单位应自觉接受财政、审计、监察等部门和社会的监督，应在每年2月底前将上一年度福彩公益金使用情况报市评委会。具体包括：

（一）项目实施情况；

（二）项目资助使用情况；

（三）项目社会效益和经济效益；

（四）市评委会要求报送的其他材料。

第三十四条 建立福彩公益金收入使用情况定期公示制度。市财政局每年1月底前将上一年度福彩公益金收支及结余详细情况报市评委会。市评委会办公室每年5月底前向社会公告上一年度福彩公益金的筹集、分配和使用详细情况。

第三十五条 对福彩公益金的收支管理和使用情况，市评委会可聘请有资质的社会中介机构进行定期审计和绩效检查。

第六章 附 则

第三十六条 本办法由市民政局、市财政局负责解释。

第三十七条 市民政局、市财政局2004年3月9日印发的《珠海市社会福利基金管理使用办法》（珠民[2004]28号）自本办法施行之日起废止。本办法施行前本市颁布的有关文件、规定与本办法不一致的，按本办法执行。

第三十八条 本办法自公布之日起30日后施行。

附　录

由潘鹤设计雕塑的珠海渔女是珠海的标志。　钟　凡　摄

珠海市部分机构、企事业单位职能简介目录

中共珠海市委新经济组织工作委员会……558
珠海市住房和城乡规划建设局……558
珠海市国土资源局……559
珠海市科技工贸和信息化局……559
珠海市民政局……560
珠海市财政局……561
珠海市国家税务局……561
中国银行业监督管理委员会珠海监管分局……562
珠海市文体旅游局……562
珠海市法制局……563
珠海仲裁委员会……563
珠海市散装水泥办公室……564
珠海市公产房管理中心……564
珠海市农业科学研究中心……564
珠海市疾病预防控制西部中心……564
珠海博物馆……565
珠海市关心下一代工作委员会……565
珠海市红十字会……565
珠海市斗门区总工会……566
纳思达企业管理（集团）公司……566
珠海市兆征纪念学校……566
珠海市唐国安纪念学校……567
珠海市香洲区吉莲小学……567
珠海市香洲区第十二小学……568
珠海市香洲区第十五小学……568

珠海市部分机构、企事业单位职能简介

（排名不分先后）

中共珠海市委新经济组织工作委员会

主要职责：

一、负责全市新经济组织党建工作的协调与指导。

二、负责组织制定全市新经济组织党建工作发展计划、工作方案和相关措施。

三、负责全市新经济组织党建工作有关数据的统计、汇总、上报工作。

四、负责直属党组织范围内的党组织设置、党组织负责人的任免、奖惩的承办、党员发展与审批、接转组织关系等党务工作。

五、负责指导、协调、督促市管党建指导员在各级党组织开展党建工作。

六、负责中央党建领导小组秘书组珠海新经济组织党建联系点工作。

七、负责调查了解全市新经济组织贯彻执行党的方针、政策情况，及时发现新情况、新问题，总结新经验，提出意见和建议供决策参考。

八、负责编辑《党建新领域》（珠海市新经济组织党的建设联系点工作简报），编写新经济组织党建工作信息。

九、负责新经济组织工作委员会机关日常行政事务工作。

负责人：张明明

电　话：（0756）2221063

传　真：（0756）2221003

地　址：珠海市香洲区人民东路2号市府大院五号楼205室

网　址：www.zhxjjzzgw.gov.cn

珠海市住房和城乡规划建设局

主要职责

一、贯彻执行国家、省、市有关住房和城乡规划建设工作的方针政策和法律法规；拟订全市住房和城乡规划建设行业发展战略、政策、地方性法规、规章草案和规范性文件；组织编制相关规划，经批准后组织实施。

二、负责住房保障工作，会同有关部门加强住房保障资金的管理，推进住房改革与发展。拟订全市住房建设规划并指导实施，拟订全市住房保障发展规划和年度计划并组织实施。

三、负责房地产市场监督管理工作。拟订房地产业的行业发展规划、发展计划和房地产市场监管措施，并监督执行。

四、负责组织全市城乡规划的编制工作，对有关城乡规划进行审批。拟订全市城乡规划编制计划并组织实施。综合平衡与城乡规划相关的专业规划、专项规划。

五、负责全市各类建设项目的规划实施工作，负责建设用地的规划管理，核发《建设项目选址意见书》《建设用地规划许可证》《建设工程规划许可证》《乡村建设规划许可证》，组织规划验收，负责对城市规划实施进行监督管理。

六、负责建筑市场监督管理工作。指导全市建筑活动，负责建设工程招标投标活动的监督管理，核发《建设工程施工许可证》，组织协调建筑企业参与对外工程承包、建筑劳务合作。指导监督建设工程标准定额的实施。

七、负责建设工程质量安全监管，负责竣工验收备案管理，组织或参与工程质量安全事故的调查处理。

八、负责城市更新改造规划管理，指导和规范全市村镇规划建设工作。指导农村住房规划、建设及危房改造，指导村镇人居生态环境的改善工作。

九、负责市政府交办的建设工程的组织实施工作。

十、负责推进行业科技发展和建筑节能工作。拟订行业技术标准、规范，推广应用新技术、新材料、新工艺。

十一、协助有关部门查处房地产市场和建筑市场违法案件，负责房地产市场和建筑市场动态巡查工作。

十二、组织和指导住房、城乡规划和建设的基础性战略性研究、信息化管理、城市建设档案管理。

十三、承办市人民政府和上级有关部门交办的其他事项。

负责人：吴轼

地　址：珠海市香洲区海城路32号

电　话：（0756）2222483

邮　箱：zhzgj@zhuhai.gov.cn

网　址：www.zhzgj.gov.cn

珠海市国土资源局

主要职责：

一、贯彻执行国家、省和市有关土地、矿产资源、测绘管理的方针政策和法律法规，组织起草有关地方性法规、规章草案和政策措施并组织实施。

二、组织编制全市土地利用总体规划和矿产资源利用规划，负责耕地和基本农田保护工作。

三、组织编制全市土地利用年度计划和年度土地开发供应计划，经批准后组织实施，参与城市规划的编制工作。

四、负责全市土地储备、整理、供应及开发利用的实施、管理与组织协调工作，负责政府储备用地的管理和临时用地管理，负责全市滩涂等土地后备资源及未利用地的开发规划和管理。

五、组织全市国有土地使用权的出让工作，规范管理土地使用权（含转让、抵押、租赁等）交易行为。

六、负责全市土地市场和建设项目用地预审工作。

七、负责基准地价的编制和地价管理工作。

八、负责组织征收地价款、矿产资源补偿费、土地闲置费和土地年租金。

九、负责全市土地征用和农地转用年度计划的制定和执行，负责土地一级市场管理，参与国有土地使用权的招标拍卖挂牌工作，对全市土地开发利用进行监督管理。

十、负责全市地籍管理工作，建立全市地籍管理系统，对全市土地权属、用地现状及土地动态进行监测管理，负责全市土地利用、土地市场统计分析及相应信息的发布工作，负责国有土地使用权转让核准，负责全市土地权属的确权，指导、检查、监督土地登记工作，负责土地权属纠纷调处工作。

十一、负责全市测绘管理、测绘成果应用管理和基础测绘工作，负责编制基础测绘规划，制定年度计划，负责测绘单位的资质管理、行业和市场管理。

十二、对地质矿产资源进行综合管理，对地质勘探活动进行监督管理，对地质环境和地质灾害进行动态监测，对地质遗迹保护、矿产资源合理开发利用和保护进行监督管理。

十三、指导全市土地、测绘档案管理工作。

十四、负责全市土地、矿产资源、测绘行政执法监察工作，承担违反土地、矿产资源和测绘管理法律、法规案件的查处工作，监督检查全市国土资源动态巡查工作。

十五、负责制定全市征地及城市房屋拆迁补偿政策及补偿标准，指导监督各区（功能区管委会）开展征地及房屋拆迁工作，核发《房屋拆迁许可证》。

十六、监督检查区（功能区管委会）、镇人民政府执行国土资源管理法律法规情况，依法保护土地、矿产资源所有者和使用者的合法权益。

十七、负责对各分局、国土资源所和局属各单位的业务指导和监督。

十八、承办市人民政府和上级有关部门交办的其他事项。

负责人：夏克军

电　话：（0756）3268020

地　址：珠海市九洲大道2002号

邮　箱：zhgt@gtjzh.gov.cn

珠海市科技工贸和信息化局

珠海市科技工贸和信息化局（加挂市知识产权局、市中小企业局、市地震局、市无线电管理办公室牌子，与市新经济组织工作委员会合署办公）

主要职责：

贯彻执行国家、省、市有关科技、工业、商贸、外经贸、信息化、知识产权、民营经济、地震、无线电工作的法律、法规、政策，起草相关的地方性法规、规章草案；编制和实施相关行业的发展规划、产业政策，监测分析科技工贸和信息化领域经济运行态势，组织实施近期经济运行调控措施；负责推进全市创新体系建设，对科技工贸和信息化领域有关行业实施行业管理，促进科技和产业发展融合、工业化和信息化融合、内外贸易融合，推动珠海企业发展，服务全市产业发展大局。

负责人：杨川
电　话：（0756）2222148　2228642
地　址：珠海市政府大院5号楼
网　址：www.zhkgmx.gov.cn

中共珠海市委社会工作委员会
珠海市民政局
珠海市社会工作促进局

根据《中共珠海市委珠海市人民政府关于印发<珠海市人民政府机构改革方案><珠海市部分市直机构调整方案><珠海市人民政府机构改革方案实施意见>的通知》（珠字〔2009〕9号），设立珠海市民政局，为珠海市人民政府工作部门，加挂珠海市社会工作促进局牌子。设立中共珠海市委社会工作委员会，为中共珠海市委派出机构，与市民政局合署。直属8个单位：市老龄工作委员会办公室、市殡葬管理处、市福利彩票发行中心、市救助站、市军队离休退休干部休养所、唐家军休所、市烈士陵园、市社会福利中心。

主要职责：

一、贯彻执行国家和省有关民政事业和社会工作的方针、政策和法律、法规，制定全市民政事业和社会工作政策、法规及发展规划并组织实施。

二、负责社团和民办非企业单位的登记、管理、监督工作；查处社团组织和民办非企业的违法行为和以社团名义开展活动的非法组织、未经登记的民办非企业单位。

三、负责退役士兵、复员干部和军队移交地方管理的离退休干部、退伍士官和军队无军籍退休退职职工的接收安置工作，按市人民政府授权，负责组织指导拥军优属、双拥共建和烈士申报、褒扬工作，负责优待、抚恤工作和革命烈士纪念建筑物的建设和管理，指导军休所的建设和管理工作。

四、组织、协调救灾救济工作，推进自然灾害救助应急体系建设，组织核查并统一发布灾情，会同有关方面组织协调紧急安置灾民和灾后重建救助工作，接收、管理、分配市级救灾款物并监督使用，组织、指导救灾捐献。

五、推动城乡基层政权建设和基层民主政治建设，指导基层群众自治组织建设，拟订基层自治组织活动的指导意见和培育、支持、资助、表彰社区组织及个人的具体措施。

六、负责社区建设、社会组织建设、社会工作的总体规划、改革方案、宏观政策并组织实施，会同有关部门加强相关立法工作。

七、负责社会工作人才队伍建设的有关工作：统筹落实社会工作人才队伍的建设规划；提出加强社会工作人才队伍建设的意见建议；牵头建立健全对社会工作人才队伍的培养、评价、使用、激励等政策措施和制度保障，实施社会工作者注册和备案制度，指导和监督全市志愿者注册登记工作，探索社工引领义工的工作机制。

八、负责拟订培育和扶持社会组织的政策措施，拟订社会服务的评估办法和社会组织备案注册管理监督办法，会同有关部门制定政府购买社会服务的具体办法和审核标准；会同有关部门监督、检查、落实社区公共服务设施的建设管理工作，拟订社会力量参与社区服务的具体办法，协调各类资金用于社区公共服务设施的建设、维修和管理。

九、负责行政区划工作，研究和修订全市行政区域规划，负责区、镇、街道的设立、撤销、调整、更名和市、区行政区划界线变更以及政府驻地迁移的审核报批工作，负责市区行政区划边界勘定和管理工作，负责边界争议的调处事务，组织编制地名规划，负责地名命名、更名、销名工作，规范地名标志设置和管理工作。

十、负责推进婚俗和殡葬改革，负责收养登记管理工作，指导婚姻、殡葬、收养、救助服务机构的管理工作。

十一、负责社会福利工作，指导监督各类社会福利机构的工作，组织指导社会慈善募捐工作，促进慈善事业发展，提出社会力量兴办社会福利的优惠政策和措施。

十二、负责拟定城乡社会救助政策，组织实施城乡居民最低生活保障、医疗救助、临时救助、流浪乞讨及生活无着人员救助工作；指导老年人、孤儿、弃婴（童）、五保户、残疾人等特殊困难群体的权益保障工作，协同有关部门制定对社会组织或困难群体的各项资助、扶助政策和措施；负责与社会工作相关的公益性岗位的开发和管理工作，会同有关部门拟订对就业困难群体实施岗位援助的具体办法和措施。

十三、负责社会福利彩票发行管理和彩票公益金的管理、使用、发放工作。

十四、负责社区党建和新社会组织党建工作，及时分析社区和新社会组织的发展动态和趋势，积极探索新时期加强和改进社区、新社会组织党建工作的有效途径，研究拟订加强社区党建和新社会组织党建工作的总体规划和政策措施，并组织实施。

十五、承办珠海市委、市政府和上级部门交办的其他事项。

负责人：罗新安
电　话：（0756）2311192
地　址：珠海市香洲区柠溪路525号
网　址：http://www.zhmzj.gov.cn/

珠海市财政局

主要职责：

一、贯彻执行国家财政、税收、国有资产监管的方针、政策和法律、法规、制度；组织拟订财政、国有资产、财务会计等方面的地方性法规和制度，并监督实施。

二、拟订财政发展战略和中长期财政规划，提出运用财税政策实施宏观调控和综合平衡社会财力的建议。

三、编制年度市级财政预算草案并组织执行，受市人民政府委托，向市人民代表大会报告市级和全市预算及其执行情况，向市人大常委会报告决算。

四、制定财政和预算收支计划；管理和监督各项财政收入，监缴国有资产收益；制订政府公物仓管理制度和政府资产管理规定；负责组织农业税、农业特产税、耕地占用税、契税的征收和管理；管理罚没财物收入，参与住房制度改革，对各项房改资金实行财政监督。

五、管理和监督各项财政支出、管理市级预算外财政专户及各项政府性基金；管理和监督彩票市场；管理政府贷款业务；管理财政预算内行政机构、事业单位和社会团体的非贸易外汇。

六、拟订和执行需要全市统一规定的开支标准、政府采购政策和制度；负责建立和实施国库集中支付制度；贯彻执行《企业财务通则》及分行业、企业财务制度、《事业单位财务规则》、《行政单位财务规则》；管理市级财政社会保障支出，组织实施对社会保障资金使用的财政监督，执行社会保障资金财务制度、基本建设财务制度和涉外企业财务制度。

七、负责财政部门委托投资项目的概算、预算、竣工决算的审查，并出具评审报告，为部门预算的编制提供基础性和技术性服务；反映财政性投资项目实施中存在的重大问题，提出加强财政性投资项目监督的政策建议，并对有关问题的处理处罚取证、核实和提出初步意见。

八、会同有关部门制定对市属单位委派财务总监的管理规章制度和办法；负责向财政拨款的基本建设重点项目和重点行政事业性单位委派财务总监的工作；负责实施行政事业单位会计集中结算和委派会计工作。

九、贯彻执行会计法规和制度；指导和监督注册会计师事务所的业务；管理和指导社会审计工作。

十、监督财税方针政策、法规和财会制度的执行情况；检查、反映财政收支管理中的重大问题，提出加强财政管理的政策建议。

十一、制定财政教育规划；组织财政人员培训；负责财政宣传和信息工作。

十二、承办珠海市政府和上级主管部门交办的其他事项。

负责人：张松
地　址：珠海市兴华路152号
电　话：（0756）2510972
传　真：（0756）2510605
网　址：http://www.zhcz.gov.cn/
E-mail：zhsczjbgs@163.com

珠海市国家税务局

主要职责：

一、贯彻执行国家税收法律、法规和规章，并结合本市实际，研究制定具体实施办法。

二、根据珠海市经济发展规划，研究制定本系统税收发展规划和年度工作计划并组织实施。

三、根据本市经济税源和省国家税务局下达的税收计划，编制、分配和下达本系统税收收入计划并组织实施。

四、负责本市的中央税、中央和地方共享税等税种的征收管理和稽查工作；负责增值税专用发票、普通发票和其他税收票证的管理工作。

五、负责监督检查本系统税收执法情况；负责税务行政处罚听证、行政复议和诉讼工作。

六、负责本市进出口税收和涉外税收的管理工作。

七、负责本系统税收会计、统计工作。

八、负责本系统经费财务、基本建设和资产管理工作，负责审计和政府采购工作。

九、负责本系统机构、编制和人事管理工作。

十、负责本系统思想政治工作、精神文明建设和基层建设，负责教育培训管理工作。

十一、负责本系统的党风廉政建设和纪检、监察工作。

十二、负责本系统税收信息化、现代化工作的规划和实施，建设和管理信息系统。

十三、研究税收理论和税收政策，分析税收信息，掌握税收动态，组织税法宣传工作。

十四、承办省国家税务局和市委、市政府交办的其他工作。

负责人：许满棠

电　话：（0756）3216105

传　真：（0756）3216100

地　址：珠海市九洲大道东1273号

网　址：http：//www.gd-n-tax.gov.cn/portaladmin/site/site/portal/gdzh/index.jsp

中国银行业监督管理委员会珠海监管分局

主要职责：

珠海银监分局作为中国银行业监督管理委员会地市级派出机构，主要职责是：贯彻执行国家有关金融工作的法律、法规，依据银监会和广东银监局的授权，制定监管法规、制度方面的实施细则和规定，负责对所在地银行业金融机构及其分支机构的设立、变更、终止和业务活动的监督管理，依法对金融违法、违规行为进行查处，审查和批准所在地银行业金融机构及其分支机构高级管理人员的任职资格，统计有关数据和信息等。

负责人：李兵

电　话：（0756）3328531

传　真：（0756）3328261

地　址：珠海市吉大海滨南路2号

珠海市文体旅游局

2009年11月2日，根据《中共珠海市委珠海市人民政府关于印发<珠海市人民政府机构改革方案>的通知》（珠字〔2009〕9号），设置珠海市文体旅游局（珠海市版权局），为市政府工作部门。

主要职责

一、贯彻执行国家、省、市有关文化体育艺术、新闻出版、版权、广播电视、文物和旅游工作的法律法规和政策；起草相关地方性法规、规章和政策，拟订文化、体育、旅游业的行业发展规划，经批准后组织实施。

二、负责文化体育艺术、新闻出版、版权、广播电视、文物和旅游的行业管理；协调指导产业发展。

三、承担对全市重大文化活动以及从事文化经营项目和演艺活动的机构的监管责任；按权限承担对广播电视、信息网络、公共视听载体播放的视听节目以及从事广播电视节目制作的机构的监管责任；承担对出版物内容、出版活动和印刷复制市场、发行市场以及从事出版活动的机构的监管责任。

四、承担物质文化遗产和非物质文化遗产的管理和保护职责。

五、负责推进全民健身计划，组织指导监督体育训练竞赛工作。

六、承担维护旅游市场秩序和服务质量的监管责任，组织指导旅游宣传推广工作，负责旅游安全综合协调工作。

七、监督检查、指导协调文化、体育、旅游、新闻出版、版权、广播电影电视、文物等市场的行政执法工作。

八、组织开展文化、体育、旅游行业的对外交流与合作。

九、承办市政府和上级部门交办的其他事项。

负责人：刘福祥

电　话：（0756）2636712

传　真：（0756）2636701

地　址：珠海市香洲区红山路165号

网　址：http://www.zhwtl.gov.cn

邮　箱：zhuhaiwtl@126.com

珠海市法制局

主要职责

一、贯彻执行国家和省有关法制工作的方针政策，督促指导全市依法行政工作，调查研究依法行政工作中出现的新情况、新问题，提出推进依法行政的措施和建议。

二、拟订市人民政府年度立法计划，经批准后组织实施；组织起草、审核、修改地方性法规、规章草案；负责市人民政府规章及其他规范性文件的解释工作。

三、组织对法律、法规、规章和规范性文件执行情况的检查监督；协调部门之间在实施有关法律、法规、规章和规范性文件过程中出现的权限争议。

四、负责办理行政执法监督中的具体工作；组织、监督实施《广东省行政执法队伍管理条例》和《广东省行政执法责任制条例》；监督使用《行政执法证》；协调和监督重大行政执法活动。

五、负责市人民政府规范性文件草案的法律审核，承担市人民政府部门规范性文件的合法性审查和区人民政府规范性文件的备案审查责任，办理公民、法人和其他组织对规范性文件提出的合法性审查申请要求，监督、指导全市规范性文件审查、备案和清理工作。

六、承办向市人民政府申请的行政复议、行政赔偿案件；指导全市行政复议、行政应诉和行政赔偿工作。

七、负责市人民政府法律顾问事务。承担市人民政府法律顾问室的日常法律事务工作。对市人民政府交办的重要行政措施进行发布或实施前的合法性审查以及市人民政府领导交办的法律顾问事务，代理市人民政府有关诉讼事务。

八、组织清理、编纂地方性法规、规章及其他规范性文件；开展政府法制理论、政府法制工作研究和交流，开展对外法制业务交流。

九、承办市人民政府和上级有关部门交办的其他事项。

负责人：杨静辉

电　话：（0756）2221929　2214004　2232702

地　址：珠海市东风路市政府大院5号楼十楼

网　址：http://www.zhfzj.gov.cn/

珠海仲裁委员会

主要职责：

一、受理国内外平等主体的自然人、法人和其他组织之间发生的合同纠纷以及金融、保险、证券、知识产权等其他财产权益纠纷，不受地域和争议标的的限制；制定、修改《仲裁规则》及有关制度。

二、聘任管理仲裁员；组织和监督仲裁庭的组成、开庭及结案过程；审核仲裁裁决书是否合法；组织专家对疑难案件进行研究、探讨，向仲裁庭提供专家意见；制作仲裁裁决书、决定书、调解书，并签章；收取仲裁费用。

三、对当事人之间的经济纠纷进行调解，及时化解纠纷，解决社会矛盾。

四、宣传国家有关仲裁的法律、法规，开展法律咨询，推行仲裁法律制度。

五、承办珠海市人民政府和上级主管部门交办的其他事项。

负责人：张真寿

电　话：（0756）2298233　2296928

传　真：（0756）2291183

网　址：www.zhac.net.cm

地　址：珠海市香洲区柠溪路双竹街70栋（原市人力资源中心）

珠海市散装水泥办公室（市墙体材料革新和建筑节能办公室）

主要职责：

一、贯彻执行国家、省、市有关发展散装水泥（商品混凝土、预拌砂浆）和墙材革新与建筑节能的法律法规和方针政策，研究起草珠海市发展散装水泥（商品混凝土、预拌砂浆）、新型墙体材料和建筑节能的法规、规章和实施细则以及具体组织实施。

二、负责编制珠海市发展散装水泥（商品混凝土、预拌砂浆）、发展应用新型墙体材料和推广节能建筑的规划和年度计划，并具体组织落实。

三、负责散装水泥（商品混凝土、预拌砂浆）、新型墙体材料和建筑节能发展的科学研究、宣传教育、技术培训、信息统计、信息交流、评选先进等工作。

四、开展散装水泥（商品混凝土、预拌砂浆）、新型墙体材料产品和建筑节能产品的推广、确认和应用的管理工作，组织专项检查工作，解决发展应用中的新情况、新问题。

五、依照规定征收、返退、管理和使用散装水泥专项资金和新型墙体材料专项基金。

六、对建设工程项目使用袋装水泥和现场搅拌混凝土实施行政许可。

负责人：曾真
电　话：（0756）2251832　2114443
地　址：香洲新光里三街23号1栋3～4层

珠海市公产房管理中心

主要职责：

贯彻执行国家、省、市有关公产房管理的法律、法规、政策；受市住房和城乡规划建设局委托，负责市政府公产房的管理，市住房保障窗口业务受理核准及部分业务的审批（主要包括：承担全市住房货币化分配方案审批、干部职工购房补贴发放、房改成本价补差、经济适用房、平价房补办证、市住房基金使用、享受福利性住房情况查询并出具证明、廉租住房资格审核）等工作；完成珠海市委、市政府交给的其他工作。

负责人：林永泉
电　话：（0756）3268838
网　址：http://www.zhsjsj.gov.cn/2007或gcfglzx@.126.com

珠海市农业科学研究中心

主要职责：

负责本行政区域内农渔业、海洋科研的发展规划、计划及农渔业、海洋科研项目的组织实施；拟订科技兴海战略；开展海洋资源考察、调研工作及建立相关预警平台；组织实施海洋资源和能源的勘探开发利用；开展海洋环境保护研究；组织实施农渔业与海洋高新技术和名特优新品种的研究、引进、示范、推广；负责组织农渔业、海洋科技信息及咨询服务；组织开展农渔业、海洋科普教育实践活动和科技教育培训工作。

负责人：张长海
电　话：（0756）8508751　8508021
传　真：（0756）8508066
邮　箱：zhnk@vip.163.com
网　址：www.zhac.com
地　址：珠海市香洲区前山梅溪双龙山

珠海市疾病预防控制西部中心

该中心是根据珠海市委《关于构建新型公共卫生体系的实施意见》精神，在原斗门区、金湾区疾病预防控制中心基础上通过资源整合建立的服务斗门、金湾、高栏港等西部地区，行政上直属市卫生局管理的卫生事业单位。中心坐落在人杰地灵、风景秀丽的斗门区黄杨河畔，是珠海市公共卫生服务体系的重要组成部分，主要为珠海市西部地区提供传染病预防控制、突发公共卫生事件应急处置；儿童计划免疫规划管理；慢性非传染性疾病防治；健康教育与健康促进；食品、环境、职业卫生领域健康危害因素监测；实验室检验检测评价与分析；辖区各医疗卫生机构疾病预防控制工作的业务指导、人员培训与考核等公共卫生服务，为“东部大转型，西部大开发”战略提供健康保障。

负责人：陈斌
电　话：（0756）5510290
传　真：（0756）5510292
地　址：珠海市斗门区白蕉镇桥东连兴路80号

珠海博物馆

主要职责：

珠海博物馆是珠海市唯一的地方综合性博物馆，创建于1985年，1988年对外开放，隶属于珠海市文化广电新闻出版局（版权局）。本馆主要负责珠海的文物调查、发掘、保护、征集及历史文化、艺术作品展览、宣传和研究工作，是全市历史文物和革命文物的主要收藏机构、宣传教育机构和科学研究机构，常年通过征集、收藏文物进行科学研究、举办多项陈列展览等途径传播历史和科学文化知识，对人民群众进行爱国主义和社会主义教育。本馆设有保管部、研究室、陈列部、拓展部、保卫部、办公室、文保中心等部门，其职责分别为：藏品保管与文物征集、学术研究与学术交流、展览策划与陈列设计、业务拓展与对外宣传、安全保卫、日常办公与综合管理、文物保护。

负责人：张建军
电　话：（0756）3324116
网　址：http://www.zhmuseum.org.cn

珠海市关心下一代工作委员会

主要职责：

一、开展专题调研。根据新情况、新问题，抓住社会关注的热点、难点问题，开展深入的专题调研，为党委、政府在青少年思想道德建设方面提供决策依据。

二、加强和改进青少年思想道德建设。根据不同年龄段青少年的特点和思想行为特征，有针对性地进行社会主义核心价值体系主题教育，如理想信念教育、社会主义荣辱观教育、爱国主义教育、改革开放伟大成就教育、现代公民意识教育、心理健康教育、法制教育、革命传统教育及网络道德教育等。

三、为青少年健康成长创造良好的社会环境。要从实际出发，推进家庭教育、社区教育，办好家长学校；广泛深入开展读书活动；建立各种教育、实践基地；建立普法教育平台；改善校貌和建立校园秩序；开展健康有益的文化、娱乐、体育活动；建立良好的文化市场秩序；组织社会实践活动；老少共建文明社区；建立绿色网吧等，为青少年创造一个健康、和谐、温馨、快乐成长的环境。

四、为青少年办实事、做好事。协同社会各方面力量，关心爱护青少年，特别是他们中的特殊群体，努力创造条件，扶困助学，帮助失足、吸毒青少年重拾信心，走向新生，对留守儿童及服刑人员子女进行校外辅导、教育，开展心理健康教育，预防和减少未成年人犯罪，开展农村青年创业培训活动。

五、指导基层关工组织加强自身建设。发动“五老”就近就地参加关心下一代活动。在原有基础上，实现工作内容、形式、方法和载体的创新。工作重心向基层延伸，培养典型、推广经验、推进工作。在基层党和政府的领导下，关工委的工作要与基层工作紧密结合，使关心下一代工作更具活力，更有成效。要关心、爱护老同志，使老同志既能发挥余热，又能保持身心健康。

名誉主任：钱芳莉
顾　问：黄静
主　任：肖炳南
第二主任：谢金雄
执行主任：毛存英
电　话：（0756）2613107　2613905　2613057
传　真：（0756）2613051
E-mail：zhgg01@tom.com
地　址：珠海市香洲区胡湾里五街60号1栋9楼

珠海市红十字会

主要职责：

一、宣传国际红十字与红新月运动的基本原则和日内瓦公约及其附加议定书，进行国际间的友好合作和交流，积极参加国际人道主义救援工作。

二、宣传、贯彻、落实《中华人民共和国红十字会法》，指导全市红十字会加强自身建设和开展各项工作。

三、开展备灾救灾工作，在自然灾害和突发事件中，对伤病人员和其他受害者进行救助。

四、进行初级卫生救护培训和卫生知识的宣传。

五、组织开展无偿献血和造血干细胞捐献工作。

六、开展人道主义社会服务活动和红十字青少年活动。

七、承办珠海市政府和广东省红十字会交办的其他任务。

会　长：邓群芳

秘书长：宁幸生

电　话：（0756）2128114　2257797　2129691

传　真：（0756）2129691

地　址：珠海市香洲区狮山路一号

珠海市斗门区总工会

主要职责：

维护职工合法权益和民主权利；动员和组织职工积极参加建设和改革，完成经济和社会发展任务；代表和组织职工参与国家和社会事务管理，参与企业、事业和机关的民主管理；教育职工不断提高思想道德素质和科学文化素质，建设有理想、有道德、有文化、有纪律的职工队伍。

负责人：刘贤平

电　话：（0756）5522220

地　址：珠海市斗门区井岸镇朝福路98号

网　址：http://www.dmgh.ovg.cn

纳思达企业管理（集团）公司

纳思达建于2000年6月，现是全球最大的打印耗材制造商之一，总部位于中国打印耗材之都——珠海。旗下包括有珠海纳思达电子科技有限公司、珠海纳思达数码科技有限公司、珠海塞纳科技有限公司、香港NINESTARIMAGE（Hangkong）、美国TOWNSKYINC、欧洲NINESTARIMAGE（HOLLAND）、德国P.B.CGmbH等20多家公司和企业。珠海工业园区已拥有3000多名员工和11万平方米生产基地，已成为中国耗材业的龙头企业。其所拥有的自主品牌格之格（G&G）更是享誉全球的打印耗材品牌。

成立7年来，纳思达一直全心致力于为不同需求的客户提供专业的打印解决方案，经营的耗材种类齐全，包括墨盒、硒鼓、填充墨水、碳粉等十大类，1000多种型号产品，分别适用于Epson、Canon、Hp、Lexmark、Xerox、Brother等品牌的全系列打印机，均通过ISO9001国际质量体系认证和ISO14000环境体系认证。格之格品牌先后被评为中国“耗材类渠道首选品牌”“市场占有率第一品牌”“读者首选品牌”等荣誉称号。2007年，格之格被评为“广东省著名商标”和“广东省名牌产品”。

纳思达秉承绿色环保企业的理念，不断进行无海绵、无残墨、再填充、再循环的新产品和新技术的研发和改造，解决了打印耗材环境污染的问题；为推进公益事业，纳思达同中国红十字基金会联合成立中国第一个企业救助白血病儿童的专项基金——《纳思达天使爱心基金》，为社会尽一份责任，贡献一份力量。

电　话：（0756）8539888

传　真：（0756）8539800

地　址：珠海市前山明珠北路63号3栋7楼

珠海市兆征纪念学校

珠海市兆征纪念学校地处生态文明的淇澳岛。学校创建于1939年，原名“淇澳小学”，1985年11月，为缅怀中国工人运动杰出领袖苏兆征的丰功伟绩，将“淇澳小学”命名为“兆征学校”，1998年10月，改名为“兆征纪念学校”，并由原全国政协副主席叶选平同志亲笔题写校名。

学校占地面积1.18万平方米，建筑面积3953.6平方米，现有6个教学班，14名在编教师，270名学生，是一所“历史悠久、地大物博、人杰地灵、充满活力”的精品海岛学校。

学校坚持“培养有高度责任感、会生活的人”的办学理念，贯彻“坦诚做人、认真做事、快乐生活”的教育理念和“谦廉厚重尚德达礼”的校训，弘扬苏兆征精神，培育新世纪人才，教育学生坚定做社会主义事业接班人。

从2008年9月起，开展“自我发展教育”课题研究，引导学生走出校园，以“淇澳红树林”“白石街”和“苏兆征故居”等名胜古迹为课堂，构建“开放·探究”的课堂教学模式，挖掘淇澳岛的“红色教育”资源，开发“红色教育”校本课程，形成“红色教育”“绿色课堂”“生态校园”的办学特色，促进学校持续发展，是联合国教科文组织中国可持续发展教育（ESD）项目成员学校、全国教育科学“十一五”规划教育部课题“自我发展教育”实验学校。

负责人：罗志勇

电　话：(0756) 3311844

地　址：珠海市唐家淇澳村南腾街2号

珠海市唐国安纪念学校

唐国安先生是清华大学首任校长，同时也是清末民初著名的新文学家、外交家和教育家，他为清华大学的创办、发展作出卓越贡献。鉴于唐国安先生的历史功绩和重要影响，高新区党委、管委会在珠海市委、市政府及清华大学和清华大学珠海校友会的大力支持下，在唐国安先生的老家建设了唐国安纪念学校。学校于2009年着手设计和建设，将在2010年8月竣工并于9月1日正式迎接新生。同时在学校内建设唐国安先生纪念馆，馆内重建唐国安故居，以纪念先贤，大力弘扬、传承唐国安先生办学兴邦的精神，提升基础教育水平，充分利用历史人文资源，为当地社会经济发展服务。

唐国安纪念学校坐落于风景宜人的凤凰山下，三面环山，环境优美，占地面积2.22万平方米，建筑面积1.53万平方米，总投资6364.38万元。学校设施配置完备、先进，拥有现代化的教学楼、排球场、篮球场、体育馆、塑胶跑道等以及配置先进的实验室、音乐室、舞蹈室等18个功能教室。教室实现无尘化，配置电子白板和短焦液晶投影机等先进教学设备，教师拥有现代化的办公系统。学校配备一流的师资队伍。首任校长陈胜虹毕业于清华大学物理系，曾任清华附中教学处副主任，现仍兼任深圳清华实验学校初中部校长，有丰富的教学、管理经验。学校现有29名教师，由三部分组成，分别来自区内学校选调的优秀教师、面向全国招聘的骨干教师及来自“211工程”全国重点师范院校的应届毕业生，师资力量雄厚。

办学理念传承与发展并重；科学与人文并举；为学生的幸福人生奠基

核心文化融于特区的清华文化

教风以爱为本，以学求真，以研促教

学风和谐共融，快乐共生；严谨善学，勤奋上进；勇于实践，敢于创新。

校风行胜于言

办学特色通过课程改革与实践，实现“科学精神培养”；通过“国学进校园”，落实“国学文化滋养”；力求体现“多元发展、双核互动、和谐共融”的基本风格。

负责人：陈胜虹

电　话：(0756) 3666233

地　址：珠海市唐家湾镇鸡山社区凤岭里200号

珠海市香洲区吉莲小学

香洲区吉莲小学位于吉大白莲路旁，始建于1991年8月。学校占地1.19万平方米，建筑面积9221平方米。现有27个教学班，学生1394人。教职工65人，其中大专以上学历61人。中学高级教师职称2人，小学高级教师职称45人。区名教师1人、学科带头人4人、教学片学科负责人6人。学校于1996年12月被评为香洲区一级学校，2000年7月被评为珠海市一级学校，2007年评为珠海市绿色学校，2008年评为珠海市交通安全学校，2009年评为香洲区首批十大书香校园，香洲区红领巾示范校。

学校全面贯彻党的教育方针，以“让每一个学生成为善良、正直、有用的人”为办学思想，以“尚善、至正”为校训。学校坚持以教学为中心，面向全体学生，全面推进素质教育，促进学生个性的发展，形成了英语和体育的办学特色。学校走“科研兴校”之路，现有5项区级以上立项的研究课题，并成为全国教育科学“十五”规划国家重点课题“整体构建学校德育体系深化研究与推广实验”的实验学校、全国小学语文“发展与创新教育”实验学校。学校每年举办的艺术节、科技节、体育节、读书节和英语节已成为学生展示自我的舞台。办学以来，学校集体获区

级以上奖励500项，师生获区级以上奖励6000多人次，学校办学效益得到社会认可。

负责人：谭国成

电　话：（0756）3369401

地　址：珠海市香洲区吉大景莲街15号

邮　箱：zhjlxx@126.com

珠海市香洲区第十二小学

珠海市香洲区第十二小学成立于2000年8月。现有35个教学班，1946名学生，89名教师，是珠海市一级学校、广东省绿色学校、广东书香校园、广东省体育特色学校、广东省现代教育技术实验学校。

学校占地面积1.42万平方米，建筑面积1.09万平方米；建有规范化的学生课室、办公室、功能室、千兆校园网及40个端口的全校闭路电视系统。设施完善，布局合理，绿化覆盖率93.92%。校园文化建设突出人文底蕴，充分体现学校的个性与现代教育的气息。

学校以"'创造适合少年儿童的教育'、把学校办成一所坚持'科学与人文并重，规范与个性共存'的品牌学校"为办学思想，以"学会做人，学会做事"为培养目标，以"君子和而不同"为校训，努力营造"文雅、和谐、豁达、勤奋"的校风、"敬业、民主、合作、创新"的教风和"勤学、善思、合作、进取"的学风。

办学十年来，香洲区第十二小学稳步前进，硕果累累。学生1000多人次在语文、数学、英语及体育、艺术类比赛中获奖；教师500多人次在论文评选、学科教学等竞赛活动中获奖；学校荣获集体奖励90余项，包括"全国中小学思想道德建设活动先进单位""全国德育科研先进单位""广东省巾帼文明岗""广东省少先队红旗大队"等多项殊荣。

负责人：黄美明

电　话：（0756）2616046　2632639

地　址：珠海市香洲区昌业路33号

珠海市香洲区第十五小学

香洲区第十五小学位于珠海与中山交界的上冲检查站旁，是整合原来的南溪小学、长沙小学、东坑小学、上冲小学、界冲小学五间农村小学新建学校，2004年9月正式开学，2006年晋升为珠海市一级学校。学校提出"三年打基础，五年求发展，十年创名校"的目标。5年来，学校先后晋升为区一级学校、市一级学校。学校被评为广东省综合实践活动课程实施样板学校；连续多年荣获广东省青少年创新大赛优秀组织奖，被评为珠海市科普示范学校、全国科技教育示范单位；被评为广东省群众体育先进单位、广东省体育特色学校、全国优秀示范家长学校。学校按照省一级标准建设，现有36个教学班，1940名学生；学校占地面积2.21万平方米，生均占地面积11.41平方米；建筑面积1.56万平方米，生均建筑面积8.06平方米；体育运动场馆面积7410平方米，生均运动场馆面积3.82平方米；有200米标准的田径运动场。学生中外来工子弟965人，占全校学生的49.7%。在编教职员工74人，其中专任教师73人，小学高级教师46人，占教师总人数的63.5%；具有本科学历的教师43人，占教师总人数的58.1%；具有专科学历的教师20人，占教师总人数的27%。教师当中有南粤优秀教师、广东省名师、广东省名班主任、广东省优秀少先队辅导员、全国优秀科学教师、区学科带头人。

办学理念：构建学习型学校，促进学生、教师、学校和谐发展。

校训：善根福德天道酬勤

教风：为人师表教学相长

校风：诚信勤奋健美创新

学风：博学深思文明守纪

负责人：周红领

电　话：（0756）8316416

地　址：珠海市香洲区长沙村南微苑旁

珠海年鉴2010年

编　　者：珠海年鉴编纂委员会
终　　审：曾会康
责任编辑：潘自强　张中定　姜　蓓　靳　红　王姝瑶
整体设计：冯建华
封面题字：梁广大
封面摄影：曾权清
摄　　影：马　刚　席　湖　钟　凡　赵　梓　吴长赋　于燕敏　曹雁行等
照　　排：珠海市豪迈实业有限公司
出版发行：珠海百年电子音像出版社
电　　话：0756-2639312　　传真：0756-2639311
E - mail：njbjs@zhuhaidaily.com.cn
地　　址：珠海市银桦路566号报业大厦　　邮编：519001
开　　本：850×1168mm　1/16
印　　张：36.25　彩页：5
字　　数：1050千字
版　　次：2012年3月第一版
　　　　　2012年3月第一次印刷
印　　刷：广州市天盛印刷有限公司
书　　号：ISBN 978-7-900408-31-0
定　　价：200.00元
载　　体：CD-ROM

版 权 声 明

珠海市国土资源局

图1

图2

图3

图片说明：

图1 2009年2月~5月，国土资源部常务副部长鹿心社（左五）两次到珠海视察。图为鹿心社常务副部长在市委副书记、市长钟世坚（右三），市委常委、常务副市长霍荣荫（左三），省国土资源厅厅长招玉芳（右二）、副厅长涂高坤（左二），国家土地督察广州局局长束伟星（右四）的陪同下，到珠海横琴岛调研。

图2 2009年3月23日市委常委、常务副市长刘小龙到市国土资源局调研。

图3 2009年3月4日，全市国土资源管理工作会议在市政府综合楼6楼召开。

图4 珠海市“三旧”改造工作全面铺开，图为香洲区旧工业厂房改造而成的城市客栈。

图5 2009年，珠海市利用园地山坡地开发整理补充耕地3760.28亩（金湾1016.31亩，斗门2743.97亩），超额完成省下达的3000亩任务。图为斗门区白蕉镇大托村补充耕地项目开发点。

图6 澳门大学拟用地109.26公顷，其中61.67公顷共47宗地已于上世纪90年代出让。3月，启动土地收回工作，不到两个月的时间，5月26日，47宗地法律程序全部完成，为澳门大学迁建赢得时间，得到国务院、省委、省政府的充分肯定。图为澳门大学横琴新校区填土工程作业。

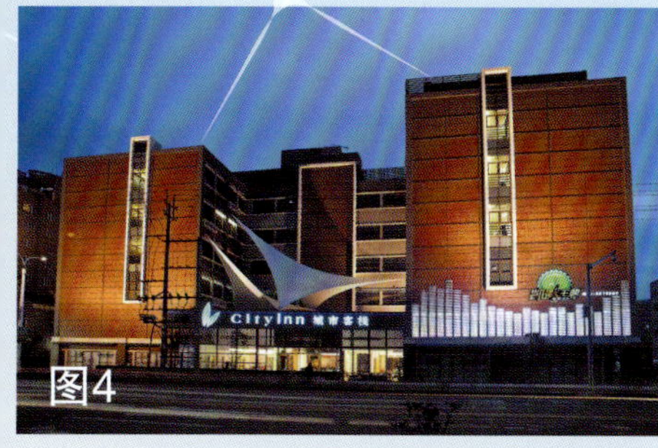

图4

图5

图6

珠海市城市监督管理局

珠海市城市监督管理局按照大归类、大部制的机构改革方向，整合执法资源，在相对集中行政处罚权的基础上推进综合执法，进一步构建“横向集中、归并整合，纵向垂直、统一指挥，市区联动、部门协作，堵疏结合、全面覆盖”的城市监督管理执法新体系，提升城市管理的科学化、信息化水平，提高城市管理快速反应能力和执法效能，实施网格化、精细化、规范化管理，创新管理手段，确保横向协作紧密、纵向指挥有力、执法保障到位、运转高效有序。严格查处城市管理的各种违法行为，切实维护城市管理秩序，推动城市监督管理和执法工作实现新突破。

市领导慰问春节坚守岗位的城管队员

以科学发展观为指针，统揽全市城市监督管理和执法工作。抓好珠海市“数字城管”建设，构建数字化协调指挥平台，为城市管理的监督、指挥、执行提供安全、快捷、稳定的网络资源；建立城市管理信息共享制度，强化宏观协调机制，促进城市监督管理的科学化、现代化和制度化。

以大城管大执法为方向，全面推进城管监督执法。进一步完善城管监督执法体制机制、强化工作责任、优化组织机构、创新执法理念、提高行政效能，确保执法到位、运转高效，为珠海加快建设生态文明新特区、争当科学发展示范市提供有效的执法保障。

以“两个巩固”为基础，突出一个重点，促进全市市容环境更上新台阶。坚持加大力度并进一步向纵深推进，确保市容市貌稳步提升。严厉打击违法建设和违法装修，加大对乱搭乱建违法行为的专项整治及处罚力度，确保主城区重点区域、路段不出现严重乱搭乱建现象。全力开展全民清洁和市容整治大行动，大力整治违规户外广告，开展各类整治行动4966次，立案查处各类违法行为为4931宗，拆除各类违法建设面积约29万平方米（包括临时建筑），“12319”城建服务热线，受理各类案件5万余宗，投拆处理率达100%。实现主城区基本看不见垃圾、看不见乱摆卖和乱搭建，市容市貌得到明显改观，为珠海特区建立30周年创造祥和整洁的环境。

有序疏导，推动健全公共服务设施。建立科学的城市管理行政执法监管模式，做到日常执法和专项整治相结合，点面控制相结合，正常值勤和错时执勤相结合，处罚与教育、普法相结合，堵与疏相结合，刚性执法与柔性执法相结合，在严格执法的同时，在全市范围内建立36个疏导点，各类违法现象都得到及时依法处理，城市“序化”管理基本达到全覆盖要求。

加大宣传力度，增强社会参与，充分利用电视、报刊等新闻媒体，开辟城管执法专栏，加强与市民沟通，引导市民关心、理解、支持并主动参与，共同维护城管秩序，调动全社会力量，共同促进珠海加快发展、科学发展城市监督管理和执法目标的实现 。

开展迎特区建立30周年市容专项整治行动

宣传为先，执法人员在进行耐心细致的说服教育

城管文艺晚会

珠海市工商行政管理局

珠海市工商局在省工商局和市委、市政府的正确领导下，以深入开展解放思想学习讨论活动为契机，围绕“四个统一”目标，树立“三大理念”，推进“五化建设”，各项工作取得显著成绩。2008年，被评为珠海市“食品安全工作先进单位”、“就业再就业工作先进单位”、“爱国拥军模范单位”、“人口与计划生育综合治理先进单位”。市工商局拱北分局拱北工商所被评为全国工商行政管理系统“先进集体”，斗门分局井岸工商所被评为全国工商行政管理系统“先进工商所”，市局党组书记、局长陈大丘获全国工商行政管理系统“优秀工商行政管理人员”荣誉称号。

下放登记权限，实行“一局多点”企业分级登记，实行大项目专人跟踪服务和重点企业挂钩联系制度。编发了《珠海市企业登记注册统计专报》，及时为市委、市政府及有关部门研判国际金融危机影响、制定政策提供参考。优化服务，采取开展企业股权出质登记试点、促进企业融资等有效措施，积极帮助企业渡过难关。

截至2008年12月底，全系统查办各类经济违法违章案件5042宗。精心组织奥运保障服务工作。加强对奥运会期间市场集中消费食品的监测，严厉查处制售含有违禁药物食品的违法行为。组织对全市化工企业开展兴奋剂生产经营专项治理，积极参与由市政法委牵头组织的“严打、严管、严控”专项整治行动，对娱乐场所、网吧等五类场所进行集中专项整治，圆满完成奥运安保服务各项工作。深化食品安全和流通领域产品质量监管。积极应对三聚氰胺乳制品、汪氏特种花粉、问题大亨牛奶等食品安全突发事件。组织了乳制品市场专项检查。强化重点行业企业安全生产监管。保持高压态势，大力开展查处取缔无照经营工作。扎实组织“隐患治理年”“安全生产月”专项行动，有效预防了市场领域安全生产事故。深入开展“红盾护农”行动。组织对斗门、金湾农资经销点进行了商品质量抽查，狠抓农资案件查办，严厉查处销售假冒伪劣商品行为，切实维护消费安全。以查处商业贿赂违法行为为重点，不断加大反不正当竞争执法力度。严厉打击商标侵权和虚假广告违法活动。

珠海市举行“3·15”国际消费者权益日大型宣传咨询活动

珠海市举行“3·15”国际消费者权益日大型宣传咨询活动

切实加强党建工作。加强队伍培训。强化政务督办和行政效能督察，确保了政令畅通，促进了工作落实。加强党风廉政建设。认真组织开展“行政效能问责年”、“纪律教育学习月”、“四加强四推进”学习实践活动。结合领导干部述职述廉工作，对各级领导班子及其成员贯彻落实党风廉政建设责任制工作进行了考核测评。强化执法风险的防范力度，制订出台了《关于在行政执法过程中实行案前告知案中监督和案后回访的规定》。开展廉政风险防范管理，切实解决队伍廉政建设中存在的热点难点问题。

市局党组中心组继续解放思想理论学习会

市工商局组织流通环节食品专项检查行动

市工商局重拳出击依法查处旅游购物黑店

市工商局检查春节前食品市场监管情况

珠海市文体旅游局

珠海首届半程马拉松比赛

珠海首届半程马拉松比赛吸引了包括美国、意大利、新加坡、日本、香港、澳门、台湾等14个国家和地区共1800多名马拉松长跑爱好者参加。整个赛程途经景山路、九洲大道、迎宾大道、情侣路等城市标志性干道。

珠海金秋艺术节

展示珠海艺术精品，展现珠海本土艺术团体和艺术家风采的金秋艺术节于2009年9月25日拉开帷幕。珠海各艺术团体精妆上场，为广大群众献上艺术门类及艺术风格各异的17场公益性的文艺盛宴，弘扬城市人文精神，丰富群众文化生活，引领、推动珠海文化艺术向更高层次发展。

沙滩音乐派对

第七届珠海沙滩音乐派对“十一”黄金周在珠海海滨泳场举行，吸引成千上万的音乐爱好者和游客，成为珠海旅游文化重要品牌，是珠海的名片之一。珠海沙滩音乐派对是珠海一个大型的旅游节庆活动之一，历年被列为广东省国际旅游文化节的重要活动之一。

国际龙舟邀请赛

第一届珠海国际龙舟邀请赛来自境内外22支队伍冒着暴雨在珠海前山河上角逐，最终广州白云人和队技胜一筹，夺得当天最具分量的国际男子混合组冠军。另外两个项目的冠军则分别由香港龙舟联会及斗门龙舟队夺得。

春节大卖场（2010年春节）

为让市民感受到一个与众不同的春节，大部制改革后新貌亮相的市文体旅游局在虎年到来之际精心举办“欢天喜地过大年”新春展销活动，为珠海市的文化、体育、旅游等企业单位精心搭台，更为市民提供一站式的“文体旅游年货”咨询采购服务，大大方便市民与市场的有效沟通。

民间艺术大巡游

“迎新春闹元宵”珠海市第三届民间艺术大巡游盛大举行。大巡游不仅本土艺术推陈出新，而且注入许多新鲜元素，比如港澳方阵首次亮相，动漫、现代运动等时尚青春元素增多，使本土文化和移民文化、传统文化和现代文化更加紧密结合，受到领导、专家的高度评价。

珠海市卫生局

珠海市卫生局坐落于珠海市香洲区教育路31号，是负责本市公共卫生服务、医疗服务及医疗卫生机构监督管理的珠海市人民政府组成部门，珠海市卫生局设8个内设机构：办公室、卫生法制与监督科、疾病预防控制科（市爱国卫生运动委员会办公室）、基层卫生与妇幼保健科、医政科（中医科）、卫生应急办公室、科技教育科、人事监察科。

珠海市委副书记、市长钟世坚，副市长邓群芳调研甲流防控工作

副省长雷于蓝，省政协副主席、省卫生厅厅长姚志彬到珠海市社区卫生服务中心调研

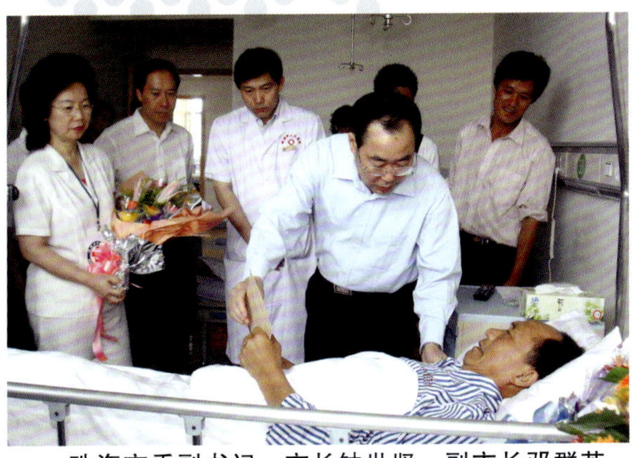

珠海市委副书记、市长钟世坚，副市长邓群芳等市领导在珠海市人民医院慰问灾区来的伤员

在野狸岛开展世界卫生日宣传活动

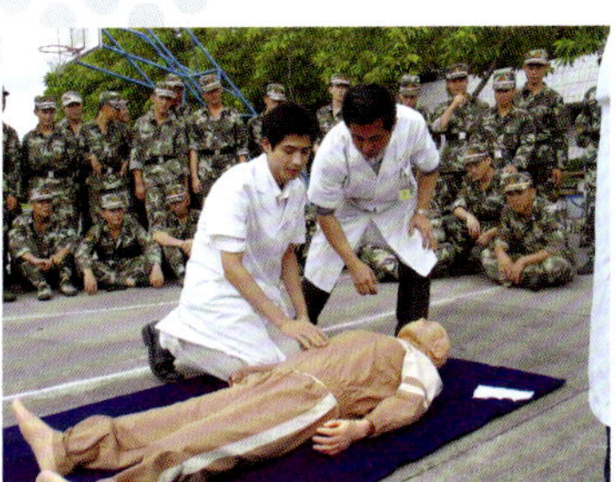

健康教育进军营

电话：0756-2128353　传真：0756-2233641　邮箱：zhwsj@21cn.com

珠海市公安局

2009年，全市公安机关在市委、市政府和上级公安机关的领导下，深入学习实践科学发展观，贯彻实施《珠江三角洲地区改革发展规划纲要》和《横琴发展总体规划》的战略机遇，充分发挥职能作用，紧密围绕建设生态文明新特区、科学发展示范市和珠江口西岸核心城市的目标，扎实推进各项公安工作和队伍建设，为珠海新一轮大发展创造平安、稳定、和谐的社会政治和治安环境。

领导关怀

图1

图1 国务委员、公安部部长孟建柱莅临珠海检查指导澳门回归10周年庆典安保工作。

图2 广东省委常委、政法委书记、广东省公安厅厅长梁伟发在珠海市委书记、珠海市人大常委会主任甘霖及市委常委、政法委书记、珠海市公安局局长杨金华的陪同下到市公安局检查指导“工作执法一网考”工作。

图2

警务建设

图3

图4

积极推动现代警务理念和机制的创新，进一步推动深化区域警务合作。

图3 以“公安三项建设与特区现代警务机制建设”为主题，成功举办首届珠海警务论坛，探索构建特区现代警务机制。

图4 认真落实珠海、中山、江门三市《推进珠中江区域紧密合作框架协议》，积极牵头推动签署《珠海中山江门三市警务合作协议》，有力地促进珠江口西岸地区警务协作联动。

治安防控

以国庆60周年和澳门回归10周年庆典安全保卫为主线，全面落实各项打防管控工作措施，有效维护全市社会治安的持续稳定。

图5 珠海市委常委、政法委书记、珠海市公安局局长杨金华深入一线检查指导。

图6 在国庆60周年庆典期间开展社会面巡控工作。

图7 召开全市公安机关澳门回归10周年安保誓师大会。

图5

图6

图7

队伍建设

图8

图9

图10

紧紧围绕建“为民公安、和谐警队”的目标，全力推进政治建警、从严治警、从优待警，队伍建设跃上新台阶。

图8 举办和谐警民关系建设活动启动仪式。

图9 召开深入学习实践科学发展观活动动员大会。

图10 召开澳门回归10周年暨2009年度公安工作表彰大会。

珠海市交通运输局

甘霖书记对珠海市重大交通建设项目进行调研

2008年，全市交通系统广大干部职工在市委、市政府的正确领导下，以科学发展为统领，紧紧围绕“两年突破交通瓶颈，五年初步建成珠江口西岸交通枢纽城市”的目标，按照市委、市政府的工作部署，迎难而上，锐意进取，实现交通发展的新跨越，为全市经济社会发展作出重要贡献。

2008年，全年完成交通固定资产投资45.75亿元，广珠西线高速公路珠海段、省道S272线湖心路口至机场段快速路改造、南湾立交建成通车；广珠铁路、广珠城轨全面动工建设，珠海机场高速公路与高栏港高速公路前期工作取得重大突破，珠海东西部第二、第三通道——香海路与金港路规划方案进入论证阶段；港珠澳大桥前期工作取得重大进展，同时，融资90亿元，为交通项目建设提供资金保障。

围绕解决交通民生问题，交通部门加强公路养护工作，提高路面质量，为车辆安全行驶提供良好的条件；增加公交线路、加密了车辆班次，提高公交覆盖面；加强农村道路、危桥改造和候车设施建设，农村交通条件得到进一步改善。

交通部门牢固树立“安全生产重于泰山”的理念，进一步完善安全生产监督管理机制，全面落实安全生产责任，加强安全隐患和“两防”排查整治，加强对运输市场的准入管理，加强从业人员的资格培训。并依靠科技手段，加强运输车辆、船舶的动态管理，安全生产主要指标呈逐年下降趋势，杜绝重特大安全生产事故的发生，维护行业安全生产形势的持续稳定。围绕解决影响交通发展的体制障碍，市委、市政府审时度势，科学决策，决定港口管理从交通局分离出来，成立珠海市港口管理局。市交通局的港口管理科与所属的珠海引航站人财物划归港口局管理。同时，组建珠海港控股集团有限公司和珠海交通集团有限公司。按照省政府的统一部署，组建珠海市交通局综合行政执法局，以从根本上解决交通行业执法资源分散和多头执法问题。

2008年，全市交通系统按照市委的统一部署，扎实开展解放思想讨论活动和深入学习实践科学发展观活动，大胆探索推动交通科学发展的新思路，努力破解阻碍交通发展的难题，撰写许多有价值的理论文章，配合市委、市政府出台相关政策性文件，为加快珠海交通发展创造条件，提供精神动力。

《珠三角地区改革发展规划纲要》交通调研组在珠海考察交通项目

珠海市公共汽车特许经营签约仪式

珠海市重大项目开竣工典礼现场

珠海市交通局综合行政执法局揭牌现场

全市交通暨重大项目工作会议召开

腾飞的金湾区三灶镇

成镇风貌

靓丽整洁的街道

吉林大学

世界500强飞利浦公司

简介

三灶镇地处珠海西部的金湾区，是珠海机场、中国国际航空航天博览会、遵义医学院珠海校区、吉林大学珠海软件学院的所在地，是珠海市重点项目航空产业园所在地，也是中国早期工人运动领袖林伟民先生的故乡。全镇面积167平方千米，总人口约12万人，其中，常住人口4.6万人，外来务工人员7.1多万人。全镇下辖4个行政村、3个社区居委会。改革开放前，三灶是一个偏远落后的海岛，1989年，珠海市委、市政府实施西部开发战略，将开发建设重点转移到西部地区，十多年来，政府投入360多亿元，建设机场、港口和高速干道等命运工程。多年来，三灶镇坚定不移地走"工业立镇、工业兴镇、工业强镇"之路，狠抓招商引资，为外商提供贴身、贴心、高效的服务，吸引一批又一批来自世界各地的投资商。2009年，全镇工业总产值206亿元，一般预算财政收入2.17亿元。目前，全镇现有工业企业400多家，其中世界500强企业有8家，规模以上企业增加到156家，年产值超10亿元的企业有3家，年产值超1亿元的企业有32家，形成以航空产业、生物医药、电子电器和新能源为支柱的多元化产业格局。2005年，该镇成功创建成为国家卫生镇，同年6月，顺利通过省政府教育督导室的评估验收，成为珠海市第一个"广东省教育强镇"。2007年7月，该镇创建成为广东省首批生物医药专业镇；9月，通过国家环境优美乡镇的评估。2008年10月，该镇被评为广东省首个生物医药产业集群升级示范区；11月，又被评为广东省火炬计划特色产业基地（珠海）；12月，成功通过广东省教育强镇复评督导验收组的复评。2009年1月，三灶镇成功创建成为全国文明村镇。2010年3月，三灶镇人民政府荣获广东省"人民满意的公务员集体"称号。

三灶鸟瞰图

陈光巨校长

北京师范大学
珠海分校

北京师范大学珠海分校是2002年经教育部批准，由北京师范大学与珠海市人民政府共同举办的综合性高等教育改革试验区，是北京师范大学实现“综合性、有特色、研究型世界知名高水平大学”办学目标的重要组成部分。建校以来，珠海分校在教学模式、管理体制、运行机制、国际合作以及产学研一体化等方面进行改革与探索，积累一定的经验，取得较好的成绩。

珠海分校环境优美、设施先进。校园占地面积333万平方米，总规划建筑面积100万平方米。目前已完成建筑面积59万平方米，投资已逾16亿元，教学与生活设施以及校园环境堪称国内一流。

珠海分校设有文学院、教育学院、管理学院、信息技术学院、不动产学院、特许经营学院、物流学院、法律与行政学院、设计学院、艺术与传播学院、外国语学院、工程技术学院、应用数学学院以及国际商学部等14所学院（学部），开设43个专业，本科在校生逾2万人。珠海分校设立研究生院珠海分院、珠海研究院和大学科技园珠海分园，学校有科研机构50余个、科研团队20余支，办学层次不断提升。

珠海分校着眼当代经济发展和社会需求，致力于培养具有宽厚人文、科学素养和学科专业知识的应用型专门人才。学生在国家、省、市等各项学术竞赛中屡创佳绩。珠海分校在高等学校各项排名评比中，教育教学质量连续多年名列同类学校第一；在25个省市二本招生，连续多年第一志愿录取率超过95%，在广东省的实际录取线也连续几年超过或接近二A控制线。至2010年，珠海分校已送出五届毕业生共计1.5万人。经广东省毕业生就业指导中心核定，毕业生初次就业率达90%以上。

珠海分校自建校以来，解放思想、与时俱进，大胆实践，先行先试。2010年学年起，按照教育部、广东省教育厅有关教育改革与发展精神的要求，珠海分校积极谋求教育教学制度创新，打通学科专业和课程壁垒，制订以学生自主选择为基础的创新型个性化人才培养方案；推进基于模块化的完全学分制，融通第一、二课堂，强化实践能力，探寻人才培养新模式；积极探索职能机构大部制改革，推行教授治学、民主管理，服务师生的现代大学治理模式；合理构建与港澳台、国外大学共建学院、专业的联合培养国际合作新机制；大力推进产学研项目，加强政校产合作，为广东和珠海地方经济文化和社会发展提供强有力的智力和人才支撑。

北京理工大学珠海学院

北京理工大学珠海学院是经教育部批准，以本科教育为主的普通高等学校。学校坐落在环境优美、气候宜人、最适合人类居住的花园城市——珠海。学校依山傍海，交通便利，京港澳高速公路、广珠城际轨道和广东西部沿海高速公路从校园的东北两侧穿过。学校占地330万平方米，绿化面积80%以上，山水相映、鸟语花香，浅潭碧水点缀其中，宁静、典雅，是莘莘学子学习生活的理想之地。

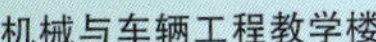

机械与车辆工程教学楼

学校现设有信息学院、计算机学院、机械与车辆学院、航空学院、化工与材料学院、管理与经济学院、文法学院、外国语学院、设计与艺术学院、数理学院10个专业学院和国际学院，在校生近1.8万人。

学校以北京理工大学为办学主体，是其重要延伸和战略组成。学校的师资队伍建设以北京理工大学为依托，海纳百川，广聚人才。教师中具有高级职称教师占35%，具有硕士、博士学位教师占81%。目前已形成以校本部学科带头人和骨干教师为核心，以具有高级职称的教师为主力，以具有博士、硕士学位的优秀中青年教师为支撑的科学、合理的师资队伍。

学校已建成基础教学楼、专业教学楼、图书馆、实验室、学生宿舍和学生食堂等教学和配套设施43余万平方米。教室均配备多媒体教学设备。实验室34个，设有光电与微电子实验室、数字媒体实验室、交通工程实验室、生物工程实验室、信息管理实验室、英语网络教学实验室、艺术设计实验室等125个实验分室。体育运动场地4万余平方米。教学、服务、文化和体育设施基本完善。

2005年，学校高质量、一次性通过教育部专项检查。教育部专家组高度评价该校的教育教学工作是名校办学的典范。2006年，学校以全国影响力排名第4、活跃度排名第7的成绩入选2006年度“网络中国•消费品牌活跃度及影响力独立院校10强”；2008年，学校以全国排名第7的成绩入选中国校友会网、《大学》杂志和《21世纪人才报》发布《2008中国民办高校评价研究报告》的“2008中国独立学院排行榜10强”；2009年、2010年，学校以全国排名第6、第11的成绩入选中国校友会网、《大学》杂志和《21世纪人才报》发布《2009（2010）中国大学评价研究报告》的“2009（2010）中国独立学院排行榜100强”；2009年底，学校以全国排名第5的成绩跻身2009“回响中国”腾讯教育年度总评榜“全国独立学院综合实力20强”。2010年，学校以全国排名第18的成绩入选中国校友会网和《21世纪人才报》发布的“2010中国最受媒体关注独立学院排行榜100强”。2010年7月，学校从全国322所独立学院中脱颖而出，被评为“全国先进独立学院”。

北京理工大学珠海学院以其崭新的办学模式、灵活的办学机制、丰富的办学资源和巨大的发展潜力，坚持质量、特色、品牌的办学思路，立足广东、服务泛珠三角、面向全国、着眼未来，努力创建国内一流、国际知名的高水平应用型大学，培养具有社会竞争力的一流应用型人才。

进入北京理工大学珠海学院的学生学习期满合格者颁发北京理工大学珠海学院毕业证书，达到授予学位要求的由学校授予相应

毕业照

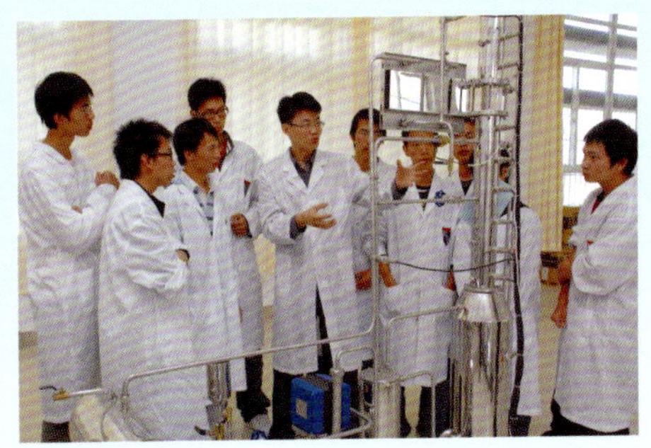

实验课

晨读

化工与材料学院楼

校园风光

网址：www.zhbit.com 电话：0756-3622709 传真：0756-3622705

校区运动场

晚霞映照下的遵医学生宿舍

遵医人文景观

校园风景

遵义医学院珠海校区

遵义医学院坐落在风光秀丽的历史文化名城遵义。前身为大连医学院，创建于1947年，是中国共产党创办的第一所本科医学院校。1969年为支援“三线”建设，经国务院决定，举院南迁至遵义，更名为遵义医学院，是全国唯一一所坚持扎根革命老区没有回迁的本科院校。经过63年的艰苦创业，学校有了长足的发展，已成为多专业、多学科协调发展的高等医学院校。2007年该院经过教育部本科教学工作水平评估荣获“优秀学校”荣誉称号。

为拓展办学空间，加强对外交流，开设窗口，该院借珠海市教育改革的春风，于2001年与珠海市政府正式签约，在美丽的海滨城市珠海建立新校区。校区占地近100万平方米，于2002年夏季落成并投入使用，主要承担研究生、本科生教育，建有基础教学部、临床教学部、护理学系、生物工程系、口腔医学系、英语系等部系，有一个高水平、高起点、开放式的省级生物工程与制药重点实验室和具有现代化设施的省级临床实验教学示范中心。“明德笃学，求是致用”是该校的校训；弘扬长征精神，注重实践教育，为基层培养高素质应用型人才是该校的办学特色。

经过近十年的发展，校区在师资引进、人才培养、科学研究、对外交流、实习基地建设等方面都取得令人瞩目的成就。

建校近十年来，校区人才引进初见成效，师资队伍日益壮大，教学水平不断提高。目前，校区从国内外引进师资近100人，其中具有博士、硕士学位的占94.14％，他们中10%的教师从海外留学归来，改善了校区的学历、年龄、学缘、学科知识结构，使学校师资结构更加合理，教学水平也不断提高。2007年教育部对遵义医学院本科教学工作水平进行评估时，专家首先进驻珠海校区进行评估，其间，先后听取九名教师的授课，对九名教师授课都给予高度评价和充分肯定，为学院最终获得教育部本科教学水平评估“优秀学校”作出巨大贡献。

在办学过程中，校区始终坚持以教学、科研为中心，坚持教学与科研相结合，以教学促科研，以科研推动教学，鼓励教职工在进行教学和管理工作的同时，积极从事各种科研活动。建校至今，校区在科研方面取得可喜的成绩。其中今年获得国家自然科学基金2项、贵州省科技厅攻关项目1项、贵州省科技厅基金项目3项、贵州省卫生厅优秀人才基金2项、贵州省联合基金11项，经费共计95.3万元。

校区利用所处地理位置的优越性，积极开展多方面、多层次的对外学术和教育交流活动，以加快发展步伐。中山大学、澳门科技大学的学生先后来校学习；澳门镜湖护理学院与该校护理系定期开展“护理暑假英语交流营”活动；同时校区还与英国剑桥大学、澳大利亚昆士兰大学、澳门理工学院、澳门科技大学等建立良好的合作伙伴关系。

校区已拥有一批水平先进、设施完善的附属医院及教学实习基地。如遵义医学院第五附属医院、中山大学第五附属医院、珠海市人民医院、深圳儿童医院、江门市人民医院、佛山市第一人民医院、中山市人民医院、银川市口腔医院、昆明市第一人民医院等25家教学医院。各附属医院和实习基地把做好医疗卫生服务作为自己义不容辞的责任和使命，成为学校服务社会、培养人才和科学研究的前沿阵地。该校对实习生管理严格，对实习医院实行三期教学检查，实习生把良好的校风、学风带到医院，学习认真、工作踏实，受到各地实习医院的一致好评。

目前，校区已毕业学生五届，毕业生就业形势良好。近三年来毕业生就业率均达90%以上，本科护理毕业生就业率达100%，毕业生扎实的理论基础和踏实的工作作风，深受社会认可和用人单位喜爱。

食堂

校区护理系婴儿光疗暖箱

护理系辐射式新生儿抢救台

遵医校区行政大楼

凯歌奋进五十年

——珠海市第一中学

年富力强的学校领导班子，左起：副校长张六安、校长书记韩延辉、副校长李革、副校长詹宝珠

五十载教坛耕耘催新芽，半世纪校风传承育栋梁。珠海市第一中学始创于1960年，前身是“珠海县渔民中学”，后依次更名为“珠海县渔业中学”“珠海县香洲学校”“珠海县香洲中学”“珠海市香洲中学”，1981年易名为“珠海市第一中学”。

校园占地面积16万平方米，建筑面积9万平方米，绿化覆盖率达61%。整体建筑平面呈狭长形的不规则梯形概貌。建筑群主要有：校园拱门楼、行政楼、实验楼、教学楼、师生公寓、报告厅、餐厅、体育馆、艺体综合楼以及系列园林景观等。学校现有66个教学班，在校学生3737人，教职员工244人。办学条件优越，拥有丰富的教育资源、雄厚的师资力量、先进的教学设施、科学的管理机制和优良的校风学风，外界誉为“读书圣地，成才摇篮”。2007年6月被评为广东省首批国家级示范性普通高中。

2010年8月，学校迎来建校50周年华诞。图为庆典大会会场

学校全面贯彻党和国家的教育方针，始终以办人民满意的学校为宗旨，坚持“高质量、有特色、现代化”的发展方向和“用美的教育造就美的新人”的办学理念，倡导“以人为本，和谐发展”。积极推行高效率的学校管理、构建高水准的信息化环境、营造高层次的校园文化、开展高水平的教育科研、培养高素质的人才队伍。几代一中人认真求实、崇尚科学、精诚团结、教书育人、追求卓越，从电化教学的起步探索到构建高品位有特色的育人课程体系，从集园林特色与学府气息融为一体的校园环境创建到先进科学的办学理念和学校管理，从完备有力的教学保障到严谨高效的办学过程，全体一中人“乐学、求真、从善、创美”，取得辉煌的教育教学成绩，拥有广泛的社会美誉，成为珠海市具有示范性、典型性、辐射性的基础教育排头兵。学校先后被授予“全国文明单位”“全国精神文明建设先进单位”“教育部首批依法治校示范校”“广东省文明单位”“广东省安全文明校园”“广东省青少年科技教育特色学校”“全国航空特色学校”“全国航空科普教育先进单位”等荣誉称号。

珠海市第一中学50周年校庆“三联展”揭幕仪式在吉大九洲城市博物馆举行

在珠海建立经济特区30周年庆典之际，2010年8月29日，学校也迎来建校50周年华诞。数千校友、领导、同行、嘉宾、师生欢聚一堂，举行盛大隆重的系列庆典活动。站在新的历史起点，在推动教育现代化和建设珠江口西岸核心城市的历史进程中，作为珠海基础教育排头兵的珠海一中，将以50年校庆为发展契机，在科学发展观的指引下，以素质教育为核心，不断总结办学经验，传承教育真谛，积极开拓创新，进一步解放思想，与时俱进，走一条特色鲜明的办学之路，为珠海市基础教育科学发展和现代化建设作出更大贡献！

神七航天英雄到校指导并做报告

学校高度重视学生综合素质发展，各类学生社团达二十几个。图为管乐团参加上海世博会“世博号角国际管乐节”获铜奖

美的教育处处展现育人元素。图为学校正门附近的“春风化雨，百年树人”一景

珠海市斗门第一中学

珠海市斗门第一中学创建于1959年，1978年被确定为广东省重点中学，1995年被评定为广东省一级学校，2007年被评为广东省国家级示范性普通高中。

学校坐落在著名风景区“珠江门户第一峰”的黄杨山下，校内湖光山色，绿树成荫，鸟语花香，风景宜人。学校占地面积38.2万平方米，建筑面积7.2万平方米。校园建设独具特色，教育教学设施完善。学校现有69个教学班，在校学生3885人，在职教职工265人，其中特级教师2人，高级教师114人，中级教师88人，全国优秀教师、南粤优秀教师、省级骨干教师共35人。学校拥有一支师德高尚、业务精湛、能教善导、结构合理的教师队伍。

学校确立“以人为本，依法治校，科研兴教，严谨治学，提高品位”的治校方略和“为师生的和谐发展提供最好的援助”的办学理念，形成“严格、求实、勤奋、活泼”的校风，取得“全面育人”的丰硕成果，为高等学府输送大批优秀人才。2005年至今，该校本科上线率每年以近6个百分点的速度增长，到2010年本科上线率达到76%，总体上线率达到98.4%。连续四年被评为珠海市普通高考质量一等奖，2007年、2008年被评为珠海市普通高考质量特等奖。近五年来，共获得7科次广东省状元，24科次珠海市状元。潘戈阳等一批优秀学子被清华大学、复旦大学、中山大学等知名高校录取。学校办学凝聚力不断增强，办学特色日益彰显。美术学科享誉珠海，每年的美术生上线率接近100%，美术专业重点本科上线率为85%。体育学科战果累累，校田径队多次代表珠海市、广东省参赛，并取得优异成绩。心理教育星光熠熠，学生自主管理卓有成效。教育科研硕果累累，近五年来，教师公开发表论文或获奖论文495篇。正在实验的国家级课题9个，省级课题10个，市级课题15个。编写教材或辅导用书28本，校本选修教材22本。学校荣获“全国教育科研实验学校”“广东省国家级示范性普通高中”“广东省教学水平优秀学校”“广东省文明单位”“珠海市群众满意学校”“广东省书香校园”“广东省绿色学校”“广东省中小学心理健康教育示范学校”等省、市荣誉称号30余项。

在21世纪的今天，学校正以“崇尚一流、追求卓越、自强不息”的品格，探索全面育人的素质教育模式，为把学校办成一座真正的生态公园、温馨家园、求学乐园、文化圣园而努力。

斗门一中顺利通过广东省普通高中教学水平暨国家级示范性普通高中验收

原国家教委副主任、国家总督学柳斌到该校指导工作

该校教师合唱团参与斗门区庆祝珠海经济特区扩容文艺精品晚会演出

元旦文艺汇演

高二学生到旭日陶瓷公司进行学工实践

该校学生邝敏杰荣获亚洲中学生田径比赛跳高第一名

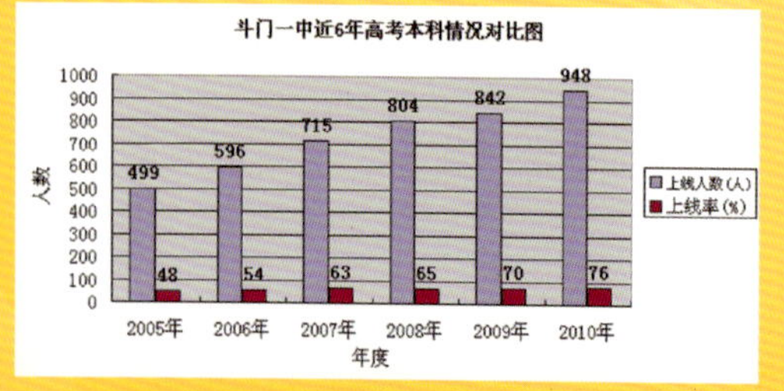

斗门一中近6年高考本科上线对比图

落日余辉——学生写生

风景如画、雄伟壮丽的斗门一中

珠海市拱北中学

校长王新政

珠海市拱北中学，位于珠海经济特区毗邻澳门的我国第二大口岸——拱北口岸，是珠海市第一所省一级初级中学，首家国家级绿色学校，联合国“可持续发展教育”示范学校。

拱北中学占地面积约3.8万平方米，建筑面积约1.5万平方米。教职工人数122人，学历达标率100%，其中硕士研究生学历15人。学校拥有36个教学班，在校学生2006人。学校环境优美，布局合理，校容校貌整洁迷人，是珠海市文明单位、园林绿化先进单位和创建美丽校园先进单位。学校教学设施配置一流。除了常规的各种馆室，还有蝴蝶展览室、蝴蝶生态室和科技作品制作展览室、新石器遗址等特色馆室。在学科教学上，现代信息技术教育、科技制作创新教育独具特色。

多年来，在各级学科竞赛、科技活动比赛中，所获奖项多、等次高。学校建立“拱北中学科技小制作发明赵立林工作室”，自制教具，活动开展得有声有色，在各级比赛中屡获大奖。近年来，拱北中学办学水平稳步提高，特别是中考成绩连续六年位居香洲区前茅。

在科学发展观的指导下，学校树立“为师生终身发展奠基”的办学理念，逐步形成“绿色环境育人，全面持续发展”的教育模式和办学特色。“绿色教育”“科技教育”营造出浓厚的校园文化氛围。

目前，拱北中学正面临加快发展的大好机遇，学校将立足口岸，依托社区，锐意改革，提高质量，致力于创建一所“现代化、有特色、高品位”的一流口岸中学。

省教育厅领导到该校指导工作

多元评价，获奖教师节老师走上红地毯

全国化学课堂教学一等奖获得者曹光玮老师在上课

第六届艺术节

新校门

菁菁校园

源锡藩奖教奖学颁奖典礼

珠海市高级技工学校

珠海市高级技工学校成立于1980年，是一所以工科类专业为主的国家级重点高级技工学校，学校先后荣获“全国德育管理先进学校”、“全国机械行业骨干职业院校”、广东省“文明校园”、“招生工作一等奖”、珠海市“先进单位”、“招生就业先进单位”等称号。

学校设有电子信息技术、自动化技术、计算机应用、机械和数控加工技术、现代服务业等六大类28个专业。“电子信息技术”和“数控加工技术”专业为广东省省级骨干示范专业。学校坚持“以服务为宗旨、以就业为导向、以技能为核心、以综合素质为根本”的办学指导思想，紧紧围绕“高端制造业、高端服务业、高新技术产业”，紧贴市场需求科学设置专业。围绕珠海航空、海洋装备制造和重化工等重点产业发展方向，着力培养大批综合素质高、职业能力强的技能型人才。

学校实习实训设备齐全，设有电子、电工、计算机、机械、数控加工和现代服务业职业技能实训中心，拥有64间专业实习实训室。

学校招生对象主要是初、高中毕业生，学制3~5年，培养目标是中级和高级职业技能人才。目前拥有全日制技工教育学生5000多人。

学校拥有一支优秀的人才队伍，师资力量雄厚；现有教职员工286人，其中高级专业技术人员43名。文化课和专业课教师全部具有大学本科及以上学历，实训指导教师全部具有大学专科及以上学历。“一体化教师”占专业教师总数的80%以上。学校是人力资源和社会保障部确定的技工院校“一体化教学”改革试点学校。

学校积极学习、研究、借鉴和应用国外先进职业技术教育经验，与多个国家的学校和机构合作办学。学校先后与珠海重点行业320多家企业建立合作关系，“引厂入校、引校入厂、进厂入学”，顶岗实习，订单培养，工学交替。学校在与企业共建生产实训中心、建立实习基地等方面工作成效显著。校企合作、产教结合、订单培养已成为该校办学的显著特色。

学校承担公办学校应尽的社会责任，积极开展退役士兵免费技能培训、粤东西北地区农村劳动力转移就业培训、“双百工程”、农村劳动力转移就业技能培训、农民工技能培训、农村贫困生免费入读。

在长期的办学过程中，培养大批优秀技能人才，包括全国技工院校新模式英语教学比赛一等奖；全国无线电测向运动第二名；全国职业技术院校“机器人”大赛第二名；珠海市首届优秀技能人才奖第一名、第二名。

2009年12月，中共中央总书记、国家主席胡锦涛亲临学校视察，了解技能型人才培养和毕业生就业情况。针对现在我国技术工人特别是高级技工非常匮乏的现状，他语重心长地鼓励同学们刻苦学习文化科学知识，潜心钻研专业技能，努力成为高素质技能型人才，并明确发出“没有一流的技工，就没有一流的产品”的重要指示。

目前，珠海市高级技工学校新校址建设用地已落实，作为珠海市在建十大重点工程之一，用地规模48万平方米，总建筑面积25万平方米，建成后全日制在校生总规模将达到1万人。珠海市高级技工学校将努力打造成为具有国际水平的现代技工教育示范学校，为珠海市经济社会发展提供优质、高效、前瞻性的技能人才支撑。

珠海交通集团有限公司

珠海交通集团成立于2008年11月，注册资本10亿元，由市汇畅交通投资有限公司、市铁路公司、珠海伶仃洋大桥集团公司、市新启交通投资发展有限公司和市公路建设中心五家单位优化组合而成，为珠海市国有独资企业。

珠海交通集团组建以来，在市委、市政府的正确领导下，在相关部门的大力支持下，以项目投融资、项目建设为工作重点，全体员工团结一致，攻坚克难，掀起自珠海特区建立以来，新开工交通项目最多、投资规模最大的交通基础设施建设高潮；创新思维，狠抓融资，基本解决该市近几年交通建设的资金需要；负责在建项目和前期项目共16个，总投资约306亿元，建设进展势态良好；高栏港高速公路、珠海机场高速公路、省道S366辅道改造工程、凤凰山隧道等重点项目高效推进。省道S272线（斗门立交出口至湖心路口段）改建工程于2009年国庆期间顺利通车、港湾大道主体工程于2010年国庆节前如期通车、省道S366线改造辅道工程即将于2010年航展前通车；作为市政府确定的广珠铁路珠海段配套服务设施的投资建设经营主体，积极推进广珠铁路珠海段铁路物流业务，取得初步成效。一分耕耘，一分收获，珠海交通集团被珠海市政府授予2009年全市“先进集体”称号。

面对珠海新一轮的发展机遇，交通集团将坚持强本固基、务实有为、团结创新，进一步提升综合竞争能力，努力把集团发展成为实力雄厚、高效运作的行业品牌企业，确保珠海市政府提出的“两年突破交通瓶颈，五年初步建成珠江口西岸交通枢纽城市”的交通发展战略目标的实现！

市委书记、市人大常委会主任甘霖到珠海大道辅道工程项目现场视察，亲切慰问工程建设人员

市委副书记、市长钟世坚到凤凰山隧道项目视察并慰问现场施工人员

常务副市长刘小龙出席S366珠海大道改建工程开工仪式并致辞

在揭牌仪式上，珠海交通集团胡应坤副总经理与浦发银行广州分行汤启中副行长分别代表双方签订50亿元融资授信及全面合作协议。钟世坚、钱芳莉、何宁卡、刘小龙等市领导共同上台为签约见证

2010年9月30日，港湾大道改造工程完工通车仪式在唐淇路口举行，副市长陈英出席仪式并宣布项目通车

2010年5月28日，珠海市十大重点工程劳动竞赛启动仪式在珠海机场高速项目眼浪山隧道施工现场隆重举行

珠海格力电器股份有限公司

成立于1991年的珠海格力电器股份有限公司是目前全球最大的集研发、生产、销售、服务于一体的专业化空调企业，2007年实现销售收入380.41亿元，净利润12.70亿元，连续8年上榜美国《财富》杂志“中国上市公司100强”。

格力电器旗下的“格力”品牌空调，是中国空调业唯一的“世界名牌”产品，业务遍及全球90多个国家和地区。1995年至今，格力空调连续16年产销量、市场占有率位居中国空调行业第一；家用空调产销量连续3年位居世界第一；2007年，格力全球用户超过7000万。

作为一家专注于空调产品的大型电器

好空调　格力造

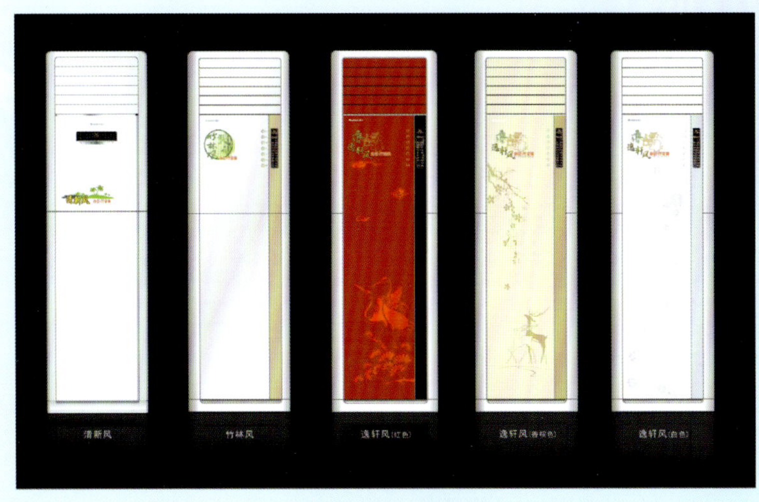

办公室空调系列

卧室空调系列

制造商，格力电器致力于为全球消费者提供技术领先、品质卓越的空调产品。在全球拥有珠海、重庆、合肥、巴西、巴基斯坦、越南6大生产基地，4万多名员工。至今已开发出包括家用空调、商用空调在内的20大类、400个系列、7000多个品种规格的产品，能充分满足不同消费群体的各种需求；拥有技术专利近1500项，自主研发的GMV数码多联一拖多机组、离心式大型中央空调、正弦波直流变频空调等一系列高端产品填补了国内空白，打破了美日制冷巨头的技术垄断，成为从“中国制造”走向“中国创造”的典范，在国际舞台上赢得 广泛的知名度和影响力。

“一个没有创新的企业，是一个没有灵魂的企业；一个没有核心技术的企业是没有脊梁的企业，一个没有脊梁的人永远站不起来。”展望未来，格力电器将坚持“自我发展，自主创新，自有品牌”的发展思路，以“缔造全球领先的空调企业，成就格力百年的世界品牌”为目标，为“中国创造”贡献更多的力量。

珠海供电局是中国南方电网公司广东电网公司属下的大（二）型企业，于1981年1月成立，1995年更名为珠海电力工业局。2002年1月改制为广东省广电集团有限公司珠海供电分公司。2005年6月，改名为广东电网公司珠海供电局。主营电网经营管理，担负着珠海市各区电能的送、变、配、营等业务及向澳门的大部分供电业务。

截至2008年9月30日，全局拥有220千伏变电站7座，110千伏变电站34座，35千伏变电站1座，主变总容量5398兆伏安，输电线路总长1355千米，构建了以220千伏和110千伏为骨干的主网架。完成供购电量67.51亿千瓦时，同比增长8.46%。其中：省网电完成64.82亿千瓦时，同比增长6.26%；地方电完成2.69亿千瓦时，同比增长116.85%。售电量完成63.75亿千瓦时，同比增长8.88%。完成综合电压合格率99.71%；10千伏城镇供电可靠率99.969%；农村供电可靠率99.82%；线损率5.57%。目前，我局的供电可靠率、电压合格率等多个重要经济技术指标均处于全省领先水平。

作为经济发展的“先行官”，珠海供电局一直以满足地方经济发展需要为己任，为珠海社会经济发展作出了不懈的努力。2000年以来，先后荣获“全国电力质量效益型先进企业”“广东省文明单位”“珠海市文明行业”“全国电力行业用户满意企业”“广东省企业安全生产工作先进单位”“广东省职工职业道德建设先进单位”和“广东省固本强基先进基层党组织”“全国电力行业优质服务月先进单位”“南方电网公司电费回收先进集体”和“珠海市督办工作先进单位”等光荣称号。

电力科普展厅

施工现场

地址：珠海市香洲翠香路296号 传真：0756-2223129 广东电网珠海供电局

珠海醋酸纤维有限公司

珠海醋酸纤维有限公司成立于1993年5月20日，由中国烟草总公司和美国塞拉尼斯公司合资兴建；总投资8831万美元，其中中方占70%，美方占30%，专业生产二醋酸纤维素丝束，年生产能力为3.5万吨。公司是集化工、化纤、热电为一体的高新技术企业。

公司实行董事会领导下的总经理负责制，董事会由中美双方各派五名董事组成，总经理室由四名中方高管人员和两名美方高管人员组成。十多年来，公司以“安全、绿色、和谐、共赢”的核心价值观为指导，在生产经营活动中，始终发扬“勤和诚信，务实创新”的企业精神，扎扎实实地抓好生产经营、安全质量、技术创新、节能减排、企业文化建设工作，公司综合竞争力持续提升。2010年产值逾11亿元人民币，年利税近4亿元人民币，取得良好的经济效益和社会效益。公司在2006年导入六西格玛管理体系，在2009年启动SAP信息化整合项目，并导入卓越绩效管理模式，加大技术和管理创新力度，加快“国际一流醋纤企业”远景目标的创建步伐。

公司先后被评为“全国职业卫生示范企业”、全国“双爱双评”先进企业、全国“安康杯”竞赛优胜企业、“广东省文明单位”“广东省安全文化示范企业”“珠海市文明单位”。

塞拉尼斯高层充分肯定公司的生产经营工作

公司获行业科学技术进步三等奖

公司对产品质量精益求精

公司不断丰富员工业余生活

公司注重节能减排，实现废水零排放

花园式的厂区

南航珠直 创新价值

——南航珠海直升机分公司

中国南方航空股份有限公司珠海直升机分公司（以下简称珠直公司），位于广东省珠海市情侣中路80号九洲机场，是中国南方航空股份有限公司的下属分公司，同时也是中国的骨干通用航空企业。珠直公司和珠海特区诞生在同一年，在近30年的岁月洗礼中，珠直不断借鉴和吸收国内外行业的先进管理理念和方法，融合大南航的企业文化，逐渐形成独特的珠直管理模式及经营理念，不仅为公司发展提供强而有力的后盾，同时也提高了公司的向心力和战斗力。

珠直公司的主要业务是为中外石油公司提供海上后勤飞行服务，此外珠直还从事公务飞行、旅游飞行、海上救助、飞机托管等其他任务。无论何时何地，珠直都把客户的利益放在第一位，“安全第一，规范运作”已经不再是一句口号，它已经成为每个珠直人身体力行的诺言。

同时，珠直努力为社会创造文明和谐元素。从2005年开始，珠直便协助交通部南海第一救助飞行队，在九洲机场建立海上搜救基地，开展珠江口海域的海上救助任务。在2008年汶川大地震的抗震救灾工作中，公司抽调了3架直升机赶往四川参加救灾飞行，圆满完成了抗震救灾任务。

顾客的利益高于一切，珠直在保证适应市场发展规律的前提下，清晰界定各利益相关体的主次关系，设计价值流服务系统，解决各方客户不同价值需求、不同服务要求等相关管理问题，真正做到顾客至上，为客户提供不同的、优质的服务。同时珠直也致力于为员工实现美好人生价值。多年来，珠直为员工提供良好、高效的培训环境，并帮助员工规划职业生涯，为员工创造个人发展机会。

珠直作为南航唯一的通用航空公司，肩负着保障海上开采石油和海上救援的艰巨任务。目前，珠直共执管15架直升机，包括世界最先进的S92大型直升机，同时珠直还是全亚洲最大的S76机队的拥有者。从最初单一的提供海上后勤飞行服务到现在琳琅满目的服务项目，如私人飞机托管业务、私人包机业务，另外，珠直正在酝酿与珠海翔翼合作，借珠海航空产业园的发展契机，合作一个综合性的通用航空人才培训基地，这将是全国首个通飞人才培训基地。

“促进通航产业发展，争当通航服务最优”，这是珠直的企业使命，30年来，珠直也一直朝着这个方向在努力，在南航的支持和社会各界的关怀下，珠直也在不断壮大，目前拥有6个作业基地——广东珠海、海南三亚、广东湛江、辽宁兴城、湖南长沙、广东顺德。珠直公司全资拥有其中的三个直升机场——珠海九洲直升机场、湛江新塘机场、三亚直升机场。

回首30年，时光荏苒，蹉跎岁月带给珠直的不仅仅是坎坷、成功，还有一种责任的担当，责任让珠直人时刻铭记自己的使命并时刻践行诺言；也有一种思维的形成，时新的思维指引着珠直的车轮滚滚向前，所向披靡，当所有的这些都成为一种文化沉淀下来并继续传承的时候，它带给珠直的便是源源不断的活力和一往无前的发展动力！

1986年12月19日~21日，珠海直升机公司执行李鹏副总理的专机飞行。该图为李鹏副总理与机组合影

2008年，中共中央、国务院、中央军委联合授予南航珠海直升机分公司抗震救灾机队“全国抗震救灾英雄集体”荣誉称号

2010年，珠直与世界百强企业霍尼韦尔公司签约，合力发展大机队

2005年，珠直便协助交通部南海第一救助飞行队，开展海上救助

2010年引进的首架S92大型直升机

珠直执管亚洲最大S76机队

珠海赛纳科技有限公司

PANTUM

珠海赛纳科技有限公司成立于2006年4月，是一家年轻而富有朝气的公司，由一支经验丰富的核心管理团队创建。珠海赛纳是一家以技术创新和核心专利为基础，以研发、制造和销售为一体的制造型中外合资企业，总部设在广东省珠海市。公司现主营业务为生产激光打印机及通用和再生硒鼓，能够生产自主品牌的激光打印机及400多种适用于CANON、HP、LEXMAK、XEROX、BROTHER等各品牌全系列的激光打印机用硒鼓产品。2007年联想投资注资珠海赛纳科技有限公司，成为赛纳科技的战略合作伙伴。

珠海赛纳处于市场垄断性较强、利润较高的激光打印机行业，从事的产业则是该行业中利润率最高、持续获利能力最强的激光打印机及打印耗材硒鼓产品的生产制造。珠海赛纳拥有数百项自主研发专利，又获得国际跨国公司部分打印机专利的合法使用权，构建了行业领先的专利技术平台。在“忠诚、求实、创新、发展”的企业文化和“专心、专业、专注”的产业方针引导下，珠海赛纳依靠强有力的技术研发、专利构建、生产管理、质量控制和市场拓展团队，以快速的新品上市、市场分销、物流配送和售后服务赢得全球市场用户的认可，近年来，公司的产业规模和经营业绩一直保持高速增长。到目前为止，珠海赛纳生产的兼容硒鼓和再生硒鼓的总数量已经占全球市场较大份额，位居通用耗材行业的前列，成为全球激光打印机通用耗材行业的龙头企业。

在激光打印耗材产业获得成功之后，珠海赛纳正按既定的产业延伸战略向上游的激光打印机行业发展，正在筹备建设激光打印机产业园区。现已组建一支具有完全自主研发能力的激光打印机研发团队，正致力于中国第一代拥有自主专利技术和品牌的激光打印机研发，目前第一款激光打印机样机已经问世。赛纳自主知识产权打印机的问世，将填补中国在这一产业领域的空白，并全面奠定珠海赛纳科技有限公司未来产业更快速发展的基础。

汪洋书记在东莞外博会上参观赛纳展厅

APOLLO

太阳神（珠海）电子有限公司

APOLLO(ZHUHAI) ELECTRONICS CO., LTD.

全国电子元件百强企业

珠海最佳台湾投资企业

连续8年荣获珠海市“守合同重信用企业”

总部位于珠海的太阳神电子有限公司，是一家领航电子元件行业的外商独资企业，也是最早在珠海办厂的台资企业。自1988年在珠海成立以来，一直专注于生产磁头、线圈、读卡器等电子元件产品，90%以上产品销往欧美、港澳台及日本等世界各国，磁头的市场份额占到1/3，成为全球这一领域最大的制造商。在中国从业22年来，太阳神电子每年都荣获国家外商投资企业协会颁发的效益和出口双优企业奖，以及国家颁发的先进单位奖、出口创汇奖、模范纳税奖，最近数年来还被中国电子元件行业协会评为"中国电子元件百强企业"。

在品质上，太阳神电子以顾客利益为已任，材料均采购自日本、台湾及国内有良好口碑的生产厂家，以保证源头的质量。管理上建有完善的质量管理体系，并已通过ISO9001和ISO14001的国际标准认证。全公司员工立足"不断改善、及时供货、顾客满意"的质量方针，于2006年1月起全面推行欧盟RoHS环保标准，本着"清洁生产、绿色产品、节能惜资、遵章守法、不断改善"的态度，为客户提供优良的品质和完善的售后服务。

在生产上，太阳神电子磁头生产部拥有先进的自动绕线机、高精度磨床和电脑综合检测设备，及精密XRF环保测试仪。可生产各种刷卡磁头、数码读卡磁头，年生产量5000万个。线圈生产部主要以生产空芯线圈和骨架线圈为主，年产量1亿只全部销往海外。

在技术上，太阳神电子的宗旨是"以技术开拓市场、以质量立足市场、以服务赢得市场"。公司拥有一支非常精干的研发队伍，聘请了欧美及日本的技术顾问，并配备了先进的加工设备和高精度的检测仪器，可有效确保产品质量的可靠性和稳定性，并具有参与顾客特别需求的开发设计能力。

珠海太平洋粤新海洋工程有限公司

PAXOCEAN Engineering Zhuhai Co., Ltd.

珠海太平洋粤新海洋工程有限公司（中外合资）成立于2004年6月，是由直加投资有限公司与广州市粤新造船有限公司联合投资组建的现代化造船企业。公司主要从事生产制造海上石油钻井平台配套的高技术附加值的多用途工程船、大马力的消拖两用拖轮及港作型船舶的维修等业务。

公司坐落于珠海市斗门富山工业园区虎跳门出口处，毗邻珠海高栏港区，背靠沿海高速公路，水陆、陆路交通便捷。船厂拥有750米的水道岸线，占地面积24万平方米，工程总投资5000万美元，厂房3.5万平方米，船台1.92万平方米，投产后生产能力达到10~15艘船，年产值20亿元人民币以上。

作为一家成长的公司，公司放眼全球，拓展市场，努力成为最优秀的船舶和海洋工程领域的建造者。

Established in Jun. 2004, PAXOCEAN Engineering Zhuhai Co., Ltd. is one of the largest Sino-joint venture shipbuilding and engineering enterprise in Zhuhai. The powerful shareholders consist of Zhijia Investing Co., Ltd. and Yuexin Shipbuilding Co., Ltd. It mainly engages in manufacturing high-tech, multi-functional engineering vehicles (for offshore oil-drilling platform), high-powered anchor handling towing ships, and maintenance for other watercrafts.

Located at the mouth of Hu Hutiaomen River, the shipyard is next to Zhuhai Gaolan Port and Costal Freeway. Shipyard possesses 750m coastline and a total area about 240,000 m^2, including 35,000m^2 fabrication shop, and 19,200m^2 launch way. The total investment is USD 50 million. Our main products are building AHTS, OSV, PSV ships. Yard capacity is to deliver 10-15 ships per year. Our product value is above RMB 2 billion.

We aim to be an innovation leader in the offshore marine engineering industry.

For a better voyage, for a better future.

2010年7月,市委副书记、市长钟世坚来公司调研

公司产品

银通新能源

扎根珠海 建設新能源基地

珠海银通新能源产业化基地

银通新能源产业基地占地26万平方米，建筑面积15万平方米；总投资50亿元，其中一期投资9亿元，二期投资41亿元。

新能源基地由新能源研究院、新能源客车总装、新能源汽车电控和动力总成系统、储能电站、电动无人直升机等几大板块构成。计划年产能为10亿安时动力、储能锂离子电池、1万辆新能源大巴车（纯电动、混合动力和LNG车）和10万套电动车动力总成，年产值500亿元。是目前在产能、自动化程度等方面全球领先的动力、储能电池生产基地，也是全球唯一拥有钛酸锂电池核心技术的企业。被认定为广东省、教育部、科技部（新能源汽车）产学研示范基地，入选“广东省现代产业500强”和“战略性新兴产业100强”。

新能源研究院由世界电动车协会主席、中国工程院院士陈清泉担任首席科学家。成功研发世界首款环型锂离子电池，在安全性、一致性、长寿命、快充快放、产业化5大领域取得重大突破。

一期工程8月10日投产，建成世界上产能最大、自动化程度最高、设备最先进的动力、储能锂离子电池生产线三条，年产能为1亿安时动力、储能锂离子电池、2000辆新能源汽车、2000台套电控系统和动力总成，年产值50亿元。初步形成了从锂电池研发生产到电动汽车研发生产的完整产业链，并与中国一汽（无锡）客车、厦门金旅、德国电动汽车、明阳风电、中国华能、郑州宇通、苏州金龙、重庆恒通、珠海广通、湖南衡山、陕西重汽等多家关联产业内的领军企业形成了广泛的战略联。并在2010年9月成功收购美国奥钛纳米技术有限公司51%股份，已具备全球竞争优势。

8月，省部新能源产学研基地建成投产

广东省、教育部、科技部新能源“产学研结合示范基地”建成揭牌典礼，于8月10日上午在珠海银通新能源产业园隆重举行。国家科技部原副部长、全国人大科教文卫委员吴忠泽、国务院参事室参事徐锭明、广东省副省长宋海、珠海市委书记甘霖、市长钟世坚等出席并剪彩。

当天还举行了一亿安时动力、储能锂离子电池生产线暨钛酸锂电池生产线投产仪式，首批一汽-银通新能源电动汽车、首批银通一号电动无人直升机、首辆银通移动式储能电源车、首批银通电动摩托车等产品下线仪式，国电、德国电动汽车、宝丽国际、大汉电动车等国内外领军企业与银通签署战略合作协议等。

10月，广东首两条纯电动公交线路在珠海开通

10月1日，珠海特区正式扩容至全市，首批20辆纯电动公交车陆续被投放到20路公交线路上运行。珠海在广东省首开纯电动公交商业运营先河。

仪式现场，广东省政府发改委副主任张军、珠海市市长钟世坚、珠海市市委常委、常务副市长何宁卡、珠海市副市长、市府秘书长王庆利和珠海市副秘书长邓潘任等有关领导，中央和粤港澳及珠海本地媒体记者等，在珠海吉大公交总站20路公交线路上体验式乘坐了首发的纯电动公交。每辆纯电动公交车可年节省燃油近4万升，减少温室气体排放约1000吨。

JANESLOCK 广东坚士制锁有限公司

實在坚士锁 只為主人開

THE RELIABLE JANES OPENS ONLY FOR THE HOST

企业简介

广东坚士制锁有限公司(原中山市南光锁厂)成立于1988年。主要生产球型门锁、大把手锁、插芯门锁、执手锁、千层挂锁及各种小五金等一系列产品。

工厂位于广东省珠海市斗门区乾务镇三村工业区，占地面积达18.5万平方米，紧靠西部沿海高速公路出口，离珠海货运码头仅15分钟车程。

工厂锁类产品的年产能力将达到5000万把以上。而配套生产的家用小五金，年产能力将达到8000万个以上。产品通过美国ITS检测中心检测，符合美国 ANSI / GRADE 2、GRADE 3标准。

公司严格实施ISO9001质量体系。从原材料采购到成品出货，每一个生产环节都有着完善严谨的质量管理控制。公司拥有一批专业的品质控制人员，将品质管理控制系统贯彻始终。

公司曾获"广东省著名商标" "广东省名牌产品" "消费者信赖的十大质量品牌" "广东省优质产品" "广东省百强乡镇企业"，并连续十年被授予"重合同守信誉企业"、"全国质量抽检合格企业"等殊荣。

公司以"技术（技术提升）、互信（共存共荣）、满意（顾客满意）"为企业经营理念；"以质量求生存、向管理要效益、以效益谋发展"为公司宗旨；以"为保全人身和财产安全"为企业使命。

美国五金行业BHMA协会 ANSI 2、3级认证 US BHMA ANSI GRADE 2 & GRADE 3

中国十大锁具质量品牌 China top 10 Quality Brand for locks

广东省著名商标 Guangdong Famous Trademark

广东省名牌产品 Guangdong Top Brand

ISO 9001：2000认证 ISO 9001：2000 Certify

马来西亚SIRIM MALAYSIA SIRIM

生产情况

公司拥有诸多国内外引进的大型现代化全自动生产设备；凭借着超过18年的锁具研发生产经验一直处于国内领先地位。同时公司重视生产流程的持续性改进，引进专业的"精益生产"管理团队不断地对生产流程进行改善，从而缩短生产交货期为客户提供更高的效益。

自动冲压设备AIDA　CNC加工设备　压铸设备　高精度锁体加工设备　全功能锁匙铣齿机　锁胆钻孔机　输送式自动抛光机　污水处理中心 Waste Water Treatment

工程研发

公司拥有200名优秀专业的工程技术人员，其中产品研发工程师20名。公司以技术提升为中心，从日本、台湾等地引进多台具有世界先进水平的机加工设备，数控设备。凭借过硬的技术研发能力，目前坚士与多家世界顶级五金制造供应商有良好的合作。

珠海农信
ZHUHAI RURAL CREDIT UNION

珠海市农村信用合作联社

扎根珠海58载　农信与您共成长

珠海市农村信用合作联社（简称“珠海农信”）始创于1952年，是珠海市最早成立的金融机构。现下辖97个营业网点，是珠海市营业网点最多、服务最基层、辐射面最广、盈利能力突出并具有独立法人资格的地方性金融机构，也是珠海市最大的涉农贷款银行和拥有中小企业客户数量最多的银行。

成立58年来，珠海农信始终坚持扎根珠海，服务珠海，助力客户成长，助力珠海发展，助力特区腾飞。特别是进入21世纪后，在以郭惠东为首的新一届领导班子的带领下，珠海农信顺应时势发展和客户需求，以“打造有核心竞争力的现代化商业银行”为发展目标，以客户为中心，引进国际先进管理理念，不断改革创新，持续提升服务，迅速扭转不利局面，各项业务取得跨越式大发展，盈利能力连年大幅提升，实现历史性的突破。

2003年12月，珠海农信顺利通过ISO9000国际质量管理体系认证，走在全国银行同业的前列。2008年4月，珠海农信在全国第一家推出革命性的创新产品——“手机银行卡”，真正有效解决银行排队难问题。凭借持续的金融创新，珠海农信和郭惠东理事长双双荣获“2007中国银行业年度创新奖”；凭借优质的客户服务，珠海农信营业部被评为“中国银行业文明规范服务示范单位”；凭借良好的经营业绩，2007年、2008年、2009年珠海农信已连续3年被评为“珠海市纳税百强企业”；凭借对地方经济发展的突出贡献和影响力，珠海农信先后被评为“珠海市改革开放30年功勋企业”“辉煌珠海经济风云企业”“中国最具影响力的农村金融机构”。

2010年8月，宋海副省长一行莅临该社考察，充分肯定该社新世纪10年来取得的突出成绩，并寄予该社加快改制步伐，开创美好前景

当前，伴随着全国农村金融改革的不断深化和珠海新一轮大发展的热潮，珠海农信正积极推进股份制改革，力争在2011年改制为农村商业银行，最终打造成一家业务特色鲜明、经营业绩良好、富有活力的现代精品银行。

THE MACAO ROTARY ISLAND TOUR
澳门环岛游 经典之旅

位于一国两制交界的广东省珠海市，地处中国东南沿海的珠江三角洲，距离广州145千米，与东北偏东的香港相约60千米。是一个以乘船游览观光为主的、极富地域特色的景区。登船地点分别在珠海九洲港和珠海湾仔镇澳门环岛游码头。

澳门由澳门半岛、凼仔岛和路环岛组成，其中澳门半岛北面有一条宽约200米的狭长地带与珠海市相连。澳门是东西方文化的交汇地，中西文化相互碰撞、交流、汇聚、融合，长达400年之久。因此，澳门现存不少中西合璧的文物古迹和具有东西方风格的建筑物。同时，澳门的博彩业也是举世闻名。这些都使澳门具有浓厚的神秘色彩，因此引起许多中外游客对这座城市的极大兴趣。而澳门环岛游就是人们认识和了解澳门的一个窗口。游客从九洲港或湾仔码头登上专业观光游船，沿途既可以欣赏到“浪漫之城”珠海的美丽景色，惊叹经济特区改革开放所取得的丰硕成果，又可欣赏到澳门金莎娱乐场、渔人码头、南海观音像、葡京娱乐场、中银大厦、旅游观光塔、“澳督府”、妈祖阁和“澳凼”、“友谊”、“西湾”三座跨海大桥等澳门著名景点，一睹“东方蒙特卡罗”的迷人风采。

ROMANCE TOUR
珠澳夜游 浪漫之旅

珠澳夜游从2002年5月启航以来，以独特的项目特色，浪漫的氛围情调，精的自助美食，谐趣的娱乐表演，多功能硬件设施及一流的服务意识深受广大游的欢迎。

珠澳夜游的游轮都是按星级标准和功能设计建造。首先是观光游览功能：顶层全层设计为敞开式，这里视野开阔最宜游客观海景、沐海风，让游客在游中可以方便地欣赏珠澳两地的美丽夜景其次是旅游餐饮功能：游船设有餐厅、吧等，可供游客舒适地享用晚餐和茶点食，餐饮的品种经常更换，形式以自助为主，根据客户需要，也可以围餐形式进行：第三是娱乐功能：船的一二层均设有表演区，主要表演音乐、歌舞杂技和魔术等节目，顶层还可举行舞会并可以根据不同的主题，推出不同风格节目表演。第四是会议和集体活动功能游船配套有专业灯光音响和大屏幕投影视等设施，适合单位召开各种会议、举各种商务活动以及集体活动。几年来，后有国内外知名企业和单位如可口可乐司、IBM公司、Lg公司、西门子公司、东和平、威丝曼、国际航天航空高峰论坛在游船上举行会议和商务活动，收到很的效果。

为了丰富珠澳夜游的内涵及文化品我们还不定期举行意义非凡的主题活动如大长今文化美食节，中华绝技、夏威之恋、魔幻之夜，如果幸运的话，还能上一年一度的澳门国际烟花节、那将令的旅程更加多姿多彩，流恋忘返！

珠海市九洲邮轮有限公司
ZHUHAI JIUZHOU CRUISE SHIP CO.,LTD.

九洲港 ADD：珠海市情侣南路428号九洲港大厦
TEL：0756-3262063 3262069
FAX：0756-3345928

湾仔 ADD：珠海市南湾南路湾仔旅游码头
TEL：0756-8826288 8821258 8826255
FAX：0756-8826277

www.haojiang.cn

开航时间：

正常航班：每晚18：30（自助晚宴）
每晚20：30（水果茶点）

特别节目：加开19：30
包船另议

豪华游艇游
尊贵时尚之旅 商务休闲首选

商务时光　朋友聚会
百岛探秘　互动沙滩
家庭出游　游艇婚礼
碧海垂钓　深海潜水

游艇是现今高端的时尚休闲方式、犹如豪门盛宴，将您的享受推至豪华的极限，为适应高端客户日益增长的消费需求，作为全国第一个经营海上游艇出租项目的我们，倾心打造并推出了全新的海上游乐项目——濠江游艇游。

艇游本身就是一个海上流动公寓，它在海上有着整体的功能特征，既可作为家庭休闲方式，又可作为朋友聚会或宴请朋友客户场所。无论您想征服哪一个海域，登临珠海哪一个岛屿，或珠江任何一个内河水系，我们都将满足您的愿望。

我们将快艇的运动操纵装置与摩托艇的舒适性相结合，创造了极至完美的游艇装备，造型优美的欧式设计体现豪华与尊贵，船舱内部可供家庭或朋友聚会：奢华的客厅、极具艺术氛围的走廊，同时配备了宽敞舒适的私人起居及设计新颖的沐浴房。新颖和个性化的设计使得我公司的游艇拥有最大的驾驶桥楼，掩映在其中的是一个装饰精美的坐舱。而船头和船尾则是海钓的好去处，配有鱼竿支架，钓鱼悠闲自在。

还有专业的驾驶员、水手、保您旅途平安：有一流的配套服务，让您尽情游玩，无后顾之忧：有深资导游，让您不错过每一处美丽风景，每一味极品美食，每一种休闲娱乐方式。

濠江游艇游—领跑都市新生活！

有一种奢华
是一种踏破万重浪的休暇

内部展示

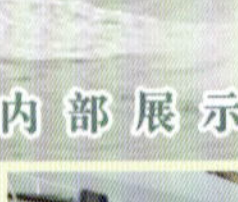